글로벌 사회학

GLOBAL SOCIOLOGY_ 2nd edition

글로벌 사회학

GLOBAL SOCIOLOGY_ 2nd edition

로빈 코헨 · 폴 케네디 지음

박지선 옮김

인간사랑

목차
CONTENTS

PART ONE   해석

Chapter 1   글로벌 사회학의 형성

Chapter 2   글로벌적으로 생각하기

Chapter 9

범죄, 마약, 테러리즘 : 글로벌 통제의 실패

Chapter 10

인구와 이주

PART FOUR　　원동력과 과제

Chapter 20

지속 가능한 미래로 : 환경운동

Chapter 21

아이덴티티와 소속의식

삽화목록
LIST of ILLUSTRATIONS

도표목록
LIST of TABLES and BOXES

표

박스

글로벌 사상가
GLOBAL THINKERS

머리말
ACKNOWLEDGEMENTS

우리는 이 기회를 빌려 폴 케네디(Paul Kennedy) 동료인 맨체스터의 안젤라 헤일 (Angela Hale)의 너무 이른, 슬픈 죽음을 기록하고 싶다. 훌륭한 학자이자 국제 비영리 단체(INGO), 세계 일하는 여성(Women Working Worldwide)의 주요 인사로서 더 평등한 세계를 위한 오랜 시간에 걸친 그녀의 노력은 우리를 포함한 많은 사람들에게 영감을 주었다. 또한 이 책의 초판과 제2판에 있어서 그녀가 우리에게 준 도움을 기억하고 감사한다.

많은 사람들이 이렇게 긴 저술과 개서에 있어서 도움과 조언을 주었다. 로빈 코 헨(Robin Cohen)은 특히 짐 벡퍼드(Jim Beckford), 데이비드 치데스터(David Chidester), 리 차드 히고트(Richard Higgott), 리차드 램파드(Richard Lampard), 알리 로저스(Ali Rogers), 얀 아르트 스홀테(Jan-Aart Scholte), 스티븐 버토벡(Steven Vertovec)에게 감사를 전한다. 폴 케네디는 특히 콜린 베이커(Colin Barker), 아담 브라운(Adam Brown), 팀 댄트(Tim Dant), 피터 포스랜드(Peter Forsland), 수지 제이콥스(Susie Jacobs), 제랄딘 리브슬리(Geral-dine Lievesley), 필 몰(Phil Mole), 가베 미텐(Gabe Mythen), 조나단 퍼키스(Jonathan Purkis), 페타 터비(Peta Turvey), 지오프 월쉬(Geoff Walsh), 드렉 윈(Derek Wynne)에게 감사한다.

우리는 셀리나 코헨(Selina Cohen)의 편집과 제이슨 코헨(Jason Cohen)의 그래프에 감사한다. 앤드류 파커(Andrew Parker)는 스포츠 관련 장에서 유용한 비판을 제공했다. 기존 맥밀란(Macmillan)의 편집자인 캐서린 그레이(Catherine Gray), 팰그레이브 맥밀란 (Palgrave Macmillan)사 후임자인 에밀 살즈(Emily Salz)는 많은 도움을 주었고 큰 힘이 되 었다. 캐서린(Catherine)은 창조적인 코멘트와 문제들을 끊임없이 제공했고, 그 결과 이 책의 구조와 형태는 크게 향상되었다. 사라 롯지(Sarah Lodge)가 의연하게 여러 문제들 을 다루고 있는 동안 셰리 킵(Sheree Keep)은 유용한 연락책을 제공했다. 툴라시 스리니 바스(Tulasi Srinivas)는 그녀의 아버지 사진을 제공했고, 우리에게 그의 중요한 개념인 '산스크리트화'(sanskritization)에 대해 상기시켜 주었다. 캐롤린 토마스(Caroline Thomas) 는 훌륭한 포토 에디터였다. 안드리안 아빕(Adrian Arbib)은 다수의 귀중한 사진(자세한 것은 밑의 허가 리스트를 참조)을 제공했다. 아드바크 문안(Aardvark Editorial) 팀은 원고를 세심하게 편집·수정해 주었고 이 책의 효과적인 디자인도 만들었다.

강의 수강생들과 이 책의 초판 독자들로부터의 피드백을 받는 것은 즐거운 일이었고, 동시에 매우 교육적이었다. 우리는 그들의 다수의 제안에 긍정적으로 대답했으나 때때로 한계가 있었던 점, 특히 모순된 코멘트를 다뤄야 했던 점에 대해 사과하고 싶다. 원고를 읽어준 익명의 검토위원들의 평가는 세심하고 건설적인 것이었다. 그들에게도 감사를 전하고 싶다.

저자들과 출판사는 이미지를 제공하고 사용하도록 허락해 준 이들의 도움에 감사한다.

그림 1.1 : 아리시타스(Ari Sitas), 그림 1.2 : 페르난도 엔리케 카르도주(Magdalena Gutierrez/Acervo Pr. FHC), 그림 1.3 : 튜라시 스리니바(Tulasi Srinivas Ph.D), 그림 5.1, 8.1, 16.1, 17.2, 19.1 : (all ⓒ Adrian Arbib), 막스 베버 사진 : akg-images(photo by akg-images), CORBIS : 에밀 뒤르케임 사진(ⓒ Bettmann/CORBIS), 미쉘 푸코 사진(ⓒ Bettmann/CORBIS), 그림 2.1(ⓒ Kevin Schafer/CORBIS), 2.2(ⓒ Louise Gubb/CORBIS SABA), 3.1(ⓒ Bettmann/CORBIS), 3.2(ⓒ Werner Forman/CORBIS), 4.1(ⓒ Bettmann/CORBIS), 4.2(ⓒ Martin Rogers/CORBIS), 6.2(ⓒ Bettmann/CORBIS), 7.2(ⓒ Kapoor Baldev/Sygma/CORBIS), 9.3(ⓒ Bettmann/CORBIS), 10.1(ⓒ Bettmann/CORBIS), 10.2(ⓒ Bettmann/CORBIS), 12.2(ⓒ Reuters/CORBIS), 12.3(ⓒ Louie Psihoyos/CORBIS), 13.1(ⓒ Macduff Everton/CORBIS), 13.2(ⓒ Robert Holmes/CORBIS), 14.2(ⓒ Strauss/Curtis/CORBIS), 15.1(ⓒ Hulton-Deutsch Collection/CORBIS), 15.2(ⓒ Macr Serota/Reuters/CORBIS), 16.3(ⓒ Warren Clarke/epa/CORBIS), 17.1(ⓒ Peter Beck/CORBIS), 18.1(ⓒ Charles Plateau/Reuters/CORBIS), 18.2(ⓒ Peter Macdiarmid/Reuters/CORBIS), 20.1(ⓒ Robert Maass/CORBIS), 21.1(ⓒ Lewis Alan/Sygma/CORBIS), 21.2(ⓒ Reuters/Str/CORBIS), 22.1(ⓒ Ted Spiegel/CORBIS) University of Bergen The Holberg Prize 위르겐 하버마스 사진 : Florian Breif, 그림 11.1 : iCube Solutions(photo by iCube Solutions), 칼 마르크스 사진 : Marxists Internet Archive(www.marxists.org), 그림 6.1 : Mary Evans Picture Library, 그림 8.3 : Panos Pictures(ⓒ Fernando Moleres/Panos Pictures), 노버트 엘리아스 사진 : Peter Seglow(ⓒ Peter Seglow) 그림 7.1 스틸 사진(photo by J. Maier), 그림 8.2 : Havard News Office(ⓒ Jon Chgase), 그림 10.3 : United Nations High Commission for Refugees(photo by A. Hollman, ⓒ UNHCR), 그림 11.2 : Caroline Thomas(ⓒ C. Thomas), 피에르 보르듀 사진 : Jean Olivier Irisson(http://jo.irisson.free.fr/drawing/html), 마뉴엘 카스텔 사진 : Maggie Smith.

다음의 작가들은 친절하게도 자신들의 사진을 글로벌 사상가 난에 제공해 주었다 : 마틴 앨브로(Martin Albrow), 지그문트 바우만(Zygmunt Bauman), 하워드 사울 베커(Howard Saul Becker), 월든 벨로(Walden Bello), 신시아 엔로(Cynthia Enloe), 안소니 기든스(Anthony Giddens), 울프 하네즈(Ulf Hannerz), 데이빗 하베이(David Harvey), 로랜드 로버트슨(Roland Robertson), 쉐일라 로보텀(Sheila Rowbotham), 존 어리(John Urry), 임마누엘 월러스타인(Immanuel Wallerstein)

저작권 보유자를 찾기 위해 모든 노력을 다했지만 만약 누락된 점이 있다면 기회가 닿는 대로 수정할 예정이다.

약어목록
ABBREVIATIONS and ACRONYMS

24/7	일주일 7일 24시간
9/11	2001년 9월 11일 뉴욕 쌍둥이 타워에 대한 테러리스트 공격
ABC	American Broadcasting Corporation : 아메리칸 브로드캐스팅 코퍼레이션
ACS	automated clearance systems : 자동통관 시스템
AFL-CIO	American Federation of Labour and Congress of Industrial Organization : 미국노동총연맹산업별 조합회의
AIDS	acquired immune deficiency syndrome : 후천성 면역결핍증
ANC	African National Congress : 아프리카 민족회의
AOL	America Online : 아메리카 온라인
APWD	Asia-Pacific Forum on Women, Law and Development : 아시아태평양 여성, 법률, 개발 포럼
ASA	American Sociological Association : 미국 사회학회
BCCI	Bank of Credit and Commerce International : 국제상업대부은행
BIP	Border Industrialization Program(Mexico) : 국경산업화 계획(멕시코)
BJP	Bharatiya Janata Party : 바라티야자나타당
CBN	Central Bank of Nigeria : 나이지리아 중앙은행
CBS	Columbia Broadcasting System : 콜롬비아 브로드캐스팅 시스템
CCTV	closed-circuit television : 폐쇄회로 텔레비전
CEDAW	Convention on the Elimination of All Forms of Discrimination against Women : 유엔여성차별 철폐협약
CFC	염화플루오린화탄소
CLADEM	Latin American Committee for the Defence of Women's Rights : 여성 권리 보호를 위한 라틴 아메리카 위원회
CND	Campaign for Nuclear Disarmament : 핵무장 반대운동
CNN	Cable News Network : 케이블 뉴스 네트워크
CO2	이산화탄소
CPC	Communist Party of China : 중국공산당
CSGR	Centre for the Study of Globalisation and Regionalisation : 글로벌리제이션 리저널리제이션 연구 센터
CSR	Corporate social responsibility : 기업의 사회적 책임
DAWN	Development Alternatives with Women for a New Era : 신시대를 위한 여성발전 대안
DEVAW	Declaration on the Elimination of Violence Against Women : 여성에 대한 폭력 근절을 위한 선언
DIY	Do-it-yourself : 네 자신이 직접 하라
DNA	디옥시리보핵산
DVD	디지털 비디오 디스크
ECHR	European Court of Human Rights : 유럽인권 재판소
EPZ	export-processing zone : 수출가공구
EU	European Union : 유럽연합
FAO	Food and Agriculture Organization : 식량농업 기구
FDI	Foreign direct investment : 외국인 직접투자
FM	Frequency modulation : 주파수 변조
G7	주요 7개국정상회담(선진산업국-지금은 G8)
GATT	General Agreement on Tariffs and Trade : 관세

	및 무역에 관한 일반협정(지금은 WTO)	**MAD**	상호확증파괴
GCIM	Global Commission on International Migration : 국제이주에 관한 글로벌위원회	**MCA**	Music Corporation of America : 뮤직 코퍼레이션 오브 아메리카
GDP	국내총생산	**MCP**	남성우월주의자(슬랭)
GM	유전자 변형	**MDB**	다국간 개발은행
GNP	국민총생산	**MTN**	Mobile Telephone Network(남아프리카)
GSM	글로벌 사회운동	**MTV**	Music TeleVision : 뮤직 텔레비전
GUM	Gosudarstvenny Universalny Magazine : 러시아 국영 백화점	**NAFTA**	North American Free Trade Agreement : 북미 자유무역협정
HIPC	과다채무빈국	**NATO**	North Atlantic Treaty Organization : 북대서양 조약기구
HIV	인체면역결핍 바이러스		
IAAF	International Association of Athletics Federations : 국제육상경기연맹	**NBA**	National Basketball Association : 미국프로농구 협회
ICC	International Criminal Court : 국제형사재판소	**NBC**	National Broadcasting Company : 내셔널 브로드캐스팅 컴퍼니
ICT	정보통신 기술		
IDP	국내 실향민	**NFL**	National Football League : 내셔널 풋볼 리그
IGO	국제정부간기구	**NGO**	Non-Governmental Organization : 국제비정부 기구
ILO	International Labor Organization : 국제노동기구		
IMF	International Monetary Fund : 국제통화기금	**NIC**	신흥공업국
IMR	영아사망률	**NIDL**	신국제분업(이론)
INGO	국제비정부기구	**OECD**	Organization for Economic Cooperation and Development : 경제협력개발기구
IOC	International Olympic Committee : 국제올림픽 위원회		
IOM	International Organization for Migration : 국제 이주기구	**OPEC**	Organization of Petroleum-Exporting Countries : 석유수출국기구
		PEN	국제작가압력단체
IPCC	Intergovernmental Panel on Climate Change : 기후변화에 관한 정부간 패널	**PIN**	개인 식별번호
		PRD	진주강 삼각주
IQ	지능지수(IQ)	**R&D**	연구 개발
ISDN	종합 정보통신망	**RAN**	Rainforest Action Network : 열대우림 행동 네트워크
ISIS	International Women's Information and Communication Service : 국제여성정보통신서비스		
		RTL	Radio Television Luxemburg : 룩셈부르크 라디오 텔레비전
IT	정보기술		
IVF	체외수정	**SAP**	구조조정 프로그램
IWRAW	International Women's Rights Action Watch : 국제여성권리실행감시	**SARS**	중증급성호흡기증후군
		SD	지속 가능한 성장
IWTC	International Women's Tribune Centre : 국제 여성옹호자센터	**SEWA**	Self-Employed Asian Women's Association : 아시아 자영여성협회

SSA	사하라 이남 아프리카
TB	결핵
TNC	초국적 기업
TRIPS	Agreement on Trade-Related Aspects of Intellectual Property Rights : 무역 관련 지적재산권협정
UN	United Nations 국제연합
UNCED	United Nations Conference on Environment and Development : 유엔환경개발회의
UNCHR	United Nations Contre for Human Rights : 국제연합위원회
UNEP	United Nations Environment Programme : 국제연합환경계획
UNESCO	United Nations Educational, Scientific and Cultural Organization : 국제연합교육과학문화기구
UNGA	United Nations General Assembly : 국제연합총회
UNHCR	United Nations High Commissioner for Refugees : 국제연합난민고등판무관 사무소
UNICEF	United Nations International Children's Emergency Fund : 국제연합국제아동구호기금

URL	Uniform Resource Locator URL
USSR	Union of Soviet Socialist Republics : 소련
VCR	비디오카세트 리코더
VHP	Vishna Hindu Parishad : 세계 힌두협의회
VoIP	음성 패킷망(인터넷 전화)
WB	World Bank : 세계은행
WCED	World Commission on Environment and Development : 환경과 개발에 관한 세계위원회
WFS	Women's Feature Service : 여성 특집 서비스
WHO	World Health Organization : 세계보건기구
WLUML	Women Living Under Muslim Laws : 이슬람교 법률 아래 사는 여성들
WSF	세계 사회 포럼
WTO	World Tourism Organization : 세계관광기구 (제12장의 'WTO'는 이 기구를 말함)
WTO	World Trade Organization : 세계무역기구(12장 외의 'WTO'는 이 기구를 칭함)

역자서문

이 책의 마지막 작업이 한창이었던 2011년 겨울, 한미 FTA 비준안이 오랜 진통 끝에 국회를 통과했습니다. 이는 오래 지속되어 온 다양한 글로벌리제이션의 극히 일부에 지나지 않지만 한국과 한국인들이 이제 또 다른 단계에 접어든 것은 확실해 보입니다.

사회학은 사람들 사이의 상호작용의 특성과 유형에 관한 체계적 연구입니다. 이 책은 사회학의 개념에서부터 출발하여 글로벌리제이션 안에서 로컬(지방), 내셔널(국가), 글로벌(전 지구)의 다양한 행위자들의 상호작용, 그 안에서 발생하는 다양성과 보편성, 글로벌 문제와 그 논의를 자세하게 기술하고 있습니다. 사회학도들 뿐만 아니라 다른 인문사회과학을 시작하려는 학생들에게는 글로벌 사회학의 기본서로, 일반 독자에게는 글로벌리제이션과 사회에 관한 교양서로서 손색이 없는 책이라고 생각합니다. 이 훌륭한 책이 한국어로 번역되어 출간되는 데 있어서 한 부분을 담당하게 되어서 영광입니다.

번역에 있어서 제일 신경을 썼던 부분은 사회학 개념의 표기입니다. 사회학의 많은 개념들이 구미를 중심으로 만들어지고 발전한 것을 생각해서 상용되는 개념을 제외하면 원문을 병기하거나 영어발음을 사용했습니다. 초심자들에게는 생소한 용어들이 많지만 원문에 충실하면서도 쉽게 이해할 수 있도록 최대한 노력했음을 말씀드리고 싶습니다.

마지막으로 저보다 두세 배는 힘이 드셨을 인간사랑 출판사의 편집부 직원들과 이국재 부장님, 홍성례 편집장님께 감사와 사죄 말씀 드리고 싶습니다. 또한 이 자리를 빌려 유학생활 하느라 효도도 제대로 못하는 부모님께 그리고 동생에게 감사한다고, 사랑한다고 전하고 싶습니다. 이 글을 읽으시는 모든 분들이 항상 행복하시고 건강하시길 기원합니다.

2012년 여름 **역자 박지선**

SOCIOLOGY

『글로벌 사회학』초판 발행 이후 우리는 전 세계적으로 중요한 사건들이 수없이 발생하는 것을 목격했다. 이러한 극적 사건들에도 불구하고 글로벌 변화—더욱 빠르고 값싼 양질의 커뮤니케이션, 이로 인한 거리의 단축(소위 시간과 공간의 압축), 문화·인간·금융·무역에 있어서 유동속도의 증가, 경제·사회적 상호 연결의 강화—는 계속해서 발전되었다.

그러나 이러한 사건들 중 다음의 4가지 사건은 실질적으로 혹은 앞으로의 가능성 측면에 있어서 계속적으로 세계 변동의 걸림돌이 되었다.

1. 반글로벌리제이션 항의 시위 : 1999년 시애틀에서 열린 세계무역기구(the World Trade Organization : WTO)에 반대하는 반글로벌리제이션 운동에 뒤따른 프라하, 바르셀로나, 제노바 등지의 유사 운동
2. 2001년 9월 11일 뉴욕 세계무역센터, 이슬람 알카에다 테러리스트 조직에 의한 무자비한 테러와 그 뒤에 계속된 민간인 대상 테러
3. 2001년 미국에서 가장 큰 기업 가운데 하나였던 엔론(Enron)사의 붕괴
4. 2003년 미국 주도로 시작된 이라크전의 개시와 그 이후 서방 강대국들의 아프가니스탄 무력 개입, 그리고 2006년 중동에서 나타난 전통적 갈등의 재점화

이러한 사건들이 궁극적으로 어느 정도의 영향을 미쳤는가 측정하는 것은 어려운 일이다. 그러나 이 책은 이러한 사건들이 어떻게 저자들의 주요 주장을 공격하는 증거가 되는지, 혹은 반대로 뒷받침하는 증거가 되는지를 설명할 것이다. 이러한 사건들에 대한 자세한 검토는 이 책 전체에 녹아들어 있으나 잠시 요약해 보기로 한다.

반글로벌리제이션 운동

저자들은 예언가가 아니지만 이 책의 초판은 글로벌 사회운동이 앞으로 증가할 것이라고 예견했다. 반글로벌리제이션 운동은 그것이 글로벌 문제점을 다룬다는 점, 그리고 세계적인 규모의 조직에 의해 나타난다는 점에서 엄연히 글로벌 사회운동이라고 할 수 있다. 우리는 이러한 '반글로벌리제이션'을 '기업 및 미국 주도의 글로벌리제이션에 대한 반대'로 이해해야 할 것이다. 반글로벌리제이션 운동은 매우 다양해서 수많은 종류의 문제의식 및 이익이 관련된다. 환경보호주의자, 무정부주의자, 사회주의자, 페미니스트, 무역조합주의자, 종교, 대체개발론자, 인권 등 헤아릴 수 없을 정

도로 여러 종류의 집단이 형성되어 있다. 일부 후진국 정부들은 이러한 반대 시위에 동정표를 던지곤 하는데, 이는 그들이 세계 정책결정 과정의 주류에서 떨어져 세계 경제에서 소외되고 있다고 느끼기 때문이다.

그 항의 대상은 보통 세계에서 주도적 역할을 하는 국가 정부 외에도 세계은행(World Bank : WB), 국제통화기금(International Monetary Fund : IMF), 세계무역기구(WTO)와 같은 강력한 정부간 기구(Intergovernmental Organizations : INGOs) 그리고 거대한 초국가적 기업들이다. 이러한 시위는 많은 나라 및 지역과 협조적 관계를 형성해 왔는데, 이로 인해 다양한 이슈를 넘나드는 캠페인 전략이 축적되어 왔다. 폭력행위에 의지하는 그룹도 존재하지만 대부분은 혁명보다는 민주주의와 개혁에 헌신하는 평화로운 운동을 전개했다. 이러한 반대운동가들은 환경, 인권, 빈곤, 세계 불평등, 공정거래, 부채, 평화, 문화자치와 민주주의에 관련된 이슈들을 강조한다.

2001년 9·11 테러의 영향

2001년 9월 11일 뉴욕과 미 국방부에 행해진 섬뜩한 파괴행위는 무엇을 낳았을까? 칼훈(Calhoun 2002 : 87)은 미국에서 "테러는 주로 범죄라기보다는 전쟁으로, 미국 자체에 대한 공격이라기보다는 전 인류에 대한 공격의 문제로 인식되고 있으므로 사람들은 테러리즘을 지지할 수가 없다"라고 주장한다. 이로 인해 또 하나의 중요한 글로벌 문제에 대해 사람들의 의식을 환기시킬 기회는 없어진 셈이다. 국제사법재판소의 설립은 더더욱 멀어만 보이며, 중동에 평화를 가져오기 위해 부시 정권은 이스라엘을 압박하는 정책을 철회하는 것이 아니라, 이 지역의 긴장을 악화시키는 입장을 가진 샤론(Sharon) 정부와 그 후임의 올메르트(Olmert) 정부의 역테러 활동과 연합하게 되었다.

물론 전 세계적으로 9·11 테러의 희생자에 대한 동정 여론은 존재한다. 그러나 이러한 의견은 다른 사람들도 이러한 무서운 대참사를 경험했다는 점과, 이제는 즉각적이고 휴대 가능하며 항상 존재하는 폭력, 즉 지금까지와는 전혀 다른 새로운 종류의 위험에 대해 우리 모두가 취약하다는 점을 미국 정부와 미국인들도 알아줄 것이라는 희망을 띠고 있는 것이었다. 일부 지역에서 오사마 빈 라덴은 영웅으로 변신했다. 한 예로 모하메드(Yusuf Sarki Mohammed 2002 : 51)의 기록에 의하면, 나이지리아 북부에서는 그가 '영원히 만족할 수 없어 보이는 요구'를 만족시켜 줄 수 있는 인물로서 포스터와 티셔츠에 프린트되었다. 그러나 모하메드는 계속해서 "사람들은 테러가 미국의 거만의 거품을 터뜨림으로써 미국이 세계의 다른 지역을 다룰 때 좀 더 사려 깊은 결정을 내려주기를 희망하고 있었다"고 기록했다. 슬픔과 분노에 빠져 있는 미국인들에게 "소수의 행위자들이 권력을 행사함으로써 점점 벌어지고 있는 국가 간, 국가 내의 불균형 때문에 범죄자 및 테러리스트 집단이 무고한 시민을 대상으로 폭력을 행사하는 것이 아닌가?"라는 질문에 대해 그들 스스로 대답하기를 기대하는 것은 어려운 일일지도 모른다.

규제완화 시장에 대한 비판

논의할 필요가 있는 세 번째 중요한 사건은 투기 자본주의의 문제가 무방비하게 노출되었다는 것이다. 일본을 비롯한 많은 나라들이 제로 성장 혹은 낮은 경제성장을 보여주는 반면, 미국 증권시장은 15년에 가깝게 성황을 이루고 있다. 믿기 힘들 정도로 좋은 성과이다. 21세기에 들어설 즈음 많은 전문가들은 무모한 투기가 극적인 붕괴와 도산을 가져올 것이라고 우려했다. 결국 그것이 옳았다. 2002년 초까지 미국 보유가치 중 4조 달러가 소멸되었다. 이러한 실패 중 가장 극적인 예가 미국 50대 공기업 중 하나였던 에너지 제공 그룹인 엔론(Enron)의 사례였다. 엔론사는 2001년에 달러로 1,000억이 넘는 판매고를 올렸고, 10억 달러의 수익을 올리고 있었다. 단지 6개월 만에 회사가 도산하고 900억 달러의 시장가치가 소멸된 것이다. 충격적이었던 것은 이 거대한 회사의 도산만이 아니라, 회사 경영자와 회계 감사원들이 회사의 재정상황을 알고서도 이를 투자자들이나 고용인들에게 숨기려 했다는 점이었다. 회사 중역들과 이사진들은 조용히 주식을 팔았고, 과거 명성 있는 국제적 회계 기업인 아서 앤더슨(Arthur Anderson)사는 엔론사의 재정평가와 이러한 거래에 연루된 것을 입증할 만한 모든 증거를 소각했다. 25,000명에 가까운 고용인들이 자신들의 예금 대부분을 날려버렸다.

만약 마르크스주의를 신봉한다면 이러한 기업의 불법행위에 관해 어깨를 으쓱하며 "이것은 이미 예견된 문제였다"라고 말할지도 모른다. 그러나 이러한 행위에 대한 강력한 비평은 의외의 곳에서 높아져 가고 있었다. 그 예가 뉴욕 증권거래소 총재를 지냈고 라자드 프레레스 은행의 전무이사를 역임했으며, 1997년부터 2000년까지 주 프랑스 미국 대사였던 펠릭스 로하튼(Felix Rohatyn)의 의견이다 : "증권시장의 많은 부분이 쇼비즈니스처럼 되어가고 있으며, 이는 경제를 완전히 다른 곳으로 내몰고 있다"(Rohatyn 2002 : 6). 죠지 소로스(George Soros 2002) 역시 국제 평가기준에 대해 이와 비슷한 의견을 제시했다. 소로스는 만약 신자유주의자들이 원하는 대로 그냥 내버려

기 시작하는 시기이다. 인류 보편성이라는 생각은 특히 유럽의 계몽사상가들에 의해 발전되었는데, 그들은 '뒤떨어진 지역'이 존재함을 인정함과 동시에 결국에는 모두 '모더니티'의 상태에 이를 수 있다고 생각했다.

이렇듯 의심할 여지없이 오만한 견해 안에는 18세기 프랑스와 독일의 교훈이 미래 전 인류의 행선지를 암시하고 있었다. 아이디어의 힘, 유럽 경제의 성공 그리고 군대의 제국주의적 팽창은 세계 많은 지역을 혼란스러운 연립상황으로 몰아갔다. 이는 또한 산업화와 자본주의의 영향과 연관되었는데, 이 두 가지 역사적 과정 역시 이 장에서 다룰 것이다.

변하고 있는 세계 노동

4장에서는 세계의 실질적인 변화를 묘사한다. 전례없는 급속한 기술변화와 국제경쟁 강화로 인해 경제적 불안정과 노동의 **국제화**(internalization of work)가 나타났다. 더 취약한 여성의 입지로 인해 노동의 **여성화**(feminization of work)가 발생했고, 유동적인 노동시장의 발전으로 인해 노동의 **임시화**(casualization of work)도 발생했다. 정보 관련 산업과 같이 성장하는 분야의 기술을 가지고 있는 사람들, 소위 승자들에게 이러한 변화는 '새로운 시대'─더 큰 개인의 자유와 자아실현 그리고 민주화, 분권화로 인해 위계적 직장과 사회를 약화시키기 위한 기회를 제공하는─를 예고하는 것이었다. 패배자들에게는 오직 '힘든 시기'─세분화된 업무, 노동과잉, 파트타임과 저임금 직업으로 점철된─가 있을 뿐이다. 새롭게 부상된 경제질서하에서 나타난 하도급 계약과 재택근무의 대두에 대해서도 논의할 것이다.

국민의식과 민족국가

민족국가(nation-state)는 프랑스 혁명 이후에 형성되기 시작한, 상대적으로 최근의 정치 조직체이다. 민족국가는 다민족 왕국, 공국, 종교 영토와 제국들을 대체하게 되었다. 민족주의자들은 영토의 배타적 불가침성을 통해 집단 정체성을 보호하기를 원했다. 민족국가의 통치자들은 소수민족, 디아스포라, 토착민들을 지배세력에 동화시키고 사회적·정치적 주류에서 배제시키거나 격리시키기 위한 가혹한 조치들을 취했다.

머지않아 200개의 민족국가가 승인될 것임에도 (국제법상 혹은 다른 민족국가들로 인해 UN은 모든 국가를 승인하고 있지 않다). 대략 그 20배가 넘는 수의 민족들이 자치권 혹은 국가의 지위를 요구하고 있다. 종교, 민족, 혹은 다른 실질적인 감정이 성장하면서 아래에서부터 민족국가 체계를 위협하고 있다. 5장에서는 이러한 지역적·세계적 압력에 대처하는 민족국가의 역할변화에 대해 고찰할 것이고, 또한 시민권과 정치적 파워에 대한 논쟁 역시 소개할 것이다.

글로벌 변화는 사람들 사이에 기존에 존재하던 불평등 위에 놓여 있으면서 새로운 형태의 지배와 복종관계를 도입하는 역할도 하고 있다. 이러한 변화를 균열(이 책의 2부)에서 논의할 것이며, 다음과 같이 요약할 수 있다.

사회 불평등

사회학자들은 항상 사회에서 발견되는 불평등의 형태와 각 사회, 시대에 따라 나타나는 다양화를 설명하고 이를 개념화하는 문제를 고민한다. 개인과 집단 사이의 불균등한 힘, 부, 소득, 사회적 지위의 분배는 임의로 배분된 것이 아니라 일정한 형태로 패턴화되고 구조화된 것이다. 일부 집단은 소외되고 또 다른 일부 집단은 특권과 안전이 보호되고 있는 서클 안에 속하게 된다.

연령, 시민적 지위, 종교, 고정화, 장애 등 사회 불평등에는 다양한 형태가 존재지만 구조화된 차별은 보통 **젠더**(gender), **인종**(race/ethnicity), **계급**(class)의 3가지 주요 축을 중심으로 작동한다. 이러한 불평등은 각각의 불평등 실천의 구조와 갈등을 만들어내고 제도화된 여성차별주의, 인종차별주의 그리고 계급차별 및 갈등을 생산한다. 성, 인종, 계급은 또한 다양하고 복잡한 경위로 교차되어 때때로 기존의 불평등의 영향을 강화시키고 또 때로는 약화시킨다. 6장에서는 사회학자들이 이러한 형태의 불평등과 불이익이 어떻게 생겨나고 영속되는지, 또한 국제적 변화에 의해 어떻게 수정·강화되고 있는지를 이해하기 위한 다양한 틀을 공부할 것이다.

기업의 권력

초국적기업(Transnational corporations : TNCs)은 세계 문제에 있어서 주요한 행위자이다. 그들은 경제적 글로벌리제이션의 정도가 높아짐에 따라 이익을 얻고 있으며, 부분적으로는 이러한 결과를 가져왔다고도 평가된다. 이렇듯 어디에나 산재해 있는 기구들은 국제자본이라는 트로이의 목마 혹은 파성퇴의 역할을 할까? 이러한 기구들의 힘과 영향력은 빈국을 완전히 압도하고 부국에게조차 명령을 내리는 경우가 있다고 평가된다. 이러한 특징의 부여는 진정한 사회과학을 구성하고 있는 것이 아니라 단순한 상상의 악마를 소환한 것일까? 이러한 조직의 근원은 어디에 있는가? 이러한 기업은 실질적으로 자신들의 국적국에서 자유로운가? 통합되어 가는 세계 경제에서 이들의 경제적 역할은 무엇인가? TNCs의 활동에 의한 사회적 결과는 긍정적일까 부정적일까? 그들은 과연 의무 없는 권력을 행사하는 것일까? 최근 **기업의 사회적 책임**(corporate social responsibility)을 강조하는 것은 TNCs가 이윤뿐만 아니라 사람들을 생각하기 시작했다는 긍정적 신호인가, 아니면 홍보를 목적으로 고안된, 악취를 막으려는 단순한 뚜껑인가? 7장에서 우리는 이러한 질문에 대해 생각해 볼 것이다.

불균등 발전 : 그 희생자

현재 세계에 존재하는 빈곤과 부, 권력과 권력부재의 편재를 어떻게 볼 것인가? 8장에서 소개할 몇몇 학자들에 의하면 제도는 주요한 행위자들의 이익을 지키기 위해 만들어진 것이다. 약자들은 과연 이러한 먹이사슬에서 그들의 위치를 바꿀 수 있을 것인가? 가난한 사람들이 어느 정도의 사회적 이동에 성공하여 자신들의 생활 수준을 올리는 것은 궁극적으로 권력자의 이득이 되는가? 위로부터 실현되는 사회적 상승, 예를 들어 사회민주주의 정치가의 선의의 행위로 인해 사회적 상승이 가능할까? 그 대안으로서 풀뿌리 대중에서 시작한 사회적·정치적 반대운동만이 이를 가능하게 할 것인가?

기아나 내전 혹은 자연재해로 인해 죽은 사람들은 궁극적인 글로벌 패자이지만 다른 집단 역시 취약한 것은 마찬가지이다. 경기의 흐름이 빨라지면 뒤에 있는 그룹들은—예를 들어 비숙련노동자, 실업자, 차별경험자, 도시 빈곤층—더욱 더 구석으로 몰리게 된다. 8장에서 우리는 그 상황을 규명하고 최근 글로벌 변화로 인한 희생자들의 앞으로의 궤도를 예상해 볼 것이다.

범죄, 마약 그리고 테러리즘

글로벌리제이션과 국가 경제의 규제완화로 인해 은행과 TNCs가 더 개방된 환경으로부터 이득을 얻게 된 것과 같이 국경을 넘나드는 테러리즘과 범죄의 기회 역시 커지게 되었다. 초국경적인 범죄는 화이트칼라족의 컴퓨터 범죄, 탈세, 사람과 재화 밀수 등 다양하게 관련되지만 국제범죄의 핵심은 1년에 5,000억 달러로 예상되는 불법 마약거래이다. 거래로부터 주된 이익을 얻는 사람들은 '마약왕'(drug baron), 밀수업자와 딜러들이다. 그러나 동시에 마약밀매는 아프가니스탄, 네팔, 자메이카와 같은 국가의 가난한 농부들에게 있어서 소득의 주요 원천이며, 부국에서는 오락성, 중독성 마약에 대한 끝없는 수요가 존재한다. 이로 인해 한동안 이러한 거래를 없애는 것은 어려워 보인다.

2001년 9월 11일, 세계무역센터에 뛰어드는 납치된 비행기 녹화장면을 누가 잊어버릴 수 있겠는가? 대규모 테러를 겪어보지 못한 많은 미국인들에게 이 사건은 깊은 트라우마를 남겼고, 그 후에는 모든 것이 달라졌다. 9·11은 국제적인 '테러전'을 수행하기 위해 미국의 국가권력이 동원된 기록적 순간으로 역사에 남을 것이다. 9장에서는 테러와 테러리즘의 기원과 특징을 이해하기 위해 그 뒤에 존재하는 더 넓은 배경을 설명한다.

인구와 이주

여론 관련 정책결정자들 모두에게 있어서 인구증가는 세계가 직면한 가장 중요한 문제 중 하나이다. 높아지는 압력으로 인해 정치가들은 인구를 통제하기 위해 급격한 수단을 허가하거나 조장하기도 한다. 그러나 우리가 10장에서 논의한 것처럼 인구증가에 관한 증거를 예언이나 예상, 편견으로부터 구별하고 이민과 인구증가를 위한 수단이 적합하고 효과적인지 의심해 볼 필요가 있다.

국제이주자, 즉 한 국가에서 태어나 다른 국가에서 1년이 넘게 사는 사람은 세계 인구의 소수(오직 3%)이다. 그러나 국제이주를 통제하고 제한하는 주요 동인은 단순한 숫자만은 아니다. 국제이주는 여러 나라에 의욕이 넘치는 노동력, 경제기술, 문화 재부흥을 가져올 수 있으며, 노동시장, 특히 저출산 고령화가 심화되고 있는 부유한 서구사회의 노동시장에 존재하는 격차를 메울 수도 있다. 그럼에도 불구하고 많은 나라에서 국제이주는 국민감정을 자극하고, 그 결과 정치가들은 이러한 운동을 통제하고 제한하려고 한다.

보건, 라이프스타일, 신체

HIV/AIDS, SARS, 조류독감의 만연에서 우리는 글로벌리제이션의 결과 접촉 가능성이 증가하면서 감염성 질병의 발생, 패턴, 범위 등이 변형될 수 있다는 것을 알수 있다. 11장에서는 변화하고 있는 유행병학, 보건관리의 사유화, 라이프스타일의 선택으로 인해 보건이 악화되는 것을 살펴볼 것이다. 발작, 심장 관련 질병, 비만 등 풍족으로 인한 질병은 동시에 마르면 이성에게 호감을 살 수 있다는 날씬하고 젊은 아름다운

몸을 얻기 위한 기대와 함께 존재한다. 신체는 성직자, 정부, 보건전문가, 돌팔이 의사, 보건 관련 산업에 의해 규제와 향상을 위한 장소를 제공해 왔다.

빈국에서 가난과 경제적 후진성과 결부된 공기 및 수인성 전염은 1980년대까지 지속적으로 줄어들었다. 그러나 여러 국가에서, 특히 최빈국들에서 이러한 긍정적인 보건지수들은 다시 떨어지기 시작했다. 동시에 근대화의 영향에 강하게 노출된 개발도상국들 사이에서는 풍족함에서 오는 고질적인 서양 질병이 들어오기 시작했다. 늘어나는 풍요와 함께 약 3분의 2의 중국인은 자기 선택으로 인해 야기된 질병의 가장 큰 원인인 흡연을 시작하거나 계속하고 있다.

특정 사회과정들은 더 이상 국가중심적 접근방법으로는 이해될 수 없다. 여러 지역의 많은 사람들이 관광객의 유입으로 인한 불안정, 국제적 커뮤니케이션, 새로운 형태의 초국가적 도시의 발전, 문화 및 스포츠 생활, 더욱 더 강렬한 글로벌리제이션 등을 국민국가 안에서 뿐만 아니라 국경을 넘나들며 경험하게 되었다. 그 효과에 대해서는 "경험"부분 (이 책의 3부)에서 논의할 것이며, 다음과 같이 요약할 수 있다.

관광 : 그 사회적 · 문화적 영향

국민국가 사이의 경계가 모호해지고 있는 이유 중 하나는 여행자, 관광객, 레저 탐험가들이 여러 사회를 보고 우리 모두가 잠정적으로 '세계라는 (단일의) 놀이터' 라는 생각에 우리들을 동화시키고 싶어 하기 때문이다. 12장에서 볼 수 있듯이 현대에는 선교사, 탐험가, 인류학자들 대신 관광객들이 축소되고 있는 기존 고립사회 안의 보호구역으로 침투하고 있다. 관광사업의 특별한 영향력은 관광객들 자신들의 특성과 관련된 것일까? **대중관광**(mass tourism)과 **대안관광**(alternative tourism)의 구분은 단순히 진부한 것에 지나지 않았던 것일까? 많은 여행자들은 선진국에서 온 문화적 전사처럼 행동하거나 부흥과 계몽을 추구하던 옛날 순례자들처럼 행동한다. 그러나 성 관광을 온 사람들처럼 단순히 자신들보다 약하고 가난한 사람들을 수탈하기도 한다. 관광은 거의 모두를 각 사회들 사이의 경계, 외부자와 내부자의 경계가 불명확한 다문화적 세계에 노출시킨다. 특히 국제관광은 집주인과 손님 양측 모두를 그들 자신의 정체성에 대해 생각하도록 만든다.

소비문화

한 잔의 커피나 차를 마실 때 우리는 곧장 세계 시장경제와 접속된다. 이러한 방식으로 도달하는 세계 재화의 목록은 가공할 만한 수준이며, 계속 늘어나고 있다. 세계 재화는 우리가 구입하고 경험하는 최종 소비지에서 멀리 떨어진 다수의 장소에서 자라고, 가공·포장·제조·기록되며, 제작·상연된다. 13장에서는 이러한 다수 공급의 영향을 살펴볼 것이다. 특히 소비자들은 물건를 팔고 싶어 하는 사람들을 위한 타깃이 되고 있는지, 아니면 반대로 소비자들은 세계 시장경제에 있어서 선택을 하는 힘을 가지고 있는지에 대해 생각해 볼 것이다. 우리는 우리가 물건을 사고 소유하는 것이 점점 더 많은 의미—고급 브랜드의 식별에서부터 많은 소비자들이 그들의 셔츠를 뽐낼 때 나타나는 표정에 이르기까지—를 전달하는 것을 알게 되었다. 이러한 의미들은 우리가 다른 이들과 공유하는 더 넓은 문화적 신념, 가치, 방향들과 결합되어 나타난다. 이러한 공통의 의미 안에서 생각함으로써 우리는 우리의 생각과 가치를 공유하는 집단과 의사소통할 수 있는데, 이것이 한 그룹을 다른 한 그룹으로 대체할 수 있다는 증거가 된다. 생산자들은 이러한 경향에 대해 규모를 줄이거나(소위 말하는 틈새시장을 노리는 전략) 반대로 판매량을 늘림으로써 광고, 선망, 경쟁에 의해 이어지는 세계 소비문화를 양산한다.

미디어와 정보화 시대

커뮤니케이션 케이블은 해저를 따라 뻗어나가 육지를 가로지르고 인공위성으로부터 쏟아져 지구까지 도달하여 전 지구를 둘러싸고 있다. 어디에나 존재하는 텔레비전 스크린에서 볼 수 있듯이 한 사회에서 다른 사회까지의 거리는 그 중요성을 잃어가고 있다. 우리는—너무나 유명한 단어인— '지구촌' 에 살고 있는 것이다. 14장에서 우리가 분명히 말하고자 하는 것은 누가 미디어와 커뮤니케이션 채널을 통제하는가, 그리고 어떠한 목적으로 중요한 사회학적 데이터를 제공하는가이다. 대중 소비재화처럼 컴퓨터 네트워크의 도래와 함께 전화, 특히 이동전화는 중요한 의미를 가진다. 이들은 정보를—정보 처리부터 저장, 창조, 그리고 분배까지—국가 경제와 세계 경제의 주요한 장소 곳곳으로 발신해 왔기 때문이다.

정보를 공유하는 능력 그리고 쌍방향 통신을 양산하는 능력은 또한 문화적·사회적 효과를 가진다. 많은 사회집단들은 부정적인 모습이 연출되어 차별을 받거나 직접적인 폭력의 대상이 되는 것을 우려하고 있다. 이러한 고민 중 일부분은 그들이 우리에게 '쏘아지는' 메시지들을 우리가 순순히 받아들인다고 가정하기 때문에 오는 것들이다. 사실 미디어의 영향은 좀 더 복잡해서 영화, 뉴스, 특별 프로그램이나 방송 등의 자기 비판 역시 자주 나타난다. 그러나 또한 미디어 소비자를 그들이 고른 메시지만을 받아들여 폐기하고 굴절시키는 '기호론적 게릴라'로 보는 것은 과장이 될 것이다. 우리는 '24/7' 미디어 혁명의 효과를 인정하고 출판과 방송, 채널의 확산에도 그 효과가 과장되지는 않았는지 고민해 볼 것이다.

글로벌 시대의 스포츠

음악, 춤, 예술과 같이 스포츠에 참가하고 이를 즐기는 것은 다른 언어를 말하고 읽는 것과 같은 장애가 존재하지 않는다. 스포츠에서 얻을 수 있는 기술, 경쟁, 육체의 단련, 공정한 게임 그리고 재미는 쉽게 국경과 국가를 초월한다. 15장에서 우리는 얼마나 다양한 스포츠가 그들의 생성 문맥에서 멀리 떨어져 퍼지게 되었는지를 살펴볼 것이다. 그러나 이는 또한 많은 정부들이 국가 생성과정을 돕기 위해 특정 스포츠를 받아들이거나 혹은 거부한 것과도 연관이 된다. 또한 20세기 중반부터는 TNCs가 스포츠를 이용하게 되었는데, 이러한 기업들은 스포츠를 사업의 핵처럼 도구로서 연출하고 방송했다. 뉴스 코퍼레이션이나 아메리카 온라인 타임워너 등을 생각하면 될 것이다. 이러한 기업후원은 기업활동의 긍정적인 이미지를 키우기 위해 성공한 스포츠 선수들을 그들의 기업 브랜드와 연관시키는 것도 포함된다.

이러한 중요한 변화로 인해 참가자와 관전객의 스포츠 경험의 본질도 변화했다. 그들은 또한 스포츠를 그것의 생성지로부터 널리 퍼트림으로써 글로벌리제이션에 중요한 기여를 했다. 어떤 관찰자들은 또한 스포츠를 통한 동일화 현상과 관련하여 보통 사람들, 특히 유복하지 않은 사람들의 일상생활에 있어서는 상업화된 스포츠가 그다지 큰 의미를 가지지 못한다는 것을 지적한다. 그러나 올림픽과 같이 거대한 스포츠 이벤트에 참여하는 세계의 대중 관객들이, 비록 잠깐이라고 할지라도 글로벌리티—세계가 단일화된 공간이라는 의식—에 기여하고 있다는 일체감을 즐길 수 있다는 것이다.

세계 종교

사회학자들에게 있어서 종교가 '사실'인지 '거짓'인지는 중요하지 않다. 그러나 종교가 글로벌 사회에서 어떻게 구현되고 있는지, 어떠한 가치들에 기반을 두고 있는지, 그리고 어떠한 사회기능을 제공하는지는 중요한 주제이다. 그 외에 종교와 관련된 주제로는 세속화를 향한 장기적 경향이 존재하는지(많은 사회학자들이 일반적으로 받아들이고 있는), 그리고 개인들이 장기적으로 중요한 종교적 감정과 기구의 부흥을 경험하고 있는가 등이 있다. 베버가 예측한 것처럼 속세의 특정한 형태의 행위(예를 들어 사업적인 통찰력)는 특정 종교와의 제휴로 연결될 것인가? 우리 모두는 최근 소수의 이슬람 지하리스트들이 그들의 열렬한 신념을 표현하기 위해 테러리즘으로 돌아섰다는 것을 뼈저리게 알고 있다. 그러나 왜 이슬람교도들은 그렇게 했을까? 그리고 왜 일반적으로 이슬람이 '서구적 문명'(western civilization)에 위협이 되었을까? 16장에서 우리는 사회학자들이 종교 연구에 공헌한 바를 살펴보고, 왜 종교가 현대 생활에서 강력한 위치를 점하게 되었는지, 그리고 왜 이러한 글로벌 종교가 발전되게 되었는지, 어째서 종교행위가 사회단결에 위협이 되었는지, 혹은 반대로 수단이 되고 있는지 알아볼 것이다.

도시생활

대부분의 인간 역사에 있어서 삶은 전원적이었다. 1800년에는 세계 인구의 97%가 전원에 살았다. 200여 년이 지나면서 100만 명이 넘는 인구가 사는 도시가 254개나 생겨났다. 인간의 정착형태, 도시에서 살아가는 방법 역시 세계의 가장 저명한 사회학자들의 연구영역이 되었다. 뒤르케임(Durkheim)은 이를 '기계적인'(mechanical) 결속으로부터 '유기적'(organic) 결속으로의 전환으로 보았고, 짐멜(Simmel)은 거대 도시들이 익명성, 고독감, 이방인 의식을 유발한다고 보았다. 반면 시카고 대학의 박(Park)과 버지스(Burgess)는 이를 '생태학적 패턴화'(ecological patterning)와 도시집단의 공간적 분배로 보았다.

17장에서 설명하듯이 소위 글로벌 도시라고 불리는 특정 도시들은 그들의 국가에 존재하는 지방과 다른 도시들과는 다른 세계 경제를 위한 기능을 맡고 있다. 세계 도시들은 그들 자신의 권리 면에서 중요한 현상일 뿐만 아니라 다른 도시들과의 관계 때문에도 중요하다. 글로벌 도시에 살거나 일하거나 여행을 하는 부유한 사람들 다수는 다른 세계 도시에서도 그들과 같은 삶의 조건, 태도 및 행동 패턴과 취향을 공유한다. 전통문화는 감소하고 국제적이고 대도시적 문화로 대체되고 있다. 한 지방의 시골 뜨기가 도시에 왔다고 했을 때, 그 지역의 도시에 살고 있는 거주자들은 글로벌 도시의 거주자들이다. 그러나 글로벌 도시에 살고 있는 사람들이 모두 부자인 것은 아니다. 이 장에서 우리는 또한 도시화 과정에서 나타나는 사회적 배제, 특히 소위 '언더클래스'(underclass, 계급 이하)의 존재 유무에 대한 사회학자들의 토론을 살펴볼 것이다.

글로벌리제이션에 관련된 문헌들은 사람들을 바람에 흩날리는 왕겨와 같이 사회변동의 본질과 방향에는 전혀 영향을 줄 수 없는 것처럼 가정하는 경우가 너무나도 많다. 원동력과 과제라는 제목의 4부에서는 이러한 가정에 대해 질문을 던지고 세계적 사회운동이 어떻게 하여 발생하고 다시 힘을 얻는지 살펴볼 것이다. 이러한 사회운동들은 각각 다른 수준에서 벌어지는 악전고투를 연결하여 세계 질서의 생성을 재형성시키기 위해 노력하고 민주 참여도를 만들기 위한 방법을 찾고 있다.

세계 시민사회

18장에서는 유식자인 시민들이 정보 접근권을 사용함으로써 공적 영역이 점진적으로 늘어났음을 살펴본다. 또한 조직 발전을 위한 동원 가능성이 늘어나면서 시민은 국가의 간섭으로부터 자유로워졌으며, 국가의 권위에도 도전할 수 있게 되었다. 이러한 **시민사회**(civil society)가 존재한다는 것은 사람들이―적어도 잠재적으로는―사람의 간섭 없이 그들의 논리만으로 움직이고 있는 무생물적 힘으로 묘사되는 국가 권력과 글로벌리제이션을 관리할 수 있다는 하나의 암시가 될 수 있다. 이러한 특정 원인을 발전시킬 수 있는 네트워크를 만드는 것에 사회조직들이 관여할 때 이를 **사회운동**(social movement)이라 부르고, 이들이 초국가적으로 작동하면 **글로벌 사회운동**(global social movement)이라고 한다.

머나먼 거리를 넘어선 네트워크 활동이 값싸지고 쉬워짐에 따라 비정부기구(NGOs)의 약점으로 작용했던 이들의 다양성과 분열의 영향은 사라지기도 하고 종종 힘의 원천이 되기도 한다. 연합은 남반구와 북반구의 균열을 중개하고, 환경보호를 위한 사람들을 결집하며, 인권을 향상시키고 허리케인이나 지진, 기아, 아시아 쓰나미로 인한 피해자를 돕기 위해 사람을 동원한다. 물론 글로벌 사회운동이 종종 국제연합(UN)과 같은 국제기구와 협력하거나 국가 정부와 함께 활동할 때도 있다. 이러한 경우 글로벌 사회운동은 이러한 공식적인 기구들의 참여를 통해 그들이 내세우는 특정한 목적을 더욱 더 효과적으로 이끌어낼 수 있다.

전통적 성 사회에 대한 도전

19장에서는 '아래로부터의 글로벌리제이션'을 건설해 가는 중요한 방법으로 전 세계적 규모로 활동하고 있는 다양한 여성 네트워크의 부상을 살펴보도록 한다. 여성 운동은 소규모의 참가형 의식고양 모임에서 1985년 케냐 국제 여성 회의와 10년 뒤의 베이징 회의와 같은 대회로 발전하면서 실질적인 효과를 거두었다. 세계에서 사회적인 성 지위가 근본적으로 바뀌지 않은 나라가 거의 없을 정도이다. 게다가 대부분의 운동의 원동력이 1950년대 이후에서야 명확히 나타난 것에서 볼 수 있듯이 이러한 변환은 매우 단기간에 이루어졌다. 이렇듯 운동이 빠르게 퍼질 수 있었던 이유는 풀뿌리 기구들의 성공과 더불어 여성과 남성의 의식을 바꿀 이미지를 전 세계적으로 발신시킨 커뮤니케이션의 속도와 응집력이 있었기 때문이었다. 경찰, 비행기 조종사, 우주 조종사, 의사 등의 새로운 직업을 가진 여성, 그리고 유명 드라마에서 남성보다 중요한 역할을 맡은 여성의 모습들은 전통적인 스테레오 타입과 성에 따른 노동의 분화에 이의를 제기했다.

지속 가능한 미래를 향한 환경운동

20장에서는 가장 큰 영향력을 가지고 활발히 활동하고 있는 글로벌 사회운동 중 하나인 환경운동에 대해 논의할 것이다. 환경운동의 발전은 의심할 바 없이 번영 및 문명화에 대한 19세기적 사상—백인이 무지몽매한 토착민에게 상업과 기독교를 전파하기 위해 아마존 정글을 해치고 다니는 모습으로 상징되곤 하는—에 관한 주요한 반전이라고 할 수 있을 것이다. '환경론자'의 중심 주장은 지구가 우주를 떠다니고 있는 깨지기 쉬운 공이라는 것이다. 환경운동은 생물 다양성의 가치를 강조하며 인간에 의해 지구에 미칠 수 있는 위험에 대해 경고하고 인구성장의 안정화와 농업의 상업화에 대한 반대의 필요성을 주장한다. 지구온난화에 대한 위협의식은 마침내 몇몇 강대국 지도자들로 하여금 이산화탄소 배출 통제에 관한 유효한 국제협약을 체결하도록 동원함으로써 환경보호를 위한 수사학적 참여를 이끌어냈다. 그러나 강력한 에너지 관련 압력단체가 존재하는 미국이나 지속 불가능한 에너지를 대량소비하고 있는 중국에게 있어서는 깨지기 쉬운 세계를 지키는 국제 환경정책은 국가 성장을 위한 산업화를 위험에 빠뜨릴 수 있는 중요한 제약이다.

아이덴티티와 소속의식

강한 사회 유대를 만드는 것은 가장 강력한 인간 욕구 중 하나이자 사회학자들의 영구적인 관심 중 하나이다. 역설적으로 들리지만 글로벌리제이션의 위협은 종종 가족 및 친족, 출신지에 대한 애착, 종족애, 종교신념 등을 강화시키곤 한다. 많은 사람들은 그들의 정체성을 보호하고 행복과 안전을 느끼기 위해서 친밀한 그룹에 속할 필요가 있다고 생각하는 듯하다. 이러한 경향은 **아이덴티티 형성**(identity gormation)이라는 개념으로 이해할 수 있는데, 이러한 과정은 몇 단계를 거친다. 아이덴티티의 형성은 종종 아이나 고령자를 포함한 가족을 돌보는 것과 같이 온화한 성격을 띤다. 그러나 민족집단(동일한 규범, 종교 혹은 언어를 공유하는)이 결집하는 경우 국가 하부 수준에 있어서 엄청난 긴장을 유발하기도 한다. 특히 자치권이나 국가 분리를 주장하는 지역에 있어서는 매우 격렬한 갈등을 유발하며 내전에 이르는 경우도 있다. 민족분쟁으로 인해 비극이 발생했던 르완다, 브룬디, 수단, 보스니아 등을 떠올리면 될 것이다. 1999년 봄, 북대서양조약기구(North Atlantic Treaty Organization : NATO)는 세르비아 군·경찰에 의한 코소보 민간인에 대한 공격의 보복조치로서 세르비아에 폭격을 명령했으며, 이는 인권보호를 위한 군사개입이 정당한지 아닌지에 대한 논란을 제기했다.

이렇듯 글로벌리제이션은 예상 밖의, 때로는 정도를 벗어난 결과까지 양산하곤 한다. 글로벌리제이션의 통합에 대한 압력에도 불구하고 발생하는, 혹은 이 때문에 발생하는 이 강렬한 고전분투는 사람들을 멀리 분산시킨다. '로컬리즘'(종교, 인종, 민족성과 국가 하부의 감정 등에 기초한 운동을 포함) 역시 살펴보겠지만, 21장에서 우리는 개인들의 다양성과 차이를 인정하면서도 서로 다른 배경을 가진 사람들 사이에서 나타나는 창의적이고 긍정적인 유대를 육성하려는 국가, 집단, 기구, 개인들을 살펴볼 것이다. 그들 중 일부는 그들 안에서 자신들끼리 관계를 맺으며 초국가주의 그리고 세계주의 의식의 발전이 나타난다.

미래에 대한 논쟁

우리는 마지막 장에서 글로벌 사회학을 둘러싸고 끊임없이 이어지는, 그리고 새롭게 발생하고 있는 논쟁에 대해 살펴볼 것이다. 가장 지속적으로 이어져 온 논쟁은 아마도 글로벌리제이션의 범위와 이에 대한 다양한 반응일 것이다. 몇몇 회의론자들은 이것은 모두 '글로벌로니'(globalony : 미국 속어로 별다른 내용도 없으면서 끊임없이 앵무

새처럼 유행하는 슬로건으로 글로벌리제이션을 주장하는 사람들을 의미)가 있기 때문이라고 이야기하지만, 우리는 글로벌리제이션이 현대 사회에서 정말로 강력하며 더욱 더 강력해지고 있음을 보여주고 있는 실증적 자료들을 제시할 것이다. 글로벌리제이션에 관련하여 이를 옹호하는 사람들, 비난하는 사람들, 개혁하고자 하는 사람들 모두 존재한다. 그 외의 사람들은 그들의 선택에 의해서건 세계 사회의 배제에 의해서건 많은 발전의 아웃사이더로 존재한다.

이러한 논쟁을 살펴보면서 우리는 또한 글로벌리제이션이 세계적 차원의 중요한 다른 변화들을 보지 못하게 하는 역할을 하고 있음을 제시할 것이다. 예를 들어 앞으로도 미국은 시장점유율을 지키고 석유공급을 줄이며 대테러전에 앞장서 왔던 것처럼 세계에 관여할 것인가? 혹은 군사적 개입에 실패하고 '연성전'(soft war, 생각의 전쟁, 마음을 얻기 위한 시도)에서 불리해져 새로운 고립주의로 나갈 것인가? 한편 점차 늘어나고 있는 중국과 인도의 경제력이 세계 무역에서 뿐만 아니라 이 지역에서 상징하는 것은 무엇인가? 세계적 변화가 응집되면 어떠한 사회단체가 이득을 얻고 어떠한 사회단체는 잃을 것인가? 앞으로 어떠한 문화적 변화가 발생할 것인가, 특히 앞으로 문화는 소규모 집단에 의해 지배될 것인가 아니면 동적인 혼합문화의 형태로 **교배와 혼성**이 이루어질 것인가? 서구사회가 문화적 경험의 다양한 범위를 흡수해 왔듯이 미래에는 서구사회를 포함한 단색의 사회가 나타날 것인가? 초국가적인 정보, 이미지, 사람, 소리와 스타일의 파도가 퍼지면서 우리의 믿음과 생각, 그리고 다른 사회행동에 관한 형태 등은 어떻게 발전할 것인가? 이런 질문들을 포함한 다양한 질문들이 앞으로 다가올 수년간 국제사회학자들의 주요 관심사가 될 것이다.

이 책을 이용하는 방법

- 각 장 마지막에 더 읽어볼 책, 그룹 과제, 생각해 볼 문제, 유용한 웹사이트 등을 적었다.

- 사회학에 있어서 중요한 개념, 예를 들어 **제3세계**(third word)와 같은 굵은 글씨체로 중요 개념(key concept)이라는 난에 정의해 두었다.

- 중요한 역사적 사건이나 사회학이 아닌 다른 학문에서 온 어려운 용어와 사상은 본서에서는 **프랑스 혁명**(French Revolution)과 같이 표기·설명해둔다.

- 출판사의 웹사이트(www.palgrave.com/sociology/cohen)는 알파벳 순서대로 모든 개념과 설명을 수록한 어휘집을 제공한다.

■ 좋은 학생이 되려면 얼마나 두꺼운지 상관없이 사회학 교과서는 한 권 이상 읽어야 한다. 각 장 끝에 있는 더 읽어볼 책(Further Reading)은 앞으로 더 읽을 책들에 관한 지침을 제공할 것이다. 본서에 언급된 모든 문헌들은 이 책 마지막의 참고문헌에 나와 있다.

■ 전부는 아니라도 많은 대학에서 매주 강의나 세미나를 열고 있다. 학생들에게나 아니면 교육자들을 위해 그룹 과제(Group Work) 난에는 같이 논의하고 분석할 흥미로운 소재들을 제공할 것이다.

■ 생각해 볼 문제(Questions to Think About)에서는 직접 손으로 답을 풀 수 있다. 학생들은 시험을 준비하거나 에세이를 쓸 때 자신의 생각을 정리할 수 있는 좋은 수단이 될 것이다.

■ 우리 중 대다수가 보충자료를 얻기 위해 구글(Google)과 같은 검색 사이트를 사용하는 것에 익숙해져 있다. 문제는 웹상에는 너무나 많은 자료가 존재하고 그 중 대다수가 쓸모없는 것이라는 점이다. 각 장의 마지막에 작지만 엄선된 사이트 목록을 수록했다. 이는 다른 정보를 얻을 수 있는 포털 사이트, 사회학자들에 의해 걸러진 양질의 자료를 구비한 사이트, 정보의 출처가 명확한 사이트를 중심으로 한 것이다. 그 중에는 재미를 위한 엉뚱한 것들도 있다. 또한 웹상에서 얻은 정보를 가지고 오거나 인용하는 경우 역시 출판된 책이나 학술 잡지를 사용할 때와 같이 출처를 명확하게 하는 것을 잊어버리면 안 될 것이다.

마지막으로 이 책을 즐길 수 있길 빈다!

준비작업

1. 이 책을 공부하기 전에
   ■ 이 책과 함께 다른 책을 볼 수 있는지에 대해서 생각해 볼 것
   ■ 각 장 끝의 더 읽어볼 책 난에 나오는 책 목록을 참고로 하여 이용하고 있는 도서관의 온라인 목록을 검색, 어떤 책들을 소장하고 있는지 시험해 볼 것
   ■ 외국 신문, 좋은 주간지(*The Economist*와 같은), CD롬과 같은 다른 자료들이 이용 가능한지 알아볼 것
2. 도서관 안내 설명을 들을 것
3. 이 책을 공부하면서 소규모의 학생 그룹을 세심하게 살펴볼 것. 분명히 다른

지역이나 도시, 외국에서 온 학생들이 있을 것임. 그들을 알아가려고 노력할 것. 그들은 글로벌 사회학의 여러 가지 단면들을 이해하는 데 가치를 따질 수 없을 정도의 주요한 자원이 될 것이고 친구도 될 수 있을지도 모르니까.

4. 각 주에 정해진 강의에 앞서서 책을 적어도 한 장씩 읽을 것. 지금 1장 2장을 시작할 것. 2장은 어려우나 만약 그것을 완전히 이용할 수 있다면 앞으로 그다지 큰 어려움은 없을 것이다.

PART **ONE**

해석

GLOBAL

SOCIOLOGY

글로벌 사회학의 형성
The Making of Global Sociology

SOCIOLOGY

사회학은 사람들 간 상호작용의 특성과 유형에 관한 체계적 연구이다. 인간 행동은 역사적인 사건, 신념, 개인에 대한 사회의 영향, 가족이나 좀 더 큰 사회집단 등에 의해 구조화되는 경우가 많다. 그 결과는 여러 단계—지방 차원, 국가 차원, 지역 차원, 글로벌 차원—에서 나타난다. 이러한 과정과 단계들을 연구하기 위해 사회학자들은 다른 사회과학의 교육분야—특히 경제학, 정치학, 인류학, 역사학—로부터 통찰력을 빌려오곤 한다. 그러나 특정 이론과 방법들은 사회학 내에 내생적으로 존재하여 150년 이상 발전해 왔다. 사회학에 관련하고 있는 많은 교사들은 학생들이 사회학 선구자들의 아이디어의 진화를 이해함으로써 좋은 배경지식을 얻어야 한다고 주장한다. 대학의 토론에서 둘 이상 혹은 다수의 교육분야(interdisciplinary & multidisciplinary)를 아우르는 관점이 얼마나 유익한 것인지에 대한 논평들을 얼마든지 들을 수 있다. 저자들역시 원칙적으로 이 의견에 동의하지만 학생들은 처음에는 사회학의 기초적인 이론 및 방법, 발견, 감수성에 따르는 것이 좋다.

이번 장에서 우리는 사회학의 출발점들, 사회학 발전에 있어서 중요한 이정표, 사회학 교육분야의 내용변화, 초국경적 현상에 주목한 국가 사회학의 형성, 그리고 마지막으로 글로벌 사회학의 기원에 대해 살펴볼 것이다. 글로벌 사회학은 아직 성장하고 있는 새로운 분야로서 모든 사회학자들이 이 분야가 앞으로 사회학의 중요한 부분을 차지할 것이라고 예상하고 있지는 않다는 것을 강조하고 싶다. 그러나 이 책의 22장을 통해 우리는 발전하고 있는 글로벌 사회학이 앞으로 사회학의 중요하면서도 필요한 방향을 제시할 것임을 주장할 것이다.

사회학의 주요한 출발점

사회학 분석의 특수성은 무엇인가? 사실 사람들의 동기를 평가하고 그들이 어떻게 행동하는지 관찰하는 방법에는 여러 가지가 있다. 셰익스피어(Shakespeare)는 그의 희곡 「뜻대로 하세요」(As you like) 2막 7장 28행에서 '인간의 7단계', 즉 유아, 학동, 연인, 군인(명예를 향한 질투는 갑작스러운 분쟁을 일으킨다), 현명한 중년, 노인 그리고 이가 없는 영아기로의 회기를 제시한다. 각 단계에서 사람들은 각각의 역할을 수행하게 되는데, 셰익스피어는 이를 다음과 같이 묘사했다.

모든 세상에는 무대가 있고
모든 남자와 여자는 단순한 배우에 지나지 않는다.

퇴장도 입장도 모두 정해져 있는

인생을 살아가는 인간은 여러 역할을 맡게 된다.

훌륭한 예술가들은 우리의 마음을 적시고 그들의 언어 구사능력은 우리를 감탄시키며 인간 행위에 대한 이해를 높인다. 이와 비슷하게 철학자들은 철학 고전이 만든 기준에 따라 삶의 의미를 규명하며 고결성을 평가한다. 심리학자들은 무의식적이거나 숨겨진 인간 행동의 원인을 조사하고 그것들이 인간을 불행하게 하거나 다른 사람에게 해를 끼치지는 않도록 하는 방법을 찾는다. 역사학자들은 '예전부터 존재' 해 온 것들이 외부로부터 왔음에도 불구하고 얼마나 비슷한 것들인지 수많은 예를 들어줄 수 있다. 물론 그것이 얼마나 비슷한가에 있어서는 항상 토론의 여지가 있다. 경제학자들은 인간 행동이 합리적 선택과 물질적 자기중심주의에 의해 행해지고 있다고 주장하는 반면, 반대로 다수의 정치학자들은 인간은 권력을 따라 움직인다고 주장한다. 그러나 그들 모두는 가치 있고 특색 있는 분야를 개척하여 사회문화적 세계를 묘사하고 이론화하며 사회정책(미국에서 일반적으로 공공정책이라고 부름)을 만들었으며, 기존의 고전적 학문과 인간의 잠재력을 억눌러 왔던 사회행동을 비판해 왔다.

과학으로서의 사회학

부분적으로 사회학은 특유의 교육방식을 가지고 신학과 같은 기존의 지식체계에 반대하는 방법으로 발전해 왔다. 경제학, 정치학과 함께 사회학은 '계몽'(3장 참조)이라는 세속적이고 과학적인 생각의 생성과 관련되어 있다. '사회학'이라는 용어를 처음 만들어낸 어귀스트 콩트(Auguste Comte 1798–1857)는 지식의 모든 분야는 3단계를 거친다고 주장했다. 첫째, 신학적 단계로 초자연적인 존재가 모든 현상의 원인이 된다는 것이다. 두 번째는 형이상학적이고 추상적인 생각이 가능해지고, 세 번째로는 실증적인 단계로 더 높은 과학적 추론이 가능해지는 것이다. 콩트가 '통계' 혹은 사회의 '역학'이라고 불렀던 과학적 법칙의 점진적 이해는 모든 형태의 과학을 통합하는 과학으로서의 사회학을 만들어냈다. 그는 교육방식에 있어서 과학적 주장의 질을 높이기 위해 관찰, 실험, 비교, 역사의 사용을 추구했다(Kreis 2000).

실증주의자로 알려진 콩트를 추종하는 사회학자들의 집단은 여전히 그를 따라 규범적인(가치평가적인) 논평을 최소화하고 있다. 대신에 그들은 중립적인 관점에서 사회행동의 규칙성과 패턴을 발견하고 측정·분석하는 것에 공을 들인다. 사회학 지식의 과학성을 강조하고 싶어 하는 이들은 사회학이 자연과학과 비교해 볼 때 한 가지 큰 어려움을 가지고 있다고 말하는데, 이는 단순히 과학자들이 실험실에서 할 수 있는 행위, 예를 들어 대상실험체를 조작하고 파괴하는 것, 그리고 인간보다 열등하다고 여겨지는 생물들을 해부하는 것과 같은 것이 사회학에 있어서는 윤리적으로 불가능하다는 점에서 나타난다. 그러나 우리는 자연과학자들이 얼마나 자유로운지에 대해 과장해서는 안 된다. 대표적으로 양이나 줄기세포 복제에 대한 반대 시위에서 볼 수 있듯이 많은 사람들이 실험대상으로 동물이나 살아 있는 기관들을 사용하는 것에 대해 반대한다. 순수한 학문적 목적을 가지고 있으나 식물이나 곤충에 대한 대량학살, 화학전, 지구온난화, 핵사고 등을 가져올 수 있는 종류의 연구에 있어서도 역시 도덕적인 반대가 확산되고 있다. 반대로 복잡한 통계적 계산(다변수분석과 같은)을 통한 광범위한 데이터 셋의 사용과 체계적인 공시적·공간적 비교를 통해 사회학자들은 이러한 내재적인 과학방법상의 단점을 (완전히 말소하는 것은 불가능하지만) 보완할 수 있다.

사회학의 특수성과 보편성

모든 인간은 '사회' 안에서 집합적으로 살아간다. 물론 그 중에는 은둔자라고 불리는 예외적 존재들도 있다. 피터 프랑스(Peter France 1996 : chapter 1)는 까다롭기 그지없던 디오게네스(Diogenes 412-322 BC)라는 은둔생활을 하던 그리스의 철학자에 대한 멋진 일화를 소개하고 있다. 알렉산더 대왕이 그를 방문하여 이 빈곤한 철학자를 위해 무엇을 해줄까 하고 물었을 때 디오게네스는 "해를 막지 말고 비켜달라"라고 대답했다. 그가 그의 고향인 시노페에서 추방되었을 때 그는 "시노페인들이 나에게 추방을 명했으니, 나는 그들에게 벌로 집에 머무르기를 명한다!"라고 선언했다고 한다. 프랑스는 더 많은 은둔자들에 대해 이야기하고 있으나 그가 이러한 예를 든 것에 있어서 그 의미는 분명하다. 그들 자신을 영원히 고립시킨 은둔자는 거의 없다는 것이다. 그들은 보통 음식, 잠, 인간관계를 제어함으로써 정신적으로 재생과 정화의 과정을 가졌는데, 이는 나중에 다른 인간들과 정신적·사회적 교감을 누리기 위해서였다. 우리가 혼자서 살아가기 위해 모두 뿔뿔이 흩어진다면 인류라는 것 자체가 없어져 버릴지도 모른다.

그래서 우리는 **사회적** 동물이고, 이 때문에 특정한 속성을 공유하고 개인의 신념, 국적, 나이, 성, 지위나 부와 관계없이 공통의 행동방식을 취한다. 이는 우리가 얼마나 다른지 설명하기 위한 중요한 요소가 된다. 엘리아스(Elias 1978 : 107)는 이를 이렇게

설명한다 : "모든 사회에서 바뀌지 않는 요소는 인간 본성이다." 그러나 우리가 일반적인 본성을 다루는 것이 아닌 인간 본성을 다루고 있다는 사실은 우리의 본성은 변하지 않는 것이라고 가정할 수 없다는 것을 의미한다. 게다가 엘리아스(Elias 1978 : 107)는 계속해서 "인간성의 특이한 단면은 인간이 본성적으로 특정한 방법으로 변화한다는 것이다"라고 말한다. 이는 매우 심오한 함의를 가진다. 우리는 대규모의 변화를 경험하고 이에 적응하기 위해, 예를 들어 전공업화에서 공업화 사회로의 이전이나 글로벌리제이션이 더욱 더 심화된 사회로의 이전과 같이 우리를 끌어들이는 현상 안에서 생물학적 변화(다윈의 진화론에서 설명하는 것과 같은)를 경험해야 할 필요는 없다. 우리는 우리의 행동을 기록하고, 역사를 회상하며, 과거를 바탕으로 미래를 예측한다. 또한 우리는 기존의 방법을 고수하거나 새로운 방식을 도입한다. 이는 사회학자들의 일을 더욱더 복잡하게 하고 유전의 특질에 따라 크게 제한되는 동물의 행위를 측정하는 생물학자들의 일과 구별하게 한다(Elias 1978 : 108). 우리의 복잡한 주제의 중요성을 알기 위해서는 특정 사회들이 어떻게 발전해 왔는지 보고, (비슷하거나 다른 형태를 가진) 다른 사회들과의 비교를 통해 한 사회 혹은 한 사회의 집단들이 어떠한 사회변화 및 행동양식에서 보편성을 가지는지, 아니면 반대로 특이성을 가지는지를 고찰해야 한다.

상상으로서의 사회학

　　인간의 본성과 사회들 사이에서 나타나는 사회행위의 다양성에 대해 잠시 언급하는 것만으로 과연 사회과학자들은 형식적인 방법론과 통계적 기술을 통해 인간 행동의 성질과 사회의 상호작용을 전부 파악할 수 있을까라는 의문을 가지게 된다. 이는 물론 신뢰성을 가진 정보를 축적하고 실험 가능한 개념('가설'이라고 부르는)을 발전시키며 더 큰 신뢰성을 위한 연구기술의 단련, 정부의 사회정책을 담당하는 부분을 양산하는 등의 진정한 실증주의 사회학자들의 업적의 가치를 떨어뜨리는 것은 아니다. 범죄의 원인에서부터 축구 훌리거니즘(Hooliganism), 출산율, 성적 행위와 성적 부당행위, 가족형태, 사회 이동성(어떻게 사람들이 계급과 직업구조에서 올라가거나 내려가는지), 종교적 충실도의 범위, 교육 달성의 가치까지 다른 많은 사회학적 이슈는 실증주의 전통에 입각한 엄밀한 사회학 연구에 의해 중요시되어 왔던 것이다.

　　사회적 세계에 대한 거대한 지식의 축적에도 불구하고 많은 사회학자들은 기존의 연구에 있어서 빠진 부분이 있다고 주장한다. 일반적으로 이러한 탈락은 사회에서 '자아' 혹은 '주관'으로 설명할 수 있는데, 특히 특정 행위의 의미—사회학자이든 아니든 특정 사회 행위자 혹은 다른 사회 행위자들에게 있어서, 혹은 외부의 관찰자에게 있어서의 의미—를 말한다. 이러한 문제를 언급하기 위해서는 위대한 독일의 사회학자 막스 베버(Max Weber) (Coser and Rosenberg 1976 : 213-14, 219)가 이야기한 훼어슈테헨(Verstehen)—쉽게는 '이해'(understanding)라고 번역할 수 있는데 '통찰력'(insight) 혹은 '감정이입'(empathy)으로 번역하는 것이 더 좋을 듯하다—의 개념을 소개한다. 악튜엘레스 훼어슈테헨(Aketuelles Verstehen)은 추상적이고 즉시 이해할 수 있는 개념임에 비해 에클뤼렌더스 훼어슈테헨(erklärendes Verstehen)은 더 심원한 의미 혹은 가능한 해석을 얻기 위한 동기와 의도, 그리고 상황을 면밀히 조사한다. 고맙게도 베버는 예를 들고 있다. 우리는 사람이 총을 쏘는 것을 관찰할 수 있다(실제로 일어나는 것). 그러나 총살형을 집행하는 총살대의 멤버이기 때문에 총을 쏘는 걸까(그렇다면 강요에 의한 행위가 된다) 아니면 적을 향해 전투를 하는 걸까, 그것도 아니면 스포츠로서 하는 것일까 아니면 복수를 하는 것일까? 마지막 답이 아마도 가장 재미있는 확률을 가지고 있을 듯한데, 이것이 '질투에 의해 자존심에 상처를 받았거나 모욕을 당해 유발된 비이성적인 행위'일 수 있기 때문이다. 이러한 부가적인 가능성들은 우리로 하여금 우리의 해석적인 사회학에 이성적인 행위와 비이성적인 행위를 포함하게 한다. 총을 쏘는 행위(혹은 더 복잡한 사회적 행위의 주체)를 이해함으로써 세련된 사회학적 분석을 발전시키기 위해 우리는 행동의 주관적인 의미와 그 문맥을 이해해야 한다.

주관적·해석적 사회학은 베버의 훼어슈테헨(Verstehen)에 대한 강조를 따랐던 시카고 사회학자들의 무리에 이름지어진 '상징적 상호작용주의'(symbolic interactionism)에서 크나큰 영향력을 가지게 되었다. 락(Rock 1996a : 859)에 따르면, 상징적 상호주의자들은 지식은 단순한 물체의 거울이 아니라고 주장한다. 오히려 "사람들은 그들 주변에 있는 것에 대한 대답을 능동적으로 창조하고 형상화하며 선택한다. 지식은 사람들의 이해와 외부현상을 같이 묶는 능동적 과정으로 존재한다." 이러한 전통을 따르는 사회학자들은 사람들의 피부 안으로 들어가는 방법을 찾는다. 이를테면 사회적 행위자들이 (그들 주위에 있는 타인들 역시) 문자 그대로 어떻게 상황들을 이해하는지 보는 것이다. 이는 특히 주체들이 존경받는 전통적 시민이 아닌 경우, 그리고 주체들이 모든 종류의 편견과 스테레오 타입의 대상인 경우 중요성을 가진다. 이러한 전통을 가진 사회학자들은 사회적 세계를 구성하는 범죄자들, 매춘부들, 마약상용자들, 성적 일탈자들, 폭력배들에 대한 연구에 매진한다.

사회학과 지식에 대한 탐구

성실과 정직은 진실한 지식탐구에서 가장 핵심을 이룬다. 이것은 사회학자들이 다른 과학자들처럼 답을 가정하는 데서 시작할 수 없다는 것을 의미한다. (scientia는 단순히 라틴어로 '지식'이므로 이 표현을 사용하는 데 망설일 필요는 없다.) 우리는 사실 자체가 이야기를 할 수 있도록 두어야 한다. 정직하게 우리의 응답자로부터 주어진 답을 보고 해야 하며, 신의를 가지고 우리의 관찰을 기록하고 우리의 사익이나 정치적인 지위에 부합하게 주장을 변형해서는 안 된다. 이는 실증주의자 사회학자들에게 있어서 일부로 언급할 필요가 없을 정도로 너무나 명백한 것이다. 비교사회학이나 역사사회학의 학자들, 그리고 해석학 전통을 이어가고 있는 사회학자들 역시 과학적 절차나 방법론을 따르려고 한다. 그러나 몇몇 사회학자들은 연구에서의 정직과 성실이 반드시 가치중립을 뜻하는 것은 아니라고 주장해 왔다. 우리가 인간이고 인간의 상황에 대한 연구를 하고 있기 때문에 우리는 자신이 '한쪽 편에 서서' 세계를 향해 (혹은 우리 이야기를 듣는 누구든지에게) 이런저런 정책은 효과가 없다라든지, 해롭다든지, 의도하지 않은 결과를 초래할 것이라든지, 윤리적으로 변호할 여지가 없다든지 등등을 주장할 수도 있다.

우리는 지금 살얼음 위를 걷고 있다는 것을 느꼈을 것이라고 생각한다. 우리의 주장을 좀 더 명확하게 할 예를 들어보자. 당신이 '야스민 칸'(Yasmin Khan)이라는 환경학자가 되었다고 가정해 보라. 당신은 극지의 빙하 크기를 정기적으로 측정하는데, 빙하가 급속도로 줄어들고 있다. 이는 지구온난화가 가장 있을 법한 결과로 변덕스러운 날씨와 허리케인, 홍수 등을 불러일으켜 사람과 가축에 커다란 피해를 불러일으킨다. 추측컨대 대부분의 사람들은 책임감 있는 시민으로서 우리가 만들어낸 환경학자가 그의 지식을 동료들과 나누어야 한다는(이를 받아들이기 전에 그 데이터와 주장을 면밀히 검토할 학계가 인정하는 저널에 게재함으로써) 주장에 찬성할 것이다. 그리고 이러한 발견을 심각하게 받아들이고 더 많은 대중들에게 이를 알릴 영향력 있는 정책결정자들을 찾으려 노력해야 한다는(물론 모든 과학자들이 이러한 역할을 하기를 바라는 것은 아닐지라도) 것에 찬성할 것이다. 칸 박사는 그녀가 얻은 지식에 기초하여 상황을 더욱 더 악화시킬 특정 정부 정책에 반대하는 정책에 항의하는 시위에 플래카드를 들고 행진할지도 모른다.

그러나 여기에 중요한 점이 있다. 이 환경학자의 연구의 실행과 출판계획에 있어서 우리의 공정한 과학자는 그녀의 연구결과를 지어내거나 진실을 왜곡하지 않았다.

사회학자 역시 비슷한 기준을 가지도록 요구된다. 당신이 강한 페미니스트 관점을 가진 연구자라고 가정해 보자. 당신이 질문조사를 한 대부분의 사람들이 그들이 매력적으로 보이는 것이 좋고, 그들 자신에 대해 좋게 느끼기 위해 넋을 잃은 남성들의 관심에 심하게 의존한다고 말한다. 또 다시 당신이 마르크스적 관점을 가진 사회학자라고 가정해 보자. 당신이 노동계급의 응답자에게 물어보니 그들은 동료 노동자들에게 별다른 흥미를 가지고 있지 않다고 대답한다. 사실 그들 중 대부분이 그들의 배경 계급에서 벗어날 수 있도록 그들의 아이들을 멋진 학교로 보내기 위한 충분한 돈을 벌만큼 기다릴 수 없다. 당신은 이러한 대답을 좋아하지 않을 가능성이 높지만 이를 정확히 기록해야 한다. 당신은 대답을 알려줘서도 안 되고 답을 제시해서도 안 된다. 당신이 그렇게 한다면 아마도 당신이 원하는 대답을 얻을 수 있을 것이다(많은 사람들은 친절하게 대하려고 아니면 아마도 단순히 당신을 떼어버리고 싶어서). 그러나 당신은 결국 사회학적 연습이 아닌 공상적 연습을 하고 있는 것이다. 우리는 인간이고 (CO_2 배출이나 원자 혹은 분자 같은 것들이 아닌) 인간 행동을 다루고 있기 때문에 부정을 저지르지 않는 것이 더욱 더 중요하다.

사회학의 비판기능과 공적 책임

사회학자들이 그들의 논거와 연구방법이 비난에서 벗어날 기준에 도달한다는 것을 보증하는 데 주의를 기울어야 한다면 이는 우리 시대의 크나큰 도덕적 이슈―예를 들어 전쟁, 빈곤, 불평등―에 대해 논하는 것에서 벗어날 수 있다는 의미일까? 대답은 '아니오'이다. 이런 복잡한 주장을 이해하기 위해 우리는 2004년의 마이클 부라보이(Michael Burawoy) 미국사회학회(American Sociology Association : ASA) 회장의 연설을 참조하기로 하는데, 이 연설은 『미국 사회학 잡지』(*American Journal of Sociology*)와 『영국 사회학 잡지』(*British Journal of Sociology*)에 두 번이나 실릴 정도로 중요한 평가를 받은 것이다. 부라보이(Burawoy 2005 : 260)에 의하면 많은 사회학자들이 사회정의, 정치적 자유와 인권 등에 대한 관심에서 사회학이라는 학문에 끌리게 된다. 요약컨대 우리 주위에 존재하는 세상보다 좀 더 좋은 세상을 만들기 위해서 연구를 하게 되는 것이다. 그래서 다수의 사회학자들은 종종 현존하는 질서를 묘사하고 해석하는 것뿐만 아니라 비평을 하게 된다. 이것은 우리가 항상 삶의 부정적인 부분만을 보고 있기 때문이 아니라, 우리 중 많은 사람들이 인간의 잠재력을 좀 더 자유롭게 할 수 있는 구조 및 관행, 가능성을 깨뜨리기 위함이 아니라 그것을 찾기를 원하기 때문이다.

이러한 많은 사회학자들의 삶에 대한 윤리학적 측면이 사회학 회의에 있어서 열띤 토론을 불러일으켜 왔다. 우리가 어느 정도까지 윤리적 자아를 표현하고 지적 기준에 반대되는 입장을 취할 수 있을 것인가? 부라보이(Burawoy 2004 : 262)는 미국 사회학회(ASA)의 연례 회의에서 두 가지 상반되는 결의가 있었다고 회상했다. 1968년 미국의 베트남전 개입을 비난하는 결의에 대한 지지를 요청받았을 때 개인 조사에서는 54%에 해당되는 회원이 전쟁에 반대했음에도 불구하고 3분의 2에 해당하는 회원이 ASA에 반대하여 이는 지적 기준에서 부적절하다는 입장을 취했다. 2003년 이라크전에 대해 비슷한 결의가 있었을 때는 75%의 미국인이 이라크전을 찬성했는데도 (2003년 5월) 3분의 2에 해당하는 회원이 비난 결의를 찬성했다. (2년이 지나자 여론은 ASA 회원 쪽으로 기울게 되었다.) 이러한 실례는 ASA가 최근 13,000여 명에 달하는 미국 사회학자들 가운데에서 좀 더 급진적인 추세를 대표함을 보여주는데, ASA 안에서 더 많은 여성과 소수민족, 1960년대 급진화된 세대가 좀 더 지도력을 발휘하고 있다.

분명 사회학자들은 어느 정도는 둘로 나뉘어져 있다. 몇몇은 지적 인식 바로 위에 서서 학계 밖으로 멀리 나가는 모험을 하지 않지만 나머지는 정책결정자들과 함께 일한다. 그들은 여론과 연합할 필요성이 있다고 생각하고, 그러한 연대가 사회학자로서의 그들 역할의 정당한 연장이라고 주장한다. 부라보이는 이러한 사회학자들의 실태를 4종류의 사회학—지적·비평적·정책적·대중적 사회학(표 1.1)—으로 나누었는데, 물론 여기에는 어느 정도 중복되는 부분도 있고 어느 정도는 이 사이에 위치하는 경우도 있다.

표 1.1에서 볼 수 있듯이 부라보이의 '지정된 대중' 중 하나가 우리의 학생들, 즉 바로 당신이다. 부라보이는 사회학자들의 권리에 있어서 사회학을 공부하는 학생들이 현재 중요한 세력임을 인식하고 있는 몇 안 되는 저명한 학자 중에 하나이다. 우선 사회학과 학생들은 대단히 많다—매년 미국에서는 23,000명이 사회학 '전공'으로 졸업하고 영국에서는 2004년에만 22,000여 명이 사회학과에 지원했다. 헝가리와 같은 작은 나라에서조차 2,000여 명에 가까운 학생이 사회학과로 등록되어 있다. 사회학자들은 더 이상 그들이 장인이고 사회학 학생들이 수동적인 견습생인것처럼—마치 텅 빈 슬레이트에 우리의 성숙한 생각을 새기는 것과 같은—생각할 수 없게 되었다. 그 대신 부라보이(Burawoy 2005 : 266)는 다음과 같이 말하고 있다.

우리는 (우리의 학생들을) 하나의 전달자로 생각해야 한다. 우리는 우리의 풍

표 1.1_ 부라보이의 사회학의 4가지 형태		
사회학의 형태	공통된 인식의 실천	대상 청중
지적 사회학	고급이론적·경험주의적 연구, 명백한 과학적 규범	학자들, 전문 저널을 읽는 사람들
비평적 사회학	도덕관에서 나오는 기본주의 및 규범주의	비평적인 지식인 집단, 사회학에 대한 내부 토론에 참여하는 사람들
정책적 사회학	경험주의적, 구체적, 응용적, 실용주의적	정부와 재계, 언론계에 있는 정책입안자들
대중적 사회학	좀 더 접근이 쉽고 당면한 사회문제에 관련이 있는 이론적·경험주의적 연구, 강의 및 미디어 노출	학생, 지방단체와 종교단체를 포함하는 지정된 대중들

출처 : Burawoy(2005).

부한 산경험을 그들을 그들이게 만든 역사적·사회적 문맥에 대한 자기 이해로 다듬고 그들은 이를 전달하는 것이다. 위대한 사회학 전통의 조력을 받아 우리는 그들의 사적 문제들을 공적 이슈로 바꾼다. 이는 우리가 그들을 멈춰서게 하는 것이 아니라 그들의 삶에 관여함으로써 이루어지는데, 이는 우리가 어디에 있는지에서부터가 아닌 그들이 어디에 있는지에서부터 시작해야 한다. 교육은 우리가 육성하고 있는 사회학의 영역에서 이루어지는 일련의 대화 — 우리 자신과 학생들 간의, 학생들과 우리 자신의 경험 간의, 학생들 간의, 마침내 대학을 넘어선 대중과 함께하는 학생들의 대화 — 가 되는 것이다.

사회학사 안의 주요 이정표

우리가 이미 '위대한 사회학의 전통'에 대해서 언급했지만 학문으로서 사회학은 많은 학생들이 생각하는 것보다 훨씬 오래되었다. 사회학의 기원은 정치적 갈등과 빠른 도시화, 그리고 유럽사회를 뒤흔들었던 사회적 혼란을 가져왔던 **프랑스 혁명** 직후의 시대로 거슬러올라간다.

지식인들은 갈피를 못 잡는 혼란과 새로운 가능성이라는 양쪽을 모두 설명하려고 힘쓰고 있었다. 마르크스(Karl Marx)는 프랑스 혁명과 1830년과 1848의 유럽 혁명을 계급의식과 정치적으로 선동된 노동자계급의 도래를 예고하는 새로운 혁명적 질서의 선구자로 보았다. 그는 노동자를 고대 로마의 무산계급을 따라 '프롤레타리아'(the proletariat)라고 칭했다. 반대로 허버트 스펜서(Herbert Spencer)라는 마르크스와 동시대

프랑스 혁명 1789년 시작된 농민반란, 왕정붕괴, 온건파 중산층의 권력장악 등 일련의 급격한 사회변동을 가리킨다. 1793년에서 1795년까지 로베스피에르와 같은 과격파의 리더십 아래 파리를 비롯한 여러 도시의 빈민들은 혁명을 더욱 더 폭력적이고 내셔널리즘적인 방향으로 이끌었다. 유럽에서 벌어진 전쟁에 깊숙이 참여하게 된 것 역시 대중의 시민군으로의 동원, 중앙집권적 행정기구의 강화를 불러일으켰다.

의 학자는 프랑스 혁명과 같은 극적인 사건 뒤에 어떻게 사회질서가 재창조되는지, 그리고 어떻게 장기간의 진화적인 변화가 재확인되는지에 대해 더 관심을 가지고 있었다. 이러한 역사적 수정은 우리로 하여금 사회학이 보수적인 기원을 가지고 있으며 도덕적 해이, 사회붕괴, 오래된 방식이나 관습에 대한 존경의 상실에 있어서 전통적인 해결방식에 의존해 왔다는 것을 상기시킨다.

사회학도들은 종종 사회학 부문이 때로는 명백하게 억압적인 목적으로 사용되었다는 사실에 충격을 받고는 한다. 극도로 악명 높은 사건은 1913년, 위대한 자동차 제조업자인 포드(Henry Ford)가 미시건의 리버라운지 공장에 '사회학부서'를 세운 것이다. 공장은 '산업화의 대성당'이라고 불릴 만큼 매우 혁신적인 것이었다―포드는 하루에 5달러라는 당시 최저임금의 두 배에 해당되는 비싼 임금을 지급했다. 그러나 임금은 여전히 대부분 이민노동력으로 구성된 급격한 노동이동률을 안정화시키지 못했다. 포드는 감시가 필요하다고 결정하여 사회학부서에서는 공장과 집에서의 노동자들의 행동을 관찰하게 되었다. 노동조합에 가입하거나, 술을 과도하게 마신다거나, 건강이 안 좋다거나 도박을 하는 사람들은 해고당했다. 노동자들은 어떻게 가계를 운영해야 하는지, 어떻게 하면 맑은 정신으로 절제된 삶을 살 수 있는지에 대해 지침을 받았다. 심지어 그들의 성적 행위마저 1,000명의 정보 보고자에 의해 사회학부서에 보고되었다. 결국 그들은 그들이 가지고 있던 기존 민족 특유의 유사성을 포기하고 평가절하하면서 미국식 삶의 방식을 받아들이기 위해 '미국인'으로 교육받았던 것이다 (Hooker 1997).

우리가 포드사에 대해 이야기한 것은 이것이 전형적이라기보다는―그럴 일은 거의 없을 것이다―당신에게 사회학이라는 학문과 그것의 이용 및 남용의 복잡성과 다양한 루트에 대해 경고할 필요가 있기 때문이다. 19세기 중반 이후 사회학의 진보에 대한 감을 잡기 위해 시간의 흐름에 따른 중요한 사건들을(Box 1.1) 요약해 둔다.

Box 1.1

시간으로 본 사회학

1842 어귀스트 콩트(Auguste Comte 1798-1857)에 의한 『실증철학』(*Positive Philosophy*)의 출판(Comte 1853 참조). 처음으로 '사회학'이라는 단어를 사용. 콩트는 사회생활에 있어서 뉴턴 물리학과 닮은 규칙성 혹은 법칙까지도 찾고 싶어 했다. 그는 사회학과 계몽의 과학적 모델을 연관시켰다. 그의 아이디어는 주요한 두 사회과

학, 즉 경제학과 정치과학(political science) 연구자들에게 영향을 미쳤다. 그들은 철학은 너무 사변적이고, 신학은 미신을 이성화시키며, 역사는 너무 주관적이고 추상적이라고 비판했다. 이러한 작가들은 그들 자신이 현실을 이해하는 새로운 방법을 획득했다고 보았다. 그들은 인간 행동의 일반적 법칙을 세우고, 검증 가능한 가설을 고안하며, 엄격한 과학적 방법을 발전시키고자 했다(Wallerstein 1996 : 31).

1848 **칼 마르크스**(Karl Marx)와 **프리드리히 엥겔스**(Friedrich Engels)가 『공산당선언』(*The Communist Manifesto*)을 출판(1967). 그들은 큰 파장을 일으킨 이 책자에서 다음과 같이 말하고 있다 : "지금까지 존재했던 모든 사회의 역사는 계급투쟁의 역사이다." 그들은 증가하는 노동자들의 빈곤이 계급의식을 일깨워 자본주의의 멍에에서 벗어나게 될 것이라고 보았다. 독일, 프랑스, 영국에서 일했던 마르크스 (1818–83)는 1830년과 1848년에 일어났던 반란을 사회혁명의 새로운 시대를 예고하는 것으로 보았다. 따라서 그는 계급투쟁과 거시적 사회변화의 원동력에 관심을 가지고 있었는데, 그는 자신의 견해에 국제적인 관점을 추구했다. 마르크스는 인도와 미국에 대한 글을 썼으며, 그의 글은 그의 사회주의적 사상이 널리 퍼짐에 따라 러시아와 쿠바의 혁명가들 사이에서 논의되게 되었다. 그의 딸인 **엘리노어 마르크스**(Eleanor Marx)는 페미니즘 사상가 겸 운동가로서 선구자적인 인물이 되었다.

1874 **허버트 스펜서**(Herbert Spencer 1820–1903)의 『사회학원리』(*Principles of Sociology*, Spencer 1902 참조)의 출판. 그는 사회유기론(사회를 살아 있는 유기체로 설명)을 제시했으며, 속도가 느리면서 또 장기적인 진화적 변화에 몰두했다. 그의 연구는 찰스 다윈(Charles Darwin)의 동식물 세계에 관련된 저작과 동시대에 진행되었다. ('적자생존'이라는 용어를 발명한 사람은 다윈이 아닌 스펜서였다. 이 용어는 자유방임주의에 기초한 당시 자본주의의 시대적 상황을 반영하는 것이었다.)

1892 미국에서 사회학과 창설. 3년 후 현재까지도 사회학의 대표적 저널인 『미국 사회학 잡지』(*American Journal of Sociology*) 창간. 이 학문은 종종 새로운 이민자들이 새로운 환경에 순응하는 것에 관심을 가지고 있었는데, 그 예로는 도시이주 패턴(시카고 학파가 이 분야에서 유명한 연구들을 양산했다), 산업관계와 공동체 연구 등이 있다.

1898 프랑스에서는 저명한 프랑스 사회학자인 **에밀 뒤르케임**(Emile Durkheim 1858–1917)이 『사회학 연보』(the *Année Sociologique*)를 창간. 법, 관습, 종교, 사회통계에

관한 자료를 다루었다. 뒤르케임 자신은 사회를 한데로 묶는 요소, 1871년 프러시아로부터의 침공과 혁명이 사회를 분열시켰던 것을 경험한 사회의 본질에 가까운 이슈들에 관심을 기울였다. 뒤르케임은 사회질서와 사회합의가 어떻게 형성되는지에 관한 그의 연구가 다른 집단들과의 비교와 함께 논의되어야 한다는 것을 이해하고 있었다. 유명한 자살에 대한 연구를 수행하기 위해 그는 오스트레일리아 원주민의 종교적 행위와 다수의 유럽국가들로부터 체계적으로 수집한 통계들을 이해하려 했다.

1891-1903 이 기간 동안 **부스**(Charles Booth)의 설문조사 결과가 『런던 사람들의 삶과 노동』(*Life and Labour of the People of London*)이라는 제목으로 출판되었다(Booth 1967). 이 조사들은 '점유되지 않은 계급들', 감옥, 구빈원(救貧院)의 수용자나 빈민보조금 수령자 등도 대상으로 했다. 부층과 빈층을 포함한 수천만 명을 대상으로 한 인터뷰를 통해 부스는 영국인의 삶의 양태에 관한 생생한 그림과 특히 빈곤층의 절망적인 상황을 제시했다. 그의 조사는 이러한 종류의 사회조사의 고전으로 인용되는 경우가 많다.

1907 **홉하우스**(L. T. Hobhouse)가 영국 런던 대학 사회학과의 초대 학과장으로 선출되었다. 그는 애스퀴스(Asquith) 정부의 사회개혁에 큰 영향을 끼쳤으며, 사회학의 방법론과 이론의 진보에 중요한 기여를 했다. 그의 책 『사회정의의 요소』(*The Elements of Social Justice*, 1922)는 그의 지침이 되는 사상에 훌륭한 설명서가 될 것이다.

1920-21 독일인인 **베버**(Marx Weber 1864-1920)의 가장 저명한 책 『프로테스탄트 윤리와 자본주의 정신』(*The Protestant Ethic and the Spirit of Capitalism*, 1977)이 출판. 베버는 모국어인 독일어 외에도 스페인어, 이탈리아어, 고대 로마어 등으로 글을 썼는데, 종교적 신념이 여러 방법을 통해 어떻게 자본주의의 발전을 촉진시키거나 억제시키는지에 대해 관심을 가지고 있었다. 그는 비교 종교연구를 했던 첫 사회학자였는데, 힌두교, 유교, 불교, 유대교, 그리고 그의 가장 유명한 프로테스탄트 논리(신교)에 대한 연구를 비교했다. 또한 그는 이슬람교에 대해서도 학구열을 가지고 있었다. 그는 마르크시즘과 연계함으로써 전체론적 사회학을 발전시키고자 했다. 계급정체성에 덧붙여 지위, 정치적 권력, 가치의 문제 모두가 사람들이 이용 가능한 기회의 구조로 정의된다.

1959 **스리니바**(Mysore Narasimhachar Srinivas 1916–99)가 런던 정경대학을 본떠서 설
립된 델리 정경대학에 사회학과장으로 초대됨. 『남인도 구르그의 종교와 사회』
(*Religion and Society among the Coorgs of South India*, 1952)에서 그는 카스트 제도가
서구 학자들의 생각보다 더 침투성이 크다는 것을 보였다. 사회이동성은 낮은
카스트가 높은 카스트의 언어와 사회습관을 받아들임으로써 촉진되는데, 그는
이 과정을 '산스크리트화'(sanskritization)라고 묘사했다. 델리 대학에서 사회학은
경제학의 빈약한 유사학문 정도밖에 되지 않았지만, 스리니바는 세계에서 두 번
째로 인구가 많은 국가에서 사회학을 설립하고 발전시키는 데 중요한 역할을 했
다.

1979 중국 사회학회(Chinese Sociological Association)의 설립, 중국공산당(Communist
Party of China : CPC)이 사회학에 대해 의혹을 제기하기 시작하고 나서 세계에서
가장 큰 나라인 중국에 설립. **페이 시아오통**(Fei Xiaotong) 교수가 의장으로 선출
되고 재임. 이 협회는 현명하게도 마오쩌둥(Mao Zedong)의 '백화제방(百花齊放)
백가쟁명(百家爭鳴)'을 따르면서도 여전히 정치적 정설을 따르고 있다. 이 협회
의 웹사이트(http://www.sociology.cass.cn/english/Associations/CSA/default.htm)에
따르면 이 협회의 목적은 다음과 같다.

> 중국 공산당의 지도 아래 마르크스–레닌주의, 마오쩌둥의 사상과 덩샤오핑
> (Deng Xiaoping) 이론의 지도 아래에서 "백 개의 꽃이 피는 것처럼 백 개 사상의 학
> 파가 토론하게 하자"라는 가이드 라인을 이행한다. 사회학의 학문적 대의를 발전시
> 키고, 부유하고 민주적이며 문화인의 근대화된 중국의 사회주의 건설에 이바지하기
> 위해 중국의 실행이라는 측면에서 사회학적 연구를 담당한다.

1994 사회학자인 **페르난도 엔리케 카르도주**(Fernando Henrique Cardoso)가 브라질 대
통령 선거에서 압도적 승리를 거둠. [카르도주는 국제사회학회(International Soci-
ological Association : ISA)의 협회장을 역임함.] 재선에는 성공했지만 2004년에
룰라 다 실바(Luiz Inacio Lula da Silva, 좌파 후보자)에게 졌다.

1999 저명한 영국 사회학자이자 런던 정경대학의 학장인 **안소니 기든스**(Anthony Gid-
dens)가 BBC의 명망 높은 연례강의 시리즈인 리스(Reith) 강의의 테마로서 '질
주하는 세계'(The Runaway World)(소위 '글로벌리제이션'라고 불림)를 지정.

2001 7명의 저명한 사회학자들이 현 영국 대학총장의 지위에 오름.

2006 아프리카 대륙에서 국제사회학회(ISA)의 연례회의가 처음으로 열림. 처음으로

아프리카에서 열린 ISA 세계 사회학 회의의 주제는 '글로벌리제이션의 세계에서 사회적 존재의 질'이었다.

그림 1.1
아리 시타스(Ari Sitas 1952-)

남아프리카 레바논 출신. 시인이자 극작가. 크아줄루나탈 대학 산업사회학 교수. ISA의 첫 아프리카 회의의 주최자 중 한 명.

그림 1.2
페르난도 엔리케 카르도주
(Fernando Henrique Cardoso 1931-)

전 브라질 대통령. ISA의 회장직 역임. 브라질의 빈곤지역과 종속이론에 관한 주요한 연구를 행함. 영어, 불어, 포르투갈어와 스페인어가 유창함.

그림 1.3
마이서 나라심아샤 스리니바
(Mysore Narasimhachar Srinivas 1916-99)

인도의 가장 훌륭한 사회학자들 중 한 명. 어떻게 낮은 카스트가 높은 카스트를 모방하는지, 그리고 인도의 촌민의 삶에 대한 그의 연구는 인도인이 아닌 사람들과 인도와 동류의 사람들에게 인도라는 복잡한 사회를 설명하는 데 큰 도움이 되었음.

사회학의 문맥 변화

이 책에서 우리는 사회학의 주제가 현재의 세계를 어떻게 조명하고 있는지에 대해 다룰 것인데, 이에 따라 우리는 미래 전 사회의 변화양상을 살펴봐야 할 것이다. 다른 학문들과 마찬가지로 사회학은 지리적·지성적 지평을 극적으로 확장시켜야 한다. 이는 공동체와 국가 사회의 본성이 글로벌 수준의 심오한 변화로 인해 지역공동체와 국가 사회의 본성을 시험하고 있는 현상을 인식함으로써 가능하다. 이 책은 이러한 글로벌 변화들을 어떻게 잘 이해할 수 있을지를 보여줄 것이다.

우리는 시대와 장소, 문화의 조합에 따라 다른 사회적 결과가 생기고, 이것은 다양한 형태의 사회학 연구를 필요로 한다는 것을 알고 있다. 사회학자들의 관심대상이 되는 주제들도 문맥(context)이 바뀜에 따라 변화한다. 사회학자들은 국제적·지역적·국가적·지방적 상황이 사회학의 특성에 영향을 준다는 것을 인식하면서도 중요한 역사적 사건 역시 다루어야 한다. 이렇게 문맥이 내용에 영향을 미치는 것은 자연과학이나 공학, 의학 등 다른 학문들도 마찬가지이다. 그러나 사회학의 경우 특별히 큰 영향을 미치게 되는데, 이는 원래부터 관찰의 주체인 인간이 관찰대상 일부를 직접 구성하고 있다는 점, 그리고 문맥은 현대의 사회생활을 상상적·비판적으로 해석하기 위해 특별히 중요한 수단이 된다는 점 때문이다.

사회학이라는 학문의 가장 중요한 한계점은 사회학을 창설한 많은 학자들이 원했음에도 불구하고 사회학이 서구 산업사회를 넘어서 팽창하는 데 시간이 너무 오래 걸리고 있다는 점이다. 처음 비서구사회에 관한 연구는 인류학자들의 손에 맡겨졌는데, 그들은 학문의 성과를 전 인류에 적용 가능한 보편적인 법칙이라고 생각하지 않았다. 그들은 인류의 보편성보다 차이점을 강조했다. 식민지 시대를 뒤돌아보면 차이를 보전하는 것이 강력한 윤리적 주장이 된다는 것을 이해할 수 있을 것이다. 자유주의 인류학자들은 식민지 관료나 무역업자, 선교사들의 파괴적인 영향력에 대항하여 '그들 부족'의 완전무결한 상태를 방어하려고 했다. 확실히 캐나다의 모피업자가 위스키를 뇌물로 휴런족을 매수했다거나, 오스트레일리아의 원주민 아이들을 강제로 백인 가정에 양자로 보냈다거나, 폴리네시아 사람들 사이에서 악성 성병이 만연했다는 것 등을 보면 유럽인들과 비유럽인들의 만남의 역사에서 계몽적 요소는 거의 없었다.

그러나 우리가 뒤에서 설명하듯이 이러한 민족들을 특정 공간의 한 시점에 냉동시키는 것은 이미 늦었다. 상호 연결과 상호 의존이 늘어남에 따라 부족의 냉동고에 보존하여 인간 동물원에 두는 것은 불가능하다. 우리는 1948년 세계인권헌장 이후의 상호 의존적 글로벌리제이션이 진행되고 있는 지구에서 살고 있다. 현재의 문화적 독립을 지키는 것은 실질적으로 매우 힘든 일일 뿐만 아니라 윤리적인 문제 역시 발생한다. 각 민족 간의 차이는 단순히 이들에 대해서 다른 견해를 내놓는다고 해서 설명되는 것이 아니다. 물론 우리는 아직 콩트가 주장한 보편적 실증과학까지는 발전시키지 못하고 있는지도 모른다. 그러나 아프가니스탄에서 짐바브웨, 어보리진(Aborigines, 호주 원주민)부터 쥴루스(남아프리카에 거주하는 반투어계 원주민)까지 다양한 사회와 민족을 이해하고 비교하는 법에 대한 탐색은 필요하다. 앨브로(Albrow 1987)가 말한 '하나의 세계를 대상으로 한 사회학'이 필요한 것이다.

한 발짝 후진 : 국가 사회학으로의 회귀

하나의 세계를 대상으로 한 사회학의 목표에 도달하려면 어떻게 해야 할 것인가? 사회학의 역사를 살펴보면 유의미한 어떤 것을 찾을 수 있을까? 우리가 지금까지 보아온 것처럼 사회학의 개척자들, 특히 어거스트 콩트, 허버트 스펜서, 칼 마르크스, 막스 베버, 에밀 뒤르케임은 실제로 자신들의 국가 밖에 관심을 가지고 있었다. 그러나 이러한 유망한 시작이 있었음에도 불구하고 1914년경부터 제2차 세계대전 종전에 걸쳐 유럽과 북미의 비교사회학과 전체 사회학은 퇴보하고 있었다. 이것은 아마도 격렬한 민족주의적 감정의 성장과 배타적이고 강력한 근대 민족국가를 만들어내기 위한 시도의 영향으로 보여진다.

　　제1차 세계대전이 가까워 오면서 제국주의와 민족주의의 감정은 금방이라도 불타오르기 쉬운 상태가 된 한편, 유럽 간 경쟁의식은 가차없이 극심한 상황에 이르게 되었다. 이렇듯 큰 사건이나 거대한 힘들은 종종 아주 작은 계기로 인해 그 존재가 분명해진다. 독일의 '소시지 도그' 닥스훈트의 경우를 들어보자. 영국은 동물을 사랑하기로 유명한 나라로 동물학대 방지를 위한 왕립협회(the Royal Society for the Protection of Cruelty to Animals)는 1824년에 이미 설립되었다. 그러나 1914년 전쟁이 가까워 오자 닥스훈트는 증오의 대상인 '독일인 녀석들'의 살아 있는 상징이 되어 런던 거리에서 돌을 맞게 되었다. 영국 군주인 조지 5세는 그의 모든 독일의 칭호를 버리고 그의 성들 중 하나였던 '윈저'(Windsor)라는 호칭을 채용했다. 가터 훈장을 받은 독일의 귀족은 그 리스트에서 삭제되었고, 독일명의 식료품점은 독을 넣어 판다는 여론이 들끓었다. 이러한 광기어린 상황 속에서 국제주의 지지자들은 바보 취급을 당했다. 국제 노동운동을 하는 사람들조차 **외국인혐오증**(xenophobia)적 감정에 휩싸여 있었다. "노동자에게 조국은 없다"라는 마르크스의 메시지 대신 청년들은 그들의 황제나 짜르, 국왕, 카이저를 위해 단결하여 싸웠다. 많은 사람들이 엄청난 포격과 진흙투성이의 전장에서 목숨을 잃었다.

　　사회학자들도 이러한 민족주의적 열기를 피할 수 없어 그를 추종하거나 말려들어 가게 되었다. 러시아의 예를 들면, 사회학자들은 다른 분야의 연구자와 함께 국가의 하인과 같은 존재가 되었다. 이러한 움직임에 반론을 제기하거나 그 희생자가 되었던 소수 그룹들은 그들의 조국을 떠났다. 이탈리아나 오스트리아, 그리고 독일의 훌륭한 학자들이 파시즘과 나치즘을 피해 유럽의 다른 나라들과 미국으로 도망쳤다. 제2차 세계대전 이후 이러한 학자들은 그들을 받아준 나라의 학계에 중요한 공헌을 하면서 사회학의 국제화에 중요한 역할을 했다.

　　1945년까지 미국과 영국의 사회학자들은 자신들의 사회의 지적 관찰자이자 비판자라는 입장을 견지해 왔다. 그러나 그들은 자신들의 신변에 관련된 문제 외에는 관

외국인혐오증(Xenophobia) 외국인에 대한 증오나 공포심

대공황(The Great Depression, 1929-39) 자본주의 역사상 가장 심각한 경기침체를 일컬음. 1932년 말까지 미국에서만 약 1,500만 명의 노동자가 실직했다. 이 위기는 1929년에 일어난 뉴욕 월스트리트의 주식이 폭락하면서 시작되었다. 많은 주식중개인과 투자가들이 고층빌딩에서 투신자살을 했다. 연이은 은행의 경영위기와 통화폭락은 곧 세계적인 문제가 되었다. 독일의 나치즘과 일본의 파시즘도 부분적으로 이러한 세계 경제붕괴에 원인이 있다.

심을 두려고 하지 않았다. 그들의 눈앞에는 **대공황**(the great depression)에 의한 대규모의 실업문제와 전선에 있어서는 남성들의 동원문제, 국내전선에서의 여성들의 배치문제 등이 쌓여 있었다. 사회문제와 사회적 현실에 대한 논의는 거의 대부분 지역공동체, 도시나 국내의 문맥에 관한 것이었다.

두 발짝 전진 : 글로벌 사회학의 시작

제2차 세계대전의 종전은 새로운 국제적 힘의 균형 시대를 불러왔다. 일본은 패전국 가운데 하나가 되었으나 개전 당시만 해도 유럽 열강의 코를 납작하게 하여 미국 참전의 원인을 제공했다. 미국의 참전과 미 공군에 의한 두 도시의 원폭투하가 없었다면 일본군을 막을 수 있었을까. 제2차 세계대전은 정치권력의 중심을 유럽에서 미국 (이미 산업능력을 인정받은 상태였다)과 소련으로 이동시켰다. 물론 이는 1945년 소련이 경제력을 크게 신장하면서 명확해진 것이었다. 자신이 기존의 식민지였던 미국은 유럽제국을 보호할 어떠한 이익도 가지고 있지 않았기 때문에 유럽제국들은 민족주의적 압력으로 인해 급속도로 붕괴되기 시작했다. 이러한 세력균형의 이동으로 사회학자와 다른 사회과학자들은 다음과 같은 연구문제와 몰두해야 할 과제를 얻게 되었다.

1. 사회학자들은 다른 분야의 연구자들과 마찬가지로 일본이 돌연 세계의 강대국으로 떠오르게 된 원인을 규명하려 했다. 일본을 제1의 산업 강대국 반열에 오르게 한 노동 및 군사 규율은 일본 문화에 존재하는 특정 요소에 의한 것인가? 교화사상이라든지 자본주의의 발전을 특정 종교와 연결짓는 막스 베버적 아이디어와도 비슷하다고 볼 수 있는 일본 국가신도의 부활과 유럽 과학에 대한 흥미 사이에는 어떠한 연관성이 있는가? 천황의 복권은 중요한 역사적 사건일까, 아니면 1869년 막부의 종언이 중요한가? 로날드 도어(Ronald Dore, Box 1.2 참조)와 같은 소수의 사회학자들을 제외하고는 일본이 정치·군사산업 측면에서 보여준 훌륭한 업적의 역사와 근본적 원동력은 일본인이 아닌 사람들에게는 단순히 설명 불가능할 것인가?

2. 미국은 소련과의 전멸에 대한 상호적 위협의 보장으로 인해 세계를 안정화시킬 수 있을까? 상호확증파괴(Mutually Assured Destruction : MAD)는 고전 영화 「닥터스트레인지러브」에서 재기 넘치게 묘사된 약간 이상한 논리를 제공한다. '철의 장막'(iron curtain)은 동과 서를 분리했으나 우주경쟁에서, 그리고 운동

경기에서조차 극심하고 때로는 위험한 경쟁관계가 존재했다. 동독일 정부가 국가 사회주의의 우월한 영광을 보이기 위해 자국의 운동선수들에게 약물을 허가한 것은 유명한 이야기이다. (실제로 그들은 많은 메달을 획득했다.) 계획경제와 시장경제, 기초생활 보장과 개인의 자유 사이의 장점과 단점에 대한 열렬한 토론이 벌어졌다. 이러한 논쟁은 소위 '제3세계'라고 불리는 국가들 사이에서 벌어졌는데, 경쟁관계에 있던 강대국들은 이들의 충성을 갈구했다.

3. 옛날부터 존재했던 제국은 소멸했다. 유혈과 폭력사태 없이도 영국은 인도에서 물러나게 되었고, 인도는 1947년 독립하게 되었다. 이는 아시아, 아프리카, 중동과 카리브 해 지역 식민지들의 독립의 서장이었다. 네덜란드는 1949년 인도네시아에서 떠났으나 프랑스와 포르투갈은 역사의 흐름에 격렬히 대항했다. 결국 양국도 무장반란에 직면하는 등 아시아와 아프리카에 있는 식민지를 포기해야 했다. 프랑스는 1962년 알제리를 떠났고, 포르투갈령 모잠비크는 1975년 독립했다.

4. 국제무대에 새로운 행위자들이 등장했다. 백인종만이 아닌 다양한 인종과 배경을 지닌 사람들이 '역사 만들기'에 참여하게 되었다. 백인종만이 중요하다고 생각하는 신념은 오만한 데다 부조리까지 한 것이었다. 그러나 자신들이 만든 제국의 크기와 뛰어난 군사력, 기술과 제조부문에서의 우월성은 많은 유럽인들과 미국인들이 이러한 신념을 당연하게 받아들이게 했다. 인종적 우월성에 기초한 이런 모든 신념들은 1945년 이후에 흔들리게 된다.

당연한 일이지만 여전히 과거를 살아가는 사람도 있다. 그러나 미래를 내다보는 식견을 가진 사상가와 정치가는 1945년 이후의 세계는 공공의식에 변화가 필요함을 깨달았다. 이러한 시작을 알리는 하나의 예로서 1946년 유엔교육과학문화기구(United Nations Educational, Scientific, and Cultural Organization : UNESCO)의 파리 설립을 들 수 있다. 그 설립 전문은 이러한 방향성을 명확히 드러내고 있다.

이제 막 끝난 무서운 대전쟁은 인간의 존엄, 평등, 상호 존중이라는 민주주의 원리를 부인하고, 이러한 원리 대신에 무지와 편견을 통하여 인간과 인종에 대한 불평등이라는 교의를 퍼뜨림으로써 일어날 수 있었던 전쟁이었다(유네스코 헌장, 유네스코 한국위원회 홈페이지 : http://www.unesco.or.kr/에서 발췌역자).

초안자들의 의도도 물론 그랬겠지만 현대인들은 이 헌장에 '여성'이라는 단어 역시 포함시켜야 할 것이다. 유네스코위원회 회원은 인종차별의 근원을 연구하는 것을 자신들의 임무라고 규정하여 30년 이상 다수의 저명 유전학자, 생물학자, 인류학자, 사회학자들의 패널의 동의를 얻어 권위 있는 선언들을 다수 내놓고 있다. 1978년의 총회 제1조는 "모든 인간은 하나의 종에 속하여 같은 시조를 가진다. 인간은 존엄성과 권리 그리고 모든 형태의 인간성이라는 점에서 평등하게 태어났다"(Banton 1994 : 336-7)고 명기하고 있다.

보편주의로 이행하는 분위기뿐만 아니라 생활과 운명, 부를 둘러싼 조건으로 인해 서양 연구자들에게 잘 알려지지 않은 '외부' 사회에 대한 관심도 높아졌다. 미국을 선두로 하여 일본, 유럽국가들이 '지역연구'를 발표하거나 개시하게 되었다. 연구자는 철의 장막 뒤에 있는 공산주의 국가들에 대해서 뿐만 아니라 기존 식민지 국가들에 대한 모든 것을, 어떤 것이든 그 연구대상으로 하게 되었다. 게다가 사회학자를 포함하여 유럽과 북미를 제외한 지역을 중심으로 한 작가와 학자들의 주요한 모임들이 형성되기 시작했다.

이미 19세기부터 라틴아메리카가 독립하기 시작했기 때문에 칠레, 브라질, 멕시코의 사회학자들은 독립 후 수십 년이 경과했음에도 경제적·사회적 종속현상이 남아 있는 이유를 위한 이론을 만들어내고 발전시킬 수 있었던 것은 그리 놀라운 일은 아닐 것이다. 이러한 문제를 제기한 중요한 라틴아메리카 사회학자 중 하나가 페르난도 엔리케 카르도주(Fernando Henrique Cardoso, Cardoso and Falleto 1969 참조)로, 그는 나중에 브라질의 대통령이 된다. 이집트의 정치경제학자인 사미르 아민(Samir Amin 1974), 마르티니 섬의 정신과의사이자 정치활동가인 프란츠 파농(Frantz Fanon 1967), 파키스탄의 함자 알라비(Hamza Alavi 1972), 노예와 자유의 진화에 대한 주요한 저작을 쓴 자메이카 출신의 올랜도 패터슨(Orlando Patterson 1982) 등의 사회학자들도 역시 영향력 있는 공헌을 했다.

유럽과 북미에서 일하고 있는 사회학자들은 점차적으로 비교 분석의 관점을 넓힐 필요가 있음을 인정하기 시작했다. 그들은 이를 통해 사회학의 개척자들이 관심을 가지고 있던 다른 사회를 이해할 수 있는 생생한 가능성을 찾고 그들 자신의 문화와 문맥을 묘사하는 데 도움을 얻었다. 그들의 이론들은 많고 다양한데, 여기서는 몇 가지 예를 들어 그 새로운 아이디어의 출현을 공유하도록 하자.

Box 1.2

1945년 이후 서양 사회학자들과 비서구세계

■ **배링턴 무어**(Barrington Moore 1967, 1972)는 왜 특정 사회는 번영하고 다른 사회는 쇠퇴하는지, 특정 사회는 민주제로, 다른 사회는 독재정으로 바뀌는지 이해하기 위해서는 비교 역사 사회학이 필요하다고 주장했다.

■ **클락 커**(Clark Kerr 1983)는 각기 다른 사회가 취하는 다양한 진로가 궁극적으로 산업화라는 통일적 논리로 통합된다고 주장했다. 그래서 그 레짐 형태에 있어서 어떤 정치적 차이가 있든지 경제적 목표가 특정의 공통 반응을 일으키기 때문에 '수렴'현상이 일어나게 되는 것이다.

■ **탈콧 파슨스**(Talcott Parsons 1971) 같은 미국 사회학자는 좀 더 넓은 개념인 '근대화'라는 용어를 사용하고 있는데, 이는 '비서구'세계가 '서구'사회와 일본의 성취 '따라잡기'에 관련된 것이다.

■ 유럽 사회학자들의 일부는(1979년 Taylor에서 논의) 마르크스가 '생산양식'(예를 들면 노예제, 봉건제, 자본주의)이라고 불렀던 연속적 단계로 회귀했다. 그들의 의견에 의하면 빈국의 많은 수가 자본주의와 비자본주의 생산양식 사이의 불안정한 중간지점에 갇혀 있다.

■ 독일 학자인 **안드레 군더 프랑크**(André Gunder Frank 1967, 1969)는 칠레에서 수년간 일하면서 라틴아메리카 학계의 '종속'이론과 '저발전'이론에 큰 영향을 받았다. 그는 또한 이러한 연구를 영어로 번역함으로써 보급에 힘쓰고 새로운 방향으로 이끌었다.

■ '제3세계'라는 말은 한 프랑스 저널리스트가 고안한 것이지만 영국 사회학자인 **피터 월스리**(Peter Worsley 1967)도 라틴아메리카와 아시아, 아프리카의 저작들을 인용하면서 '제3세계'의 특징을 상대적으로 빈곤하고 자본주의도 공산주의도 아닌, 서구 사회도 비서구사회도 아닌 것으로 정의했다.

■ **로날드 도어**(Ronald Dore)는 제2차 세계대전 중 일본어를 배웠고, 일본 사회에 대한 높은 이해를 가지고 있는 서양 학자들 중 한 사람으로서 일본에서도 평가받아 왔다. 1950년대와 1960년대의 그의 주요한 책인 『일본의 도시생활』(*City life in Japan*, 1958)과 『일본의 토지개혁』(*Land Reform in Japan*, 1959), 『일본 도쿠가와 시대의 교육』(*Education in Tokugawa Japan*, 1965)에서 그는 일본의 놀랄 만한 산업화와 근대화 과정을 묘사하고 분석하는 데 큰 힘을 쏟았다. 그는 약 60년 동안 일본을 연구해 왔고 1986년 일본 학계에 명예 외국 회원으로 선출되었다.

■ **울리히 벡**(Ulrich Beck)은 『세계 위험사회』(*World Risk Society*, 1999a)와 『위험사회』(*The Risk Society*, 1992) 개정판에서 경계를 넘나드는 '제조된 위험'으로 인해 여러 사회들이 점점 더 다른 사회들과 얽히게 되었다고 주장했다. 전통적인 위험이었던 지진이나 홍수와는 달리 새로운 위험은 글로벌 수준에서 작용하며 핵 에너지, 이산화탄소의 소비, 유전공학, 열대우림의 감소 등에서 발생한다.

서양 사회학자들의 다양한 연구에서 분명하게 드러난 것은 각국의 발전 혹은 저발전의 행로는 쉽게 예측할 수 없는 것이라는 것이었다. 크로우(Crow 1997 : 130)도 주장했듯이 이러한 생각은 어떠한 측면에서는 여전히 유효하다. 보통 부국은 점차 부유해지는데 빈국들은 스테그네이션, 빈곤, 질서붕괴 등을 겪는다. 그러나 이러한 분극화의 패턴이 불안정하고 일관성이 없기 때문에 예측이 점점 어려워지는 것이다. 소위 '제3세계'라고 불리는 국가들 중에는 '도약'하여 경제발전을 이루는 국가도 있지만 밑바닥에서 헤어나오지 못하는 국가도 있다. 그 예로 가나(서아프리카에서 제일 빈곤한 국가는 아님)와 한국을 비교할 수 있다. 크로우(Crow 1997 : 130)는 두 나라가 1960년대에는 비슷한 **국민총생산**(Gross National Product : GNP)을 (약 230달러) 기록했음에도 불구하고 30년 뒤에는 한국이 10−12배가 넘는 국민총생산을 기록했음을 인용하고 있다.

또한 국가들 사이에서는 사회적·문화적인 면에서의 큰 차이가 존재한다. 싱가포르와 일본처럼 자신들의 환경에 서구제국의 가치관을 받아들이거나 자국문화와 수입문화를 창조적으로 통합한 국가들도 있지만, 중동의 여러 국가들처럼 자신들의 종교적 신념과 서구의 세속적인 소비문화의 충돌을 경험한 국가도 있다. 예부터 농업에 종사하는 인구가 대부분이었던 사회가 이제 대량실업을 동반한 급속한 도시집중화를 경험하고 있다. 이러한 사회가 '이중사회'(dual societies), 즉 도시지역과 산업화 지역에서는 서양화가 진행되고 지방에서는 강한 지방 정체성이 유지되는 사회가 되었다는 지적도 있다.

'제3세계'(third world)에 분류된 적이 있는 국가의 다양성과 모든 국가들이 각자 역사적으로 운과 불운을 경험했다는 것을 고려한다면 세계 각국을 다르게 구분하는 것이 얼마나 위험하고 정확성이 결여된 작업인지는 확실하게 알 수 있다. 게다가 이 책의 뒷부분에 나오겠지만 국가와 국가 사이에는 (그 예를 몇 개만 들자면 여행, 이민, 금융의 흐름, 문화교류 등을 통한) 상당한 상호 침투가 나타나고 있다. 쇄국정책을 고수하거나

국민총생산(Gross National Product) 경제학자들이 한 국가의 부를 평가하기 위해서 사용하는 가장 보편적인 지표이다.

한 국가에 사는 사람들이 단일사회 구성을 단언하는 것은 점점 곤란하게 되어 '내부' 와 '외부'의 차이조차 명확히 구분할 수 없게 되었다.

중요 개념

제3세계(Third World)　　주로 냉전 시기에 사용된 표현으로, 비동맹의 빈국들을 제1세계(서구 의 부유한 자본주의 민주국가들)와 제2세계(소비에트 블록의 공산주의 국가들)로 구분하기 위해 사용된 표현. 아시아, 아프리카, 라틴아메리카, 중동에 있어서 부국과 빈국의 차이가 확대되면 서 거의 대부분의 공산주의 국가들의 붕괴와 함께 점점 사용되지 않게 되었다. 세계 각국 사이 의 부와 권력의 빈부차는 여전히 존재하지만 이러한 3분류에는 거의 맞지 않는다.

이 문제에 대해 가장 대범하고 중요한 대답을 한 인물은 아마도 월러스타인 (Wallerstein 1974 : 51)일 것이다(글로벌 사상가 1 참조). 그의 일련의 연구 처녀작에서 그는 '근대 세계체제'(the modern world system)의 개념을 제시했다. 세계를 명확한 계층들 (hierarchies)로 분류하거나 국민국가를 사회학적 분석의 주요한 분석단위로서 설정함 으로써 발생하는 문제들에 대해 고찰한 뒤 그는 다음과 같이 논하고 있다.

　　　　주권국가 혹은 막연한 개념인 국민사회의 한쪽을 분석단위로서 다루려는 생 각을 포기한다. 어느 쪽도 단일사회의 체제라고는 말할 수 없는 데다 우리가 논할 수 있는 것은 복수의 사회체제 안에서 각각의 사회변동이 일어나고 있다는 것뿐이 다. 이러한 체계 내에서 유일한 사회체제는 세계체제이다.

이러한 선언은 많은 사회학자가 깨닫기 시작했다는 것을 상징적으로 보여주고 있다. 사회변화는 각각의 배경에 따라 매우 다양하며, 글로벌 수준에서 작용하여 모든 사람들에게 다양한 영향을 미치는 과정과 변화가 존재한다는 것을 인식하면서 글로 벌하게 사고해야 한다는 것이 바로 그것이다.

임마누엘 월러스타인 _ IMMANUEL WALLERSTEIN(1930-)

임마누엘 월러스타인은 '세계체제이론'(world system theory)의 창시자로서 1970년대 이후 대규모의 사회변화 연구에 있어서 가장 중요한 학자 중 한 사람이다. 『근대 세계체제』(*The Modern World System*, 1974 : 15)의 서장에서 월러스타인은 대범하게도 "15세기 말과 16세기 초 우리가 유럽 통상경제라고 부르는 것이 출현하게 되었다 … . 그것은 기존과는 다른 새로운 것이었다. 그것은 기존 세계가 알지 못했던 사회체제였으며 근대 세계체제의 차별화된 특징이었다"라고 하였다. 이 책은 월러스타인 자신과 페르낭 브로델 센터(뉴욕 주 북부지방)의 그의 동료 학자들이 쓸 근대 세계체제에 관한 방대한 양의 저작들의 시작을 알리는 것이었다. 브로델 센터의 저널인 『리뷰』(*Review*) 또한 이러한 논쟁을 다루었는데, 월러스타인의 이 단순한 선언은 전통적인 세계관을 뒤흔든 여러 요인들을 그 배경으로 하고 있다.

- 월러스타인은 지금까지 정치구조(제국이나 국가 같은)가 필요 이상으로 중요시되었음을 지적하고 그 대신 국경을 넘나드는 통상 네트워크의 해석을 강조했다. 그는 노동, 시장점유율, 천연자원의 초국가적 경쟁이 세계체제를 발전시키고 하나로 잇는 원동력으로 보았다. 이러한 통상에 대한 강조는 많은 학자들이 그를 '경제결정론자'라고 비판하는 원인이 되었다. 문화, 사회운동, 정치에 관한 광범위한 그의 저작에도 불구하고 이러한 비판은 계속되어 왔다.
- 형식적 정치 이데올로기를 거부했던 그는 세계를 '제1세계'(자본주의 부국), '제2세계'(계획공산주의 국가), '제3세계'(빈곤한 남반구)로 구분하지 않았다. 대신 그는 대안으로 세 부분—중심(core), 반주변부(semi-peripheral), 주변부(peripheral)—으로 나눌 것을 제시했다. 물론 '제3세계' 이론과 비슷한 부분은 있지만 중요한 차이점 역시 존재한다. 중심부 사회는 주변부 사회들로부터 이익을 얻고 반주변부 국가는 주변부와 종속적 관계에 묶여 있기 때문에 계속 저발전을 겪게 된다. 그러나 주변부에서 올라가거나 중심부에서 떨어질 수도 있는데, 이때는 반주변부로 이동하게 된다. 이 모델의 가장 큰 장점은 모든 사회가 하나의 세계체제에 구속되어 있고, 이 체제 내에서의 이동이 가능하다는 것을 주장한 점이다. (중국과 인도의 부상은 제3세계론보다 이러한 세계체제론에 의해 더 잘 설명된다).
- 월러스타인은 다양한 사회과학적 분석단위—국가, 민족, 지역, 계급, 소수민족 집단—를 하나의 전체로서 통합 가능했다. 특정한 구조, 기능, 궤도 등은 이러한 분석단위들을 세계체제와 함께 놓고 각자의 관계를 관찰함으로써 이해할 수 있다. 이러한 진화와 인과성의 개념은 '체제'라는 비유를 수용하는 데 의존하고 이로써 구성요소들은 상호 관련·작용·의존하게 되는 것이다. 가능성이 있기는 하지만 이러한 단위들은 월러스타인이 생각한 것보다 좀 더 무질서하고 전체와의 연결도 산발적이며 독자적일 것이다.

우리는 이러한 월러스타인의 연구에서 몇 가지 문제점을 발견할 수 있다. 아부 러그호드 (Abu-Lughod 1989)에 의해 대표되는 숨김 없는 비판은 월러스타인이 전(前) 비유럽 세계 체제를 전혀 고려하지 않았다는 것이다. 또 다른 비판으로 세계체제 단독으로는 1989년의 국가 공산주의 붕괴를 설명할 수 없다는 것도 있다. 또한 월러스타인의 부인(1989, 1991)에 도 불구하고 많은 평론가들은 그의 주장에는 정치·문화분석이 충분치 않다고 주장하고 있 다. 이러한 비난에도 불구하고 그의 이론은 글로벌 사회학에서 여전히 영향력 있는 강력한 이론이다.

출처 : Wallerstein(1974, 1989, 1991) ; Abu-Lughod(1989) ; Hall(1996).

정리

사회학에는 학문의 주류를 구성하는 '위대한 전통'이 존재한다. 거기에는 여러 지류와 흐름이 존재하고, 우리 중 일부가 헤매고 있는 흐르지 않는 웅덩이도 존재한다. 사회학은 그 방법이 다양하고 수가 많기 때문에 주요한 출발점을 제시할 필요가 있다. 우리가 주장하는 바는 다음과 같다.

- 사회학은 계몽사상에 그 기원을 두고 있으며 과학적·실증주의적·사상적 사상으로부터 큰 영향을 받았다.
- 사회학은 인간 본성과 사회행동을 다루고 있기 때문에 사회가 진화하면서 다양한 방향으로 발전함에 따라 나타나는 공통점과 차이점을 밝혀내야 한다. 그러므로 사회학은 **역사적·비교적** 관점이 필요할 수밖에 없다.
- 외부와 내면의 동기 사이를 통찰하기 위해서는 사회학에 **주관적**이거나 **해석적인** 요소를 포함시키지 않으면 안 된다.
- 해석적 사회학이 인간 행동에 있어서 비이성적이거나 비의도적인 요소를 고려하거나 직접면담 방법에 의해 기밀의 혹은 내부 데이터를 수집한다고 하더라도 우리의 **지식에 대한 탐구**는 이데올로기적 주장에 얽매이지 않는 건전한 것이어야 할 것이다.
- 사회학의 전문적인 방법론과 주장 외에도 사회학자들은 다른 중요한 영역에 끼어들어 대안정책, 사회학 자체의 이론에 대한 자기 비판, 그리고 기존의 정치·사회·경제·도덕 질서에 비판을 제공할 수 있으며, 실제로 하고 있다. 이러한 4가지 사회학적 실천은 **전문사회학, 비평사회학, 정책사회학, 공공사회**

학으로 분류한다.

이 책에서 우리는 이러한 출발점이 어떠한 방법으로 **글로벌 사회학**을 발전시키는 데 사용되었는지 설명하는 데 주안점을 둘 것이다. 마르크스, 베버, 뒤르케임과 같은 고전 사회학자들은 그들이 다른 나라에 대한 체계적 관찰을 한 적이 없었음에도 불구하고 다른 사회를 비교하는 기본적이고 중요한 연구를 행했다. 불행히도 그들의 국제적 문제에 관한 선구적 연구는 서구 사회학자들이 자신들의 사회문제에 열중하고 있었던 1914-45년 기간 동안 사라지게 되었다. 제2차 세계대전의 결과로 나타난 새로운 정치권력의 균형은 사회학에 있어 비교적 국제적인 테마를 불러일으켰다. 이는 아시아, 아프리카, 라틴아메리카로부터의 새로운 사회학자들의 의견이 큰 도움이 되었는데, 이러한 의견에는 사회학이 굳건하게 확립되어 있던 국가들의 사회학자들의 통찰력도 포함된 것이었다.

사회학은 변화하는 세계를 설명하는 법을 고민하면서 이에 적응해야 한다. 국가중심적 이론을 연장시키는 세계적 변화 요구는 새로운 연구의제를 정의하고 일치된 비교방법을 발전시킨다. 요약하자면 지방, 국가, 세계의 상호 의존은 전 세계적 시야를 요구하는 것이다. 그래서 이 책이 지금 이 시기, 이 특정 시점에 출판되게 된 것이다. 이 책은 기본서이지만 사회학이 계류하고 있는 지점의 이동을 기록하고 있으므로 그 이상의 의미를 가진다. 물론 이는 매우 야심찬 작업이지만 우리는 이 책이 비현실적이라거나 허세를 부리거나 오만하게 보이지 않기를 바란다. 사회학은 궁극적으로 수백 명의 이론학자들과 수천의 사실에 입각한 연구를 하는 학자들에 의해 변화한다. 관련 영역의 사회과학자들에 의한 연구 역시 필수적이다. 우리 앞에 존재했던 혁신적인 사회학자들의 발자취를 따라 우리는 전 지구적 변화들이 어떻게 지방, 국가 지역 차원에서의 변화에 영향을 끼쳤고 반대로 영향을 받았는지를 설명함으로써 전략적 분석을 따라서 혹은 그를 넘어서서 발전해 온 것이다.

더 읽어볼 책

■ 사회학을 이해하기 위한 이론과 컨셉에 대해 알고 싶다면(우리가 전개할 부분이 거의 없다) 스콧(J. Scott)의 『사회이론 : 사회학의 주요 이슈』(*Social Theory : Central Issues in Sociology*, 2004)의 이해를 돕기 위한 '중점설명'(Focus Boxes) 부분은 큰 도움이 될 것이다.

■ 그래햄 크로우(Graham Crow)의 책 『비교사회학과 사회이론』(*Comparative Sociology and Social Theory*, 1997)은 어떻게 사회학자들이 자신들의 사회와 다른 사회를 이해하기 위해 발전해 왔는지 잘 설명해 준다. 6장과 7장이 특히 유용할 것이다.

■ 스클레어(Leslie Sklair)의 『글로벌 시스템의 사회학』(*Sociology of the Global System*, 1995 제 2판)은 선구적인 입문서이다. 이러한 제목에도 불구하고 그는 특히 글로벌리제이션의 경제적 측면에 대해 주안점을 두었다. 전 지구적 관점을 가진 다른 좋은 교과서로는 마셔니스와 플러머(John J. Macionis and Ken Plummer)의 『글로벌 사회학 서론』(*Sociology : a Global Introduction*, 2005)이 있다.

그룹 과제

1. 우선 세 그룹으로 나눈다. 그룹 A는 실증주의적 사회학에서 어귀스트 콩트가 주장한 것을 복습한다. 그룹 B는 콩트식 실증주의 사회학의 흐름에서 사회적 계층화에 대해 공부하고 그룹 C는 콩트 모델에서 범죄의 유형에 대해 조사한다. 대표자를 정하여 발표해 보라.

2. 세 그룹으로 나누고 각각 선구자적인 사회학자—칼 마르크스, 막스 베버, 에밀 뒤르케임—를 담당하여 저작을 읽어볼 것. 비서구적 사회 연구에 있어서 그들의 중요한 공헌은 무엇인가?

3. 두 그룹으로 나누어 한 그룹은 '특정 사회에서의 여성의 종속'에 대해, 다른 한 그룹은 '세계적 빈곤'에 대해 고민해 보자. 두 그룹 모두 공적 사회학을 공부해야 할 것이다. 그러나 실제로 조사하지 말고 1) 이 주제에 관해 어떻게 조사할 것인지, 2) 이 결과를 어떻게 발표할 것인지, 3) 이러한 상황을 개선하기 위해서 어떻게 사람들을 설득해야 할지에 대해 반 전체에서 발표해 보자.

생각해 볼 문제

1. 부라보이(Burawoy)에 의한 사회학의 구분—전문적·비평적·정책적·공적 사회학—은 적절한 것인가?

2. 사회학이 1914–1945년까지 국내문제로 그 관심을 돌리게 된 이유는 무엇이며, 사회학이 지금도 국내문제를 중심으로 하고 있는가?

3. 1945년 이후 일본이 어떻게 성공할 수 있었는지 사회학적으로 설명해 보자.

4. 인터넷을 찾거나 이 책에 나온 아프리카와 아시아, 라틴아메리카와 카리브 해 사회학자들의 주요 저작을 찾아보자. 그리고 이들의 저작을 통해 전에 몰랐던 것들과 인류에 대해 새롭게 이해하게 되었던 것을 요약해 보라.

■ http://bitbucket.icaap.org/ 이 사이트는 좀 일반적인 사회과학 용어와 컨셉을 제공하지만 아싸바스카 대학에서 제공하는 이 사이트는 1,000개의 용어를 정의하는 데 유용하다. 이 책에서 제공하는 용어해설 사이트를 참조하고 나서 이 사이트에 가볼 것. 캐나다의 오픈 대학은 1년에 3번 온라인 저널을 제공한다. www.sociology.org 를 참조하라. 특히 첫 번째 열의 논문에 주목할 것, 이러한 논문은 대외적으로 조회되는 것이다.

■ http://www2.fmg.uva.nl/sociosite/index.html 이 사이트는 암스테르담 대학이 운영하는 곳으로 많은 저명 사회학자들의 사상 요약을 비롯한 많은 정보를 포함하고 있다.

■ www.soc.surrey.ac.uk.socresonline 영국 사회학협회는 저명한 인터넷 저널 출판을 시작, 논문의 전문을 볼 수 있다. *Sociological Research Online*라는 이름의 이 저널은 이 사이트에서 접속 가능하다. 사이트의 맨 위에 있어서 눈에 띄는 '아치브'(archive)라는 버튼을 눌러서 방문해 보자.

■ http://www.intute.ac.uk/socialsciences/lost/html 영국 종합정보 시스템 위원회(영국 대학들이 이어준다)와 경제사회위원회(Economic and Social Research Council : ESRC)가 운영하는 이 사이트는 영국 사회학 연구에 있어서 매우 중요한 역할을 한다.

■ http://www.ifg.org.index.htm 글로벌리제이션에 관한 국제 포럼은 60명의 학자들과 세계적 문제들에 대한 새로운 사고를 촉진하기 위해 고안된 비슷한 수의 기구들과 함께 연합하고 있다. 이러한 사회학자들은 '공공 사회학'을 하고 있다는 것을 기억할 것.

CHAPTER 2

글로벌적으로 생각하기
Thinking Globally

SOCIOLOGY

사회학자들은 항상 자신이 속한 사회 이외의 사회도 연구한다. 사회학에서는 어귀스트 콩트, 칼 마르크스, 에밀 뒤르케임, 탈콧 파슨스와 같은 선도자의 연구에서 확연히 알 수 있는 풍부한 비교학적 전통을 가지고 있다. 그럼에도 불구하고 이러한 선험자와 그 뒤의 많은 사회학자들은 각각의 사회가 독립된 존재이고 명확한 경계를 가지고 있는 것처럼 간주하는 경우가 많다. 그 결과 특정 사회 내부의 원동력과 구조, 독특한 역사 및 사회전통, 고유한 불평등의 유형, 사회변화의 특정 방향을 이해하는 것이 사회학의 있어서 주요 쟁점이 되었다. 최근까지 이러한 방법은 완벽할 정도로 유효했고 또 유용한 관찰을 많이 생산했다. 그러나 글로벌 변화가 중요해짐에 따라 이러한 방법과 국내 중시 전통은 그 의미를 잃어가고 있다.

이번 장에서는 '글로벌리제이션'과 '글로벌리티'의 의미에 대해서 생각하고, 이러한 과정의 특징은 무엇인지를 검토한다. 사회학자는 새로운 용어와 개념을 만들어 내는 걸로 악명이 높은데, 과연 새로운 전문용어를 만들어낼 필요는 있는 걸까? 글로벌리제이션과 글로벌리티가 새로운 현상이라고 한다면 어떤 정도에서, 어떤 의미에서 그러한 걸까? 글로벌리제이션은 근대성이나 자본주의적 산업화와 같이 내재적인 힘으로부터 발전되었다. 그러나 글로벌리제이션을 인류의 통제 밖에 있다고 볼 수는 없다. 반대로 인간 행위자와 사회조직들은 과거에 전 세계적 힘의 특성과 방향을 만드는 데 전적으로 참여해 왔고, 미래에도 그러한 역할을 해야 할 기회가 존재하며, 또 그렇게 해야 할 필요성도 있다. 현재 우리는 과거에는 존재하지 않았던 인간성(humanity)의 미래를 보전하기 위한 결정과 갈등 해결에 있어서의 긴급한 위기상황에 직면해 있다.

글로벌리제이션이란 무엇인가?

앨브로(Albrow 1990 : 9)에 의하면 글로벌리제이션은 '세계 각 민족이 하나의 사회, 즉 전 세계적 사회에 통합되어 가는 과정'을 말한다. 이러한 변화는 아직 불안전한데, 이러한 과정은 긴 세월이 걸리는 데다가 각각의 지역과 국가, 개인에 따라 그 효과도 크게 달라진다. 그럼에도 불구하고 이러한 변화의 범위는 확대되고 그 크기 역시 증가하여 점차 그 비율이 가속화되고 있는 상황이다. 우리의 생각으로는 글로벌리제이션이란 많든 적든 동시 발생하여 상호 강화되는 변환의 조합이다. 이러한 과정에서 한 현상과 다른 현상의 중요성의 우열을 가릴 필요는 없다. 이러한 현상은 많은 양의 실을 엮어 다채로운 천을 만들어내는 것과 같다. 한번 같이 짜여지면 각각의 실이 어떠한 역할을 하는지 평가하는 것은 불가능하다. 각각은 전체의 부분으로서만 그 가치와 중요성을 가지는 것이다.

그러나 글로벌리제이션이라는 직물이 짜여지기 **전**에 적어도 6개의 실이 있었다는 것을 알 수 있다. 아래에서 좀 더 자세히 보기로 하자.

- 공간과 시간의 개념 변화
- 늘어나는 문화교류
- 세계 인구가 직면한 공통된 문제들
- 상호작용과 상호 의존의 증대
- 점점 강력해지는 초국가적 행위자와 조직의 네트워크
- 글로벌리제이션과 관련된 전 차원에 있어서의 동시성

공간과 시간의 개념 변화

글로벌리제이션에 관한 유명한 이론가인 로버트슨(Robertson 1992 : 8, 27)은 문화와 사회가―그 구성원과 참가자 모두가―어떻게 함께 모이게 되었는지, 이로 인해 증대되는 상호작용을 설명한다. 그는 이러한 현상을 '세계의 압축'(the compression of the world)이라고 표현한다. 공유된 힘과 상호 교류가 우리들의 생활을 강력하게 구축함에 따라 세계는 점점 하나의 장소, 하나의 체제가 되어간다. 이러한 모든 급진적 변화는 공간과 시간에 대한 기존의 이해를 전환시킨다. 여기서 하베이(Harvey 1989 : 240-54)의 연구가 특히 유용하다. 그에 의하면 전근대 사회에서 공간은 단단한 로컬리티(locality)를 기반으로 한다고 인식되었다. 이동은 위험이나 어려움을 가져오고 전쟁과 전염병, 기아는 사회생활을 예측 불가능하게 만들었다. 대부분의 사람들에게 그들과 그들의 가족들이 즐겨온, 고정되고 변화가 없는 권리와 의무를 가지고 있었던 장소에 남아 있는 것이 더 안전했다. 비슷하게 과거 재난의 기억, 계절의 변화와 농사일의 사이클이 시간에 대한 인식을 규정하고 있었다. 그러나 다음에서 설명할 다수의 중요한 변화가 점진적으로 사람들의 공간과 시간에 대한 이해를 바꾸게 되었다.

1. 아랍, 중국, 태평양 섬들, 유럽 사람들에 의한 세계 탐험과 항해의 시작
2. 1543년에 출판된 코페르니쿠스의 이론, 지구가 아닌 태양이 태양계의 중심이라는 생각을 정착시킴
3. 비쥬얼 아트 분야에 있어서 원근법의 발명

르네상스(Renaissance) 이 용어는 프랑스어로 '재생'이 라는 단어에서 파생된 것으로 근대 초기와 근대 유럽에 걸 친 철학, 문학, 예술에 있어서 의 고전의 부흥을 일컫는다. 8세기에 시작되어 800년 이 상에 걸쳐 유럽은 예술적·과 학적 사상이 전성기를 맞이했 다. 이에 따라 대학제도의 창 설을 포함한 지적 생활양식, 세속적 국가관과 합리적 가치 관이 대두되었다.

4. **르네상스** 기간 인간 생활에 대한 인문주의적·인간중심주의적 사고방식의 등 장과 함께 종교에 전면적으로 의존했던 세계관의 변화

5. 활자인쇄의 보급

6. 기계 시계의 등장

7. 산업화와 결합된 운송기술의 혁명

운송기술에 대해 좀 더 자세히 살펴보도록 하자. 1850년대 증기선이 등장·보급 되기 전까지 재화의 이동은 느리고, 비쌌으며, 신뢰할 수 없는 것이었다. 그러나 20세 기 중반 상업 항공기와 거대한 대양 항해선(대형 화물선박)의 출현에 의해 '현실적' 거 리는 줄어든 반면에 사람과 재화의 이동이 급진적으로 증가했고 그 비용도 낮아졌다.

표 2.1_ 운송속도의 변화(1500-1960년대)			
1500-1840	1850-1930	1950년대	1960년대
마차/범선	증기선과 증기기관차	프로펠러기	제트기
16km/h	56-104km/h	480-640km/h	800-1120km/h

출처 : Dicken, Sage Publications Ltd(1992 : 104).

기술지식이 급격히 성장·발전함에 따라 세계의 물리, 시간은 보편적이고 규격 화된 예측 가능한 단위로 변화하여 이를 측량·구분·지도화하는 것이 가능해졌다. 예 를 들어 경도와 위도라는 지리적 좌표가 없으면 배나 비행기를 이용한 여행은 굉장히 힘들어질 것이다. 하베이(Harvey 1989 : 240)는 이러한 생각과 발견을 '시-공간의 압축' (time-space compression)이라고 부른 것이다.

이러한 변화는 무엇을 의미하는가? 시간과 거리가 가지고 있던 인간의 활동을 제약하는 힘은 점차 약해지고 있다. 구체적인 장소와 사건의 연결 역시 약해지면서 우 리들은 공간과 시간을 자유롭게 조작하고 통제할 수 있게 되었다. 또한 한정된 시간 안에 훨씬 빠른 속도로 훨씬 더 많은 것을 성취하는 것이 가능해졌다. 한편 생활의 속 도가 빨라짐에 따라 거리의 제약 역시 약해지게 되었다. 단순한 비유가 아니라 우리들 의 경험에서 볼 때 세계는 수축하고 있는 것처럼 **보이는** 것이 아니라, 어떠한 의미에 서 **실제로** 줄어들고 있는 것이다. 여행을 할 때 우리들은 두 지점 간의 거리를 킬로미

터가 아닌 시간으로 계산하게 되었다. 마찬가지로 대중 여행으로 인해 많은 사람들이 다른 문화를 경험하면서 영역 역시 그 의미를 잃어가고 있다. 시-공간의 압축이라는 생각은 우리의 사회적 수평선이 무한대로 확장되었다는 것을 함의한다. 우리는 특정 사람들, 고정된 사회적 관계에서 점점 독립하게 되었다. 1950년대 이후 텔레비전이 대중적으로 보급되면서, 특히 최근에는 위성통신을 이용하게 됨에 따라 "다양한 장소에서 동시에 쏟아져 나오는 이미지들이 세계의 공간을 무너뜨리고 텔레비전 스크린에 비치는 일련의 이미지들로 변화시키는 것을 경험하게 된 것이다"(Harvey 1989 : 293).

또한 전자 미디어로 인해 용이해진 시-공간의 압축에 의해 세계의 많은 사람들이 같은 무대에 서게 되었고, 역사상 처음으로 사람들의 생활은 연결되게 되었다. 인터넷의 채팅 방과 블로깅과 같은 사이버 공간의 가상적 관계를 통해 개인적으로 서로 알지 못하는 사람들과도 의미 있는 사귐이 가능하게 되었다. 세계 곳곳에 퍼져 있는 맨체스터 유나이티드 축구팀의 팬들 혹은 펑크락 그룹의 추종자들은 전 세계적으로 연결되어 있는 것이다(O'Connor 2002). 급진적 정치 의견을 공유하는 자들은 신흥산업국가(Newly Industrializing Countries : NICs)에서 많은 노동자들이 겪고 있는 노동착취 상황에 대해 폭로하거나, 단순 자유무역보다는 좀 더 공평한 사회를 위해 싸우자고 인터넷을 사용했다(Klein 2001). 또 다른 사람들은 사업 거래를 성사시키거나 위성 텔레비전을 통한 세계 미디어 이벤트에 참가하기도 한다. 이는 모두 머나먼 거리를 넘어서 동시에 이루어지는 것이다.

그러나 전 세계의 거주자들이 똑같이 이러한 변화를 경험하고 있는 것은 아님을 유의해야 한다. 예를 들어 서아프리카의 극빈지역 안의 30킬로미터 떨어진 두 마을에 살고 있는 사람들을 상상해 보자. 그곳에는 전화도 안 될 뿐더러 제대로 된 도로도 없고(우기에는 이마저 사용할 수 없을지도 모른다), 몇 안 되는 라디오를 듣기 위한 배터리조차 살 수 없다. 이러한 사람들은 상호 교류라는 측면에서는 100년 전과 같이 떨어진 채로 살아가고 있다. 이러한 의미에서 그들은 시드니와 파리에 살고 있는 사람들의 거리보다 더욱 더 먼 거리에서 살고 있는 것이다.

늘어나는 문화교류

글로벌리제이션을 구성하는 두 번째의 '실'은 전례가 없는 막대한 양, 엄청난 속도와 규모로 세계를 몰아가고 있는 문화적 흐름의 증대와 관련된 것이다. 그런데 문화는 여러 가지 의미를 지닌다.

중요 개념

문화(Culture)　대부분의 사회학자들은 문화를 특정 사회적 행위자의 집합체가 공유하는 생각, 가치, 지식, 심미적 선호, 규범, 관습의 총체라고 본다. 이러한 공통의 의미의 축적을 활용함으로써 각 행위자들은 특정한 삶의 방식을 영위할 수 있다. 이러한 정의에서 볼 때 인간 사회는 동등한 가치를 가진 다양한 문화로 구성되어 있다. 각 사회의 문화는 각 사회의 구성원에 의해서만 충분히 이해될 수 있는 것이다.

　　많은 사회학자들에게 있어서 문화는 교육이나 공적 기록 등 한 세대에서 다른 세대로 전해지는 모든 방식의 생각, 행동, 인공물 등을 묘사하기 위해 폭넓게 사용되고 있다. 그러나 일상생활의 문맥에서 볼 때는 음악이나 그림, 문학, 영화, 그 외의 표현형식에 있어서 지적·예술적·심미적인 성취를 일컫는다. 이러한 의미에서 문화는 특히 상상력과 비유, 표상과 상징에 있어서 풍부한 것이다. 신석기 시대 이스터 섬에 만들어진 거대한 석상[모아이(moais)라고 불리는]은 그 좋은 예이다(그림 2.1). 이러한 문화에 대한 두 번째 정의와 관련하여 서구사회에서 기존에 존재하던 '상류층' 문화와 보통 사람이 즐기던 '하류층 문화'(대중문화)의 구분은 일찍이 무너졌다. 그럼에도 불구하고 아트 갤러리에서부터 대중음악, 블록버스터 영화 등 다양한 문화적 경험의 다수가 이제는 철저하게 상업화되어 돈을 지불함으로써만 이용 가능하게 되었다. 현대 상업화된 문화는 매스미디어의 출현과 소비형 라이프스타일의 보급과 긴밀하게 연관된다.

　　문화와 밀접하게 관련된 것으로서 추상적 인식체계에 관한 지식의 중요성이 확대되고 있다는 것은 중요하게 고려되어야 할 것이다. 생활양식 혹은 예술적 형태로서의 문화(특정 사회와 사회집단에 기초한 의미들)와는 다르게 추상적 지식은 어떠한 배경의 문맥에서도 적용 가능하다. 그 이유는 그것이 비인격적이고, 매우 자율적이며, 보편적(과학적) 진리와 관련되기 때문이다. 컴퓨터 언어의 기초가 된 이진부호(binary code)의 정밀화가 좋은 예일 것이다.

　　대부분의 인류 역사에서 문화와 지식은 주로 가족이나 교회, 공동체 생활과 같은 가까운 관계에 관련된 비공식적이고 일상적인 배움의 상황에서 얻어지고 강화된다. 다른 사회적 문맥으로의 전파는 바다 항해, 무역, 정복, 포교활동과 같이 느리고 단편적인 방법으로 이루어졌다. 이러한 항해 중에 가장 멀리 도달한 것이 1492년 스페인 왕과 여왕의 지원을 받아 대서양을 건너 인도에 건너가기 위해 출발했던 크리스토퍼

그림 2.1 모아이, 이스터 섬 아후아키비 의식 장소 c. 1999
이 석상들은 평균 무게가 14톤 정도인데, 약 20킬로미터 정도 이동되었다. 이들은 야자수나무 기름을 친 나무 통나무를 따라 옮겨졌다. 섬주민들은 신을 달래기 위한 거대 석상을 만들기 위해 모든 나무들을 잘랐다. 결국 그들은 그들의 환경을 파괴함으로써 멸망하게 되었다. 이는 인간의 어리석은 행위에 대해서 우리에게 깊은 교훈을 준다.

콜롬버스(Columbus) 콜롬버스는 1492년 '신세계'를 '발견'했다. (물론 '발견된' 사람들은 이미 그들이 그곳에 존재하고 있었다는 것을 알고 있었겠지만) 이는 포르투갈과 스페인이 고대 잉카제국과 다른 남미 문명을 식민지화하는 길을 여는 것이었다. 또한 그것은 대양의 세계 항행의 계기가 되고, 다른 유럽세력들이 아메리카 대륙의 아프리카 노예 노동력을 기초로 한 플랜테이션 경제를 만들어내어 아메리카합중국의 건국을 가져왔다.

콜롬버스(Christopher Columbus)의 항해일 것이다. 그는 인도가 아닌 바하마 제도, 카리브 섬, 남미에 도착했다.

사람들의 접촉이 늘어나면서 나타난 문화적 상호작용은 문화적 의미와 지식에 관한 우리의 지식을 변형시켰다. 궁극적으로 이는 시야를 확장시켰고 과학에 관련된 추상적 지식을 전파하고 공교육을 통해 대중을 성장시켰다. 게다가 보잘것없는 편지는 전화, 팩스, 전자 네트워크로 대체되어 커뮤니케이션은 전례없이 빠른 속도와 풍부한 설득력을 가지게 되었다. 전자 매스미디어는 교육을 받지 못한 사람들에게조차 새로운 사상 및 경험과 조우하게 했다. 이에 영향을 받은 결과로서 다음의 7가지를 들 수 있다.

1. 문화적 의미를 원래의 사회적 문맥과 괴리시켜 다른 사회에 이식하는 것이 가능해지고 있다.
2. 외부 사회로부터의 문화적 경험은 보통 단편적으로 도달하지만 우리는 이전보다 훨씬 많고 다채로운 정보원으로부터 대량의 단편적 의미를 빠르게 접근할 수 있는 수단을 가지게 되었다.

3. 특히 텔레비전과 영화가 운반하는 시각적 이미지들을 통해 우리는 다른 사회 라이프스타일의 전체상을 얻을 수 있게 되었다.

4. 다른 민족의 문화에 대해 아는 것이 가능하게 되었다. (이는 우리가 살아남기 위해서도 필요한 것이 되고 있다.) 만약 우리가 이를 알려고 하지 않는다면 알고 있을 때 얻을 수 있는 잠재적인 이익을 얻을 수 없게 되는 위험에 직면하게 될 것이다.

5. 전자 매스미디어는 빠른 전달력과 함께 이에 노출된 사람들에게 영향력을 끼치고, 이 사람들을 일체화시켜 같은 경험을 공유하도록 하는 능력을 가지고 있다. 따라서 우리들은 맥루한(McLuhan 1962 : 102)이 '지구촌'(global village)이라고 불리는 곳에 살고 있는 것이다. 이러한 현상은 2004 올림픽과 같이 글로벌 이벤트의 경우를 보면 극명히 드러난다.

6. 우리들은 다원적 사회, 다문화 세계에 살고 있고 요리, 음악, 종교활동, 결혼관습 등으로 대표되는 다양한 가능성이 포함된 상황에 참가 가능하다는 것을 인식하게 되었다.

7. 그럼에도 불구하고 마지막으로 지적한 것과 관련해서는 서구, 특히 미국의 영향력은 문화적·지적 흐름의 양과 성격을 결정하는 것처럼 보인다. 그러나 이는 브라질과 중국, 인도, 그리고 힘을 얻고 있는 다른 사회들이 세계의 문화 흐름에 독특한 공헌을 하게 되면서 점점 바뀌려 하고 있다.

공통의 문제

글로벌리제이션이라는 직물 안에서 세계의 각국과 각 민족들이 직면하고 있는 문제도 점점 상호 연관되고 있다. 이에 대해 벡(Beck 1992, 1999a, 2000a)은 우리가 이제 하나의 세계 위험사회에서 살아가는 문제점들을 공유하게 되었다고 주장하는데, 이에 대해서는 이 장의 뒷부분에서, 그리고 글로벌 사상가 20에서 다룰 것이다. 많은 사람들의 삶이 여전히 오랜 기간 이어져 내려온 사회적 관습과 깊은 신앙심, 그리고 의심할 수 없는 국가 정체성에 의해 지배되고 있는 상황에서 이런 인식이 어느 정도 공유될 수 있는지에 대해 의문을 가질 수 있다. 그러나 세계가 끊임없이 공격당하고 있다는 것은 공통된 인식이다. 미디어는 멀든 가깝든 여러 장소에서 일어난 사건들과 위기들을 매일 매시간마다 우리의 거실로 가져온다. 21세기 초반 세계 곳곳에 사는 사람들은 다음의 사건들을 기억할 것이다.

- 2001년 9월 11일 뉴욕 쌍둥이 빌딩의 파괴
- 2003년 봄의 두 번째 이라크 침공, 앞선 2월 15일에는 세계의 60개가 넘는 도시에서 적어도 300개의 이상의 이라크전쟁 반대 행진이 벌어짐.
- 2004년 수단 정부와 연합한 세력이 사람들을 그들의 집에서 몰아대고 살인을 저질렀던 다르푸르의 참상
- 2004년 12월 26일, 해층이 갈라져 13개 국가의 200,000명의 생명을 앗아갔던 쓰나미
- 2004년 8월 29일 뉴올리언스에 밀려들어 수백 명을 죽이고 불쌍한 시민을 제대로 돕지 못한 미국 정보의 무능력을 드러냈던 허리케인 카트리나

이러한 사건들에 의해 우리들은 공통인류라는 것과 우리가 사건과 불행에 얼마나 취약한지를, 그리고 우리 모두는 하나의 작은 지구에 살고 있다는 실제적 사실을 상기한다.

충격적인 영상을 보면 어느 누구라도 똑같이 충격을 얻게 되는 반면, 우리들이 다른 사람들과 공유하는 감정에는 좀 더 물질적인 이유가 존재한다. 이 압축되고 통합된 지구에 있어서 우리들의 선택은 자신의 생활에 반향을 가지고 올 뿐만 아니라, 멀리 떨어진 사람들의 생활에도 직접적 영향을 끼친다. 종종 이러한 사실을 인식하지 못하고 우리들의 행동은 의도하지 않게 멀리 떨어진 사람들에게 직접적 피해를 끼치게 된다. 예를 들면 20세기 마지막 해, 대부분 선진국에 사는 세계 인구의 5분의 1에 해당하는 부자들이 세계 수입의 86%의 부를 소비했다(McMichael 2000 : xxvii). 이들이 세계 경제에 미치는 영향력은 너무 커서 그들이 무엇을 생산하고 무엇을 소비할 것인가, 그들의 돈을 어디에 투자할 것인가, 어떤 라이프스타일을 선호하고 어떤 레저를 즐길 것인가와 같은 그들의 결정이 실업이나 수출가의 하락, 혹은 멀리 떨어진 땅의 노동자와 농부의 생계에 손해를 발생시킬 수도 있는 것이다.

로랜드 로버트슨_ ROLAND ROBERTSON (1938-)

로버트슨의 글로벌리제이션 연구에 대한 공헌은 대단히 중요한데, 1960년대 말로 거슬러올라간다. 그는 문화, 특히 종교에 대해서 큰 관심을 가지고 있었는데, 이것이 글로벌리제이션에 대한 이론적 연구를 점진적으로 발전시킨 계기가 되었다. 이 책 전체에서 그의 사상을 서술하겠지만 본문에서 충분히 설명하지 못했거나 언급하지 못했던 논점들을 소개한다.

단일 공간으로서의 세계의 주제화

로버트슨은 비록 대부분의 개인들이 그들의 출신지역, 국가, 민족에 대해 강한 유대를 가지고 있지만 세계를 하나의 전체로 보고 세계 인류의 상황을 생각의 중심에 위치짓는 것은 없어서는 안 될 중요한 작업이라고 주장했다. 각 사회 간 혹은 사회 안에서 끊임없이 발생하는 갈등과 균열에도 불구하고 세계는 명확하고 피할 수 없는 논리, 역동성, 통합성을 지니게 되어 점점 독립적이고 통합된 존재로서 자체의 독립적 권리 안에서 존재하게 되었다. 이러한 현상을 분석하는 데 있어서는 새로운 개념의 도구가 필요하다.

글로벌 연구의 지향점

그는 글로벌 사회 출현을 연구하는 데 있어서 세계를 하나의 특정한 전체상으로 가정하는 4가지 접근방법을 제시했다. 각각의 방법들은 상대적으로 독립적으로 연결되지만 사회적 영역에서는 겹치기도 한다.

- 민족적 사회들, 각각은 그들이 창조한 전통과 영토, 경계, 국가를 가진다.
- 국민국가 간 국제관계의 세계체제
- 개인들 ('글로벌리제이션' 은 다른 어떤 것보다도 사람과 관련되는 것이다.)
- 전 인류

글로벌리제이션의 역사

그는 글로벌리제이션이 기나긴 세월 동안 이어져 왔으며 단순한 근대성의 산물이 아니라고 주장한다. 그는 5개의 단계를 제시했는데, 첫 번째 단계는 1400년대 근처에서 시작되는 후기 중세 시기이고, 가장 최근 단계['불확실성의 단계' (the uncertainty phase)]는 1960년대 후반에 시작되었다. 이 불확실성의 단계의 특징으로는 급진전하는 기술적 변화, 수많은 국제적 행위자 및 사회운동의 증가, 국제의식의 고양뿐 아니라 환경문제, 다문화주의의 증식, 종교적 근본주의자와 같은 글로벌리제이션에 반대하는 그룹의 출현과 관련된 위기의 증가 등이 있다.

사악한 노스탈지어적 향수

로버트슨은 근대화 과정이 어떻게 국가 엘리트들로 하여금 고대 공예품이나 민속학을 발견하고 위엄 있는 국가 예식 등을 창설하는 일련의 것들을 통해 그들의 전통을 창조하고 아이덴티티를 조직화하며 애국심을 고취하기 위해 애쓰게 만드는지 연구했다. 그들은 전통적 공동체들과 그들이 제공했던 사회적·도덕적 질서가 붕괴되는 것을 예상했고, 이에 맞설 의도가 있었지만 그들은 시장권력과 계약관계에 의해 생성된 도시적 산업사회로 인해 무너지고 있었다.

로컬리티와 세계

로버트슨은 글로벌리제이션이 로컬리티와 아이덴티티를 파괴하는 것을 의미하지는 않는다는 점을 강조한다. 오히려 글로벌리제이션에 노출되는 것은 지역으로 하여금 다가오는 세계를 고려하여 자신에게 도움이 된다고 판단되는 요소들을 선택·흡수함으로써 자신을 재창조하도록 강요한다. 이는 일본과 같은 근대화 국가가 19세기에 한 것과 같은 것으로, 일본은 세계적 표본과의 관련성, 외부 근대화 국가로부터 들어오는 압력 안에서 이를 받아들여 모방하고 다시 그것을 '일본화' 함으로써 자신의 독특한 국가적 특수성을 재창조했다. 게다가 진정한 로컬리티 혹은 특수성이란 것은 언제나 다른 민족, 국가, 문화라는 세계에 대한 지식과 관련되는 자기 이해의 구조가 전제된 것이다. 개인적인 혹은 사회적 집합성에 수반하는 아이덴티티 구축은 항상 측정할 수 있는 다른 점을 가지는 '타자' 혹은 '타자들'을 요구하는 것이다.

출처 : Robertson (1992, 1995, 2001) ; Robertson and Inglis (2004).

문제를 공유하게 되는 또 하나의 이유로서 특정 글로벌 문제는 글로벌 해결방법을 요구하기 때문임을 들 수 있다. 각국 정부들이 혼자 행동한다면 그들은 여러 가지 상황에서 그들의 국경, 영토, 시민들의 삶과 안녕을 보호할 수 없다. 1986년 체르노빌에서 국경을 넘은 방사능 물질의 낙진, 세계 금융시장 투기로 인한 국내 통화위협, 국제적인 마약밀매, 국제적 테러리즘 등은 모두 국가의 무력을 보여주는 예들이다. 정부들 간의 협조와 글로벌 수준에서의 규제만이 진정한 해결방법이 될 수 있다. 그러나 이러한 일들이 실제로 일어날 것인지 아닌지에 대해 의심해 볼 여지는 있다. 시민이 어느 정도 국가적 혹은 초국경적 수준에서 각국 정부에 압력을 가할 수 있는가에 대해서는 불명확하기 때문이다.

국제적 산업화가 지구의 **생물권**에 미치는 영향으로 세계 자연환경 문제가 가장 분명하고 위협적일 것이다. 이어리(Yearley 1996a : 28)에 의하면 "확대되는 세계 환경문제는 완전히 다른 국가 사람들의 생활을 연관시키고 … 이러한 현상으로부터 완전히

생물권(Biosphere)의 개념은 대기, 해양, 호수, 강 등 다양하고 복잡한 식물체계와 생물 유기체 등 박테리아에서 물고기, 동물들, 인류까지 포함한다.

벗어나는 것은 궁극적으로 불가능한 일이다."

전 지구적 환경파괴에 대한 책임은 소수 부자들의 물질주의적인 라이프스타일만에 있는 것은 아니다. 많은 개발도상국에서는 가장 가난하고 가장 소외된 사람들조차 그들 자신의 환경을 남용하도록 되어 있다. 이는 급속한 인구증가와 가난한 사람들이 가파른 언덕 비탈과 반사막지대를 경작할 수밖에 없는 상황으로 인한 것이다. 또한 그들은 이미 가축으로 가득 찬 방목지에 한계 이상의 방목을 한다거나 연료로 쓰기 위해 산에서 나무를 베기도 한다. 고의는 아니겠지만 토양침식, 강수 고갈, 사막화 현상 등 세계의 가난한 사람들 역시 세계 기후변화에 중대한 책임이 있고, 이는 우리 모두에게 영향을 끼친다.

상호작용과 상호 의존

상호작용과 상호 의존의 급속한 확대에 의하여 시민 각각뿐 아니라 지역, 국가, 기업, 사회운동, 전문가, 그 외의 집단들 간에 기존보다 더 긴밀한 초국가적 교류와 연대의 네트워크가 형성되고 있다. 점차적으로 사회학자들은 이러한 다수의 네트워크들이 인터넷에 의해 강력해지고 사회적 생활의 주요한 형태로서 자리 잡았다고 보게 되었다. 우리는 '네트워크 사회'(network society)(Castells 1996)에 살고 있기 때문에 사회논리보다는 네트워크가 사회관계를 결정하는 것이다. 또한 어리(Urry 2000, 2003)는 네트워크, 유동체, 흐름, '풍경 이미지들'(scapes), 이동성(mobility)과 같은 단어는 확산되고 있는 예측 불가능한 현대 생활의 분산된 특성을 이해하기 위한 은유를 가지고 있는 반면에 사회, 구조, 제도와 같은 단어들은 영토 고정성과 사회라는 용기 안의 세밀하게 규제되어 있는 삶의 이미지를 불러일으키는 것에 대해 지적한다(글로벌 사상가 12 참조). 이러한 네트워크는 국경을 넘어 확산되어 각국의 국민이 경험하고 있던 문화 및 경제의 자급자족 상황을 파괴한다. 이러한 네트워크를 선동시켜 이에 참가하고 있는 사람들에 영향을 미치고 있는 것이 지식과 정보이다. 카스텔(1996 : 469)이 지적하듯이 지식 흐름이 가지는 힘은 '권력의 흐름에 우선한다.' 이러한 상호 연결이 가지는 전체적으로 축적되는 영향은 각 사회와 도시 및 지역이 외부로 확대되고 병합되어 다른 사회와 같은 시공간에서 퍼지게 된다(17장의 글로벌 도시에 대한 설명 참조). 동시에 국내적 삶의 영역과 국제적 영역 사이에 존재했던 명확한 분리선은 점차 없어지는 것이다.

꽤 최근까지 많은 사회학자들, 특히 정치이론가들은 글로벌 수준에서의 상호작용을 국가 간 거래와 교환의 측면에서 분석해 왔다. 따라서 국민국가들은 가장 주요하게 간주되었을 뿐만 아니라 국제문제의 유일한 행위자였다. 버튼(Burton 1972)은 20세기에 들어서 각 정부와 국가가 누리는 권력은 그들이 다른 국가와 상호작용하고 영향력을 끼치기 위해 노력함에 따라 국제관계를 결정짓는다고 주장했다. 그러한 상호작용은 무역협정이나 군사조약 혹은 동맹을 맺거나 위협국을 고립시킴으로써 전쟁을 피하기 위한 외교적 동맹과 관련된 것이다. 그러나 버튼은 또한 늘어나고 있는 강력한 **비국가적 행위자**들이 관계를 형성하고 그들 자신의 이익과 네트워크의 결속 및 결합을 추구함으로써 국가 간 관계와 어깨를 나란히 할 수 있다고 예견했다. 워터즈(Waters 1995 : 28)의 지적처럼 '지역적 문맥에서 가능했던 만큼의 긴밀한 네트워크에 의해 전 세계가 하나로 연결된' 상황을 기대할 수 있는 것이다.

초국가적 행위자와 기구들

제2차 세계대전 이후 그 활동영역이 국경을 넘어 상호 연결을 더욱 더 확대·강화하고 있는 유력한 초국가적 비국가행위자에는 어떤 것이 있을까?

초국적 기업(Transnational Corporations : TNCs)

TNCs는 여러 측면에 있어서 가장 강력한 행위자이다. TNCs에 대해서는 7장에서 자세히 논하겠지만 여기서는 중요한 3가지 특징만 언급할 것이다.

- TNCs의 국제적 힘과 영향력—세계에서 가장 거대한 경제활동 주체의 반이 국가가 아닌 TNCs이다.
- TNCs는 국가로부터의 요구가 아닌 자신들의 필요성에 의해 국경과 대륙을 넘어 통합된 생산 라인과 투자활동의 국제적 망을 형성하면서 상호 의존적인 세계 경제건설에 중요한 역할을 하고 있다.
- TNCs와 세계 금융 시스템과의 연계, 여기에는 하루에 1조 2,000억 달러가 넘는 무국적의 자금이 거래되는 초고속 컴퓨터화된 외국 통화시장이 포함된다.

국제정부간기구(International Governmental Organizations : IGOs)

IGOs는 TNCs과 마찬가지로 국제업무를 관장하는 초국가적 행위자의 능력이 확대되고 있는 광범위한 현상을 보여주는 중요한 사례이다. 실제로 각국 정부가 자신들의 지시에 따라 활동하는 다수의 IGOs를 설립한 이유는 정부만으로는 국제문제를 해결할 수 없기 때문이다. 그러나 예상할 수 있듯이 이러한 기구들은 때때로 자신들의 존망을 걸어야 할 때가 있다. 이런 기구들이 유효하게 된 것은 국경을 넘나드는 거래의 표준화를 위한 규칙과 절차가 필요해진 19세기였다. 가장 잘 알려진 IGOs의 대표격으로는 제1차 세계대전의 결과로서 설립된 국제연맹(League of Nation)과 제2차 세계대전 후에 생긴 국제연합(United Nations : UN)이 있다. 1900년에 37개가 존재하던 IGOs는 2000년에는 6,743개로 늘어났다(Held and McGrew 2002 : 18-19).

국제비정부기구(International Non-Governmental Organizations : INGOs)

INGOs는 때때로 정부와 함께 행동하는 경우도 있지만 IGOs와 마찬가지로 정부에 대해 책임을 지지 않는 자율적인 기구이다. 특히 INGOs는 국제문제에 있어서 종종 강력한 영향력을 행사해 왔다. 예를 들어 평화운동이나 노예제 반대운동, 노동운동은 19세기에도 국경을 넘어서 광범위하게 협력하고 있었다. 특히 1950년대 이후 INGOs의 수는 놀랄 만한 비율로 증가했다. 오늘날 INGOs의 활동범위는 광대하여 종교, 비즈니스, 전문적 직업, 노동, 정치, 환경, 여성, 스포츠, 레저 등의 많은 영역을 포함하게 되었다. 유명한 INGOs로는 그린피스(Greenpeace), 적십자(the Red Cross), 옥스팸(Oxfam), 국제사면위원회(Amnesty International) 등이 있다. 국경을 넘어서 활동하고 있는 INGOs는 수천 개가 넘고 국민국가 내로 활동을 한정하고 있는 것까지 합치면 훨씬 많다. 헬드와 맥그로우(Held and McGrew 2002 : 18)에 의하면 모두 국제적으로 활동하고 있지는 않지만 2000년까지 47,000개가 넘는 INGOs가 존재한다.

글로벌 사회운동(Global Social Movements : GSMs)

INGOs에 대한 설명과 중복되는 면이 많지만 특정 INGOs는 좀 더 일반적인 의미를 가지는 글로벌 **사회운동**에 기반을 두고 있다고 할 수 있다.

중요 개념

사회운동(social movement)　　사회운동은 하나의 통일적 테마를 가지고 변화를 목적으로 활동하고 있는 비공식적 조직이다. 국제 사회운동으로서는 인권·평화·환경·여성 운동 등이 있다(18장 참조).

그것은 INGOs의 활동이 활발해져 정치적·도덕적 쟁점에 관한 국제여론을 동원하게 되면서 INGOs의 캠페인이 글로벌 사회운동의 활동과 중복되고 있기 때문이다. 이러한 수렴현상을 보여주는 예가 1992년 브라질의 리오에서 개최된 유엔의 환경문제에 관한 '유엔환경개발회의'(Earth Summit)였다. 당시 환경단체와 다른 INGOs로부터 파견된 약 2만 명이 넘는 대표자들은 세계 각지의 무국적자 및 원주민(Aborigine)과 연대하고 있는 사람들을 연대하여 '유엔환경개발회의'의 대안으로서 '그린 페스티벌'을 개최했다. 글로벌 미디어는 이러한 비공식 이벤트가 각국 정부와 전문가들이 참가한 공식 포럼보다도 관심을 끈다고 평가했다.

디아스포라와 무국적자

몇몇의 **디아스포라**(그리스인, 유대인, 파르시교도와 같은)의 역사는 국민국가의 역사보다 오래되었다. 그러나 완전한 시민권의 획득이나 준(準)자치의 인지, 독립 국민국가의 지위 부여 등을 둘러싸고 정부와 종교적·민족적·정치적 논쟁이 늘어남에 따라 다른 형태의 디아스포라가 증가하고 있다. 박해 및 과혹한 처우 등으로 고국을 떠나 다른 나라로 피난할 수밖에 없었던 사람들은 난민으로서 국제적 디아스포라를 형성하게 되었다(Cohen 1997). 대표적으로 아프리카인, 카슈미르인, 타밀인, 시크교인, 아르메니아인과 팔레스타인인 등을 들 수 있다.

중요 개념

디아스포라(Diasporas)   디아스포라 현상은 민족이 강제 혹은 자발적으로 여러 국가로 흩어지게 되면서 발생한다. 이들이 만약 그들의 '고국'(때때로는 상상의 고국)에 대한 공통적 관심을 계속 나타내어 어디에 있든지 자신들의 민족들과 함께 공동운명을 공유한다면 이것이 디아스포라를 구성한다.

또한 국제적으로 산재되어 있다는 것 때문에 디아스포라와는 구별되지만 국가구조 밖에 존재하면서 그들만의 문화적 정체성을 인정받고 부족의 고향으로 돌아가기를 요구하는 원주민 '국가'(Aboriginal 'nations')도 5,000개 정도로 추정되고 있다 (Friburg and Hettne 1988 ; Robertson 1992 : 171). 캐나다, 미국, 오스트레일리아, 남아메리카 등지에 퍼져 있는 이러한 원주민들은 최근 세계원주민민족회의(World Council of

Indigenous Peoples)를 결성하게 되었다. 그들은 유엔인권센터(UN Centre for Human Rights : UNHCR)와 함께 세계 곳곳의 무국적 민족의 포괄적 권리선언을 채택하기 위해 활동하고 있다.

INGOs의 경우와 같이 이러한 집단도 오늘날 세계에서 지역 정체성의 표현이 오직 국제적 포럼이나 국제적 문맥에서 통용 가능하다고 주장하지는 않는다. 목적을 이루기 위해 이러한 집단들은 국제적 차원에서 그들의 투쟁을 조정하고 그들이 처한 상황에 대해 관심을 끌기 위해 미디어를 이용하려 한다. 프라이브룩과 헤튼(Friburg and Hettne 1998)에 의하면, 이들의 정치적 활동과 의도는 정확히 "행동은 로컬적으로 하되 생각은 글로벌적으로 한다"(act locally but think globally)라는 캐치프레이즈에 해당한다.

Box 2.1

로컬적으로 행동하고 글로벌적으로 생각하기 :
타라후마라족의 달리기 선수들

타라후마라 인디언은 멕시코 북부의 산맥 높고 외진 지방인 키와와 주에 산다. 이러한 환경에서 이들은 이틀에 걸쳐서 높은 산맥을 쉬지 않고 달리는 레이스에서 우승자를 배출하는 훌륭한 지구력으로 유명하다. 약 60,000명의 타라후마라 민족의 생활은 참 고된 것이었다. 이들은 백인 멕시칸이 상업발달을 주도하게 되면서 그들의 고향에서 이주해야만 했고, 경작이 거의 불가능한 고산지로 쫓겨가게 되었다. 겨울에는 기온이 영하 20도까지 떨어지는 곳이었다.

1990년대 초반 가뭄이 이어지면서 이 지역에 숲이 없어지게 되어 항상 굶주림에 시달렸던 '보통'의 상황이 기아로 악화되었다. 대부분의 어린아이들이 영양실조로 고통받았고, 가난한 부락에서 영아사망률이 50%가 넘는 지경에 이르게 되었다. 슬프게도 이러한 압력은 타라후마라 민족을 멕시코의 큰 도시로 일시적 혹은 영구적으로 이주하게 만들었다.

세계의 관심을 끌기 위해 타라후마라족의 상황 개선을 위해 노력해 온 조직(야생연구원정대, Wilderness Research Expeditions)의 리더들은 타라후마라족의 훌륭한 달리기 선수들을 미국으로 파견, 중요한 운동경기에 참가하게 했다. 그 결과 국제적인 평가를 얻게 되어 식량구입 기금을 위한 달리기가 1993년부터 시작되었다.

1996년 9월 하순, 6명의 타라후마라족 레이스 우승자들이 캘리포니아의 엔젤스 국유림을 지나는 26마일 마라톤 대회에 참가하게 되었는데, 그 대부분이 눈이 쌓여 있었다.

서구의 마라톤 선수들이 필수라고 생각하고 있던 최첨단 스포츠 장비 대신 그들은 고향에서 만들어 온 가죽 샌들을 신었다. 그들은 경기의 룰이나 스케줄, 정확한 거리 등에 대해 명확히 계산하는 서양인들에 당황했다. 게다가 고국의 장거리를 뛰면서 산을 타던 그들에게는 미국의 주요한 달리기 대회가 지루하게 느껴졌다. 그럼에도 불구하고 야생연구원정대의 지원을 받아 이러한 달리기 주자들은 '글로벌적으로 활동'하여 1993년부터 1996년간 타라후마라 사람들을 위한 60톤의 식량 기금을 모을 수 있었다.

출처 : Gunson (1996).

또 다른 초국가적 행위자들

매일 막대한 수의 일반 시민들이 개인적으로 혹은 작은 비공식 집단 안에서 국경을 넘어 해외 여행을 하고 있다. 여행지에서 그들은 방문자로서 거주하거나 영구 이민을 계획한다. 환경이나 동기가 무엇이든 이들은 자신들의 문화와 생활양식을 그들과 함께 다른 나라로 이동시키게 되는데, 이러한 전수국 문화로의 노출 정도는 매우 다양하다. 이로써 글로벌 문화는 병존하고 때로는 통합된다. 개인이나 소그룹 여행자들의 범주들은 크게 6가지로 나눌 수 있다.

1. 중국 재벌가가 그들의 활동영역을 홍콩에서 토론토나 로스엔젤레스로 넓히거나(Mitchell 1995 ; Zhou and Tseng 2001) 가난한 멕시코인이 뉴욕 시로 이주, 그들의 새집과 고향집 간에 가족적 · 종교적 · 정치적 · 기업적 연계를 만드는 것(Smith 1998)과 같이 세계 경제의 성장 축에서 소득 기회를 위한 이주.

2. 2002년에 7억 300만을 넘어선 국제관광— 2001년 미국의 9 · 11 테러에 연이은 사건 등으로 인해 감소했지만 1970년에는 1억 5,900만이었다(www.world-tourism.org/facts/menu.htm).

3. 하네스(Hannesrz 1990 : 237–51)에 의하면 변호사, 저널리스트, 건축가, 과학자와 같은 전문가들은 코스모폴리탄으로서 세계 어디에 있든지 '고국'에 있는 것처럼 느끼기 때문에 초국가적 문화 형성에 크게 공헌하고 있는데, 그들은 세계 곳곳에서 온 사람들과 함께 같은 프로젝트에서 일함으로써 다국적의 친분 네트워크를 형성하게 된다(Kennedy 2004).

4. 미디어 관계자, 락/팝스타, 스포츠 선수

5. 그 활동이 다방면에 걸쳐 연결되어 국제경제를 구성하는 기업 관계자, 비즈니스 컨설턴트, 개인 실업가들. 그들은 점차 세계 경제 엘리트로서의 공통의 견해를 가지게 되었다(Sklair 2001 ; Carroll and Carson 2003).

6. 학생, 비행기 조종사, 마약 딜러, 외교관, 외국인 가사도우미 등의 다양한 집단

전 차원에서의 동조화

여기서는 글로벌리제이션이라는 직물의 마지막 실에 대해서 논하기로 한다. 경제, 기술, 정치, 사회, 문화 등 글로벌리제이션의 모든 측면이 동시에 결합하여 각각이 서로 다른 차원에의 영향을 강화시키고 확대하기 시작하고 있다.

경제적 영역에서는 세계적 규모의 은행이나 TNCs, 외환시장과 같은 많은 자율적 기관이 점점 더 통합되어 가는 세계 경제에서 번성함에 따라 각국 정부는 그들의 경제를 통제할 힘을 잃어버리고 있다. 각국 정부들은 정부간기구를 설립하고는 있으나 세계무역기구(World Trade Organization : WTO)와 같은 정부간기구들은 자율적으로 자신의 의사를 결정, 불순종하는 정부에 대해 개별 국가의 이익에 반하는 무역정책을 선택하도록 강제하기도 한다. 그러는 와중에 많은 국가들이 자유시장경제의 매력에 빠져들고 있다. 이러한 현상은 화폐가치를 세계 곳곳에, 사회적·문화적 삶의 대부분에 침투시키고 있다.

정치적 삶의 측면에서는 많은 국가의 시민들이 기존 정당정치에서 소외되어 최근의 서양 선거에서는 투표율 저하현상이 나타나고 있다. 그러나 이것은 사람들이 모든 형태의 정치에서 멀어지고 있다는 것을 의미하지는 않는다. 대신 많은 사람들이 정치·사회운동에 참가하고 있다. 이러한 사회운동은 국내 혹은 국제적 차원에서 전개된다(18, 19, 20장 참조). 이러한 글로벌 사회운동의 참가자들은 어떻게 하면 정부가 국제적인 규제완화에 직면하여 가장 잘 협력할 수 있는지, 혹은 어떻게 하면 1980년 이후 진보적인 세계적 무역, 자본, 화폐시장 완화로 인한 경제적 불안정을 해결할 수 있는지와 같은 문제에 대해 고민한다. 1999년 12월 시애틀, WTO 회의가 열리는 동안 처음으로 국제적 여론의 주목을 받게 된 반글로벌리제이션 운동(글로벌 정의운동이라고 이름붙이는 게 더욱 적당할 것이다)은 군사안보 외의 분야를 정부 어젠다로 주요 문제화시킨 가장 눈에 띄는 사회운동의 예였다.

노동자, 소비자, 여행객, 시청자를 포함한 관찰자들에 의해 대중의 시장경제 참여는 계속 증가하고 있다. 이러한 현상은 전자 미디어와 정보기술의 혁명으로 인한 세

계를 넘어선 문화적 흐름이 거대하게 확장하면서 발생했다. 소비에 대한 동경, 팝과 락음악, 종교적·도덕적·윤리적 가치 혹은 민주주의와 사회주의 같은 정치적 이데올로기와 같은 모든 형태의 문화는 최근 글로벌리제이션의 강력한 첨가물이 되고 있다. 매스미디어의 시각적 이미지, 추상적 지식, 더욱 더 다양해지는 인간 상호간의 관계에 의해 형성된 사회환경 등의 다양한 수단을 통해 전달이 이루어진다. 국민문화나 귀속의식은 약해지는 한편 아이덴티티의 새로운 대상이 제공되고, 멀리 떨어진 나라의 시민들과의 협력을 촉진시키는 폭발적인 잠재력이 세계 질서를 통해 작동하기 시작한 것이다.

글로벌리티 : 새로운 현상

3장에서 우리는 글로벌리제이션에 관한 과정이 긴 역사적 기원을 가지고 있음을 이야기하겠지만, 이 책의 뒷부분에서 설명하듯이 글로벌리제이션의 양적 증가는 최근에 들어 더욱 분명해지고 있다. 오늘날 세계에서 뚜렷하게 새로운 것이 바로 '글로벌리티'(globality)의 출현이다. 이 책의 2000년판에는 이러한 현상을 '글로벌리즘'(globalism)이라는 용어로 표현했었다. 그러나 글로벌리즘은 일반적으로 신자유주의적인 아이디어, '세계 시장에 의한 지배의 이데올로기로 글로벌리제이션의 다면성이 하나의 경제적 측면으로 줄어드는 현상'(Beck 2000b)과 같은 개념으로 쓰이게 되었다. 따라서 우리가 이야기한, 로버트슨(Robertson 1992 : 132)이 정의한 대로 '세계(혹은 세계의 문제)를 하나의 공간으로서 인식' 함을 의미하는 글로벌리티와는 다른 개념이다. 비슷하게 앨브로(Albrow 1990 : 8)는 이를 "세계의 50억 인구를 고려대상으로 하여 모든 사람들을 국제문제를 해결하기 위해 공통된 이익을 가지고 행동하는 집단, 즉 세계 시민으로 간주하는 가치"라고 표현했다. 요약하자면, 주로 글로벌리제이션이 부분적으로 우리 밖에 존재하는 세계의 일련적·객관적 변화를 의미하는 반면에 글로벌리티는 주관적인 영역을 의미한다. 우리는 어떻게 글로벌리제이션과 관련된 변화를 국내화시켜 일상생활에 관한 우리의 감정과 생각으로 받아들여야 하는가? 글로벌리티는 이하 4가지 주요한 양상을 가진다.

- 우리 자신을 집합적으로 생각하면서 전 인류와도 동일화
- 일방적 흐름의 종언과 다문화 인식의 증대
- 사회적 행위자로서의 자기 인식력의 증대

■ 아이덴티티의 확대

우리 자신을 집합적으로 생각하기

작은 지식인 집단이 아닌 인류 전체가 자신들을 하나의 존재로서 집합적으로 인식하고 있다. '인류'라는 카테고리에 대한 우리들의 공통 관심이 동일 민족, 동일 국민, 동일 종교적 아이덴티티를 가진 사람들에게만 귀속의식을 가지는 것을 넘어서기 시작하고 있는 것이다. 로버트슨(Robertson 1992 : 183)은 이러한 아이디어를 적용하여 '그 자체로' 작동하는 세계가 출현하는 것은 아직 멀지만 이러한 생각 자체는 점점 중요해지고 임박해졌다고 주장했다. 예를 들면 많은 사람들, 특히 젊은 고학력자들은 모든 사람들이 인간으로서 특정한 권리를 가지고 있다고 강하게 믿고 있다. 그들은 이러한 권리침해가 일어난 경우에 도덕적으로 분노를 표시하며 인권은 보편적으로 보호되어야 하며 국제관습과 조약에 의해 지켜져야 한다고 주장한다.

이러한 점은 아주 최근에 일어난 변화이다. 과거와의 단절을 넘어선 사람들의 공감능력을 여실히 보여주는 것으로 넬슨 만델라(Nelson Mandela)를 석방시키도록 요구한 세계적인 캠페인의 성공을 들 수 있는데, 그는 남아프리카의 인종차별정책과 인권탄압에 대한 투쟁을 펼친 상징적 인물이었다.

중요 개념

인종차별정책(Apartheid)   이는 단순한 인종차별에 관한 비공식적 관행이 아니라 국가의 허가를 받은 정교한 이데올로기로 인종을 근거로 한 '분리'를 합법화했다. 국가의 전 인구를 4개의 그룹 —백인, 반투(아프리카인), 혼혈, 아시아인— 으로 나누어 기초교육, 대학, 사회시설(공원의 벤치에 이르기까지), 거주에 있어서 분리를 실시했다. 관행적으로 백인이 가장 좋은 대우를 받았다.

다문화 · 초국가 의식의 성장

펄뮤터(Perlmutter 1991 : 898)에 의하면 제국주의 열강이 다른 세계의 사람들에게 '문명'을 받아들이도록 했던 시도들은 '지배-종속'(dominance-dependence) 양식에 기초하고 있었다고 주장한다. 보통 제국주의 열강이 다른 집단 및 사회를 통합하는 데는 정복이라는 행위가 필요했다. 마찬가지로 정복자들의 문명가치의 '이익'에 다가서기 위해서는 그들의 '우수한' 법과 제도를 받아들이려는 의지가 필요했다. 그러나 지금 우리는 역사상 처음으로 "누가 지배자가 될 것인가를 정하기 위해 싸우는 것이 아니라, 우리들의 행성을 같이 관리하기 위한 선택을 가능하게 하는 기술을 가지게 되었다"(Perlmutter 1991 : 901). 이러한 입장에서 볼 때 장기간에 걸친 일방적인 문화·정치적 흐름의 시대는 끝난 것이다. 드디어 국가와 문화들이 문화적 다양성을 인식하고 받아들이게 된 것이다. 또한 그들은 점차적으로 가치와 구조를 가능하면 공유하도록 협력하는 것이 필요하고 바람직하다고 생각하게 되었다.

기든스(Giddens 1990 : 51–7)도 비슷한 점을 지적하고 있는데, 현재 우리가 서양에 그 기원을 두고 있는 **모더니티**(근대성)에 관련된 특징들을 공유하고는 있지만 이러한 힘들이 현재 세계 곳곳에 퍼져 자율적으로 번성하고 있다고 주장했다. 각각의 국가들은 반세기 전 일본이 그랬듯이 모더니티를 자신들에 맞게 각색하여 이를 세계 질서에 투영하는 능력을 지니고 있다. 기존에 존재하던 서양의 우월성이나 근대적인 권력형태의 독점이 무너지면서 모더니티의 글로벌리제이션은 동시진행적으로 서구 우위 시대의 종언을 가져오고 있다(3장 참조).

중요 개념

모더니티(Modernity, 근대성) 1942년 콜럼버스가 미 대륙에 도착했던 해를 근대를 여는 상징적 시점으로 잡을 수 있다. 그러나 모더니티로의 지향은 17세기에 이르러서야 구체화되기 시작했다. 이는 탐구정신의 확대, 합리성에의 지향, 입증 가능한 지식의 탐구, 사회 '진보'를 위한 물질세계의 변화 가능성에 관한 신념과 관련된다. 모더니티 프로젝트는 최종적으로 과학의 발달을 촉진시켜 산업화와 도시화로 정점을 이루었다.

재귀적 사회행위자와 모더니티

글로벌리티는 좀 더 중요한 주관적 요소를 포함하고 있다. 다수의 학자들(Giddens 1990, 1991 ; Beck 1992 ; Beck et al. 1994)이 자신들의 일상생활에 있어서 재귀성을 행사하는 힘을 가진 사회행위자들이 증가하고 있음을 지적해 왔다.

재귀적 개인은 자의식이 강하고 충분한 지식을 가지고 있는 경우가 많아 자신들을 둘러싼 세계를 재정의하면서 자신의 생활을 형성해 나가려고 한다. 많은 현대 사회에서 늘어나고 있는 이러한 개인들은 자기 결정을 내리는 비평적 능력에서 생성되는

그림 2.2
1990년 봄 25년간의 수감생활에서 석방된 넬슨 만델라
그는 아프리카민족회의(African National Congress : ANC)를
이끌고 4년 뒤의 선거에서 승리, 남아프리카공화국의 대통령이
되었다. 인종차별정책은 공식적으로 폐지되고 모든 남아프리카
인에게 완전한 시민권이 부여되었다. 그의 뛰어난 위엄과 지혜,
그리고 인간적 자질은 카스트나 계급, 민족집단과 국적, 종교를
뛰어넘는 것이었다.

자극을 매개로 하여 사회생활 통제를 활성 · 관리하고 싶어 하고 또한 그런 능력이 있
는 비판적 대중이 되어가고 있다.

중요 개념

재귀성(Reflexivity)   모든 인간은 자신의 행위나 타자의 행위의 결과에 대해 고찰하고 그 새로
운 정보에 기초해서 자신들의 행동을 수정한다. 이러한 자기 인식, 자각, 숙고의 자질은 사회행
위자의 동기와 이해 및 의도와 함께 사회학자들의 큰 관심사 중 하나이다. 현대 사회에 있어서
재귀성이라는 자질은 끊임없이 축적되는 지식에 직면하여 사회생활의 모든 면을 끊임없이 수
정하면서 강화한다.

이러한 재귀성이 넓게 실행되게 된 것은 부분적으로 공교육의 발달과 단순한 과
학 지식이 아니라, 과학적 지식을 기초로 하는 문제의식을 가진 원칙이 넓게 보급된 것
과 관련된다. 이것은 전문적 훈련이나 다양한 종류의 전문성 획득을 위한 전문화 시스
템으로의 접근을 재촉하고 시민의 힘을 강화하는 중요한 열쇠가 되고 있다. 적절한 무
기를 장착한 재귀적 시민들은 정부나 기업, 과학계가 제시하는 진리의 주장에 도전하
는 가능성을 가지고 있다. 각종 권력제도를 비판하는 이러한 경향은 모더니티가 가져
온 결과와 물질적 진보라는 이상에 대한 강렬한 모멸감을 뒷받침하고 있다.

벡(Beck 1992, 1996b, 2000b)과 그웬샤임(Beck and Beck-Gernsheim 2002)은 이러한 생각을 특유의 박력으로 서술했다. 그들은 모더니티와 그 결과—맹렬한 경제성장, 군사력의 비억제, 기술적·과학적 제도—가 지금 이 행성 생물권의 생존 가능성을 위협하고 있다고 주장한 것이다. 특유의 경제적 결핍(적어도 부국에서는)의 시대에서 해방되었지만 우리는 거대하며, 어느 곳에나 침투 가능하고, 억제할 수 없을 가능성도 높은 새로운 위험에 둘러싸여 있다. 이러한 위험들은 모더니티 자체가 낳은 과학과 산업의 제도로부터 직접적으로 파생된 것이다. 또한 벡이 지적한 바와 같이 기존의 계급, 가족, 가부장적 젠더 관계, 지역사회 혹은 교회 등이 제공해 온 강력한 아이덴티티들이 파괴되고 있다. 또한 그는 이러한 현상이 개인 자유의 행사영역을 넓히는 데, 특히 여성해방에 도움을 주므로 대체적으로 유용하다고 주장했다.

그러나 이러한 이득은 비용을 수반한다. 우리가 누구이며 어떻게 살아가고 싶은지를 정의할 수 있게 하는 개인의 자유가 커질수록 우리가 일으킬 잘못들을 포함하여 자신의 삶의 방식을 결정한 것에 대한 책임 역시 커지게 되는 것이다. 따라서 우리는 좀 더 독립적이 되는 반면 우리의 삶은 더욱 더 불안정해지게 된다. 우리들은 자기 자신의 생활을 관리하기 위해 큰 자유를 손에 넣은 한편 더욱 더 책임을 지게 되었다. 어떤 의미에서는 벡이 논한 것처럼 우리들은 현재 우리와 지구의 생존 여부를 결정짓던 기존의 제도에 대해 비판하면서 '자기 대결'(self confrontation)(Beck et al. 1994 : 5)을 포함하는 잔혹한 재귀적 활동에 참가하는 것 외에는 선택지가 없다. 사회학이라는 학문 자체도 재귀성의 능력을 생산하는 것인 동시에 그 결과인 것이다.

그러나 국제적 영역은 대부분의 사람들에게 이미 가까운 것이어서 그러한 관점은 사회학적 훈련을 받은 사람들 외에도 공유되고 있다. 즉 글로벌 영역은 우리들의 의식에 뿌리내리고 있어 '일상생활'이 되어 가고 있는 것이다(Giddens 1994 : 95). 글로벌리제이션이 타문화의 지식을 우리의 일상생활로 가져왔기 때문에 이는 재귀성과 개인화의 증대를 돕는 주요한 힘이 되고 있다. 로즈너(Rosenau)에 의하면 재귀성 능력은 또한 개발도상국의 이익을 얻지 못하는 시민들 사이에서도 증가하고 있다. 그에 따르면 "현대의 보통 사람들은 그들의 선조들과는 달리 세계의 일에 관심을 가지지 않는다거나 무지하다거나 조작되기 쉽지 않다"(Rosenau 1990 : 13). 그들은 친족과 지역공동체를 넘어선 감정적 충성을 넓히고 있는 것이다.

비국가기구를 기반으로 초국가적 세력과 글로벌 시민 네트워크는 긴밀히 연계되면서 발전하고 있다. 이러한 사람들 중 많은 부분이 기존 질서에 대해 매우 비판적이다. 이는 2001년과 2004년 사이에 INGOs와 세계의 다양한 협회의 대표자들을 포괄하여 개최된 제4세계 사회 포럼(Four World Social Forums : WSFs)과 같이 아래로부터 영향력 있는 글로벌 협력이 형성되기 시작했다는 잠재력을 보여준다. 예를 들면 2004년 1월 인도 몸바이에서 열린 WSF4에 참석한 많은 그룹 중 노동조합주의자 대표들도 있었는데, 여기에는 40개의 다양한 세계 각국의 국제 및 국내 노동기구들이 참가하여 2개의 회의와 8개의 워크숍을 개최했다. 인도의 노동권 협회로 특히 인도 카스트에서 최하위 천민 노동자의 이득을 보호하는 달리트 수공방직 복지조합 역시 WSF4의 노동조합 부문에 참가했다.

아이덴티티의 확장

아이덴티티의 구축방법을 변화시킴으로써 이 세계에서 생활하는 방향성을 바꾸는 데 도움을 주는 글로벌리제이션의 마지막 주관적 요소는 로버트슨(1992 : 29)이 '상대화'(relativization)라 부르고 우리는 '확장'(broadening)이라고 부르는 것이다. 오늘날 어떠한 개인이나 제도라 해도 타문화 혹은 타문화의 지식에 접하지 않을 수는 없다. 그러나 우리가 특정 시점에 뿌리를 내려왔던 특정 지방문화에 대한 충성도는 우리가 다른 문화를 이해하고 비교하는 과정에 의해 변화한다. 이러한 비교를 통해 우리는 우리가 속해 있는 곳과 우리의 삶에 대한 결정을 내릴 수 있게 하는 충분한 자료를 제공받는다.

그러나 이에 반대되는 과정 역시 우리에게 중요하다. 우리들은 특정적이고 지역적인 것에 참가하고 있다는 측면에서부터 다른 문화를 어떻게 생각하는지에 대해 결정하고 판단할 필요가 있다. 로버트슨(1992 : 100)이 말했듯이 로컬(지방)과 글로벌 사이의 상호 침투는 지속적으로 늘어나고 있다. 우리는 이러한 현실에 대해 다음에 설명할 선택·적응·저항의 형식을 통해 반응한다.

■ **선택** : 우리들은 국제적인 것 안에서부터 마음에 드는 것만을 선택한 다음 그것을 지역적 상황과 필요에 맞게 개조한다. 로버트슨(1922 : 173-4, 1995)은 이러한 과정을 일본 회사들이 자신들의 국제적 상품을 각국의 문화적 요구에 어울리게 수정하는 데서 사용되는 마케팅 용어를 따서 **글로컬리제이션**(glocalization)이라고 부른다. 여기서 국제적인 것이 지역적인 것과 만나면서 수정되는 것이다. 그러나 여기서 작동하는 것은 동질화시키는 힘이 아니라 융합과 창조

의 다양한 가능성이다.

중요 개념

글로컬리제이션(Glocalization)   이 용어는 어떻게 글로벌적 압력과 요구를 지역적 상황에 적응시키는지를 묘사하는 데 사용된다. 강력한 회사들은 그들의 상품을 지역 시장에 '커스토마이즈'(customize)하는 반면 글로컬리제이션은 반대 방향으로 작동한다. 지역행위자들은 글로벌 가능성의 대열에서 뽑은 요소들을 선택·수정하고, 그 때문에 로컬과 글로벌 사이에 민주적이고 창조적인 관련성이 생겨난다.

■ **적응** : 글로벌적인 것을 거부하거나 받아들이거나 글로벌 지식 증대는 로컬적인 것에 대한 우리의 인식을 확실하게 높여 이에 대한 충성을 약화시키기보다 강화시키는 데 도움을 준다. 따라서 그것은 이렇게 글로벌적인 것과 로컬(지방)적인 것에 동시에 관계할 가능성도 있다. 예를 들면 영국인은 자신들의 국가가 유럽연합(European Union : EU)에 함몰될 것이라고 걱정할 필요가 없다. 오히려 그들이 대륙적 문화를 접하고 이를 점점 즐기게 됨에 따라 영국인스러운 감각을 갈고 닦아 향상시키고 재정의하는 데 도움이 될 수 있다.

■ **저항** : 다른 선택지는 저항이다. 즉 어떠한 종교적·민족적·국가적 집단이 다른 문화를 혐오하고 글로벌 영역에서의 협조에 저항하는 것이다. 이주와 외부로부터의 영향에 직면한 '유럽 요새'의 사고방식은 프랑스의 국민전선과 같은 정치 정당의 출현으로 대표되어 많은 EU 국가에서 관찰되었다. 알제리아와 이란 같은 국가에서 나타난 새로운 이슬람 원리주의 운동 역시 이러한 현상의 대표적 예이다(그러나 글로벌리제이션이 최근에 출현한 투쟁적 이슬람 세력의 유일한 원인은 결코 아니다)(Ahmed 1992 ; Turner 1994 : 6장). 이러한 종교 근본주의 운동들은 부분적으로는 서양과 다른 문화들에 대한 지식으로 인한 것이기는 하나 이러한 지식들은 자신들의 포괄적 삶의 방식과 진실의 순수성이 다른 문화들에 의해 왜곡될 것이라는 의구심에 불을 지핀다(Giddens 2002). 그러나 우리가 여기서 관찰할 수 있는 것은 이러한 감정이 어디에서든지 일어나더라도 글로벌적인 것에 대한 저항조차 글로벌 지식으로 인한 것이라는 것이다. 로컬적인 것과 글로벌적인 것의 병합은 세계 정치에 있어서 중요한 힘이 되고 그 영향력

은 점차 증가할 것이다.

정리

이번 장에서 우리는 글로벌리제이션과 글로벌리티의 중요한 차이에 대해 공부했다. 글로벌리제이션은 우리의 세계를 완전히 바꿀 객관적·외부적 요소들인 반면에 글로벌리티는 주관적이며, 이러한 변화를 재귀적으로 인식하는 것이다. 6개의 글로벌리제이션 과정은 분리할 수 없으며 동조적이다. 지금까지 우리는 글로벌리티와 관련된 4개의 측면을 밝히는 데 있어서 비판적인 자기 심사를 위한 능력으로 얻어진 매개체를 사용하여 사람들이 사회적 생활을 조작할 수 있다고 주장했다. 이러한 점을 강조하고 있는 이 책은 개인을 종종 아무 쓸모없는 존재로 묘사하거나 글로벌리제이션이라는 토네이도의 희생자처럼 묘사한 다른 책들과는 차별성을 가진다. 우리는 각각의 개인, 그룹, 운동들이 이러한 변화로 인해 제공된 기회를 사용하여 인류 공동의 주제를 발전시킬 가능성에 좀 더 흥미를 가지고 있다.

비록 우리가 인용한 학자들의 주장 중 일부만이 확실하다고 해도 위험하지만 도전 가능한 미래는 우리를 향해 손짓하고 있는 것처럼 보인다. 어느 곳에나 있는 일반인들이 변화의 수단을 얻을 수 있는 전례없는 잠재력을 가지게 된 것이다. 게다가 이는 물질적 진보를 위한 인류의 기나긴 쟁탈전이 물리적·사회적 한계에 도달했는지 아닌지에 대해 고민하는 능력이 성장함에 따라 긴장감이 증가하면서 나타난 것이다. 만약 그렇다면 국민국가를 중심으로 했던 모더니티 계획에 대해서 우리는 좀 더 적극적으로 재고려하고 재협상해야 할 필요가 있다. 이러한 생각의 원인이자 결과인 글로벌리티는 대안적 미래상의 중심에 있다.

더 읽어볼 책

- 로랜드 로버트슨(Roland Robertson)은 글로벌리제이션 분야의 대표적인 사회학자로 다른 연구자들이 반드시 공부해야 할 사람이다. 그의 저서 『글로벌리제이션 : 사회이론과 글로벌 문화』(*Globalization : Social Theory and Global Culture*, 1992)는 수준이 꽤 높지만 참조하는 것이 좋다(특히 1, 3, 5, 6, 12장).
- 데이빗 하베이(David Harvey)의 『포스트모더니티의 조건』(*The Condition of Postmodernity*, 1989)은 넓은 영역을 다루고 있으며, 우리가 뒤에서 논의할 많은 이슈를 제기하고 있다. 2부와 3부는 특히 관련성이 높다.

■ 존 어리(John Urry)의 『사회를 넘어선 사회학』(*Sociology Beyond Societies*, 2000)은 꽤 어렵지만 초기 연구자들에 의해 발전된 글로벌리제이션에 관한 사회학 관련 테마에 관해 지식을 쌓고 넓히는 데 유용한 책이다.

■ 라이어(Pico Lyer)의 『글로벌 영혼 : 시차증, 쇼핑몰, 고향을 찾아서』(*Global Soul : Jet-lag, Shopping Malls and the Search for Home*, 2001)는 흥미롭지만 피로한 국제사회의 혼란스런 삶에 대해 무겁지 않으면서도 재미있게 다루고 있다.

그룹 과제

1. 소그룹으로 나누어 글로벌리제이션이 개인의 삶에 어떠한 영향력을 미치는지 자신의 경험을 나누어 보자. 이 목록을 휴일, 레저, 선호하는 요리, 응원 스포츠팀의 변화, 미래 직업의 전망 등과 같은 중요 테마들로 나누어서 정리해 보자.

2. 글로벌리제이션의 씨실과 날실을 구성하는 중요한 실들을 리스트로 작성해 보자. 이러한 실의 중요도에는 어떠한 차이가 있을까? 그렇게 생각한다면 그 이유는? 본서의 기술에서 언급되지 않은 부분이 있는가? 수업의 선생님에게 제출할 글로벌리제이션의 주요 구성요소에 대한 논평을 준비해 보자.

3. 사회학을 공부해 본 적이 없는 친한 친구나 가족들에게 글로벌리제이션에 대해 설명하는 경우 몇 사람 정도가 그 의미를 쉽게 이해하거나 이러한 생각에 공감할까? 설명을 한 사람의 경력과 이해 공감의 정도 차이는 관련이 있는가?

생각해 볼 문제

1. 객관적 과정으로서의 글로벌리제이션과 주관적 인식으로서의 글로벌리티의 구별은 어느 정도 유효한가?

2. '시−공간의 압축'이란 무엇인가? 이 개념으로부터 어떠한 함축성이 발생할까?

3. 비국가적 조직, 운동, 개인이 관여하는 주요한 초국가적 활동을 찾아보고 글로벌리제이션과 글로벌리티에 공헌할 가능성과 그 방법을 평가해 보자.

4. 왜 글로벌리제이션을 이해하는 데 '재귀성'이 필요한가?

What's on the Web

■ http://www.sociology.emory.edu/globalization/index.html 이 사이트는 사회학자 프랑크 레치너(Frank J. Lechner)가 관리하고 있는데, 그의 학생들의 논문집인 『글로벌리제이션 논문집』(*The Globalization Reader*, 여기서 'Reader'란 보통 요약본의 형식으로 쓰여진 기존 출판 논문 모음집을 의미한다). 이 사이트는 이 책을 더 유용하게 사용할 수 있도록 만들어져 있는데 그 외의 유용한 자료도 많이 포함하고 있다. 특히 '이

론'(Theories)과 '논쟁'(Debates) 부분에 들어가 보라.

■ http://www.ifg.org/news.htm 이 사이트는 글로벌리제이션에 관한 국제 포럼 사이트로 학자와 활동가들을 위해 뛰어난 진보적 웹 자료를 제공한다. 실제로의 활동을 위한 변호와 학문을 위한 공부는 잘 구별해야 할 것이다. 여기 있는 자료는 다른 곳에서는 구하기 쉽지 않은 다양한 나라와 학자들의 저작과 연구를 반영하고 있다.

■ http://news.bbc.co.uk/hi/english/static/events/reith_99/default/htm 이 사이트는 1999년 BBC가 방송한 안소니 기든스(Anthony Giddens, 전 캠브리지 대학 사회학과의 교수이자 전 런던 정경대학 학장)의 '질주하는 세계'(The Runaway World)라는 주제로 열린 리스 강좌(Reith lectures)를 위해 만들어졌다. 6개의 강연에 관한 글과 토론 이메일을 읽을 수 있고 강연을 보고 들을 수도 있다. 이는 글로벌 사회학 영역을 공부하는 데 있어서 즐겁고도 교훈적인 방법이다.

SOCIOLOGY

인류가 처음으로 자신들을 집단으로 인식하게 된 것은 언제일까? 생성되고 난 뒤 얼마 지나지 않아 사회는 자신들의 기원을 설명하고 다른 사회와 구별하기 위해서 신화를 만든다. 수(Sioux)족의 창조자는 '위대한 영혼'(Great Spirit)이고 유태인들의 창조자는 '야훼'(Yahweh), 폴리네시안들의 경우는 '마우이'(Maui)이다. 창조자의 뒤를 이은 인간들은 이러한 다양한 신들에 헌신함으로써 보호를 받았다. 이는 각지에 흩어져서 살고 있는 사람들이 자신들은 신으로부터 보호받고 있어서 다른 민족과는 구별되는 '인간'으로 인식하기 위한 노력이었다. 그들과 접촉하는 다른 민족들은 잠재적으로 위험한 '야만인' 혹은 '인간 이하의 존재'라고 생각되었다. 무역과 여행, 정복을 통해 세계 각지에 분리되어 있던 다양한 사회들이 점차 연관되기 시작했으나 기존의 공포는 없어지지 않았다.

17세기 무렵부터 유럽 열강들은 정교화된 사상, 파괴력을 가진 군사기술, 강력한 해군력, 조직화된 경제산업력을 가지고 다른 세계를 압도하기 시작했다. 그 결과 유럽의 국가들은 그 경이로운 부를 통해 자신들의 새로운 제도를 세계로 퍼뜨리게 되었고, 이러한 현상이 소위 '모더니티'라고 하는 오늘날의 글로벌리제이션 시대의 논리적 전조가 되었다.

이번 장에서 우리는 다음의 4가지 모더니티와 국제통합의 연속적 단계를 검증할 것이다.

- 근대가 시작되기 전 무수한 문명 사이에서 나타난 글로벌리제이션의 원형 전개
- 유럽에 있어서 자본주의적 모더니티의 출현과 세계 지배세력으로서 유럽지역의 출현
- 세계 각지의 다양한 사회에 있어서 유럽에 의한 식민지 인종 지배
- 제2차 세계대전 이후 세계 경제의 전환과 미국의 대두

글로벌리제이션의 원형

2장에서 설명한 글로벌리제이션이라는 직물을 구성하는 다양한 실들은 근대 국민국가가 출현하기 훨씬 전부터 명확하게 나타나 있었다. 제국들이 발전하고 종교의 영향력이 커짐에 따라 **글로벌리제이션**의 원형은 다양한 형태로 생성되게 되었다. 근대 이전의 세계를 다루었던 역사가들(Needham 1969 ; McNeill 1971 ; Roberts 1992)은 많은 고

글로벌리제이션의 원형
(Proto-Globalization) 초기
에 나타난 보편주의에의 지향
은 인류 전체를 포함하는 데
에까지 이르지 못하고 국제적
인 지점까지 도달하지 못했다.

대 사회가 어떻게 연결되어 있었는지, 문명이 쇠퇴하거나 정복당하면 그 문화적 유산은 어떻게 계승되었는지에 대해 연구했다.

중동, 중국, 그리스, 로마에 존재했던 고대문명들은 넓은 지역을 통합했다. 한편 유럽은 9세기부터 13세기에 이르기까지도 몇 개의 약소 왕국과 귀족의 봉건영토가 각각 분리되어 잡동사니처럼 구성되어 있어서 기독교(Christianity)라는 구조 아래 느슨하게 연결되어 있었다. 기독교는 다음과 같은 특징을 가졌다.

1. 공통의 종교적 신앙과 의식에서 오는 문화적 보편주의
2. 교회 전례뿐 아니라 국가 간 의사소통에 있어서 공통 언어로서 라틴어 사용
3. 국가 간 중개자뿐 아니라 여러 수준에서 정치적 통치자들에게 영향력을 가지고 있었던 교황의 권력과 지위
4. 다양한 수도원 질서를 둘러싸고 국경을 넘어서 성립되어 있던 라틴 교회 자체의 조직구조

요약하자면 교회는 몇 세기에 걸쳐 강력하고 통합적인 성격을 가진 범유럽적 조직으로서 기능하고 있었다(Wight 1977 : 26-9, 130-4). 또한 이는 다른 구조들에 의해서 지탱되고 있었는데, 특히 왕족 간의 결혼, 기독교를 믿는 왕가 간의 동맹, 밀사나 대사를 기반으로 한 상호 인식의 외교 시스템 등이 그것이다(Bergeson 1990 : 67-81).

이 시기 유럽은 또한 다른 문명과 복합적인 관계를 유지하고 있었다. 7세기 중동에서 이슬람 국가가 대두해 그 세력을 확장함에 따라 북아프리카와 많은 남유럽 국가들에 있어서 그 영향력은 커지게 되었다. 1492년 이슬람 세력은 결국 스페인 남부 그레나다의 퇴진으로 최후의 거점을 잃어버리게 되었지만, 이러한 이슬람 세력을 쫓아내기 위한 긴 세월에 걸친 전쟁은 포르투갈과 스페인에 있어서 다른 유럽제국보다 빨리 강력한 왕정이 출현하게 된 원인이 되었다. 또한 962년 신성로마제국의 형성, 즉 기독교 국가 간의 동맹은 외부 세계로부터의 공격에 대항하여 기독교 세계를 보호하고자 하는 소망을 연결시켰다(Smith 1991 : 59, 62).

이 시기 동안 이슬람 정권은 특히 남유럽에서 큰 위용을 떨쳤다. 이슬람 세력은 예술과 과학, 중앙집권적 행정조직, 관개 시스템 도입 등 농업분야의 발명 등과 관련하여 중요한 공헌을 했다. 이러한 농업개혁은 후에 스페인과 포르투갈같이 건조한 기후의 국가들에게는 매우 유익한 것임이 증명되었다. 이슬람의 통제로부터 '신성한 땅'

을 독립시키기 위해 계획된 십자군 전쟁을 포함한 이슬람과 기독교의 기나긴 무용담은 서로의 문화와 의도에 대한 불신과 불화를 만들어냈고, 이는 여전히 존재하며, 최근 점점 위험한 방향으로 확대되고 있다.

　　유럽의 경제와 무역도 다른 문명과의 연결에 의존하고 있었다. 서아프리카의 광산에서 출하되어 아랍의 대상인단이 사하라 사막을 넘어 운반한 금은 로마 시대에서부터 16세기에 이르기까지 유럽에서 가장 중요한 금공급원이었다. 그 뒤 스페인의 남아프리카 정복에 의해 은 수입의 돌파구가 열리게 되었다(Hopkins 1973 : 46). 유럽의 무역업자들은 크든 작든 동양에 대해서는 항상 적자였기 때문에 고품질의 인도산 직물, 실크, 향료 등의 대금 지불을 위해 금은 동쪽으로 계속 유출되고 있었다. 이 무역 자체가 15세기에 시작된 포르투갈과 스페인에 의한 최초의 세계탐험의 주요한 동기가 되었다. 그 뒤 식민지 정복이 시작되었다(Smith 1991 : 70).

　　그러나 기독교로 뭉쳐진 유럽이 우수했던 것은 결코 아니다. 이슬람교 국가만이 수학으로 대표되는 중요한 지식자원을 제공했던 것뿐만 아니라 인도나 페르시아 같은 국가들도 비슷한 역할을 했다. 다른 문명권들 역시 여러 영역에 있어서 유럽을 앞서고 있었다. 특히 14세기에서부터 15세기에 걸쳐 유럽에 많은 발명과 사상, 기술을 전달한 중국도 마찬가지이다. 존스(Jones 1988 : 73-84)에 의하면 이 시기 이전, 송나라 시대 중국은 전에는 볼 수 없을 정도의 경제발전을 달성했다. 중국은 농업분야에 있어서 관개기술이나 계단식 농업 및 인조비료 기술 등을 발전시켰고, 철 제조기술에 있어서는 용광로에서 코크스를 사용하고 방적에 있어서는 수력을 이용했으며, 전문 지역 시장, 운하와 같은 사회자본에 대한 국가의 투자 확대 등을 시행하고 있었다. 이러한 기술혁신은 유럽에서는 18세기 초까지 보급되지 않은 것들이었다.

　　이러한 문명들과 로마와 같은 영토 확장의 야심을 가진 고대제국들 사이의 교류는 중요했지만, 이러한 글로벌리제이션의 원형의 형태와 현대의 상황과는 다른 중요한 점들이 존재한다. 이것은 또한 이슬람과 기독교를 포함한 이전 시대의 보편성을 지닌 종교와도 관련된 것이다. 이러한 종교는 모든 사람들에게 다가가려는 의욕을 가지고 있다는 점에서 보편성을 가지고 있다. 그러나 이는 현대 세계의 글로벌리제이션과 글로벌리티가 지니는 영향력을 가질 수는 없었다. 여기에는 다음과 같은 이유가 있다.

1. 고대제국과 고대종교에 의한 글로벌리제이션은 그들의 중심부 바로 밖에 존재하는 소수민족에게밖에 해당되지 않았다.

2. 어떤 지역 사람이든 모두 다른 문화에 대해 자세한 지식을 가지지 않았다. 소수의 교양인이 가지고 있던 지식은 단편적이어서 편견에 의해 왜곡되거나 얼마 되지 않는 여행자들의 소문에 의지하고 있었다.

3. 이러한 고대제국과 종교의 대부분은 세계를 명확하게 '문명권'과 '야만권'으로 구별하여 사람들은 개종될 수 있는 사람과 '진정한' 종교의 은혜 밖에서 사는 사람 둘로 나누어져 있다고 보았다.

4. 따라서 비신자나 외국의 야만인을 문명화하려는 그들의 미션은 우세한 집단에서 열등한 집단으로의 일방통행의 '문화' 전달이었던 것이다. 평등한 입장에서의 상호 수용과 상호작용은 상상할 수 없을 정도로 매우 드물었다.

자본주의적 모더니티 : 유럽적 토대

서유럽에서는 16-18세기에 걸쳐 중대한 변화가 일어났다. '모더니티'는 이러한 '특징들의 연쇄'를 의미한다. 앨브로(Albrow 1966 : 55)는 이러한 모더니티를 "합리성, 영역성, 확장성, 혁신성, 응용과학, 국가, 시민권, 관료조직, 그 외의 여러 요소의 조합을 포함한다"고 보았다. 여기서 우리는 이 요소들 중 다음과 같이 3가지에 집중할 것이다. 국민국가의 출현, 계몽사상의 대두, 과학의 발전은 상호적으로 서로를 강화했다.

각각은 결국 산업적 **자본주의**의 출현과 모더니티의 과정을 돕는 환경을 만들어내는 데 도움을 주었다. 틸리(Tilly 1975), 스카치폴(Skocpol 1979), 기든스(Giddens 1985)와 같은 역사사회학자의 중요한 연구결과에 따르면, 유럽 국민국가의 출현은 서구 유럽에서 성공적인 자본주의를 출현시키는 데 있어서 가장 결정적인 요인이었다.

중요 개념

자본주의(Capitalism)　　자본주의 경제에 있어서 부를 창출하는 원천은 가족이나 공동체, 관습적 지배나 국가 통제가 아니라 사적 소유에 의존한다. 생산자의 대부분은 자영업이 아니라 임금노동으로 자신들의 생활을 유지하는 한편, 그들이 생산하는 물품은 상품으로서 시장에 판매된다. 또한 생산 전체가 이윤추구를 위해 조직되며, 이러한 이윤은 다시 재투자를 통해 더 큰 부의 축적으로 이어진다.

국민국가 체제

다른 세계 문명과는 다르게 유럽은 가깝게 붙어 있는 자치국가들로 이루어져서 각각은 거의 비슷한 세력을 가지고 있었다. 끊임없이 이어지는 전쟁환경에서 그들이 독립된 존재로 살아남기 위해서는 국내적으로 국가를 형성하는 기나긴 과정을 필요로 했다. 이 과정은 강력한 통치자 계승제도로 완성되었다. 국가 관료의 전 국민에 대한 장악과 통제는 다음과 같은 조치를 통해 점진적으로 확대·강화되었다.

- 세수입의 확대
- 통신수단의 개선
- 귀족들을 국가 관직으로부터 나오는 특권을 부여하고 더 자유롭게 함으로써 부분적으로 길들이는 것
- 지역 정체성의 억압을 통한 국가의 중앙집권화
- 전쟁수행에 가장 효율적인 수단의 독점
- 기술발전 장려와 보조금 지원
- 육해군력에 대한 투자
- 세금을 내거나 국가 수입재정을 위해 돈을 내는 지역 무역상 계급의 육성

대부분의 정부는 이러한 정책과 동시에 **중상주의**라고 불리는 국가 경제확대정책을 추구했다. 유럽제국들은 해군력 증강과 금은의 축적에 힘을 쏟고, 국내 산업보호정책을 실시했으며, 되도록 모든 물품의 운송을 국가 보유 선박이 담당하도록 시도했다.

중요 개념

중상주의(Mercantilism)　중상주의는 17세기서부터 19세기 초까지 널리 행해졌던 경제이론 및 실행을 말한다. 이론으로서 중상주의는 금과 은의 보유량이 국가의 부를 나타낸다는 생각에 기초하고 있다. 광산을 소유하고 있지 않은 국가들은 앞을 다투어 금은을 얻기 위한 외국무역에 뛰어들어야 했다. 이는 국고에 있는 금의 양이 국가 화폐를 보증했기 때문이었다.

이러한 변화를 재촉하는 데 있어서 국가 간의 폭력과 경쟁은 실제적으로나 잠재

적으로 큰 역할을 했다. 그 결과 유럽 각국 간에는 깨지기 쉬운 세력균형과 복잡한 동맹관계가 나타나게 되었다. 어떤 국가도 적국을 영구적으로 진압하고 제국을 건설할 정도로 힘을 가지고 있지 않았다. 만약 러시아나 오트만제국과 같이 유럽에서도 거대한 제국이 건설되었다면 독립적 기업, 장인, 과학자와 지식인으로 이루어진 활기에 넘치는 **시민사회**의 성장과 같은 것을 용인하도록 통치자에게 가해진 외부적 압력이 거의 없었을 테니, 아마도 유럽 각국에서 일어났던 국내적 개혁은 진압되어 일어나지 않았을 것이다. 또한 거대한 제국에서는 개인의 능력보다는 귀족적인 특권에 의해 고위층 관료를 뽑았을 것이다.

중요 개념

시민사회(Civil Society)　　시민사회는 개인과 국가 사이의 사회적 공간에 출현한 정치적 집단과 자발적 결사체의 네트워크로부터 구성된다. 이러한 집단들은 자신들의 구성원의 이해를 주장하고 국민적 정치문화와 가치관, 목표, 의사결정의 유형 등을 형성한다. 번영하는 시민사회는 타협과 혁신, 활발한 공공 토론을 촉진시켜 사회생활에서 국가로부터의 개입을 최소화한다.

　　18세기 말경에 이르기까지 훨씬 강해진 유럽 각국은 위로부터의 제도개혁을 실시한 어떤 다른 국가들보다도 훨씬 좋은 장비를 갖추게 되었다. 이들은 봉건주의를 폐지하고 선진기술과 과학을 장려했으며, 수공업과 농업에서 벗어나 대량생산으로 도약하기 위한 수단인 시장의 자유에 대한 장애물을 제거했다. 물론 국가를 강화시키기 위한 수순을 밟고 있던 절대군주제와 정부 엘리트는 이를 그 다음 단계인 산업화와 모더니티를 향한 추진력이 되는 것을 의도하지는 않았다. 엘리아스(Elias 1994)는 인간이 지속적으로 그리고 신중하게 참여하고 있는 사회의 복잡한 상호 의존적 상호 네트워크는 예상 밖의 결과를 이끌어내는 경우가 많다고 주장했다(글로벌 사상가 15 참조).

　　국가 엘리트들이 경쟁국이나 기술 선진국으로부터 자신들을 보호하려고 취한 행동이 산업화를 향한 발전을 낳은 유일한 원인은 아니었다. 1789년 프랑스 혁명이 낳은 평등한 시민권이라는 개념(이 사상에 대해서는 5장에서 다시 설명할 것이다)을 기반으로 한 민중적 민족주의(populist nationalism)의 대두 역시 산업화를 향한 움직임의 동인이 되었다. 그 외의 요소들로는 영국에 있어서 산업 부르주아의 급속한 출현과 1780년경부터 시작된 세계 최초의 산업혁명을 들 수 있다. 산업혁명은 당초 계획된 것이 아니었고, 비국가부문이 주도했으며 매우 느린 시작을 보였다는 특징을 보인다. 이 시점에서부터 기계류와—동물 이외의 자원의 힘을 사용한다는 의미에서—공장에서 하루 종일 일하는 임금노동자가 점차 널리 보급되기 시작했다. 공장 생산의 이러한 변화가 면방직 산업뿐 아니라 다른 산업으로 이전하기까지는 70년이 더 걸렸다.

산업혁명으로부터 얻은 기술적·경제적 우위 덕분에 영국은 다른 국가는 가질 수 없었던 군사적 기회를 얻게 되었다. 영국은 여러 유럽 정부의 모델이 되어 각국 정부는 이를 모방하여 근대화를 꾀했으며, 새로 독립한 미국 역시 우리가 지금까지 묘사했던 국가 간의 긴장과 경쟁의식으로 인해 영국의 뒤를 따르려 했다.

유럽의 계몽사상

계몽사상에 대해서는 이미 설명했다(더 자세한 설명은 Box 3.1 참조). 계몽사상은 18세기 유럽 전역에 점진적으로 퍼진 매우 영향력 있는 일련의 사상이었다. 이성의 힘을 통한 인류 진보의 잠재력에 대한 낙관적 사상으로서 과학적 발견과 전 세기 코페르니쿠스(Copernicus, 그림 3.1 참조), 베이컨, 뉴턴 등이 이룩한 발전이 이를 뒷받침했다 (Badham 1986 : 10-20). 또한 이러한 사상은 모더니티를 향한 전진을 부추기면서 지속적인 과학발전에 공헌했다. 계몽사상가로는 흄(Hume), 디드로(Diderot), 몽테스키외 (Montesquieu), 콩도르세(Condorcet), 볼테르(Voltaire), 칸트(Kant), 괴테(Goethe)와 같은 철학자 및 작가들이 있다.

Box 3.1

계몽사상의 중심 생각

■ 인간은 사회적 동물로 문화와 개인의 선악에 대한 그 능력은 태어날 때부터 내재되어 있지 않고, 고정된 것이 아니라 사회관계에 의해 발생하며, 따라서 이는 수정되고 개선 가능하다는 생각

■ 비판적 이성과 회의, 그리고 의심의 중요성에 대한 신념

■ 관찰과 실증적 검증, 모든 지식의 오류 가능성의 용인을 통해 이러한 자원을 이용하는 인간의 능력

■ 그 결과 맹목적인 종교적 신념과 형이상학적 추측과 관련된 모든 비관용적이고 폐쇄적인 생각을 부정

■ 모든 인간은 자신들의 방향성을 정하고 발전할 권리를 가지고 있다는 생각—정부가

자기 설명의 책임을 지거나 입헌정부의 경우 이것을 가장 잘 성취했다고 볼 수 있다.

■ 물질적 세계에 실천적으로 참여하거나 이를 바꾸려고 시도함으로써 자아실현을 할
　수 있다는 가능성

출처 : Seidman(1983 : Chapter 1).

그림 3.1 성직자이자 철학자 니콜라스 코페르니쿠스(1473-1543) (쿠라쿠
프 역사박물관 그림의 모사)
코페르니쿠스는 지구가 매 24시간마다 그 축을 중심으로 회전하며 1년에 태양을 중심
으로 한 바퀴씩 돈다고 하는, 당시로서는 굉장히 대담한 주장을 펼쳤다. 독일 철학자
괴테는 아래와 같이 평했다.

　　세상의 모든 발견과 의견 중에서 코페르니쿠스의 학설만큼 인간 영혼에 위대한
감화를 준 것은 없었다. 우주의 중심에 있다는 엄청난 특권을 포기해야 했을 때 세계
는 겨우 자신이 둥글다는 사실을 알기 시작했다. 아마도 인류에게 있어서 더 위대한
요구는 없었을 것이다. 이를 인정함으로써 얼마나 많은 것들이 연기처럼 사라져 버렸
는가! 무엇이 우리의 에덴 동산이 되어 주었던가. 순수와 경건함과 시로 이루어졌던
세계, 지성의 증거, 시적인 종교적 신앙에 대한 확신. 그의 동시대 사람들은 이러한
모든 것을 버리고 싶지 않았을 것이고, 그들에게 가능한 저항을 다했음은 당연하다.
이러한 전환은 그때까지 상상할 수 없을 정도로 알려지지 않았던 관점의 자유와 생각
의 위대함을 요구하고 승인하게 되었다.
출처 : http://www.blupete.com/Literature/Biographies/ Scinece/Corpernicus.htm

계몽사상가들의 주장은 결국 사실상 혁명이었다. 이상적인 근대인은 학습과 개
선을 향한 거대한 가능성과 함께 양도할 수 없는 자유권을 가진 고유한 개인으로 인식
되었다. 이러한 생각은 과학적 노력을 통해 인간 진보를 추구하고, 설명의 책임을 지지
않는 정부와 종교적 편협성과 미신을 배척함으로써 관대하고 다문화적인 세속사회를
추구하는 것이었다.

　　1787년 **미국 독립혁명** 후 미합중국 헌법을 쓴 사람들은 이러한 계몽사상적 이상
에 대한 실천적 가능성을 보여준 가장 좋은 예라고 할 수 있다. 이 독립선언문은 다음
의 유명한 서문으로 시작한다 : "우리들은 다음과 같은 진리를 표명한다. 모든 인간은
평등하게 창조되었으며, 그들의 창조자로부터 양도할 수 없는 특정 권리를 부여받았
다. 이러한 권리에는 생명권, 자유권, 행복추구권이 존재한다." 당시 미국 건립자들은

미국 독립혁명(American Re-
volution) 1775년 시작된 영
국과의 전쟁에 뒤이어 미국은
식민정책에서 벗어나 독립을
쟁취한 첫 근대 국가가 되었
다. 각각의 주 국가의 대표자
들은 마침내 1787년 필라델피
아 대표자회의(Philadelphia
Convention)에서 성문헌법
에 정해진 제한된 권력을 지
닌 연방정부를 설립하는 데
합의했다.

이러한 권리가 여성이나 아메리칸 인디언 혹은 아프리칸 아메리칸들에게 역시 부여되었다는 것—현대 그룹들의 대표자들이 분개하면서 이를 비난하고 있다—을 거의 인식하지 못했다. 우리들은 그들의 비판에 충분히 동의하고 있음에도 불구하고 이 주장은 일보 전진한 것으로 평가해야 할 것이다. 왜냐하면 헌법이 이렇게 '보편'적인 용어로 선언된 것은 제외되었던 '타자'의 대표가 이 규정을 이용해 '주체'에 합류하기 위해 노력해 **최종적으로는** 이에 합류되었다는 것을 의미하기 때문이다. 이로 인해 결국 그들은 자신들이 겪어야 했던 많은 부당함의 일부를 누그러뜨릴 수 있었다.

마르크스의 자본주의 분석

계몽주의 사상은 고도로 통제된 봉건적 삶에 대해 강하게 지성적 비판을 제공했으나 마르크스가 그의 동시대인들보다 분명하게 강조한 것처럼 경제적 의미에서 봉건주의는 이미 기력을 다한 상태였다. 그 뒤에 이어진 **생산양식**인 산업자본주의는 고도로 역동적이고 제지할 수 없는 힘으로 사회변동을 발생시켰다. 앞서 일어난 많은 변화들이 자본주의 출현의 길을 닦은 것이었으나 특별히 중요한 변화들은 다음과 같다.

> **생산양식**(Mode of Production) 마르크스가 만든 용어. 생산조직화의 특정 유형을 보이는 사회관계의 특징을 묘사하기 위해 쓰여졌다. 이런 의미에서 노예제, 봉건제, 자본주의는 모두 생산양식에 해당한다.

- 토지와 노동력을 포함한 모든 것에 가격을 붙여 시장에서 사고 파는 것이 가능하도록 하는 상품화된 경제가 창출되었다.
- 자급자족 농민 및 장인을 그들의 농지와 작업장에서 쫓아냈고, 그 과정에서 종종 폭력적인 수단들이 사용됨. 그 결과 많은 사람들이 임금노동자가 되어 자본주의적 기업가에게 그들의 노동력을 판매함으로써 살아가게 되었다.

직접 생산자를 그들의 생산수단(토지, 가축, 도구)으로부터 분리시킨 것은 산업자본주의의 출현을 위한 주요 필수조건이었다. 자급자족 생산자가 자본의 지배를 경험하게 되면 생산 시스템에 3가지 중요한 변화가 발생하게 되는데, 이러한 변화의 규모는 그 전에는 상상조차 할 수 없었던 것이었다.

1. 기업가는 노동자들과 노동계약을 맺음으로써 그들을 공장과 기계 주변으로 좀 더 효율적으로 조직하는 것이 가능했다. 그 결과 생산수단을 소유하고 있는 고용자는 설비와 노동자 양쪽을 어떻게 사용할 것인가를 자유롭게 결정할 수 있었다.

2. 종속적 임금노동자로서 생산자를 체제 내에 편입시킴으로써 생산자들은 자신들의 생활수단을 자급할 수 없게 되었다. 이는 동시에 생산자를 소비자로 변화시켰는데, 이러한 소비자들은 자신들의 임금을 자본주의 제도의 육성에 의해 만들어진 시장에서 소비했다.

3. 자본주의는 일단 등장하고 나서 끊임없이 전(前)자본주의적 요소와 농업생산을 복종시키는 특정 기동력을 내부에 장착했는데, 이는 업무조직화 시스템과 기술능력을 끊임없이 변화시킴으로써 가능했다.

쉬지 않고 영속적인 변화를 향한 고유 작동기제는 이윤추구와 사업확장, 개인 자본주의자와 회사와의 경쟁, 작업환경과 이윤의 배분을 둘러싼 임금노동자와 기업가 사이의 계급갈등의 불가피성을 포함한다. 이러한 요소들로 인하여 자본주의자들은 자신들의 생산품 가격을 낮추고 질을 향상시켜 그들의 경쟁상대를 시장에서 몰아내고 새로운 시장을 개척하기 위해 끊임없이 노력해야 했다. 노동력이 성숙하고 조직력을 얻게 되면서 고용주들은 좀 더 발전된 공장과 기계에 투자하거나 사업조직과 마케팅 제도를 능률화함으로써 노동생산력을 높였다.

그 결과 선진기술의 추구, 과학의 사용, 생산규모의 확대, 자본축적을 더욱 쉽게 하는 사업 운영방식을 개발함으로써 생산력을 확장시키려는 자본주의의 경향이 등장하게 되었다. 마르크스의 관찰과 같이 자본주의 아래에서는 어떠한 것도 오랜 기간 동안 멈춰 있지 않았다. 오히려 생산과정뿐만 아니라 사회의 전 단계에서 끊임없는 변화가 불가피하게 되었다. 또한 마르크스가 강조한 것처럼 자본주의는 글로벌리티를 확장시키는 원동력이 되었다(Box 3.2 참조).

Box 3.2

자본주의의 글로벌적 확장에 대한 마르크와 엥겔스의 주장

아래에서 볼 수 있듯이 마르크스와 엥겔스는 자본주의와 관련된 글로벌리제이션의 결과 대부분을 생생하게 예상했다.

- 제국주의적 정복을 통해 비서구세계를 국제경제에 편입시키기 위한 서구세력의 공세
- 후진 독립국이 그들 자신만의 지역 자본주의 사업을 채택해야 할 필요성
- 물질주의의 숨어 있는 보편적 권력과 변화에 대한 갈망이 자라나면서 소비자적 욕구

의 대두

■ 어디에 존재하든지 비슷한 방향으로 사회를 변화시키는 자본주의 경향

생산물 시장을 끊임없이 확장해야 하는 필요성으로 인해 부르주아는 지구상에 존재하는 모든 지역에 뛰어든다. 어떠한 장소에든지 자리잡을 수 있어야 하고, 정착해야 하며, 관계를 만들어야 한다.

부르주아는 세계 시장을 탐험함으로써 모든 국가의 생산과 소비에 코스모폴리탄적 성격을 부여하게 된다. … 오래 전에 설립된 모든 산업들은 파괴되거나 매일 파괴되고 있다. 이러한 오래된 산업들은 새로운 산업에 의해 축출되는데, 신산업을 도입하는 것은 모든 문명국가들에게 있어서 생사 여부를 결정짓는 문제가 된다. 이러한 신산업은 더 이상 국내의 천연자원을 사용하지 않고 멀리 떨어진 지역에서 들여온 천연자원을 사용하며, 여기서 나온 생산물들도 국내에서만 소비되는 것이 아니라 전 세계 각지에서 소비된다. 우리는 자국 생산물에 만족하던 원래의 욕구를 대신할 새로운 욕구를 찾아내어 멀리 떨어진 토지와 풍토에서 생산된 물품에 만족을 추구하게 된다. 다양한 방향의 소통, 국가 간의 보편적 상호 의존이 종래의 한정된 지역 및 국내의 자급자족을 대체한다. 이러한 물질적 생산뿐만 아니라 지적 생산에 있어서도 편파적이고 편협한 국내용은 점점 더 불가능해진다.

부르주아는 온갖 생산수단의 급속한 발전과 의사소통 수단의 용이성을 이용하여 가장 야만적인 민족들조차도 문명으로 끌어당긴다. 저가상품은 중국의 만리장성을 무너뜨릴 수 있는 대형 포로, 이는 야만인들이 가지고 있는 외국인에 대한 강렬하고 집요한 증오도 항복시킬 수 있다. 이로써 모든 민족은 멸종위기 속에서 부르주아적 생산양식을 받아들이게 될 것이고, 문명이라고 불리는 것을 받아들이게 될 것이며, 마침내는 그들 자신을 부르주아로 만들 것이다. 한마디로 요약하자면 부르주아는 그들 자신의 이미지에 맞게 세계를 창조하는 것이다.

출처 : Marx and Englels(1967 : 83-4).

합리성의 증대

모더니티의 확대를 고찰하는 데 있어서 현대 사회학자들은 마르크스의 주장처럼 경제적인 면을 강조하기보다는 문화적 · 지적 변화를 강조했다. 이러한 관점에서 합

리성을 통한 진보에 대한 신념은 사회변동에 있어서 중요한 요소였다. 이러한 생각은 유럽의 문화 및 정치역사에 깊게 뿌리내렸는데, 특히 식자율의 보급 및 과학의 발달, 한층 더 깊은 민주주의를 향한 압력, 계몽사상의 전통 등과 관련된다. 자본주의적 합리성과 모더니티는 한번 확립되면 서로를 지탱하여 각각 서로의 지평을 넓혀나간다.

　　합리성의 역사적 발전과 관련되어 극도로 강력한 영향력을 가진 사상의 줄기는 글로벌 사상가 3에 요약한 베버로부터 시작되었다. 베버는 모든 인류가 자신의 행동을 고찰하고, 능동적으로 그들의 사회에서 일어나는 문화적 의미에 붙은 내재적인 '논리'를 해석 및 탐구한다고 믿었지만, 동시에 시간이 지날수록 유럽에서 특별한 영향력을 가지는 합리성이 출현했다고도 생각했다. 그는 이를 '형식적 합리성'(formal rationality)이라고 불렀으며, 이러한 합리성은 궁극적으로 다른 종류의 합리성에도 영향력을 넓힐 것이라고 믿었다(Weber 1978 ; Brubaker 1991). 이러한 합리성의 대두는 몇 가지 연속적 과정에 의해 나타나게 된다. 중세 도시, 로마법의 유산, 기독교 사상 아래에서는 동족관계(개인의 우상화에 대비되는)가 특별한 중요성을 가지지 않는다는 사실 등에서 중세 도시에서 출현한 준평등론과 범민족 시민사회가 이에 속한다. 유럽은 또한 식민지 침략을 통해 자원들을 끌어모아 특정 이득을 위한 사회적·지역적·종교적 의무에 묶이지 않는 자유로운 노동력의 점진적 출현을 경험했다. 이에서 더 나아가 베버는 16세기부터 프로테스탄트주의가 서구 합리성의 특징을 변형시키는 데 중요한 역할을 했다고 주장했다. 이는 프로테스탄트주의가 어떠한 직업이나 지위에 있더라도 신이 그것을 부여했다면 다음 세계의 구원을 위해 완벽주의까지는 아니더라도 일생 동안 엄격한 규율과 극기를 추구하기를 강조했기 때문이었다(16장 참조).

　　점진적으로 이러한 합리화 과정이 나타남에 따라 베버는 매우 중요한 것이 일어나고 있다고 믿었다. 형식적 합리성이 대두됨에 따라 전통이 가지고 있던 유인력, 친구와 가족에 대한 감정적 유대와 신에 대한 의무나 정의, 평등, 우애를 위한 소망과 같은 이타적인 목표가 점점 약화되는 것이다. 개인, 집단, 제도는 점점 과학적·실증적 지식을 적용하여 체계적이고 계산적인 방법으로 여러 수단을 비교해 가면서 가장 효율적이거나 비용이 적은 수단을 지속적으로 찾게 되었다. 원칙적으로 이러한 정교적인 과정은 대부분의 활동에 적용 가능했다. 그러나 근대 정부 아래 전문적이고 조직적인 관료제(관료들은 지속적이고 일관적이며 표준화된 규칙과 행정 시스템 안에서 활동한다)와 잔인하도록 경쟁적이고 이익 유도적인 투쟁이 판을 치는 자본주의적 사업에 있어서는 이러한 형식적 합리성이 가장 적당하게 여겨지고 지배적인 영역이 되었다.

글로벌 사상가 3에서 설명하듯이 베버는 형식적 합리성의 지배가 강력하고 효율적이지만, 동시에 비밀스럽고 설명의 의무를 가지지 않는 관료제 '철장'과 더불어 무자비한 시장경쟁과 편협한 물질주의를 가져올 것으로 믿었기 때문에 근대 사회의 결말에 대해서는 회의적이었다. 따라서 그들이 윤리와도 상관없이 편협하게 몰두하고 있는 이러한 상황에서 우리는 모든 곳으로 침투하는 그 강력한 영향력으로부터 과연 벗어날 수 있는지, 만약 벗어날 수 있다면 어떻게 해야 하는지는 명확하지가 않다.

합리성과 모더니티 사이의 연관성에 대해 좀 더 새롭고 낙관적인 관점은 기든스(Giddens 1990)를 들 수 있는데, 그는 모더니티가 3종류의 상호 강화 지향성으로 구성된다고 생각했다. 우리들의 세계를 지탱하고 구성하는 모더니티는 합리성과 함께 점진적으로 증대되고 확대된다. 그는 전근대의 사람들이 보통 한정된 특정 장소—마을공동체 등—에 정착한 채 그곳에서 일하고 종교활동을 하며 가족을 부양하여 소수의 같은 마을 사람들과 함께 사회화를 영위한다고 주장함으로써 '전통'의 복잡성을 과대하게 단순화시킨다. 그러나 저렴하면서도 안전한 여행과 커뮤니케이션, 더욱 더 정확해진 시공간의 측정기술이 크게 발전함에 따라 이를 누리게 된 사람들이 '시-공간의 압축'을 경험하게 되었다는 것은 의심할 여지없는 사실이다. 그 결과 사람들은 확대된 거리와 시간을 초월하여 공간과 시간에 구애받지 않는 사회적 교류를 활발하게 행하게 되었다. 트리프트(Thrift 2004 : 583)는 이러한 공간 인식의 새로운 형태가 새로운 존재의 질을 생성했다고 본다. 경계는 이제 '시작도 끝도 없고 새로운 문화적 관습과 기술형태, 장르, 개념을 포함하여 새로운 지성까지도 생성하는 유동적 힘'에 의해 전복되었다.

이와 마찬가지로 특정 사람들과 특정 사회의 문맥에 일대일로 연결되는 의존관계는 사라지고 있다. 이러한 변화 혹은 '탈내재화'(dis-embedding) 과정들은 사회생활이 추상적인 지식체계와 비인격적 의사소통의 형태로부터 좀 더 독립적이 되었다는 것을 의미한다. 여기서 중요한 것은 식자율 및 교육의 보급과 화폐, 신용과 같은 상징적 기호가 보편적으로 사용된다는 것이다. 그러나 고객이 그들의 신용을 안전하게 맡길 수 있는 전문적 체제 혹은 전문적 서비스의 보급 역시 없어서는 안 될 중요한 것이었다. 우리가 2장에서 보았듯이 기든스(1990 : 36-45)는 자기 감시 혹은 '재귀성'을 모더니티의 필수적인 요소로 보았다. 그에 따르면 "사회생활의 모든 형태들은 행위자들이 가지고 있는 '사회형태에 대한 지식'을 그 일부로 포함하면서 구성되는" 것으로, "모더니티에 있어서 특징적인 것은 … 장소와 상대를 가리지 않는 재귀성이 예상된다는 것이며, 이러한 재귀성은 물론 그 자체 성격에 의한 고찰(reflection)을 포함한다"(Giddens 1990 : 38, 39). 근대 사회에 있어서 자기 감시는 사회의 온갖 측면에 지속적으로 적용되어 개인뿐만 아니라 조직이나 정부에 의해서도 이루어진다. 실제로 사회학이라는 학문분야 자체에서도 사회적 행위에 대한 지식을 모으고 해석하면서 다양한 사회적 수준에서 일어나는 재귀성의 과정에 깊게 관여하게 된다. 사회학의 지식을 정부 및 그 외의 기관들이 법률이나 사회정책 등을 수정하는 데 이용하는 것만이 아니라, 이러한 행위의 결과로 사회생활에서 생겨나는 변화가 다시 사회학자로 하여금 각종 개념들에 대해 재고찰하도록 요구한다.

기든스는 또한 이러한 3개의 지향성이 세계 사회관계의 재편 혹은 '확장'(stretching)을 용이하게 한다고 주장했다. 실제로 그는 모더니티가 '원래부터 글로벌리제이션의' 힘을 가지고 있다고 명확히 서술하고 있다(Giddens 1990 : 63, 177). 이는 또한 그가 '질주하는 세계'(runaway world)라고 부르는 것을 창조하는 데 도움이 되는데, 이러한 세계에서는 어떠한 것도 명확치 않고 삶의 모든 측면들은 끊임없이 유동적으로 보인다(Giddens 2002). 이렇듯 3가지 지향성에 관한 그의 주장은 중요할지도 모르나 그럼에도 불구하고 이러한 주장은 글로벌리제이션이 모더니티(자본주의와 국민국가도 덧붙여)의 단순한 확장판이라는 것을 내포하고 있다. 이러한 주장은 우리가 2장에서 설명한 것처럼 글로벌리제이션이 확실한 고유한 속성, 특히 우리가 '글로벌리티'라고 부르는 글로벌 의식의 출현을 발생시켜 왔다는 점에서 다소 한계를 가지고 있는 견해라고 본다. 이러한 점과 다른 특징들을 모더니티의 구조와 방향성의 친밀성만을 가지고 이로부터 나온 것이라고 결론지을 필요는 없는 것이다. 로버트슨(1992 : 60)이 주장한 것처럼 글로벌리제이션은 '일반적인 자율성'과 '논리'를 획득해 왔기 때문이다.

인종과 식민지주의

다른 문명으로부터 경제·군사·지적인 면에서 여러 가지를 전수받은 덕분에 유럽 각국은 다른 나라들보다 큰 발전을 이룩하여 그 세력을 자신들의 대륙을 밖으로 확장시킬 수 있었다. 이와 관련하여 결정적인 것은 해상 여행기술과 항해학(나침반과 해도, 천체관측기, 선박의 키 등), 화약과 화기, 대포와 총기류의 발전이었다(Smith 1991 : 56). 탐험 항해를 주도했던 포르투갈은 1489년에 남아프리카 끝에 도착했고, 바스코 다 가마(Vasco da Gama)는 1497년 인도양에 들어갔다. 1509년 인도양에서 이슬람 함대를 격파, 전 아시아를 아우르는 요새 및 무역항의 건설이 그 뒤를 따랐다. 그 결과 교역에 있어서 장기에 걸친 비서양세계에 대한 서양의 우월 시대가 그 막을 열었으며, 최종적으로는 식민지 지배가 확대되었다(Smith 1991 : 77-8).

유럽의 탐험가들은 [남아프리카의 코이(Koi)와 산(San)과 같은] 소규모의 흩어진 사회뿐만 아니라 중국과 같은 대제국도 만나게 되었다. 거기에는 다른 왕국들은 모두 분산된 상황 아래 그들 자신이 '중심 왕국'이라고 믿는 황제와 왕궁이 있었다. 유럽 열강이 높은 이윤의 아편무역을 지배하기 위해 자행한 아편전쟁(1839-42) 시기까지 많은 중국인은 유럽인들이 대황(당시 하제로 쓰였던)이 고갈되면 심한 변비로 인해 죽어버릴지도 모른다고 생각했다. 또한 영국 선원들은 그들의 다리 뒤로 꼬리가 있는 그림으로 묘사되고 있었다.

그러한 묘사는 뒤에 유럽 식민지 확대의 특징이 되는 인종적 편협의 거울상 같은 것이었다. 인종과 인종차별주의에 대해서는 6장에서 좀 더 자세히 다루기로 한다. 여기서는 19세기 유럽 열강의 경멸적인 태도가 초기 유럽 여행자들이 타지마할과 베닌 브론즈(그림 3.2)의 정교함, 이스타팔라파의 궁전, 이집트의 피라미드의 장대함에 대해 보인 경외 및 감탄과 비교해 볼 때 얼마나 극명한 차이가 나타났는지에 대해서만 간단히 언급하기로 한다. 이러한 건축물들과 예술품은 유럽이 이 건축물들과 예술품을 처음 알게 되었을 당시 유럽에 비해 다른 문명들이 얼마만큼이나 훌륭한 것이었는지 보여주었다.

계몽사상가들은 민족과 지역 간에 어떠한 다른 점과 간격이 존재하든지 인류란 하나의 종족으로서 자기 발전을 위해 점진적인 진로를 걷고 있는 것이라고 생각함으로써 관용적 보편사상을 제시했다. 모든 길의 마지막 단계는 '문명'이었다. 이러한 관점에는 의심할 바 없는 오만이 존재했고, 여기에는 18세기 프랑스와 독일이 가지게 된 것이 모든 인류가 좋아할 만한 종착역이라는 생각이 내포되어 있었다. 그러나 이러한 **자민족중심주의**에는 인류가 '문명'을 통해서 어떤 것을 얻기만 한 것이 아니라 빼앗기기도 했다는 인식을 가지게 됨으로써 개선되었다. 예를 들어 밀턴(Milton)의 유명한 서사시인 「실낙원」(*Paradise Lost*)과 루소(Rousseau)의 '고귀한 야만인'(noble savage)에 대한 찬미는 정신과 육체 및 감정이 공생적이고 건강한 순수함을 지닌 자연세계와 일체화된 아르카디아적(무릉도원적)인 순수의 이념을 표현한 것이었다.

19세기 후반, 많은 유럽 제국주의자들과 식민주의자들은 이러한 생각에 대해 혼란을 느끼지 않았다. '인류의 목자'는 점잔을 빼며 활보하면서 그들의 왕의 이름으로 영토를 병합하고, 깃털장식이 달린 모자를 쓴 통치자들을 파견하며 지구의 남은 부분

자민족중심주의(Ethnocentrism) 그리스 말로 민족을 의미하는 ethnos에서 온 표현. 자민족중심주의자들은 그들의 민족집단이나 국민국가를 모든 다른 집단을 판단할 수 있는 기준이 되는 모범이라고 본다.

그림 3.2 베닌 브론즈, 요르단의 왕을 의미하는 오바를 표현한 것(16세기, 나이지리아)
밀랍과 진흙, 황동(후에 다양한 종류가 나오기도 했지만 기본적으로 청동제품보다 흔했음)을 복잡하고 정교한 과정을 통해 만듦. 상상도 하지 못했던 기술에 놀란 일부 유럽인들은 포르투갈인이나 이집트인 혹은 '이스라엘의 사라진 부족'이 이러한 기술을 전했을 것이라는 잘못된 추측을 하기도 했다.

을 문명화시키기 위한 '백인들의 의무'를 다할 것을 공표했다. 1885년의 베를린 회의에서 유럽 열강은 지도상에 선을 그어 세계의 거대한 육지를 서로 나누어 가졌다. 계몽사상과 아르카디안적 개념은 제국주의자가 자신들 이외의 인간을 종속시킴으로써 엄청난 부를 얻을 수 있다는 것을 인식하면서 일소되었다. 브라질로부터는 고무나무, 남아프리카에서는 금과 다이아몬드 광산, 적도림에서는 목재, 중국에서는 아편 등이 추출되었다. 값싼 강제 노동력과 투기자본을 이용해 설탕, 코코아, 담배, 용설란 재배지가 설립되었다. 이러한 제국주의적 모험과 그들이 시작한 식민지 정복, 이를 뒷받침한 금융가들은 7장에 설명할 초국적 기업의 전조가 되었다.

식민지 정복을 강행한 군대가 행한 잔인함은 전설적인 것이었다. 지금은 나미비아가 된 서남아프리카의 경우를 보면 1904년 10월, 판 트로타(van Trotha) 점령군 사령관은 아프리카 대륙의 광활한 대지가 지금의 독일에 귀속한다고 선언한 후 현지 인구의 전멸을 명하고 다음과 같이 선언했다.

독일 영토 내의 모든 헤레로(Herero)족은 무장을 했든지 안 했든지, 소떼를 소유하고 있든지 아니든지 상관없이 총살한다. 이 영토 내에서는 여자도 아이도 살지 못한다. 그들을 자신들의 부족들이 있는 곳으로 쫓아내거나 사살한다 … 나는 헤레로족의 국가가 파멸할 것이라고 굳게 믿고 있다.

사회적 다원주의(Social Dar-winism) 사회적 다원주의는 다원의 주장, 종의 진화에 있어 적자생존의 과정에 해당하는(많은 경우 해당돼서는 안 됨에도 해당되는 경우가 많다) 인간 상황을 의미한다.

이것은 1년이 지나지 않아 사실이 되었다. 헤레로 인구는 6–8만 명에서 1만 6천 명으로 격감했다. 75–80% 정도가 사라진 것이다.

수많은 민족이 자신들의 독립을 위해 용맹히 싸웠지만 유럽의 우수한 무기와 군사적 전술은 이를 압도했다. 이러한 잔인한 승리의 사례들로 인해 유럽 제국주의자가 가지고 있던 생각, 즉 자신들은 식민지 사람들보다 태생적으로 우수하다고 하는 생각을 후원했던 사회적 다원주의를 조장했다. 에티오피아를 제외한 모든 사하라 이남 아프리카에서 행해진 대서양 노예무역과 식민지 정복의 역사로 인해 지금까지도 아프리카인은 차별과 편견의 대상에서 벗어나기가 힘들다.

글로벌 사상가 3

막스 베버_ MAX WEBER (1854–1920)

사회학에 있어서 막스 베버의 독창적 공헌을 간략히 소개하기로 한다.

1. **사회적 행동의 정의** : '사회'는 각 개인들 사이에 공유되고 개인들에 의해 해석되어지는 의미로 구성되어 있다. 이러한 개인들의 행동은 부분적으로는 이러한 의미들을 표현하며 또한 이러한 의미들에 의해 동기화된다. 사회학자들은 이러한 능력과 과정을 강조함으로써 사회적 행동의 '이해'에 도달할 수 있다. 이러한 방법론적 접근방법을 베버는 'Verstehen'(훼어스테헨)이라고 불렀는데, 이는 아마도 '감정이입'(empathy)이라고 해석될 수 있을 것이다.

2. **권력**(power) **대 권위**(authority) : 권력은 그것이 우리 일생생활의 신념과 조화를 이루어야만 지속될 수 있고, 이 때문에 권력은 정당성을 얻게 된다. [근대주의자들은 규율제정 과정이 민주주의제를 통하여 결정되도록 그들이 도울 수 있는 평등과 비정의성(impersonality)이라는 추상적 원칙에 기초한다고 믿었다.]

3. **합리화**(rationalization) : 합리화의 과정(아래 참조)은 언제나 존재해 온 반면 모더니티는 서유럽에서 법, 정치, 과학, 자본주의, 전문가주의, 행정관료의 측면에서 강조되었고, 모든 강제적인 사회생활에 깊이 관여하면서 과거의 일상생활들을 되돌릴 수 없게 만들었다.

형식적 합리성(formal rationality)
모더니티와 함께 사회의 삶은 '형식적 합리성'에 의한 지배를 받게 되었다.

– 행동은 더욱 더 **예측 가능**(calculability)해졌다. 우리는 어떻게 하면 우리의 행동과 목표를 논리적·효율적으로 연결시킬 수 있을지에 대해 의도적으로 그리고 자기 의식적으로 고찰하

게 되었다.

- 행동은 더욱 더 **체계적**(systematic)이 되었다(능률화, 지속화, 통제화, 표준화). 따라서 모든 상황과 사람들에게 적용 가능하게 되었다.
- 모든 인류는 그들의 행동결과를 고찰하게 되었고, 실증적으로 입증될 수 있는 기술 특화적 · 과학적 **지식**(knowledge)뿐만 아니라 앞으로 다가올 정보에 의존하게 되었다.

형식적 합리성으로 인해 공장과 사무실, 군대, 병원, 법원에서는 비정의성, 예측 가능성, 통제성이 더더욱 증대되었으며, 이는 또한 효율성, 경제성장, 자연통제의 증가를 가져왔다. 그러나 베버는 형식적 합리성이 낳은 다른 측면에 대해 우려했는데 이는 다음과 같다.

- **세계의 각성**(world disenchantment) : 과학과 기술, 물질의 향상으로 인해 '세계의 각성'이 나타났다. 종교와 마법은 그 믿음을 잃었던 것이다. 종교는 우리가 어떻게 살아야만 하는가에 관한 윤리를 제공했지만, 형식적 합리성은 이러한 의미와 윤리를 위태롭게 하고 정신적 피폐를 가져온다. 오직 사실과 목표를 달성하기 위한 가장 효율적인 수단만을 신경쓰기 때문이다. 개인들은 자신들의 가치와 방향을 찾기 위해 혼자 남겨진다.
- **쇠철장**(the iron cage) : 형식적 합리성의 논리는 한번 설립되면 그것이 자본주의적 시장을 거치든 관료화 과정을 거치든지 관계없이 가차없이 근대 생활을 지배한다. 어떤 누구도 이를 피할 수 없다. 합리화된 관료는 빨간 테이프로 우리를 질식시킬 것이다.
- **실재적 합리성의 고사**(substantive rationality withers) : 역사적으로 볼 때 사람들은 그들의 가장 큰 가치를 자기 만족이나 경제 이익이 아닌 신이나 우애, 평등, 정의, 도덕적 의무 등을 달성하는 데, 즉 '올바른' 일을 하는 데 두었다. 그러나 형식적 합리성은 편협한 물질주의로 이러한 것들을 위태롭게 하고 이를 대체한다.

베버와 오늘날의 글로벌리제이션?

규제완화와 신자유주의 정책, 시공간 압축기술로 인해 현재 자본주의가 전 세계에 퍼져 있는 것은 너무나 명확하다. 시장의 강요라는 쇠철장은 전 세계의 소비자와 노동자를 둘러싸고 있다. 이는 또한 제약회사로 하여금 소비력이 없는 세계의 가난한 사람들이 필요로 하는 약보다는 팔릴 수 있는 신약을 개발하도록 한다(11장 참조). 그러나 동시에 쥬빌리 2000, 세계 정의 운동(18장 참조)과 같은 글로벌 사회운동이 글로벌 자본주의를 개혁하여 좀 더 공정하고 평등한 자본주의를 만들기 위해, 즉 글로벌 차원에서 나타난 형식적 합리성을 실재적 합리성으로 대체하기 위해 고군분투하는 것 또한 나타난다.

출처 : Gerth and Mills(1946) ; Weber(1978) ; Brucker(1991).

제2차 세계대전 이후 생겨난 새로운 국제적 힘의 균형으로 인해 인종적 우월이라는 생각은 위협받게 되었다. 일본은 이미 극동에서 영국의 코를 납작하게 했으며, 인도에서는 탁월한 지도자 간디의 지도 아래 민중의 저항으로 인해 영국은 인도를 떠났고, 그 결과 1947년 인도는 독립을 얻었다. 이는 남아 있던 식민 아시아, 아프리카, 중동, 카리브 해 지역의 탈식민지화의 전조였다. 유럽의 확장주의와 식민주의는 그 역사적 사명을 다했던 것이다. 그것은 세계의 먼 지역을 글로벌 경제로 끌어들였다. 유럽의 확장주의와 식민주의는 매우 잔혹한 방법으로, 더구나 식민지 민족의 동의 없이 이행되는 경우가 많았으나 1945년 이후 이러한 식민지 민족들은 새로운 시대로 진입할 준비가 이미 끝나 있었다.

1945년 이후의 변화와 미국의 지배

1945~73년 사이 탈식민화 외에 다른 많은 중요한 변화가 일어났는데, 이에 대해서는 차례대로 논의할 예정이다. 이러한 변화들은 세계 사회의 진화를 확대·심화시키는 역할을 했다.

- 장기에 걸친 경제성장 유지
- 브레튼우즈 금융체제 설립
- 글로벌 경제 및 정치 강국으로서 미국의 대두
- 케인즈식 국가 경제 운영 도입의 보급
- 대량소비의 출현과 생활양식의 변화

경제성장

통계에 따라서 달라지기는 하지만 1950~75년에 걸쳐 세계 경제는 2.25배라는 역사상 전례가 없는 큰 성장을 이루었다(Harris 1983 : 30). 홉스봄(Hobesbawm 1994 : 288)은 약간 다른 데이터를 이용하여 1950년부터 1973년에 걸친 경제성장과 기술적 발전의 '황금 시대'는 "1950년대에 인류의 80%에게는 갑자기 중세가 끝났다"는 것을 의미한다고 주장했다. 서구 기준에 따르면 대부분의 사람들은 여전히 매우 빈곤했지만 식민지나 구식민지에 사는 사람들조차도 이러한 경제변동으로 발전을 이룩할 수 있었다.

1950년대 중반에 이르자 유럽과 일본은 전쟁의 폐허로부터 회복하여 새로운 번영을 이룩했다. 1959년 해롤드 맥밀란(Harold Macillan)은 그의 유명한 슬로건 "이 정도로 잘 되어본 적은 없었다"로 영국 수상에 재선출되었다. 가난한 개발도상국도 그들의 농산품과 광물자원의 상품가격 측면에서 가장 높은 가격을 얻을 수 있었던 10년이었다. 1960년대 동안 일본의 힘과 신흥공업국(Newly Industrializing Countries : NICs)의 힘의 대두는 브라질과 타이완 같은 국가들의 급속한 공업화 및 도시화와 함께 너무나도 극명한 것이었다.

브레튼우즈 금융체제

브레튼 우즈(Bretton Woods)는 1944년 7월, 미국 동맹국을 중심으로 한 44개의 국가가 글로벌 경제협력을 형성하기 위한 만남을 가졌던 뉴햄프셔의 작은 마을 이름이다. 이 회의는 전후 금융 안정화에 큰 역할을 했다(Brett 1985 : 62-79). 여기서 서구국가들은 화폐 **평가절하**나 관세, 수입통제 등의 무역장애정책을 가능한 사용하지 않으면서 그들의 화폐가치를 관리하고 반고정환율제도를 운용하는 데 합의했다. 이러한 와중에 미국은 달러가치를 금 보유고에 연결시켜 이를 세계 통화로서 자유롭게 유통시키면서 이미 세계 최강의 통화였던 달러를 안정시키는 것에 동의했다.

평가절하(Devaluation) 경쟁국에 대항하기 위해 자국의 통화가치를 낮춤으로써 자국의 수출품 가격을 내리거나 수입품 가격을 높이거나 하는 것

브레튼우즈 체제는 또한 경제 관련 주요 국제정부간기구(International Ggovernmental Organizations : IGOs)를 탄생시켰다. 이 중에서 가장 중요한 기구들은 다음과 같다.

- 세계은행(World Bank) : 각국에 유리한 금리로 차관을 제공함으로써 장기적인 사회 인프라 정비의 자금을 제공하는 데 도움이 되도록 설립
- 국제통화기금(International Monetary Fund : IMF) : 단기 자금원조 제공
- 무역과 관세에 관한 일반협정(General Agreement on Trade and Tariffs : GATT) : 가맹국 간에 이러한 문제에 관한 정기 토론을 용이하게 하기 위한 국제 포럼

미국의 국제적 경제력과 정치적 리더십

제1차 세계대전이 끝난 시점에서 이미 미국은 경제적으로 매우 강력한 국가였다. 그러나 고립주의와 경제 보호주의의 시대는 미국의 국제적 역할을 제한시켰다. 제2차 세계대전 이후 미국의 경제는 더 강력하고 재정비된 산업으로 상처 하나 없이 부흥하게 되었다. 이 시기 미국은 브레튼우즈 체제에 있어서 중심적 역할을 하는 것도 포함하여 세계 자본주의를 관리하는 역할을 떠맡게 되었다. 관대하게도 미국은 약소

국이 전쟁으로부터 회복하기 위한 보호주의 수단을 수용하면서 자신의 거대한 경제를 개방했다. 미국은 세계 최대의 채권국이 되어 유럽(마셜플랜을 통한)과 일본에 원조를 제공했다. 다른 국가들에도 그들에게 유리한 조건으로 자금을 제공했으나 이는 트로이의 목마와 같은 것으로, 미국에 위치한 초국적 기업들을 새로운 시장으로 침투하게 되었다.

1947년부터 1989년에 걸친 동서 간의 냉전 대립은 세계 정치를 지배했다. **냉전**은 유력한 국가에 의해 관리되고 지배되는 양극체제, 즉 소련에 의한 공산권과 미국에 의한 자본주의적 민주주의 블록 체제를 낳았다. 양쪽 진영은 핵무기와 우주과학 기술에서 우위를 점유하기 위한 경쟁에서 이기기 위해 노력했다. 트루먼 대통령은 미국 국회를 설득, 군사비 지출과 군사 지원을 통해 국내 및 세계 경제에 달러를 쏟아붙도록 했다. 유럽과 아시아에는 대규모 군대 파견이 이루어졌고, 한국전쟁의 개시는 전후 장기에 걸친 호황을 촉진시키는 원인이 되었다(Arrighi 1994 : 273-98).

미국 정권은 계속해서 프랑스, 영국, 네덜란드의 식민지배 철회를 장려했다. 거기에는 정치적·경제적 동기가 있었는데, 미국은 공산주의 운동과 공산주의 체제의 확산, 특히 전쟁으로 피폐된 아시아 국가들(그럼에도 불구하고 미국은 북한과 중국, 베트남에서 실패를 맛봐야 했다)로의 확산을 막고 싶었던 것이다. 미국은 또한 이미 닫혀 있던 식민지 시장에도 침투하고 싶어 했다. 유럽 열강들은 식민지 시장들을 자국산업을 위한 방출구로 잡아놓고 모국의 산업을 위한 천연자원의 중요한 공급원으로 사용해 왔던 것이다. 미국은 이제 '행동의 배당'을 바라고 있었다.

냉전(The Cold War) 1947–89년 기간 동안 세계는 미국과 소련의 지도 아래 대립하는 두 진영으로 분열했다. 여기에는 자본주의적 민주주의와 사회주의적 계획경제라는 이데올로기적 대립과 방대한 군비증강, 핵기술과 우주과학 기술에 있어서 우월성을 점유하려는 트윈게임이 포함되어 있었다. 1948년과 1962년(Box 3.3의 시대표 참조)의 예에서 알 수 있듯이 몇 번의 위기에도 불구하고 두 초강대국이 직접적으로 전쟁에 관련되는 일은 없었다. 오히려 갈등은 한국전쟁이나 베트남전쟁과 같이 개발도상국을 포함하는 등 지엽적인 것으로 비껴났다.

Box 3.3

세계 평화와 전쟁

1945 제2차 세계대전의 종결. 그러나 미국이 8월에 일본에 2개의 원폭을 투하함으로써 핵시대가 도래. 국제연합이 설립되고 12월에는 세계인권헌장 채택

1947 냉전이 '공식적'으로 시작. 트루먼 대통령은 미국이 전체주의(공산주의) 체제로부터의 위협으로부터 민주주의를 지킬 것이라고 선언. 유럽에서는 철의 장막(제2차 세계대전 당시 영국 수상이었던 윈스턴 처칠이 만들어낸 표현)에 의해 바르샤바 조약의 공산주의 국가와 서양의 북대서양조약기구 동맹(North Atlantic Treaty Organization : NATO)의 국가로 갈라졌다.

1948 6월 이후 (1949년 5월까지) 소련이 서베를린을 봉쇄. 서베를린 시민들에게 식량

과 물자를 제공하기 위한 대규모의 공수가 이루어짐.

1949 마오쩌둥의 지도 아래 중국 공산화. 중국은 민족주의자와 친자본주의자 세력을
      타이완으로 추방. 소련의 원폭실험

1950-53 공산주의 북한이 중국의 지원을 얻어 남한을 침공하면서 1950년 한국전쟁
      발발. 미국은 동아시아를 위한 군사 보호 약속

1957 소련이 최초의 인공위성 스푸트니크 호 발사. 본격적인 우주전쟁의 시작

1962 쿠바 미사일 위기 : 공산주의 쿠바에 소련의 핵미사일 배치가 미국과의 대립을
      가져옴. 세계가 핵전쟁을 상정하고 있었으나 소련의 후루시초프 수상이 미사일
      제거에 동의하면서 근소한 차로 비켜나감.

1963-75 북베트남에서의 농민군에 대해 미국이 군사 개입. 수년간에 걸친 미국의 폭
      격과 갈등의 증폭 후 난국에 빠진 미국은 철수

1969 미국의 달 착륙 : 미디어 접근을 통해 모든 사람에게 행성 지구의 장대함이 분명
      하게 전달

1972 닉슨 대통령의 방중에 이은 미국과 중국의 접근

1880년대 레이건 대통령이 핵 '방위' 계획인 '스타워즈' 계획을 개시. 이에 따라 특히
      전산화에 있어서 소련의 절대적 비용 결핍이 드러났고 무기경쟁에 있어서의 자
      금력 역시 줄어들었다. 그러나 이는 또한 미국으로 하여금 어마어마한 국채(1990
      년대 초 3조 달러에 달하는)를 부담하게 했음.

1989 소련의 고르바초프 수상이 더 이상 바르샤바 조약 국가들을 '방위'하는 것을
      포기한다고 선언. 민중혁명이 일어나 동유럽 공산주의 국가들 붕괴 및 냉전종식

1992 소련에서 공산주의가 종식. 고대 러시아제국은 독립공화국으로 와해. 세계 석유
      비축의 '세이프가드'와 이라크의 쿠웨이트 침공을 역전시키기 위한 첫 번째 걸
      프전쟁. 국제연합에 의한 제재이긴 했으나 미국의 리더십과 힘의 절대우위를 가
      지고 있었음.

1992-99 이 기간 동안 많은 지역에서 내전 발생, 민족말살정책의 실시, 대규모의 제
      노사이드, 군사령관 독재주의 등으로 국가 분열 등이 발생했다. 또한 부분적으
      로는 냉전의 결과로 인해 보스니아(1992-96), 코소보(1999), 소말리아(1993),
      르완다(1993-94), 콩고민주공화국(1999/2000), 동티모르(1999)에서 볼 수 있듯
      이 국제연합의 평화유지 활동과 NATO의 활동, 국제연합에 의해 정당화된 미
      국 개입의 필요가 크게 증가했음.

2000 조지 부시의 미 대통령 취임 후 얼마 되지 않아 포괄적 핵실험 금지조약과 같은
무기조약들 몇 개가 제한되거나 철회되었고, 온실가스의 배출을 줄이면 미국 경
제에 악영향을 미칠 것이라는 이유로 2002년에는 교토의정서 조인을 거부. 또
한 정치지도자들로 하여금 그들의 국가에서 허용되는 극도의 인권남용을 그만두
도록 설립된 국제사법재판소(International Criminal Court)의 승인 역시 거부.

2001 알카에다 그룹의 오사마 빈 라덴과 친밀한 관계를 가지고 있다고 알려진 이슬람
테러리스트 그룹이 뉴욕 쌍둥이 세계무역센터 타워를 폭파함으로써 3천 명의
사망자를 내고 대규모의 세계 변화를 불러일으킴. 부시 대통령은 '테러리즘에 대
한 전쟁' 선포.

2001-02 국제적 테러를 말소하기 위한 공동 전략의 일부분으로서 수행된 아프가니스
탄에 대한 미국의 폭격과 침공.

2003 국제연합 안에서의 큰 반대와 유럽연합과 세계 각지의 반전쟁운동에도 불구하고
연합군(대부분이 미국군과 영국군)의 이라크를 공격. 표면상으로는 사담 후세인
의 대량파괴무기를 제거함.

출처 : Castells (1998) ; Pugh (2002) ; Chomsky (2004).

4장에서 우리는 전후 경제적 리더십을 발휘하면서 비공산주의 동맹 국가들을 이
끌던 미국의 의욕과 능력이 1970년대에 급속하게 감소한 것에 대해 설명할 것이다(Box
4.2). 게다가 1981년부터 1988년까지의 레이건 정부 시대에 전방으로 나서게 된 신보
수주의자들로 인해 미국 정부는 그전의 정책방향과는 크게 다른 두 가지 주요 정책을
추진하게 되었다. 하나는 예상되는 소련의 군사무기 위협을 끝내기 위한 무자비한 고
가 무기 전략으로, 이는 소련의 재정을 파탄으로 이끌어 냉전을 종식시키는 데 일조했
다. 이러한 모험에서 초래된 거대한 비용은 또한 미국 경제에 심각한 손실을 주었으나
미국은 이러한 통화위기를 1990년대의 폭발적 경제성장으로 이겨낼 수 있었다. 이러
한 경제성장은 정보기술 등의 하이테크 산업에 대한 정부 보조, 냉전종식이 가져온 평
화로부터 오는 이익, 전례가 없었던 1940년대 이후부터 1997년까지의 실질임금의 하
락과 연결되었던 것이다. 미국 은행, 주식중개인, 보험 및 다른 통화 이익에 특히 유리
했던 세계의 통화체제에 1980년대부터 부과된 미국의 능력 또한 이러한 경제회복에
도움을 주었다. 역으로 이는 또한 1980년대에 두 번째 주요한 정책 전환을 가져오게

되었는데, 소위 '워싱턴 합의'(Washington Consensus)의 발전을 가져온 것이다(Bello 1994, 2001).

1970년부터 1982년 사이 미국은 빈국들이 쌓아온 거대한 채무문제를 해결하는데 도움을 주고 빈국들로 하여금 좀 더 실용적인 시장지향적 발전정책을 채택하도록 장려하는 한편, IMF나 세계은행을 통제하고 G7 정부들에 영향력을 사용하여 많은 약소국가들로 하여금 '구조 적응계획'이라고 불리는 경제개혁을 받아들이도록 강제했다. 채무에서 벗어나 미국과 G7 시장에 지속적으로 접근할 수 있는 대신 이러한 신자유주의적 정책으로 인해 각국 정부들은 그들의 경제를 해외무역(서구 회사들에 의해 이끌어지는)과 자본 흐름(대부분 전체적으로는 G7 투자에, 종종 단기의 '핫'머니가 유입된다)에 개방해야 했다. 또한 국유재산의 민영화와 지방산업을 육성하고 가난한 시민을 보호하기 위해 계획된 가격통제와 보조금 폐지를 요구했다. 이 테마는 글로벌 사상가 8에서 좀 더 논의해 보기로 한다. 1990년대 후반에 이르기까지 굉장히 보수적이었던 IMF조차 이러한 정책들은 실제적으로 빈국들에 있어서 가난을 늘리고 세계의 불균형을 확대시킬 가능성이 있다는 것을 인정했다. 많은 평론가들은(예를 들어 Bello 2001 ; Stiglitz 2002, Harvey 2003) 이러한 정책들과 그들의 국제적 기만을 비판해 왔다. 그들은 EU의 경제 통일성의 증대, 특히 중국을 시작으로 인도와 같이 잠재성을 가진 국가들을 포함한 아시아 태평양 지역의 대두에 직면하여, 이로 인해 나타난 미국의 상대적인 경제적·산업적 쇠퇴를 역전시키려는 미국의 보수적 그룹이 얄팍한 가장처럼 보인다고 주장했다. 이 보수 그룹들은 점차적으로 미국의 산업을 '사로잡아' 세계의 천연자원, 특히 석유를 위해 경쟁하고 있다는 것이다.

케인즈식 국가 경제의 운영

존 메이너드 케인즈(John Maynard Keynes)는 21세기의 주요한 경제학자이다. 1930년대 대공황으로 발생한 실업으로 인해 세계적 빈곤이 발생했을 때 그의 이론은 자본주의 특유의 호황 및 불황의 설명과 대처방법을 둘러싸고 정통 이론에 도전했다. 이는 정치적·사회적으로도 중요한 의미를 가졌다. 소비자, 저축가, 투자가의 3자가 가지고 있는 불확실성과 미래에 대한 기대는 서로 대립하여 합리적인 경제적 의사결정을 곤란하게 한다. 케인즈에 의하면, 통제되지 않는 시장의 힘은 소득과 부의 불평등을 확대하는 경향을 가지고 있어 소비와 투자, 고용은 정치적으로 허용되는 수준으로 유지하고 싶어 하는 대중의 욕구는 이루어지지 않게 된다. 그는 정부가 공공 투자와 수요 촉진에 좀 더 적극적인 역할을 하여 고용과 투자를 늘릴 수 있다고 주장했다.

　　사회주의자와는 달랐지만 케인즈는 정부가 부유층으로부터 빈곤층으로 소득을 재분배하기 위해 세금제도(소위 '누진세'라고 부른다)를 이용해야 한다고 생각했다. 그는 보통 가난한 사람은 소득이 늘어나면 이를 (저축이 아니라) 소비하고, 이것이 수요를 부추김으로써 경제를 확대시킬 것이라고 추론했다. 당시 이러한 작동하고 있는 자유시장으로의 정교한 '간섭'은 이설처럼 간주되었지만 1940년대에 이르자 서양 정부들에게 널리 받아들여졌다. 1930년대 널리 퍼져 있던 대량실업과 제2차 세계대전 이후의 정치적 흥분과 함께 케인즈식 정책은 자본주의의 새로운 지평을 열었다. 이러한 정책은 장기에 걸친 호경기를 강화함으로써 글로벌리제이션에도 공헌했다.

대량소비의 출현과 생활양식의 변화

　　제2차 세계대전 이후 장기간에 걸친 호경기는 재화와 서비스에 대한 수요의 확대로 인해 유발되었다. 이에 대응하여 효율적인 생산방식—헨리 포드가 디트로이트 자동차 조립공장에서 개발한 것을 기초로 한 대량생산 방식—도 발전했다(4장에서 자세히 언급). 이러한 번영으로 인해 특히 선진국에서는 사회생활에 있어서 여러 가지 중요한 변화가 일어났다. 개발도상국에 있어서도 평균수명이 늘어나고 많은 사람들의 교육수준이 향상되었다. 이러한 변화들은 1950년대에 광범위한 지역에서 명확하게 나타났다. 또한 거의 완벽할 정도의 축적효과를 보여 1960년대 후반까지 여러 생활영역에 있어서 개인은 선택의 자유에 대한 욕구를 증대시켰고, 그에 대한 높은 기대도 만들어냈다. 한편 글로벌리제이션은 이러한 강력한 영향력이 부유한 국가뿐만 아니라 교육, 매스미디어, 여행, 초국적 기업 등을 통해 공산주의 세계나 개발도상국에게까지 보급된다는 것을 의미했다. Box 3.4는 이러한 변화를 연표로 나타낸 것이다.

Box 3.4

개인의 자유에 대한 욕망

개인 레저와 소비

1954　TV 시대의 여명기. 영국 세대의 **30%**가 TV를 보유(이 수치는 1963년에 89%로 올라간다.)

1950년대　'10대'(teenager)라는 단어의 발명. 10대문화가 좀 더 명확해져서 10대를 위한 시장이나 음악, 그 외의 문화를 발생시켰다.

1956   '록뮤직'이라는 새로운 장르의 등장. 엘비스 프레슬리가 「하트브레이크 호텔」
(Heartbreak Hotel)이라는 노래와 영화 「제일하우스 록」(*Jailhouse Rock*)으로 국제적
명성을 획득. 사춘기의 반항이 유행. 팝문화가 빅 비즈니스가 되었음.

1960년대   자동차 보급의 진전. 교외화가 진행되는 반면 도심지역이 감소. 슈퍼마켓 쇼
핑의 보급

1960년대   세계 전역에 걸쳐 고등교육제도가 급속도로 확대

1960년대   세계 여행의 시대 도래

1970년대   다수 파트너와의 자유로운 성경험으로 특징지을 수 있는 성혁명이 발생. 페
미니스트 운동과 동성애자 운동과 연합. 서양에서는 이혼율이 증가하고 출산율
이 저하되어 가족의 쇠퇴현상이 나타남.

1980년대   일렉트릭 효과, 시끄럽고 끊임없는 리듬, 자기 표현을 강조한 팝락의 유행.
이는 전 세계에 걸친 카세트와 비디오, 텔레비전의 보급에 의한 영향으로 전 세
계의 비서양 음악에 흡수되기도 하고 합성되기도 했다.

개인의 자유와 정의 확대를 위한 움직임

1954   미국에서 아프리카계 미국인에 의한 시민권 운동이 시작됨. 1960년대 중반에
정점에 다다름.

1960년대 중반   미국의 베트남 개입에 반대하는 반전운동이 시작되어 유럽으로 확대.
성적·개인적 자유에 대해 관료적 억압이 이어지는 것에 대해 반대하는 약물문
화(drug culture)와 '히피'적 반동이 연합

1968   프랑스에서 자본주의의 물질주의적 압력에 반대하는 노동자 및 학생의 5월 '혁명'

1960년대 후반   젠더 평등을 추구하는 페미니즘 운동이 미국에서 시작되어 곧 넓게 확
대됨.

1969   미국에서 동성애자 권리운동의 등장

국제어로서 영어의 보급

세계어(아이러니하게도 lingua franca라고 부르는)로서 영어의 사용은 세계 사회가 출
현하게 되는 원동력이 되어 왔다. 역사적으로 구어로서의 영어는 영국이 세계 최초의
공업국가로 등장했을 때 세계어로서의 역할을 하게 되었다. 영국은 제1차 세계대전까

지 투자와 금융 서비스 상업항로 네트워크의 세계 최대 공급자로서, 제2차 세계대전
종결 후까지도 일정 기간 세계 최대의 제국을 경영했다. 1945년 이후 미국이 그 역할
을 이어가게 되었는데, 역사적 우연에 의해 미국 역시 영어를 사용하는 국가였던 것이
다. 더욱이 미국이 다양한 매스미디어와 광고산업을 지배하게 되면서 세계 곳곳의 소
비자와 라이프스타일 향상에 대한 갈망을 생산하여 더더욱 큰 영향력을 가지게 되었
다. 세계 경제가 성장함에 따라 세계어로서의 영어에 대한 의존도도 증대하고 있다. 영
어는 또한 과학분야에 있어 주요한 언어이며(90%가 넘는 학술논문이 영어로 쓰여진다) 인
터넷 언어이기도 하다. 그러나 영어 비사용 국가들의 인구증가는 계속 증가하여 영국
문화협회의 추정에 의하면 중국어 사용자가 훨씬 많은 상황이며, 힌두어/우르두어, 스
페인어, 아랍어 사용자 역시 매우 크게 증가를 보인다(표 3.1).

표 3.1_ 영어 사용자 : 과거, 현재, 미래

지수	1990	2004	2050(예상)
영어를 주요 언어로 사용하고 있는 국가 수	75(170개 중)	76(191개 중)	데이터 없음
제1언어로서 영어를 사용하는 사람	3.77억	4억	5.08억*
제2언어로서 영어를 사용하는 사람	1.4억	6억	12억

* : 중국어 사용자(예상) : 13.84억, 힌두/우르두어 : 5.56억, 스페인어 : 4.86억, 아랍어 : 4.82억
출처 : Crystal (1995), www.britishcouncil.org/learning−elt−future.pdf

영어가 계속해서 비즈니스와 과학, 지식산업에 있어 주요 언어로 남을 가능성은
매우 높다. 따라서 영어 비사용자들이 영어능력을 갖추지 않으면 그들은 9%에서 5%
정도의 자국어를 사용하는 그 나라의 환경에 갇히게 될 것이다. 강력한 언어의 군집이
형성되어 작은 언어집단들은 소멸할 것이다. 21세기 초 언어학자들은 6,700개 언어의
존재를 기록했지만 그들은 2주마다 한 개씩 사라져 가고 있다(Nettle and Romaine 2000).

정리

세계 사회는 우주인의 지구 침공과 같이 갑자기 하늘에서 떨어진 것이 아니다.
토속신앙과 신화로 생겨난 억압들이 세계 종교, 그 중에서도 불교, 이슬람교, 그리스도
교의 보급에 의해 처음으로 의문시된 이후 불안한 걸음걸이로 점차 출현하게 된 것이

다. 그러나 유럽에서의 모더니티의 출현으로 인해 편협한 자민족중심주의적 관점에
더욱 더 근본적인 의문점을 제기했다.

　　강력하고 잘 무장된 국민국가가 탄생하면서 자본주의적 산업화로의 기반이 형
성되었다. 한편 계몽사상은 근대화로의 충동을 촉진하는 새로운 문화적·과학적 전망
을 가져왔다. 최종적으로 자본주의와 모더니티가 융합되면서 생겨난 변화를 향한 기
동력은 도전할 수 없을 정도로 강력한 것이다. 새로운 부와 기술에 의한 힘을 부여받
고 시장과 천연자원을 위한 자본주의적 경쟁과 국가 간 경쟁에 의해 활기를 얻은 유럽
열강들은 다른 민족들도 그들의 통치 아래로 복종시켰다. 이에 따라 시장이 확대되고
유럽의 언어와 사회·정치 제도가 광범위하게 보급되었다.

　　20세기의 4분의 3에 걸친 기간 동안 미국이 거대한 경제적 기동력을 가지게 되
고 초강대국으로 등장하면서 글로벌리제이션은 더욱 더 확대기를 맞이하게 된다. 제2
차 세계대전 종료 후, 그리고 적어도 1970년대에 이르기까지 미국은 서방세계에 있어
서 경제·이데올로기·군사 리더십을 제공하였고, 이것이 의문시되었던 적은 한번도
없었다. 때로는 소련이 미국의 지위를 흔들었던 적도 있었지만 국가 공산주의의 속은
텅 비어 있었다. 1989년에 이르자 쇠퇴하여 곧 소멸했던 것이다.

　　최근 수년에 걸쳐 세계 사회로 이동하는 도중에 그 외의 다른 조류 역시 분명히
나타나고 있다. 글로벌리제이션으로의 힘은 더더욱 자율적이고 자립적이 되었다. 글
로벌리제이션을 향한 힘을 살아남거나 확장하기 위해서 특정 국가, 미국과 같은 초강
대국에게 의존할 필요가 점점 줄어들고 있었다. 따라서 빈국들과 가난한 민족들 안에
지속되고 있는 빈곤은 부분적으로는 1980년대 이후의 G7 국가들의 경제정책에 의한
것처럼 보이면서도(2006년 러시아가 가입하면서 G8이 되었다), 다른 한편으로는 세계 문제
에 있어서 미국의 능력이 때때로 보기보다는 효과적이지 않았다는 것을 증명했다. 예
를 들어 지속되었던 미국의 군사적 우월성과 미국 국내의 보수집단이 1970년대부터
채택했던 경제적 전략에도 불구하고 중국과 인도의 지속적이며 급속한 산업화를 막
을 수는 없었던 것이다. 세계 테러리즘을 막으려는 미국의 정책도 적어도 지금까지는
성공을 거두지 못했다. 게다가 2003년의 이라크 침공은 테러리즘과 비슷한 성격의 사
건을 증가시킨 것처럼 보인다.

　　미국의 힘이 상대적으로 쇠퇴하고 있다는 표시는 그 외에도 존재한다. 예를 들어
2000년 세계 최고의 초국적 기업 100에서 오직 27개만이 전체적 혹은 부분적으로 미
국 소유였다(Dicken 2003 : 222-4). 요약하자면 어떠한 국가도, 심지어 미국과 같은 초강

대국도 더 이상 자신에게 유리하도록 세계적 변화를 형성하거나 멈추게 할 수 없다는
것이다. 또한 어느 정도의 영향력을 행사할 수 있고 또 행사한다 할지라도 글로벌리제
이션에 영향력을 끼칠 수 있는 다른 국가들이나 행위자들은 점점 더 증가하고 있다.
그러는 와중에 글로벌리제이션에 의해 생성된 문제들—예를 들어 전 세계적 오염과
같은—에 대처하는 민족과 국가의 능력은 초국가적 집단 및 세력, 전문가들의 전체에
걸친 활동적인 지원에 의존하게 되었다.

　　글로벌리제이션의 핵심 부분에 있어서 하나의 패러독스가 명백해졌다. 우리들
은 한편으로는 초강력한 특정적 · 보편적 조류가 세계 곳곳으로 퍼지는 것을 목격하고
있다. 자본주의의 모더니티는 비슷한 경험들—예를 들어 교육이나 건강, 산업, 시장교
역, 도시생활과 같은—과 함께 더 큰 개인의 자유를 위한 공통의 열망을 만들어낸다.
(물론 우리가 이 책 뒤에서 설명하는 것처럼 이 모든 것들이 다 유익한 것만은 아니다.) 그러나 다
른 한편으로는 세계의 경쟁세력들은 더 복잡하고 다중심적으로 되어 각각이 자신들
만의 모더니티와 특별한 문화적 유산을 가지고 2개의 양 극단적인 초강대국으로 구성
되어 있던 세계를 바꿔가고 있다. 우리는 초국가적 혹은 국내적 · 국가적이거나 비국가
적이라는 많은 견고한 행위자들의 세계에서 살고 있고, 각각은 지방 및 전 세계적 사건
들에 결정적인 영향력을 끼치고 있다. 이러한 테마에 대해서는 뒤의 장들에서 몇 번이
고 다시 논의할 것이다.

더 읽어볼 책

■ 스튜어트 홀(Stuart Hall)과 브램 기벤(Bram Gieben 1992)이 편집한 책인 『모더니티의
형성』(Formations of Modernity)에서는 모더니티의 성격과 원인에 관해 매우 쉬운 논의
를 제공하고 있다. 1, 2, 6장이 특별히 유익할 것이다.

■ 안소니 기든스(Anthony Giddens)의 『국민국가와 폭력』(The Nation State and Violence, 1985)
에서는 유럽의 절대주의 국가의 출현에 대해 읽기 쉬운 기술을 제공한다.

■ 마르스크(K. Marx)와 엥겔스(F. Engles 1967)가 저술한 짧은 책자인 『공산당선언』(The
Communist Manifesto)이 유럽 전역에 걸쳐 혁명이 일어났던 1848년 처음으로 출판되
어 자신들의 자본주의에 대한 이론을 열정적으로 그리고 명쾌하게 소개하고 있다.

■ 브렛(A. E. Brett)의 『전후 세계 경제 : 불균등 발전의 정치』(The World Economy Since
the War : The Politics of Uneven Development, 1985)는 전후 세계 경제에 대한 훌륭한 분
석을 담고 있다.

그룹 과제

■ 지금까지 논의했던 세계 사회 출현 초기 단계에 대해 목록을 작성해 보고 간단하게 개요를 작성해 볼 것. 이 목록에 저자들이 빠뜨리거나 무시했던 것이 있는가? 그 이유는 무엇인가?

■ 두 사람이 하나의 그룹이 되어 각각의 그룹은 유럽국가로부터 정복을 당한 경험이 있는 비유럽국가 중 1개(예를 들어 케냐, 인도, 나이지리아, 세네갈, 남아프리카)를 지정, 그 역사를 조사할 것. 정복자 측의 인종관의 특징은 무엇인가?

■ 이 장에서 사용했던 모든 경제용어의 목록을 작성해 볼 것. '평가절하', '환율', '보호주의', '중상주의'부터 시작해 볼 것. 다른 용어들을 찾을 수 있었는가? 사전에서 그 의미를 알아보고 적어볼 것.

생각해 볼 문제

1. 세계 사회의 진보와 관련하여 주요한 역사적 전례에는 무엇이 있으며, 이러한 전례가 끼친 영향력에 있어서 한계점은 무엇이었는가?

2. 이 장에서 논의했던 것들 중 글로벌리제이션의 과정을 강화시키는 데 있어서 가장 강력한 영향력을 행사했던 역사적 원인은 무엇인가? 이유도 제시할 것.

3. 전후 세계 재형성에 있어서 미국의 지도자적 역할의 주요 방법을 요점정리해 볼 것.

4. 1950, 1960년대에 부유한 국가에서 사람들의 생활양식이 극적으로 변화한 이유는 무엇인가?

유용한 웹사이트

■ http://yaleglobal.yale.edu/display.article?id=702 예일 대학교의 글로벌리제이션 연구센터가 운영하는 이 사이트는 역사적 관점에서 쓰여진 짧은 글들이 아주 유용하다. 특히 글로벌리제이션 연구의 개척자로 역사학자인 부르스 마즈리쉬(Bruce Mazlish)가 쓴 글들을 읽어보자.

■ http://www.polity.co.uk/global/ 이 사이트는 『글로벌 변환』(*Global Transformations*)이라는 교과서와 그에 관련된 출판물(Held et al. 1999)을 지원하기 위해서 만들어졌다. 이 책의 경쟁상대라고도 볼 수 있지만 이 교과서는 여러 면에서 좋은 점을 가지고 있고 이 사이트도 매우 유용하다. 그러나 이 책의 관점은 사회학이 아닌 정치학과 정치경제학임을 주의할 것.

■ www.britishcouncil.org/learning-elt-future.pdf 66페이지의 이 보고서는 미래 다른 세계 언어들과 영어와의 관련성에 대한 것으로 영국문화협회의 지원을 받아 작성된 것이다.

변화하는 노동의 세계
The Changing World of Work

SOCIOLOGY

최근 사회학 연구에서는 소비자주의, 레저, 생활양식, 대중문화, 미디어가 중심이 되고 있지만 사람들이 어떻게 일을 경험하고 어떻게 일에 대처하는지는 사회학의 영속적 중심 테마다. 이러한 연구경향에도 불구하고 대부분의 사람들이 노동 외의 오락을 즐길 수 있는 것은 재화와 서비스를 생산함으로써 임금고용을 통해 번 돈이 있기 때문이다. 글로벌리제이션 시대에 노동의 본성은 어떻게 변화하고 있으며, 이러한 변화는 우리에게 어떠한 방법을 통해 어떠한 영향을 끼치고 있을까?

이번 장에서 우리는 처음으로 20세기 중반의 '포드주의'의 번영, 소위 '황금 시대'를 살펴볼 것이다. 이 시기는 어떻게 출현했으며 주요 특징은 무엇인지, 이러한 성공 시대가 출현하게 된 국내 및 국제적 기초는 무엇이며, 노동과 사회적 생활에 어떠한 영향을 끼쳤는지 알아본다. 그 다음으로 1970년대 경제위기 동안 가속되었던 부분적 쇠퇴에 대한 설명에 대해 고찰할 것이다. 여기서는 IT와 전산화의 발달, 서비스 산업으로의 빠른 고용전환, 신흥공업국의 산업경쟁 참가, 여성의 파트타임 혹은 전일노동 참가 등 동시간대에 보조를 맞춰서 동시다발적으로 일어난 변화들에 대해서 살펴볼 것이다. 마지막으로 1970년대 후반 명확히 드러나기 시작해 '포스트 포드주의'라고 이름붙은 세계 전역에서 나타난 고용불안정과 노동의 임시고용화 증대에 대해 살펴볼 것이다. 또한 이러한 거대한 흐름에도 불구하고 자본주의적 경쟁이나 시장압력, 대기업에 의한 불평등한 경제력 행사, 부유 엘리트층 증가 등의 현실 역시 중요하다.

축적과 재생산 : 개요

자본주의적 축적과 재생산의 문제는 오랜 기간 동안 사회학자를 비롯한 여러 사람들의 관심을 끌어왔다. 3장에서 이미 우리는 서구 산업자본주의의 출현에는 종종 폭력을 수반한 '원시자본의 축적' 시기가 필요했다는 마르크스의 이론에 대해 검토했다. 국가 권력은 농민과 장인으로부터 그 자립의 생존수단을 빼앗고 사적 소유권을 창설하는 데 사용되었다. 뒤에 베버는 그의 유명한 저서인 『프로테스탄트 윤리와 자본주의 정신』(*The Protestant Ethic and the Spirit of Capitalism*, 1977)에서 초기 자본주의의 문화적·정치적 근원에 대해 고찰하고, 그 일부가 독특하고 누적적인 성격을 띠는 유럽적 전통의 유산으로 합리화하는 과정을 고찰했다. 이것은 종교적 구제를 얻기 위해 끊임없는 노동과 이성적 탐구의 삶에 대한 노력을 포함한, 프로테스탄트주의가 일으킨 강렬한 긴장감을 포함한 것이었다.

그 출발에 있어서 자본주의는 폭력적인 방법을 통해 전통문화로부터 멀어질 필요가 없었을 뿐만 아니라, 한번 산업화로의 진로에 들어서게 되면서 자신의 힘만으로 스스로 작동할 수 없었다. 자본주의 경제는 끊임없이 다양한 종류의 지원을 받았다. 국내자본, 특히 투자를 촉진시키기 위한 과세정책, 산업화의 초기 단계에 외국과의 경쟁으로부터의 보호, 또한 국제경쟁력을 높이기 위한 적극적인 재정지출—특히 사회간접자본이나 교육에 대한 지출—등 국가로부터의 다양한 지원을 필요로 했다. 따라서 사회의 구성원들은 세금을 내거나 어느 정도의 불평등을 감수하거나 물질적 유인에 응하거나 계속되는 기술변화에 대처하는 등 사적 생활양식의 지시에 기꺼이 적응해야만 했다.

아글리에타(Aglietta 1979)나 리피에츠(Lipietz 1987) 등의 '규제' 이론가들은 자본주의적 재생산의 문제를 이해하는 우리의 인식에 새로운 시점을 도입했다. 그들은 자본주의에는 정기적으로 위기가 발생하는 경향이 있음에도 불구하고 장기에 걸친, 비교적 중단되지 않는 경제성장의 시대를 거치게 된다고 주장했다. 그러나 이러한 안정성의 시대는 '축적체제'와 '조정양식'의 결합을 필요로 한다.

- **축적체제**(A regime of accumulation) : 이는 공장, 광산, 사무소, 그 외의 직장에서 생산이 실제로 조직되어 있는 방법을 일컫는다. 고용자는 피고용자들에게 그들이 생산에 있어서 실질적으로 기여한 가치보다 낮은 임금을 지불하고, 직장에서 노동과 기계를 효과적으로 관리·배치함으로써 이윤을 최대화하려고 한다. 이윤은 상품을 시장에서 판매함으로써 '실현'되는 것이다. 자본주의자와 사회 양측은 또한 이윤 중에서 확장을 위한 투자부분과 개개인이 (임금을 통해서) 소비하거나 정부가 (세금을 통해서) 보건과 교육 등의 공공재를 위해 소비하는 부분 사이의 균형을 유지해야 할 필요가 있다.
- **조정양식**(A mode of regulation) : 조정양식은 일반적으로 받아들여지는 일련의 규칙(예를 들어 협상절차 관련), 규범, 제도, '적절한' 소비수준과 원조정책이 관련되는 개념이다. 사회적 안정과 적절한 정부의 존재가 보장됨으로써 장기간에 걸친 자본주의의 재생산이 보증되는 것이다.

이러한 조건이 하나 혹은 둘 다 무효하게 되면 위기의 시대가 분출될 가능성이 높아진다. 이윤이 떨어지고, 경제성장은 둔화되며, 사회갈등과 사회적 빈곤이 표면화된다. 안정적 축적의 신시대가 출현하기 전 급진적인 생산과정의 재구축과 새로운 조정양식이 필요해진다. 이와 같이 계속 이어지는 자본주의적 축적의 시대는 국내정치 뿐만 아니라 국제질서에 적당한 조정환경이 존재할 경우 실현된다. 실제로 이는 1948 년부터 1970년대 초반에 걸쳐 나타났다.

포드주의적 축적체제

축적체제로서의 **포드주의**(Fordism)는 19세기 말에서 1970년대 초반에 이르기까지 세계 경제에서 점차적으로 지배적인 것이 되었다. 포드주의는 국가, 글로벌 양 수준에 서 고도로 효율적인 조정양식을 동반했다. 헨리 포드(Henry Ford)는 1908년에서 1916 년 사이, 디트로이트의 하이랜드 파크와 루즈 공장에서 T형 모델 자동차의 제조과정 동안 '포드주의'를 개발했다(이번 장 뒤에 있는 그림 4.1 참조). 포드는 일반적으로 많은 국가들과 산업, 포장절차, 심지어 농업에서도 모방하고 있는 대량생산 체제의 개척자 로 평가받고 있다(그림 4.2 참조). Box 4.1에서는 포드주의적 조건에서 일하는 것이 어떤 것인지를 설명할 예정이다.

중요 개념

포드주의(Fordism) 자동차 제조업자이자 개발자인 헨리 포드의 이름을 딴 이러한 산업 시스 템은 대규모 혹은 통합화 기업이 규격화 제품의 대량생산을 위한 것이었다. 각 기업은 수많은 특화 부서로 구성되는데, 각각의 부서는 구성요소 및 부품을 생산하고, 이것이 최종적으로는 완성된 조립품이 되도록 전달한다.

Box 4.1

1960년대 포드 자동차 공장에서의 작업경험

휴 베이넌(Hew Beynon 1973)에 의한, 리버풀 헤일우드에 있던 포드 자동차 공장에 대한 고전적 연구는 1960년대 후반의 전형적인 대량생산 공정에서의 노동에 대해 흥미있는 서술을 제공한다. 영국에서 포드사는 다겐햄에 가장 큰 투자를 하고 있었지만 1958년 부터 1963년에 걸쳐 3개의 공장을 헤일우드에 설립했다. 헤일우드에서는 콘베이어 시 스템 라인—20세기 기계우선형의 '포드식' 제조방식의 특징을 근본적으로 무력화했음 을 상징하게 되는—이 같은 공장에 설치되어 차체에 색을 입히거나 라이트 및 좌석 등 의 최종 부속품을 설치했다. 자동차 조립공장에 고용된 노동자의 80% 이상이 이 라인에서 일하고 있는 사람들을 보조했다.

콘베이어 라인을 따라 이동하는 차체에 약 16,000개에 달하는 각종 부품들은 '나사에 의해 고정되거나 장착되거나 용접' 되었다(Beynon 1973 : 105). 각 노동자들은 각자의 위치에 고정되어 같은 작업을 끊임없이 반복한다. 작업을 마치는 데 필요한 정확한 '시간' 관리 아래 라인의 노동자에게는 작업당 평균 2분 정도가 할당된다. 시장수요가 증대한 경우에는 관리부분이 라인 속도를 증가시키거나 배치수준을 줄이거나 한다. 이는 노동 스케줄이 자주 바뀌거나 생산강화가 필요하게 되는 것을 의미한다. 하루 노동시간인 480분 중 6분이 화장실을 가거나 업무 외의 일을 하는 데 할당된다. 콘베이어 작업 노동자들은 다른 부속품을 만들거나 공급하는 노동자들과는 다르게 일시적으로 일의 능률을 올림으로써 담배를 피거나 동료들과 잡담하는 시간을 만드는 것조차 허락되지 않았다. 더욱이 공장의 소음 자체로 인해 잡담이 불가능했다. (대화는 수신호로 이루어졌다.) 노동자들은 할당된 시간 안에 작업을 마치지 못한다거나 라인을 떠나는 등 라인의 원활한 흐름을 방해할 수 없었고, 이로 인해 동료들과 친목을 다지면서 일시적인 기분전환을 하는 것도 어려웠다.

라인 위 작업에 의해 생겨나는 고독감, 지루함, 무자비한 강요는 상당한 좌절감을 낳았다. 배치수준이나 작업속도의 변화는 이러한 문제들을 발생시키고, 이에 따라 노동자들과 관리부분 사이에 갈등이 빈번히 발생하는 것은 당연한 일이었다. 이로 인해 긴장감과 논쟁, 작업 중단이 자주 발생했다. 노동자들, 특히 콘베이어 라인에서 일하는 노동자들은 어떻게 그들의 직업에 대처했을까? 주말에 휴식을 취하거나 직장동료들과 농담을 하거나 감독의 눈을 속이는 것에 대한 생각과 마음을 상대적으로 높은 임금으로 채웠던 것이다. (그들은 리버풀에서 일하는 다른 준숙련노동자들이 받는 임금보다 좋은 임금을 받았다.) 그들 중에는 좀 더 '보람이 있는' 직업으로 옮기고 싶어 하는 사람들도 있었다.

출처 : Beynon(1973).

피고용자의 관점에서 볼 때 포드식 생산체제는 큰 힘이 들고 **소외감**(Alieation)이 드는 경험을 동반하는 것이었다. 노동은—예를 들어 특정 볼트를 장난감에 설치한다든지 냉장고 문을 조립하는 데 사용되는 특정 금속 파편을 밀어넣는 특정 기계를 작동시킨다든지 하는—수많은 다양한 단편으로 구성되어 있다. 노동자는 각각 고도로 전문화된 작업을 반복 수행하여 장기간에 걸쳐 같은 일에 종사하는 경우가 많았다. 이것이 노동을 단조롭게 하고 불만을 만들어내지만 전체적인 속도나 효율향상으로 이어지게 되는 것이다.

중요 개념

소외(Alienation)   마르크스는 내면의 자아와 잠재력을 충분히 실현하기를 원하는 우리 자신의 욕망이 자기 지향형의 창조적 노동에 의해 충족된다고 믿었다. 그러나 자본주의 아래의 노동자들은 당장 살아남기 위해서 자본가들을 위해 일하도록 유인되기 때문에 그들의 기술과 잠재력으로부터 멀리 떨어지고 소외되어 그들의 노동력 상품은 더 이상 그들의 것이 아니게 된다. 사회학자들은 이 용어를 좀 더 일반적으로 현대 생활의 다양한 측면에 만연되어 있다고 생각되는 무력감과 창조성의 부족을 묘사하는 데 사용했다.

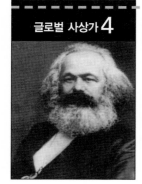

글로벌 사상가 4

칼 마르크스_ KARL MARX (1818–83)

칼 마르크스는 혁명가이자 동시에 사회과학자였는데, 그의 유명한 "철학자들은 오직 세계를 다르게 해석해 왔다. 중요한 것은 이를 바꾸는 것이다"라는 서술에서 볼 수 있듯이 이 두 가지 역할은 잘 융합했다. 마르크스는 이 두 가지 역할을 수행하기 위해 노력했다. 그의 사회이론은 150년간 학자들을 사로잡아 풍부한 사상과 명제 및 역사적인 주장의 맥을 형성했다. 그의 정치적인 사상은 세계의 많은 곳에서 급진적 사회사상가와 노동의 국제적 결속운동, 혁명정당을 지도한 이데올로기인 '마르크시즘'(Marxism)을 불러일으켰다. 그의 사상은 러시아와 중국에서 대혁명의 토대가 되었고, 그의 이름은 중국과 북한 등 지금도 존재하는 공산주의 체제에서 여전히 환기되고 있다. 아마도 이러한 억압적인 국가중심적 공산주의 형태는 마르크스를 충격에 빠뜨릴 것이다. 그의 주요한 시발점과 생각들은 다음과 같다.

1. 마르크스는 **물질주의자**(materialist)였다. 그는 헤겔과 같은 독일 철학자의 영향을 받았는데, 그들은 세계가 끊임없는 사상의 경쟁을 통해 발전한다고 생각했다. 한 아이디어가 출현하면 다른 하나가 이를 반박한다. 결론적 명제는 차례로 반대를 발생시킨다. 이러한 **변증법**(dialectic)은 마르크스를 매혹시켰지만 그는 헤겔의 이상주의(정신적·사상적·양심적인 면에서)를 거부하고 물질주의를 선호했다. 사람들이 무엇을 먹는지, 어떻게 생활하는지, 어떻게 재화와 상품을 생산하는지는 모든 분석이든지 중심에 위치지어 그의 표현에 의하면 '신비론적 외관으로부터 이성적 핵'을 뽑아내야 한다는 것이다.

2. 마르크스는 **역사주의자**였다. 그는 변증법 운동을 연속적인 역사주의적 '생산양식' 안에서 이해했

다. 원시적 공산주의는 노예제에 의해 대체되었다. 주인과 노예의 변증법적 갈등은 봉건제도로 이어졌고 내부적 모순에 의해 자본주의로 이어졌다. 노동자와 자본가들은(마르크스는 그들을 '프롤레타리아'와 '부르주아'라고 불렀다) 대중 사회갈등에 관련되어 사회주의로, 더 나아가 (그 위의 단계인) 공산주의로 이어진다. 그 이후에야 인류의 갈등이 끝나는 것이다.

3. 마르크스는 **정치경제학자**였다. 사회과학과 경제학의 주제는 현재 일반적으로 분리되어 있지만 19세기에는 아담 스미스와 데이비드 리카도 같은 학자들의 업적에서 유용하게 통합되어 있었다. 마르크스는 이러한 총체로부터 선별, 비평을 통해 특히 가치이론을 발전시켰다. 이 이론은 어떻게 사람들이 자신들을 위해 지출하고, 그 다음으로는 재생산을 위해 지출하고(그들의 가족과 다른 사회적 설비를 위해 필요한 충분한 정도의) 그리고 남는 '가치'를 자본가들이 어떻게 이윤과 배당금의 형태에서 그 가치를 취하는지를 설명한다. 3권의 『자본론』(*Das Kapital*)에서 상세하게 설명한 이 중요한 고찰은 마르크스의 과학적 주장의 핵을 제공한다.

4. 마르크스는 **사회학자**였다. 그는 어떻게 '생산의 힘'이 '생산의 관계'로 연결되는지에 대해 많은 관찰을 했다. 이 문제는 때때로 마르크스가 '토대-상부구조'의 문제라고 부르고, 현대 사회학에서 우리가 '구조-대리인' 문제로 불리는 문제와 비슷하다고 인식하는 것이다. 마르크스는 의식의 형태가 생산양식의 특정한 관계로부터 유래한다고 주장했다. 따라서 '대중이 갑자기 그리고 강제적으로 그들의 생존수단으로부터 떨어져 노동시장으로 내팽개쳐졌을 때'(Marx 1976 : 876) 그들은 계급으로서 자각하게 된다. 마르크스는 힘든 공장의 노동조건에서 같이 일하는 것이 노동조합주의로 이어지고, 이러한 참가는 혁명적 수단에 의해 궁극적으로는 자본주의 붕괴로 이어진다고 생각했다. 마르크스의 이러한 예상은 명확히 틀린 것이었지만 그가 왜 틀렸는지에 대한 문제는 여전히 뜨거운 논쟁을 불러일으킨다.

출처 : Avineri (1968) ; Marx (1976) ; Cohen (1978).

　　　　고효율 생산의 전제조건이 된 것이 '과학적 경영'이라고 하는 원칙 혹은 미국 엔지니어인 프레드릭 테일러의 이름을 딴 **테일러리제이션**(Taylorization)의 채택이었다. 1890년대부터 그는 미국 산업가들이 각각의 작업에 필요한 최적 시간을 확립하는 한편 노동활동을 정확하게 측정하는 데 지도자적 역할을 했다. 테일러식은 궁극적으로 노동자가 가지고 있던 작업현장의 지식과 기술을 포획하여 기계적·경영적 관습에 편입시키기 위한 것으로 널리 평가되었다. 이로 인해 노동력은 점차적으로 비숙련화되고 노동과정을 통제하는 경영능력은 점차 증가되었다.

> **중요 개념**
>
> **테일러리제이션**(Taylorization) 포드주의와 병행하는 과정에 붙여진 이름으로, 여기에서는 경영자들이 노동과정을 고도로 특화되고 효율적인 작업으로 분화하기 위한 과학적 연구를 하여 노동자들이 행사하던 대부분의 기술과 책임을 박탈했다.

공장 차원에서 볼 때 여러 가지 활동 차원을 조정하려는 경영자들의 계급구조는 이를 지원하는 과학자, 엔지니어 등으로 구성된 기술구조를 필요로 한다. 그 결과 생산과 관련된 창조적 계획과정과 관리부문이 실제 작업현장으로부터 연구소와 사무실로 이동하게 되었다. 이렇듯 노동조직을 변화시킴으로써 경영자들은 공장 및 기계투자 수준에 비해 노동성 생산을 한층 더 늘리고 노동자 생산성도 지속적으로 증가했다.

포드식 공장에는 당연히 공장과 자본집중형 설비, 연구시설 등에 거액의 장기 투자가 필요했다. 따라서 공장들은 다양한 활동을 특화시킨 수많은 부서들을 유지했다. 이러한 부서들은 연강(軟鋼)과 같이 입수된 원료를 처리하는 것부터 엔진이나 전동장치의 부품, 완성품에 필요한 차체부품을 제조하고 최종적으로 라이트, 페인트, 차내 장식을 하는 전 과정에 관여했다. 부서들의 결과물은 이후 최종적 조립과정에 들어가게 되는 것이다. 이는 대다수 산업분야의 거대하고 복잡한 기업에 있어서 지배적이 되었다. 예를 들어 1960년대 후반 포드 공장은 디트로이트 한 곳에서만 40,000명의 노동자를 고용했고, 영국의 버밍햄과 옥스퍼드의 포드 공장은 각각 25,000명이 넘는 노동자를 고용했다(Webster 2002 : 64). 게다가 1963년 사설산업에 종사하고 있는 영국 노동력의 3분의 1이 10,000개 이상의 회사에서 일했다.

부정적인 측면도 존재했지만 대량생산은 생산성과 고수입으로의 가능성 및 점진적으로 향상되는 노동환경을 창출해냈다. 포드사는 1914년 하루 5달러의 임금과 노동시간의 대폭 단축을 도입했으나 이것은 공장에서 요구되는 노동의 강도 및 스피드 때문에 발생하는 잦은 장기 결근과 높은 인원 이동률을 줄이기 위한 시도 중 하나였다. 그러나 이러한 장치가 포드주의의 관점을 가진 고용자 측이 노동조합을 충분히 인지하고 있었다는 것을 의미하는 것은 아니었다. 이는 1930년대 후반(포드사의 경우는 1941년)의 뉴딜 시대, 대규모의 공장분쟁 및 정치적 압력의 결과로서 미국 대부분의 대기업들은 노동자나 일반인들로부터 결성된 조합의 요구에 따른 것뿐이었다.

포드주의 시대의 중요한 특징으로서 또 다른 두 가지가 있다. 첫 번째로, 포드주의는 매우 확실하게 대부분의 노동력이 남성이라는 가정 위에 성립되었다는 것이다. 이것은 사회적으로 널리 받아들여졌던 관습, 즉 주로 남편이 밖에서 일함으로써 사회적·생물학적으로 '안정적인' 모계 중심 가족생활을 기반으로 하는 국가의 재생산을 보장하는 것에 따른 것이었다. 물론 산업 시대의 시작 이후 언제나 대부분의 여성들은 결혼 전에는 일을 했고 아이들이 크면 다시 직장으로 돌아왔다. 그러나 오직 소수의 여성들만이 전일노동을 해왔다. 예를 들어 1950년대에서 1980년대 사이 영국 여성의 3분의 1 정도가 전일노동을 했다(Edgell 2005 : 4장). 우리가 주목해야 할 포드주의의 두 번째 특징은 포드주의 경제가 주로 국가적 기초 위에 세워졌다는 것이다. 이는 1960년대 후반까지도 국내 제조상품 시장의 90% 가까이를 영국 회사가 공급했던 영국의 경우가 잘 설명할 수 있다.

그림 4.1
1913년 포드사의 하이랜드 파크 공장
이때 이동 조립라인 위에서 최초로 플라이휠 마그네토가 조립제품으로서 만들어지는 역사가 생겨났다. 대량생산이 탄생한 것이다. 직업을 간단하고 반복적인 작업으로 잘게 세분화되면서 장인의 권력 역시 부서지게 되었다.

그림 4.2
1996년의 치퀴타 바나나 플랜테이션, 코스타리카의 카휘타
중앙아메리카 바나나가 포드주의 원칙에 따라 수확되어 포장되었다. 이동 조립라인의 아이디어는 시카고 육류 포장업자로부터 모방한 것이었는데, 그는 1900년대 머리 위로 움직이는 레일에 돼지를 걸어놓았던 관습을 적용한 것이었다. 이 기술은 현재 바나나를 포장하는 데 쓰이고 다양한 산업과정에 사용되고 있다.

대량소비사회의 출현

포드주의 생산양식에 의해 자주 임금이 상승되었으나 상품의 규격화와 상대적 획일화로 인해 생산비용이 급격하게 줄어들었다. 예를 들면 1909년과 1917년 사이 포드사 T 모델의 평균가격은 950달러에서 360달러로 떨어졌다(Edgell 2500 : 4장). 따라서 저가격에 규격화된 상품의 유통 증가에 의해 점진적으로 대량생산의 기초가—그리고 필요 역시—구축되어 대량소비 시대에 들어서게 된 것이다. 이러한 현상과 함께 광고산업 역시 발달하게 되어 평균적 임금노동자를 위한 신용이 증가하고 세일즈와 마케팅이 증가했다. 공공부문의 확대 및 과학과 행정의 발달 역시 포드식 경제에 있어서 서비스 부문의 발달을 촉진시켰다. 동시에 노동자가 상승시킨 임금과 늘어난 여가시간을 자신 소유의 자동차를 구입하고 휴가나 라디오, 영화, TV에 소비하거나 집에서의 생활을 향상시키는 등의 사적 즐거움을 위한 레저 사회가 점진적으로 발전하게 되었다. 간단히 말해서 포드주의 덕분에 자본주의는 19세기 전반 있어서 계속 발생하고 있었던 문제, 즉 경제성장을 둔화시키고 저임금과 실업을 둘러싸고 끊임없이 마찰을 불러일으켰던 과소소비와 시장의 협소화를 해결할 수 있었던 것이다.

효과적인 글로벌·국가 수준 조정양식

미국의 경우 포드주의가 만들어낸 이러한 번영은 대부분 1920년대에 시작되었는데, 대공황과 제2차 세계대전은 이러한 현상을 지연시켰다. 미국을 제외한 다른 지역의 경우 대량소비 시대는 전후 미국식 경영기술이 넓게 보급되고 전후 산업이 재설비됨에 따라 장기적 호경기가 시작되었던 1950년대에 들어서야 비로소 도래했다. 포드주의는 공장에서 전후 번영을 위한 기초를 닦는 데 사용되었다. 그러나 1945년 이후 성공적인 포드주의 공식은 또한 케인즈주의와 같은 정부 규제정책의 창설에도 매우 밀접하게 사용되었다.

3장에서 우리는 제2차 세계대전 이후 어떻게 글로벌 세력이 여러 가지 방법으로 번영을 증대시켜 왔는지 설명했다. 국가적 차원에서도 포드주의적 팽창에 유리한 환경을 만들었던 정책들이 실시되었다. 이러한 조치는 서구 민주국가가 가지고 있던 공산주의, 대공황, 파시즘의 유령에 대한 공포로부터 큰 영향을 받은 것이었다. 노동과 자본 사이의 타협은 이러한 조치를 가능하게 했던 주요한 받침대가 되었는데, 여기에는 전적으로 노동조합을 인정하거나 노동자들이 요구했던 숙련 구분을 받아들이거나 임금을 생산성 이익과 결부시켜 임금을 높이고 노동환경과 연금을 향상시키는 것이 포함되었다. 몇몇 회사에서는 노동자들이 포드주의 생산방법을 받아들이는 대신 노동 계약을 거래했던 반면, 어떤 회사에서는—특히 독일과 스칸디나비아—좀 더 융화적인 노사 조정계획이 채택되었다.

국가는 또한 사회결합과 사회정의의 문제에 대해 더욱 큰 관심을 가지게 되었고, 이에 따라 국가는 노동영역에서 노동자들이 추구했던 것과 비슷하게 자신의 시민들로부터 동의를 확립하려 노력했다. 사회민주주의적 합의를 이루기 위해 국가 간섭이 계획되었다. 이는 모든 사람들이 일생 동안 최소한의 보호와 안전에 관한 권리를 가지는 것을 의미했다. 유럽국가 정부들은—일본과 미국의 경우는 좀 다르지만—복지국가를 발전시켰다. 공공 서비스와 공공기업에 투자를 늘림으로써 성장을 자극하기 위해 케인즈주의식 지출정책이 채택되었다. 완전고용정책은 최우선 정책이 되었고, 누진세를 통한 소득 재분배를 이루기 위한 노력이 이어졌다.

'황금 시대'의 쇠퇴에 대한 설명

높은 생산성과 소비, 고용보장의 '황금 시대'는 1960년대 후반 붕괴되기 시작했는데, 이는 1970년대 후반을 지나면서 명확해졌다. 동시에 사회적 변화를 포함한 경제적·기술적 변화가 기존의 경제적 기초를 저해하기 시작했다. 이러한 변화들의 원동력이 어떻게 포드주의적 체제의 쇠퇴를 불러왔는지 알아보기로 한다.

생산체제로서 포드주의의 위기

우선 포드주의적 생산양식 자체로부터 발생하는 5가지 모순을 검증해 보자.

1. 어떤 의미에서는 장기에 걸친 완전고용과 번영의 증대를 창출하는 데 도움을 주었던 성공 자체가 붕괴로 이어졌다고 볼 수 있다. 즉 증대된 번영으로 인해 조합의 힘이 증가된 반면 소비자의 요구도 점점 증가하여 많은 수의 고용자가 노동쟁의가 길어짐에 따라 시장점유율을 잃어버리는 위험을 떠안으려 하지 않았다. 따라서 고용자들은 임금인상 요구를 거부하기 힘들게 되어 인플레이션 압력으로 이어지게 되었다. 이는 기업의 경쟁력이 저하됨을 의미했다.

2. 더욱이 임금상승과 수익성을 유지하면서 노동자의 생산성을 계속 증가시키는 것은 더더욱 어려운 일이었다. 이는 또한 소비자의 취향이 점점 더 다양화되어 가는 상황에서 과도하게 전문화된 설비에 의존해 온 거대 공장 특유의 비용통성의 원인이 되었다. 노동 단편화의 촉진, 작업속도 증가, 기계주도형 노동을 강화하려는 시도에 반대하는 노동조합의 저항도 경영자 측 권위를 위협하게 되었다. 이러한 저항은 1968년, 특히 프랑스와 이탈리아를 비롯한 유럽 전역에 걸쳐 노동자들과 학생들이 '포드주의 노동협약'에 반대하는 데모 운동을 벌이면서 광범위하게 퍼지게 되었다. 여기서 노동자들은 물질적 번영을 위해 직장에서의 권리를 축소하는 데 동의했던 것이다.

3. 1960년대 후반에 들어서면서 이윤은 줄어들기 시작했고 경제성장도 둔화되

었다. 이는 1970년대 석유값의 증가, 브라질·한국 같은 신흥공업국(NICs)들과 특히 일본(아래 참조)의 성장으로 인해 세계 전역에서 경쟁이 심화되었다는 점 등과 같은 다양한 요소로 인한 것이었다. 게다가 1970년대 서구 자본주의에 있어서 중대한 이윤의 위기가 나타났고, 이는 몇 년에 걸친 경제침체와 함께 나타났다.

4. 1950년대에는 이미 전쟁 전의 빈곤에 대한 기억이 없는 소비주의적 청년문화가 출현했다. 그 뒤 10-20년간 대부분의 소비자가 중요하게 여긴 것은 단순히 새로운 상품을 구입하고 그 소유로 인해 사회적 지위를 획득하는 것이었다. 사람들은 '이웃들과의 수준을 맞추기 위해'(keep up with the Joneses)(Murray 1989) 처음으로 식기세척기와 중고 자동차를 구입했다. 그러나 이는 1970년대 이후 완전히 바뀌게 되었는데, 소비자들 사이에 **포스트모더니즘**(Postmodernism) 감성이 출현하여 소비자는 디자이너 브랜드의 상품이나 패션을 소유함으로써 개인적 라이프스타일과 개인 정체성을 창조하는 데 관심을 가지게 되었다 (Featherstone 1992).

5. 개개인의 요구에 맞게 설계된 커스터마이즈 상품에 대한 시장압력의 증가로 인해 융통성 없던 포드주의식 대량생산 시스템의 붕괴가 촉진되었다. 그 대신 좀 더 적응력이 높은 체계가 점진적으로 출현하게 되었는데, 이러한 체계는 좀 더 소규모 기업의 급속한 수요의 변화에 대응할 수 있는 능력, 생산자와 소매점 간의 즉각적 연결 등에 기초한 것이었다.

중요 개념

포스트모더니즘(Postmodernism)   포스트 모더니스트들에 의하면 근대 초기의 시대와는 다르게 우리들의 생활양식은 점차적으로 가족과 계급, 공동체, 국가에의 충성심, 혹은 젠더나 인종 등과 결부된 사회적 기대에 의해 좌우되지 않게 되었다. 오히려 이러한 구조는 그것들과 연결되어 있던 진리나 운명의 성격에 관한 도덕적·정치적 자명성과 함께 해체되고 있다. 동시에 우리는 매스미디어, 복잡한 기호, 이미지로 점철된 광고를 통해 점점 거대한 양의 정보에 노출되어 커뮤니케이션의 과부하를 일으키고 있다. 모든 것은 기호로 인해 대체되어 시뮬레이션화됨에 따라 우리는 더 이상 무엇이 '현실'인지 알지 못한다. 진리 및 도덕성과 마찬가지로 현실과 정통성은 점점 믿을 수 없게 된다. 이러한 모든 것은 우리로 하여금 점점 더 다양해지는 문화적 단편의 레퍼토리로부터 우리 자신의 정체성을 자유롭게 위조하도록—비록 이것이 어느 정도 우리를 고민하게 만들지만—하는 것이다.

국가·글로벌 조정양식의 붕괴

포드주의의 붕괴에 대한 또 다른 설명으로는 유리한 조정양식을 유지해 온 여러 국가·글로벌 요인이 조금씩 조금씩 붕괴되었다는 것과 관련된다. 우연히 발생한 것일 수도 있지만 1970년대 초 이후 포드주의적 생산체계를 지탱해 온 이러한 모든 넓은 범위의 힘들은 거의 동시에 기존의 세력을 잃어버렸다. 이와 함께 포드주의의 시대 역시 점진적으로 쇠퇴하게 되었다. 이를 어떻게 해석할 것인가에 따라 우리가 좀 더 유연한 새 시대를 향해 가고 있는 것인지, 아니면 현재의 세계 자본주의의 특징인 무질서와 불확실성의 시대를 향해 가는지에 대한 견해가 달라진다. 후자의 해석에 의하면 우리는 잃어버린 황금 시대에 존재했던 모습을 어느 정도 복원 가능한, 발전 가능한 조정체제의 구축을 필요로 하는 체계 속에 버려져 있는 것이 된다. 이러한 문제의 일부는 이미 3장에서 언급한 바 있다. 그러나 Box 4.2에서 좀 더 자세한 논의를 제시하기로 한다.

Box 4.2

포드주의 양식의 붕괴

국가 수준

노동과 자본의 관계가 악화되었다. 노동이 조직화되면서 임금인상 요구, 기술변화 반대, 자본으로부터의 규제력 박탈, 그리고 이에 따른 이윤감소를 이유로 노동은 점점 비난의 대상이 되었다. 그 결과 정부는,

1. 최저임금법과 고용보호조치를 삭감하거나 폐지했다.
2. 노동조합을 규제하는 법률을 만들고 국가 차원에서의 임금교섭에 대해 소극적 자세를 취함으로써 노동조합을 약체화

글로벌 수준

1970년대 초 브레튼우즈 체제가 붕괴하여 국제금융은 더욱 더 불안정하게 되었다.

1. 1971년 미국이 달러의 평가절하를 시행함에 따라 환율이 흔들리기 시작하여 통화 불확실성이 야기되었다.
2. 은행의 국제활동 규제가 완화되었다. 이러한 은행들은 점진적으로 사적인 국제 신용 시스템을 형성하고 전 세계적으로 과잉공급된 달러를 흡수했다. 이 때문에 각국 정부에 의한 국내 경제정책이 경시되게 되었다.

시켰다.

3. 보편적 복지급부를 격감하거나 폐지하고 공공지출을 비난했다.

4. 소비세 형태로 징수하는 간접세 부과로 부자들에 대한 소득세를 삭감했다.

5. 완전고용정책을 포기했다.

사회민주적 합의의 종언과 케인즈주의의 거부(특히 미국과 영국의 경우)

1. 민영화, 시장의 규제완화, 민간 비지니스를 위한 더 큰 인센티브의 창출을 향한 자유시장 의제가 중요하게 되었다.

2. 케인즈주의 정책이 신용을 잃어버렸다. 따라서 경제부양을 위한 재정지출은 인플레이션을 발생시키고 자유시장 및 효율적인 자원배분을 방해하는 것으로 간주되었다. 그 결과 공익사업과 복지에 대한 재정지출이 삭감되었다.

3. 통화주의 정책—이자율과 통화공급을 통제—이 현저하게 되었다.

4. 인플레이션 통제가 가장 우선시되었다.

5. 통화와 자본의 흐름에 대한 국제적 관리체제가 폐지되었다. 이로 인해 통화와 은행의 대출, 주식의 글로벌리제이션이 가속화되었다.

3. 1970년대 중반 이후 IMF와 세계은행은 세계 채무를 감시하는 자신들의 책임을 경감시켰다. 따라서 세계 신용 시스템의 거대한 자금이 신흥 경제발전도상국에 제공되어 종종 낭비되었다.

4. 1, 2, 3과 함께 선거에서 승리하기 위해 서구제국의 정부가 방만하게 재정지출정책을 이행했기 때문에 세계 경제에 인플레이션 압력이 확립되었다.

세계 경제에서 미국 지도력의 쇠퇴

1. 수입 확대로 인해 전에는 활기가 넘치던 미국의 일부 지방(러스트 벨트)에서 탈공업화가 시작되었다. 군사비 확대가 인플레이션을 악화시켜 재정적자가 늘어났다.

2. 국내 위기와 국외에서의 굴욕(베트남전쟁 패배)은 대통령의 지위(예를 들어 1976년 닉슨의 탄핵재판)와 국내의 정치적 안정을 뒤흔들었다.

3. 1980년대 레이건의 군비확장정책 결과 재무성 증권판매를 통한 미국 정부로의 더 많은 자금유입 촉진을 위해 큰 폭의 이자율 상승이 필요해졌다.

4. 이는 세계 경기의 심각한 불황을 발생시켰고, 천연자원의 가격과 수익을 하락시키는 한편 채무원리금 상환비용은 솟구쳤다. 미국에도 역시 심한 적자 부담이 지워졌다.

5. 2011년 9·11 테러 이후 미군의 아프

가니스탄과 이라크 침공 역시 '제국주의적 세력확장'(Imperial Overreach) 주장을 확대시키고 미국 달러의 가치를 떨어뜨리기 시작했다.

포드주의는 또한 세계의 공업화 확대에 크게 공헌하고, 그 결과 국제 경쟁을 심화시킴으로써 위기에 처하게 되었다. 1960년대에 이르자 전쟁으로 피해를 입은 유럽과 일본이 경제를 회복하게 되었다. 이러한 국가들은 곧 미국 경제에 수출을 시작했다. 수출로 인해 생겨난 달러로 미국으로부터 받은 차관을 갚고 미국산 기계를 구입하게 되었다. 1960년대 미국의 초국적 기업은 경제회복 속도가 오르면서 외국인직접투자에도 착수하면서 성장하는 유럽시장 점유율을 확보하려고 했다. 그러나 금세 이러한 가속화된 유럽 경제생활의 '미국화'(Americanization)는 또한 유럽의 미국 시장에 대한 직접투자의 가속화와 함께 동시에 진행되게 되었다.

그동안 일본은 1950년대 중반 이후 미국의 승인 아래 매우 성공적인 수출확대정책을 전개했다. 1970년대 일본은 기술적 진보, 해외무역 네트워크의 투자, 변화하는 소비자 요구에 대한 예민한 대응 등에 의해 경쟁상대국의 국내시장에 대규모 공세를 펼치면서도 상대적으로 자신의 국내시장을 닫을 수 있었다. 동시에 초기에는 공평하게 표준화된 저가치 상품이었던 신흥공업국의 제조품 수출이 증가하면서 북미와 유럽시장으로 급속하게 퍼지게 되었다.

이러한 국제경쟁의 급속한 확대로 인해 주요한 초국적 기업은 대부분의 대도시 전역에 사무소와 판매 네트워크, 광고 및 네온사인을 가지게 되었다. 이는 그들 자신만의 제품 특징을 늘려야 하는 결과를 가져왔다. 과혹한 경쟁의 결과 경쟁력의 조건으로서 가격이 중요해졌고, 다른 국가들에 비해 상대적으로 국내 임금 수준 상승에 대한 문제가 주목받게 되었다. 높은 임금은 포드주의적 성공에 있어서 더 이상 이익이 아니라 장애물이 되었던 것이다.

재패니제이션과 노동유연성의 출현

1970년대까지 일본은 외국과의 경쟁에 있어서 커다란 성공을 거두었기 때문에 많은 구미 기업들이 일본식 경영을 모방하기 시작했는데, 이러한 과정을 **재패니제이션**

(Japanization)이라고 부른다. 다음과 같은 데이터에서 그 이유를 알 수 있을 것이다. 선진 경제구조의 중심부분을 차지하는 자동차 생산에 있어서 일본의 산출량은 급속하게 증가하여 1980년에 미국의 800만 대에 비해 1,100만 대였다(Dohse et al. 1985 : 117). 또한 1980년 일본 주택 생산량은 세계 전체 산출량의 28%를 차지하여 미국 시장의 25%를 차지했다. 2006년에 이르자 토요타는 세계 자동차 시장 1위를 차지했던 제너럴 모토스사를 능가하게 되었다.

중요 개념

재패니제이션(Japanization)　　이 용어는 특히 1980년대에 있어서 토요타 같은 일본의 거대 기업이 발전시킨 조직문화, 그 중에서도 공장의 노사관계에 관해 대단히 효과적이었던 전략을 의식적으로 모방하려는 시도를 의미한다(Box 4.3 참조). 일본의 방법을 다른 국가로 옮기려는 이러한 시도가 항상 완벽한 성공을 거두지는 못했다.

　　1980년대 중반부터 재패니제이션의 현상은 다수의 일본 초국적 기업, 특히 자동차 및 전기 소비상품 관련 지부 공장이 유럽 및 북미에 늘어나기 시작한 사실에 의해 나타난다. 이로 인해 노동자들은 익숙하지 않은 노사관계에 노출된 반면 일본 비즈니스 기술과 직접 비교당하는 기회가 생겨났다. 일본 기업의 이러한 움직임은 수출 성공이 보호주의적 보복을 불러올지 모르는 가능성을 걱정했기 때문이었다. 또한 미국은 1985년 일본 상품의 가격을 올려서 미국의 무역적자를 줄이기 위한 시도로 일본 정부로 하여금 엔을 재평가하도록 설득했다.

　　포스트 포드주의 성격과 일본에서 발달한 생산형식이 노동방법에 있어서 주요한 균열을 만들어냈는지 아닌지에 주목한 것에는 크게 두 가지 대립하는 주장이 있다.

Box 4.3

일본식 생산과 글로벌 노동의 성격변화

도어(Dore 1986), 케니와 플로리다(Kenny and Florida 1988), 워맥 등(Womack et al. 1990)은 일본이 1945년 이후 포드주의의 영향을 받았으나 독특한 특정 사회적·문화적 배치 방식이 일본의 공장, 노동, 비즈니스 조직의 시스템 자체 안에서 만들어졌다고 주장했다. 이로 인해 노동자들은 생산성을 높이고 지속적 기술향상을 흡수하는 데 도움이 되었으며, 공장들은 시장의 변화에 빠르게 적응할 수 있게 되었다. 따라서 포스트 포드주의의 특징인 유연성은 언제나 현존하는 것이 되었다. 그 기원은 다음과 같은 배치방식에 있다고 주장된다.

일본식 생산 시스템을 지지하는 문화

■ 대기업에 근무하는 노동자들(전노동력의 3분의 1 정도에 해당하는)은 평생 고용이 보장되고, 봉급제는 개개인의 업적과 근무연수가 혼합된 보상제이다

■ 노동시장은 단편화되어 있어 기업규모가 작으면 작을수록―작은 지방기업에 이르기까지―이익이 줄어든다.

■ 제조업종을 위한 특별한 지원조직('系列, 케이레츠'라고 불리는)은 다양한 기업과 산업을 넘어서 기능한다. 이러한 조직은 모든 관련 기업에 보증계약과 새로운 지식으로의 접근 및 유리한 조건의 대부금을 제공한다. 케이레츠는 또한 하청구조를 만들어 회사들로 하여금 특수화 이익은 확보하면서 투자와 위험을 최소화할 수 있도록 했다.

■ 직장조직은 피고용자들이 끊임없는 기술향상을 추구하고 생산이 필요할 때 그들의 직업과 기술전환에 적응할 수 있도록 촉진했다. 중역들이 생산실무에 참가하는 경영접근과 노동경험의 가치를 존중하는 것은 이러한 유연성을 증가시켰다.

이것에서 나온 성과가 저스트인타임(just-in-time) 생산방식과 린생산방식(lean production)이었다. 부품공급업자와의 밀접한 결합으로 인해 기업은 재료와 부품의 재고를 최소한으로 줄일 수 있었다. 한편 관리직이 될 가능성으로 인해 높은 동기부여를 가지고 있는 노동자는 끊임없이 향상을 추구하는 것이다.

민생산방식(Mean Production)이란? 그러나 다른 연구자들(Dohse et al. 1985 ; Williams et al. 1992 ; Elger and Smith 1994)은 매우 다른 주장을 했다. 그들은 일본의 높은 생산효율을 린(lean)이 아닌 민(mean)으로 설명한다. 이것은 포드주의의 좀 더 집약적인 형태로 1950년대 초 일본의 노동조직화의 실패로 인해 가능해진 강도 높은 착취, 즉 무한한 경영통제를 기반으로 한다고 주장한다.

일본의 생산관리 방법의 이해는 여러 이유로 중요하다. 첫째, 이는 근대화 확산 시대 동안 처음으로 서양 외의 장소에서 세계 다른 지역으로 아이디어와 모델의 흐름이 유지되었다는 것을 의미한다. 둘째로, 노동과 비즈니스 조직의 재패니제이션은 단순히 그것이 경쟁 증가를 발생시킨 것이 아니라, 많은 학자들로 하여금 더욱 더 거대한 유연성과 노동환경의 불안정을 특성으로 하는 시대—이 시대는 모두는 아니지만 일부의 관찰자들이 포스트 포드주의라고 부를 수 있을 정도로 큰 차이점을 가진다—로 세계 전체가 이동하는 데 매우 중요한 요소로 보여진다.

중요 개념

포스트 포드주의(Post-Fordism)   이 조건은 대부분의 노동자들이 일시고용 혹은 임시고용되어 극도로 소수의 사람들만이 연금이나 다른 권리를 즐길 수 있는 경우, 그리고 고용주로부터의 요구에 대항하기 위해 조직을 구성하는 데 권력을 제한당하는 경우에 발생한다. 따라서 자본주의자들은 매우 유연하고 적응력이 높은 노동력을 유지하는 능력을 포함하여 포드주의 아래서 가능했던 것보다 더욱 더 직접적인 통제를 즐길 수 있다. 다른 학자들은 이것이 많은 측면에서 분기점이라는 것에 찬성하면서도 1970년대 전과 후 사이에 비연속성보다는 연속성이 나타남을 주장, 이러한 새로운 현상에 대해서는 확신하지 않는다. 그들은 포스트 포드주의자라기보다는 신포드주의자(neo-Fordist)라는 용어 사용을 선호한다.

포드주의의 쇠퇴를 동반한 변환

국가 및 글로벌 수준에서 축적체제와 조정양식으로서의 포드주의의 약화가 한때 안전했던 토대를 흔들었다. 포드주의는 세계 경제를 거치면서 1970년대에 이르기까지 자체적으로 작동, 몇몇의 부가적 변형을 겪으면서 더욱 더 불안정해졌다. 경제 글로벌리제이션으로 인한 서비스 산업의 중요성 증가, 정보통신 혁명, 노동력에서 여성의 역할 증대, 경쟁적 세계 시장의 압력 증가 등이 나타나고 있다.

서비스업으로의 이전

1960년대에는 모든 근대화 사회들에서 특징적으로 나타나는 서비스 산업으로의 고용 이동이 더욱 더 중요해졌다. 제2차 세계대전 직후 서비스 산업은 미국 전 직업의 49%를 차지했으나(Bell 1973 : 132) 1990년에 이르자 이러한 비율은 미국뿐만 아니라 실질적으로 모든 선진국에서 70%(Wenster 2002 : 45)에서 75%(Dicken 2003 : 525)까지 올랐다. 이와 동반된 제조업의 쇠퇴는 특히 영국에서 1960년대 중반에서부터 극명히 드러나기 시작하여 1970년대에는 전 유럽에 걸쳐 가속화되었다(Dicken 2003 : 525). 카스텔(castells 1996 : 226)에 따르면 미국의 제조업 고용은 1990년 노동력의 17.5%에서 2005년에 이르면 14%까지 떨어지리라고 예상되었다. 전문직들도 이 거대한 서비스 카테고리 안에 포함되었다. 1990년에 이르자 이러한 직업(여기에는 의학, 리서치, 과학, 법률, 엔지니어링, '간호' 관련 직업, 그 중에서도 특히 정보 및 커뮤니케이션업계, 미디어업계, 교육업 관련 직업을 포함)에 종사하는 사람들은 선진국 노동력의 3분의 1에 가까운 비율을 차지했다.

물론 레저 및 엔터테이먼트 부문의 저임금이지만 안전하고 만족스러운 직업 또한 '서비스'업의 일반적인 카테고리에 포함되었다. 이 카테고리에 가장 명확히 속하는 산업은 맥도날드를 선두로 하는 패스트푸드 산업이다. 피자헛이나 타코벨, 스타벅스와 같은 수많은 레스토랑이 전 세계로 퍼졌지만 1955년 맥도널드가 처음 미국에 개점했다. 너무 확장하는 것은 아닌지에 대한 우려가 있을 정도로 맥도널드는 2003년까지 전 세계에 31,172개 점포를 열었으며, 반이 넘는 수가 미국 밖에 존재, 2002년 달러로 410억의 매상을 올렸다(Ritzer 2004a : 2-3). 패스트푸드 산업에 관련하여 재미있는 것은 일반적으로 이 산업이 그 특성상 가장 포드주의식으로 알려져 있던 몇몇 주요 조직적 특성을 발전시켜 왔다는 점이다. 게다가 다른 많은 서비스 산업들, 바디샵, 이케아, 월마트, H&M, Gap 등뿐만 아니라 사설 건강관리 시설, 공·사 교육의 특정 부문, 투어리즘, 스포츠 시설과 같은 산업들도 포드주의에 의존하고 있는 패스트푸드 산업 라인을 따라 그들의 조직적 배치를—적어도 부분적이라도—만들었다.

다양한 출판물에서 리처(Ritzer 1993, 1998, 2004a, 2004b)는 근대 자본주의 경제에서 우세한 형식적 합리성의 경향에 관련한 베버의 생각(글로벌 사상가 3 참조)을 패스트푸드와 다른 서비스 부문에 적용했다. 그는 이러한 부문들이 4가지 작동원리, 즉 효율성, 계산성, 예측성, 기술을 통한 통제로 인해 수익 잠재성과 시장을 최대화했기 때문에 큰 성공을 거둘 수 있었다고 주장한다. 즉 배고픈 아이에게 맛있는 음식을 먹이는 것과 같이 효율성은 소비자들에게 그들의 다양한 필요를 충족시킬 수 있는 싸고 편리하며 접근 가능성이 높은 방법을 제공한다. 이는 마치 밝은 분위기 아래 지방질에 부드러운 음식을, 심지어 맛있는 음식에 쉽게 유혹당하는 것과 같다. 계산성은 상품의 크기, 부피, 내용(예를 들어 다양한 사이즈의 빅맥), 그리고 그것을 제공하는 데 필요한 시간의 측면에서 믿을 만한 상품을 보증한다. 여기서는 비즈니스를 위한 수익과 비용을 정량화하는 것과 소비자를 위한 가격과 질을 정량화하는 것이 제일 중요하다. 예측성은 고용인들이 접객시에 친숙한 회사 유니폼을 입고 모두에게 '좋은 하루가 되길'이라며 인사를 건네는 것과 같은 틀에 박힌 거짓 대화를 포함하는 '매뉴얼에 쓰여진' 행동을 하도록 하는 것(Ritzer 2004a : 91)뿐만 아니라, 상품과 서비스가 언제 어디서나 같을 것(Ritzer 2004a : 14)이라는 보증을 포함한다. 마지막으로 전자렌지와 음료수 자동판매기와 같이 시간을 절약해 주는 장비와 함께 비즈니스와 노동배치(제한된 메뉴에 정해진 시간, 프로그램화된 작동, 음식 혼합과 조립라인 시스템을 규격화하는 기술) 모두 노동자들을 단순 작업화시키고 그들의 노동경험을 단편화시켰다(Ritzer 2004a : 15, 189).

따라서 감정 및 자발성 등 독자성이 존재하는 노동자 및 소비자 안의 특정 공간은 최소화·균일화되어 교환 가능한 고용인들은 표준화된 상품을 고도로 합리화되어 높은 수익을 올리는 회사를 위해 대량생산한다. 리처(Ritzer)는 그 범위가 크든 작든 비슷한 과정이 많은 서비스 산업에서 관찰된다고 주장했다. 비록 학교, 사립요양원, 혹은 의료센터와 같은 기관의 경우에는 고도로 집약된 합리적인 면은 어느 정도 제한되어 있고, 몇몇 현대적 레스토랑 체인의 경우는 점차적으로 별 도움이 안 되는 면도 있다. 따라서 이러한 현상은 후에 포드주의라기보다는 신포드주의로 구별할 수도 있다(Edgell 2005 : 4장).

정보통신 기술(ICTs) 혁명과 상징경제의 출현

노동과 레저에 또 다른 영향을 끼친 것은 정보통신 기술에 있어서 나타난 혁명을 들 수 있다. 이 혁명의 대부분이 캘리포니아의 실리콘 밸리를 중심으로 한 수많은 작은 회사들과 대학들의 네트워크에서 작동한 실험적인 신기술의 혁신적 융합으로부터 발생했다(Castells 1996 : 53-60). 1970년대 사이에 속력을 점점 높였던 이 혁명은 1971년, 축적 정보량을 크게 늘릴 수 있었던 마이크로프로세서와 칩의 발명으로 인해 증대되기 시작했다. 어떻게 해서 지식이―새로운 상품, 규정, 상징을 창출하는 데 있어서 과학 리서치, 디자인, 미디어 등 어떤 형식을 이용하든지―육체노동, 천연자원, 에너지와 같은 다른 투입량의 중요성을 줄이면서 부를 창출하는 데 중요한 구성요소가 되었는지와 상관없이 이는 '정보사회'의 도래를 예고했다. 이러한 지식 혹은 상징경제의 출현은 카스텔과 다른 학자들(Webster 2002 ; Urry 2003)이 '네트워크 사회'(network society)라고 불리는 것의 출현을 가능하게 했다. 이제 비즈니스 기업과 다른 기관들은

좀 더 쉽게 국경을 넘게 되었고, 분산화·비계층화되면서 지식 제조자와 배포자의 손
으로 권력이 넘어가게 되었다. 카스텔은 또한 세계 전역에 걸친 재구조화를 떠맡은 자
본의 능력이 정보통신 혁명에 의해서 크게 향상했다고 확언했는데, 그 이유는 비즈니
스가 먼 거리를 넘나드는 복잡한 작용을 조화시키고 생산과정과 소비자를 좀 더 밀
접하게 연결시킬 현존하는 가능성을 이용할 수 있었기 때문이다. 따라서 포스트 포드
주의로의 발전은 부분적으로 기술변화에 그 근원을 두고 있는 것이다(Castells 1996 :
240). 이러한 정보통신 혁명 적용의 반향에 대해서는 14장에서 좀 더 자세히 알아보자.

여성 노동력의 급격한 증가

미국의 여성 유급노동 비율은 1970년에서 1990년 사이에 49%에서 69%로 증
가했고(Beck 2000a) 1994년까지 70.5%에 이르렀다(Castells 1997 : 159). 같은 시기, 즉
1970년과 1990년 사이 다른 나라들에 있어서 비슷한 현상이 일어났다. 이탈리아에서
는 33.5%에서 43.3%로, 프랑스에서는 47.4%에서 59%로, 독일에서는 48.1%에서
65.3%로 증가했다(Castells 1996 : 253). 이러한 증가는 선진국에 한정된 것이 아니라 이
집트나 브라질에서도 역시 같은 현상이 나타났다. 1990년 전 세계에 8억 5천만 명의
여성이 경제부문에서—대부분 그들의 집 밖에서—활발하게 활동하고 있었는데, 이
는 전 세계 노동력의 3분의 1에 가까운 수치이고, 15세 이상의 여성들까지 포함한다
면 전 세계 노동력의 41%에 해당한다.

세계 곳곳에서 일어나고 있는 거대한 여성 유급노동 증가와 관련하여 여성 및 아
동들의 교육참여도 늘었을 뿐만 아니라, 여성들은 그들의 가족과 남편으로부터 경제
적으로 독립하게 되었다. 벡과 벡-게른스하임(2002 : 23)의 주장에 의하면 이러한 전
체적 변화는 '지구적 성혁명'이라고 부르기에는 약간 못 미친다. 비록 이러한 변환이
여성에게 결혼을 할지 안 할지, 누구와 결혼(혹은 이혼)을 할지, 아이를 가질지 안 가질
지, 언제 가질지, 일과 가족의 조화를 어떻게 할지 등에 대해 더 많은 선택을 하도록 하
지만 여러 국가들에 걸쳐 균일하지 않게 일어나고 있기 때문이다. 19세기 중산층 여성
의 '일상생활은 대부분 가족과 이웃의 울타리 안에서 이루어졌던 반면(Beck and Beck-
Gernsheim 2002 : 64), 현대 여성들은 '가족을 넘어서는 기대와 희망을 표현할 수 있게 되
어'(Beck and Beck-Gernsheim 2002 : 56) '그들 자신의 삶을 살기' 시작했던 것이다. 이와
비슷하게 카스텔(Castells 1997 : 135)은 가부장적 가계에 대한 '도전'에 대해 논하면서
최근 일어나기 시작한 이러한 '여성의 자각 변환'은 부분적으로 여성 유급노동의 증

가와 관련되어 있다고 주장했다. 19장에서 이러한 변화와 그 함의에 대해 더 자세하게 살펴보기로 한다.

신흥공업국으로부터 심화되는 경쟁

지금까지 살펴봤듯이 유럽과 북미시장 및 해외시장으로의 일본의 성공적 침입은 포드주의식 비즈니스의 위기—인플레이션 증가, 수익 하락, 시장 수축, 실업률 증가와 같은—를 강화시켰다. 그러나 동시에 1950년대 이후 신흥공업국의 증가는 이들이 제조·수출하는 상품의 범위를 넓혀가기 시작했다. 1953년부터 1990년대 말까지 신흥공업국으로부터 세계 제조상품의 점유율은 5%에서 23%로 급격히 증가했고, 이에 동반하여 선진국의 점유율은 95%에서 77%로 줄어들었다(Dicken 2003 : 37). 1950년대 후반 이후 '아시아의 네 마리 호랑이'인 한국, 타이완, 싱가포르, 홍콩의 경제는 이러한 경쟁의 선봉에 섰다. 그러나 브라질, 인도, 말레이시아, 타일랜드, 멕시코를 포함한 다른 국가들 역시 점점 중요한 행위자가 되었다. 또한 2000년에 이르기까지 홍콩, 한국, 멕시코, 타이완, 싱가포르는 세계 제조품 수출에 있어서 각각 10위, 12위, 13위, 14위, 15위를 기록하며 3.2%에서 2.2%의 점유율을 차지했다. 비교를 위해 같은 2000년에는 캐나다의 4.3%, 이탈리아의 3.7%, 프랑스의 4.7%를 차지했다(Dickens 2003 : 40).

20세기 말에 이르자 잠들어 있던 중국과 인도 두 국가가 남반구 산업 권력집단에 참가하게 되었다. 2005년에 이르자 중국은 제조상품 수출에 있어서 3위(미국과 독일 다음이지만 일본을 제쳤다)의 위치로 올라서게 되었다—전 세계 점유율에 있어서는 9.8%의 미국에 비하여 중국은 5.8%를 차지했다. 중국의 산업 산출량은 놀라운 비율로 증가해 2005년에 영국의 GDP를 넘어서면서 '세계의 작업장'이라는 꼬리표가 붙게 되었다. WTO에 가입하게 된 이후 섬유, 신발, 컴퓨터 부속품 산업에 있어서 중국의 우세는 꾸준히 증가했다. 2005년 첫 사분기, 중국으로부터 EU로의 신발 수출은 스페인과 이탈리아의 신발제조업을 위협하면서 700% 증가했다. 이와 비슷하게 2억 3,700만 장의 티셔츠가 EU로 수입되었다. 중국의 제조업은 틈새시장의 예술을 완성했다. 지금 입고 있는 바지 혹은 치마의 지퍼를 살펴보라. 전 세계 생산량의 80%가 쯩띠앤(Zhejiang) 지방의 챠오토우(Qiaotou)라고 불리는 마을에서 생산된다. 25년 전 그곳에서 중국인 삼형제가 거리에서 단추를 주워 단추와 지퍼공장을 시작했다. 현재 이 마을에서 하루에 200만 개가 넘는 지퍼가 수출된다(*Guardian*, 25 May, 2005). 인도는 1991

년 해외투자 경쟁에서 그들의 경제를 더 크게 개방하고 이미 상당한 산업기반을 증대시켜 왔다. 거대 제조업에 많은 인구의 참가와 끊임없는 높은 경제 확장으로 인해 남반구로부터 닥치는 경쟁은—선진국을 포함한 모두에게 새로운 시장으로의 기회와 같이—끊임없는 불확실성과 긴장을 창출할 것이다. 중국과 인도의 에너지 필요량이 늘어감에 따라 올라가는 석유가격은 적어도 위협이 될 것이다.

'노동유연성'과 경제적 불안정의 시대

1970년대 중반까지 선진국에서는 복지수준이 올라간 한편 비교적 간단히 안정된 직업을 찾을 수 있었고, 사람들은 미래가 점점 좋아질 것이라고 기대할 수 있었다. 그러나 지금은 역사상 전례가 없는 기술적·경제적 압력에 의해 지배되는 '힘든 시대'에 살고 있음을 누군가가 상기시켜 주지 않는 날이 거의 없을 정도이다. 전 세계에 걸쳐 변화가 불어닥쳐 무자비하게도 사실상 모든 것을 휩쓸어 버린다고 이야기된다. 이러한 변화는 특히 빈곤층과 비숙련자들에게는 위협적으로 다가오지만 취직에 유리한 배경을 가진, 교육수준이 높은 사람들조차 전직의 반복과 수입의 변동이라는 장래 불안에 직면하고 있다.

우리들은 장밋빛으로 물든 안경 때문에 전후 황금기와 현재 사이에는 큰 차이가 있다고 생각하지만 노동과 생산의 본성에 있어서 주요한 변동이 일어났음은 분명해 보인다. 이러한 불확실한 시대는 다양한 이름으로 묘사되어 왔는데, '포스트 포드주의'(post-Fordism)(Lipietz 1987), '탈조직적 자본주의'(disorganized capitalism)(Lash and Urry 1987), '유연한 전문화'(flexible specializaiotn)(Piore and Sable 1984), '유연한 축적'(flexible accumulation)(Harvey 1989), '신포드주의'(neo-Fordism)(Webster 2002), 혹은 단순히 노동유연성과 임시노동의 시대 등이 그것이다. 다음으로 '포스트 포드주의' 그리고 '노동유연성'이라는 용어를 사용해서 그 함의를 살펴보기로 한다.

포스트 포드주의와 기업조직

세 가지 압력이 점점 자본을 몰아붙이고 있다. 이 중 어떤 것도 새로 나타난 것은 없지만 이들은 점점 강화되고 있어 불확실성은 점차 커지고 있다.

1. 현대 소비자들의 요구는 점점 더 커져서 '스타일의 글로벌리제이션'을 발생시키고 있다.

2. 자본주의 생산의 글로벌리제이션에 의해 기업 간, 국가 간의 경쟁이, 특히 의류, 구두, 전기제품, 그 외의 소비자 상품 등의 소비재를 둘러싼 경쟁이 격화되고 있다.

3. 급격한 기술변동, 특히 컴퓨터와 그 외의 정밀 전자제품의 생산 마케팅으로의 도입, 적용 가능한 기계 사용의 증가, 일부 산업에 있어서 선진 자동화의 도입 및 로봇화로의 이행(노동자를 로봇으로 대체)으로 인해 생산에 있어서 지식의 역할은 증가하고 있다. 그 결과 중소기업에도 성장이 기대되는 전문 특화된 틈새 시장으로의 진출이라는 새로운 기회가 나타나게 되었다.

신자유주의적(Neoliberal) 정책들—경제생활에 관련하여 국가의 역할을 줄이고 글로벌 시장 흐름에 자본과 무역을 개방하는 정책—은 미국과 G7 국가들에 의해 그들 자신들과 그들보다 약한 경제를 가진 국가들로 추진되는데, 이러한 정책들은 국가들의 개방성을 증진시켜 각국 경제를 저항하거나 규제하기 어려운 글로벌 경제압력과 경쟁력에 노출시킨다.

중요 개념

신자유주의(Neoliberalism)   자유시장과 국가적 미니멀리스트, 개인주의적 기업을 주장하는 경제 이데올로기이다. 영국의 마가렛 대처 수상과 미국의 로널드 레이건 대통령이 이를 받아들여 이제는 '대처리즘'과 '레이거니즘'이 신자유주의의 동의어이거나 혹은 그 종류로서 쓰여지고 있다. 이 독트린은 주요한 이데올로기적 대조의 형태인 커뮤니즘이 실패하여 매력을 잃어버린 시기에 우세해졌다. 그러나 사회적 불평등과 허리케인 카트리나 이후의 사태와 같이 국가의 비효율성과 무기력함이 드러나 신자유주의가 '도를 지나쳐 버린' 것은 아닌지에 대한 우려의 목소리가 늘고 있다.

또한 이러한 압력들은 비즈니스로 하여금 극적인 변화를 만들도록 하였다. 적응력과 유연성이 높은 노동력을 창출하는 데 중점을 두어 기업이 시장의 요구와 유행에 즉각적으로 대응할 수 있도록 한 것이다. 고용주들은 고용인들이 근무 로테이션과 다양한 기술을 당연하게 받아들이기를 원한다. 고용주 측은 고용자들의 일을 위협하는 기술적 변화와 직장 자율성을 줄이는 조직 재배치로 인해 노동자 측이 어떠한 저항을

하든지 관계없이 이를 극복하도록 조장되었다. 따라서 기업들은 강한 무역조합과 실업으로 노동자를 보호하기 위한 엄격한 법들을 시장 성공에 대한 장애물로 간주하기 쉽다.

고용주들 또한 가능할 때마다 노동비용 저하를 추구하게 되었고, 이로 인해 고용주들은 다음의 주요 전략을 추진하게 되었다.

1. 노동집약성이 보다 높은 업무를 저임금 비조직화 노동자에게, 강압적 정부로부터 '안전한 노동자 천국'에게 이전시킬 것. 이것은 정확히 1960년대 후반 이후 초국적 기업이 시행했던 것이었다. 당시 초국적 기업은 자신들의 공장을 국내(미국의 경우를 이야기하자면 텍사스와 같은)의 비교적 공업화되어 있지 않은 '선 벨트 지대'로 이전시키거나 많은 개발도상국 정부의 편의에 의해 설치된 수출가공구(export-processing zones : EPZs)에 투자했다(7장 참조).

2. 초국적 기업은 또한 각각 다른 비용수준과 활용 가능한 인프라의 질을 고려하면서 자신들의 다양한 노동적·기술적 요구를 세계 다양한 지역의 기술에 맞추기 위해 노력했다. 이러한 기업활동의 공간 최적화를 그려가는 동안 기업활동 전체가 세계적 규모로 합리적으로 세분화되게 되었다. 그 결과 세계는 국경과 관계없이 기업이 자신들의 변화하는 다면적 활동을 위한 하나의 거대한 활동무대가 되었다.

3. 임금비용의 감소는 장기간 근무를 통해 연금, 질병, 실업보험 등의 수급자격이 있는 종업원의 비율을 줄이면 가능하다. 이렇듯 종신노동자를 줄이면 고용자들은 파트타임, 임시, 단기 혹은 재택근무자 등의 임시노동자가 증가한다.

1980년대와 1990년대 동안 선진국 전 고용자 대비 파트타임 노동자의 비율은 30%에서 40%로 급격하게 늘어났다(Beck 2000a : 56으로부터 인용). 벡은 이러한 과정을 '노동의 개인화'(individualization of work)라고 명명했는데, 이는 모든 사람들이 그들의 경제적 미래를 더 이상 고용주나 정부 혹은 무역조합 등으로부터의 보호에 의존할 수 없어 자기 스스로 책임을 지도록 강요당하는 상황을 의미한다. 사실상 노동은 소수의 종신노동자와 다수의 임시노동자로 분화되기―혹은 두 갈래로 갈라지기(McMichael 2000 : 191)―시작했다. 다수 임시노동자들의 경우 기업들은 시장계약에 따라 어떠한 책임도 지지 않기 때문에 이들은 끊임없이 실업의 위험에 노출되어 있으면서도 큰 권리는 누리지 못한다.

　　기업들은 또한 다운사이징(downsizing)을 통해 그들의 위험과 비용을 최소화하고 자 한다. 기본적으로 이것은 기업의 활동범위를 전문성이나 기술적 우위를 가지거나 혹은 이미 시장수요를 확보하고 있는 핵심 부분으로 축소하는 것을 의미한다. 동시에 그들은 점점 그들의 제조과정을 전 세계 곳곳에 있는 다수의 전문회사에 하청을 맡기 고 있다. 이러한 '아웃소싱'(outsourcing) 과정은 또한 마케팅, 홍보, 디자인, 운송 등등 을 포함한 특정 과정을 소규모의 대리업자에게 임대함으로써 확장된다. 또한 프랜차 이즈는 대규모 회사가 소규모 회사에게 이익공유의 형태로 그들 상품의 특허권을 허 용하는 활동이다. 아이디어와 기능의 수집, 디자인, 리서치 및 비용 부담의 공유를 위 해, 혹은 단순히 거대 계약의 분담을 위해 더욱 더 많은 회사들이 다른 소규모 기업들 과 네트워크를 형성한다.

　　아웃소싱 관련 기업으로는 그 수를 셀 수 없을 정도로 많은 사례가 존재한다. 예 를 들어 1980년대 이탈리아 의복제조 기업인 베네통(Beneton)은 그들의 생산 대부분을 57개 국가의 3,000개 운영자로의 프랜차이즈를 통해 핵심 노동력을 1,500명 정도까지 줄였다(Webster 2002 : 76-77). 또한 1980년대 중반 이후 직물, 신발, 잡화와 같은 상품을 생산하는 많은 기업들이 그들이 기존에 유지하고 있던 제조활동을 극도로 소규모로 운영한다거나 거의 존재하지 않는 정도로 줄여 여러 국가로 생산을 아웃소싱하는 한 편 디자인, 홍보, 마케팅 활동을 통해 그들의 기업 브랜드 이미지를 주된 수입원으로 집중 운영했다(Klein 2001). 브랜드 기업뿐만 아니라 슈퍼마켓, 대규모 소매 체인, 백화 점들이 기존에는 대부분 서양인들은 가질 수 없었던 갓 생산된 음식이나 꽃, 이국적인 식품뿐만 아니라 의류 및 다른 제조상품을 얻기 위해 아웃소싱을 이용하기 시작했다. 예를 들자면 2002년 현재 전 세계에서 2억 4,500만 달러의 수익을 올리는, 세계에서 가장 큰 슈퍼마켓 소매점인 월마트(Wal-Mart)는 전 세계에 걸쳐 65,000개의 공급업자 를 통해 상품을 사들이고 있으며, 전 세계적으로 1,300개의 상점을 운영하고 있다 (Oxfam International 2004 : 33).

　　마지막으로 유행의 신속하고 미묘한 변동을 측정하기 위해 많은 기업들은 다음 의 두 가지 일을 행하게 되었다. 첫 번째는 순응성이 높은 다목적 설비를 갖추는 한편 다품목 소량생산에 적응하기 위한 공장 및 작업의 구성방법을 조정했다. 다른 하나는 소매업자, 디자이너, 광고업자 혹은 직접소비자와 한층 더 긴밀하게 접근하는 것이었 다. 컴퓨터 연계로 가능해진 즉각적 커뮤니케이션이 매우 귀중하다는 것이 증명되었으며, 더 나아가 서비스 부문과 제조부문 사이의 간극은 무너지게 되었다.

포스트 포드주의 시대의 노동자

지금까지 논한 이러한 모든 변화들은 노동자들에게 어떠한 영향을 미쳤을까? 비용삭감과 효율성의 증가가 모두 가격인하라는 형태로 환원된다면 충분한 소득이 있는 사람들은 틀림없이 소비자로서 이득을 얻게 될 것이다. 아마도 사람들의 다양성을 추구하는 마음과 개인주의도 충족될 것이다. 바라건대 이러한 이득이 불안정한 임금 노동자들이 경험해야 하는 모든 손실을 보상하게 될 것이다.

그러나 앞으로 계속 늘어날 세계 대부분의 인구들은 그들이 남반구의 빈국에 살든지 북반구의 선진국에 살든지 혹은 구공산권 세계에 살든지 상관없이, 심지어 전문기술을 가진 고등교육을 받은 사람들이라고 해도 이러한 보상이 보장되어 있다고 보기는 힘들다. 다음 절에서는 세계 경제 안에서 나타나는 광범위한 불안정한 후기 포드주의 노동분야로 재택노동을, 선진국의 탈공업화가 진행된 지역으로 러시아, 그 중에서도 임시고용조차 찾을 수 없는 사람들의 예를 살펴볼 것이다.

여성과 새롭게 등장한 임시노동자

전에 우리는 1970년대 이후 노동력에 있어서 여성 참여가 급격하게 늘어났다는 것에 대해 이야기했다. 이러한 현상은 많은 여성들에게 있어서 이점으로 작용했지만 동시에 단점도 존재했다. 선진국에서 급격하게 팽창하는 서비스업에 종사하게 된 것은 대부분 여성이었다. 이러한 직종이 늘어나게 되면서 '맥잡'(McJobs)이라는 용어로 불리게 되었는데, 이는 직업조건이 맥도널드화 과정으로 점철된 전형적인 패스트푸드 산업을 묘사했기 때문이었다. 이러한 작업은 파트타임으로 한시적·일시적·불안정적, 저임금, 한정된 직업교육, 장기 커리어에 대한 기회 제한 등을 특징으로 했다. 비록 이러한 직업이 파트타임이라고 해도 여성들이 그들의 자녀들을 돌보면서 일할 수 있는 충분한 유연성을 제공했기 때문에(Dicken 2003 : 526) 이러한 직업들이 많은 여성들에게 종신고용을 제공할 수 있었음에도 불구하고 이러한 기회를 제한하면서 많은 여성들에게 도움이 되었다.

여성의 노동공급은 신흥공업국에서 제조업, 특히 의복, 전기, 기초 조립영역에 종사하는 여성들이 급격하게 팽창하면서 늘어나게 되었으나 여성들은 또한 슈퍼마켓을 채우는 수많은 청과물 공급자들을 위한 농업작업에도 종사하고 있다. 온두라스에서 여성들은 의복과 농산물 작업영역 노동의 65%를 구성하고 있으나 방글라데시에서는 85%, 캄보디아에서는 90%를 차지하고 있다(Oxfam International 2004 : 17). 그러나 이러한 국가들에서 여성의 고용조건은 종종 믿을 수 없을 정도이다. 시간 외 급여 없이 긴 시간 동안 일하도록 압력을 받거나 국가 최소 급여수준에 겨우 해당되는 임금을 받는다거나(종종 이러한 급여수준은 인플레이션으로 인해 훨씬 오래 전에 무너져 7, 8년 정도는 뒤처지곤 한다), 직업 보장이 안 된다거나 이지메의 위험, 위협, 성희롱 등이 널리 퍼져 있다.

영국 일류 슈퍼마켓인 테스코는 청과물을 포함한 식료품을 100개가 넘는 국가의 공급자들로부터 조달받고 있었다. 전 세계에 걸쳐 수백만의 여성들과 일부 남성들에게 필요한 일자리를 제공함으로써 이는 매우 유익한 것이라고 할 수 있다. 그러나 테스코는 가혹한 감독관이다. 테스코는 최근 소비자들이 쇼핑을 할 때나 집에서 뭉개진 포도에 미끄러지는 것을 줄이기 위해 가까운 미래에 남아프리카의 포도 공급자들로 하여금 모든 과일을 밀봉된 플라스틱 백에 포장하도록 요구했다. 이러한 요구에 부응하기 위해 포장하는 데 필요한 시간은 30% 증가했고, 더욱이 플라스틱 백은 종이 포장보다 훨씬 더 비싸다. 그러나 테스코는 이러한 여분의 코스트를 용납하지 않았다. 다른 슈퍼마켓들은 곧 이러한 선례를 따랐다. 그 결과 조달업자 측 노동자들의 이윤과 임금은 실질적으로 줄어들고, 이러한 거대한 슈퍼마켓의 시장 지배관계에 있어서 관련 여성들과 지방의 고용주들은 약한 협상위치에서 좋은 책략을 짜내기가 힘들다. 그들은 저임금 국가의 대부분의 다른 여성 노동자들과 마찬가지로 그들의 필요나 세계경제에 대한 그들의 공헌 규모와는 전혀 관계없이 임시고용화와 불균등을 받아들일 수밖에 없는 것이다(Oxfam International 2004 : 74).

산업공동화와 '사양'지대

공업산업의 글로벌화와 함께 자유시장경제 채택의 확산, 후기 포드주의 경향으로 인해 선진국에 있어서는 특히 이미 번영했던 지역의 탈공업화가 진행되었다. 8, 9장에서 설명한 것처럼 이러한 사양지대의 주요 희생자는 블루컬러 육체노동자였다. 탈공업화의 부분적 원인이 되었던 노동잉여 증가의 한 예를 들어보면 1973－1993년 사이에 프랑스의 GNP가 80% 증가한 반면 실업률은 약 12배 증가하여 1993년에는 5백만이 넘게 되었다(McMichael 2000 : 191). 전통적 공장 고용의 대량감소 결과 지방세, 레저 시설, 공공 시설에 있어서 노동자의 소비력이 떨어지면서 내리막의 소용돌이가 발생함으로써 공동체 전체를 빈곤, 정신적 질병, 범죄율 등의 여러 문제에 직면하게 만들었다. 산업공동화는 블루컬러 육체노동자의 실업을 가져왔을 뿐만 아니라, 대부분의 선진국에 남아 있던 블루컬러 육체노동자 조합의 감소를 가져왔고 실질임금을 떨어뜨렸다. 1975−1995년까지 미국의 평균 실질임금은 20%에 가깝게 떨어졌으나 이러한 감소는 1990년대 후반 이후에 이르러서야 역전되었다(McMichael 2000 : 191).

구공산주의 국가

공산주의 정권의 붕괴 이후 포스트 포드주의적인 자유시장정책의 채택이 보급되어 구동구권 국가들에게 여러 영향을 끼치게 되었다. 특히 체코공화국, 헝가리, 폴란드의 경제에 있어서는 뚜렷한 발전을 보인 반면, 러시아와 같은 국가들에 있어서는 이러한 정책은 적어도 자유시장 자본주의가 도입된 첫 세기에 한해서는 완전히 해로운 것으로 보인다. 러시아 노동자들은 4명 중 한 명꼴인 2,000만 명이 넘는 사람들이 정규급여를 받지 못하여 6달에서 심지어 12달까지 연체되고 있다. 1998년 수치에 따르면 러시아의 임금채무는 100억 달러에 달한다. 모스크바의 400개 회사가 임금채무를 가지고 있다. 무역조합사무국에서는 1998년의 첫 4분기 동안에 1,283개 회사와 기관에서 파업이 발생했으며, 대부분의 경우가 월급의 미납에 관련된 것이었다(Box 4.4).

Box 4.4

러시아에서 임금 없이 살아남기

사람들은 어떻게 수개월 동안 월급을 전혀 받지 않은 채 삶을 꾸려나갈 수 있는가? 무역조합 지원 뉴스레터의 에디터들은 1997년 중반 이러한 질문에 답을 얻기 위해 실리베르스토바(Larisa Seliverstova)를 인터뷰했다. 그녀는 카메로보 행정구역(Prokop'evsk)의 학교 10 무역조합위원회의 위원장이다.

"제 연봉은 현재 한 달에 620,000루블(108달러)입니다. 우리 학교 대부분의 사람들이 이교대로 일하고 있지만 저는 주당 23시간에 달하는 일교대로 일하고 있습니다. 1996년 10월까지는 월급 전액을 받았었는데 1997년 1월에는 60%, 여름방학에는 27%밖에 받지 못했습니다. 1996년 4월 이후에는 아동수당(가족예산에 한 달에 70,000루블씩 나오는)도 전혀 받지 못했습니다. 저희 집은 9살짜리 남자 아이가 있습니다. 저희 남편은 지하 화재진압 예방정비를 위한 특별 부서에서 일합니다. 그는 120만 루블을 버는데, 1996년 9월 이후로는 전혀 월급을 받지 못하고 있습니다."

당신과 당신의 남편이 본업에서 돈을 거의 받지 못했다니 부업을 해서 돈을 벌고 있습니까?

– 부업에서 버는 돈은 전혀 없습니다. 원래 정원 토지에서 일하고 있습니다.

그렇게 오랜 기간 동안 월급을 받지 않았는데 왜 남편은 직업을 옮기지 않나요?

– 특별연금을 받으려면 그는 아직 2년 반을 더 일해야 해요. 그 다음에 확실히 그는 돈을 받을 수 있는 자리를 찾을 겁니다.

어떻게 생활하고 있습니까? 누군가 당신을 도와주나요?

– 우리 부모님, 남편의 양친과 제 아버지가 도와주십니다. 제 아버지는 당신이 받으시는 모든 연금을 우리에게 주시고 아직도 일하고 계십니다. 시어머니는 농사일을 도와주시고 할아버지와 할머니가 전적으로 아이를 돌봐주십니다. 그들은 개인 소유 주택에 살고 있는데, 정원도 있고 특별수당도 받고 계십니다. 7월, 행동의 날 전날 남편이 지난 9월 월급을 받아왔습니다. 그의 상관이 휴가를 가버려서 10월 전에 돈을 더 받을 거라고는 기대할 수 없습니다.

출처 : 러시아 임금미지불 반대 캠페인 뉴스레터 2 (1997년 9월)에서 발췌– www.icftu.org

사회적 배제와 경제적 주변성

새로운 형태의 직업이 기존 종신고용 봉급제의 직업을 대체하는 경우, 보통 이러한 새로운 직업은 계약에 의해 보장되지 않아 불안정한 비정기 형태의 고용 혹은 맥잡 (McJobs)—파트타임, 한시적이고 일시적인 직업—으로서 전망은 어둡고 사회보장도 낮다. 그러므로 이러한 직업에 종사하는 많은 노동자들은, 특히 이민사회에 속해 있는 사람들은 동시에 여러 가지 일용직에 종사함으로써 가족들을 부양한다. 벡(2000a)에 의하면, 1990년대 말 미국 경제활동 인구의 45%가 이러한 불안정적인 저임금 직업에 종하고 있었으며, 독일의 경우 안정적인 정규직 종사자 비율은 1970년대 5 대 1에서 1990년대 중반에는 2 대 1로 줄어들었다(Edgell 2005 : Chapter 4).

전체적으로 인구의 4분의 1에서 3분의 1 정도가 국가 지원에—받을 수 있는 지역에 한해서—의존하는 사회 비주류 집단을 형성하고 있다. 이러한 사람들은 유동적 저임금 직종에 종사하면서 공동체 혹은 가족의 지원에 의존하여 준범죄활동에 관계

하고 있다. 이러한 현상은 특히 브라질, 콜롬비아, 인도, 필리핀 등과 같은 나라의 도시
들에서 현저하게 나타난다. 많은 다른 도시와 선진국의 오래된 산업지구에서도 이러
한 현상이 퍼지게 되자 많은 평론가들이 주변화(peripheralization) 현상(Hoogvelt 1997) 혹
은 북반구 선진공업국의 '브라질화'(Brazilianization)(Beck 2000a) 현상이 나타나고 있다
고 주장했다. 흔히 차별을 당한 역사를 가지고 있는 최근의 이주자들인 소수민족 및
소수인종은 더더욱 이러한 비주류 집단 안에서 나타난다. 그러나 토착인이든 이주민
이든 관계없이 높은 비중의 사람들이 기초교육조차 받지 않거나 시장성이 있는 기술
을 가지지 못하고 있으며, 이 비율은 점점 늘어나고 있다.

정리

현재 고도생산, 고도소비 및 고용안정의 시대는 끝났다. 그 대신 우리는 경제 글
로벌리제이션, 기술의 급변, 후기 포드주의, 자유시장정책 보급의 시대에 들어서고 있
다. 이러한 현상들이 결합하여 노동의 교섭력을 약화시키고 고용인의 비율이 늘어나
많은 노동자들이 실업 및 직장환경의 악화 위험에 노출되면서 직장에서의 자율성은
줄어들고 라이프스타일은 불안정해졌다. 동시에 세계의 많은 인구가 삶을 유지하기
위해 이익지향적인 자본주의 시장 시스템에 흡수·의존하게 되었다.

많은 경우 '글로벌리제이션'이라는 꼬리표는 이러한 문제뿐만 아니라 다른 문
제에 관해서도 원인을 제공했다고 비난받는다. 그러나 글로벌리제이션의 진전은 어
떤 점에서는 자유시장 경제정책이 광범위하게 채택된 결과로도 볼 필요가 있다. 이는
초기 자본유동의 제약을 제거하고 자본주의적 생산 보급의 잔여 방해물을 없앴다. 동
시에 우리가 지금까지 논의했던 직업 불안정은 경제적 글로벌리제이션으로 인한 것
만큼 1970년대 후반부터 시작된 시장규제 완화 및 불균형의 증대, 노동자 권리를 침해
하고 공공 지출을 줄이기 위해 고안된 정책들로의 계획된 변화으로 인한 것도 크다.

한편 어느 평론가가 한탄한 것처럼 다수의 정부 스스로가 국가나 정치지도자, 혹
은 그들을 뽑은 시민들이 아닌 민간시장과 그들 사이에서 돈을 가지고 곡예를 하는 사
람들만이 세계의 형태와 방향성을 결정하도록 인정해 왔다(Hutton 1998 : 13). 세계 자
본주의가 한층 복잡해지고 확대됨에 따라 선견지명을 가진 협조적 정부들에 의해 구
축되었던 글로벌(및 국가) 수준에서의 협조적 규제양식에 의존하는 것은 과거 어느 때
보다 더욱 중요해졌다. 가장 탁월한 금융 예측가로서 글로벌 경제의 비규제화로부터
이익을 쌓아왔던 죠지 소로스(George Soros 1998)조차 세계 지도자들의 현 세태에 대해

서는 한탄한다. 그는 지도자들이 상상력이 부족한 데다 글로벌 경제의 조직화와 관리에 관한 정통적 생각에 도전하기 위해 리더십을 발휘하려 하지 않는다고 주장한다.

더 읽어볼 책

- 에젤(S. Edgell)의 저작인 『노동의 사회학 분석 : 유급과 무급노동의 변화와 계속성』 (*Sociological Analysis of Work : Change and Continuity in Paid and Unpaid Work*, 2005)은 포드주의과 후기 포드주의를 포함하여 최근 노동과 관련된 대부분의 테마에 대해 면밀하면서도 이해하기 쉬운 조사를 담고 있다. 특히 4장이 관련된 부분을 싣고 있다.

- 『정보사회의 이론』(*Theories of the Information Society*, 2002)에서 웹스터(F. Webster)는 ICTs가 우리의 노동과 레저의 경험을 어떻게 바꾸고 있는지에 대해 다양한 이슈와 논쟁을 분석하고 있다.

- 아민(A. Amin) (ed.)의 『포스트 포드주의』(*Post-Fordism*, 1994)와 엘거와 스미스(T. Elger and C. Smith) (eds)의 『글로벌 재패니즘』(*Global Japanism*, 1994)에는 이러한 문제들에 관한 주요한 논쟁에 대한 최신 요점정리를 싣고 있다. 이 책들은 전공학생들과 전문가들을 대상으로 하고 있음에도 불구하고 대부분의 글들은 충분히 이해할 수 있으며, 이에 대한 충분한 보상을 제공한다.

- 로스(A. Ross)가 편집한 단순하지만 힘찬 산문체로 쓰여진 『별것 아냐』(*No Sweat*, 1997)는 최근 전 세계에서 나타나고 있는 정규직에서 임시직으로 전락한 노동자들이 이에서 벗어나기 위해 고군분투하는 다양한 경험들에 관해 최신의 자료들을 싣고 있다.

그룹 과제

- 우선 반 전체를 두 그룹으로 나눈다. 본문과 Box 4.1을 참조하여 한 그룹은 포드주의 시대의 1) 노동자, 2) 소비자가 가지는 장점과 단점을 리스트로 작성한다. 나머지 그룹은 현재 후기 포드주의 시대의 노동자와 소비자가 가지는 장점과 단점을 작성한다. 두 설명을 들은 후 각 학생들은 노동자 혹은 소비자들이 왜 후기 포드주의보다는 포드주의 시대에 살고 싶어 하는지, 혹은 반대로 후기 포드주의에 살고 싶어 하는지 그 이유를 간략하게 들어보자.

- 반을 소그룹으로 나눈 뒤 '생산체제로서 포드주의의 위기'의 절을 공부해 본다. 그 후 상대적으로 중요한 순서대로 포드주의의 쇠퇴원인에 대한 설명목록을 작성해 본다. 왜 그런 순서가 되었는지 이유를 써볼 것. 모든 그룹이 발표를 마치면 반 전체가 두 가지 문제에 대해서 생각해 보자. (1) 일치된 의견이 있었다면 다른 설명에 비해

서 어느 정도 비중을 차지하는지 일치 정도 문제, (2) 이러한 종류의 연습문제에서 발생하는 문제

■ 아래의 문제와 관련해 토론하고 논쟁해 보자 : '세계가 전후의 황금 시대로 돌아가기에는 너무나도 복잡해져 버렸다. 세계의 지도자들과 주요 기관들(국가, IGOs, 기업, 정치지도자 등)이 한층 안정적이고 풍요로운 세계 자본주의를 보조하기 위해 글로벌 규제양식을 건설하기 위해 할 수 있는 것, 그리고 해야만 하는 것은 무엇일까?

1. 포드주의와 후기 포드주의 생산의 주요한 차이점을 요약해 보자. 1) 생산을 관리하고 시장의 수요를 처리하기 위한 체제로서의 차이, 2) 고용자들의 노동체험과 삶의 양식의 측면에서의 차이

2. 포드주의의 쇠퇴에 영향을 미친 글로벌 요소의 변화는 무엇인가?

3. 생산체제로서의 포드주의의 모순을 평가해 보자.

4. 마르크시즘은 현대 사회이론에 있어서 여전히 유효한가?

5. 재패니제이션은 후기 포드주의 시대 임시노동화의 출현에 있어서 어떠한 영향을 미쳤으며 그 영향은 어느 정도인가?

유용한 웹사이트

■ http://www.intute.ac.uk/socialsciences/cgi-bin/browse.pl?id=120793&gateway=% 영국의 주요 노동사회학 연구의 통로. 서레이 대학이 관리하는 곳으로 훌륭한 링크를 제공한다. 특히 각 링크에는 어디를 클릭해야 할지 결정할 수 있도록 짧지만 정확한 설명이 있어 유용하다. 쓸데없는 링크에 시간낭비하지 말라. 각각의 글들은 매우 높은 수준이지만 주제는 다양하다.

■ http://www.ilo.org/public/english/bureau/inst/papers/index.htm 국제노동기구(International Labour Organization : ILO, 고용자와 노동자기구, 정부기구를 연결하는 국제단체로 이제 UN 시스템의 일부가 되었음)의 국제노동연구소(the International Institute for Labour Studies)의 공식 사이트. 토론 논문들이 매우 유용하다.

■ http://www.warwick.ac.uk/fac/soc/complabstuds/russia/index.html 구소련 이후의 노동문제에 관한 전문 사이트임에도 불구하고 매우 흥미로운 사이트. 베트남, 중국과 관련된 최신 비교연구 자료도 있음.

■ http://oohara.mt.tama.hosei.ac.jp/posengl/index.html 또 하나의 전문 사이트임에도 유용한 사이트로 오하라 사회문제연구소가 운영한다. 일본의 노동운동에 관

한 포스터를 볼 수 있다. 슬라이드 쇼가 자동적으로 시작된다. 시험문제에 대한 답을 쓰거나 에세이를 작성하는 데는 유용하지 않겠지만 이미지가 많은 것을 가르쳐 줄 것이다.

국민의식과 국민국가
Nationhood and Nation-states

SOCIOLOGY

19세기에서 20세기에 걸쳐 근대화 정부는 시민 개인들로 하여금 그들의 개인적 정열과 정체성을 **국민국가** 안으로 끌어들이는 것에 성공했다. 사회(society)−인민(people)−나라(country)의 3가지 존재가 국가(nation)라는 개념에 사실상 근접하게 되어 종속되는 것으로까지 간주되었다. 이번 장은 내셔널리즘, 국민국가, 시티즌십의 개념, 그리고 이것들이 글로벌리제이션 안에서 어떻게 변화하고 있는지에 관한 사회학적 연구를 살펴본다.

중요 개념

국민국가(Nation−States)　　국민국가는 특정 영토와 그곳에 사는 국민에 대하여 독점적 지배권(궁극적으로는 물리적 힘이 지원하는)을 행사할 수 있는 법적·도덕적 권한을 가지는 정부에 의해 구성된다. 여기에는 국내 및 외교문제를 처리하는 기관도 포함된다. 18세기 후반 이후 대부분 서구국가들의 일반 시민이 자신들이 속한 국민국가에 강한 충성심을 가지기 시작하면서 지방 및 지역 정체성은 억압받게 되었다. 일부 개발도상국의 경우 대중적 내셔널리즘의 성공은 더욱 어려운 일이 되었다.

또한 글로벌 시대 국민국가의 역할과 권력을 평가한다. 글로벌리제이션이 진전됨에 따라 많은 학자들은 국내 및 세계를 움직이는 국민국가의 힘이 퇴진하고 이러한 경향은 더욱 커질 것이라고 예측한다. 이 때문에 '공동국가'(hollow state)(Hoggart 1996)나 '국경 없는 세계'(borderless world)(Ohmae 1994)와 같은 개념들이 생겨나게 된 것이다. 평론가들 중에는 이러한 생각을 더욱 발전시켜 국민국가의 시대는 끝났다고 주장하는 사람들도 있다. 그러나 대부분은 이러한 결론은 시기상조라고 논하며, 글로벌리제이션 시대를 맞아 국민국가의 기능은 변화하고 있다고 본다. 우리는 이러한 논쟁을 검토하는 동시에 글로벌 변화가 정치·사회활동을 중심으로 하는 국민국가 체제의 배타적 우위성을 침해하고는 있지만, 최근 다수의 무국적자들에게 있어서 국민국가라는 인식의 보호는 여전히 가장 중요한 목표임을 논할 것이다.

사회학, 국민국가, 국제체계

우리는 3장에서 국민국가는 특히 유럽에 있어서 모더니티와 산업자본주의의 출현에 앞선 것이었다고 설명했다. 국민국가는 중앙집권화를 촉진시키고 점진적으로 무역업자 및 귀족계급, 도시, 종교단체에 대한 통제력을 가지게 되었다. 이러한 국가 건설 과정을 촉진시킨 것은 유럽국가 간 군사 및 경제적 경쟁관계였다.

프랑스 혁명과 산업혁명은 국제 경쟁관계의 문맥에서 국가형성과 민족형성 과정에 새롭고 강력한 추진력이 되었다. 우선 프랑스 혁명은 보편적 인간의 권리를 선언하고 프랑스를 한층 더 중앙집권화시켜 시민군을 해방시킴으로써 내셔널리즘의 열정을 전 유럽에 퍼뜨렸다. 이것이 현대 대중 내셔널리즘의 탄생과 확산을 촉진시킨 것이다. 영국의 산업혁명은 다른 국가들로 하여금 고도의 기술을 갖춘 선진경제가 그들의 국가 안전에 대한 군사적 위험이 될 수 있음을 인식시켰다.

19세기 국민국가들—유럽, 미 대륙, 나중에는 일본까지—은 하나하나 국가 중심의 산업화라는 목표를 향하게 되었다. 그들은 국가구조를 강화시키고 기업의 해방, 시장 유인, 과학적·기술적 교육에 방해가 될 수 있는 모든 방해물을 제거하기 위한 개혁을 실행했다. 최근에 와서는 다른 많은 국가들이 비슷한 과정을 따르고 있다. 게다가 대한민국과 같은 동남아시아의 여러 국가들과 같이 1945년 이후 국가 존속에 있어서 대외적으로 한층 더 군사적 위협을 받고 있는 국가들은 국가 존속을 위한 주요 과정으로서 국가 중심 산업화라는 과제에 더욱 더 단호하게 대처해 나가고 있다.

요약컨대, 근대화 추진에 가장 공헌한 세력은 단순히 시민사회라는 사회적 압력으로부터 생겨난 것이 아니라, 국민국가 자체를 통제했던 엘리트로부터 발생한 것이다. 따라서 앨브로(Albrow 1996 : 7)가 설명하는 것처럼 "모더니티라는 이야기는 공간, 시간, 자연, 사회에 대한 인간의 지배를 넓혀가는 프로젝트에 관한 것이다. 이 프로젝트의 주요 담당자는 자본주의적·군사주의적 조직을 통해 작동하는 국민국가였다."

Box 5.1

21세기 유럽의 국민국가 : 과거로의 복귀?

중세유럽은 과거 어떠한 국가 충성심보다도 훨씬 강한 지방 정체성을 가진 정치단위 집합으로 구성되었다. 이러한 집단은 또한 도시와 로마에 근거를 둔 가톨릭 교회, 다양한 수도원 질서와도 복합적으로 관련하고 있었다. 오늘날 유럽연합(EU) 회원국 사이에서의 경제통합이 깊어지고 있다. 국가의 요구와 이익이 한층 다양해지면 정책 면에서 합의를 얻기 어려워지기 때문에 앞으로 통합속도를 늦출지도 모른다는 우려가 존재했음에도 불구하고 2004년 5월, 회원국은 15개국에서 25개국으로 늘어났다. 2005년 봄에 프랑스와 덴마크의 유권자들은 EU 헌법비준을 단호하게 거부했는데, 이는 EU 통합을 강화하고 능률화하기 위한 것이었다. 한편 EU 가맹국은 지구에 존재하는 여느 국민국가와 같은 국제적 영향력 아래에 있다. 이러한 모든 견해를 염두에 둘 때 과연 유럽의 국가들은 과거 중세로 돌아갈 것인가? 독일의 상황이 암시하는 바에 따르면 그 답은 아마도 '그렇다'일 것이다.

오늘날의 독일 정치

미국이나 호주, 인도를 포함하는 다수의 국가들과 마찬가지로 독일은 주(Länder)라고 불리는 16개의 지방정부로 구성되는 연방으로, 각 정부는 중앙정부로부터 상당한 자율성을 가지고 있다. 각 주는 자신들의 '독립성'을 확장시키려고 하는 것 같다. 그 결과

■ 각 주는 브뤼셀에 있는 EU 본부에 자신들의 사무소를 설치하고 정보수집을 위해 EU와의 관계를 구축하고 있다.
■ 주는 연방헌법을 바꿈으로써 자신들이 반대하는 중앙정부와 EU와의 한층 더 발전된 관계를 억제할 수 있다.
■ 이러한 주들 중에는 중국과 같은 EU 밖의 국민국가와 특별한 무역관계를 맺는 경우도 있다.

다른 유럽국가들

독일의 주는 특별히 특수한 경우가 아니다. 예를 들면 다음과 같다.

■ 이상의 항목은 지방에 대한 충성심과 중앙정부에 대한 반감이 강하게 남아 있는 다른 유럽국가들에도 해당한다. 스페인의 카타로니아는 이러한 전형에 속한다. 또한 벨기에, 이탈리아, 프랑스에도 이러한 지방정부와 지방 정체성이 존재한다.
■ 1999년에는 중앙집권적인 영국에 있어서도 스코틀랜드의 '켈트' 지방, 웨일즈와 북아일랜드의 새롭게 선출된 지방행정부와 실제적 자치권을 가지는 도시지역에 있어서는 나중에 재설립된 행정부가 권력을 가지게 되었다. 2004년에는 중앙정부가 약한 지방정부를 각 지역으로 확장하려 했는데, 처음에 지방 대중들의 반응은 그렇게 열정적이지는 않았다.
■ 유럽에서는 바르셀로나, 맨체스터, 리옹 등 다양한 도시가 문화적 교류뿐만 아니라 보조금을 획득하거나 투자유치, 스포츠 및 교육 등의 부문에서 협력을 촉진하기 위해

EU나 다른 유럽국가들, EU 외의 다른 국가들과 특별한 관계를 만들고 있다.

■ 대학, 학교, 시위원회, 전문가협회들도 또한 국경을 넘어선, 즉 중앙정부를 우회한 관계를 맺고 있다.

출처 : Freedland(1999).

고전사회학과 사회변동

19세기 중반에 이르자 많은 연구자들이 산업자본주의에 의해 발생한 다양한 결과에 대하여 점점 경계심을 품게 되었다. 당연하게도 초기 유럽 사회학자는 이러한 변화를 이해하기 위해, 그리고 이러한 변화가 가져오는 위험성과 가능성을 예측하기 위해 분투했다. 이러한 생각의 중심에는 대부분 근대화하고 있는 사회와 전통사회의 특징을 개념화하려는 시도와, 근대사회가 어떤 측면에서는 전통사회의 미덕으로 여겨지는 것들을 무너뜨리고 있음을 받아들이려는 노력이 존재했다. 이러한 생각에는 3가지 예를 들 수 있다.

■ **공동체의 상실**(the loss of community) : 독일의 사회학자인 퇴니스(Tönnies 1971)는 의심할 여지없는 우정과 공통의 신앙을 기반으로 하는, 모든 것을 받아들였던 따스한 게마인샤프트 타입의 공동체(Gemeinshaft-type communities)가 소멸하고 근대 도시형의 게젤샤프트 사회(Gesellshaft society)에서 나타나는 비인격성과 익명성이 이를 대신하게 되었음을 한탄했다. 게젤샤프트는 인공적으로 형성되어 겹치지 않는 집단으로 구성되는데, 이러한 집단은 대부분 느슨하고 한시적인 것이다. 이 관계는 우선적인 업적달성을 목표로 하고, 계약과 상호 이해로 인해 정당화된다.

■ **사회적 결합의 퇴진과 도덕적 질서**(Declining social cohesion and moral order) : 사회학자가 이론화한 또 다른 문제로는 산업주의와 도시화, **세속화**가 사회적 결합에 미치는 영향력과 시민 개인이 느끼는 도덕적·사회적 고립이 있다. 근대사회는 그 전에 비해 물질주의의 침투, 계급 간의 대립, 개인주의와 이기주의 등을 특징으로 지닌다. 이러한 변화는 그리스도교의 영향력 감소와 함께 급격한 도시화, 경제악화 등의 변화결과로 개개인을 사회적으로 고립시키거나 도덕적 관념의 혼동을 가져온다.

■ **집합의식**(The conscience collective) : 이러한 문제를 피하기 위해 뒤르케임은 분업에 의한 통합에 따라 근대사회는 한층 더 유연하고 추상적인 가치체계를 출현시킴으로써 방파제를 쌓아야 한다고 주장했다. 이는 '보편적 중요성을 지닌 도덕적 유대의 새로운 집합'(Turner 1994 : 135)인 집합의식에 기초하고 있다. 이러한 집합의식은 인간의 권리와 개개인의 존엄성에 대한 상호 존중을 옹호한다. 여전히 국가수준에 머무르고 있지만 이는 2장에서 설명했던 글로벌리티―인간은 자신들이 단일의 집합체를 형성하고 있다는 강렬한 의식을 공유한다―와도 비슷한 개념이다.

중요 개념

세속화(Secularization)   세속화는 산업화 과정에서 대부분 사람들의 생활에서 일어나는 종교적 신념과 종교활동의 퇴진을 가리킨다. 과학적 지식, 새로운 사상으로의 노출, 물질적인 측면에서 안정된 환경에 관련한 기회가 늘어나면서 공업화 이전의 사회에서 종교가 제공해 왔던 도덕적·정신적 안정에 대한 의존은 줄어들고 있다.

보편주의와 내셔널리즘

보편적 테마와 전 인류의 진보에 대한 관심은 프랑스 사회주의의 창시자인 생시몽(Saint-Simon)의 사회이론을 경유하여 1830년대로 회귀한다(Turner 1994 : 133-5). 뒤르케임은 생시몽의 주장에 크게 영향을 받았는데, 이는 특히 세속화에 의해 위협받고 있는 종교적 신념을 대신할 '보편적 중요성을 지닌 도덕적 유대의 새로운 집합'을 어떻게 찾을 수 있을 것인가, 또한 산업주의의 결과로 전보다 훨씬 더 복잡해진 국가·세계 질서를 어떻게 구축할 것인가에 관련된 것이었다. 그러나 뒤르케임은 또 다른 한편 정치적 사건들로부터도 커다란 영향을 받았다. 1871년 프러시아와의 단기전에 있어서 프랑스의 패배와 그 뒤를 이은 강렬한 애국심의 발생은 그에게 있어서 특별한 경험이 되었다.

뒤르케임은 프랑스의 내셔널리즘으로 인한 통합을 향한 강렬한 열정이 쇠퇴해 가는 도덕적 확신과 사회적 붕괴상황을 대신할 수 있는 가능성을 가지고 있다고 생각하게 되었다. 간단히 말하자면, 이렇게 해서 뒤르케임은 기존의 보편주의적 테마와 관심을 전부는 아니지만 많은 부분 잃어버리게 되었다. 사회주의라는 망령에 시달렸던

19세기 종반의 수십 년간 산업사회에 대항하기 위해 근대 국민국가 지배를 강화하는 것은 긴급한 과제였다. 마르크스는 자본주의적 착취로 인해 최종적으로 조직화된 전투적 노동자계급은 이에 대항하는 혁명을 추진하고 사회주의를 도입하게 될 것이라고 예측했다. 이는 노동자계급의 힘을 보여주는 수많은 증거와 사회주의가 가진 국제주의적인 기대와 함께 '이를 대신할 좀 더 좋은 이론을 찾기 위한 노력'을 촉구하고 '국민국가 사회를 전율'시켰다(Albrow 1996 : 45). 많은 지식인들의 조국에 대한 애정을 강화시켰던 또 다른 큰 사건은 1941년 8월의 제1차 세계대전의 발생이었다. 그 결과 유럽 전역이 우파의 애국적 감정에 휩싸이게 되었는데, 이는 많은 사람들, 특히 좌파 사람들에게는 매우 놀라운 일일 뿐만 아니라 매우 슬픈 일이 되었다.

다른 많은 전문가들과 마찬가지로 사회학자들은 점차적으로 어떠한 국가가 사회갈등을 막을 수 있는지, 또한 어떠한 과정을 통해 그것이 가능한지에 대해 연구하게 되었다. 그들은 빈곤 및 유사 문제와 이러한 문제를 해결하기 위한 특별 교육 프로그램 및 불합리한 사회적 조건을 개선하기 위해 정책형성에 공헌할 수 있는 국가기금 조성에 대해 연구했다. 이러한 과정에서 사회학자들의 사상은 또한 국민국가와 그 필요성에 관련하여 발전하게 되었다. 또한 많은 국가들이 복지국가를 건설하기 시작했다. 이는 일반 대중을 대상으로 시장경제 특유의 불안정성, 실업, 고령, 질병 등 여러 상황을 상정하여 이를 경제적으로 보장하기 위한 것이었다. 이렇게 국가가 일반 국민의 일상생활로 들어오게 된 것은 새로운 형태의 사회적 유대인 **시티즌십**(Citizenship)을 낳았다. 이는 동시에 국가·정치 엘리트들이 국가 건설의 전략으로서 시티즌십을 이용했다고도 주장할 수 있다(O'Byrne 2003 : 64). 그러나 또 한편으로는 시티즌십이라는 아이디어는 영토적 결합, 법적·행정적 제도, 국가중심적 주장과도 강하게 결합될 수 있다. 많은 학자들은 이러한 편견들이 여러 가지 역효과들을 발생시키면서 글로벌리제이션이 진행되는 현재의 환경변화에 시티즌십 개념의 적용을 힘들게 하고 있다고 지적한다. 우리는 앞으로 이러한 문제들을 다룰 것이다.

중요 개념

시티즌십(Citizenship)   국가공동체의 일원 자격과 소속을 암시한다. 시티즌십은 일정한 자격—법적 평등, 공정, 정치적 문제에 관여할 권리, 경제적 불안정에 관련하여 최소한의 보호를 받을 권리—을 수여하게 되는데, 이는 동시에 국가와 사회에 일정한 의무수행 역시 요구하게 된다.

시티즌십 : 권리와 의무

시티즌십은 기본적으로 근대 서구의 발명품이다. 이는 두 가지 원칙에 의해 성립 된다. 첫 번째 원칙은 일정한 권리가 모든 사람들에게 균일하게 부여되어야 한다는 생 각이다. 두 번째 원칙은 시민은 일정한 권리와 권한 대신 특정한 의무와 책무를 받아 들여 국민국가와 그 목표를 위해 이를 충실히 이행해야 한다는 암묵적 거래와 계약과 관련된다. 여기에는 군대에 징집되거나, 세금을 내거나, 직업을 찾거나 법에 기꺼이 복종하는 것이 포함된다. 따라서 역사적으로 통치자들은 국민의식(nationhood)과 산업 화를 내세움으로써 광범위한 변화를 성공적으로 도입하곤 했다. 이는 또한 '평등한 구 성원으로서 사회에 참여할 수 있는 능력'을 제공한다는 점에서 민주화를 의미했다 (Roche 1992 : 19).

마샬(T. H. Marshall 1950)의 시티즌십에 대한 사상은 특정 세대 사상가들에게 큰 영향을 미쳤다. 그의 주장에 의하면, 시티즌십은 대략적으로 18, 19, 20세기에 일어난 사건의 결과로—그의 주장에 의하면—출현한 세 가지 권리와 관련된 것이다. 이러한 권리는 다음과 같다.

- **시민권**(Civil rights) : 첫 번째는 시민권이다. 시민권 안에는 재산을 소유하거나 계약을 맺을 권리, 집회·언론·사상의 자유권, 그리고 모든 사람에게 평등하 게 적용되는 법률에 기초한 공평한 법제도로부터 정의를 기대할 권리가 포함 된다. 시민권이 존재하지 않는 곳에서는 개인의 자유나 시장의 활동도 실현될 수 없다.
- **정치적 권리**(Political rights) : 정치적 권리는 선거에서 정당에 투표함으로써 국가 정책결정에 참가할 수 있는 능력을 부여한다. 그러나 정치적 시티즌십에는 자 신들의 운동을 설립하거나 정당이나 정부 혹은 다른 권력행사 장소에서 리더 십을 발휘할 수 있는 지위로 직접 접근할 수 있는 권리도 포함되어 있다.
- **사회권**(Social rights) : 사회권은 개인이나 가족에 최저한의 수익을 보장하는 복 지급부를 받을 수 있는 권리이다. 보통 사회권은 노후연금, 장애자수당, 가족 및 실업수당, 적절한 주택·교육·건강을 유지할 권리 등이 포함된다. 이러한 최저한의 보장으로 인해 모두가 개인의 자율성과 경제성장의 혜택을 누릴 공 평한 기회를 부여받을 수 있다고 기대된다. 이러한 사회권 사상의 저변에는 이

러한 보장 없이는 자본주의의 결과로 생겨나는 불평등과 불안정으로 인해 일부 사람들이 필연적으로 시민권이나 정치권을 행사할 수 없는 정도로 영속적인 빈곤에 빠지게 될 것이라는 가정이 깔려 있다.

과거 20여 년 간 시티즌십에 대한 관심이 강하게 제기되어 왔다. 그러나 이는 마샬의 사상에 대한 비판적 재평가와 관련된 것과 보편적 인권과 같은 다른 관련 이슈에 관한 관심이 증가함에 따른 것이었다. 이하에서는 새로운 주장을 간략히 언급하고자 한다.

첫째, 마샬의 분석은 너무나 밀접하게 영국사에 기반을 두고 있다(Mann 1996). 다른 국가는 다른 경험을 가지는 경우가 많다. 예를 들어 독일의 경우 1880년대 영국보다 좀 더 일찍 초보적 형태의 복지국가를 설립했고, 이것은 보편적 투표권이 최종적으로 확립된 1919년보다 30년 빠른 것이었다.

둘째, 시티즌십은 특정 국가 공동체와 영토 안으로의 포용과 멤버십을 기초로 하는 것이다. 그러나 '본토성'을 강조해 나가는 과정은 동시에 배제의 가능성을 불러일으킨다(Lister 1997 : 2장). 이러한 배제는 국내 장애자 · 여성 · 어린이 그룹에 적용될 수 있으며, 실제로 그렇게 적용되는 경우가 많았다. 국가를 중심으로 한 시민권과 정치권의 주장, 즉 "법적 · 정치적 영역에 의존함으로써 사회적 · 문화적 영역에서 일어나고 있는 비국가적 폭력은 관심의 대상이 되지 못했던 것이다"(O'Byrne 2003 : 64). 동시에 여성은 고용정책과 복지정책으로 인해 '가장과 가족이라는 사적 영역으로 추방당했다'(Lister 1997 : 71). 우리는 여성에 대해, 내셔널리즘에 대해, 그리고 앞으로의 국가에 대해 이야기할 것이다. 물론 '외적' 집단 또한 배제를 경험한다. 글로벌리제이션을 경험하고 있는 현 세계에서 불이익을 받아왔던 이민자들은 점점 부유한 국가로 이주하거나 정치적 망명을 하여 많은 사람들은 당국과 그 구성원들로부터 인종차별주의를 경험하게 될 것이고, 그들이 행한 사회적 공헌은 무시당한 채로 '비시민 혹은 부분적 시민'(Lister 1997 : 42, 45)으로 취급될 것이다.

셋째, 많은 이민자들이 북아메리카나 일본, 서유럽으로 이민하는 것을 고려해 보면 이는 좀 더 복잡한 측면을 지닌다. 이들은 19세기의 이민자들과는 달리 자신들의 모국과 혈연, 문화, 정치, 사업 등 여러 방면에 있어서 강하고 영속적인 관계를 유지함으로써 이주국에 완전히 동화되지 않는다(그 예로 Faist 2000 ; Jordan and Duvell 2003). 다문화사회에 있어서 다수의 민족집단의 존재는 사회 내 집단끼리의 충성심에 한계를 가져오고, 조국과 이주국이라는 두 개의 혹은 겹쳐진 귀속관계를 발생시킨다. 그 결과 국가 안에서는 사람들이 좀 더 쉽게 시티즌십에 접근할 수 있도록 상호 노력을 행해야 하는가에 관해 복잡한 민족적·정치적·정책적 문제가 발생한다. 국가는 더 많은 사람들로 하여금 복수의 시티즌십을 가지게 할 수도 있고, 특정한 조건 하에서—예를 들어 자국민과 결혼을 하거나 일정기간 세금을 내거나—시티즌십의 일부만을 인정하여 원래의 시민이 가지는 특권들을 허락할 수도 있다. 한편 개개인의 입장에서 보면 끊임없이 이동하는 글로벌 세계에서 사는 시민들도 변화를 받아들여 세계 시민(cosmopoli-tan citizen)이 되는 법을 배워야 할지도 모른다(Delanty 2000 : Held and McGrew 2002). 이 외에도 '사람들이 자신들이 가지고 있던 만물의 의미나 편견의 틀에서 벗어나기 위해 자신들의 전통과 다른 사람들의 전통 사이를 소통하는 역할' 도 포함될 것이다(Held and McGrew 2002 : 107).

그림 5.1 인도네시아의 웨스트 파푸아 군사점령을 기념하기 위한 자야푸라 메인 광장의 동상
웨스트 파푸아의 민족주의 투쟁은 무력에 의해 철저히 억압당해 왔으나 후원을 받은 인도네시아 농부들이 이주함으로써 친정부적 인구가 늘어나게 되었다.

마지막으로 지난 20여 년 간 우익 사상가나 정치가는 초기의 시티즌십 사상을 비판해 왔다. 그들은 시민의 권리가 과대하게 강조되어 이에 상응하는 근로의 의무나 가족 및 공동체에 대한 책임 등의 시민의 의무는 무시되어 왔다고 주장한다. 또한 많은 우익들은 복지적 권리에 대해서도 비판한다. 이는 고실업률 시대에 공공지출 및 보험 의료비의 증대, 고령자에 대한 연금 증대 등이 경제적 부담이 증가시키는 데 부분적으로 원인을 제공했기 때문이다. 그들은 또한 복지국가로 인해 발생했다고 평가되는 '의존문화'(dependency culture) 역시 비판하는데, 이는 개인의 자율성과 도덕적 책임을 침해하기 때문이다.

확실히 시티즌십의 사회학은 급진적인 재검토를 겪게 되었다. 현재 직면하고 있는 가장 큰 장애물은 바로 글로벌 시티즌십(global citizenship)이다. 경제가 점점 통합되어 감에 따라 정부들은 서로 협조할 수밖에 없고, 수많은 초국가적 행위자들은 국경을 넘어서 협력하고 있다.

정치이론과 국가 간 관계

지금까지 보아왔듯이 사회학은 그 역사의 많은 부분에 있어서 국민국가의 존재를 당연하게 받아들이지 않고 단일사회에 그 중점을 두어 왔다. 마르크스주의적 입장에 서 있는 사회학자들조차 1960년대까지는 사회들 간 혹은 국가들 간에 생겨나는 관계 혹은 연결에 대해 관심을 가지고 있지 않았다. 좌익 쪽에서 볼 때 이는 블라드미르 레닌(Vladmir Lenin, 1917년 러시아의 공산주의 혁명의 지도자)이나 로사 룩셈부르크(Rosa Luzemburg, 독일의 혁명가로 1919년 실패한 공산주의 운동 기간에 살해되었다)와 같은 혁명적 지식인에 의해 이루어졌다. 둘 다 제국주의의 이론과 실적에 대해 광범위한 논의를 전개했던 인물들이다.

표 5.1_ 국민국가 체제의 시대

시대	신생국 수	누적총수	주
1800년 이전	14	14	오트만제국, 러시아, 중국, 오스트리아–헝가리제국은 불포함
1800–1914	37	51	남아메리카 국가들이 스페인과 포르투갈, 영국으로부터 독립
1915–39	11	62	아일랜드, 폴란드, 핀란드 등
1940–59	22	84	아시아와 중동을 중심으로 한 기존 식민지들의 독립물결
1960–89	72	156	아프리카(41), 카리브 해 지역(11), 아시아(14) 등 그 외 지역의 개발도상국들의 독립물결
1990–2003	52	208	소련과 유고슬라비아(22개의 신생국)의 붕괴, 나미비아, 에리트레아(에디오피아와의 전쟁 이후), 예멘, 동티모르(2003), 그 외

주 : 1. 모든 주권국가들이 자동적으로 UN에 가입하거나 UN에 의해 국가로 인정받고 있지는 않다. 2005년 현재 191개 국가가 UN의 회원국이다.

2. 많은 국가들이 변칙적 상황에 놓여 있다. 예를 들어 타이완의 경우 중국과의 분쟁으로 인해 승인을 받지 못하고 있으며, 팔레스타인은 이스라엘로부터 정식 자치권을 획득하는 과정에 있다. 한국과 북한은 언젠가는 통일할지도 모른다. 많은 국가들과 영토들이 특정한 형태로 종속되어 있다. 신생국의 원천이 될 가능성이 높은 다수의 국가 안에 존재하는 내전과 분쟁―예를 들어 수단, 스리랑카, 그리고 아마도 이라크―역시 빠뜨려서는 안 될 것이다(몬테니그로의 경우는 확실할 것이고 아마도 쿠르디스탄 역시). 어떤 학자들은 거대한 인구가 살고 있는 도시나 지역이 미래에는 국가들보다 실질적으로 강력해질 것이라고 본다.

3. 어떤 국가들은 주권국, 독립국으로 승인은 받고 있으나 매우 작은 인구를 가지고 있다. 100,000명보다 작은 인구를 가지고 있는 국가들을 제외하면 국가 수는 208에서 165 정도로 줄어든다.

출처 : Kdron and Segal (1995) ; Anheier et al. (2001) ; Kegley and Wittkopf (2004).

국제문제에 관한 좀 더 학문적인 관점은 정치과학에서 찾을 수 있는데, 이러한 하위 학문영역을 국제관계이론(international relation theory)이라고 한다. 이에 대해 간단히 살펴보기로 하자.

현실주의적 관점

오랜 기간 동안 국제관계이론은 '현실주의적 관점'(realist perspective)이라고 불리는 특정 국가 간 관계 모델에 의존해 왔다. 일반적으로 쓰이는 '현실주의'와 같이 이 관점은 인간사에 있어서 추상적이거나 이상적인 고찰은 의미가 거의 없고, 국민국가 간 관계 영역에 있어서는 명확히 의미가 없다는 것이다. 그 대신 순수한 이익이나 권력지향이 가장 중요하다. 현실주의 관점의 신봉자들은 국제정치는 내재적으로 특정한 특징을 가진다고 주장한다. 이러한 주장의 '고전'적 진술은 초기 현실주의 대표 학자인 모겐소(Morgenthaou 1948)의 연구에서 찾아볼 수 있는데, 그는 다음의 4가지 명제를 제시했다.

1. 만약 세계 사회가 존재한다면 이는 국가 간 관계와 거의 동의어이다.

2. 국민**주권**(soveriegn) 국가의 세계는 갈등이 분출할 수 있는 위험을 내재적으로 안고 있다. 이는 국가들이 권력을 최대화하기 위해 활동하는 본성―국가들은 다른 국가들을 희생시켜 자율성과 이익을 확대하려 한다―과 국민국가 체제가 무정부상태(anarchical)―초국가적인 권위가 존재하지 않는다는 정의에서―라는 현상으로 인해 발생한다.

3. 따라서 국가 간의 관계는 대부분 군사안보에 관한 문제가 지배하고, 국가들은 그들의 국가안보를 지키고 국제적 위상을 최고로 높이기 위해 계획된 외교정책을 적절하게 추구할 필요가 있다.

주권(Sovereignty) 국가의 주권은 자신의 정책과 법을 자신의 영역과 그 안에 살고 있는 국민들에게 실효적으로 집행할 수 있는 능력을 말한다.

4. 세계의 정치형태는 그 성격에 있어서 계급적(hierarchical)이다. 특정 상황을 형성하는 데 있어서 개별 국가들의 능력은 평등하지 않다. 다양한 방법의 위협을 통해 군사적으로 좀 더 강력한 국가가 군사적으로 약한 국가를 지배하는 경향이 있다. 혹은 군사적으로 강력한 국가가 동맹을 형성하여 세력균형을 이루려고 노력함으로써 국제문제의 관리에 있어서 지도자적 역할을 한다.

현실주의적 관점의 평가

다양한 버전의 현실주의는 국제관계이론에 있어서 큰 영향력을 미치고 있다. 그럼에도 불구하고 이 관점에 대한 비판은 점점 증가했다. 국가는 주로 국가안보 문제, 즉 군사문제와 국방에 관심을 가지고 있다는 현실주의 이론의 주장은 점점 설득력을 잃고 있다. 국가 어젠다는 이 외에 훨씬 넓은 부분을 다룬다. 게다가 20세기 후반에 들어 국가 과제의 영역이 급속도로 넓어지고 있는 것은 명확하다. 인터넷을 통한 정보화 물결을 어떻게 관리해야 할 것인지, AIDS 및 결핵과 같은 질병이 전 세계적으로 확산하는 것을 어떻게 막을 것인가, 환경문제를 어떻게 다룰 것인가 등의 시급한 문제들이 새롭게 포함되고 있다.

1960년대 후반 이후 경제학자들과 사회학자들은 강력한 비국가적·초국가적 조직, 특히 TNCs의 급증에 충격을 받아왔다. 현실주의적 관점은 세계 정치에 있어서 국가중심적 관점을 너무 강조한 나머지 세계 경제에서 증가하고 있는 초국가 거래의 중요성을 무시한다. 게다가 이러한 현상은 또 다시 국가 주권과 영토 자치의 의미에 대해 중요한 의문을 던지게 되었다. 국가 간 상호 의존의 증가로 인해 세계 경제를 책임감 있게 관리하기 위해 주요 산업국들과 세계은행 및 IMF 같은 정부간국제기구(IGOs) 사이에 한층 더 깊은 협력이 필요하게 되었다. 따라서 가장 강력한 국가들조차도 일방적 행동을 취하는 것이 더더욱 불가능하게 된 것이다.

'사회'의 국가·글로벌 정치학으로의 복귀

1960년대 이후 국제문제에 대한 사회학자들의 관심은 높아져 왔다. 따라서 비마르크스주의 사회학자의 많은 수가 국경을 넘어선 교류와 관계를 재발견하면서 월러스타인(Wallerstein 1974)과 같은 학자의 대열에 들어섰다. 동시에 사회학자들은 국제관계 이론의 단점을 보완하는 한편 한층 날카로운 분석을 제공하게 되었다. 이 장에서는 내셔널리즘과 글로벌 관계를 공부하기 위해 이러한 비판들 중의 하나를 설명하고 중

과정을 설명하기 위해서 앤더슨(Anderson 1983)은 **상상의 공동체**(imagined communities)라는 개념을 도입했다. 이와 유사한 현상이 최근 개발도상국에서도 나타난다. 다시 말하자면 국민의식은 자기 스스로 갑자기 등장한 것도 아닐 뿐더러 현실주의자들이 주장하는 것처럼 국가 권력의 확장판도 아니다.

중요 개념

상상의 공동체(imagined community)　국가는 4가지 의미에서 상상에 기초하고 있다. 우선 인구가 가장 작은 국가의 구성원조차 다른 구성원의 반도 알지 못한다. 또한 가장 큰 국가조차도 경계선을 가지고 있어 그 경계를 넘으면 다른 국가가 존재한다는 한계를 가지고 있다는 점이다. 다음으로 주권은 조직화된 종교나 군주제의 정통성을 침해하고 이를 대체하는데, 주권으로서의 국가 역시 상상에 기초한다. 마지막으로 실제로 존재하는 불균형에도 불구하고 친밀하고 대등한 동포애를 기반으로 하고 있으므로 국가는 공동체로서도 상상에 기반한다(Anderson 1983 : 15-16).

셋째로, 개인과 국가 사이에 존재하는 시민사회—정치적 영역에서 활동하는 공통의 이익을 가진 사회집단—라는 개념은 단순히 부활하여 발전해 온 것이 아니라 글로벌 영역에 점점 더 적응되고 있다(Anheier et al. 2001, 2002 ; Keane 2003). 우리는 글로벌 시민사회에 대해 18장에서 좀 더 제세히 살펴볼 것이다. 사회는 국가나 민족의 단순한 부속물이 아니고, 이들과 인접해 있다고 볼 수도 없다. 대부분의 서구국가들과 많은 다른 국가들에 있어서 사회는 개개인의 사회집단에 대한 충성심과 마찬가지로 국가와 국민에 선행하는 것이다(Shaw 1994 : 94).

역사사회학

근대화를 둘러싼 비교사 연구에 대한 관심의 부활은 국민국가, 국제생활, 그리고 국제교류에 대한 사회학적 관심의 부활에 큰 영향을 끼쳤다. 거쉔인크론(Gershenkron 1966), 스카치폴(Skocpol 1979), 만(Mann 1988) 등의 연구자들은 영국, 미국, 독일, 일본 등의 국가들이 공업화에 성공한 배경에 대해 연구했는데, 짜르 지배의 러시아 및 중국과 같이 공업화에 실패했거나 시기가 늦어졌던 국가들과의 비교를 통한 것이었다. 이러한 국가에서의 국가주도형 변환이 적어도 부분적으로는 외부로부터의 위협이나 국민국가 간의 적대관계가 동기로 작용했다는 것에 대해서는 이미 강조한 바 있다. 예를 들어 1805년부터 1812년 사이의 나폴레옹의 프러시아, 오스트리아, 러시아 침공은 이러한 국가들의 엘리트들로 하여금—모든 국가가 성공한 것은 아니지만—근대화 과정에 진입할 수 있게 하였다. 1850년대 중반부터 1870년대까지의 일본과 이탈리아 또한 포괄적 공업화 계획에 착수함으로써 앞으로 발생할 외적 침입에 대비하려 했다.

그러나 국가 구조를 변화시킨 다른 3가지 요소를 잊어버려서는 안 될 것이다.

- 국내 집단의 내적 압력은 큰 영향력을 끼친다. 지식인, 예술가를 비롯하여 교육수준이 높은 사람들, 중산층, 실업가집단 등은 한층 더 예측 가능한 투명행정 시스템, 국가 자원배분에 있어서의 특권이 아닌 실적을 인정할 것, 경제적 기회를 증대하기 위한 조치 등을 주장했다.
- 한 국가 내의 정치적 흥분과 경제전환은 이웃 국가나 멀리 떨어진 다른 국가 안의 중산층으로 보급되어 영향을 끼쳤다. 1848년에 유럽 전역에 걸쳐 일어난 혁명은 그 대표적 예로, 이는 국가 엘리트로 하여금 자국 내 개혁을 실시하게 만들었다.
- 자국보다 발전한 라이벌 국가를 따라잡기 위한 필요에 의해 '후발효과'(late development effect)가 발생하는 경우도 많다(Gershenkron 1966). 따라서 정부관료, 지식인, 기술자, 비즈니스맨 등이 해외로 파견되어 자국이 어떻게 법적 양식, 대중교육제도, 비즈니스 기구의 형태 등 타국의 제도적 혁신을 모방할 수 있을 것인가를 결정하도록 했다. 19세기 후반 급속한 근대화 과정에서 일본이 서구 국가들을 모방하는 경향이 강했다는 것은 자주 언급되는 예이다. 전통적 일본의 종교(신토신앙)가 항상 그 근간에 존재하면서도 새롭고 다양한 종교적 아이덴티티를 받아들인 것은 큰 도움이 되었다(Robertson 1992 : 92-6).

페미니즘의 재평가

6장에서 우리들은 페미니즘 이론과 그 중요성을 살펴볼 것이다. 페미니즘 이론은 다양한 연구분야로 하여금 젠더 관계의 입장에서 자신들의 이론과 가정을 다시 생각했다는 점에서 매우 중요하다. 그러나 또 다른 페미니즘 이론은 1960년대 이후 국민국가와 세계 문제에 관련된 사회학적 관심의 발전에 중대한 공헌을 했다. 여기서 우리는 이러한 공헌과 관련하여 3가지로 간단히 설명할 텐데, 이러한 이슈들은 단순히 여성과 사회, 국민국가와 관련된 것이 아니라 전쟁과 폭력에도 관련되어 있다.

여성과 국가

젠더와 관련하여 국가는 비중립적인 입장으로, 남성과 비교해 보았을 때 여성을 불평등하게 취급할 뿐만 아니라 여성과 남성이 다르도록 사회를 만들고 있다(Yuval-Davis and Anthias 1989 : 6). 다양한 방면에서 여성에 대한 통제를 강화하기 위해 국가 권력이 사용되었다. 가장 대표적인 예로서 두 차례의 세계대전 기간 동안의 정부 정책을 들 수 있다. 남성이 전쟁에 동원되어 있는 사이 여성들은 공장, 사무실과 같은 전쟁 관련 사업에 징용되었다. 그러나 전후에 남성들의 동원이 해제되자 정부는 그들의 실업에 따른 사회불안을 우려하여 여성을 가정으로 복귀시키려는 캠페인을 행했다. 복지정책 역시 중요한 의미를 가지는데, 싱글 마더에게는 육아수당을 지원하지 않았던 정책이 그 예라고 할 수 있다. 즉 정부는 그러한 가정을 억제하기 위해 특정한 강제훈련이나 작업 프로그램에 응할 조건으로 여성에게 권리를 부여하도록 정할 수 있었다.

여성과 내셔널리즘

국민의식에 대한 여성들의 공헌이—그것이 확립된 전통에 의한 것이든 아니면 국가 공무원에 의한 것이든—어떠한 평가를 받고 어떻게 이해되고 있는지, 그 방식 자체는 국민생활에 있어서 여성의 '적절한' 역할이 무엇인지 사회 기저에 깔려 있는 특정 전제를 나타낸다(Halliday 1994 : 160-4). 특히 대부분의 국가에서 여성은 그들 조국만의 독특한 문화적 유산을 전달하는 주요 전달자로 생각되어 왔다. 어머니라는 역할을 통해 국가의 아이들에게 전달하는 것이 그들의 의무인 것이다(Yuval-Davis and Anthias 1989). 이는 또한 아이를 낳아 미래의 전쟁을 대비할 남성 전사라는 다음 세대를 생산하는 그녀들의 능력에 관련된 것이었다. 푸코(Foucault 1977)가 국가에 의한 '생물학적' 권력행사라고 표현했던 인구정책은 19세기 프랑스와 1917년 혁명 이후 소련의 경우처럼 여성들로 하여금 아이들을 더 많이 가지도록 하거나 반대로 특정의 '바람직하지 않은' 소수인종의 증가를 억제하기 위해 중요하게 쓰여졌다.

여성, 폭력, 그리고 현대의 전쟁

최근에 이르기까지 전시에 여성은 보통 분쟁의 주요 영역에서 멀리 떨어져 있거나 설사 전시에 종사한다고 해도 부수적인 역할—예를 들어 병원이나 수송을 담당—

을 했다. 그러나 냉전 이후, 특히 아프리카에서의 내셔널리즘 부활, 집단학살 전쟁, 많은 국가 붕괴 등의 현상이 일어나면서 이러한 제한에 변화가 나타나고 있다. 첫째로, 비전투인은 보호해야 한다는 관습적 전쟁법규가 크게 쇠퇴하면서(Jocobson et al 2000 : 4) 보통 여성을 비롯하여 어린이들까지 전쟁의 타깃으로 희생되고 있다. 둘째로, 유고슬라비아 붕괴 뒤의 전쟁, 리베리아 및 시에라리온의 전쟁과 같은 1990년대의 전쟁에서는 '전쟁전략으로서 강간이 이용' 되고 있으며(Jacobson et al. 2000 : 12), 제도적 성폭력이 나타나고 있다. 마지막으로 중국과 미국 같은 국가들에서는 최전방에서 활동적으로 싸우는 여성의 수가 증가하게 되었다. 예를 들어 2002년 미국에서는 여성이 전체 병력의 14%를 차지했다(Smith and Bræin 2003 : 76).

글로벌리제이션은 국민국가의 쇠퇴를 의미하는가?

이 논의를 위해 쇼(Shaw 1997 : 497)의 경고를 인용하는 것이 좋을 것이다. 그는 "글로벌리제이션과 국가를 천칭의 양측에 놓고 재는 것은 잘못된 것"이라고 논했는데, 이는 '불모의 논의' 밖에 되지 않기 때문이다. 따라서 국가의 힘이 쇠퇴하고 있다고 보기보다는 국가가 구조와 과정에 있어서 변환을 경험하고 있다는 것이 더 적절한 표현이다. 이러한 변화는 앞으로 글로벌리제이션의 발전과 그에 수반하는 현상들의 전제조건이 된다. 쇼는 또한 '국민국가' 가 무엇을 의미하는지 혼동을 일으켜서는 안 될 것임을 강조했다. 보통 사람들은 19세기나 20세기 초 '고전적' 형태의 국민국가를 생각한다. 당시에는 우리가 현재 국민국가라고 생각하는 것보다(표 5.1 참조) 자주국가의 수가 훨씬 더 적었다. 실제로 대부분의 국가가 자신들의 주권이 미치는 영토를 지키기 위한 군사적 능력을 가지고 자신들의 영토와 국민에게 폭력을 행사하는 배타적 권한을 가지고 있었다—이는 막스 베버가 근대국가(modern state)라고 정의한 것이었다.

그러나 이러한 상황이 그 뒤에도 이어지고 있었을까? 쇼는 그렇지 않다고 보았다. 오직 미국과 소련(1992년 소멸 전)만이 1945년 이전에는 대부분의 국가가 가지고 있었던 '진정한' 주권을 실제로 누리고 있다는 것이다. 탈식민지 이후 생겨난 많은 신생국들의 대부분도 이러한 주권을 누리지 못했다. 왜 이런 일이 발생했을까? 제2차 세계대전 이후 핵과 통상병기를 보유하게 됨에 따라 위험성과 재정부담이 증가하게 되었다. 이 때문에 "많은 국가 혹은 최강대국들조차도 동맹국 없이는 전쟁을 동원할 능력을 잃어버리거나 포기하게 되었던 것이다"(Shaw 1997 : 500). 북태평양조약기구(North Atlantic Treaty Organization : NATO)는 국경을 넘어 군사력을 공유하는 동맹의 가장 대표적인 예이다. 한편 2001년 세계 군비지출(8,000억 달러)은 냉전이 한창이던 1980년대 중반의 약 3분의 2 정도임에도 불구하고 세계 군사력에 있어서 미국은 3,220억 달러 (2001)를 차지, 매우 강력한 위치를 차지하고 있다. 이는 세계에서 그 다음으로 군비지출이 가장 많은 10개국의 능력을 합친 것과 맞먹는다(Smith and Bræin 2003 : 75). 게다가 부시 대통령의 보수적 공화당 정부는 군사력을 일방적으로 혹은 다른 소수국가와 연합하여, 즉 UN의 다수결 동의 없이 미국의 군사력을 행사하려 함으로써 세계 전역의 수백만 사람들을 경악하게 했다. 1999년 온실가스 배출에 대한 교토의정서를 거부한 것과 같은 행동들을 포함해 이러한 미국의 행동으로 인해 많은 사람들은 위험한 신시대가 도래하고 있다고 주장하게 되었다. 신시대에서는 세계 유일 초강대국이 존재하여 이 강대국은 일방주의적 행동을 할 뿐만 아니라 EU나 중국, 인도와 같이 머나먼 미래에 등장할 라이벌을 의식해서 세계 자원의 헤게모니적 지배의 현 상황을 유지하기 위해 무자비하고 무모한 제국주의적 권력을 행사한다(Bello 2001 ; Brenner 2002 ; Harvey 2003).

여기에는 분명히 크나큰 모순이 존재하고 있다. 이를 마음에 잘 새기고 지금부터는 지금까지의 설명에도 불구하고 대부분 국민국가의 힘이 쇠퇴하고 있다는 주장을 살펴보도록 한다. 우선 헬드(Held 1989)에 따른 주권(자신의 정책과 법률을 만들고 실행할 수 있는 국가의 능력)과 자율성(정책목표를 성취하는 국가의 능력)의 구별을 활용해 보자. 주권의 상실은 (우리가 이미 살펴보았듯이) 오직 한정된 범위 내에서만 이루어진다. 이러한 현상은 국제법을 승인하는 국가나 EU와 같이 강력한 지역 블록에 가입하려는 국가들에서 가장 극명하게 드러난다. 특히 EU는 가맹국으로 하여금 브뤼셀에 본부를 둔 EU 위원회와 각료회의에 일부 의사결정을 위임하고 공통의 명령(common directives)이나 규제(regulation)를 받아들이도록 요구하고 있다.

그러나 분명한 것은 국가의 자율성은 항상 국민국가 체제와 자본주의의 글로벌한 성격에 의해 일정 정도 제약되어 왔었지만 국가는 특정 영역에 있어서 기존 자율성의 많은 부분을 잃어가고 있다는 것이다. 헬드(Held 1989)는 최근 수십 년간 대부분의 국가가 점진적으로 자율성을 잃어버린 분야로서 다음의 5개를 꼽고 있다.

1. 국가가 대외 금융지원을 필요로 할 때에는 IMF나 세계은행과 같은 IGOs의 요구에 따라야 한다.
2. 대다수 국가에서 자신들의 군사전략과 외교정책에 대한 결정권이 쇠퇴하고

있다. 그 이유로는 안전보장제도나 병기제조기술, 국가방위기구 등이 동맹을 맺는 데 핵심적 부분이 되면서 NATO와 같은 통일된 명령구조로 인해 권력 블록이 통제되었기 때문이다.

3. 거대 병기를 가지고 있던 소련이 해체됨에 따라 테러리스트나 분리주의자, 범죄집단은 비교적 쉽게 살상능력이 높은 병기, 소형폭탄, 특정 종류의 핵병기까지 입수할 수 있게 되었다. 이러한 파괴수단의 사유화와 보급은 진행되고 있는 국가 통제의 쇠퇴를 잘 나타낸다(Hobsbawm 1994 : Chapter 19).

4. 국제법의 적용범위가 늘어나면서 국가 자율성을 침해하고 있다. 일반적으로 국제법을 준수할 것인가 말 것인가는 국가 자신의 이해와 선의에 의해 결정된다. 그러나 여기에는 몇 가지 중요한 예외가 존재하는데, 그 예로는 유럽인권재판소(European Court of Human Rights : EHCR)의 판결이 있다. 직장에서의 평등임금과 성차별에 대한 문제에 관한 판결은 회원국 국내법을 바꾸도록 강제되었다(Held 1989 : 199-200). 게다가 네덜란드 헤이그에 있는 세계 상설 형사재판소인 국제형사재판소(International Criminal Court : ICC)는 1997년 드디어 인도에 대한 제노사이드 범죄와 관련하여 국가 수장이나 국가 지도자를 기소할 수 있는 권리를 얻게 되었다. (미국은 2002년 이러한 동의를 철회했다.) 이후 세르비아의 밀로소비치와 칠레의 피노체트 등을 포함한 몇몇 세계 지도자들이 인도에 대한 범죄의 죄목으로 기소되었다(Kegleey and Wittkopf 2004 : 584).

5. 글로벌리제이션 앞에서 유효한 경제정책을 결정하는 국가의 능력이 쇠퇴되고 있다. 이러한 측면에 대해서는 좀 더 자세하게 살펴보기로 하자.

경제적 자율성

EU와 북미자유협정(North American Free Trade Agreement : NAFTA)과 같은 지역 경제단체가 가맹국을 특별히 규제하는 것이나 IMF나 GATT(지금은 WTO)와 같은 IGOs가 회원국을 관리하는 규칙을 제외하고도 경제적 자율성이 쇠퇴를 보여주는 여러 측면이 존재한다.

1. TNCs로 인해 특정 자본의 유동성이 훨씬 고도로 증가하게 되었다. TNCs는 공장을 세계 어디에 설치하면 이윤이 올라가는가, 어떠한 고용방침이 바람직한가, 자신들의 유동적인 자산을 어디에 맡기면 좋은가를 결정한다.

2. TNCs의 세계적 협동력이 증가하는 것에 관하여 스케어(Skair 2001)는 이동하는 자본주의 계급이 형성되고 있다고 보았다. 여기 속하는 사람들은 몇 가지 공통점을 가진다. 우선 그들은 직장과 국내외 정치에 있어서 일상생활에 있어서 소비자의 영향력을 통제하려고 한다. 그들은 또한 다양한 국가로부터 지엽적 관점보다는 글로벌 관점을 가지고 자신들을 세계 시민이라고 생각하며 비슷한 부유한 라이프스타일을 공유하는 경우가 많다.

3. 과거 국가의 통화가치와 이자율을 결정하는 정부 능력은 중요한 경제무기가 되었다. 그러나 이제는 관리가 불가능한 통화의 흐름이 은행 규제완화, 24시간 운영하는 통화시장 성장, 의사소통 기술 발전, 초국가 경제를 지배하는 경우가 많다(Drucker 1989). 게다가 끝없이 투기적이며 불확실한 통화 유동성의 본성으로 인해 '카지노 자본주의'가 탄생했다(Strange 1986). 이러한 모든 것들이 경제를 관리하는 정부의 주요 수단들을 비효율적으로 만든다.

4. 정부들은 '국경 없는 세계'에 직면하고 있지만 이는 기술, 투자, 화폐의 흐름에 관한 것만은 아니다. 오마에(Ohmae 1994 : 18-19)에 의하면 "(영토적 경계)를 갉아먹는 모든 세력 가운데 가장 끈질긴 것은 아마도 정보의 흐름일 것이다." 과거 정부는 정보를 독점하고 '자신들이 적절하게 보이도록 요리'함으로써 '국민들을 기만하고 통제'할 수 있었다.

그러나 IT의 발전에 따른 아이디어, 이미지, 정보의 흐름으로 인해 정부는 이제 더 이상 과거 재화와 사람의 이동을 규제했던 전통적인 방식으로는 정보의 흐름을 바꿀 수 없다. 국가 자율성에 대한 함의는 순수하게 경제적인 것만은 아니다. 따라서 정부 통제 외부에서 오는 대외적 영향은 점점 더 지방 시민의 소비자들과 라이프스타일의 선호—그리고 아마도 경제적 기대가 점점 충족되지 않는 것도—를 결정하게 되었다. 더 나아가 이로 인해 정부의 정책결정은 쇠퇴하게 되었다.

모더니티에 대한 반감

초국가적이고 초국경적인 주체들에게 힘을 빼앗기면서 정부는 점점 다음과 같은 문제에 직면하고 있다.

■ 고도의 정보를 지닌 재귀적 시민 네트워크

■ 중앙정부 권한의 일부 혹은 대부분을 지방으로 이전하려고 하는 불만을 가지고 있는 민족집단 및 지역의 소수집단

■ 대중 안에 널리 퍼져 있는 기존의 정당정치 논의에 대한 환멸

카밀레리와 포크(Camilleri and Falk 1992)는 이러한 국민국가에 대한 불만, 특히 선진국에 대한 불만을 모더니티에 대한 반감의 증가와 연결시켰다. 많은 시민들이 전에는 의심하지 않았던 과학과 물질적 진보에 대한 믿음이 너무 순진했던 것으로 위험한 것이라고 생각하게 되었다. 사람들은 정부가 계속해서 이러한 목표에 몰두하고 있는 것을 부조리하다고 생각하게 됨으로써 국가의 권력은 더욱 더 손상받게 되었다.

우리가 4장에서 언급한 포스트 모던적인 감수성이 증가하면서 이러한 현상은 더욱 복잡해진다. 많은 사회학자들은 포스트 모더니티와 함께 나타나는 변화들이 다양한 방면에서 모든 사회적·문화적 경험을 변화시키고 있다고 주장한다.

1. 자유주의(liberalism), 내셔널리즘(n ationalism), 사회주의(socialism)와 같은 **거대 담론**(meta-narratives)의 사양화와 함께 과거 존재하던 '진리'를 구성하는 것에 대한 명확성이 사라지고 있다.

중요 개념

거대 담론(Meta-Narratives) '통합'(grand) 이론이 각종 사회적 진화와 변동을 명쾌하게 설명할 수 있다고 주장하는 것에 비하여 거대 담론은 단순한 통합이론의 범위를 넘어 인간 경험의 진리에 관해 궁극적이면서도 서사적인 이야기를 제시한다. 예를 들면 사회주의라는 거대 담론은 역사가 다양한 집단—노예로부터 노동자에 이르기까지—의 억압에 의해서 점철되어 왔으며, 또한 경제적 착취에 대한 이러한 집단의 끝없는 투쟁에 지배되어 왔다고 주장한다.

---

2. 모든 경계 및 지위의 계급제도—사회집단 간, 예술적 형태와 스타일 간, 과거에는 명확하게 분활되어 있던 사회생활의 영역, 특히 일과 레저, 생산과 소비, 가정생활과 직장 간—는 무너져내리고 있다.

3. 각종 문화적·사회적 생활의 측면과 영역이 상품화되어 가고 있다.

4. 개인의 자기 실현 추구, 자기애적 신체의 향유, 사적 영역과 다른 사람과 구분

되는 라이프스타일의 구축 등은 많은 사람들에게 있어서 최우선적 지향이 되
어 그 결과 현대 생활에 있어서 소비가 중요한 역할로 각광받게 되었다.

5. 시민들은 계속해서 증가하는 정보와 이미지, 메시지에 압도되고 있다. 또한 그
들의 거대한 양과 본질적·단편적인 성격으로 인해 삶은 각박해져 가고 비현
실적인 것이 되어가고 있다.

카밀레리와 포크(1992)는 이러한 탈근대적 감성들이 사회문화적 관계뿐만 아니
라 국가 정치에 있어서도 해석상의 위기를 낳고 있다고 보았다. 이로 인해 사람들은
혼란스러운 가치와 의미의 다양성에 직면하고, 모더니티가 가지는 변명과 야망을 더
욱 더 비판하게 된다. 이는 또한 내셔널리즘이나 민주주의의 거대 담론에 반대하고 이
를 파괴하도록 부추긴다. 이제 이런 것들이 편협하고 타당성 없게 보이는 것이다. 예를
들어 우리들은 현재의 민주주의 형태가 현대 시민들의 욕구를 충족시켜 줄 능력이 없
고 에너지를 끌어낼 수 없다고 봄으로써 의미가 없는 것으로 보게 되는 것이다.

글로벌리제이션으로 인해 강화된 문화 다원주의는 국가 정치를 위태롭게 한다.
국민국가는 상상된 개념으로서의 공동체와 영토성, 그리고 주권을 기반으로 역사적
으로 건설되었기 때문이다. 이들은 포스트모더니티가 내포한 파괴주의적 성향으로 인
해 위협받고 있다. 따라서 우리 삶에 수많은 힘이 존재하는 것은 점차적으로 특정 사
회가 특정 장소나 영토에 '정박'하고 있다(Camilleri and Falk 1992 : 250)고 볼 수 없다는
것을 의미한다. 우리가 '영국인'이나 '캐나디안'처럼 어떠한 '국가' 정체성과 문화를
이야기할 때 그것이 무엇을 의미하는지 결정하는 것이 점점 더 어려워지는 것이다.

국민국가의 유효성에 대한 끊임없는 요구

과연 국민국가는 지금까지 오랜 기간 동안 군사적 안전보장, 자율성, 국가 정체
성의 주체로서 세계 정치를 형성해 왔음에도 불구하고 진정으로 최종국면을 맞이하
고 있는 것일까? 최근의 위기들을 보면 세계의 많은 지역에서 해결이 불가능한 군사
적, 내셔널리즘적, 국가 간, 민족적 마찰은 끊이지 않고 발생하고 또한 새롭게 분출하고
있으며, 이러한 갈등으로 인해 더 심각한 긴장상태가 나타나고 있는 것을 알 수 있다.
스미스와 브래인(Smith and Bræin 2003 : 70-1)에 의하면 1989년 후반과 2003년 초에 이
르는 기간 동안 전 세계에서 125개가 넘는 전쟁이 발발했으며, 이 중 90%에 가까운
대다수가 국가 간의 전쟁이 아닌 내전이었다. 이러한 전쟁들로 인하여 700만이 넘는

사람들이 죽었으며, 이들의 대부분은 민간인이었다. 냉전의 종식과 소련의 붕괴는 국가적·민족적 요구와 경쟁관계를 부활시키는 기동력이 되었다. 몇 가지 예를 들면 다음과 같다.

1. 1989년 유고슬라비아 해체 후에 시작된 발칸 반도의 위기는 보스니아 지역의 대량학살과 내전으로 1995년에 이르렀는데, 이는 이후 코소보 사태로 되살아났고, 1999년 3월 세르비아에 대한 NATO의 폭격으로 이어졌다.

2. 1990년 이라크의 쿠웨이트 침공은 1991년의 걸프전으로 이어져 2003년에는 미국 군에 의한 제2차 이라크전으로 이어졌다.

3. 계속 이어진 중국과 타이완 사이의 분쟁은 1995년 일시적 무력분쟁으로 심화되었는데, 이는 아시아 태평양 지역에 앞으로 있을지도 모르는 충돌을 예상하게 했다.

4. 북아일랜드, 캐나다, 스페인, 팔레스타인 및 아프리카의 몇몇 국가들에 있어서 민족, 언어, 종교, 지역집단의 자치권 요구에 관련된 불안이 장기간에 걸쳐 존재하고 있다.

5. UN 개입을 둘러싼 불안, 특히 소말리아, 보스니아, 르완다에서의 실패와 콩고민주공화국에서부터 시작된 전쟁에 있어서 다수국 개입 실패의 역사를 보았을 때 과연 UN이 세계 평화유지 책임을 유효하게 수행할 수 있을 것인가 하는 UN의 능력에 대한 문제가 제기되었다.

6. 보유국이 증가하고 있는 (인도, 파키스탄, 이스라엘, 남아프리카) 화학무기 및 핵무기의 확산, 스스로 무기를 생산하는 능력을 보유하거나 가까운 미래에 가지게 될 것 같아 보이는 국가들(이라크, 브라질, 이란, 아르헨티나)이 존재한다.

이러한 갈등의 일부는 정부가 경제를 성장궤도에 올리기 위한 조건을 제시하지 못하거나 민족 간 혹은 지역 간 경제적 이익배분의 불균형을 시정하지 못했던 정부의 실패가 남긴 유산이다. 글로벌리제이션의 영향이라는 좀 더 넓은 문맥 안에서 그 이유를 찾을 수도 있다. 예를 들어 헬드(Held 1995 : 94)는 정보의 글로벌리제이션이 "인류 공통의 목적이라는 감각을 창조하지 못하고 정체성과 차이가 중요하다는 감각을 강화시키고 있다"고 논하고 있다. 그 결과 국가를 가지지 않는 사람들은 자신들의 국가를 요구하게 된다. 무기의 확산 측면에 있어서도 글로벌리제션과 내셔널리즘 간의 연관성이 존재한다. 신생국은 국제적 위신과 독립의 심볼로 무기를 사고, 무기 제조국들은 수출 이득이 늘어나기 때문에 무기거래 통제에 회의적이다.

새로운 국가형성, 민족 간의 적대심, 국제적 테러리즘, 무기거래 등으로 인해 발생하는 분쟁들은 UN에 여러 가지 문제를 발생시킨다. 1945년 창설 당시의 상황을 살펴보면 현재의 고충을 쉽게 알 수 있다. 당시 국민국가의 수는 현재보다 훨씬 적었기 때문에 국제적 합의에 도달하는 것이 상대적으로 쉬웠다. 게다가 UN의 주요 활동은 앞으로 발생할지도 모르는 국가 간 분쟁을 방지하기 위해 고안된 것이었다. 이러한 요소로 인해 최근 볼 수 있는 국가들 안에서 벌어지는 내전과 분쟁들을 해결하는 데 있어서 여러 가지 미비점이 나타났으며, 글로벌 어젠다에 관해서는 이러한 문제가 발생하는 경우가 많다. 그러나 국민국가 체제를 위협하는 이러한 세력들이 존재하는 한편, 국민국가로서 승인받는 것은 변함없이 정치운동의 대중적인 목표이다. 우리가 지금까지 보아왔듯이 제2차 세계대전 후 식민주의가 소멸하고 나서 국민국가 체제는 크게 확장되었고, 이 과정에서 감독자로서 UN은 중핵적인 역할을 했다(Giddens 1985 : 283).

다시 말해서 국가는 없어지지 않았던 것이다. 오히려 국가들은 다른 종류의 권력을 사용하기 시작했다. 그 증거로 대표적인 예가 복지국가들 사이에서의 '경쟁국가' (competition state) (Teschke and Heine 2002 : 176)의 증가이다. 로빈슨(Robinson 2002 : 215)은 흥미롭게도 글로벌리제이션 때문에 초국가적 국가 장치가 '국민국가 체제 안에서부터' 생겨나기 시작했다고 주장한다. 따라서 자본주의는 변형되고 국가의 자유를 방해하지만 국가의 정치적 제도 역시 변화하여 점점 초국가적 자본주의의 이익에 맞도록 국제화된다는 것이다. 이들은 로빈슨이 '초국가적 국가' (transnational state)라고 부르는 것을 형성한다. 여기에는 엘리트들과 함께 글로벌 자본주의에 동조하는 정치인들, 관료들의 초국가적 네트워크가 포함되는 데이 네트워크는 초국가적인 정치 및 경제 포럼과 연관된다. 이러한 "초국가적 국가의 간부들은 자본주의적 글로벌리제이션의 산파역할을 한다"(Robinson 2002 : 216).

한편 세계 곳곳의 정치가들은 임금을 억제하기 위해 노력하면서 글로벌리제이션을 복지예산의 삭감이나 노동조합의 권리 박탈, 노동시장의 규제완화 구실에 사용해 왔다. 1979년과 1990년 사이 영국의 대처 정부는 국가 기구를 집권화시키는 데 큰 성공을 거두었다. 이는 국가 권력을 줄이고 있었던 모든 흐름에 반하는 것이었다. 게다가 글로벌리제이션에 직면한 현대 국가가 자국 경제의 방향을 결정할 수 없을 것이라고 보는 것은 허구—약한 국가에게는 더욱 힘들기는 하겠지만—라고 보는 주장(Weiss

1998)도 나왔다. 정부가 경제에 대해 어느 정도의 통제권을 잃어온 분야는 1990년대 초반 한국의 경우에서처럼 특정 외국으로부터의 강한 압력으로 인해 국내외의 통화와 투자의 움직임에 대한 통제가 해체되었던 사례를 들 수 있을지도 모른다(Gowan 1999). 동시에 단호한 정부의 손에 여전히 남아 있는 정치력과 강한 정책지향은 고도로 중요한 영향력을 가진다.

정리

우리는 지금까지 사회학적 관심은 국제관계에 있어서 제한되어 있었다는 것을 인정하면서 사회와 국민국가 사이를 이해하는 데 있어서 사회학이 쌓은 공헌을 검토해 왔다. 그리고 나서 우리는 글로벌리제이션의 흐름에 직면하여 국민국가가 쇠퇴하고 있는지의 논쟁에 관한 양측 주장과 이러한 주장을 살펴볼 때 여러 가지를 주의해야 할 필요가 있다는 것을 논해왔다. 헬드와 알치부기(Held and Archibugi 1995)가 제시한 최근 사례를 소개하면서 이번 장을 정리하는 것이 유용할 것 같다. 이들에 의하면 세계는 그들이 '코스모폴리탄 민주주의'(cosmopolitan democracy)라고 부르는 것을 필요로 한다. 이 안에서 "시민은 세계 어디에 있든지 자국의 정부와 동등한 입장에서 독립적으로 국제문제에 대해서 발언하고 참여하며 정치적 대표성을 가진다"(Held and Archibugi 1995 : 13). 이는 또한 "가맹국의 정치체제를 감시하고 필요한 경우에는 국내문제에도 영향력을 발휘할 수 있는 권위를 가진 글로벌 기관 창설을 요구한다"(Held and Archibugi 1995 : 14). 이것이 요구하는 제도변화 중에는 다음과 같은 것들이 있다. 지역의회의 창설, 지역 내 운송 등과 관련된 문제에 관한 초국경적 국민투표의 도입, 국제재판소의 권력과 영향력 증대를 통한 인권의 부분적 강화, 각종 지역적 이해를 진정으로 대표할 수 있도록 보장하고 미국의 영향력을 억제하는 것을 통해 UN의 유효성과 정통성을 높이는 개혁 단행이 그것이다(Held 1995 : 106-9).

이러한 발상과 제도를 실현시키기에는 앞으로 머나먼 여정이 남아 있다. 그러나 이러한 대담한 혁신적 발상과 빠르게 변화하는 '세계 정치질서'의 현실과 비교해 보면 국민국가 대 글로벌리제이션에 관한 논쟁은 시대에 뒤떨어지고 단순한 것처럼 보이게 된다. 동시에 글로벌 질서의 출현 앞에서 국민국가의 권력은 모순으로 가득 차 있다. 예를 들어 1999년 NATO의 세르비아 공격은 세계공동체가 타국의 국내문제에 어떻게, 그리고 어떠한 환경 아래에서 개입할 수 있는가의 여부—사악한 정부가 파렴치하게도 보편적 인권이라는 원칙을 무시하거나 주변지역 안정을 위협하거나 하는 경우조차—라는 중요한 문제를 제기했다. 그러나 또 한편으로는 2003년 미국이 주도한 연합군의 이라크 개입과 그 결과로 일어난 폭동, 많은 민간인과 군인 학살 등으로 인해 미국에 대한 지지가 국내외에서 쇠퇴했던 사실은 위대한 초군사 강대국조차 일견 보이는 것보다 행동반경이 좁다는 것을 보여줬다. 모든 것이 변하고 있지만 그것이 얼마나, 그리고 어떠한 방향으로 얼마나 많이 바뀌는지는 확실치 않다.

    마지막으로 우리가 강조해 왔듯이 역사적으로 경제적 퇴보를 극복하는 데 있어서 국가의 역할은 어디에서나 탁월했다. 그래서 산업화 초기 단계에서는 대부분의 정부들이 기간산업, 교육, 지방자본가 육성, 국외 경쟁으로부터의 기초산업 보호 등에 투자했다. 아시아의 많은 국가들은 이보다 훨씬 더 큰 역할을 했다. 현재 남아 있는 빈곤 국가들이 이와 비슷한 국가 주도 전략을 채택하지 않고서는 어떻게 그들의 현상황에서 벗어날 수 있을지 예측하기 힘들다.

더 읽어볼 책

■ 케그리와 위트코프(C. W. Kegley Jr and E. R. Wittkopf)가 쓴 『세계 정치 : 경향과 전환』(*World Politics : Trend and Transformation*, 2004)은 글로벌리제이션 시대 국제관계와 변덕스러운 세계 정치에 대한 연구를 위한 방법론에 관해 광범위한 논의를 제공한다. 이 책은 정기적으로 개정되어 다양한 그림과 지도, 표, 그 외의 알기 쉬운 자료들이 포함되어 있다.

■ 헬드와 맥그루(D. Held and A. McGrew)는 정치와 글로벌리제이션에 관한 수많은 대표작을 써왔다. 그들의 저작 중 『글로벌리제이션/반글로벌리제이션』(*Globalization/Anti-Globalization*, 2002)이라는 짧은 책은 이에 관련된 다양하고 많은 정보를 수록하고 있으며, 변화하는 권력의 속성에 대한 논의와 그 평가가 실려 있다.

■ 델란티(G. Delanty)의 책 『글로벌 시대의 시티즌십 : 사회, 문화, 정치』(*Citizenship in a Global Age : Society, Culture, Politics*, 2000)는 시티즌십 이론에 대한 종합적 재검토를 제공하며, 글로벌리제이션에 의해 시티즌십이 어떻게 바뀔 필요가 있는지 설명한다.

■ 니스벳(R. A. Nisbet)의 『사회학적 전통』(*The Sociological Tradition*, 1970)은 학문영역으로서 사회학의 초기 발전단계에 관해 읽기 좋게 설명하고 있다. 3장, 4장을 읽어볼 것.

■ 존 알렌, 피터 브래햄, 폴 루이스(John Allen, Peter Braham and Paul Lewis 1992)가 편집한 『모더니티의 정치경제 형태』(*Political and Economic Forms of Modernity*) 중에서 루이스(P. Lewis 1992 : Chapter 1)가 쓴 민주주의에 대한 장, 라일리(D. Riley 1992 : Chapter

4)가 쓴 시티즌십과 복지에 관한 것은 이번 장의 첫 번째 부분에 대한 유용한 부연 설명이 될 것이다.

그룹 과제

1. 자신들의 국가 정체성에 대해서 어떻게 생각하는지 생각해 보자. 이는 얼마나 강한 지, 그리고 왜 그런지? 글로벌리제이션이나 지역주의화가 국가 정체성을 위협하고 있는가? 더 강한 충성심을 가지고 있는 다른 대상이 있는가? 모두 앞에서 전원 발표 해 볼 것. 개개인의 입장은 어느 정도 차이가 있는가? 그리고 이것은 어떻게 설명 가 능한가?

2. 소그룹으로 나눈 뒤 이하의 문제에 관하여 몇 주간에 걸쳐 유력 일간지와 잡지를 스 크랩해 보자. a) UN에서는 무슨 일이 벌어졌는가? b) 글로벌화의 추진력이—예를 들자면 서구의 TV 프로그램과 같은—어떻게 정부의 국내정책 실시에 방해가 되고 있는가? c) 이 기간에 일어난 국가 간에 발생한 분쟁과 그 이유. 각 그룹은 이러한 문제에 대해 간단한 보고서를 작성, 모두 앞에서 발표해 볼 것.

생각해 볼 문제

1. 최근에 이르기까지 주류 사회학이 국가나 국제관계에 관해 관심을 거의 가지지 않았 던 이유를 설명해 보자.

2. 현실주의적 관점이 세계 질서의 이해에 끼친 공헌을 비판적으로 평가해 보자.

3. 오늘날 시티즌십의 형태를 이해하는 데 있어서 마샬(Marshall)의 3가지 '권리'는 적 절하다고 볼 수 있는가?

4. "국민국가는 최종적 쇠퇴국면에 있는데, 그 기능을 계승할 능력을 가진 대안적 구조 는 존재하지 않는다"라는 생각에 대해서 논의해 보자.

5. 글로벌리제이션과 국민국가를 둘러싼 논의를 검토하는 데 있어서 발생하는 주요한 문제점은 무엇인가?

유용한 웹사이트

■ http://web.inter.nl.net/users/Paul.Treanor/plana.html 폴 트리노어(Paul Trea- nor)가 운영하는 이 사이트는 사회학 연구 온라인(Sociological Research Online)에 개 재된 저널 기사로 구성된다. 온라인상의 내셔널리즘은 계속 증가하고 있다. 이 사이 트는 영상 면에 있어서 다소 정돈되지 않은 점이 있지만 인내를 가지고 찾는다면 아 주 유용한 보물을 찾을 수 있을 것이다.

■ http://www.intute.ac.uk/socialsciences/cgi-bin/search.pl?term1=nationalism

&gateway=Sociology&limit=0 내셔널리즘에 대한 이 사이트는 회원 가입을 하면 다운로드가 가능한 많은 양의 자료를 제공한다. 정치에 대해 강한 지향을 가짐.

■ http://www2.ids.ac.uk/drccitizen/ 드물게도 학자, 7개 국가의 시민사회단체, 정부(영국의 국제발전 부서), 록펠러 재단 간의 제휴. 시티즌십, 참여, 책무에 관한 발전연구센터 시티즌십, 참가, 설명책임에 관한 개발연구센터(The Development Research Centre on Citizenship, Participation and Accountability)라고 불리는 이 모임은 시티즌십과 참여를 늘리는 데 초점을 맞추고 있다. 이 그룹은 시티즌십이 프랑스 혁명이나 마샬(Marshall)이 묘사한 원래의 형태에서부터 어떻게 변화해 왔는지를 설명하고 이를 문서화하는 작업을 하고 있다.

PART **TWO**

균열

GLOBAL

SOCIOLOGY

CHAPTER 6

사회 불평등 : 젠더, 인종, 계급
Social Inequalities : Gender, Race and Class

SOCIOLOGY

사회학자들은 항상 모든 사회의 다양한 불평등과 사회와 시대에 따라 달라지는 불평등의 형태를 개념화하고 설명하려고 노력해 왔다. 권력, 재산, 소득, 기회, 사회적 지위에 있어서 개개인이나 집단 사이에 존재하는 불평등한 배분은 무작위로 이루어지는 것이 아니라 정형화되고 구조화되어 있다. 특정 사회집단이 다른 집단과 똑같은 사회적 보상이나 자원을 가지게 되는 것은 끊임없이 거부된다. 불이익을 받는 집단은 그들에게 '적절한' 사회적 위치를 받아들이도록 유도하는 **사회화**(Socialization)라는 과정 안에서 이데올로기, 우세한 문화적 가치, 학습된 역할에 노출될 뿐만 아니라 다양한 차별 역시 받게 된다. 관습적인 신념이나 정치적 이데올로기, 조직화된 종교는 기존 사회질서가 정상이고 필요한 것 혹은 신이 허락 한 것이라는 신념을 주입시키는 데 중추적 역할을 하는 경우가 많다.

중요 개념

사회화(Socialization)   사회화란 사회 구성원 간에 공유되는 규범이나 가치, 의미를 이해 또는 모방하거나 이를 재생산하는 것을 학습하는 과정을 의미한다. 이러한 규범, 가치, 의미는 일상생활 안에서 끊임없이 정립되고 결정된다. 가족 안에서 아동이 맺는 관계—학교나 또래집단에 있어서도—는 보통 이러한 학습과정에 중요한 위치를 점하는데, 사람들이 미디어를 포함한 다양한 사회경험에 끊임없이 노출되는 것과 같이 사회화는 전 생애에 걸쳐 계속된다.

일반적으로 구조화된 형태로서의 불평등은 3가지 주요 축을 따라 작동한다. 사회행위자들의 젠더, 인종·민족성, 계급이 그것이다. 따라서 이 3가지 요소는 사회 불평등에 관한 논의에서도 언급되므로 몇몇 불경한 사회학자들은 이들을 '성삼위'(holy trinity)라고도 부른다. 각 요소는 불평등 구조를 생성하고, 성차별주의(sexism)나 인종차별주의(racism), 계급 간 격차 및 갈등의 제도화를 가져온다. 젠더, 인종, 계급은 또한 매우 다양하고 복잡한 방법으로 서로의 영역 안으로 들어가 기존 불평등의 효과를 강화시키거나 약화시키는 역할을 한다. 이번 장에서 우리는 이런 '성삼위'가 어떻게 우리의 일상을 형성하고 있는지 이해하기 위해 다양한 주제 및 주장들과 씨름하고 있는 과거 및 현재 사회학자들의 방법을 공부할 것이다. 이 과정에서 우리는 또한 여러 종류의 불평등이 가지는 상대적 중요성은 변화할 수 있다는 것을 기억해야 한다. 이러한 3가지 축에서 나타나는 불이익은 사회나 시대에 따라서 현저하게 달라지는데, 한편으

로는 종교활동이나 장애, 시민적 지위, 연령 등 그 외의 불평등 원천 역시 사회 불평등을 형성한다. 이러한 다른 요소들에 대해서는 이 다음에서 다룬다. 우리는 불평등이 사실상 다양한 사회에서 다양한 형태로 나타난다는 의미에서만 글로벌 현상이라고 하는 것이 아니라, 지역 및 글로벌 수준에서 이러한 불평등이 넓은 범위로 증가하고 있기 때문에 불평등이 글로벌 현상이라고 함을 기억해야 한다(8장 참조).

숨어 있는 사회 불평등

젠더, 인종·민족성, 계급을 자세하게 다루기 전에 차별과 사회 불평등을 낳는 다른 네 가지의 원천에 대해서 간략하게 생각해 보기로 한다.

종교활동

세계에 존재하는 191개의 UN 승인국가들 대부분은 그들의 시민이 자유롭게 종교를 선택하고 믿을 권리를 보장하는 헌법을 채택하고 있다. 그러나 현저한 예외들도 존재하는데 여기서는 두 가지를 소개하고자 한다. 19세기 중반에 창시된 종교인 바하이교(The Bahai, 때로는 Baha'i로 쓰기도 한다)는 이란에서 학대가 계속되어 수천 명의 신자가 박해를 받고 사형에 처해졌다. 바하이 교인들은 변절자로 취급당해 사형에 처해지거나 종신형을 받는 등의 박해를 받아왔다. 그들의 집과 재산은 압수되었으며, 그들의 법적 권리와 노동권은 부인되었다(Cooper 1985). 중국 공산당은 아직도 중국 사람들은 신앙을 가지지 않는다고 선언하고 공공연하게 불교, 도교, 이슬람교, 가톨릭, 프로테스탄트교 등 5가지 신앙을 가진 사람들을 차별하고 있다. 그러나 중국 공산당은 이 중에서도 특히 1992년 창시된 파룬궁(法輪功)을 용인하지 않아 이를 '악마숭배'의 종교로 규탄했다. 파룬궁의 신자는 7,000만에 이르러 공산당 당원에 견줄 정도이다. 경찰 구류로 인해 2,786명의 파룬궁 신자가 사망했으며 100,000명이 넘는 신자가 노동캠프로 보내졌다는 보고서가 있다(Schechter 2000).

장애와 '이동권'

이동능력의 손상(예를 들어 휠체어 사용자들)을 이유로 행해지는 차별들은 잘 조직화된 장애자 집단에 의해 많은 사람들의 주목을 끌게 되었다. 그 결과 리프트, 경사로, 주차장, 화장실이 그들의 사용에 적합하도록 개조되고 계획되었다. '장애자'라는 카테고리는 미국 장애인 권리 교육 및 변호재단(US Disability Rights Education and Defense

Fund, www.dredf.org)과 같은 로비 집단에 의해 현저하게 늘어났는데, 이들은 이동능력이 손상된 사람들뿐만 아니라 암이나 간질, 당뇨병을 가진 사람들도 회원으로 받아들이고 있다. 따라서 4,900만에 가까운 미국 시민들은 이 '장애자' 카테고리 안에 들어가게 되어 강력한 지지층을 형성하게 되었다. 대부분의 가난한 국가들에서는 대개 장애인들의 그룹이 자발적으로 조직화되지 못하여 그들에 대한 보호와 복지는 자선과 같은 우연적 행위에 달려 있다.

카스 등(Cass et al. 2005)은 공간적 권리 혹은 **이동권리**를 일반적으로 받아들여지고 있는 시민권, 정치권, 사회권의 카테고리 안으로 받아들여야 한다고 주장한다. 그들은 장애인들은 단순히 병에 걸린 사람들이 아니라 재화, 가치, 상품 등에 접근하는 데 있어서 육체적으로 제한되어 있다는 것이 일반적 현상이라는 것이다. 직장, 가정생활, 여가시간의 사회 네트워크가 한층 더 광범위해짐에 따라 지리적 고립, 운반비용과 정보 결함은 사회적 고립과 배제를 낳게 된다. 유효성과 운반비용, 정보, 재화, 서비스로의 접근 측면에서 볼 때 이동능력은 세계적·지역적으로 불균형상태이며, 시골과 도시 지역 간, 부자와 빈자 간 격차가 존재한다(허리케인 카트리나가 접근하는데도 도시를 떠날 능력을 가지지 못했던 뉴올리언즈의 가난한 사람들—대부분이 흑인이었다—을 생각해 보자).

시민적 지위

고대 그리스에서 스파르타인들은 피정복인인 외국인의 노동력에 의존했고, 생산물 일부를 주인들에게 상납했던 메세니안 농노들은 군대에 갈 수 없었으며, 법적 권리 및 시민적 권리도 가질 수 없었다. 현대 많은 사회에 있어서도 새로운 형태의 농노—일을 하고 서비스를 제공했음에도 불구하고 사람들은 오랜 기간 동안 그들을 동정하지도 시민으로 포함시키기를 원하지도 않았던 것을 견뎌내야 했던 사람들—를 만들어내는 경향이 늘어나고 있다. 누가 투표하는가, 누가 통행권을 가지는가, 누가 보건관리에 있어서 무료 혹은 보조금 혜택을 받으며 실업수당 및 장애자 수당, 연금을 받는가 등, 누가 그 외의 여러 권원의 주인이 될 수 있는가에 대한 문제를 둘러싸고 기존 주민들이 새로운 이주자들과 대립하는 것처럼 점점 경쟁적으로 변하고 있다. 정부가 새로운 농노들에게 부여하기 위해 만든 임시적 지위가 확산되고 있는 것이 그 예이다. 새로 온 사람들에게는 '예외적으로 머무를 수 있는 허가'가 부여된다. 그들은 '임시노동자', '초빙노동자', '거주 외국인', '보호대상자', '밀입국자' 등 다양하게 불리지만 어느 것이든 이득과 권원을 누리는 완전한 시민이 되기에는 여러 가지 부족함이 존재한다.

연령

부유한 노장년층이 다수 존재함에도 불구하고 모든 사회, 특히 부유한 서양사회들과 일본에 있어서 인구통계의 구성이 변화하면서 연령은 점차적으로 중요한 사회 불평등의 축이 되고 있다(표 6.1). 빈곤이 노년층에 집중되는 것은 쉽게 관찰할 수 있는데, 이는 사회적 개입을 통해 개선될 수 있다. 예를 들어 영국의 경우 사회적 지원을 필요로 하는 노년층 수는 1974년 180만이었는데 17년 뒤에는 140만으로 떨어졌다. 수명이 연장됨에 따라 의료시설의 확충에 대한 압력은 늘어났고 더 많은 노년인구가, 그리고 더 적은 노동인구가 연금의 증가액을 부담하기 위한 세금을 지불하게 되었다. 그러나 이러한 이득은 쉽게 역전된다. 노년인구는 빈곤뿐만 아니라 병에 걸리기 쉽고 신체적 장애나 정신건강 문제를 가지기 쉽다. 정신건강 문제는 치매(영국 인구의 5% 정도), 고립(친구나 가족이 죽거나 떠남에 따라), 사별(배우자나 가족이 죽은 경우), 간호인에게 과도로 의존하는 것 등으로 인해 발생할 수 있다. 그들은 이러한 시련과 고령으로 인한 고난에 취약하다(Spicker 2005).

표 6.1_ 60세 이상 인구 점유율

연도	2000	2050(예상)
선진개발 지역	19	32
개발도상 지역	8	20
세계	13.5	26

출처 : UN (2004).

노년인구가 사회적으로 소외되거나 배제될 가능성이 높다는 것은 다른 사회 불균형의 축들이 어떻게 서로 더해지고 서로를 강화시킬 수 있는지 보여준다. 예를 들어 한 노인이 저임금의 비정규직 노동(계급 축)을 한다고 가정해 보자. 이 사람은 은퇴 후 공기도 잘 통하지 않고 난방도 잘 안 되는 집에 살 가능성이 높다. 또한 건강문제를 가지게 될 가능성도 높으며, 적절하지 않은 퇴직수입(연령 축)을 받을 가능성도 높다. 일반적으로 여성은 남성보다 오래 살지만(연령 축) 여성들은 더 낮은 임금을 받는 직업에 종사할 가능성이 높고—아이를 낳고 기르는 데도 시간이 든다—직업보험이나 국가

보험재단에 가입하는 가능성도 낮기 때문에(젠더 축) 여성들은 더 오랜 기간 동안 빈곤 속에서 살아가야 할 가능성이 높다.

가난한 국가나 시골 인구의 경우에는 확장된 가족제도가 영속성이 크면 클수록—존경과 사랑의 대상인—노인을 보호할 거라고 생각된다. 그러나 남반구의 많은 국가들이 도시화되고 있고 핵가족화가 표준화되고 있다. 알려지지 않은 사실인데, 50여 년 전 아프리카에서는 가족들이 노인들을 버렸던 경우가 많았다. 더 놀라운 것은 많은 사람들이 다시 부모가 된다는 사실이다. 2001년에는 적십자 국제연맹과 붉은 초승달협회가 적어도 500만의 조부모들이 HIV/AIDS로 부모를 잃은 아이들을 돌보고 있다고 발표했다. 또한 그 성명은 다음과 같이 이어진다.

불치병에 걸려 죽을 아이들을 돌보고 그들의 죽음에 대처해야 하는 심리학적 부담은 치명적이다. 고아가 된 손자손녀에 대한 책임감이라는 짐을 지는 데서 오는 스트레스 역시 크다. 그러나 할머니들이 20명의 아이들을 돌보는 것은 흔히 있는 일이다 (Medilink 2005).

페미니즘 : 젠더 불평등과의 대결

20세기, 특히 1960년대 후반 이후 대부분 사회의 여성들은 자신들이 역사적으로 다양한 억압을 받아왔다는 사실을 점차 자각하게 되었다. 많은 연구자—많은 경우가 여성 연구자들이었는데—들이 인문·사회과학 분야의 대부분의 기존 이론을 근본적으로 재검토하는 작업에 착수했다. 이러한 학문분야가 여성의 역사적·현대적 역할을 무시하거나 오해해 왔다는 이유에서였다(Box 6.1 참조). 그 결과 특히 사회학에서 독특한 관점이 출현하게 되었다.

이러한 새로운 관심으로 인해 주목을 받게 되었지만 여성들의 투쟁은 기나긴 역사를 가지고 있다. 19세기에 주로 중산계급 및 귀족계급의 여성들은 노비제도 폐지운동 및 형무소 개선운동과 같은 캠페인에 참가했다. 그들은 또한 특히 미국에서 여성의 투표권을 위한 조직을 만들었다(Stienstra 1994 : 44-9). 실제로 제1차 세계대전 전의 20년간 많은 선진국에 있어서 **여성참정권운동**(suffragette movement)이 매우 중요한 대중집합적 항의운동의 형태로 발전했다. 투표권 요구는 보통 여성 역시 남성과 같은 교육 및 취직의 기회, 사회적·공적 생활에 대한 평등한 접근을 누려야 한다는 주장과 연계되었다.

여성참정권운동(Suffragette movement) 여성참정권운동은 평등과 해방을 위해 가장 중요한 원칙으로서 여성의 선거권을 요구했다. 이 운동은 19세기 말과 20세기 초에 미국과 영국에서 정점을 이루었는데, 이 주장이 받아들여졌던 것은 공장이라는 '후방'에서 여성들이 전투를 벌였던 제1차 세계대전 때였다. 그러나 여성의 투표권이 인정되었던 1918년의 영국에서는 오직 30세 이상의 여성만이 투표권을 행사할 수 있었다. 미국은 2년 뒤에 여성참정권을 부여했다.

그림 6.1 참정권 포스터
대학을 졸업한 지적인 여성들을 죄수나 정신이상자와 같이 취급해서는 안 된다는 여성투표권 주장
여기에서는 죄수의 도덕적 열등성이 당연하게 받아들여지고 있지만 죄수들로부터 참정권을 몰수하는 것에 대해서는 논란의 여지가 있다.

페미니즘은 두 가지 물결로 구별할 수 있다.

- **제1물결 페미니즘** : 기본적으로 개인의 자유를 획득하기 위한 리버럴 페미니즘 (liberal feminism)이 여성운동의 첫 번째 파도가 되었다. 이는 자뤼스키(Zalewski 1993 : 116)가 '여성을 더한 다음 뒤섞은'(add women and stir) 종류의 페미니즘 사상이라고 불리는 것이었다. 이는 모든 시민이 동등한 존엄성과 존중, 권리를 가지고 있다는 계몽사상의 원칙을 여성에게 확대시키는 것이 여성해방을 위한 첫 단계이자 주요한 단계로 필요하다는 생각이었다. 인류의 반을 차지하는 여성이 자유롭게 자기 표현을 추구할 수 있게 된다면 남성을 포함한 모두가 이러한 새로운 에너지와 능력으로부터 이득을 얻을 수 있을 것이다. 이러한 리버럴 페미니즘은 오늘날도 영향력을 가지고 있지만 주로 서구 백인 중산계급 여성의 영역이 되어 왔다.

- **제2물결 페미니즘** : 제2물결 페미니즘은 1960년대 후반 이후 미국 밖으로 확산되기 시작하여 세계에 등장하기 시작했다. 남성과 비교했을 때 여성은 남성보다 육아능력 등 특정 분야에 우수한 능력을 가지고 있고 보다 조화로운 관계를 추구하는 경향이 있다는 생각이 공유되었다. 이런 생각은 만약 여성들이 정치적 권력을 획득하여 고도로 발달된 그들의 도덕적 성향과 우월성을 정치적 ·

공적 삶에 보여줄 수 있다면 세계는 좀 더 평화로워질 것이라는 주장으로 이어졌다(Stienstra 1994 : 52).

1960년대 이후 제2물결 페미니즘의 파도로부터 4가지 주요 명제가 나타나게 되었다. 이에 대해 간단히 살펴본 뒤 좀 더 자세하게 검토해 보기로 한다.

- 남성과 여성의 역할 및 특징은 사회 안의 젠더화 과정의 결과로 개개인에게 학습되어지거나 부과되는 것이다.
- 사회생활에 대한 여성의 공헌도는 항상 남성보다 낮다고 간주되어 왔고, 이로 인해 젠더 불평등성 상황이 만들어졌다.
- 오랜 기간 동안 고수되어 왔던 젠더 불평등 문화로 인해 사실상 모든 사회의 관계가 특징지어졌다.
- 여성들이 그들의 가정적 역할을 회피하거나 확대함에 따라 여성에 대한 억압의 형태가 사적 영역에서 공적 영역으로 이동해 왔다.

여성성과 남성성의 젠더화

사실상 모든 사회에 있어서 남성적임과 여성적임은 자연적 상태로 변화할 수 없는 것이라고 간주되어 왔다. 남성은 용맹한 전사나 기술자, 감정과 관계없는 이성적 사고를 가진 사람이 될 가능성이 높다고 생각되어 왔고, 여성들은 생태적으로 아이들을 키우거나 집안일을 하는 것에 적합하다고 간주되었다. 경제적 업무분담에 있어서 남성과 여성 사이에 존재하는 명확한 분업관계는 항상 이러한 자연스러운 생물학적 차이의 측면에서 정당화되어 왔다.

제2물결 페미니즘의 페미니스트들은 근본적으로 이러한 분류에 동의하지 않는다. 그 대신 젠더라는 것은 해부학적·유전학적 특징과 같은 생물학적 차이가 아닌 후천적 아이덴티티라고 주장했다. 피터슨과 러넌(Peterson and Runyan 1993 : 5)은 다음과 같이 논하고 있다 : "우리들은 특정 문화 안에 존재하는 사회화를 통하여 어떻게 하면 남성스러워지는지 혹은 여성스러워지는지, 그리고 남성 혹은 여성의 정체성이라고 간주되는지 배운다." 이러한 입장에서 보면 생물학이 아니라 다른 문화적 경험과 사회적 대우가 우리를 '남성' 혹은 '여성'으로 만드는 것이다. 이와 같이 한 사람이 수렵, 목축, 기계를 사용하는 노동이나 정치적 리더십을 발휘하는 직업이 아니라 육아나 집안일, 혹은 가정생활에 관련된 경제활동(요리나 세탁, 다른 사람을 돌보는 일)을 담당하게 되는 것을 결정하는 것은 대부분 문화적 과정에 의한 것이다.

젠더 계층구조와 여성의 종속

대부분의 사회에 있어서 젠더화된 아이덴티티는 이원 시스템에서 상반되는 위치를 형성, 완전하게 구별될 뿐만 아니라 평가에 있어서도 다르게 취급된다. 일반적인 남성적 특징은 여성 특징보다 사회적으로 좀 더 '유용'하고 기술적으로 '고난이도'이며 일반적으로 좀 더 '중요'하다. 페미니스트들은 이로 인해 대부분의 사회에서 젠더 관계에 있어 매우 불평등한 계층구조가 만들어졌다고 주장한다. 따라서 그녀들은 작은 보상밖에 받지 못하고 사회관계를 형성하는 힘도 가지지 못한다. 여성들이 남성들에 뒤이어 시민적·정치적 권리를 얻게 되었는데도 여성들이 직면하고 있던 억압의 근원을 제거할 수는 없었는데, 이는 이러한 권리들이 일반적으로 가정이나 가족과 같은 사적 영역이 아니라 공적 생활에 관련되었기 때문이다. 그곳에서 여성들은 경제적 의존이나 문화적 가치로 인해 정당성을 가지는 그들의 남편들, 아들들, 남성 친족으로부터의 지배에 종속된 채 남겨졌던 것이다.

가부장제적 사회와 가부장제적 관계

여성의 종속은 일반화된 남성 지배 혹은 **가부장제**(patriarchy)의 문맥 안에서만 이해될 수 있는가? 이러한 가부장제의 성격 및 범위, 그 원인에 대한 페미니즘의 생각은 한 가지 중요한 논쟁을 불러일으켰는데, 반대 의견은 거의 존재하지 않는다. Box. 6.1은 주로 근대화 사회 혹은 근대화 과정에 있는 사회에서 살아가고 있는 여성들에게 있어서 가부장제적 관계의 성격, 원인, 의무에 관하여 최근의 페미니즘적 아이디어가 가지고 있는 주요한 상이점을 정리한 것이다.

중요 개념

가부장제(Patriarchy)　　가부장제란 남성을 권력과 권위를 가진 지위에 오르게 하기 위한 억압의 한 형태이다. 페미니즘 작가들은 중세사회, 자본주의 사회, 사회주의를 자칭하는 사회뿐 아니라 원시사회에서도 나타날 정도로 가부장제가 너무나 깊숙이 내재되어 있다고 주장한다. 마르크스주의의 영향을 받은 페미니스트들은 성별에 따른 분업은 기능적인 것으로 계급구조의 진화에 관계했다는 점을 강조하고 있다. 다른 연구자들은 종교의 역할이나 남녀 역할의 분류와

이의 구조화에 대해 언급한다. 이러한 역할 차이의 근원(대부분의 페미니스트는 무시하고 있지만 남녀 간의 생물학적 기능의 차이를 주장하는 이들도 존재한다)이 무엇이든지 이러한 성역할의 차이는 현재 문화적으로나 정신분석학적으로 마음 안에 새겨져 있다. 그렇기 때문에 가부장제를 해체하기가 힘든 것이다.

메인(Maine)이나 엥겔스(Englels), 베버(Weber)와 같은 초기 사회학자들은 가족 중 남성 최고 연장자가 자신보다 어린 남성과 여성에게 무제한에 가까운 권력을 행사한다거나 거의 완전한 가내생산에 의존하고 있는 사회조직 체계를 가부장제로 정의했다. 그들은 가부장제를 특정 역사적 단계(전공업화)나 사회 안에 나타나는 특징적 사회 형태로 생각했다. 베버에 있어서 가부장제의 고전적인 형태는 장로들이 직접적으로 개인을 지배하고 혈연이나 동족관계가 사회적 유대를 결정하며 경제활동이 유목단계에 머물러 있었던 수천년 전의 중동사회였던 것이다. 20세기의 광범위한 인류학 연구에 의해 최고령의 남성들에 의한 지배가 목가적이며, 국가의 형태를 갖지 못하는 사회에서 특징적으로 나타나는 지배적 사회조직이라는 베버의 관찰은 옳은 것으로 판명되었다. 이러한 사회에 있어서 사회생활은 주로 같은 선조로부터 내려온 것에 기초하여 확장된 동족 (혹은 혈통) 체계를 향한 충성심을 중심으로 조직되었다.

여성은 보통 육아나 가계 전반을 돌보는 직접적인 책임을 가지고 있었는데, 여기에는 물을 길어오거나 땔감을 주어오는 것도 포함되었다. 그러나 생물학적·사회적 재생산이라는 그들의 부담 안에는 농경을 통한 식량생산이라는 중요한 역할도 포함된다. 이러한 여성들은 식사준비뿐만 아니라 식량생산 역시 자신들이 담당하여 남편이나 아이들뿐 아니라 그 친족까지도 부양했다. 전통적 농업활동의 생산성을 '개선'시키기 위해 농업 전문가들이 힘을 썼던 식민국가에 의해서든, 독립을 얻은 이후 사회를 통치하게 된 근대화 정부 엘리트에 의해서든 이렇듯 식량생산에 있어서 중요했던 여성의 역할은 무시되거나 곡해된 경우가 많았다.

아프리카의 경우와는 대조적으로 아시아 대부분과 중동 일부 지역에 살았던 사람들은 한층 더 집약적이고 효율적인 형태의 농업활동을 전개했다. 여기에는 영주, 토지에 대한 관습적 권리, 빈번한 비료작업의 필요성, 관개, 소와 같은 동물을 이용한 경작 등이 포함된다. 이러한 사회는 피라미드형 계층구조를 구성하고 있었다. 보스럽(Bosserup 1970)에 의하면, 집약적 경작을 기초로 한 농업사회는 목가적이며 국가를 가지지 않는 사회보다 남성이 작물경작에 더욱 더 중심적인 역할을 하게 되어 성별분업을 만들어낸다. 특히 밭의 관리나 곡물의 생산에 동물의 힘을 이용하는 등의 육체적 중노동이 남성의 주요 책무였다. 여성은 잡초 제거나 키질과 같은 좀 더 가벼운 농작업무를 담당하여 매일매일의 생산작업이나 작은 동물을 기르는 것 등이 주요 책무였다.

여성을 주로 가정이나 가정 내 영역에서만 활동하도록 가두는 한편, 그들의 남편들이나 남성 친족의 통제 및 책임을 부과했던 것에는 노동의 분업 외에도 종교적 신앙과 관습적 결합이 존재했다. 그 극단적인 형태의 예가 이슬람 사회의 **푸르다**(purdah)로의 강요이다. 그러나 그것이 얼마나 엄격하게 적용되었는가는 매우 다양하다. 예를 들어 가난한 집안의 경우에는 명확하게 나타나지 않았다―그리고 가능하지도 않았다―무역업자나 정부 공무원, 유복한 지주 가문의 여성들은 공적 생활로부터의 배제가 엄격하게 적용되었으나 이것은 번거롭게 경제적 부담을 떠맡지 않아도 되는 사회적 지위의 표시였다.

칸디요티(Kandiyoti 1997 : 91)는 이러한 사회에서 살아가는 여성들은 그들의 남편과 남성 친족들 및 '가부장적 거래'―즉 (남성으로부터) 보호를 받는 대신 복종과 재산을 주는―를 가지고 교섭을 할 수 있었다고 주장했다. 또한 그녀들은 이러한 여성의 안전이 위협받는 경우 남성들에 의한 변화에 저항할 수 있었다. 따라서 가부장적 사회의 여성들은 수동적인 희생자로 간주되어서는 안 된다. 예를 들어 사하라 주변 아프리카 대부분의 지역에 있어서 시장에서의 작물거래 기회가 증대됨에 따라 남성들은 그들의 부인들에게 훨씬 더 힘든 농장일을 부과하거나 자신들의 땅 일부를 그들의 아내들에게 제공해야 하는 관습적 의무를 지키지 않게 되었다. 이 때문에 그들은 더욱 더 많은 상업작물을 재배하게 되었다. 이러한 압력에 대항하여 여성들은 그들의 남편을 버리거나 상업적 농장에서 노동하는 대신 임금을 받는 등 거래활동에 좀 더 많은 시간을 쏟게 되었다. 때때로 지방의 남성들과 공공연하게 논쟁을 벌이기도 했다.

Box 6.1

가부장적 관계를 둘러싼 최근의 페미니즘 논의

급진적 페미니스트(radical feminist)

많은 페미니스트들은 가부장제가 근대 사회 여성들에게 전면적인 영향을 끼쳤다고 주장한다. 따라서 밀레트(Millet 1975 : 25)는 가부장제를 "인구의 반을 차지하는 여성이 남은 반의 남성에게 지배되고 있는 제도"라고 정의했다. 급진적 페미니스트들에게 있어서 남성의 지배는 여성들의 신체를 통제하는 남성들의 힘에서 유래하는데, 그 예로는 성적 관계나 출산에 있어서 여성의 역할, 그리고 근대적 의료행위나 기술이 주로 남성 전문가들에 의해 독점되는 경향 등이 있다. 이러한 남성 전문가들은 전공업화 사회에서 여성 약제사나 여성 의사들이 쌓은 지식들에 대해 제도적으로 비난하고 이를 배제했다. 또한 성적 관계의 '정상'적 형태로서 이성애를 널리 보급함으로써 강화되었다. 또한 이것은 특히 가정 내 남성 폭력이 퍼지게 됨으로써—정부는 일반적으로 이러한 상황을 눈감아 주거나 무시해 왔다—가능해졌다. 이러한 래디컬 페미니즘은 몇 가지 결점에도 불구하고 큰 영향력을 발휘해 왔다(아래 참조).

급진적 페미니즘에 대한 비판

페미니즘 사상 안에서 다른 여러 부류들이 출현하게 되면서—특히 1970년대 후반—급진적인 해석에 대한 이의가 점차적으로 제기되기 시작했는데, 그 근거를 몇 가지 소개하면 다음과 같다.

남성 지배의 근원이 주로 여성의 섹슈얼리티와 출산 및 육아에 있어서 그녀들의 역할에 있다고 보기 때문에 이러한 가부장적 관계의 개념화는 페미니즘을 오히려 그들이 탈출하려고 했던 관점, 즉 여성들의 종속은 생물학적으로 결정되어 있다는 상투적인 생각에 의존하게 할 수 있다.

이러한 가부장제에 대한 관점들은 무차별적으로, 그리고 특정 역사적 시대나 문화의 전체적인 삶의 방법과 관련되는 것으로 구분 없이 사용되고 있다(위와 Kandiyoti 1997 참조). 다양한 사회의 내부 혹은 복수의 사회에 걸쳐서 나타나는 가부장제 안에서 무엇이 제도적인지, 혹은 왜 가부장제가 다양한 형태를 띠고 있는지, 그리고 어떻게 해서 가부장제가 남성의 억압을 영속화시키고 전체화하면서 실질적인 사회관계에 뿌리를 내리게 되었는지는 명확하지 않다.

마르크스주의적 페미니즘

마르크스주의적 페미니스트들은 여성 억압의 주된 원인이 자본축적과 이윤의 논리로부터 나왔다고 주장한다. 자본가는 각 세대의 노동자를 생산하는 비용을 낮출 필요가 있다. 여성의 무급 가사노동과 아이들의 양육에 의해 자본은 그 목적을 달성한다—사회복지와 국가가 제공해 주는 교육수당의 도움을 받기는 하지만—자본은 가정 안에서 여성의 책임을 여성들에게 낮은 임금을 지불하기 위한 핑계로 사용함으로써 이러한 현실을 자신에게 유리하게 이용한다. 편리하게도 자본은 비슷한 이유에서 여성을 시장이 요구하는 때와 장소에, 사회보장이나 고용 안정성이 필요하지 않은 파트타임이나 임시고용직에 앉힐 수 있다. 그러나 마르크스주의적 페미니스트들의 다수는 점차적으로 가부장적 관계의 특정 면에 있어서—예를 들어 남성 폭력 확산 수단의 경우—그 원인을 항상 자본의 요구로 환원시킬 수 없다는 것을 인정하게 되었다. 가부장제는 흔히 독자적 논리를 가지는데, 이 논리가 자본주의적 억압과 함께 상호작용을 한다.

백인 페미니스트들에 대한 민족적·인종적 비판

남반구에 살고 있는 페미니스트들은 자신들에 대한 여성 억압의 주요 장소는 서양의 백인 페미니스트들과는 매우 다르다고 주장해 왔다. 남반구의 여성들에게 있어서는 식민지 지배 하에서의 착취, 서양 제국주의와의 투쟁 안에서 남여 통합의 필요, 신생독립국에 의한 여성 억압 등이 가족문제나 섹슈얼리티에 대한 통제보다 훨씬 더 중요한 문제였던 것이다. 이와 비슷하게 서양에 살고 있는 비백인 여성들은 '전통' 문화적·가정적 가치로부터 발생하는 갈등보다 자신들의 생활을 훨씬 더 곤란하게 하는 다양한 차별에 직면하는 경우가 많았다. 소수민족, 소수인종 출신인 여성들이 겪었던 노동시장 문제도 그녀들만의 특유한 것이었다. 따라서 영국에 거주하는 아프리카 카리브 해 지역 여성들은 가정 내에서 백인 여성들보다 훨씬 더 무거운 경제적 책임을 지고 있다(Brugel 1988). 그녀들은 교육 획득의 면에서 보면 같은 아프리카 카리브 해 지역 남성들보다도 훨씬 더 성공적이었다. 그러나 이러한 상대적 성공에도 불구하고 그녀들은 빈곤으로 인해 상근직을 구해야만 했는데, 이는 많은 경우 저임금직이었다. 좀 더 안정적인 가정과 고수입의 남편을 가진 백인 여성들은 이러한 고용의 '문제'를 파트타임으로부터 벗어나는 것이 어렵다는 식의 관점에서 보고 있는 것이다.

포스트모던 페미니즘

포스트모더니스트들은 사회생활에 침투하고 있는 복합적이며 끊임없이 움직이는 언설을 강조한다. 따라서 이 논리에 인간 행동을 형성하는 '고정'된 구조는 존재하지 않으며 절대적인 가치도 존재하지 않는다. 그들은 또한 문화적 차이를 찬양하고 자신들의 라이프스타일이나 사회적 페르소나를 구축하는(혹은 탈구축하는) 능력이 증대하고 있다고 주장한다. 포스트모더니스트들은 다른 페미니스트적 관점에 대하여 매우 회의적이다. 따라서 우리들이 명확히 '여성'이라고 하는 사회적 카테고리를 서술하거나 모든 여성이

남성과는 뚜렷이 구분되는 공통의 이익을 가지고 있다고 논하는 것은 본질주의적(사회
적 존재와 사물은 고유하고 환원 불가능한 본성을 가지고 있다는 신념) 성격을 띠게 된다.
여성잡지를 연구한 코워드(Coward 1978)에 의하면 『굿 하우스키핑』(Good Housekeeping)
지는 여성성을 가족이나 가정 내 역할 면으로 표현하고, 『코스모폴리탄』(Cosmopoli-tan)
지는 여성으로 하여금 육체적 매력과 신체적 아름다움에 대한 관심을 통해 성적 표현을
추구하게 한다고 주장했다. 또한 그 기사는 독자들이 가정생활이라는 기존의 아이디어
에는 거의 관심이 없고 성적 선택의 자유나 경제적 독립, 직업 등을 원하고 있다고 생각
하고 있다.

사적 가부장제에서 공적 가부장제로

Box 6.1에서도 알 수 있듯이 페미니스트 사이에서 존재했던 가부장제와 관련된
변화의 성격, 원인, 방향에 관한 여러 합의가 1970년대 이후 점진적으로 붕괴되었던
것은 명확해 보인다. 월비의 연구(Walby 1990)는 우리들이 가장 타당하다고 생각했던
주장들에 대한 생각을 바꾸고 최근의 변화들을 고찰하는 데 있어 매우 유용하다. 그녀
의 연구에 의하면, 산업사회에 있어 가부장제 지배형태가 사적 영역으로부터 공적 영
역으로 전체적으로 전환하고 있다는 것이다.

사적인 가부장제 지배는 가정 밖의 다양한 구조에 의해 유지되어 왔다. 과거 150
년에 걸쳐 여성들은 공적 영역에 참가할 수 있게 되었다. 그러나 여성들은 여전히 착
취당하고 새로운 가부장제에 종속된 상태에 놓여 있다. 그 이유는 남성과 비교해 볼
때 여성들이 공적 생활 안에서 여러 불이익에 직면하고 차별대우를 경험하는 경향이
있기 때문이다. 월비(1990)는 이러한 새로운 젠더 역학에 대해 자세하게 논하고 있는
데 그 내용은 다음과 같다.

■ **저임금노동** : 여성들은 형식적인 급여직으로부터 배제되지 않았을 뿐만 아니라
1980년대 대부분 서양에서는 여성들이 노동력의 반에 가까운 수를 차지하게
되었다. 그러나 그 절반에 가까운 노동력이 파트타임 고용이었다. 임금평등 보
장법에도 불구하고 여성들은 같은 직종 남성 임금의 4분의 3을 받아왔다. 또
한 여성들은 간호분야(의료, 사회사업, 교육 등)나 저임금 산업 및 서비스 등 여성
지향적인 특정 분야 안에 격리되어 왔던 경향이 있었다.

■ **늘어난 선택지, 그러나 여전한 육아에 대한 책임** : 유급직업을 가지게 되고 남성과 거의 비슷한 교육수준에 도달하게 되었으며, 이혼 및 산아제한을 할 수 있는 권리와 평등한 시민권 획득으로 여성들은 이전보다 훨씬 더 큰 개인의 선택의 자유를 획득하여 자신들의 신체를 통제할 수 있게 되었다. 그러나 그녀들이 불행한 결혼에서 벗어나 싱글 마더로서 아이를 키울 수 있게 되었음에도 불구하고 이러한 선택으로 인해 여성들은 국가 복지와 법률에 의존하게 되고, 이혼 후에 빈곤한 상태에 빠지거나 육아에 대해 큰 책임을 지게 되었다.

■ **성적인 자유, 그러나 여전히 존재하는 위험** : 여성들은 가정 내 및 공적 영역에서 여전히 남성들의 폭력에 직면할 가능성이 있다. 또한 다수의 성적 파트너가 존재하는 경우 그러나 여성들은 '문란'하다는 꼬리표가 붙는 경향이 있으나 남성들의 경우 같은 자유를 누리면서도 그러한 비판을 받지 않는다는 개인 도덕성의 이중 기준에 노출되어 있다. 동시에 포르노그래피 산업이 주요 산업이 되면서 그 대부분이 여성들을 비하함으로써 여성들을 개인적 착취와 육체적 위험에 노출시키고 있다.

■ **새로운 모델, 옛날의 현실** : 매스미디어에 나타나는 여성들은 독립과 자유, 평등한 기회를 목표로 하는 사회를 보장하는 새로운 여성성의 모델을 제공한다. 그러나 그러한 외견 아래에는 매우 다른 방향의 이미지와 메시지가 생산되고 있다. 여성의 행복은 여전히 영속적인 관계를 기반으로 한 모성, 이성애, 결혼에 의존하고 있는 것이다. 이혼한 여성은 보통 '더 행복한' 재혼을 통해 안전한 남성의 보호 아래로 돌아가는 것으로 그려진다. 그러는 동안 대중문화에 있어서 남성의 승인을 얻기 위한 열쇠로서 성적인 매력을 계발할 필요가 더욱 더 강조되게 되는 것이다.

글로벌 사상가 6

쉐일라 로보텀_ SHEILA ROWBOTHAM (1943-)

로보텀의 연구에 있어서 가장 중심적인 테마는 여성이 억압받게 된 이유와 가부장제와 경제적·정치적 불평등에 대한 여성의 전 세계적인 투쟁에 대한 것이다. 이하는 우리가 그녀의 연구 중 일부를 정리한 것이다.

영국 여성의 경험

그녀의 연구과제는 자본주의적 산업혁명을 처음으로 통과한 국가로서 영국이 경험했던 여성의 상황과 투쟁을 역사적으로 분석한 『역사로부터 감춰진』(*Hidden from History*, 1973)에 분명하게 드러난다. 그녀의 주장을 정리하면 다음과 같다.

1. 18, 19세기의 많은 급진적 사상가들은 종교적으로 승인된 계급조직적 사회질서 견해를 공격하면서도 휴머니티를 남성과 동일시하고 남성들이 사회, 과학, 그리고 새로 나타나는 정치적 질서를 계속 지배해야 한다고 믿었다.
2. 기업규모가 커지면서 19세기의 공장 시스템은 가내수공업의 경쟁력을 무너뜨렸다. 이는 집안에서의 여성의 경제활동을 위태롭게 했다. 또한 여성들은 보육원 시설 없이 공장에서 일하기 힘들었다. 이로 인해 여성들은 더더욱 남성에게 의존하게 되었다.
3. 그러나 공장이나 시장경제의 다른 고용으로 인해 언젠가 여성이 역사상 처음으로 경제적으로 독립적인 존재가 될 수 있는 가능성을 열게 되었다. 공장 고용에 불만을 가진 남성 노동계급과 생활임금에 대한 요구는 단순히 자본주의적 착취의 부당함에 관한 것만이 아니라, 그들의 아내들이 일할 필요없이 안락한 삶을 살아갈 수 있도록 하려는 요구도 관련된 것이었다. 이로써 남성들은 '가정 내의 주인'으로서 남을 수 있었고 사악한 공장 노동으로부터 여성들을 보호할 수 있었다.

여성, 기술, 페미니즘

여성과 기술과 관련된 이슈에 관한 광범위한 관찰에서 로보텀은 여성이 과학과 기술에 대해 좀 더 관심을 가지고 사회적으로 책임을 져야 한다는 페미니즘적 견해를 비판했다. 이는 전쟁, 환경, 노동경험의 측면에서 기술적 발전이 불러오는 파괴적인 영향력을 무시한 채 진보와 객관성을 신뢰하는 지배적인 '남성적' 견해의 위험성에 직면하게 되는 것이다. 그녀는 만약 '여성적' 가치가 반대에 위치한다면 페미니즘 운동이 오랜 시간 동안 싸워왔던 위치로 페미니즘 운동을 후퇴시킬 가능성이 있다고 주장했다. 즉 이는 여성을 '자연'과 동의어로 사용함으로써 지배적인 남성성의 합리성과 반대되는 위치에 놓게 되는 것이다.

같은 저작에서 또한 그녀는 과학적·기술적 발전에 있어서 여성이 항상 배제되어 왔다는 통설을 수정할 전 세계에 걸친 역사적 증거도 검토했다. 중국, 이집트, 이슬람 아라비아와 같은 다양한 고대사회에 있어서 부유한 집안 출신의 소수 여성들이 의술학교에서 공부했으며, 군사기술에 관해 글을 쓰고 공학 프로젝트에 참가했다는 것을 밝혔다.

최근의 관심

역사적으로 여성들이 과학적 진보로부터 상대적으로 배제되었으나 최근에 이르러 여성들은 컴퓨터와 정보 시스템에 관여하게 되었다. 새롭게 산업화된 국가들이 오래된 산업기술뿐만 아니라 새로운 산업기술을 받아들이는 데 있어서 여성 노동자들은 많은 산업분야에서 중요한 역할을 할 기회를 제공받게 되었다. 이러한 국가들의 페미니스트들은 여성 노동자들과 공동체 그룹을 연계하려고 노력했다. 반대로 일부의 서구 페미니스트들은 여성들이 최고 위치의 일들을 수행하는 데 있어서 직면한 여러 어려움에 대해 강조하기 시작했다.

출처 : Rowbotham(1973, 1993, 1995a, 1995b) ; Rowbtham and Mitter(1994).

인종과 민족성

우리가 살펴볼 제2의 불평등의 축은 인종과 이에 관련된 현상인 민족성이다. 현재 '인종'(race)이라는 단어는 '인종차별주의'(racism)—관찰 가능한 차이에 기초한 차별—라는 개념 및 표현과 밀접하게 연결되어 있으나 항상 그런 것은 아니다. '인류'(human race)라는 표현은 예전에는 차이보다는 공통성을 중시하는 통합적인 개념이었다. 여기서 강조하는 것은 단일 종, 즉 우리들은 우리를 갈라놓는 특징보다는 더 많은 공통점—신체적·생물학적·사회적—을 가지고 있다는 것이다. 인류 전체라는 의미에서 인종을 사용하는 혼동을 피하기 위해 오늘날에는 '휴머니티'(humanity)나 '인류'(humankind)라는 단어를 쓰는 것이 더 유용할지도 모른다.

인종은 또한 공통의 태생과 공통의 특징에 의해 연결되는 인간집단—보통 혈통을 공유하고 있기 때문에—을 가리키는 용어로도 쓰인다. 여기에는 오늘날 우리가 '민족'이라고 보는 공통 언어의 발달, 한 장소에의 정주, 정치공동체의 발달 등 사회적·역사적 특징도 포함되어 있다. 제2차 세계대전 이전에는 이러한 의미에서 '프랑스 인종', '독일 인종', '영국 인종'에 대해 논의하는 것이 보통이었으나 현재 이러한 단어는 구식이라거나 안 좋은 느낌을 주는 것처럼 보인다.

보통 '인종'이라는 표현은 두 가지 의미로 사용되어 왔다. 첫째로 생물학자나 자연인류학자 일부에 의한 '과학적' 의미, 둘째로 사회학적 의미로 헤테로포비아(hetero-phobia, 차이에 대한 공포심)가 어떻게 표현되고 보급되며 영향을 끼치는지 연구하기 위한 것이었다.

'인종'의 생물학적 개념 검증

인간을 인종이라는 카테고리에 분류하려는 생각은 16세기에 시작되어 1950년대에 이르기까지 생물학자나 자연인류학자의 중요한 관심사였다. 스테판(Stephan 1982 : 171)은 다음과 같이 논하고 있다.

100년 이상에 걸쳐 인간을 생물학적 인종으로 분류하는 것은 과학자로서는 중요한 의미를 가진다. 인종은 개개인의 성격과 기질, 공동체의 구조, 인간 사회의 운명까지도 설명하는 것이었다. 때로는 인종에 대한 이러한 언급은 새로운 생물학 이론에 기초한 해석을 정교하게 수정하게 했다. 적어도 인종 간의 고정성, 현실성, 인종의 계급구조에 대한 신념이 우등한 그리고 열등한 인간 유형의 연쇄 안에서 몇 십 년에 걸쳐 과학자들의 활동을 형성해 온 것이다.

제2차 세계대전 이후 인종 간 우열에 관한 과학적 신뢰성은 근본적으로 의문시되기 시작했다. 나치의 인종차별주의와 반유태주의는 전장에서 패전했고, 그 지독한 결과는 강제수용소에서 비틀거리면서 나온 운데르멘쉔[Undermenschen, 나치가 '인간이하' (subhumans)를 지칭하던 말]인 아사직전의 생존자들이었다. 남아프리카에 있어서의 **인종차별정책**(apartheid)의 목적은 집단말살은 아니었으나 이 체제의 이데올로기도 특정 인종만이 특정 작업에 적합하다는 차별적 사회습관을 위한 인종 카테고리를 사용했다.

'인종과학'이 정치적 억압과 연결되었기 때문에 '인종'이라는 단어는 의례적 과학 언설에서 사라지게 되었다. 그러나 규모는 작지만 확신에 찬 생물학자 및 자연인류학자 집단들은 여전히 (인간 종의) 아종(subspecies)에 대한 연구의 중요성을 주장한다. 이는 격리와 상대적 분리를 통해 특징지어 발전된다. 일반적으로 이러한 생물학자는 **표현형**(phenotype, 외형)보다도 복잡하여 눈에 보이지 않는 생물학적 특징[유전자형(genotype)이라고 불리는]을 강조하는 경향이 강하다. 예를 들어 이러한 생물학자들은 혈액형과 그 분포, '유전자 풀'의 특이성, 인간 게놈 프로젝트에 의해 발견된 차이점, 다양한 집단의 염색체를 강조한다.

비록 이것이 과학적으로 유용하다고 해도 사회적 · 정치학적으로는 위험한 함의를 가질 수 있다. 때때로 예를 들어 아프리카계에서 많이 보여지는 겸상 적혈구 빈혈증과 같은 질병의 진단과 치료의 경우와 같이 사회적 책무를 목적으로 하는 경우에는 인정되어야 하지만 말이다. 그러나 유전자형에 대한 논의 역시 민족 간 지능 격차의 논의와 미묘하게 관련되어 왔다(Box 6.2 참조). 세계를 대표하는 유전학자인 스티븐 존스(Steven Jones 1993)는 편견을 과학으로 포장하는 경향이 많다고 경고하면서 인류는 약 50,000개(그 중 피부색에 관련되는 것은 10개 정도이다)의 유전자로 구성되어 있어 그 활동은 매우 복잡하고 많은 부분이 아직 밝혀지지 않았다고 논했다. 기존 인종과 유전에

인종차별정책(Apartheid) 아프리칸스(Afrikanns) 단어로 '분리'를 의미. 1948년부터 1994년까지 남아프리카에 존재했던 체계적이고 합법화된 차별체제를 칭한다. 1950년 인구등록법 아래 사람들은 인종 카테고리에 분류되고, 또한 각 분야 안에서만 허용되는 교육 정도, 거주, 결혼 등에 의해 분류되었다. 비록 이 제도가 계급구조가 아니라 차이를 기술적으로 지원했음에도 불구하고 실질적으로 백인은 좋은 직업과 좋은 거주환경, 선거권 및 그 외의 유리한 기회 및 자원을 보유했다. 1994년 넬슨 만델라가 대통령으로 선출되면서 이 제도는 폐지되었는데, 일부 인종차별정책과 같은 관행이 아직도 비공식적으로 남아 있다.

그림 6.2 1968년 미국 테네시 멤피스
인종차별에 반대하는 항의를 계획하려는 흑인 시민권 운동가들이 탱크와 함께 총검을 휘두르는 주 방위군에 의해 포위되어 있다.

관한 자료의 대부분이 잘못된 과학이었다. 인종이라는 생물학적 개념에 대한 가장 강력한 반론은 세계적 규모의 이민과 민족 간 혼혈의 역사이며, 모두가 '순수' 종이라고 간주하는 개념은 무너졌다는 것이다.

Box 6.2

인종과 지능 : 미국의 예

기초적인 IQ 테스트가 처음으로 실시된 곳은 뉴욕 엘리스 섬으로, 미국에 입국하려는 1,200만 명의 이민적성을 심사하기 위해 도입되었다. 동남부유럽으로부터 단순하며 '열등'한 이민자를 받아들이는 것에 대한 공포심으로 인해 이 테스트의 발달은 가속되었다. 제1차 세계대전에서 IQ 테스트는 신병모집과 학생모집을 위해 실시되었다. 아프리카계 미국인과 동남부유럽 출신 미국인의 점수가 낮은 것은 열등성에 기인한다고 생각되었으나 이는 테스트의 문화적·언어적 편견을 알려주는 것일 뿐이다. 이 시험에서는 유태인들이 열등하다고 평가되었으나 노벨상 수상자의 37%가 유태인이고, 이는 인구당 비율로 19배인 것을 고려하면 이해하기 힘든 결과이다.

1960년대 하버드 대학의 교육심리학자인 아더 젠슨의 연구(Arthur Jenson 1969)에 관하여 다시 논쟁이 벌어졌는데, 그는 IQ 테스트 성적의 80%는 유전자에 의해 정해지며, 아프리카계 미국인이 특정 지적 능력에 있어서 선천적으로 열등하다고 주장했다. 이러한 '발견'은 보수적이고 반동적인 정치가들이 빈곤한 공동체에 초기 교육지원을 제공하는 등의 '헤드스타트 계획'(Operation Headstart)과 같은 보충교육과 사회적 프로그램을 봉쇄하는 데 파괴적인 힘을 가지고 있었다. 만약 이러한 정치가들의 의견에 따라 아프리카계 미국인들이 그들의 유전자로 인해 그들의 상황을 바꿀 능력을 가지지 못한다고 한다면 왜 납세자들의 돈을 낭비해야 하는가? 이 분석은 많은 문제점을 가지고 있다. 적어도 아프리카계 미국인들이 아닌 다른 집단들도 IQ 테스트에서 10-15점이라는 비슷한 정도의 차이를 나타내는데 다른 아프리카계의 집단(서인도 출신)에는 차이가 나타나지 않았다. 어떻든 간에 "(지능과 같은) 복수의 요인이 관계하는 유전자에 대한 성명을 내는 것은 근대 유전학의 영역을 크게 벗어난 것이다"(van den Berghe 1994 : 151).

음조가 맞지 않는데도 사라지지 않고 계속 돌아오는 음악과 같이 헤른스타인과 머래이(Hernstein and Murray 1994)는 845페이지에 달하는 '종형 곡선'(The Bell Curve)에서 불평등은 인간의 기본적 조건이며 그 차이는 매우 자연스러운 것이라고 주장한다. 그들의 인종에 대한 생각은 약간의 변장을 한 것뿐이다. '인종'이라는 말 대신 '일족'(clan, 이 단어의 의미에서 완전히 벗어났다)이라는 단어를 사용, 각각의 일족은 다른 특성—모두 사람들이 존중할 만한 것으로 일컬어지는—을 가지고 있다고 주장했다. 저자들은 흑인이 백인보다 지능 면에서 열등하다는 것(그들이 실질적으로 당연하다고 보는)을 슬퍼하기보다는 그들이 가지고 있는 정신성, 운동능력, 댄스, 리듬, 음악과 같은 특성을 예찬해야 할 것이라고 지적했다. 그들은 백인 '언더클래스'(underclass, 계급 이하, 이번 장의 후반과 17장 참조)의 낮은 IQ 점수에 대한 논의를 포함함으로써 동류의 논의에서 나타나는 흑인의 결점만을 쟁점화하는 인상을 없애려고 했다. 그러나 이러한 장치는 일종의 가면으로 그 아래에는 생물학적 열등성과 우월성이라는 신용을 잃어버린 오래된 주장이 숨겨져 있는 것이다.

출처 : van den Berghe(1994) ; Malik(1996 : 205-9) ; http://en.wikipedia.org/wiki/Jewish_American

인종의 사회학적 개념

사회학자는 인종이라는 개념이 보통 무지에 기반하면서도 일반 대중의 언설과 사회적·정치적 생활에 일반적으로 사용되고 있다는 것을 충분히 인식하고 있다. 그러나 그들은 이러한 개념이 피부나 머리, 눈의 색과 같은 신체적 특징과 불완전하게 결합되어 있다는 것을 지적한다. 사회학자들로서는 표현형(외견)이 중요하기는 하지만 이익과 불이익을 규정하는 범주를 만들어내는 다양한 사회적 지표 중 하나일 뿐이다.

'흑인', '아시안', '백인'이라는 모호한 표현의 사용은 이러한 대중적인 인종차별적 표현과 꼬리표가 얼마나 우발적이며 일시적인 것인지 알려주는 예를 제공한다(Box 6.3).

Box 6.3

인종이라는 꼬리표에 관한 이상한 이야기

1. 남아프리카에서 인종차별정책은 '흑인'은 백인이 아님을 의미했다. 여기에는 검은 피부를 가진 아프리카계 사람들뿐만 아니라 인도인, 혼혈인, 산(san. 남아프리카, 칼라하리 사막을 중심으로 분포하는 민족), 코이코이인 등이 포함된다.

2. 오스트레일리아에서 '흑인'은 어보리진을 의미한다. (덧붙여 말하자면 오스트레일리아 원주민과 아프리카인들과의 유전적 관계는 매우 멀다.)

3. 브라질에서의 '흑인'은 외견으로부터 자명하게 아프리카계 후손으로 보여지는 사람을 의미한다. (많은 아프리카계 사람들이 노예무역의 결과 브라질에 오게 되었다.) 토착민과 혼혈 선조를 가진 사람들은 제외되었다. 유명한 브라질 속담에 의하면 "돈은 피부를 희게 한다." 즉 부유한 브라질 흑인은 '백인'인 것이다.

4. 이와 대조적으로 미국에서는 외견상 겨우 아프리카계로 보이는 사람들도 전부 '흑인'으로 간주되었다. (1960년대 남부의 주에서는 법적으로 규정되었던 경우가 많았고 현재에도 사회적으로 인정되고 있다.) 그들은 또한 자신을 '흑인'이라고 표현할지도 모르지만 이 표현은 '아프리카계 미국인'(African-American)으로 바뀌고 있다.

5. 1950년대 이후의 영국을 보면 '흑인'이라는 범주는 카리브 해 지역과 인도대륙 출신(과격과 지식계급도 함께)의 이민자 일부를 지칭했는데, 이들은 모두 비슷한 정도의 반감과 무시를 받았다. 그들은 자신들이 하층계급 혹은 노동자계급 안에서 빈곤층을 형성하고 최고급의 물건과 자원에 대한 접근은 거부되고 있다고 생각했다.

6. 그 뒤에 영국에서는 인도, 파키스탄, 방글라데시 출신 사람들이 일반적으로 '아시안'으로 알려지게 되었고, 그들 자신도 자신들을 표현하는 데 이 단어를 사용했다. 그러나 '아시안'에는 중국, 일본, 말레이시아 사람들이 제외되었다.

7. 이러한 분류방법은 중국인이나 일본인도 명확히 '아시아계 미국인'으로 받아들여지는 미국에서는 특이한 것으로 받아들여졌다.

8. 마지막으로 불합리성을 보여주는 예로 우리는 인종차별정책 아래의 남아프리카에 있

어서 일본인 대우를 들 수 있다. 일본인이 아프리카 본토의 카테고리에 맞지 않아 이
것이 일본이라는 강력한 투자 및 제조국의 기분을 상하게 할지도 모른다는 우려로 인
해 아프리카 정부는 일본인을 '명예 백인'으로 간주하게 되었다. 예를 들어 일본인
들은 '백인' 지역과 호텔에서 머무를 수 있었던 것이다.

또 다른 예로 인종이라는 꼬리표는 특정 상황에 있어서 사회적·정치적으로 구
축되거나 재구축되는 것도 알게 되었다. 이 때문에 일부 사회학자들은 '인종'이라는
카테고리가 근거가 없기 때문에 사회학적인 검증이 불가능하다고 지적하기도 했다.
또한 마일즈(Miles 1989)와 같은 사회학자들은 '인종'을 없앨 것을 (혹은 항상 작은따옴표
안에 들어가도록 사용하거나) 주장했다. 비록 그들이 '인종차별주의'라는 현상이 존재한
다는 것을 확신했음에도 불구하고 말이다. 이러한 입장은 보이는 것처럼 별난 것이 아
니다. '인종'이 사회적으로 구성(constructed)되었다고 해서 그것들이 가상이라거나 중
요하지 않은 것은 아니다. 사회학자들은 종종 "머릿속에서 현실적인 것은 그 결과에
있어서도 현실적이다"라는 지적을 한다. 다시 말하자면 사람들은 인종이라는 말을 통
해 사고하고, 이에 따라 그들의 행동이나 행실, 사회행동의 더 큰 구조는 이러한 신념
을 반영하는 것이다.

또 다른 저명한 인종관계 이론학자인 존 렉스(John Rex 1986)에 의하면, 우리들은
그가 '인종관계 상황'(race relations situations)이라고 부르는 상황을 구성한다. 그의 주장
에 따르면, 만약 집단 간의 상호작용이 심각한 마찰과 적의, 억압, 차별(이 모든 것은 자유
로운 노동시장 경쟁이 허용하는 범위를 벗어나 있다)에 의해 특징지어진다고 한다면 우리들
은 '인종관계 상황' 안에 놓여 있다는 것이다. 이러한 생각에는 분명한 실질적 이득이
존재한다. 이것은 사회학적(sociological)이기도 하며 문맥적(contextual)이기도 하다. 이러
한 생각은 다양한 집단에 적용되는 꼬리표의 상황의 다양성을 설명하는 데 도움이 된
다. 예를 들어 나치 독일이라는 문맥 안에서의 유태인은 '인종'이었지만 현대 미국 사
회 같은 곳에 있어서 유태인은 '단순한' 민족집단(ethnic groups)에 지나지 않는다. 또한
차별을 정당화하는 논의 안에서는 생물학적 결정요인이 중요시될 때가 많으므로 다
양한 집단 간의 적대성이 격렬하게 표현된 것을 '인종관계 상황'으로 간주하는 것은
유용할 수 있다.

민족성

레바논, 북아일랜드, 스리랑카, 구소련, 구유고슬라비아, 많은 아프리카 국가들의 예에서 볼 수 있듯이 동일 집단 내의 분쟁이 증가함에 따라 외견상으로는 같은 집단 간의 분쟁을 '인종'이라는 틀 안에 분류하는 것이 점점 더 어려워지고 있다. 이로 인해 우리들은 인종과 민족성을 단순 명확히 구별할 수 있는가에 대해서 고민하게 된다. '인종'의 경우에 사회구조가 신체적 차이에 기초해 만들어지는 반면 민족성의 사회구조는 문화, 국민성, 언어, 종교와 같이 이보다 불명확한 차이 및 사회적 표식에 의해서 만들어진다.

그러나 민족성 개념의 현대적 사용법 혹은 홀(Hall 1992) 등이 '새로운 민족성'(new ethnicity)이라고 부르는 개념은 생물학적 분류를 넘어선다. 사회학자는 '타자성'(otherness)과 '차이'(difference)가 행동뿐만 아니라 언설, 이미지, 표상, 언어를 통해 구축되어 왔다고 강조해 왔다. 이러한 암시적·은유적·문학적인 성질에도 불구하고 이러한 틀 안에서 타자성을 둘러싼 논의는 다른 많은 인종차별주의 논의보다 본질적으로 훨씬 더 미묘하고 훨씬 더 낙관적이었다. 그들은 자기 검증 및 자기 비판이 가지는 해방적 가능성을 인정하면서도—샘슨(Sampson 1993)에 의하면—양심, 공통된 인간적 유대감, 자기 이익으로 인해 인식되고 있는 차이가 줄었다고 생각했다.

이러한 좀 더 개방적인 아이덴티티 구축(identity construction) 사상은 포스트모던 세계에 있어서 아이덴티티가 좀 더 단편화되고, 기존에 생각했던 것보다 다수의 사회적 아이덴티티라는 현상이 훨씬 더 일반적으로 공유된다는 가정에서 출발한다. 개인들은 문맥에 따라 유동적으로 하나의 아이덴티티 혹은 카테고리에 들어가거나 나오거나 하는 것이다. 이것을 **상황적 아이덴티티**(situtional identity)라고 한다.

중요 개념

상황적 아이덴티티(Situtional Identity)는 개개인이 상황에 따라 다수의 사회적 아이덴티티 안에서 하나를 구축하거나 제시하거나 하는 도중에 생겨난다. 이러한 현상 중에서도 가장 개인적인 경우를 들자면, 문맥이 특정 선택지가 바람직하거나 적절하다고 보기 때문에 행위자들은 그들의 아이덴티티—종교, 민족성 혹은 라이프스타일—를 전개한다.

외부적·객관적 묘사로부터 그려진다. 마르크스는 각각의 계급은 생산수단, 분배수단, 교환수단으로 유지되는 고유관계에 의해 정의될 수 있다고 생각했다. 그들은 재산 및 자본, 공장 부지를 소유했는가? 유산상속을 받았는가? 그들은 어느 정도의 수준에 상품 혹은 노동력을 사고 팔았는가? 마르크스는 프롤레타리아를 무엇보다도 자신들의 **노동력**(labour power) 이외에는 팔 수 있는 것이 없어서 자신들을 억압하는 '쇠사슬' 외에는 어떤 것도 잃을 것이 없는 사람들이라고 정의했다.

노동력(Labour Power) 주어진 시간과 임금율에 특정 수준의 기술과 노력을 들여 일할 능력

마르크스는 이것이 현존하는 공통의 객관적 상황을 설명하는 데에는 유효하지만(necessary) 계급 정의로서는 불충분(insufficient)하다고 보았다. 특정 계급의 멤버는 주관적으로 그 계급의 일원으로 자각하고 자신이 속하는 계급 이익을 지키고 발전시키며 유지해야 한다. 마르크스는 프랑스의 소농민을 '감자자루'(sack of potatoes)라고 묘사했는데, 이는 인위적으로 같이 묶어두어도 그들 자신의 이익을 위해서 행동하지는 못하기 때문이었다. 마르크스는 그들은 그들 자신을 대표해야 함에도 불구하고 대표하지 못한다고 주장했다. 이러한 계급의식이 없기 때문에 이 농민들은 계급이 될 수 없다.

마르크스의 모델은 많은 비판을 받았다. 오늘날 많은 노동자들은 자동차와 주택, (상징적으로) 연금으로 대표되는 자본의 일부 등 쇠사슬 외에도 잃어버릴 수 있는 것을 많이 가지고 있다. 중산계급적인 직업(사무직, 전문직, 서비스 정보 관련)의 주목할 만한 수치 또한 증가하여 계급구조의 양극화에 대한 사상을 너무 단순하게 만들고 있다. 관리직, 소규모 기업경영자, 자영업자들은 반대되는 계급에 위치해 있지만 이들은 노동자도 자본자도 아니다. 라이트(Wright 1985)와 같은 네오 마르크스주의 사회학자들은 이러한 변화들을 마르크스의 계급구조의 수정판에 적용시키려 했다. 또한 브레이버만(Braverman 1974)은 노동자들이 자율성을 잃어가는 상황에서 지금까지 블루칼라 프롤레타리아 계급 밖에 존재한다고 여겨졌던 사무직이 점차 프롤레타리아화되고 있다고 주장했다.

베버주의의 계급관념

막스 베버는 마르크스의 계층에 대한 생각이 경제적 요소만을 중심으로 하여 너무 좁게 구성되어 있다고 보고 사회적·정치적 양상 역시 고려해야 한다고 생각했다. 결과적으로 베버는 3개 계층 교차양상을 발전시켰다.

■ **계급**(class) : 기술적 수준에서는 마르크스의 도식과 많이 다르지 않다.

- **지위집단**(status groups) : 특정 집단 및 직업에 부수되는 '사회적 위신'(social honour) 정의
- **정치적 권력**(political powers, 베버는 혼란스럽게도 이를 '정당'이라고 불렀다) : 경쟁상황에서 사람들은 어떻게 자신들의 이익을 지키기 위해서 동원되는가.

베버의 도식은 분명 복잡하기는 하지만 몇 가지 중요하고 새로운 사회학적 고찰과 연구를 낳았다. 베버에 따르면 우리들은 3개의 계층양상―경제계급, 사회적 지위, 정치적 권력―이 일치하지 않을 때 계급 지위의 복잡성이 발생하는 것을 받아들일 필요가 있다. 따라서 예의 없고 무분별한 문화적 기호를 가지는 무자비한 부유층 자본가는 벼락부자로 비난받고, 귀족들로부터 결혼상대로 취급받지 못하고 정계로부터도 배제당하며, 사교계에 가입하려고 해도 추방당할 가능성이 있다. 반대로 성직자, 식민지 관료, 간호사 혹은 시인은 소득과 저축, 자산은 적지만 존경을 받으며 지역사회의 중요한 인물일 수 있다. 실질적으로 **문화자본**(cultural capital)의 축적은 결핍되어 있는 금융적 자본을 상쇄할 수 있다. 마지막으로 노동조합 지도자나 미국 도시의 완고한 시장은 상당한 영향력을 행사할 수도 있지만 소득도 낮고 높은 지위를 가지고 있지도 않다.

중요 개념

문화자본(Cultural Capital)　대중교육, 유복함, 소비주의, 접근하기 쉬운 형태의 대중문화 등에 의한 사회적 평준화에 대한 경향에도 불구하고 부르디외(Bourdieu 1984)는 지배적인 '고급'문화는 계속 번성해 갈 것이라고 주장한다. 교육 및 다른 경험으로 인해 분별 있고 상세한 문화 지식의 다양한 종류에 투자함으로써 취향과 고상함을 가지게 된 사람들은 그들의 문화자본을 이용, 부와 권력이 관련된 경쟁적 투쟁에서 유리한 지위를 차지할 수도 있다.

계급 모델의 응용

계급에 관한 도식과 분류방법의 발달은 사회정책 및 고용정책의 개발, 합의형성, 물품 및 서비스의 마케팅, 사회적·인구학적 동향의 예측 등 다양한 영역에 있어서 실질적으로 중요한 의미를 갖는다는 것이 실증되어 왔다. 가장 일반적으로 사용되어 온 계급 모델은 직업계층을 기반으로 한 것이었다. 보수체계(얼마나 많은 보수를 받는지), 지위체계(얼마나 높은 평가를 받는지), 직장환경이 직업에 따라 결정되는 것은 쉽게 이해할

수 있다. 표 6.2에서 이 3가지 모델을 비교해 보았다.

표 6.2_ 영국의 계급 개요		
영국 출생등록청장관 척도 (UK Registrar—General's scale)	골드트롭(Goldthrope)의 도식 (간략화)	런시만(Runciman)의 계급 (1990년 시점의 %)
전문직 중간직 숙련직 반숙련직 비숙련직	전문직/행정관/경영자 비육체노동자/판매직원 소규모 지주/자영직인 농민/소자작농 기술자/감독/숙련육체노동자 반숙련/비숙련 농업노동자	상류계급(〈1%) 상류중산계급(〈10%) 중류산업계급(15%) 하류중산계급(20%) 숙련노동자계급(20%) 비숙련육체노동자계급(30%) 하류계급(5%)

주 : 출생등록청장관(The Registrar—General)은 영국에서 10년마다 국세조사를 담당한다.
　　골드트롭과 런시만은 영국의 저명한 사회학자이다.
출처 : Marsh et al.(1996 : 237—9), Runciman(1990) and Goldthrope et al.(1980)의 연구를 인용.

　　　표 6.2가 제시한 3가지 분류방법은 완전히 일치하지는 않지만 계급의 상하관계와 직업척도가 일치한다는 점에서 어느 정도의 합의점이 나타난다. 계급에 관련된 이러한 식의 네오 베버주의적 견해는 오랜 기간 동안 사실상 논쟁의 여지가 없었으나 1990년대 초에 다수의 의문점이 제기되었다. 페미니즘 연구자들은 직업척도가 정규 고용자들에게 유리하게 작용하여 비정규직이나 가정 내 가사를 담당하는 사람들을 빠뜨린 경향이 있다는 점을 염려했다. 여성의 계급적 지위 역시 당연히 그녀들의 남편이나 아버지의 직업으로부터 도출되었다. 또한 우리가 4장에서 살펴보았듯이 노동의 성격 자체가 변화하고 있어 개개인이 일생 동안 복수의 직업을 가지게 되어 척도상에 다른 지점에 위치할 가능성과 또한 실업상태에 있을 가능성이 점점 늘어나게 되었다. 많은 사람들이 한정된 기간만 소규모 기업가가 되었다. 계급구조의 응용 모델은 이러한 변화들을 설명하기 위해 수정되지 않으면 안 되는 것이다.

초국가적 계급의 등장

　　　사회계급 분석 응용 모델의 또 다른 큰 한계점은—가끔 양국 비교 모델이 존재하기는 하지만—어떠한 실무자들도 국가수준을 벗어나지 않는다는 점에 있다. 계급구조 최상위층의 엘리트들은 항상 초국가적이었다. 유럽의 왕가들은 서로 결혼관계를 맺고 복수의 국가 영토를 소유했으며, 여러 국가의 정치적 지위를 가지고 있었다. 귀족들 또한 복수의 언어를 사용하고, 각국에 흩어져 있는 거주지를 가지고 있었으며, 코스모폴리탄적 의식을 가지고 있었다. 프랑스 혁명과 같은 전환기에 이러한 엘리트들을 이긴 세력이 바로 민족 부르주아의 통합세력이었다. 이들은 부와 사회적 지위를 기반으로 민족적 국가 권력을 통합시켰다. 스클레리(Sklari 2001 : 2)는 현재 국가의 역할이 줄어들고 있다고 주장하면서 다음과 같이 설명했다.

> 국가를 기초로 하지 않는 초국가적 세력, 과정과 제도가 나타났다. 21세기에 들어서 이 역할에 가장 중요한 후보자는 초국적 기업들이다 … 초국가적 자본주의자 계급의 권력과 권위가 그들이 소유하고 통제하는 기업들로부터 도출된다.

로빈슨과 해리스(Robinson and Harris) 역시 이러한 입장을 취하여 초국적 기업들과 금융기관들이 현대 자본주의를 작동시킨다는 데 동의한다. 그들은 말하자면 "유기적 계급형성은 이제 더 이상 영토나 국민국가의 정치 관할권에 묶여 있지 않다"(Robinson and Harris 2000 : 12).

7장에서 우리는 초국적 기업(TNCs)과 국민국가의 강력한 영향력에 대해 좀 더 자세하게 살펴볼 것이다. 또 한편으로 새로운 글로벌 통치계급이 생겨나고 있다는 생각이 여러 집합적 경제 데이터에 의해 점점 더 설득력을 얻고 있다. 특히 생산지가 복수의 장소로 재배치되고 있다는 점, 금융자본의 이동속도가 빨라지고 양이 늘어나고 있다는 점, 주요 브랜드의 글로벌 마케팅, 법·건축·회계 관련 회사들의 세계화 현상, 국경을 넘어선 대규모 인수합병의 증가, 외국인직접투자(Foreign Direct Investment : FDI)의 유동성 증가 등이 그 예이다. 이러한 데이터는 경제적 권력이 사회관계를 결정한다고 주장하는 마르크스주의 사회주의자들의 주장을 뒷받침한다. 그러나 로빈슨과 해리스(Robinson and Harris 2000)는 초국가적 자본주의자 계급 멤버의 특성으로 다음과 같이 지적하고 있다.

- 정부 관청이나 중앙 은행들의 주요 지위를 가지고 있다는 점
- WTO와 같은 글로벌리제이션을 지원하는 기관의 직원
- 특정 유명 대학이나 비즈니스 스쿨 졸업
- 포드, 카네기와 같은 주요한 재단의 이사회 소속
- 세계 경제 포럼이나 비즈니스 라운드 테이블, 상공회의소 같은 주요 구성원

논쟁거리를 더하는 것이 될 수도 있지만 제시된 숫자나 비율은 앞으로 좀 더 연구가 필요하고 그 주장 역시 확정적이라기보다는 추론에 가깝다. 사회학자들이 초국가적 자본주의 계급이 존재한다고 주장하는 데—이상적으로—필요한 것은 좀 더 '밀집된' 증거이다. 예를 들면 추정되는 일정 계급 안에서 국적을 넘나드는 결혼의 수라든지 그들 자녀들의 우정 네트워크의 발전, 인터내셔널 스쿨에 다니는 비율, 복수 언어의 사용범위, 다른 국가에서 직업경력이 어느 정도 이어지고 퍼질 수 있는지, 코스모폴리탄 아이덴티티로 인해 민족 정체성이 어느 정도 손실되는지 등이 이에 속한다. 새로운 초국가적 자본주의자 계급의 등장은 유용한 가정이지만, 이들이 자신들을 재생산하고 자신들의 계급 이익을 발전시킬 수 있는 능력을 가지고 있다고 보는 데에는 좀 더 많은 증거가 필요하다.

젠더·인종·계급의 상호작용

지금까지 우리는 사회 불평등의 다양한 축을 어떻게 볼 것인가에 관해 합의하는 것이 얼마나 어려운지를 봐왔다. 그러나 사회적 현실이 이러한 축들로부터 완전히 분리되어 있지 않는 것 역시 분명하다. 실질적으로 이러한 축은 모두 동시에 움직이고 서로 상호작용을 한다. 이러한 복잡성은 현실을 짧게 다듬어 버리고 싶어 하는 사람들, 혹은 현실을 이데올로기적으로 분류하고 싶어 하는 사람들에게 중대한 경고가 된다. 우리도 종종 이러한 움직임에 가담하는 경우가 있지만 사회학자들은 사회질서가 오직 하나만의 축—그것이 젠더이든 인종이든 아니면 계급이든—에 의해 가장 잘 설명된다고 그들의 연구만을 주장할 수 없다.

많은 페미니스트들은 계급과 인종의 카테고리가 가부장제라는 포괄적 결정요인에 종속된다고 주장한다. 이와 대조적으로 마르크스주의자는 인종을 부수현상(다른 현상으로 인한 증상)으로 무시하는 경우가 많다. 때때로 이는 매우 정교해 보이는데, 복잡한 경우에는 '인종'이 계급분쟁을 굴절시켜 반영하는 메커니즘이 되기 때문이다. 또한 때때로 이는 매우 조잡해 보이는데, 예를 들어 자본주의자 계급이 노동자계급을 경쟁적이고 적대적인 요소로 분리시키기 위해 노동자들 사이를 나누려고 한다는 주장을 들 수 있다. 젠더의 평등을 실현하는 가장 중요한 요소가 여성을 노동력으로 편입시키도록 장려하는 것이라고 주장하는 정통 마르크스주의자도 종종 여성의 해방을 좁게 해석하는 경향이 있다. 또한 모든 일이 인종의 관점에서 해석되어야 한다는 전제에서 시작하는 사람들 역시 똑같이 이데올로기적이다. 인종이 다른 불평등 축보다 근본적·논리적으로 '원시적'이라고 보는 것이다.

하나의 사회 불평등 지수를 다른 지수보다 특별히 취급하려는 것은 이데올로기과잉 주장이 될 수 있다. 비록 완전한 합의에 도달하지 않았지만 많은 사회학자들은 상호작용 및 상호 보완 모델을 지지한다. 단일 원인의 설명을 주장하는 많은 그룹에서 비판하는 것처럼 상호작용 모델에는 다음과 같은 몇 가지 문제점이 있다.

1. 어떤 축이 우세한가는 문맥에 따라 (상황적으로) 결정된다. 또한 시간의 경과에 따라 대체되거나 덧붙여지는 경우도 있다(즉 역사적으로 도출).

2. 각각의 축이 같이 나타나는 것을 상정할 수 없으므로 더 깊은 이론적 주장이나 고도의 통계분석을 통해 사회적 차이의 다른 형태가 어느 쪽에 무게가 실리는지 알아봐야 할 것이다. [어려운 통계에 대한 설명을 하려는 것이 아니지만 '다변량분석' (multivariate analysis)이라는 기술을 이용하면 연구자들은 한 요소를 일정하게 유지하고 다른 변수들을 다양화하여 적절한 인과관계의 계급구조를 얻을 수 있다.]

3. 2개 혹은 3개의 축이 동시에 긴밀하게 작용할 가능성도 있으므로 이것을 완전하게 분리하는 것은 어려울 것이다. 따라서 빈민층의 흑인 여성이 3개의 요소 각각을 근거로 하거나 서로 복잡하게 어우러진 차별을 받을 가능성이 있다. 이러한 복잡하게 어우러진 형태의 차별 효과는 누적적이며 증가성을 띠므로 각각을 분리하여 그 원인을 알아내고 서로를 대비하는 것은 특히 어려운 일이다.

정리

계급, 인종, 젠더라는 사회 불평등의 성삼위 외의 다른 불평등 축들—예를 들어 종교, 시민으로서의 위치, 장애, 연령—에 관해 많이 다루지 못했지만 이 역시 매우 중요하다. 여기에는 국민성이나 라이프스타일까지 포함된다. 다양한 형태의 이익과 집단은 일제히 이 3개의 축과—연속적으로든지 분리되어서든지—연결되는데, 이와 관련된 영향력, 신념, 열정 역시 매우 다양하다. 젠더, 인종·민족성, 계급에 있어서 우리는 각각의 원리에 따라 발전된 이론 및 연구를 받아들일 수도 있다. 복잡한 사회현실은 우리로 하여금 이러한 모든 다양한 원리들을 함께 고려할 것을 요구한다. 그러나 이는 이론적으로든 분석적으로든 어려운 일이다.

한편 우리는 두 가지 흥미로운 동향을 발견할 수 있다. 우선 첫째로, 이러한 차별성에는 소박한 가정이 존재하고, 이는 사회학적으로 비판을 받는다는 점이다. '여성은 약한 성(性)', '백인은 우월한 인종', '빈곤은 없어지지 않는다'라는 세 가지 전형적이고 대중적인(틀린 생각이지만 말이다) 신념인데, 이러한 생각들은 종종 사이비 과학자들로부터 지지를 받는다. 사회학자들은 이런 소박한 신념의 빈약한 근거를 밝히는 것에는 정통하며, 그들은 끊임없이 이어지는 불평등에 관해 사회적·역사적·문화적으로 일관성 있는 설명을 제시한다.

둘째로, 각각의 축 안에 현실의 양극 모델은 점차 지지를 잃고 아이덴티티나 집단의 형태로 표현되는 복합적 방법이 설득력을 얻고 있다. 남성과 여성이라는 '정반대'의 경우에도 성(생물학적으로 정의되는) 차이와 젠더(사회학적으로 구축되는)의 차이는 모호하다. 이는 게이, 레즈비언, 양성애자, 트랜스 성애자 등의 다양한 아이덴티티를 둘러싼 논의, 유니섹슈얼적인 음악과 패션이 나타나기 시작하면서 강화된다. 민족성, 특히 '새로운 민족성' 또한 상상을 기반으로 자기 구축된 아이덴티티를 표현하는 것과 관련된 것이다. 잡종성, 코스모폴리타니즘, 초국가주의는 이제 인종과 민족성을 둘러싼 논의 안에서 중요한 개념이다. 그러나 이것이 인종차별주의나 내셔널리즘이 각 곳에 존재하지 않는 것을 의미하는 것은 아니다(자세한 것은 21장 참조). 마지막으로 계급구조의 현대적 모델은 초국가적 자본주의 계급(혹은 다른 초국가적 계급)의 출현범위를 고려해야만 한다. 이러한 모델은 또한 유동성, 멀티포지셔닝(multipositioning), 모순된 계급배치를 포함해야 한다.

더 읽어볼 책

- 실비아 월비(Sylvia Walby)의 책 『가부장제의 이론화』(*Theorizing Patriarchy*, 1990)는 페미니즘 사상의 중요한 측면에 관한 복잡한 논쟁과 그 증거에 대해 읽기 쉽고 명확하게 쓰고 있다.

- 케난 마릭(Kenan Malik)의 『인종의 의미』(*The Meaning of Race*, 1996)는 활기차고 흥미로운 기술인 반면 엘리스 캐시모어(Ellis Cashmore)의 『인종과 민족관계 사전』(*Dictionary of Race and Ethnic Relations*, 1994)은 대부분의 대학 도서관에서 이용 가능한, 세계의 저명한 연구자에 의한 짧은 글들로 이루어져 있다.

- 사회학자가 반드시 고려해야 할 정도로 마르크스주의가 유력한 정치적 조류였던 1960년대, 1970년대와 비교하면 계급분석은 거의 인기가 없다. 『계급』(*classess*)이라는 단순한 타이틀의 라이트(E. O. Wrights 1985)의 책은 계급에 대한 네오 마르크스주의적 설명을 하고 있다. 영국 계급구조의 영향력 있는 비마르크스주의적 기술로는 골드트

롭(Goldthrope et al. 1980)이 있다.

그룹 과제

■ 작업을 배정한 소그룹들으로 나누어 다양한 미디어에서 여성이 어떻게 그려지는지 자료를 모은다. 다양한 신문과 잡지를 비슷한 TV 프로그램이나 영화 모음과 비교해 보자. 이러한 표상들은 얼마나 차이가 있는가? 그리고 주요 페미니즘 이론은 이러한 현실을 어느 정도 반영하고 있는가 혹은 반영하지 않는가?

■ 이하의 인물에 관한 역사적·전기적 연구를 해보자. 이들은 모두 '인종'의 중요성을 주장했다 : (a) 마커스 가베이(Marcus Garvey), (b) 헨드릭 F. 페르부르트(Hendrik F. Verwoerd), (c) 아돌프 히틀러(Adolf Hitler). 이 세 사람에 대해 알아보는 데는 우선 백과사전을 찾아보는 것이 좋을 것이다. 또한 앞의 두 사람에 대해서는 캐시모어(Cashmore)의 『인종과 민족관계 사전』(*Dictionary of Race and Ethnic Relation*, 1994)도 유용하다. 그들 사상의 요점을 그룹 앞에서 발표하고 비판해 보자.

■ 이번 장에서 다루지 않았던 계급도식을 검토해 보자. 그룹 A는 컴퓨터 오퍼레이터, 대학 교수, 간호학교 교사, 의복 재봉을 하는 내직자, 콜센터의 오퍼레이터, 여행 에이전트, 배우, 자영 배관공의 직업을 3개로 분류해 볼 것. 왜 그런 분류를 했는지 설명하고 그룹 B는 이에 대해 논평해 본다.

생각해 볼 문제

1. 민족성·인종, 계급, 젠더에 한정되지 않는 차별이나 불평등은 얼마나 중요한가?
2. 다양한 사회와 지역 여성의 지위를 설명하는 데 가부장제 이론은 얼마나 유효한가?
3. 민족성과 인종의 차이는 무엇인가?
4. 계급분석은 사회 불평등을 이해하는 데 여전히 중요한가?
5. 젠더, 계급, 인종 불평등이 어떻게 서로를 (a) 강화하고 (b) 방해하는지 예를 들어보자.

유용한 웹사이트

■ http://www.irr.org.uk/ 런던의 인종관계연구소(Institute of Race Relations : IRR)가 제공하는 온라인 서비스. 중좌파적인 독립 연구기관이다. 1992년 이후의 뉴스 아이템을 포함한 인종과 난민에 대한 뉴스 네트워크를 제공한다. 대부분의 자료가 영국을 중심으로 한 것이지만 다른 많은 국가의 인종문제에도 큰 관심을 가지고 있다.

■ http://vos.ucsb.edu/browse.asp?id=2721#id154 '소수자 연구'(minority sgudies, 다소 미국적인 표현, 미국의 소수자는 다른 곳에서는 다수자이므로)의 포털사이트. 이 링크는 아프리카와 아프리카계 미국인 연구, 아시아계 미국인 연구를 포함한다. 사이

트가 아니라 포털사이트이므로 정보의 질은 각각 링크된 사이트의 질에 달려 있다. 점수를 매기자면 '좋음'이나 '매우 좋음'에 해당하는 수준의 정보들이다.

■ http://www.intute.ac.uk/socialscience/cgi-bin/search.pl?term1=race+and +ethnicity&gateway=Sociology&limit=0 인종 및 민족성의 사회학에 대한 링크 사이트

■ http://www.intute.ac.uk/socialsciences/womensstudies/ 페미니즘과 젠더를 주 제로 한 링크 포털

■ http://www.number10.gov/uk/files/pdf/lifechances_socialmobility.pdf 스페 판 알드리지(Stephen Aldridge)가 2004년 수상의 전략 부서인 영국 내각부 산하 생 활기회와 사회이동 부서에 제출한 브리핑. 이론이 산재되어 제시되어 있으나 도표와 통계자료를 명확히 제시한다.

■ http://www.trinity.edu/~mkearl/start.html 사회 불평등을 다루는 한 열정적인 미 국 사회학자의 사이트. 여러 슬픈 사실들을 다루고 있는데, 예를 들어 1912년 타이 타닉이 침몰했을 때 퍼스트 클래스의 60%, 이등석의 40%가 살아남았고 삼등석의 25%만이 살아남았다는 사실 등이다. 영화만 봐서는 알 수 없다.

■ http://www.as.ysu.edu/~cwcs/wclinks.html#ideas%20about 노동자계급 문 화를 검토하는 연구센터 링크를 제공한다. 미국을 중심으로 하고 있지만 좋은 국제 링크를 가지고 있다.

CHAPTER 7

기업권력과 사회적 책임
Corporate Power and Social Responsibility

SOCIOLOGY

일부 연구자들은 경제생활의 글로벌화가 역사상 선례가 없을 정도로 진행되었으며 더욱 강화되고 있다고 주장한다. 이 주장의 중심에는 초국적 기업(Transnational Corporations : TNCs)의 활동에 대한 평가가 존재한다. 세계 어디에든 존재하는 이 조직은 국제자본이라는 트로이의 목마 혹은 파성퇴와 같이 보일지도 모른다. 그들의 권력과 영향력은 종종 강대국의 지시를 받아 약소국을 압도한다는 비난을 받는다. 이러한 성격 정의는 사회과학이라기보다는 마신론일까? 이러한 조직의 기원은 무엇인가? 실제로 그들은 그들의 출신국으로부터 탈출했는가? 글로벌 경제통합이라는 상황 안에서 그들의 경제적 역할은 무엇인가? TNCs의 활동의 결과로 나타난 사회의 영향력은 긍정적인가 부정적인가?

TNCs는 광범위한 자율성을 가지고 있다고 보는 경우가 많다. 이는 부분적으로 사실이며, 이러한 경향은 아마도 증가할 것으로 보인다. 그러나 이들의 영향력을 평가하려면 우선 이를 전체적으로 볼 필요가 있다. TNCs의 찬성자와 반대자는 각각 이들의 영향력이 좋은 것인지 혹은 나쁜 것인지를 제시하는 예(표 7.1 참조)를 쌓아놓고 있다. 과거의 선행 연구 대부분이 제조업, 자원채굴 산업, 금융분야의 TNCs에 집중했으나 우리는 슈퍼마켓의 거대한 구매력이 **글로벌 공급 체인**(gloval supply chain) 안에서 농부 및 다른 행위자들에게 얼마나 큰 영향력을 끼치는지에 대해서 논의할 것이다.

중요 개념

글로벌 공급 체인(Gloval Supply Chain)　　체인의 가장 밑바닥에 있는 소규모 생산자들과 소비자를 잇는 비즈니스의 네트워크. 소규모 생산자들은 재택근무 노동자나 거대 회사들이 그들의 일부 사업에 있어서 하도급 계약을 맺는 작은 회사들에서 일하는 고용인을 포함한다. 이 양극 사이에는 큰 공장, 창고업, 운송회사, 도매상, 소매상 등 주로 수많은 제조업자들에게 그들의 생산품을 조달하는 역할을 하는 사람들이 존재한다. 농업상품 역시 경작되어 출하되고, 하도급 계약을 거쳐 포장된 뒤 소비자 수요에 맞는 분배 센터를 통해 수많은 국가들의 공급업자에 의해 멀리 떨어진 국가의 거대 슈퍼마켓에 진열된다.

우리는 또한 기업의 사회적 책임(Corporate Social Responsibility : CSR)에 대해서도 살펴볼 것이다. 이는 TNCs가 사회적으로 공헌할 수 있다는 긍정적인 현상일까, 아니면 이익이나 PR을 목적으로 한 눈속임일까?

표 7.1_ TNCs와 사회적 영향 : 대립하는 관점들		
경로/과정	긍정적 사회영향	부정적 사회영향
TNCs의 확대	소비상품, 기술, 신기술의 제공	사회적 책임이 결여된 익명의 권력행사
강력한 국민국가와 TNCs 간 협력 신장	국가와 기업이 납세자에게 부담을 주지 않고 협력을 통해 연구와 기술을 발전시킴	국가의 주권 축소, 시민에 대한 국가의 책임 축소
신흥공업국(NICs)—특히 수출가공구에 있어서—에 있어서 TNCs의 확산	고용창출, 보건, 안전기준의 향상, 납세	노동자의 착취, 지역 엘리트들에게 과도한 권력집중

출처 : Burawoy(2005).

TNCs의 기원과 특징

정복과 무역이 유럽 열강세력 확장의 중핵이었던 것처럼 TNCs의 형성에 있어서 정복과 무역은 중요한 촉매제로 작용하는 경우가 많았다. 영국 제국주의자는 "무역은 국기의 뒤를 따른다"라는 슬로건을 주창했다. 당초 활동의 규모는 그리 대단한 것이 아니었다. 서아프리카의 니제르 강 하구에 진출한 영국 무역업자의 예를 들어보자. 그들은 즉시 현지 족장들과의 교섭을 통해 영국 왕실을 설득하여 자신들의 활동을 정당화하고 특허권을 받는 데 성공했다. 따라서 로얄 니제르사가 설립되었다. 영국의 비누 제조업자인 W. H. 리버는 이 회사를 매수하고 또 다른 무역회사인 유나이티드 아프리카사와 합병하여 그 결과 영국을 기반으로 가장 큰 TNCs인 자이언트 유니리버사가 탄생했다.

유럽 역사 교과서의 주류 주장과는 다르게 해외팽창은 유럽만의 현상은 아니다. 주목은 많이 받지 못했지만 중국, 일본, 인도 상인들의 무역 네트워크는 동남아시아 전역에 존재했다. 이러한 네트워크는 작은 규모에서 시작되었지만 궁극적으로 매우 거대한 국제적 기업으로 발전한 경우가 많다. 오랜 기간 동안 조주(Teochiu, 潮州)를 중심으로 성립되었던 거대한 중국 무역집단을 예로 들어보자. 1939년 이 집단은 난민으로서 홍콩으로 들어온, 자금은 없지만 야망이 넘치는 동족에게 돈을 선불해 주기로 결정했다. 리카싱(Li Ka-Shing, 李嘉誠)이라고 하는 이 난민은 그의 국제적인 자산제국을 거대하게 넓혀 결국 1986년 벤쿠버 엑스포 회장 부지를 구입하기에 이르렀다. 그는 조화, 부케, 장난감, 가정용품 등을 만드는 초국적 체인을 통해 그의 자산을 모았다. 그의 경제철학은 적의(敵意) 없이 단순했는데, 그의 말을 인용하면 "생화보다 조화, 씻으면 영원히 쓸 수 있다"였다(Seagrve 1995).

　　많은 중국과 영국의 동업자와 마찬가지로 일본의 TNCs들도 거대 무역회사(sogo shosha, 綜合商社)에 그 기원을 두고 있다. 일본 TNCs의 경우는 유럽이나 미국의 경우보다 그 국가적 기원이 더 명확하다. 지금은 거대하고 통합된 상업, 금융, 산업의 복합기업인 일본 기업의 초기적·본질적 목적은 무역과 기관무역이었다. 일본에는 6개의 종합상사가 있었는데, 이들은 모두 히타치, 마츠시타, 혼다, 닛산, 삼성, 소니와 같은 가문 이름이다. 일본의 최상위 6개의 TNCs는 세계 무역의 8%를 차지하고 있다. 종합상사는 다음과 같이 것들을 제공한다.

- 금융 서비스(신용업, 대출, 업무보증, 벤처 캐피탈)
- 정보 서비스(최근 시장정보, 국가 규제, 기술발전)
- 리스크 완화 서비스(보험, 환관리 규제완화)
- 조직 및 부가 서비스(번역, 법적 계약, 운송, 사무처리, 도매업)

　　이러한 서비스는 그것들이 없으면 사실상 국제 경쟁력을 유지할 수 없는 여러 소기업을 포함한 자신들의 제조공장을 위한 것이다. 많은 사람들이 이러한 제조업의 거대한 영향력을 인정하는데, 실제로 일본의 TNCs는 서비스(금융, 상업, 은행, 보험) 분야에서 더욱 탁월한 능력을 가진다.

특징

　　세계의 많은 주요 TNCs가 석유채굴 사업과 관련되어 있다. 이 중 쉘, 비피, 엑슨모빌, 토탈, 쉐브론 등의 회사가 가장 유명하다. 이러한 브랜드들을 주유소에서 본 적이 없다고 하더라도 이 기업들은 자회사를 소유하고 있거나 석유정제소로부터 석유를 공급하고 있다. 또한 채굴 가능한 석유 양이 줄어들면서 이러한 회사들은 다른 에너지 분야로 이동하고 있다. 제조업 TNCs는 자동차 생산에 관련되는 경우가 많다. 환경단체의 항의에도 불구하고 이 산업은 여전히 돈벌이가 된다. 그 외에 은행, 보험회사, 다수의 정보통신 기술 회사가 상승궤도에 있다(표 7.2 참조).

　　TNCs의 중요한 특징은 복수 혹은 때때로 다수의 국가에서 활동한다는 점일 것이다. 지점의 공장, 자회사, 판매, 연구개발(R&D)이 많은 지역에서 전개되고 있다. TNCs가 해외로 진출하는 이유는 무엇일까? 자연채굴업과 농업분야에 관여하는 기업의 경우 답은 명확하다. 석유가 나오고, 목재를 벨 수 있으며, 금광이나 파인애플이 자라는 곳이어야 하는 것이다. 그러나 이러한 해외진출에는 다른 원인도 있는데, 새로운 시장을 확보하거나 경쟁기업에 순위를 빼앗기지 않기 위한 것이다. 1970년대 이후 미국이나 서유럽에서 자본이동이 일어난 것 역시 산업선진국에서 고수익을 확보하고 조직된 노동세력을 복종시키는 것이 힘들어진 것이 부분적인 원인이 되었다.

반대로 많은 개발도상국들은 값싸고 조직화되지 않은 노동을 풍부하게 공급할 수 있다. 4장에서 살펴본 것처럼 분단위로 이루어지는 분업으로 인해 비숙련공이나 신인들은 빠른 속도로 전부터 산업을 확립했던 국가들이 달성한 생산성 수준까지 도달할 수 있었다. 신흥공업국은 계획, 환경규제, 위생 및 안전규제, 세금 등 다양한 규제로부터의 자유를 제공했다. 또한 컨테이너를 이용한 선박운송, 낮은 가격의 항공화물, 컴퓨터, 텔렉스, 팩스 등의 국제운송 및 커뮤니케이션은 극적으로 향상되었다. 특히 부피가 적은 고가치 상품의 경우 이제 더 이상 생산지와 최종 소비시장이 가까울 필요가 없어졌다. 게다가 세계 시장 공장은 조직화되지 않은 채 남아 있는 젊은 여성들을 고용할 수 있었다(Fröbel et al. 1980 ; Cohen 1987 : 220-53).

TNCs에 의해 새로운 시장이 개방되면서 자극을 받은 수요로 인해 TNCs의 이익은 매우 커지게 되었다. 변경지역이었던 중국이 등장함에 따라 1990년대에는 세계 역사상 가장 큰 소비자와 제조업 붐이 발생했다. 2004년에 이미 중국은 세계에서 7번째로 큰 경제가 되었다(표 7.2 참조). 2025년에는—더 빠를지도 모른다—'넘버 원'이 되는 것을 목표로 하고 있다(Shenkar 2004). 현대 중국을 잘 아는 한 소식통(Seagrave 1995 : 279)에 의하면, 1990년대 베이징 시민들을 보면 베이징이 이미 색 바랜 공산주의 국가의 수도라는 이미지로부터 탈각했다는 것을 알 수 있다.

중국인 여피는 프록터와 갬블 샴푸로 머리를 감고 네스카페 인스턴트 커피로 아침을 시작하며, 셔츠 주머니에 호출기를 넣고 토요타의 신차를 타고 출근을 한다. 또한 뮤직비디오에 맞춰 노래를 부를 수 있는 가라오케 바에 가서 코카콜라를 넣은 헤네시를 마신다. 그들은 랜즈 엔드 카탈로그를 보고 새 청바지와 풀오버를 사고 빅토리아 시크릿에서 탱가 팬티를 주문한다. 평균 연수입이 1,400달러를 넘어서면서 중국의 대부분 사람들은 처음으로 냉장고와 같은 기본적 소비품을 살 수 있게 되었다. 12억이 넘는 인구를 가지고 있다는 점에서 이는 인류 역사상 그 어떤 시대보다도 단기간에 많은 사람들이 빈곤에서 탈출했다는 것을 의미한다.

위에서 언급한 유명 브랜드에서 추측할 수 있듯이 TNCs는 서양의 부유함과 '자유'라는 상징적·실질적 증거로 작용했다. 비록 자유가 때때로 개인주의적인 데다 소비자중심적이며 다른 사람들의 기회를 파괴한다고 해도 말이다(13장 참조). 구공산주의 레짐이 정치적 자유와 소비자 선택이 같다는 순진한 개념에 특히 취약하다는 것이 알려지게 되었다. 베를린 장벽이 붕괴된 후 동베를린의 젊은이들은 코카콜라를 손에 들고 메인스트리트를 활보하면서 공산주의 전제(專制)에서 벗어난 것을 축하했다.

정의

TNCs의 기원과 특징의 묘사에 있어서 좀 더 형식적 정의에 대해서 논해보자. 디켄(Dicken 1992 : 47)의 주장을 부연하면 TNCs는 6가지 측면에서 정의할 수 있다.

- 둘 혹은 그 이상의 국가에서 경제활동
- 국가 간 격차를 이용하여 이윤을 최대화, 요소부존량, 임금, 시장조건, 정치 및 금융체제의 차이 등
- 지리적 유연성, 즉 자원 및 활동을 글로벌 규모로 다른 장소로 이동하는 능력
- TNCs 내 다른 부문 간에 이루어지는 자금, 부품, 활동의 흐름 수준이 특정 국가의 국내 활동보다 큼
- 세계 곳곳에 개인주의와 소비주의를 확산
- 중요한 경제적·사회적 권력을 영위, 여기에는 '좋은' 영향과 '나쁜' 영향이 존재

TNCs, 글로벌화·국제화하는 행위자

TNCs의 경제적 영향력에 관해서는 두 가지 견해가 있다. 첫 번째 견해는 TNCs의 글로벌리제이션 능력을 강조한 것으로 특히 디켄(Dicken 1992, 2003)의 연구와 관련된 것인데, 우리의 입장도 이와 비슷하다. 두 번째 견해는 허스트와 톰슨(Hirst and Thomp-son 1996)의 좀 더 비관적인 견해로서, TNCs가 오랜 기간 존재해 온 국제 경제 질서를 성공적으로 육성해 왔는지 모르지만 글로벌 경제를 건설하지 못했고 국민국가를 대신하지도 못한다는 주장이다.

45	쉐브론	147,967	78	중국석유화공집단공사	75,076
46	코노코필립스	121,663	79	벅셔해써웨이	74,382
47	AXA	121,606	80	ENI	71,227
48	알리안츠	118,937	81	루마니아	73,167
49	말레이시아	117,776	82	홈 데포	73,094
50	이스라엘	117,548	83	아비바	73,025
51	폭스바겐	110,648	84	HSBC	72,550
52	베네수엘라	109,322	85	나이지리아	72,106
53	시티그룹	108,276	86	더치 텔레콤	71,988
54	체코	107,047	87	베라이즌 커뮤니케이션	71,563
55	싱가포르	106,818	88	삼성전자	71,555
56	ING 그룹	105,886	89	스테이트 그리드	71,290
57	NTT	100,545	90	아랍 에미레이트	70,960
58	헝가리	99,712	91	푸죠	70,641
59	뉴질랜드	99,687	92	메트로	70,159
60	AIG	97,987	93	네슬레	69,825
61	콜롬비아	97,384	94	U.S. 우편 서비스	68,996
62	IBM	96,293	95	BNP 파리바	68,654
63	파키스탄	96,115	96	페루	68,395
64	칠레	94,105	97	중국석유천연가스공사	67,723
65	지멘스	91,493	98	소니	66,618
66	까르프	90,381	99	우크라이나	65,149
67	필리핀	88,429	100	칼디날 헬스	65,130
68	알제리	84,649	101	로얄 어홀드	64,675
69	히타치	83,993	102	알트리아 그룹	64,440
70	제네랄리 보험	83,267	103	페멕스	63,690
71	마츠시타 전기	81,077	104	뱅크 오브 아메리카	63,324
72	맥케슨	80,514	105	보다폰	62,971
73	혼다 자동차	80,486	106	테스코	62,458
74	휴렛패커드	79,905	107	뮌헨재보험회사	60,705
75	닛산 자동차	79,799	108	일본생명보험상호회사	60,520
76	포티스	75,518	109	피아트	59,972
77	이집트	75,148	110	로얄 뱅크 오브 스코틀랜드	59,750

112	취리히 금융 서비스	59,678	117	프랑스 전력공사	58,367
113	크레디트 어그리콜	59,053	118	제이피모건 체이스	56,931
114	크레디트 스위스	58,825	119	UBS	56,917
115	스테이트 팜 보험	58,818	120	방글라데시	54,884
116	프랑스 텔레콤	58,652			

출처 : Fortune (2005년 7월 25일) ; World Bank (2005a), 2004년 데이터 사용.

표 7.2에 나타난 TNCs의 경제력은 분명해 보인다. 물론 이러한 경쟁력은 부정적으로 작용하지 않을 수도 있지만 지금까지의 경험을 보건대 특정 환경에서 TNCs는 국가 경제와 사회계획에 심각한 장애를 초래할 수도 있다. 이는 다음과 같은 방법으로 나타날 수 있다.

- 현지 자본은 경제력 측면에서 여러 문제를 가져온다. 보통 TNCs는 더 많은 임금을 제공하고, 경쟁에서 이기기 위해 임금 코스트를 낮추어야 하는 현지 고용주들은 고용환경을 악화시키고 질을 희생시킨다.
- 제품의 질이 낮더라도 TNCs는 불합리할 정도의 마케팅 파워를 가지고 있다. 저자 중 한 명이 카리브 해 지역에 살았을 때 현지의 상점은 훌륭한 스파이스 치킨을 팔았었다. 그런데 미국의 유명 브랜드가 수입닭을 매수한 이후 현지 상점은 문을 닫기까지 2년간 계속 적자를 내다가 결국 시장에서 잘려나가고 말았다. 말할 필요도 없이 경쟁에 이긴 기업은 저질에 불량인 자신의 제품가격을 올렸다.
- 현지 정치인들은 국내투자 촉진에 큰 관심을 가지고 있는데, 그들은 회사의 계획을 받아들여 회사의 활동을 조장하고 최소한의 세금을 부과함으로써 많은 이윤을 내도록 허가하는 대신 뇌물을 받는 경우가 있다. 이러한 계획이 국가적 계획과 부딪치는 경우도 많다. 이에 따라 빈곤국가는 종종 더 심한 종속의 사이클에 빠지는 경우도 있다.
- TNCs는 취향과 소비 패턴에 좋지 않은 영향을 끼치는 경우가 있다. 우리는 이미 패스트푸드 아웃렛의 예를 들었는데 다음 절에서는 담배의 경우를 다룰 것이다. 이 경우에서 우리는 몇몇 기업이 다른 곳에서의 손해를 보완하기 위해 개발도상국에서 담배를 조장하기 위한 매력적인 광고를 사용하는 것을 알 수

있다. 이 경우를 포함하여 TNCs는 거대 국가의 힘을 위태롭게 하고 전복시킬 수 있는 능력을 가지고 있다.

글로벌 사상가 7

데이빗 하베이_ DAVID HARVEY (1935-)

데이빗 하베이는 사회지리학자로서 공간분석에 관심을 가진다. 그의 주장에 의하면 사회학자들은 특정 장소와 특정 시점에서의 사회관계와 인간 행동에 대해 좀 더 정확하게 파악할 필요가 있다. 하베이는 『자본의 한계』(*The Limits of Capital*, Harvey 1982)에서 이러한 관점을 적용하여 마르크시즘을 재해석했다. 여기서 그는 공간의 속성의 본질이 되는 '공간적 페티시즘' (spatial fetishism)의 위험성에 대해서도 언급했다. 또한 그 반대의 경우 공간적 패턴을 '축적과 계급 재생산과정'의 결과로 보는 입장에 대한 문제점도 언급했다 (Harvey 1982 : 374).

시간과 공간이 사회행위에 있어서 능력을 부여하고 또는 제약하는 환경을 제공한다고 보면서도 하베이는 공간이 어느 정도 '사회적으로 구성된' 것임을 인정했다 (Harvey 1985). 긴 역사를 가진 사회에서는 공간과 시간의 효과는 천천히 순응되지만 산업적 자본주의의 등장으로 인해 이는 본질적으로 변화했다. 프롤레타리아를 '예비군' (실업자)으로서 도시 중심에 모아야 했는데, 이들은 '축적유지의 필요조건'이 되었다. 모인 사람들은 임대료와 같은 종속적 형태의 착취와 함께 '자본 및 궁핍이 축적·협력함으로써 한 장소에 모였다'는 것을 보여주는 것이었다 (Harvey 1982 : 418).

포스트모더니티 상황에서 장소와 시간은 모두 '응축' (compressed)되고 속력도 빨라졌다. 시공간이 응축된 것을 보여주는 예는 여러 가지가 있는데, 양질의 커뮤니케이션, 가상접촉, 값싼 여행경비, 디지털화 등이 가장 명확한 예이다. 그러나 하베이는 노동경험과 자본에 어떤 일이 발생했는지에 주목했다. 4장에서 설명했듯이 포드주의는 표준화, 대량생산, 예측 가능한 공급과 수요의 체인에 기초한 것이었다. 유동적인 축적의 시대에서는 반대로 급진적인 이동을 불러일으켰다. 개인 수준에서는 불안정성, 예측 불가능한 삶의 질, 빨라진 삶의 속도로 인해 삶의 현실 자체를 이해하는 감수성에 여러 변화를 가져왔다. 그의 주장에 따르면 "더 유동적인 자본의 이동으로 인해 참신성, 순간성, 가변성, 우발성이 강조되었다" (Harvey 1989 : 171). 상 (이미지 혹은 현실의 표상)은 그것들이 상품으로 바뀔 때 현실로 바뀌고, 더 많은 사람들의 노동과 레저를 차지하게 된다. 포스트모더니즘의 한 영향으로 삶은 모조품으로 바뀌었고, 더 안 좋은 경우에는 가짜로 바뀌게 되었다. 두 번째 효과는 의미 없는 세계에서 경험한 것에서 의미를 찾아 사람들을 그들이 속한 아이덴티티 (무슬림, 크로아티아인, 미국인 등)를 재확인시키도록 만든다는 것이다. 즉 지리적 관점에서 말하자면 그들은 '장소'를 찾고 있는 것이다.

비슷한 과정이 자본에서도 일어나는데, 투기와 집단행동, '미래' 및 현재의 거래가 현실의 생산과는 동떨어지게 되었을 때 자본은 회사의 권력과 금융 시스템이 된다. 가치, 돈, 효용은 그것들을 생산하는 노동으로부터 떨어져 분리되고 흩어진다. 이는 현대 자본주의의 성공으로 인한 결과이다. 하베이(1989 : 307)의 주장에 의하면, "포스트모던적 상황을 역사적 문맥으로 집어넣음으로써 우리는 적어도 포스트모더니티 상황을 역사적·유물론적 분석과 해석에 접근 가능한 범위로 넣을 수 있다. 이는 연속적인 시간−장소 수축 흐름의 역사 중 한 부분이 자본 축적의 압력에서 벗어나 시간을 통해 장소를 소멸시키고 전도 가능한 시간을 줄이기 위한 끝 없는 탐구를 통해 가능하다."

출처 : Harvey(1982, 1985, 1989).

라이프스타일의 수출 : 담배의 경우

특정 TNCs에 의한 서구 라이프스타일의 보급은 보건문제(11장 참조)와 관련하여 특정적인 우려를 낳았다. 우리는 이를 담배산업의 예를 중심으로 살펴보겠지만 이러한 비슷한 과정은 설탕, 패스트푸드, 제약, 다른 여러 산업에서 나타나고 있다. 1900년과 1975년 사이 서양국가들에 있어서 담배소비가 늘어났는데, 이는 도시화, 모더니티, 레저와 소비의 증가와 긴밀하게 관련된 것이었다. 직장에서나 유흥장소에서 동료들 간의 흡연은 집단 친선을 표현하는 한 방법이었다. 그러나 1970년대까지 흡연이 폐암이나 고혈압, 동맥경화 등의 질병을 발병시키거나 심화시킬 가능성을 증가시킨다는 증거가 셀 수 없을 정도로 많이 나왔다. 일반적으로 서구 정부들은 공공장소에서의 흡연과 선전을 제한하였으나 회사들이 스포츠 활동, 팝콘서트, 다른 주요 이벤트들의 스폰서로 활동하는 것은 허가되어 왔다. 그러는 동안 여론은 흡연에 대한 반대로 뭉치게 되었다.

판매량이 떨어지자 거대 담배 TNCs들은 남반구의 소비자와 노동자들, 특히 거대한 아시아 시장에 눈을 돌리게 되었다. 이러한 소비의 이동으로 인해 1997년에 이르면 전 세계 흡연자들의 오직 14%만이 북아메리카나 서유럽에 살고 55%가 아시아에, 12%가 아프리카와 중동에, 9%가 남아메리카에 살게 되었다. 2030년에는 담배 관련 사망자의 70%가 개발도상국에 살고 있을 것이라고 예상된다. 현재는 50% 정도이다 (www.tobaccofreekids.org/campaign). 세계에서 가장 인구가 많은 중국의 경우 남자의 70% 정도가 흡연자인 반면 서구의 경우는 35%가 흡연자이다.

많은 국가들이 그들 국가 소유의 담배 생산품을 제조한다. 현재 중국의 국영 담배회사는 세계 최대 생산자이다. 따라서 중국 정부는 담배 판매로 인한 세금을 10% 올리는데, 그 중 반이 보건비용으로 들어가 노동시간은 줄어든다(Godrej 2004 : 12).

1980년대 중반으로부터 시장을 주도했던 필립 모리스와 유명한 말보로 브랜드에 의해 주도된 미국 제조업자들과 다른 세계 거대 회사들은 중국 및 여러 아시아 정부에 압력을 넣었는데, 이는 서구 담배에 대한 무역제한 및 서구 수입제제를 유발할 위험을 없애기 위한 것이었다(Godrej 2004). 세계 제2위 규모의 초국적 기업, 브리티시 아메리칸 타바코는 명목상 남아 있는 공산주의 국가 중 하나인 북한 정부와 협력하여 비밀 공장을 세움으로써 이러한 장애물을 교묘히 빠져나갔다.

모든 시장의 흡연자들에게 통하는 또 다른 하나의 통로는 밀수출입이다. 밀수입된 생산품은 세금을 올리기 위한 목적으로 정부가 부과한 의무에서 벗어날 수 있기 때문에 훨씬 싸다. 이는 또한 수입된 물건에 부과되는 할당제 제한도 피할 수 있다(Campbell 2004 : 21). 담배가 작은 규모로 개인들에 의해 운반되었든지 커다란 규모로 범죄집단에 의해 운반되었든지 간에 밀수출입은 불법이고, 코카인이나 헤로인 무역과 같은 다른 불법적 활동과 관련되었을 가능성도 높다. 담배 밀수출입은 또한 TNC가 그들의 상품을 파는 도매상이나 배급자들로부터의 담배 구입을 통해 그들의 돈을 세탁하는 방법으로도 작용한다(www.tobaccofreekids.org/campaign).

서구 담배상품이 아시아 및 여러 시장으로 진출한 것은 미국 및 서구 라이프스타일로의 접근을 제공하는 광범위한 선전의 뒤를 따른 것이었다. 빈곤국의 모든 소득 그룹의 성인들, 특히 도시지역의 성인들이 흡연자이다. 빈민층 사이에서는 담배소비가 좀 더 흥미로운 라이프스타일로의 통행증이 될 뿐만 아니라, 상대적 빈곤과 혼잡하고 위험한 도시의 삶으로 인한 스트레스로부터 안식을 제공한다(McMurray and Smith 2001). 그러나 클라인(Klein 2001)의 주장에 의하면 1990년대 초 이후 이러한 호소력은 담배뿐만 아니라 전 범위의 상품과 함께 젊은 중산층을 주 대상으로 존재해 왔다.

TNCs 안의 노동

TNCs는 그 정의에 의해 공간적으로 뿔뿔이 흩어져 있어 다수 국가에 그 고용인을 두고 있다. TNCs 본부를 두고 있는 국가 밖의 고용인 수는 그 활동이 얼마나 분산되어 있는지를 측량할 수 있는 기준이 된다. 네슬레의 경우 96%에 달하는 253,000명의 고용인들이 본부를 두고 있는 스위스 밖에 존재한다. 대조적으로 제너럴 모터스사는 "다른 어떤 국가들보다도 미국에서 훨씬 더 많은 사람들을 고용하고 있다"(Kiely 2005a : 109). TNCs가 계속해서 출신국에 고용 및 자산을 집중하는 것은 "전 지구에 걸쳐 투자를 행하는 자유로운 자본의 이미지가 잘못된 것"이라는 주장의 근거가 되고는 했다(Kiely 2005a : 109). 그러나 이러한 관점은 TNCs에 의한 **직접** 고용이 일부분에 지나지 않는다는 것을 간과한 것이다. 좀 더 일반적인 현대적 모델은 제조업이나 농업 양 분야에 있어서 하도급 계약을 이용하여 TNCs가 원하는 시장과 팔려는 상품을 배달한다. 하도급 계약자와 농부들은 소수 혹은 단일 TNCs의 선의에 전적으로 의존하는 경우가 많으므로 사실상 그들은 간접 고용인이 된다. 직접 고용과 간접 고용의 혼합적 형태에는 중요한 두 예가 있는데, 수출가공구(EPZs)의 노동자와 슈퍼마켓에 공급하는 재배자와 농부가 그 것이다.

수출가공구에서의 노동

수출가공구(Export-Processing Zones : EPZs)는 자유무역지구의 하나로, 수출형 제품을 생산하는 외국기업이나 하도급 계약을 맺은 지역기업의 설치가 장려된다.

1960년대 이후 TNCs는 대부분 도상국의 **수출가공구**(Export-Processing Zones : EPZs)에서 직접 고용과 하도급 계약을 통해 '역외생산'(offshore production, 域外生産)을 해왔다. 각 정부는 외국기업이 자국에서 노동집약적 조립활동을 하도록 하기 위한 특별 유인을 제공한다. 이는 세금우대 조치, 수입관세 면제, 값싼 노동력, 보건, 보험, 환경규제, 공장과 인프라스트럭처의 무료제공 혹은 보조까지 포함된다. 1970년대와 1980년대 대부분의 노동자―몇몇 수출가공구의 경우 90%가 넘는 노동자들―가 젊은 여성들이었다. 이러한 성비율은 최근에 들어서는 완화되고 있다. 한 경영자의 말을 빌리자면 여성들은 '재빠른 손가락'을 가지고 있어 전자회로판에서의 작업에 적격이라는 것이다. 다른 경영자들은 여성들의 노동규율을 지적한다. 이러한 특성에 관해서는 손쉬운 스테레오 타입과 빈곤국에서 많은 여성 노동자들이 직면하는 현실을 구분해야 한다. 즉 그녀들은 불리한 노동시장과 많은 농업사회에서 나타나는 강력한 형태의 가부장적 특성으로부터 도망치고 싶은 희망과 절망적인 현실에 직면해 있다.

의류, 신발, 실내장식용 커튼, 장난감과 다른 저가치 소비 생산품을 만드는 지역 및 국제 합동 산업들은 EPZs를 비롯한 저임금 지역에 위치할 가능성이 높다. 가내 전기제품 및 반도체 생산 조립공정에 관련된 산업들도 마찬가지이다. 생산상품들이 수출을 목적으로 하기 때문이다. 이러한 지역에 있어서의 산업생산은 급속도로 증가했으며, 수출 잠재력도 마찬가지로 증가했다. 예를 들어 1966년부터 1972년 사이 미국의 개발도상국 EPZs로부터의 제조품 수입은 해마다 평균 60%씩 증가했다(Harris 1983 : 147). 현재 EPZs는 전 세계 곳곳의 개발도상국에서 번성하고 있다. 오랜 기간 동안 EPZs는 아시아에서 번영해 왔다. 중국에서는 1970년대 후반 경제개혁의 일부로서 EPZs와 비슷한 4개의 '경제특구'가 설립되었다. 가장 큰 경제특구는 홍콩 근처의 셴

젠(Shenzhen)의 경제특구이다. 카리브 해 지역과 아프키카 국가들 또한 역외발전을 장
려하고 있다.

　　　멕시코의 국경산업화 계획(Border Industrialization Program : BIP)으로 인해 미국 국
경 주변에 거대한 EPZs가 설립되었다. 이곳은 수천 개의 마킬라도라(maquiladoras, 노동
집약적 조립공장)가 있는 곳이다. 이곳은 저가치 제조품의 미국 수출을 통해 침체된 멕
시코 북부에 고용을 창출하려 했던 정부 정책의 결과 1965년에 시작되었다. 미국 역
시 미국으로의 공식 노동자 초빙제도인 브라세로 프로그램(Bracero Program)이 무너진
뒤 이 지역의 실업을 말소하려 했었다. 미 당국은 멕시코의 고용으로 인해 북쪽 국경으
로부터 들어오는 불법 이민자가 줄어들기를 바랐다. 그러나 이 계획은 부분적으로 실
패로 끝났다. 일자리가 주로 젊은 여성들(불법 이민의 가장 많은 수를 차지하던 남성들이 아
닌)에게　집중되었기 때문이다. 한편 멕시코의 침체된 다른 지방으로부터 실업자들이
이 지역으로 몰려들었는데, 직업을 찾으려는 그들의 시도는 헛된 것이었다. 이민을 막
으려고 댐을 만들려고 했던 것이 오히려 그들을 끌어당기는 ‘꿀단지’를 만들어냈던
것이다(Cohen 1987). 무역조합 대표들의 최근 보고서는 계속해서 마킬라도라의 저임금
과 긴 노동시간, 조직화되지 않은 노동자들에 대해서 이야기하고 있다. 그러나 이러
한 부정적인 점들에도 불구하고 국경산업화 계획은 공식적으로는 성공했다고 평가받
고 있다. 1944/1995년 고용자 수는 743,000명으로 늘었고 수출액도 33억 달러에 이
르렀다. 2005년 8월 멕시코 총수출 수입의 45%가 마킬라도라로부터 온 것이었다
(http://www.dallasfed.org/data/data/maq-charts.pdf).

　　　또 다른 EPZs인 인도양의 모리셔스 또한 성공으로 간주된다. 1971년 시작 당시
에는 인구의 20%가 실업상태였지만 1994년에는 실업률이 2% 이하로 줄어들었다.
그 다음해 정부는 국제노동연구소(International Labour Office)에 노동력 부족을 메우기
위해 6,205명의 이주노동자를 받아들였다고 보고했다. 모리셔스의 경제적 이익은 분
명해 보였지만 고용은 여전히 16-22세의 여성을 대상으로 한 것이었다. 이는 또 다른
유익한 사회결과를 낳았는데, 1950년대 독립에 가까워지던 기간 영국의 인구통계학
자는 이 섬의 출생률이 늘어났음에 놀라게 되었다. 우리가 10장에서 논의할 바와 같
이 부의 증가와 보건의 증대는 일반적으로 대가족의 필요를 줄이는데, 모리셔스에서
일어난 것이 바로 이것이었다. EPZs에서 일했던 젊은 여성들은 제공된 일자리와 늘어
난 노동기간을 누렸지만 그들이 안전하게 아이를 출산할 수 있는 기간이 줄어들게 된
것이다. 그 결과 당시 인구 및 예상 인구증가는 크게 줄어들게 되었다.

글로벌 공급 체인 : 슈퍼마켓의 역할

표 7.2의 경제력 상위 120개 중 4개의 TNCs가 슈퍼마켓이다. 홈데포는 주로 북미지역의 가정용품을 취급하고 있고 남아 있는 월마트, 테스코, 까르프는 푸드 아웃렛을 중심으로 한다. 식료품 쇼핑을 할 때 놀라울 정도로 다양한 국가에서 프레쉬, 냉동, 가공품, 캔 제품, 병조림 음식과 음료가 도착하고 있다는 것을 인식하지 못한다는 것은 불가능하다. 소매업자들은 신선하고 외국산에 고품질이며 값싼 제철이 아닌 상품에 대한 소비자들의 요구에 명확하게 응답한다. 북유럽의 크리스마스 식단에 딸기? 걱정할 필요 없다. 남반구의 재배자들이 책임지고 생산할 것이다. 소고기와 양고기만 먹어서 질렸는가? 걱정할 필요 없다. 오스트레일리아와 남아프리카의 농부들이 당신의 저녁 테이블로 캥거루나 타조 고기를 보낼 수 있다.

사회과학자들은 특정 상품의 '흔적'을 살펴봄으로써 글로벌 공급 체인에 대한 연구를 한다. 프리드버그(Freidberg 2001)는 프랑스와 영국 아웃렛에서 버키나 파소 (Burkina Faso)와 잠비아의 공급자에 이르기까지 '푸른 콩의 전 지구적 흔적'을 쫓았다. 이 두 공급국가는 비슷한 인구에 1인당 임금(1,000만 달러, 320달러)도 비슷했다. 또한 그들의 전 식민통치국인 영국과 프랑스와 가까운 관계를 맺어왔다. 그러나 그 후 이야기가 조금 달라진다. 프랑스의 도매업자는 아프리카 푸른 콩의 대부분을 파리 외각의 오를리 공항 근처에 있는 창고와 적하지역이 뻗어 있는 마르쉐 인터내셔널로 수입한다. 프랑스의 푸른 콩은 프랑스의 전 식민지인 버키나 파소로부터 온다. 공급 체인은 소규모 생산자들에 겹겹이 연결되어 모아진 콩은 수백 명의 여성들이 불합격품으로부터 좋은 콩을 거르는 수도인 와가두과의 선적창고로 간다. 영국 역시 공급처 중 하나로서 전 식민지였던 잠비아를 이용한다. 그러나 공급자들은 두 거대한 농장으로, 이 농장들은 국외 관리자가 담당하는 외국자본에 의해 유지되며 농업 노동자들은 성과급 방식으로 임금을 받는다. 푸른 콩의 흔적을 따라가는 이 연구는 한 가지 중요한 모순점을 알려준다. 첫 번째 경우에서는 소작농업이 글로벌 수요 체인에 의해 유지되었으나 두 번째 경우에는 오히려 글로벌 수요 체인에 의해 파괴되고 있다는 것이다

슈퍼마켓을 보면 알 수 있듯이 소비자들은 1년 내내 계속되는 상품과 다양한 선택 및 다양한 가격을 요구한다. 비록 관개와 플라스틱 판금이 자연, 기후, 강우량, 계절을 속일 수 있다고 해도 이 요소들은 여전히 공급에 중요한 영향을 미친다. 따라서 이 분야에 있어서 많은 노동자들에게 노동은 기간제이다. 라워스(Raworth 2005 : 19)가 주

장한 바와 같이 이는 특히 여성들에게 큰 영향을 미치는데, 그들은 "남성들보다 단기, 기간직, 임시직, 내근직에 고용될 가능성이 높아서 고용계약을 매년, 매 3개월 혹은 매일마다 갱신하지 않으면 안 된다. 그들은 장기적으로 일하는 경우도 있으나 장기 고용에 붙는 보호 및 지원을 누리지 못한다." 예를 들어 남아프리카에서는 낙엽성 과일농장과 포도원의 일시 노동자의 69%가 여성이다.

TNCs : 책임 없는 권력

TNCs에 대한 중요한 비판은 TNCs가 책임 없이 권력을 행사하고 있다는 것이다. 이론상, 그리고 때때로 실제로 국가의 권력은 법적인 과정, 정기적 선거, 사람들이 자신들의 의견들과 이익을 조직하고 표명 및 추진하는 능력에 의해 제약된다. 물론 모든 국가가 이러한 민주화 정도를 가지고 있지는 않지만(예를 들어 2005년 아프리카의 53개 국가 중 19개만이 민주국가로 간주되고 있다) 대부분의 전제정에서 사람들은 동맹파업, 데모 등 정치적 동원의 여러 형태를 통해 통치자들을 고발하려고 한다. 그러나 기업권력의 경우에는 이러한 제한요소가 존재하지 않는다. 일본의 종합상사와 다른 무역회사는 사적이라서 표면에 드러나지 않는 가문에 의해 지배되는 경우가 많다. 그 외의 TNCs의 경우는 주주들이 제제를 가해야 하지만 주주들은 연금기금, 증권회사, 은행이 산 주식들이 모인 익명의 거대한 단체일 뿐, 보통 기업의 업무지표인 수익 이외에는 회사의 업무에는 별 관심이 없다.

국제기관인 UN 사회개발연구소(UN Research Institute for Social Development : UNRISD 1995)에 의하면 TNCs의 자유도는 1990년대 초부터, 특히 관대한 GATT 체제에 의해 현저하게 증가했다. 예를 들어 TNCs 측은 국제법에서 특허, 상표, 저작권을 강화하여 새로운 권리를 획득했던 반면, 각국 정부는 TNCs에게 본토 노동자들의 교육을 요구하거나 국내투자에 관한 높은 조건 등을 부과할 수 없게 되었다. UNRISD는 이러한 TNCs의 권력은 사회적 책임을 수반하여 행사되어야 한다고 주장한다. 이러한 책임에는 종종 피해를 받는 환경, 지역공동체, 노동인구에 대한 책임이 포함된다. 유명하고 존경받는 TNCs가 이러한 측면에서 그들의 책임을 회피하는 예는 다수 존재한다. 그 중 3가지 예를 들어본다.

■ 1989년 당시 세계 최대의 석유회사가 소유한 석유 수송선인 **엑슨 발데즈** 호가 알래스카 해안의 프린스 윌리엄 만에 좌초하여 사상 최악의 석유유출 사고

그림 7.2 1984년 12월 인도, 보팔
살충제를 생산하던 유니언 카바이드 공장의 보유고 유출 이후 독가스의
구름이 마디야 프라데쉬의 수도인 보팔 전역에 퍼졌다. 이는 수많은 사상
자와 유전자 돌연변이를 낳았다. 지역 회사의 인도인 디렉터는 체포되었지
만 미국 모회사는 법적 제제를 상당부분 회피했다.

가 일어났다. 약 4,200만 리터의 원유가 유출되어 해안 및 어업자원을 오염시
키고 야생생물을 파괴했다.

■ 쉘사는 나이지리아에서 석유를 채굴하면서 주변의 토착 공동체에 대하여 무
관심으로 일관했다. 쉘사는 주변 토지를 전유하고 싼값으로 사들였다. 켄 사로
위와(Ken Saro-Wiwa)의 지도 아래 오고니 지역에 조직된 반대조직 쉘사로 하
여금 사회적 책임감을 인식할 것을 촉구했다. 공장에서 나온 기름과 폐기물은
어업지역과 마을을 오염시켰다. 많은 지역 공동체가 반대했음에도 불구하고
회사의 주요한 항변은 회사가 라고스에 있는 연방정부에 세금을 내고 있다는
것과 사회 프로그램을 조직하고 있다는 것이었다. 연방정부에 따르면 켄 사로
위와는 쉘사의 옹호자라고 여겨졌던 오고니 추장 4명의 죽음에 연루되었다.
그가 그 장소에 없었다는 것이 인정되었음에도 불구하고 그는 음모죄로 기소
되어 처형되었다. 세계 각지에서 관대한 처리에 대한 요구가 있었으나 아무 소
용이 없었다. 1995년 12월 14일 수많은 반대에도 불구하고 쉘사는 나이지리
아 지역의 2,500만 파운드 규모의 공장 운영을 지속할 것이라고 발표했다.

■ 1984년 12월 인도 중부 보팔의 미국계 기업 유니언 카바이드사가 소유한 공
장에서 독성 가스인 메틸이소시아네이트(MIC)가 유출되는 대규모 재해가 발
생했다. 2,800명이 넘는 노동자와 그들의 가족, 지역공동체에 있던 사람들이
이 유출사고로 인해 사망했으며, 20,000명이 부상당했다. 유니언 카바이드사
는 보상을 요구하는 법적 절차를 계속해서 연장해 왔으며, 회사 고용인의 범죄
에는 책임을 질 수 없다고 주장하고 있다(그림 7.2는 이 사건에 대한 사진이다).

TNCs : 사람들의 반격

많은 정부와 주주들이 상대적으로 침묵하고 있는 반면 다양한 배경을 가진 사람들이 기업의 사회적 무책임성에 반대하는 시위를 벌여왔다. 예를 들어 쉘사가 바다의 석유 굴착장치 제거를 제안했을 때 반대자들은 그것이 오염을 확대시킬 것이라고 주장하면서 유럽 전역에서 시위를 시작했다. 영국, 네덜란드, 독일 등지에서 계속되는 소비자와 환경단체로부터의 압력에 의해 결국 쉘사는 물러나야 했다. 이러한 반대운동에는 광범위하게 소비되던 쉘 정유의 소비 보이콧에 관한 선동도 포함되어 있었다.

영국 정부나 다른 어떤 정부도 쉘사를 반대하지 않았다는 것에 주목할 필요가 있다. 석유 굴착장치의 경우, 특정적인 기업 권력행사를 막기 위해 초국경적으로 조직된 것은 그린피스와 다른 국제비정부기구들이었다. 오고닐랜드의 활동에서도 마찬가지로 나이지리아 정부가 쉘사를 반대한 것이 아니다. 나이지리아 정부는 쉘사의 활동과 긴밀히 연루되어 있었다. 대신 작은 지방 항의 단체가 국제사면위원회, 그린피스, PEN (국제적 작가 로비단체), 다양한 다른 인권단체들의 지원을 받았다. 뒷장에서 우리는 현재 글로벌 사회운동이 어떻게 기업권력에 대항하면서 정치적 논쟁과 사회적 논점을 국내적 문제영역에서 국제적 문제영역으로 넓히고 있는지 명확하게 보여줄 것이다.

어떠한 측면에서 이러한 항쟁은 예측 가능하다. 정치활동가의 지도 아래 학생들과 지식인들('보통의 용의자')은 거대 인구 중 대표되지 않은 사람들처럼 무시당할 수도 있다. 그러나 기업 반대 항의운동의 불만거리 중 하나인 코카콜라는 전혀 다른 방법으로 그들의 반대자들의 관심을 끌었다. 인도 케랄라의 플라치마다라는 작은 마을에서 마을 사람들은 2001년 코카콜라가 세운 새로운 병 공장—인도의 27개 공장 중 하나—이 마을 우물물을 마르게 했다고 불평했다. 코카콜라사는 정수처리 이후 버렸던 폐수를 '공짜 비료'로 마을 사람들에게 제공함으로써 이러한 비난을 피해보려고 했다. 라지브(Rajeev 2005)의 설명과 같이 이러한 '관대한' 조치는 그룹의 실패로 판명되었다. 독립된 과학기관에 의한 조사에 따르면 폐수는 비료로서 아무 가치도 없었고, 정신장애를 일으킬 수 있는 발암물질로 알려진 카드뮴에 오염되어 있었다. 전에는 초목으로 뒤덮인 이 마을에 살았던 여성인 파루 암마는 "어떻게 하든지 이 공장은 문을 닫아야 한다. 경영진들은 파괴된 우리의 논밭에 대해, 그리고 가짜 비료로 우리를 농락한 것과 우리의 우물을 메마르게 한 것에 대해 보상해야 할 것이다"(Rajeev 2005 인용)라고 말했다. 결국 2005년 8월 케랄라 주 오염통제위원회가 공장폐쇄를 명령했다. 코카콜

라사는 아직 포기하지 않고 있고, '사법심사를 포함하여 미래 방향을 검토하고 있다.'

　　그러는 동안 지구의 다른 한편인 멕시코 시티의 초라한 마을의 구석진 구멍가게 소유주(49세)는 코카콜라를 전혀 다른 의미로 받아들인다. 라쿠엘 챠베즈는 코카콜라의 라이벌인 페루비안 콜라를 들여놓는다는 것이 알려지길 원하지 않는다. 이것이 알려지면 코카콜라사는 선전용 냉장고, 차양, 공짜 선물들을 가져가고 공급을 그만둘지도 모른다. 코카콜라사가 멕시코 소프트드링크 시장의 70%를 점유하면서도 현 상태에 만족하지 않는 것은 명백하다. 그녀는 공정경쟁위원회에 고소했지만 그러는 사이에 그녀는 더 비싼 도매상에게 코카콜라를 구하게 되었다. 그녀의 남편은 이를 질책하여 그녀를 돕는 것을 거절했다. "모두가 무서워서 내가 미쳤고 망할 것이라고 말하죠. 난 내 위엄성을 짓밟히느니 죽는 게 낫다고 말했답니다"(Tuckman 2005에서 인용). 결국 그녀의 고소가 인정되어 코카콜라사와 배급자에게 1,300만 달러(1억 5,700만 페소)의 벌금이 부과되었다. 이 액수는 코카콜라사의 예산에는 눈에 띄지 않을 정도였지만 이에 따른 부정적인 평판으로 손상을 입었다. 케랄라와 멕시코 시티에서의 일들은 코카콜라사에 있어서 좋지만은 않았던 것이다.

Box 7.1

거대 제약회사의 압제 깨뜨리기

1995년 WTO에 의해 채택된 TRIPs(Agreement on Trade-Related Aspects of Intellectual Property Rights, 무역 관련 지적재산권에 관한 협정) 협정이 관리하는 법제도 아래에서 국가들은 이례적으로 가격을 올리는 회사의 독점행위가 존재하는 경우 혹은 위생과 관련해 국가적인 긴급상황이 발생한 경우에 특허 보호에 대한 국제적 보호를 제한하기 위한 행동—'강제인가'(compulsory licence)의 발행—을 취할 수 있다. 그러나 실제로 이 법을 적용하는 것은 극도로 어렵다는 것이 판명되어 왔다.

HIV/AIDs의 경우

남아프리카공화국은 아프리카 대륙에서 가장 많은 HIV/AIDs 환자를 가지고 있다. 1997년 남아프리카공화국은 법을 개정하여 보건위생부가 항레트로바이러스 약을 포함하여 좀 더 싼 약품을 수입할 수 있도록 강제인가의 일괄승인의 발행을 명령했다.

1998년 42개의 일부 제약회사가 이를 이유로 남아프리카공화국 정부를 기소했다. 미국의 회사들은 미국 정부에 대한 로비를 통해 그들이 제약상품에 관한 TRIPs 협정에 저촉되는 행위를 하는 국가에 대한 제제를 가하도록 했으며, 스위스와 독일 회사들도 이에 참가했다. (제약회사에 관한 더 많은 정보는 11장을 참조)

글로벌 캠페인

남아프리카공화국의 행위를 옹호하고 싼 약의 수출입에 대한 제한조치에 반대하는 글로벌 캠페인이 활발히 일어났는데, 이들은 또한 이러한 국가들에 대하여 무역위협 및 다른 불이익을 요구했다. 그 결과 동류의 글로벌 시민사회가 형성되어 의약 쟁점, 특히 항레트로바이러스 의약품 사안에 관련된 동원이 나타났는데, 이들이 남아프리카공화국의 경우에 집중된 것이다. 이러한 그룹들은 남아프리카공화국에 모이게 되었고 미국 및 다른 여러 나라의 과학자들, Médecins Sans Frontières나 Oxfam과 같은 INGOs들, 많은 나라의 많은 활동가들이 이에 포함된다.

결과

이러한 캠페인은 각국 정부, WTO, UN, 그리고 회사들에 로비활동을 벌였다. 2001년 3월에는 세계 전역의 30개 시에서 데모가 일어났다. 2001년 도하에서 열린 WTO 회의에서는 극심한 공공 보건상의 위협이 존재하는 경우, 국가가 약품특허법을 완화할 수 있도록 허용하는 시스템이 단순화되고 확대 적용되어 일반약품의 수입이 전보다 용이하게 되었다. 또한 부시 대통령은 2003년까지 아프리카가 무역 페널티 없이 싼 약품을 받을 수 있도록 보장하는 움직임을 지지했었다.

그러나 이러한 싸움은 아직 끝나지 않았다. 빈곤국들이 언제쯤이면 TRIPs 제도에 따를 수 있는지 여전히 불투명하다. 그러는 동안 몇몇 빈곤국들은 부유국들의 통상정지를 비롯한 여러 보복조치를 두려워해서 WTO의 허가가 있음에도 불구하고 강제허가를 발행하는 것을 꺼릴 것이다.

출처 : Kumaranayake and Lake (2002) ; Seckinelgin (2002).

정리

1970년 7,000개였던 TNCs는 1992년에는 37,000개로 늘어났으며 2001년에는 65,000개였다. 2001년에는 TNCs들은 850,000개의 외국 자회사를 소유했다. 1992년에 들어서자 TNCs는 전 세계 경제 총생산의 3분의 1을 차지하게 되었다(UNRISD

1995 : 53). 이 비율은 본국에서 타국 시장으로의 직접 판매를 통해 국내기업이 세계 무역에서 차지하는 상품과 서비스의 수출가치를 전부 합친 것보다 월등히 크다. TNCs는 또한 전 세계 무역의 4분의 3 정도를 차지한다(Dunning 1993b : 14). 이 정도의 경제력 이전 세계의 경제, 정치제도, 사회에 근본적인 영향력을 가지는 것은 명백하다. 우리가 설명한 것처럼 TNCs가 정치적 독립성과 글로벌 경제에 미치는 영향력 면에서 국민국가의 지위를 대신할 수 있는가에 대해서는 활발한 토론이 벌어지고 있다. TNCs의 사회적 역할에 있어서 일부 학자들은 TNCs가 장단점을 모두 가지고 있으나 해악보다는 이득이 더 많다고 설명한다. TNCs는 고용을 창출하고, 사회적으로 유익한 정책의 재원이 되는 세금을 지불하며, 기술을 이전시켜 농업국가의 산업화를 돕는다. 또한 사람들이 원하는 낮은 가격으로 상품을 판다. 기업의 사회적 책임에 관한 TNCs의 새로운 이익 또한 다양한 측면에서 고용인들과 고용인 커뮤니티의 복지를 증진시키고 있다.

이러한 장밋빛 관점에 반하여 모든 기업의 사회적 책임이 모든 TNCs의 특징이 아니라는 근거가 제시되고 있다. 커뮤니티, 소비자, 환경, 고용인들은 무책임한 기업으로부터 보호가 필요한 경우가 많기 때문이다. 우리는 지금까지 일부 TNCs의 성공적인 경우를 인용했다. 때때로 소비자들의 보이콧 운동은 큰 영향력을 끼쳤고, 나쁜 평판은 기업의 방식을 수정하는 데 기여했다. 또한 많은 경우에 있어서 TNCs에 관한 항의가 성공적이었던 경우에는 결국 정부까지 관여하게 되었던 것이다.

더 읽어볼 책

- 이번 장의 주제에 대해서는 가장 쉽게 읽을 수 있는 책은 디켄(P. Dicken)의 『글로벌 쉬프트』(*Global Shift*, 1992, 2003년 개정)이다. 이 책은 TNCs에 대한 유용한 정보와 세계 무역과 투자 패턴의 변화, 글로벌 문맥에서 본 주요 산업에 대한 매력적인 연구를 포함하고 있다.

- 비록 우리가 허스트와 톰슨(Hirst and G. Thompson)의 『글로벌리제이션 문제』(*Global-ization in Question*, 1996)에 대한 반대의견을 내놓았지만 저자들은 이 분야에 대한 주요 논점들을 요약하고 있으며, 좀 더 성급한 경제적 글로벌리제이션론에 관해 논쟁의 여지가 있고 생각해 볼 만한 대안을 제시하고 있다.

- 마커스(G. E. Marcus)의 『기업적 미래 : 문화적으로 민감한 기업』(*Corporate Futures : The Diffussion of the Culturally Sensitive Firm*, 1998)은 TNCs의 내부 개혁 가능성에 대해 논하

고 있다.

■ UNRISD가 발행한 『혼란 국가들 : 글로벌리제이션의 사회적 효과』(*States of Disarray : The Social Effects Of Globalization*, 1995)는 기업의 무책임성에 대한 적극적인 비판을 포함하고 있다.

■ 프랑스 농부인 보베(J. Bov)는 맥도날드 푸드 아웃렛 안으로 트랙터를 몰아서 전 세계 적으로 명성 혹은 악명(보는 관점에 따라)을 얻게 되었다. 『세계는 파는 것이 아니다 : 정크푸드에 반대하는 농부들』(*The World is Not for Sale : Farmers against Junk Food*)은 두 포르(F. Dufour)와 드 카스파리(A. de Casparis)와 함께 그의 강한 의견을 담고 있다.

■ 『글로벌리제이션의 작동원인 : 글로벌 마켓 경제의 사례』(*Why Globalization Works : The Case for the Global Market Economy*, 2004 : 220–48)에서 울프(M. Wolf)는 불굴의 기업의 변명을 논하고 있다. 그의 주장에 따르면 TNCs는 국가보다는 강하지 않기 때문에 그들의 브랜드만으로 세계를 지배할 수는 없다고 한다.

그룹 과제

■ 그룹을 둘로 나누어 한 그룹은 TNCs는 글로벌 경제통합을 위한 하나의 세력이라고 보고 다른 그룹은 오랜 기간 동안 존재해 왔던 국제무역 패턴을 근본적으로는 넘어 서지 못했다는 입장에서 토론해 보자.

■ 한 그룹은 TNCs가 사회복리에 공헌한다는 입장, 다른 한 그룹은 악영향을 미친다 는 입장에서 토론해 보자.

■ 거대 기업의 광고과에 연보를 요구해 보자. (인터넷에서 The Financial Times The Eco-nomist의 광고에서 주소를 찾아보자.) 사회적 책임에 대해 해당 회사는 어떤 주장을 하고 있는가? 또한 이것은 납득 가능한가?

■ 표 7.2를 참조하지 않고 다음 카테고리에 맞춰서 알고 있는 리스트를 작성해 보자― 석유회사, 자동차회사, 제약회사, 화학제품회사. 반친구들과 리스트를 비교해 보라. 왜 이 회사들이 유명한가?

■ TNCs에서 일하고 싶은가 혹은 일하고 싶지 않은가? 그 이유는?

생각해 볼 문제

1. 세계 경제는 제1차 세계대전 전보다도 훨씬 국제화되어 통합되고 있다는 주장을 뒷 받침하는 증거는 무엇인가?

2. 수출가공구의 중요한 특징을 논해보자. 기업은 왜 이곳에 오려고 하는가?

3. 개발도상국에 있어서 TNCs의 긍정적 사회효과와 부정적 사회효과를 평가해 보자.

4. 국가별 차이를 포함하여 TNCs의 기원을 검증해 보자.

5. TNCs의 행위를 바꾸려는 소비자들의 힘을 평가해 보자.

■ http://www.societyandbusiness.gov.uk/downloads.stml 기업사회적 책임을 증진시키기 위한 영국 정부의 유니트

■ http://www.nottingham.ac.uk/business/ICCSR/research/paperseries.html 노팅험 비즈니스 스쿨 대학은 기업사회적 책임 유니트를 가지고 있다. 대학의 보고서를 다운로드받을 수 있다.

■ http://starbucks.co.uk/en–GB/_Social+Responsibility/ 스타벅스 커피는 자신의 기업사회적 책임에 관련된 내용을 게시한다. 이것을 믿는 것이 좋을 것이다. 그렇지 않으면 여기서 커피 한 잔도 즐길 수 없게 될 테니.

■ http://www.multinationalmonitor.org/hyper/list.html TNCs의 영향력을 제한하려는 랄프 내이더(Ralph Nader)를 비롯한 사람들이 다국적 모니터 그룹을 만들었다. 2005년에 25주년을 맞이한다. 이 그룹의 에디터가 인정하는 것에 따르면 슬프게도 이러한 캠페인에도 불구하고 상황은 그다지 변하지 않았다.

■ http://www.mtholyoke.edu/acad/intrel/mnc.htm 이 URL은 빈센트 페라로(Vincent Ferraro) 홈페이지의 일부로 TNCs의 활동에 관해 뉴욕타임즈(*New York Times*) 같은 신문기사를 30개 정도 구할 수 있다.

■ http://www.corporatewatch.org/?lid=58 이 사이트의 기획자들에 의하면 "기업들은 그들의 본래 목적을 넘어서는 영향력을 얻게 되었다. 우리들은 기업들을 제자리로 돌려놓으려는 캠페인을 지원하는 리서치 그룹으로, 이 운동은 점차적으로 성공을 거두고 있다. 코포렛 워치(Corporate Watch)는 세계 곳곳에서 일어나 점점 증가하고 있는 기업 반대운동의 일부라고 할 수 있다." 이 사이트가 포함하고 있는 많은 기업 반대 캠페인에 대한 링크는 당신의 연구에 매우 유용할 것이다. 그러나 이 사이트가 명백하게 '기업 반대적'이라는 것을 잊지 말 것.

불균등 발전 : 그 희생자
Uneven Development : the Victims

SOCIOLOGY

　　전에 언급했던 것처럼 글로벌리제이션은 세계 여러 지역에 다양한 영향을 끼친다. 이번 장에서 우리는 불균등 발전이 발생하는 과정과 4개의 특정 사회집단에 불이익이 집중되는 원인에 대해 살펴볼 것이다. 대안 모델의 붕괴와 함께 시장주도형 경제는 현재 '마을에서 유일한 쇼'가 되어 있다. 다양한 측면에서 성공적인 이 경제는 본래 국내 각 집단 및 국가 간 소득과 기회의 측면에서 거대한 불균형을 낳게 되어 있었다. 많은 학자들은 이를 자연스럽고 피할 수 없는 결과라고 인정한다. "빈민층은 사라지지 않는다"라는 유명한 속담은 이러한 생각을 반영한다. 사람들은 종종 부를 둘러싼 경쟁에서 진 사람들을 게으르거나 생물학적으로 열등하다고 보는 경우가 있다. 때때로 빈민층과 불이익을 받는 사람들조차 자신들을 그렇게 보는 경우가 있다.

　　많은 사람들이 차별적인 결과를 숙명으로 받아들이도록 사회화되었다고 해도 사회학자들은 이 문제를 좀 더 풀기 어려운 매혹적인 문제로 받아들인다. 왜 어떤 사람들은 패배하고 어떤 사람들은 승리하는가? 패배자들은 과연 계급구조 안에서 자신들의 위치를 바꿀 수 있을까? 어떤 사람들은 이기고 어떤 사람들은 지는 사실 사이에 어떤 특정 관계가 존재하는가? 다시 말해서 어떤 사람들이 패배하기 때문에 어떤 사람들이 승리하는 것일까? 그렇다면 이것은 부유하고 힘을 가진 자가 빈부의 차를 유지하려고 하기 때문인가, 아니면 그 결과가 계속된 그들의 지배에 장기적인 위협이 되는 걸까? 가난한 사람들이 사회적 계층이동을 실현하여 자신들의 생활수준을 향상시키는 것이 최종적으로 힘을 가지는 사람들의 이익이 되는 걸까? 이러한 사회적 계층상승 이동은 위에서부터 시작될 수 있는 것일까? 예를 들어 선한 정치가를 통해서? 반대로 오직 풀뿌리 수준으로부터 발산된 사회적·정치적 반대운동만이 이를 고칠 수 있을까?

　　이번 장에서 우리는 국제적인 불균등 발전에 관한 두 가지 이론을 검증할 것이다. 하나는 세계체제론(world system theory)이고, 다른 하나는 1970년대에 생겨난 신국제분업(New International Division of Labour : NIDL) 개념이다. 그리고 나서 우리는 글로벌리제이션이 힘없는 사회적 소외층을 형성하는 힘인지, 반대로 글로벌리제이션의 지지자들이 주장하듯이 부의 세대를 창출하고 더 많은 사람들에게서 가난을 제거할 수 있는 힘이 될 수 있는지 살펴볼 것이다. 이 책의 마지막 장에서 전체적 평가를 다룰 것이지만 여기서는 글로벌리제이션과 발전으로부터 어떠한 이득을 얻지 못하는 사람들, 혹은 낙관적으로 말해서 '아직' 이득을 얻지 못한 사람들에 대해 집중적으로 논할 것이다. 사례분석에 있어서 우리는 4개(물론 오직 4개만 존재하는 것은 아니다)의 곤궁한 사회집단—기아로 인한 희생자, 산업공동화 지역의 노동자, 농부들, 도시 빈민층—의 운명에 대해서 검토할 것이다.

불균등 발전에 대한 이론

여기에서는 임마누엘 월러스타인(좀 더 자세한 그의 사상에 대해서는 글로벌 사상가 참조)의 세계체제론과 1970, 1980년대 독일 사회이론가 그룹이 처음으로 명확히 제시한 '신국제분업' 이론에 대해서 검토할 것이다.

세계체제론

수많은 동류 이론들 중에서 월러스타인(1974, 1979)의 세계체제론은 특별히 큰 영향력을 끼쳤다. 그의 이론은 국민국가가 아닌 자본주의가 세계 질서를 형성해 왔다는 것인데, 이는 그 시작에서부터 자본이 국경을 무시해 왔으며 이윤을 찾아 확대되어 왔기 때문이다. 세계 체제는 국가 간 관계의 구조 안에서 안정화되어 왔는데, 이러한 국가들은 전체 체제 안에서 지배적인 **중심부**(core), **반주변부**(semi-periphery), **종속적 주변부**(periphery)라는 3가지 유형 안에 속해 있다. 반주변부 국가들의 특징은 중심국에 필적할 정도의 기술적 진보를 가지거나 부유하지도 않고 주변국 정도로 자율성이 없는 것도 아니어서 두 국가군 사이에 꼭 필요한 완충지대 역할을 하고 중심국의 영속적인 지배에 대한 잠재적 반대세력을 이분한다.

이러한 계급구조 안에서 특정 국가들의 입장은 결코 고정된 것은 아니다. 일본은 1870년대 주변상태에서 1980년대에는 중심 블록의 두 번째 지위에 올라서는 놀라운 기록을 가지고 있다. 주변부에서 중심부로의 이동은 매우 어려운데, 이는 한번 특정 국가들에 의한 다른 국가들에 대한 지배가 확립되면 전자가 다양한 불평등한 교환관계를 영속시키기 위해 그 지배를 이용하는 것이 가능하기 때문이다. 간단히 말하자면 후자는 그 외의 국가들이나 그 생산자들로부터 물자 및 서비스를 구입하는 데 있어서 싼 값을 지불하고 자신들의 상품은 비싸게 팔기 위해 기술과 시장에 대한 통제를 조작하기 때문이다.

또한 점차적으로 글로벌 규모로 작동하게 된 자본주의는 이윤과 시장의 논리에 의해 지배되는 통합화된 세계 경제를 만들어냈다. 또한 배제되어 주변부에 속하며 착취당하는 가난한 사람들 역시 만들어냈다. 이 결과는 긴밀하게 연결된 과정을 기초로 한 복잡하고 변하기 쉬운 세계적 분업을 기초로 한 것이었다. 이는 다음과 같은 과정을 포함한다.

1. 다양한 상품―예를 들어 광물, 열대 천연자원, 가공품, 선진기술과 같이―에
   있어서 구매자와 판매자를 특화시킴으로써 세계 시장에 더 많은 국가들을 포
   함시키려는 진보적 노력
2. 어떠한 종류의 경제적 이득이든지 최대화시키는 자본의 경향은 일반적인 노
   동과정 및 계급관계의 형태에 의해 특정 국가에 공급된다. 예를 들어 노예, 농
   노, 소작인, 소작농 혹은 토지가 없는 노동자가 있는 경우 자본주의는 이러한
   사회적 착취의 형태에 적응하거나 이를 영속화시킨다(Cohen 1987).

따라서 월러스타인의 주장에 대해 계속 논하자면, 세계 자본주의 체제는 자신의
축적논리에 지배되어 항상 전체 체제의 자본주의적 특성을 보호하고 이를 팽창시키
기 위해, 그리고 특정 주요 행위자들의 이익을 보호하기 위해 작동한다. 경제수준에서
는 하나의 통일된 체제를 형성하고 정치수준에서는 다원적이지만 사회적으로는 다양
한 중간 지위와 함께 극단적 빈곤과 번영을 창출한다는 것이다.

세계 체제에 대해서는 다양한 비판이 존재하는데, 이는 주로 월러스타인이 권력,
특권, 박탈 등 정치적 측면에 대해 상대적으로 관심이 없었다는 점과 관련된다. 예를
들어 버지슨(Bergeson 1990 : 70-5)은 정치적 파워가 자본주의의 기원과 팽창을 설명하
는 데 중요한 역할을 했다고 주장한다. 그의 주장에 따르면, 식민지를 가진 국가가 그
들의 종속국에 다양한 형태의 강제노동과 불공정 거래를 부과하는 국가 구조를 도입
한 것은 이미 형성되어 있는 지방 시장관계를 세계의 노동분업에 연결시키려는 능력
이 아니었다. 그것은 정복이었던 것이다. 경제수준으로의 편향이 존재함에도 불구하
고 세계체제론은 글로벌 사회학을 발전시키려는 사람들에게는 몇 가지 중요한 이점
을 가진다. 월러스타인의 주장은 다음과 같은 특징을 가진다.

■ 세계를 포괄적 혹은 역사적으로 취급한다.
■ 소위 프로토 글로벌리제이션이라는 초기 형태가 어떻게 글로벌리제이션 시대
  로 옮겨가는가를 보여주는 서술적·발전적 개념을 제시한다(2장 참조).
■ 불평등 혹은 불균등을 세계 체제의 중심에 놓았다.
■ 중대한 한계는 있지만 계급구조에서 위로 올라가는 것(아래로 내려가는 것 역시)
  이 가능하다.

신국제분업

세계체제론에 대한 결점이 인식되면서 이에 부분적으로 반응하여 한 팀의 독일 학자들(Fröbel et al. 1980)이 **신국제분업**(New International Division of Labour : NIDL)이 출현한 아이디어를 주창했다. 이러한 움직임은 동아시아 여러 신흥공업국의 급속한 공업화와 자본주의의 옛 심장부의 일부분에서 나타난 산업공동화(deindustrialization)라는 상황을 염두에 둔 것이었다. 7장에서 살펴본 것처럼 1960, 1970년대 이후 일부 초국적 기업들은 자신들의 전 활동 안에서 노동집약적인 부분을 개발도상국에 이전하여 '세계 시장을 위한 공장'을 만들려는 경향을 보이기 시작했다.

중요 개념

신국제분업(New International Division of Labour : NIDL) 신국제분업은 생산을 한 기업 내에서 담당하는 것이 아니라 지역 및 국경을 넘어 다양한 기술 및 작업내용을 중심으로 분할시켰다. 1970년대 이후 종래의 농업국, 특히 아시아 태평양 지역의 농업국들은 급속도로 신국제분업이 도입되어 주요 생산기능은 오래된 산업지역으로부터 이동하게 되었다.

신국제분업을 지지하는 사람들은 일부 생산공정을 노동력이 싼 지역으로 이동시켜도 그 영향을 받는 가난한 국가들의 생활수준 향상 및 발전에는 어떠한 영향도 끼치지 않는다고 주장한다. 반대로 자본수출은 서구에 있어서 실업률 상승의 원인이 되었다. 그들의 주장에 의하면 유일한 승자는 초국적 기업이었다. 이들 이론가들은 신국제분업이 세계 자본주의 체제를 지배하는 중심부 국가들의 힘을 근본적으로 변화시킬 수 없었다고 지적하면서 모든 국가들에 있어서 '글로벌 패배자'가 존재함에 주목했다. 세계체제 이론가들처럼 그들은 주변부 국가가 과거 천연자원 수출에만 의존하다가 부분적으로 값싼 가공제품을 수출한다고 해서 그들의 본래 조건인 상대적인 경제 후진성을 극복할 수 있는지에 대해서 회의적이었다.

세계체제론에 대한 비판의 일부를 이 이론에도 적용 가능할지도 모른다(Cohen 1987 : chapter 7). 분명히 이 이론도 일부 개발도상국이 세계 질서의 반주변부로 이행하는 조건을 갖추기 위해 정치권력을 이용하는 능력을 과소평가하고 있는 것처럼 보인다. 싱가포르나 말레이시아와 같은 일부 성공적인 신흥공업국 지도자들은 자신들의 산업적 미래가 값싼 노동력과 낮은 기술에 갇혀버릴지도 모른다는 위험성을 잘 알고 있다. 이 때문에 말레이시아의 경우 캘리포니아의 실리콘 벨리를 능가할 만한—그들의 바람에 의하면—11개의 대학과 발전된 10마일 넓이의 '사이버시티'를 건설했다. (그러나 1997년 동아시아 통화시장의 불안으로 인해 이 계획은 일시적으로 차질을 빚었다.) 이 이론은 또한 인도나 중국과 같은 거대 국가들이 자신의 경제를 부흥시키기 위해 수출가공 상품을 이용할 수 있으며, 이로 인해 빈곤으로부터 자신의 국민들을 구하고 미국과의 무역 간 신용을 얻을 수 있다는 중요한 점을 과소평가했다.

글로벌리제이션과 부

현재 글로벌리제이션 이론의 초기 버전으로 볼 수 있는 신국제분업론이 복잡하고 어느 정도 예측하지 못했던 효과를 낳았다는 것은 명확하다. 글로벌리제이션을 강하게 주장하는 사람들은 1981년부터 2001년 사이의 20년간에 걸친 빈곤이 눈에 띄게 줄어들었다는 점을 지적한다. 이는 하루 1달러 미만의 비용으로 살아가는 사람들의 수에 의해서 계산되는데, 3억 5,000만 명의 사람들이 절대빈곤에서 벗어났다. 같은 기간 동안 이러한 상태에 있던 세계 인구비율은 39.5%에서 21.3%로 18.2%라는 주목할 만한 향상을 이루었다(표 8.1, 8.2 참조). 현재 글로벌리제이션 모델의 옹호자들은 또한 모든 개발도상국의 국내총생산이 같은 기간 30%나 올랐다는 것도 지적한다. 이는 부유한 국가의 성적보다 훨씬 좋은 것이다.

좀 더 면밀히 검토해 보면 세계 인구를 접속시켜 주는 부의 풍요로운 이미지는 이번 장의 주제인 '불균등 발전'에 직면하면 금방 사라진다. 세계은행(2004b)이 발표한 수치에 의하면 빈곤을 줄인 것은 인도와 중국이었고, 많은 다른 국가들은 거의 비슷한 길을 걷다가 튕겨져 나가거나 상대적 혹은 절대적 하강을 겪어야 했다. 중국을 이 등식에서 제외하면 같은 기간 하루에 1달러 미만의 생활비로 생활하는 사람들 수는 8억 4,500만에서 8억 8,800만으로 **증가했다**(표 8.1). 이는 물론 중국과 인도의 실적(1981년 이후 중국의 국민총생산은 5배 올랐다)을 부정하는 것이 아니다. 다만 이러한 경제적 성공이 '글로벌리제이션'에 기인하는 것인지, 혹은 기존 '제3세계'의 고성장국가들이 가지는 특별한 성질에 기인하는 것인지 질문을 제기하는 것이다. 중국의 경우를 예를 들면 홍콩의 본토 반환, 명목적 공산주의 국가에서 가능한 노동력의 대중 동원, 중국 디아스포라의 투입과 그 영향력, 상대적으로 높은 교육수준, 서구 시장으로의 접근을 허용한 정치세력의 국제적 균형 등을 생각할 수 있다. 이러한 것들은 아무리 정

표 8.1_ 하루 생활비가 1달러 미만인 사람 수(단위 : 백만)

지역	1981	1984	1987	1990	1993	1996	1999	2001
동아시아, 태평양	767	558	424	472	416	287	282	284
중국	606	421	308	377	336	212	224	212
유럽, 중앙아시아	1	1	2	2	17	20	30	18
라틴아메리카/카리브 해	36	46	45	49	52	52	54	50
중동/북미	9	8	7	6	4	5	8	7
남아시아	475	460	473	462	476	441	453	428
아프리카 사하라 주변	164	198	219	227	241	269	292	314
총합	1,451	1,272	1,169	1,219	1,206	1,075	1,117	1,101
중국 제외	845	850	861	841	870	863	894	888

출처 : 세계은행(2004a).

표 8.2_ 하루 생활비가 1달러 미만인 사람 비율(%)

지역	1981	1984	1987	1990	1993	1996	1999	2001
동아시아, 태평양	55.6	38.6	27.9	29.6	25.0	16.6	15.7	15.6
중국	61.0	40.6	28.3	33.0	28.4	17.4	17.8	16.6
유럽, 중앙아시아	0.3	0.3	0.4	0.5	3.7	4.2	6.2	3.7
라틴아메리카/카리브 해	9.7	11.8	10.9	11.3	11.3	10.7	10.5	9.5
중동/북미	5.1	3.8	3.2	2.3	1.6	2.0	2.6	2.4
남아시아	51.5	46.8	45.0	41.3	40.1	35.1	34.0	31.1
아프리카 사하라 주변	41.6	46.3	46.8	44.6	43.7	45.3	45.4	46.5
총합	39.5	32.7	28.4	27.9	26.2	22.3	22.2	21.3
중국 제외	31.5	29.8	28.4	26.1	25.5	24.0	23.7	22.8

출처 : 세계은행(2004a).

치적 의지가 중국을 따라가려고 해도 아프리카, 라틴아메리카, 중앙아시아와 중동의 가난한 국가들이 얻을 수 있는 요소가 아니다. 게다가 세계은행(2004b)에 의하면 "동 유럽과 중앙아시아에 사는 하루에 2달러 미만으로 생활하는 사람들 수는 1981년에는 800만 명(2%)이었으나 1999년에는 1억 명으로 늘어났다가 2001년에는 9,000만

(20%) 명으로 약간 떨어진 상태이다.”

　　마지막으로, 사회학자로서 우리들은 세계은행으로부터의 이러한 데이터들이 빈곤과 부의 움직임을 알려주는 중요한 지표가 되지만 오래된 사회구조의 상층이 새로운 종류의 부의 원천을 받아들이는 경우가 많다는 것을 기억해야 한다. 이 점을 명확하게 하기 위해서 중국의 중요한 경우를 다시 보도록 하자. 당연히 빈털털이에서 부자가 된 사람들의 예는 수없이 많다. 그러나 중국 경제가 발전되기 시작할 때 이를 ‘더욱더 성장시켜 온’ 중국 공산당, 행정관료, 옛 국적 이주 엘리트 혹은 군인들 출신의 영향력 있는 인물들의 예는 더더욱 많다. 이와 같이 중국의 초고속 성장에서조차 농촌의 가장 빈곤한 지역의 가장 빈곤한 농부들이 금방 이득을 얻는 것을 기대하는 것은 비현실적이다.

글로벌리제이션과 빈곤

　　세계체제론도 신국제분업의 이론가들도 글로벌 불평등을 이해하는 데 중요한 역할을 해왔지만 주변성이라는 현상이 최근 글로벌리제이션 과정에 의해 그 정도가 한층 더 심각해졌음을 논하는 연구도 있다. 이러한 견해는 1995년 3월 UN 사회발전에 관한 코펜하겐 회담에서 도달한 결론에서도 명확히 나타난다(Townsend 1996 : 15-16 인용).

　　　　글로벌리제이션은 부분적으로 더 많은 번영을 공유하고자 하는 희망에 의해 급속한 변화와 적응과정을 통해 추진되었다. 그러나 글로벌리제이션은 더 많은 빈곤, 실업, 사회분열, 단절, 주변화, 폭력을 수반했다. 많은 사람들, 특히 약한 입장에 서 있는 사람들이 미래—그들 자신들과 그들의 자녀들의 미래—에 관해 직면하는 불안은 더욱 증대되고 있다.

　　이 회담은 세계 10억 이상의 사람들—여성, 흑인 아이들, 편부모 가정, 실업자, 장애자, 노인의 비율이 불균등하게 많다—이 비참한 빈곤상태에 살고 있다고 표명했다. 인권단체 옥스팜에서 일하는 정책분석가인 와킨스(Watkins 1997)는 이 데이터에 대해 부연설명했는데, 글로벌 사회 불평등에 관련된 놀라운 사실들을 생생하게 요약했다. 1966년 세계 인구의 5분의 1의 사람들이 가장 가난한 5분의 1의 30배 소득을 가지고 있었다. 1997년에는 부유한 사람과 가난한 사람의 평균소득의 격차는 78배까지 벌어졌다. 세계 인구의 12%를 점하는 아프리카는 세계 무역 및 투자에서 1%밖에 차지하지 못한다. 라틴아메리카의 경우 "빈곤에 시달리는 사람은 1990년보다 1997년이 더 많은데 지역의 살인율은 전 세계 평균의 6배이다"(Watkins 1997 : 17). 말할 필요도 없이 이러한 폭력범죄의 희생자 대부분이 가난한 사람들이다.

　'빈곤'을 정의할 수 있는 방법은 존재하는가? 빈곤은 본질적으로 여러 의견이 상충하는 개념인데, 이는 부분적으로 다양하고 다이나믹하며 변화하기 쉬운 사회에 있어서 빈곤이 상황의 차이에 따라 다양하게 받아들여지기 때문이며, 또한 부분적으로는 이 개념이 개선조치를 의미하거나 요구하는 정치 개념이기 때문이다(Alcock 1997 : 6). 사회학자들은 사람들이 생존수준 이하의 상태에 있는 절대적 빈곤과 '사회의 가난하지 않은 사람들의 생활수준 비교를 기반으로 한' 상대적 빈곤을 구별했다(Al-cock 1997 : 89). 다시 말해서 상대적 빈곤은 기초적인 물질적 욕구보다도 사회적 욕구에 의해 정의되지만 그 영향은 매우 압도적이다. 교육 성취, 보건, 취업기회에 있어서 사람들의 기회에 중대한 영향을 끼치기 때문이다. 코펜하겐 회담(UN 1995 : 57)은 엄격한 정의가 아니라 간단한 설명으로 빈곤을 다음과 같이 논한다.

　　　지속 가능한 생활을 유지하기 위한 충분한 소득 및 생산적 자원의 부족, 예를 들어 기아, 영양실조, 질병, 교육 및 다른 기초적인 서비스로의 접근 제한 및 결여, 홈리스, 불충분한 주거, 위험한 환경, 사회적 차별 및 소외. 이러한 [빈곤]은 또한 의사결정, 시민적·사회적·문화적 생활에 대한 참가의 결여에 의해 특징지어진다. 이는 모든 국가에서 나타난다. 즉 많은 개발도상국에 있어서의 대량의 빈곤, 선진국에 있어서의 풍요 안의 빈곤지대, 경제불황의 결과로 나타나는 생활 질의 상실, 재해 혹은 분쟁의 결과로 나타나는 급작스러운 빈곤, 저임금노동자의 빈곤, 가족지원 시스템, 사회제도 및 안전망에서 나타나는 결핍.

냉전 시대에는 대량빈곤이 소위 '제3세계'와 연결되는 경향이 있었던 것에 비해 주변화 경향의 일부가 기존의 '제2세계'에도 나타나고 있다. 냉전의 종결은 또한 아프리카 사하라 주변에 나쁜 반향을 일으켰다. 앙골라, 에티오피아, 모잠비크의 공산주의자 체제로부터 구소련의 지원이 철수하게 되면서 서구 투자가 줄어들기 시작했고, 1989년 이후 서구 투자는 아시아의 기존 시장과 동유럽에 출현하기 시작한 새로운 시장에 좀 더 집중되게 되었다. 동서분쟁의 종결로 인해 아프리카 국가들이 원조와 차관, 투자를 둘러싼 양 진영의 경쟁 안에서 행사할 수 있었던 미약한 교섭력마저 불가능했다.

글로벌 빈곤의 전체적 특징을 설명하는 데 있어서 다양한 국가와 지역에서 어떠한 특정 사회집단이 사회붕괴와 주변화에 의해 명백하게 영향을 받는지를 검토할 필요가 있다.

글로벌 사상가 8

월든 벨로_ WALDEN BELLO(1945-)

벨로는 타이 출신의 정치경제학자이다. 그는 글로벌리제이션뿐만 아니라 국제정의 운동 분야에서도 널리 존경받는 분석가이자 비평가이다.

벨로는 신자유주의적 경제학이 기존의 사회와 정치 안에 내재되어 있던 시장을 자유롭게 할 것이라고 주장했다. 이러한 그의 주장은 일부의 승자를 생산하기도 했지만 더 많은 패자를 만들어냈다. 승자들은 이미 부유한 비즈니스 엘리트, 국제은행 및 초국적 기업들이었다. 그들은 가장 높은 이윤을 얻을 수 있는 곳이라면 어디든지 자유롭게 그들의 자본을 재배치시킬 수 있게 되었다. 또한 그들은 환경 및 사회적 측면과 관련하여 그들의 행동으로 인한 결과에 대한 설명 없이 소유주들을 위해 이윤을 최대화할 수 있는 권력을 가지게 되었다. 이렇듯 벨로는 경제 글로벌리제이션과 신자유주의를 향한 움직임 뒤에는 3개의 세력이 부가적으로 존재한다고 보았다.

미국의 글로벌 권력과 요구

냉전종언 이후 미국은 군사적·경제적인 패권을 행사할 수 있었으나 현재 이는 점점 도전을 받게 되었다. 1980년대 초반 이후 미국 정부는 자신의 권력을 여전히 세계의 주도권을 쥐고 있는 자신들의 기업들과 경제분야의 이익을 보호하는 데 사용해 왔다. IMF와 세계은행의 단일 개체로서는 가장 큰 공헌자로서, 또한 세계에서 가장 큰 시장으로서 미국은 미국 기업, 은행, 연금기금 관리자, 증권거래소 중개인, 통화 딜러가 선호하는 신자유주의적 어젠다를 통해 그들의 통제력을 사용했던 것이다.

불평등성

1970년대 이후 빈국과 부국 양측에서 증가하기 시작한 불평등성은 대규모의 저소비 혹은 여분의 능력이라는 결과를 낳았다. 따라서 2002년 전 세계의 자동차 생산량은 8,000만 대에 달했으나 수요는 그 4분의 3에도 미치지 못했다. 이는 대한민국이나 브라질같이 엘리트들이 소비세 증세나 소득을 재분배하려는 다른 시도에 저항한 국가들도 미국이나 유럽과 마찬가지였다. 1997년 이전 20년간 대부분 노동자들의 임금은 변화가 없었으나 같은 기간 소득 및 부의 분배는 더욱 더 불평등하게 되었다.

최고 부유층 사람들은 이미 자신들이 원하는 모든 것을 가지고 있었기 때문에 그들의 과잉수익은 투자적 활동에 흘러들어 가는 경향이 나타났고, 대다수 사람들은 증가하는 소비를 위해 혹은 빈곤 속에서도 생계를 유지하기 위해 늘어나는 빚에 의존해야 했다.

민주주의 정치정체와 위기

정부들은 이러한 불균등 앞에서 겁에 질려 있었다. 그러나 저소비와 이윤감소의 결과 기업들은 낮은 임금을 찾아 그들의 공장을 쉽게 옮길 수 있도록 하는 세계 경제개방을 요구하게 되었다. 대신 외국자본에 대한 기존 장벽을 제거하고 부동산 투기로 인한 높은 이자와 기회를 제공할 수밖에 없게 되었던 국가들은 이러한 투자로 인해 얼마 되지 않는 이익을 국내 유통화폐로 보상받을 수 있었다. 이것은 1990년대 초의 타이와 같은 많은 동아시아 국가들에서 일어났는데, 이는 1997/8년 들어올 때와 같이 빠른 속도로 빠져나갔다.

벨로가 제시한 개혁

- 국경을 넘나드는 유동자본에 대한 재통제, 여기에는 과세['토빈세' (Tobin tax) 제시]가 포함된다.
- IMF, 세계은행, WTO의 개혁을 통해 투명성을 강화하고 개발도상국의 필요에 대응할 수 있도록 한다.
- 지역적 경제관리에 집중하여 수출성장을 억제하고 좀 더 국내 직업과 투자를 창출할 수 있는 국내적 활동을 장려함으로써 균형잡힌 반글로벌화를 시행한다.
- 국내적·국제적으로 증가하고 있는 불균형을 줄이기 위한 정책을 요구하고 정부, 정부간국제기구, 초국적 기업에 좀 더 정치적 압력을 가한다.

출처 : Bello(2001, 2002).

기아 희생자 : 기아는 어떻게 발생하는가

사하라 사막 이하와 잠베시 강 북부지역을 통해 대륙으로부터 적절한 식량을 조달하고 저장·배분하는 것은 거의 불가능하다. 부시(Bush 1996 : 169)의 관찰에 의하면, 1990년대 중반까지 연간 전 세계적으로 1,300-1,800만 명, 하루에 35,000명이 기아로 사망했다. 개발도상국에서 4살 이하 사망자의 60%는 기아로 인한 것이다. 아프리카에 대해서 그는 다음과 같이 논했다 : "가장 취약한 집단은 농업과 목축업에 종사하는 빈민층과 노인들 그리고 여성들로, 이들은 가장 고통받고 있다." 세계은행의 1994년 보고서(Bush 1996 : 174 인용)는 계속해서 다음과 같이 황량한 현실을 설명하고 있다.

최근 25년이 넘는 기간 동안 아프리카 사하라 주변 지역(Sub-Saharan Africa : SSA)의 농업생산은 연간 2.0%로 증가한 반면 총인구는 연간 평균 2.8%였다. 아프리카 대륙 대부분 나라의 1인당 식량생산은 계속해서 줄어들고 있다. 1974-1980년까지 곡물수입은 연당 3.9%씩 증가했고 식량원조는 연간 7%씩 증가하고 있다. 그러나 '식량격차' (필요량에서 생산량을 뺀 수치)는 점점 더 벌어진다. 1980년대 초 이 지역의 약 1억 명의 사람들이 충분한 식량을 확보하지 못해서 영양실조 상태였다.

식량불안

글로벌 수준에서는 식량이 과잉생산된다. 그렇다면 이러한 풍요 속에서 굶는 사람들은 왜 이리 많은 걸까? 미국과 유럽에서는 시장가격 유지를 위해 식량을 폐기하거나 저장하는 경우가 많다. 매년 수천 톤의 야채들이 쓰레기로 매립되거나 바다에 버려진다. 농장가격을 유지하기 위한 저장과정은 '버터로 된 산', '와인 호수', '고기 은행'이라는 괴상한 문구를 낳는다. 어째서 단순히 남는 음식을 빈곤국에 보내지 않는 걸까? 그러나 이는 보이는 것만큼 쉬운 일이 아니다. 원조로 식량을 해외로 보내는 것은 지방경제를 왜곡하고 손해를 입히는 경우가 많다. 예를 들어 내전(1967-1969)기간 동안 무료원조로 시작된 나이지리아로의 밀수출은 기호를 바꾸고 지방의 주요 작물을 위태롭게 했으며, 궁극적으로는 농부들로 하여금 그들의 경작지를 떠나게 했다. 나이지리아는 안드레와 베크만(Andrae and Beckman 1985)이 '밀 트랩'이라고 명명한 그물에 걸리게 되었는데, 이는 소중한 외국 통화를 이제 나이지리아 소비자들이 원하는 미국 밀을 사는 데 썼기 때문이다. 국내적으로 밀을 키우려는 시도는 총수요의 10% 정도만 충족할 수 있었다.

간단히 말해서 세계 식량체계의 직소 퍼즐 안으로 들어가는 것은 국내 농부들을 궁지로 몰아붙인다. 빈곤국의 많은 농부들은 국제적으로 경쟁력을 갖춘 상품을 생산할 수 없을 뿐만 아니라 값싼 수입상품을 피할 수도 없으며, 그들 자신과 가족의 생계를 위해 고군분투해야 한다. 이러한 무서운 상황에 대해 어떤 일을 할 수 있겠는가? 한 가지 가능한 해결책은 다른 나라 없이도 자급자족 가능한 사회를 만드는 것이다. 과연 이것이 식량생산 위기에 답이 될 수 있을까? 불행히도 이 문제에 대한 해결책의 전례를 보면 그다지 도움이 되지 못했다. 탈식민지화 혹은 정치적 혁명으로써 몇몇의 국가에서 자립이라는 방법을 채택한 적이 있었던 것이다.

니에리리(Nyerere) 탄자니아 대통령은 1960년대의 의존으로부터 자신의 나라를 해방시키기 위해 현저한 노력을 해왔다. 그는 사람들이 수수한 자원을 가지고 있었으나 행복했다고 생각하는 아프리카 지방자치주의의 황금기를 되살려냈다. 정치는 마을 장로들의 만장일치에 의해 결정되었고, 손님들은 첫날밤에는 음식을 대접받았지만 그 이후에는 공동선을 위해 식량생산을 돕기 위한 쟁기가 주어졌다. 그러나 그는 이러한 훈계를 독립 후 시대의 실제 정책으로 탈바꿈하는 것이 불가능하다는 것을 알게 되었다. 반식민투쟁으로 부흥한 국민들의 기대로 인해 탄자니아인들은 보통의 공공 서비스—깨끗한 물, 도로, 보건, 서구화된 교육—를 요구했고, 지방의 농업 생산량으로는 이를 감당할 수 없었던 것이다. 대신 탄자니아는 지방의 명산작물인 사이잘마의 수출에 의존해야 했으나 인공섬유가 생산되면서 그 가치는 점점 줄어들게 되었다. 게다가 공공 소유가 된 사이잘마의 플랜테이션 농업은 민영농업보다 그 생산량이 적었다. 관료들을 더욱 더 낙담시킨 것은 탄자니아인 학자인 이사 쉬비지(Issa Shiviji)가 '조용한 계급투쟁'이라고 명명한 정부와의 갈등이었다. 결국 나라는 기울게 되었고, IMF의 종합정책을 받아들여 경제정책을 명령받게 되었다. 탄자니아는 국제분업의 종속적 역할을 하는 빈곤국으로, 처음 출발했던 곳으로부터 후퇴하게 되었다.

정치적 수단을 통해 식량 자급자족을 이루려고 시도한 좀 더 극단적인 경우로는 캄보디아 공산당 크메르 루즈(Khmer Rouge, 붉은 크메르)가 1975년 시작된 내전 이후 나라를 통치하게 되었을 때를 들 수 있다. 굳건한 이데올로기적 입장을 가졌던 리더 폴 폿(Pol Pot)의 지도 아래 공산당은 모든 악의 근원이 마을과 도시의 '비생산적'인 사람들이라고 주장했다. 도시 거주자들은 무력에 의해 집결되어 팔이 뒤틀린 채 교외로 날라졌다. 그곳에서 그들은 씨앗과 쟁기, 삽을 건네받아 농작일을 하도록 명령받았다. 예측 가능하듯이 이러한 무모한 계획의 결과는 재앙이었다. 이 계획에 반대한 사람들은 무자비하게 처형되었으며, 농업생산은 무너졌고, 수백 수천 명의 캄보디아인들은 아사하거나 질병으로 사라졌다. 탄자니아나 캄보디아의 경우는 도움이 되는 모델을 제공하지 못했지만 빈국이나 부국 양측 모두 식량불안에 관한 해결책으로 무엇인가를 해야 하는 것은 명백하다. 그러나 정책적 변화를 주장하기 전에 우리는 기아의 근본적인 원인을 이해할 필요가 있다. 농업생산에 영향을 주는 자연재해, 권원의 부족, 식량에 대한 접근 및 정책 실패로 인해 식량불안은 기아로 변한다.

자연재해

가뭄, 허리케인, 화산분출, 홍수와 같은 자연재해는 소중한 농업체계를 쉽게 망가뜨린다. 이러한 경우 기아의 위협은 보험계약에서 '신의 행동'이라는 부분에 포함되는 것으로부터 일어나는 식량공급의 부족으로 인해 발생한다. 이러한 직관적이고 명백한 기아의 원인에 대한 설명은 미디어나 대중토론에서조차 거의 다루어지지 않는다. 그러나 이러한 견해는 실제로 몇 가지 한계점을 가진다. 왜 특정 국가들은 비슷한 재해를 겪고도 기아를 피하거나 더 빨리 회복할 수 있는 것일까? 이전의 농업정책과 시행이 자연재해로부터 일어나는 기아 가능성에 대비하는 데 도움이 되었던 것일까? (예를 들면 삼림벌채, 연료 용도의 목재 사용, 가축의 과도 방목으로 인한 토지의 침식 등은 기아의 위협을 증폭시킬 수도 있다.) 기아가 발생할 가능성이 있는 지역으로의 접근이 가능하도록 도로와 임시 활주로 등은 충분히 구비되어 있는가? 곡물, 식용작물, 쌀 등을 저장할 수 있는 적당한 저장시설이 있는가? 물을 공급할 수 있는 파이프와 펌프장이 설계되어 있는지 혹은 설치되어 있는지? 민방위 조직과 비상사태의 서비스는 조직되어 있고 훈련되어 있는가? 빈민층이 가장 취약한 불시의 기상변화 혹은 정치변화 시에 이들을 수지가 맞는 토지로 이동시킬 농지개혁을 추진하는 데 실패했는가?

이러한 질문에 대한 답은 기아에 대한 좀 더 사회학적인 설명으로 발전된다. 이는 상식적인 가정을 정밀하게 평가하고 이에 관련된 사회적·정치적 측면에 집중한다.

권원이론

기아에 대한 가장 중요한 대안이론은 센(Sen 1981)에 의해 발전되어 후에 드레즈(Drez)와의 공동작업을 통해 더욱 더 확장된 '권원이론'이다. 드레즈와 센(Drez and Sen 1989 : 9)은 권원의 개념을 다음과 같이 정의하고 있다.

우리가 먹을 수 있는 것은 우리가 어떠한 음식을 얻을 수 있는가에 달려 있다. 사람은 경제 혹은 시장 안에 단순히 식량이 존재한다는 것만으로 그것을 소비할 권리를 부여받는 것은 아니다. 각 사회구조, 즉 주어진 현재의 법적·정치적·경제적 환경 안에서 사람은 대체적인 상품묶음에 대한 지배력을 행사할 수 있다(그 혹은 그녀가 소비를 선택할 수 있는 특정 상품의 묶음). 이러한 묶음은 광범위할 수도 있고, 많은 제약이 있을 수도 있으며, 개인의 소비는 직접적으로 이러한 묶음이 무엇인지에 달려 있다.

　　구체적으로 이러한 '상품묶음'이 무엇인지 약간 난해한 면은 있지만 부유한 사회의 쇼핑카트 안의 내용물과 비교해 보면 좋을 것이다. 부유한 당신이 슈퍼마켓의 복도를 걷고 있다면 별 생각 없이 철망 카트 안에 여러 가지 물건들을 던져넣을 것이다. 당신이 사는 상품의 범위와 비용은 당신이 가지고 있는 현금이나 신용카드 한도가 결정한다. 그러나 당신은 일부의 사람들, 예를 들어 간단한 연금으로 생활하는 퇴직자들의 경우 당신은 그들이 진열 줄 끝에 있는 '바겐' 코너에서 가격표를 주의깊게 살펴보거나 '헐값 코너'에서 찌그러진 캔을 살펴보고 있는 것을 발견할지도 모른다. 간단히 말해서 구매력의 차이가 권원의 차이를 결정한다.

　　이제 설정을 바꿔서 빈곤국의 경우—예를 들어 인도나 중앙아시아, 대부분의 아프리카—를 보자. 여기서 권원의 문제는 더욱 더 복잡해진다. 농촌 거주민들은 아주 간소한 현금을 가질 수 있거나 아니면 거의 가지고 있지 못하다. 이러한 환경에서는 다른 종류의 권원이 끼어들게 된다. 이러한 농촌 거주민들은 가족들의 식량을 보충하기 위해 숲으로 가 덫을 놓거나 사냥을 할 수 있는가? 혹은 이 지역은 국립공원위원회나 세계자연보호기금이 고용한 무장 감시인에 의해 보호되는 초목지로 간주될 수 있는가? 이 가난한 농부는 과일이나 산딸기류, 먹을 수 있는 식물 및 버섯수집이 가능한가? 혹은 거대 농장이 토지의 소유를 등록하고 제초제 및 살충제를 사용하여 세계시장을 위한(즉 먹을 수 없는) 작물생산을 통해 이러한 채집(즉 남아 있는 수렵채집사회의 자취)을 무너뜨렸는가? 소작농은 그들의 지주로부터 대출을 받을 수 있는가, 혹은 **채무노예**(debt peonage)를 향한 또 하나의 스파이럴이 만들어졌는가? 이 농부들은 친족 혹은 부족으로 돌아갈 수 있는가? 혹은 개인 자본을 축적하기 위해 친척들을 돕지 않는 것을 선택할 것인가? 여성들은 역사적으로 가부장제적인 가족구조의 희생자로 동등한 취급을 위한 자신들의 권원을 주장할 수 있었는가?

　　이곳에서는 '권원'이란 개념은 불명확하고 극도의 빈곤에 시달리는 사람들이 겪는 딜레마는 심각해진다. 다른 사람의 재산을 존중하면서 굶는 것이 나을까? 이는 적어도 다른 사람의 아이들이 살 기회를 제공한다. 아니면 즉흥적인 신념에 영원한 충성과 존경을 맹세함(이로 인해 우발적으로 봉건제도와 비슷한 것이 만들어진다)으로써 지방의 정치적 고위성직자의 자비에 자신을 맡겨야 할까? 어떠한 방식의 개인적 해결이 가능할까? 가능하다고 해도 이것이 지속될 수 있을까? 혹은 개개인은 집합적 권리를 보

채무노예(Debt Peonage)
부농이 빈농에게 현금이나 물품을 빌려주고 채무자나 채무자의 후손들이 생산한 작물 혹은 소득의 일부로 갚는 시스템.

그림 8.1 남부 수단의 티엣 급식소의 딩카 소년, 기아로 인해 겨우 서 있을 정도이다.
카르툼 군에 의한 딩카족 마을에 대한 폭탄공격과 방화로 수백 명의 딩카족이 기아와 죽음을 피해 수백 마일을 여행했다. 벽에 그려진 그림은 남부의 기독교도와 북부의 이슬람교도사이에 계속되고 있는 내전을 그리고 있는데, 이는 2005년 끝났다.

그림 8.2 권원이론을 발전시킨 아마르티아 센
그는 노벨경제학상 수상자이지만 일반적인 사회과학 이슈에 대해 크게 공헌했다. 이 사진은 그가 인도의 사회정책을 비난했던 1998년 10월 14일의 프레스 컨퍼런스에서의 사진이다.

호하기 위한 조직을 만들어야 할까? 만약 이것이 결국 성공할 수 없다면 세계 각 지역에서 흘러들어 오는 성실한 백인 자원봉사자가 베풀어 주는 음식이 있는 급식장소로 터벅터벅 걸어가 비참하게 줄을 서는 수밖에는 없는 걸까?

정책 실패

센의 권원이론은 기아에 대한 '자연' 설명에 대한 급진적 대안을 제시했으며, 1980년대 초 이후 식량불안 문제에 대한 깊이 있는 논의를 위한 장을 마련했다. 킨 (Keen 1994)과 부시(Bush 1996) 같은 학자들은—비록 그들이 센의 이론을 전복시키길 원하지는 않았지만—기아를 일으키는 데 있어 정치적 요소와 정치적 실패를 더욱 더 강조했다. 농업생산에 끼치는 악영향은 냉전—농부들은 위협을 느껴서 그들의 경작지를 떠나게 된다—으로 나타난다. 그러나 정치적 행위자들이 기아를 내전을 수행하는 수단으로 사용하는 것이 가능할까? 오히려 후퇴하는 군대가 그들의 적에게 식량과 물자를 내주지 않기 위해 '지구 초토화' 정책을 시행한다는 게 더 설득력 있지 않은가? 이는 기아가 특정 집단의 이익이 될 수 있는가에 대한 문제를 제기한다. 기아의 이점이란 예를 들면 다음과 같을 것이다.

■ 상인들, 그들은 아마도 주요 상품을 저장하고 가축을 싼값에 살 수 있을지도 모른다.

- 다른 출처로부터 곡물을 들여오는 공급자들
- 정치가들, 그들의 권력과 영토에 대한 욕망 혹은 다른 민족집단에 대한 미움으로 인해 특정 지역의 기아에 대해 무관심할 수 있다.
- 지방 엘리트들, 그들은 그들의 둥지를 만들기 위해 국제원조에 대한 접근이 가능한 것을 이용하고, 공급품을 필요한 곳으로 보내지 않는다.

킨(Keen 1994)은 이러한 논리를 확장하여 수단의 경우에서 볼 수 있듯이 기아에는 높은 수준의 고의성이 존재한다고 주장한다. 그에 의하면 수단 이슬람교도들로 이루어진 통치계급이 기아를 반대파, 특히 남부 그리스교도들의 수장들을 공격하는 거대한 방망이처럼 사용했다는 것이다. 이는 오직 한 국가 사례에서 발전된 이론이지만 그 무서운 결론은 기아를 설명하는 다른 경쟁 이론들에 대해 이의를 제기했다. 이 정권은 북부의 지지자들을 잃어버리고 환경위기에 직면하여 그 딜레마를 벗어나는 방법으로 남부지역의 기아를 창조한 것이다.

센의 이론을 언급하면서 킨(1994 : 13, 14)은 다음과 같이 논하고 있다.

센이 기아의 근원으로 빈곤을 강조하고 있음에도 불구하고 희생자 그룹을 기아에 노출시킨 부유한 사람들은 분명히 존재한다. 기아의 과정은 희생자들 쪽이 정치적으로 무력하다는 문맥 안에서 희생자로부터 이득을 얻는 집단으로부터 강제적 자산의 이동이 나타난다. 1985년부터 1989년까지의 기아는 줄어드는 자원기반과 북부의 심각한 환경위기라는 문맥과 극심한 정치적·경제적 압력 아래 다양한 이득의 연합이 형성된 결과다.

1998년 수단에 다시 기아가 닥쳤을 때 수단은 종교의 주도에 의해 둘로 나누어졌다. 기독교 자선단체는 남부에 원조를 쏟아부었고, 몇몇 이슬람 국가는 카르툼 정부를 지원했다. 요약하자면—매우 잔인한 이야기지만—기아는 정치의 도구로 간주될 수 있다.

산업공동화 국가의 노동자들

4장에서 본 것처럼 글로벌 자유시장은 선진국의 오래된 공업지대에 사는 많은 사람들의 생활에도 큰 변화를 가져왔다. 피트(Peet 1987 : 21)에 의하면 1974-1983년간 그때까지 중요한 구매력을 제공해 온 약 800만 명에 달하는 비교적 소득이 많은 제조업 고용은 소멸했다. 이러한 '소멸'은 일부 국가에 있어서 심각했는데, 특히 유럽의 경우 독일 등과 같은 국가들보다 영국이나 벨기에에서 더욱 심했다. 이와 대조적으로 남부유럽, 라틴아메리카, 동남아시아에서는 같은 시기 제조업 부문에서 새로운 고용이 창출되었다. 예를 들어 브라질에서는 제조업 관련 직업이 23% 증가했고 터키에서는 32%, 한국이나 말레이시아에서는 각각 77%와 75%라는 급격한 증가가 나타났다.

신흥공업국에 있어서 이러한 제조업의 확대는 단순히 선진국에서 소멸한 고용을 대체한 것이 아니었다. 몇몇 기업은 부유한 국가들 안의 다른 지역으로 공장을 이전했는데, 예를 들어 미국의 경우 텍사스, 플로리다, 아리조나와 같은 남부 주의 '선벨트' 지역으로 이전되었다. 그럼에도 불구하고 이 시기는 다른 어떤 시대 이상으로 북미와 유럽의 산업지대가 위치한 '러스트벨트'(rust belt)로부터의 고용-유출이 격심했던 시대였다. 지역 및 도시의 제조업이 퇴진하면서 소득과 소매가격이 폭락함에 따라 결과적으로 지방세 기반이 떨어지고 공공 서비스가 악화되었다. 생활수준의 저하 및 실업으로 인한 심리적·사회적 영향은 자살, 살인, 정신질환, 가정 내 폭력, 이혼, 범죄로 인한 투옥 등에 영향을 미쳤다. 블루스톤과 해리슨(Bluestone and Harrison 1987 : 91)은 1970년대 미시건에 있는 자동차 공장에서 5,000개의 직업이 소멸한 것이 어떻게 해서 미국 전역에 걸쳐 약 20,000개의 직업을 더 소멸시키는 상황으로 이어졌는지를 설명하고 있다. 이러한 효과는 부품제조 공급자뿐만 아니라 다른 자동차 관련 산업 및 서비스, 예를 들어 철, 강철, 금속주조, 고무, 운송, 자동차 딜러, 회계, 금융 서비스 분야에서도 나타났다. 이러한 직업 중 많은 부분이 흑인 노동자들에 의해 유지되었는데, 이들은 한 세기 전에 남부의 농업지역에서 산업화되던 북부로 이주한 사람들이었다.

이와 같이 한 지역의 산업공동화는 다른 지역의 새로운 산업의 상승과 연결된다. 경제 글로벌화는 명백하게 원인과 결과 양 측면에 있어서 이러한 변화와 긴밀하게 연결되어 일부는 이에 수반되는 사회적 혼란, 경제불안의 증대, 커뮤니티의 붕괴, 노동력의 단편화 과정에도 영향을 끼친다. 글로벌리제이션은 이러한 장기에 걸친 지속적인 파괴적 경제변동과 관련되는 원인들 중 하나일 뿐이라는 것을 인식하는 것이 중요하다. 자본주의는 항상 내부 및 복수의 사회들 간에 불균등하고 불평등한 영향을 주었으며, 내부적으로 끊이지 않는 기술적 변동과 시장변동에 의해 추진되었기 때문이다. 모든 산업, 지역, 기술구조는 무정하게도 규칙적으로 오르고 내려간다. 예를 들어 19세기 전반 제1차 산업혁명을 주도했던 영국 북서부 면직물산업은 1920년대 단계에 미국, 유럽, 일본, 이집트 방직산업의 경쟁 심화에 직면해 점차 그 세계적 힘을 잃어갔다.

1980년대 중반 선진국 노동력의 3분의 2 이상이 제조업으로부터 탈락하여 서비스 노동으로 분류되었는데, 미국과 같은 국가들에 있어서 육체노동자 임금은 20년 이상 실질적으로 상승하지 않았다. 특히 소기업과 하청계약이 증가하고, 상근노동자의 '규모를 줄이고' 임시직 및 파트타임을 증가시킨 '유연한 전문화'(flexible specialization)로의 흐름도 '산업공동화'로의 명백한 흐름을 설명해 준다. 고용창출이 성공적이었던 곳에서조차 선진공업국의 다수 시민, 특히 소수 그룹 출신의 시민들은 둘 혹은 세 개의 저임금 파트타임직을 유지하면서 생활하지 않으면 안 되었다.

소농민과 토지 없는 노동자

자본주의적 사회관계가 지구상에 불균등한 형태로 확산되면서 가장 눈에 띄는 '실패자'는 소농민이었다. 19세기 마르크스와 같은 사회이론가는 소농민의 몰락 혹은 소멸을 필연적이라고 상정했다. 근대화와 공업화는 농업 관련 업종의 종언을 의미한다고 간주되었다. 확실히 21세기 초반, 도시화는 점차적으로 규범화되어 가고 있었다 (Gugler 1995 ; World Bank 2005b). 그러나 그 진행과정은 훨씬 지연되었고, 초기 예상보다 그 발전은 미미했다. 다수의 사람들이 여전히 농촌지역에 살았다. 물론 이들 전부가 '소농민'—아직 정의되어 있지 않지만 우리가 무심코 사용하는 애매한 용어—인 것은 아니다. 우리가 이 용어를 사용하기 위해서는 농촌의 사회적 분화의 본질을 어느 정도 이해할 필요가 있다. 농업세계의 계급구조는 도시지역의 계급구조만큼 복잡하지만 이는 사회학자들이 압도적으로 후자에 집중하고 있기 때문에 무시되는 경우가 많다. 아시아의 (대부분의 농촌 거주자들이 살고 있는) 전형적인 농촌의 계급구조를 간단하게 요약한 것이 표 8.3이다.

표 8.3_ 간단한 농촌의 계급구조

지주	소작인이 경작하는 소작지에 의존
부유농민	고용인이 경작하는 자신들의 토지 생산물에 의존
중견농민	주로 가족 노동에 의해 생산되는 생산물에 의존
빈농	토지를 소유하든지 빌리든지 간에 생계유지를 위해서 다른 사람들을 위해 노동을 함
토지 없는 노동자	자신들의 토지를 전혀 소유하지 못하고 그들의 노동력을 판매

출처 : Bagchi (1982 : 149–150).

이러한 계급 차이는 6장에서 언급했던 종교, 젠더, 민족, 카스트(인도나 다른 여러 곳의) 차이와 중복된다. 예를 들면 환경미화원, 도축업자, 오물처리업자(배설물처리)들은 카스트 계급구조의 바닥부분에 위치하여 최하위 천민의 개념을 폐지하기 위한 마하트마 간디나 인도 정부 계승자들의 노력에도 불구하고 사람들의 직업을 규정하고 세속되는 카스트를 벗어나는 것은 힘든 경우가 많다.

소작계급과 농촌 붕괴

이러한 모든 문제는 불균등 발전과 어떠한 관련이 있는가? 이 문제에 대한 답은 공업화, 도시화, 상업화의 진행과정이 농촌세계를 근본적으로 분열시키고 있다는 것이다. 그러므로 '소농민'은 잔류의 카테고리에 들어가는 것(마르크스의 입장)이 아니라, 혹은 변함없는 '전통'적 카테고리에 들어가는 것이 아니라, 새로운 국제분업과 함께 진화되는 하나의 차별성을 가진 그룹으로 이해되어야 한다. 현재에는 자신의 생계유지만을 위하여 생산하거나 지방 시장만의 소비를 위해 생산하는 농민은 매우 소수이다. 대신 현재 대부분의 농업은 글로벌 시장과 연결되어 있다. 우리가 7장에서 살펴보았듯이 월마트, 테스코, 까르프 등 값싼 상품을 주도하는 글로벌 공급 체인이 많은 국가의 농촌지역 노동력을 철저하게 변화시켰는데, 이러한 국가들은 잘사는 북반구 국가들을 위한 꽃, 식량, 주스의 생산계약 없이는 살아갈 수 없다.

대기업들이 단순한 하도급 계약만을 통해 활동할 것이라고 생각해서는 안 된다. 그들은 토지 및 노동 고용인도 직접적으로 소유하고 있다. 이러한 조직도의 정점에는 몬산토(비료, 살충제, 제초제, 유전자조작 작물 등을 판매), 델몬트(이 회사의 과일 캔은 모든 주요 슈퍼마켓 진열대에 놓여 있다)와 같은 거대 농업 초국적 기업이 위치한다. 이러한 기업은 '애그리비즈니스'(agribusiness, 기업식 농업)에 조사하고 있다고 표현할 수 있다. 이러한 기업들은 다수 국가에서 전에는 공유지였거나 중견농민의 소유지였던 광활한 토지를 구입한 후 노동자를 고용하여 농작물을 심고 잡초를 제거하고 수확 및 포장하여 이곳을 '경작지 공장'으로 바꾼다. 소농민, 중견농민은 이러한 거대 기업을 위해 파트타임으로 일하지 않으면 살아남기 힘든 궁지에 몰리게 된다.

농촌세계가 글로벌 시장에 통합되는 또 하나의 중요한 통로가 농부들에게 높은 수확량을 기대할 수 있는 씨앗을 퍼뜨리는 **녹색혁명**(green revolution)이다. 정부와 연구자들은 이러한 녹색혁명이 기아를 영원히 제거할 수 있는 방법이라고 보았다. 처음에 피어스(Pearse 1980)와 같은 사회학자들은 이러한 기술혁신이 고도로 위험한 의도하지 않

녹색혁명(Green Revolution) 높은 수확량을 기대할 수 있는 다양한 종류의 씨앗, 특히 밀, 보리, 쌀(녹색/환경운동과 혼동하지 말 것).

은 결과를 가져올 것이라고 주장했다. 오직 부농만이 가장 생산성이 높은 씨앗을 만들 수 있는 제초제와 비료, 물을 살 수 있었다. 이러한 씨앗은 농지가 크면 클수록 높은 효과를 냈기 때문에 부유한 농민은 소농민의 토지를 계속 사들였다. 후에 사회학자들은 특히 아시아에 있어서 가장 양호한 결과가 나타났다고 보고했다. 기술 코스트가 떨어지면서─이는 정부 보조금 등으로 인한 경우가 많았다─빈농과 중간계급 농민들은 새로운 씨앗을 심을 수 있었다.

　　다른 지역에서는 가차없는 시장의 글로벌리제이션으로 인해 카리브 해의 바나나 재배자와 같이 종래 보호를 받았던 소규모의 생산자가 거대 농업기업에 노출되었다. 부유국의 슈퍼마켓들은 좀 더 크고 좀 더 표준화된 바나나를, 심지어 카리브 해의 농부들이 제공할 수 있는 가격보다 훨씬 더 싼 가격으로 팔기를 요구했다. 국제기업의 강력한 가격교섭 능력과 시장 경쟁력에 의해 지방의 농부들은 자신들 지방의 시장에서조차 활동할 수 없게 되었다. 그 결과 예를 들어 한 커피 산지(라틴아메리카 산이라고 하자)에서 네스카페 브랜드로 가공된(예를 들어 브라질에서) 커피콩(예를 들어 가나에서 생산된)이 판매되고 선적되는 것은 흔히 있는 일이 되었다. 이러한 농민에 대한 가차없는 압력에 의해 다수의 농민들이 빈곤상태 혹은 토지를 잃어버린 채 절망스러운 상태에 빠지게 되었다. 그들은 최저한의 토지에서 궁핍한 생활로 생계를 이어나가거나 토지 없는 노동자가 되거나 대도시지역 주변의 슬럼으로 흘러들어 가게 되었다.

도시 빈민층

　　많은 빈국의 농촌지역은 자급자족 생활을 유지할 수 없다. 이에 반해 도시지역에서는 정규직에 취직할 수 있는 전망이 그리 밝지는 않지만 어떤 종류든 생계를 유지할 수 있는 기회와 좀 더 좋은 서비스를 이용할 수 있는 기회는 지방보다 커지고 있다. 현재 일어나고 있는 농촌으로부터 도시로의 이주는 '서사시에서 보는 듯한 역사적 규모'이다(Harrison 1981 : 145). 1940년 가난한 국가의 마을 및 도시에는 1억 8,500만 명의 사람들이 살고 있었다. 1975년 그 숫자는 7억 7,000만 명으로 부풀어올라 이러한 증가의 반 이상이 도시지역의 증대가 아닌 농촌으로부터의 이주자가 증가한 결과였다(Harrison 1981 : 145).

　　도시로 옮겨온 이주민들은 다양한 종류의 직업 및 활동에 관여하게 되나 종교적 수행자, 정신병자, 신체장애자, (성냥이나 땅콩 등의) 자질구레한 것들을 판매하는 사람, 택시나 버스의 호객꾼, 소매치기, 도둑, 매춘부, 손수레업, 인력거 끄는 사람, 걸인, 구

그림 8.3 콜롬비아 보고타의 쓰레기 청소부
많은 어린이들이 쓰레기 분류와 청소 일을 하는데,
이들은 유리, 날카로운 금속, 화학폐기물으로 인해
다치는 경우가 많다.

직자, 수습생, 그리고 그들의 '장인들'이 모든 사람들이 빈곤국 도시의 다양한 사회적
풍경의 일부분이 되어 있다.

　　새로 이주한 사람들의 다수는 정신적인 이유뿐만 아니라 실질적인 이유에서 어
떠한 종류든지 그들의 고향과의 관련성을 유지하려 한다. 이 시스템은 종종 '이주'
(circular migration) 혹은 '이중 시스템'(dual system)이라고 불리는데, 구글러(Gugler 1995 :
544)는 이를 다음과 같이 간략하게 설명하고 있다.

　　'이중 시스템' 전략은 시골의 자원, 특히 선조로부터 받은 토지에 접근할 수 있는
동족 그룹에 의해 유지된다. 이민자들은 도시인구 다수에게 경제적 안정을 제공하는 데
실패한 정치경제 안에서 정치적 미래의 불안정에 위협을 느끼는 경우가 많은데, 마을들
은 이러한 이민자들을 안심시킨다. 많은 도시 거주자들에게 시골 친족과의 연대는 불충
분하기는 하지만 의지할 수 있는 유일한 사회안정을 제공한다. 그들은 '집'으로 돌아가
기를 학수고대하는 경우가 많다.

　　많은 곳에서 나타나는 이 시스템의 복원력에도 불구하고 마을과의 연대는 점차
적으로 단절되어 세대는 붕괴되고 도시의 이주자들은 그들 자신들만의 힘으로 살아
가게 되는데, 이 중 많은 사람들이 슬럼에서의 비참한 생계를 유지해야 한다. 이러한
일시적 거주지는 **파벨라스**(favelas, 브라질 도시의 빈민지역), **바리오스**(barrios), 판자촌, 빈
민굴 등의 다른 이름으로 불린다. 이러한 주거지는 거주설비가 불충분하고 도로는 정

비되지 않았으며 하수도, 전기, 상수도도 없다. 운동장, 도서관, 학교, 보건소, 공원 등과 같은 설비는 꿈도 꿀 수 없는 사치이다.

이러한 환경에서 사는 사람들의 조건은 매우 열악하다. 이에 관련하여 수많은 포스트 마르크스주의 연구자들이 프롤레타리아 계급 이하의 계급이 존재한다고 주장했다. 6장에서 알 수 있듯이 마르크스는 이러한 집단으로 19세기 파리에 흘러들어 온 토지를 빼앗긴 농민들을 지적했다. 1852년 처음으로 출판된 『루이 보나파르트와 브뤼메르 18일』(*The Eighteenth Brumaire of Louise Bonaparte*)이라는 출판물에서 마르크스(1854)는 이를 '룸펜 프롤레탈리아' 라고 묘사했는데, 이 집단은 너무나 다양한 요소를 포함하고 있기 때문에 어울릴 수 없는 집단이다. 마르크스는 "삶의 환경으로 인해 그들은 '반동적 음모의 앞잡이' 가 되기 쉽기" 때문에 혁명적 투쟁에 가담하는 것이 불가능하다고 보았다.

이러한 주장에 대한 가장 유명한 공격은 프란츠 파농(Frantz Fanon)의 주장인데, 그는 마르티니크 섬의 정신과의사로 알제리의 반식민지 투쟁에 참가했다. 파농은 마르크스가 실업자로서 혹은 능력에 맞는 일을 찾기 위한 구직자로서 식민지 마을과 수도로 이주한 사람들의 중요성을 예견하는 데 실패했다고 주장했다. 그들에게 '노동자' 라는 표현을 사용하는 것조차 적절하지 않은데, 이는 그들이 영영 직업을 찾을 수 없기 때문이다. 그는 마르크스와 마찬가지로 '룸펜 프롤레타리아' 라는 용어를 사용했는데, 그들에게 좀 더 숭고한 역할을 기대했다. 『대지의 저주받은 사람들』(*The wretched of the Earth*)(Fanon 1967)로 번역된 그의 유명한 정치적 소책자에서 이들은 시골을 기반으로 한 혁명에 있어서 '도시지역 최선봉' 의 역할이 주어졌다. 파농은 이 집단을 생생한 은유법을 사용하여 '쥐떼' 라고 표현했다. 그들은 쫓겨나도 다시 돌아와서 식민지라는 나무의 뿌리를 집요하게 갉아먹는다.

이 집단의 정치적 잠재력을 제시하기 위해 다른 연구자들은 '준프롤레타리아' (subproletariat)나 '페전타리아' (peasantariat)라는 용어를 사용하여 '룸펜 프롤레타리아' 라는 표현이 가진 부정적인 암시를 제거하려 했다. 그러나 그들이 어떤 의미에서 (자본주의 시스템에 타협적이고 순응적이라고 보여지는) 노동자를 대신할지도 모른다는 급진적 연구자들의 기대에도 불구하고 도시 빈민자들은 혁명적 의식을 보여주지 않았다. 그 대신 다음과 같은 4가지 사회행동이 나타났다.

1. 지방과의 연결고리를 유지하는 조건이 사라진 상황에도 농민적 가치에 대해

보수적 집착을 보임
2. 마르크스가 예상한 것과 같은 영합주의적 정치가와 연관되어 이러한 정치가들은 도시 빈민층이라는 가장 문제를 일으키는 사람들을 달래가면서 자신들의 권력을 유지하기 위해 이들을 이용했다.
3. 생활수단 혹은 생계를 유지하기 위한 유일한 수단으로서 범죄행위로 도피
4. 위의 3가지 측면보다는 희망적인, 슬럼 거주자의 환경과 생활수준 향상을 위한 커뮤니티 활동에서 나타난 개혁적이고 자기개선적인 열정

기본물자 및 자원을 얻기 위한 도시 빈민층과 협력하여 활동하는 전문가, 학생들, 비정부기구들이 관여하면서 좀 더 긍정적인 결과가 나타나는 경우가 많다. 만약 강력한 시민사회나 어느 정도의 정치적 민주주의가 존재한다면 그들의 상황은 현저하게 개선될 것이다. 이러한 개선은 의석을 얻기 위해 표가 필요한 정치가들이라는 명확한 이유에 의해 생겨난다. 만약 도시 빈민자들이 정치적 활동을 위하여 단결한다면 도로, 건물, 하수도, 상수도가 점차 설치될 것이다. 공공 서비스와 환경의 질은 우아한 교외수준 정도까지는 아닐지라도 적어도 일부 사람들은 쾌적하고 안전하게 생활할 수 있을 것이다.

시민사회와 민주주의의 기반이 약한 곳에서는 도시의 빈민층은 특히 취약한 존재가 된다. 중국의 경우를 들어보자. 이곳에서는 이중 시스템이 잘 작동하지는 않지만 여전히 살아 있다. 중국 4만 개 이상의 농촌가정을 대상으로 한 1997년 조사에는 31%가 적어도 소득의 일부를 농업 이외의 수입원(송금이나 임금)에서 얻고 있었다. 그러나 중국 남부도시 정부는 자신들의 도시에 들어오게 하려는 수많은 농촌지역 노동자들에 대해 엄중히 경계한다. 중국에는 4억 5천만 명의 농촌인구가 있는데, 이 중 1억 3천만 명이 불완전고용자, 7천만 명이 다른 지방에서 온 이민자이다. 매일 상하이로 들어오는 이민자는 33만 명 정도로 추정되고 베이징의 경우는 17만 명 정도로 추정된다. 신문의 설명에 의하면(*New York Times* 1998년 1월 9일, *South China Morning Post* 1998년 1월 9일) 당국은 다음과 같은 대책을 강구하고 있다.

1. 1995년 베이징 시 당국은 빈민굴인 저장(浙江, Zhejiang) 마을을 폐쇄했는데, 여기에는 100만 명의 사람들이 살고 있었다.
2. 공안국에 의한 이주자 추방은 흔히 일어난다.

3. 상하이 당국은 23개, 베이징 당국은 20개의 직업군에 있어서 이주자의 고용을 금지한다.

4. 1997년 전반의 9개월간 15개 도시의 경찰은 19만 명의 이주자와 걸인들을 그들의 출신지역으로 돌려보냈다.

5. 타오쓰주(陶馹駒, Tao Siju) 공안상은 '3개의 NO' ─ 직업이 없고 거주권이 없고 신분증명서가 없음 ─ 에 해당하는 도시지역 이민자를 감금하고 집으로 돌려보내야 한다고 말했다.

6. 국내에 있어서 노동자의 이동에 대한 단속이 행해졌다. 미등록 구직자의 50%에서 80%가 형사상 기소를 앞두고 있다.

7. 중국 공산당은 실제로 살 곳이 없는 농촌 거주자, 빈민, 정치범을 대상으로 하는 강제노동수용소를 운영하고 있는데, 이 안에서 노동자들은 국제시장을 위해 값싼 물건을 생산한다.

중국과 인도에서 대규모 공사로 인한 결과에 의해 다수의 농촌지역 사람들 역시 추방당하게 되었다. 양쯔강의 3개 협곡 공사로 인해 120만 명의 중국인이 추방되었다. 1947년 이후 인도에서는 3,000개의 거대 댐이 건설되어 2,160만 명의 사람들이 살던 곳에서 이주해야 했다. 중국의 '유동인구' 8천만에서 1억 2천만으로 판정되는데, 이는 보통 국경을 넘어서 일어나는 국제적 이민이 2억으로 추정되는 것과 비교해 볼 때 상당한 수치이다. 이러한 유동인구는 특히 후코우(戶口, hukou) (등록)제도의 수정 이후 나타났는데, 1년 안에 등록지를 변경한 사람들의 수로 정의된다. 같은 방법으로 측정했을 때 등록지 변경률은 중국의 경우가 미국보다 낮지만 순수 규모는 미국보다 훨씬 높으며 도시 고용으로의 흡수율은 낮다. 인도의 경우에서도 농촌에서 도시로의 이동이 약 30개의 도시에서 나타나 100만 명이 넘는 인구가 이동했으며, 최대를 기록한 인도 뭄바이 시로 1,200만 명의 이주자가 유입되었다.

정리

불균등 발전이나 글로벌 불평등이 생겨나는 이유를 거시적인 관점에서 살펴보려는 시도가 다수 나타났다. 세계체제론 이론가, 신국제분업에 관심이 있는 사람들, 경제적 글로벌화의 결과로서 사회적 주변화를 주장하는 사람들은 각각 중요한 견해를 제시해 왔다. 이러한 3가지 생각은 모두 하나의 견해에 일치하고 있는데, 자본주의적 사회관계의 확산은 마치 잔인한 사신처럼 많은 나라와 지역, 도시에서 농촌인구와 노동력을 한번에 베어버린다. 이러한 부정적인 결과는 신자유주의 경제정책이 사회 및 정치의 속박에서 벗어나 실행되는 경우에 발생한다.

이번 장에서 우리들은 4개의 집단—기아 희생자, 산업공동화 사회의 노동자, 소농민, 도시 빈민층—에 대한 논의를 통해 이러한 총괄적 이론에 생명을 불어넣으려 했다. 좀 더 유리한 상황에 있는 사람들이 희생자 그룹에 있는 많은 사람들이 겪는 절망, 빈곤, 인간성 타락을 이해하기(그 정도를 측정하거나 이론화하는 것은 물론이고)는 어렵다. 기아문제와 관련하여 글로벌 수준에서 해결하지 못한 채 남아 있는 가장 기초적인 문제는 식량이 과잉생산되는 지역에서 과소생산되는 곳으로 그 잉여분을 재분배하는 것이 실제로는 효율적이지 않다는 점이다. 원조 메커니즘을 통한 시도는 의도하지 않은 부정적 결과를 가져오는 경우가 많다. 물론 여기에는 여러 개의 부분적 해결책이 존재하는데, 예를 들어 대부금 기간의 연장, 보조금(씨앗, 비료, 급수, 제초제 등), 농부교육, 시장의 해방과 효율적인 가격 지원 제도의 구비 등을 들 수 있다. 그러나 일부 국가에서는 이러한 정책이 효력이 없을 정도로 기아가 심각했다. 게다가 이러한 해결책들은 자애로운 정부를 가정하고 있다. 이는 수단의 경우에는 적용되지 않았는데, 이는 특히 추악한 예였을지도 모른다. 그러나 보스니아, 르완다, 코소보의 경우에서 볼 수 있듯이 '정치'와 기아는 역시 매우 가까운 관계처럼 보인다. 레닌은 복잡한 정치적 상황을 이해하기 위한 한 방법으로서 냉소적으로 '누가 이득을 얻는가?'라는 질문을 해보는 것을 제시했다. 모든 문맥에 있어서 기아는 정치에 의해 '창조'된다고 하면 그 주장을 왜곡하는 것이지만, 이러한 현상이 매우 흔히 나타나는 것임을 부인하기는 힘들어 보인다. 그러나 미약한 간섭 또한 다양한 희생자 집단들 사이에 다른 '권원', 특히 일부의 사회적·정치적 행위자들의 특정 정치이익을 반영하고 있는지도 모른다.

부자의 수입이 빈민층 수입의 5배 이상이 넘으면 안 된다고 경고되곤 한다. 이 이상이 되면 경제적 비효율성이 발생하여 '최대의 사회악', 즉 내전의 위험성이 발생한다는 것이다(Watkins 1997 인용). 우리들은 이러한 의견에서 지혜를 발견하지만 이번 장에서 인용한 데이터에 의하면 수입 불평등은 플라톤이 제시한 최대 비율을 훨씬 넘어섰다. 게다가 소득 불평등이라는 척도는 가장 중요한 측정방법이 아닐 수도 있다. 글로벌 승자와 글로벌 패자 간의 중요한 차이는 깨끗한 물의 공급, 피난처와 보건시설에의 접근, 유아 생존율과 같은 기본적 문제로 이행할 가능성이 있기 때문이다. 현재의 글로벌 발전의 형세를 보면 이러한 박탈을 경감시키는 데는 갈 길이 멀어 보인다.

더 읽어볼 책

- 소농민에 관한 자료에 대해서는 도서관에서 *The Journal of Peasant Studies*를 참조. 이 잡지는 높은 수준 때문에 때때로 난해한 부분도 있지만 'Peasants speack'(소농민이 말한다)라는 부분이 있어서 풀뿌리 수준의 인터뷰나 다른 자료들을 게재하고 있다.

- 알랜 길버트와 조세프 구글러(Alan Gilbert and Josef Gugler)의 『도시, 빈곤, 발전』(*Cities, Poverty and Development*, 1992)은 도시문제에 대한 훌륭한 개요를 제공한다. 특히 라틴아메리카와 아프리카에 관한 기술이 훌륭하다.

- 아마르티아 센(Amartya Sen)의 『빈곤과 기아 : 박탈권에 관하여』(*Poverty and Famine : An Essay on Entiltement of Depirvation*, 1981)는 세부 부분에 여러 이론은 있지만 조금만 시간을 들이면 이 책이 도전적이고 매력적임을 알 수 있을 것이다. (주장의 본질을 이해하기 위해서는 기술적인 경제학의 부분은 무시해도 된다.)

- 매세이와 덴튼(Douglas S. Massey and Nancy A. Denton)의 책 『미국의 인종차별정책』(*American Apartheid*, 1993)은 미국의 산업공동화 현상의 결과, 특히 흑인 노동자들과 관련된 부분에 관해 설명한다.

그룹 과제

- UNHCR의 사이트 http://www.unhcr.ch/에 들어가 보자. 이번 장에 실린 데이터 이후 발생한 난민과 이주자에 대한 데이터의 중요한 통계적 변화를 요약해 볼 것.

- 네 그룹으로 나눈 뒤 각 그룹은 이번 장에 나온 도시 빈민층에 관한 사회적 행동전략 중 하나를 골라 그 이점을 살펴보자.

- 이번 장에서는 빈민층과 부유층 사이의 수입분배를 묘사하는 다양한 비율이 제시되었다. 이러한 분배를 좀 더 정확하게 측정할 수 있는 기술적 방법이 존재한다. (참고로 이것은 로렌츠 곡선과 불평등에 관한 지니 계수라고 불린다.) 처음부터 어떻게 불평등을 측정할 것인지 논의해 보자.

- 세 그룹으로 나눈 뒤 그룹 A는 미국의 빈곤에 대한 기초 사실을 조사하고 B는 방글라데시의 경우를, C는 공산주의 붕괴 이후 러시아의 경우를 조사한다. 각 그룹은 그들의 발견에 대해 반 전체에게 보고한다.

생각해 볼 문제

1. 가난은 사라지지 않는다는 유명한 말에 대해 정말로 그러한가?

2. 기아는 어떻게 시작되고, 어떻게 지속되며, 어떻게 심화되고 경감되는가?

3. 글로벌 불평등의 특성을 평가하는 데 있어서 세계체제론과 신국제분업론의 장점은 무엇인가?

4. 산업화 국가에서 어떠한 노동자들이 경제 글로벌리제이션의 희생자가 되는지 그 범위를 평가해 보자.

5. 왜 불평등은 정치적 변동으로 이어지지 않을까?

유용한 웹사이트

■ http://www.worldbank.org/data 빈곤과 발전에 관한 비교척도의 정보원은 세계은행이다. 특히 세계발전 지수를 참고할 것.

■ http://www.wfp.org/english/ UN의 World Food Programme을 위한 이 사이트는 전 세계의 기아 및 식량부족과 그 방안에 대한 다양한 소재를 소개한다.

■ http://www.tandf.co.uk/jounals/titles/03066150.asp *The Journal of Peasant Studies*는 30년이 넘는 기간 동안 농업분야에 있어서 주도적인 학문 저널이다. 당신이 이용하는 도서관은 이 잡지를 구독할 수도 있지만 전자 버전도 이용 가능하다. 둘 다 불가능하다면 인터넷상에서도 구할 수 있다(물론 이 주소를 통해 구할 수 있다).

■ http://topics.developmentgateway.org/poverty Development Gateway의 빈곤 관련 페이지―글로벌 빈곤문제를 알리는 가치 있는 시도―50개 국가 포털, 라틴아메리카 자료가 특히 좋다.

■ http://www.aflcio.org/corporatewatch/stop/# 많은 미국 노동자들이 미국에서 가장 큰 노동자기구인 AFL-CIO에 가담하고 있다. 이 사이트에서는 왜 노조가 아동 노동 혹은 노동력 착취에 의해 생산된 상품에 반대하고 어째서 인증계획을 후원하는지에 대해 설명한다. 물론 이러한 입장에 대해서는 자기 이익이 존재한다. 미국 노동자들은 그들의 직업을 외국 노동자들에게 빼앗기고 싶지 않은 것이다. 그러나 여기에는 또한 글로벌 결속도 존재한다.

CHAPTER 9

범죄, 마약, 테러리즘 : 글로벌 통제의 실패

Crime, Drugs and Terrorism : Failures of Global Control

SOCIOLOGY

5장에서 본 것처럼 국민국가 체제는 글로벌 수준에서 나타나고 있는 사회 및 정치문제, 안전보장 문제 일부를 적절히 혹은 충분히 대처하지 못하고 있다는 심각한 문제에 직면해 있다. 르완다, 코소보, 리베리아, 소말리아에 있어서의 민족갈등을 막기 위한 시도, 사담 후세인과 같은 팽창주의적 군사지도자의 억제, 국가들 사이의 양자조약 및 자금 흐름을 억제하기 위한 규제 프레임워크를 만드는 데는 불충분해 보인다. 지역 블록이나 NATO와 같은 군사동맹이 발전하고 심지어 UN체제가 존재한다고 해서 이들이 항상 글로벌 수준에서 효율적으로 작동하는 것은 아니다. 이러한 문제들은 모두 심각하게 고려되어야 하지만 이 중에서 사회학자들의 관심영역 안에 들어가는 가장 중요한 글로벌 통제의 실패는 범죄, 마약, 테러리즘이다. 이번 장에서 우리는 이 3가지 실패들을 살펴볼 것이다.

글로벌리제이션과 경제의 규제완화로 인해 개인투자자, 관광객, 은행, TNCs가 초국경활동을 통해 이윤을 늘릴 수 있는 기회가 증가한 것처럼 국경을 넘어선 범죄기회도 증가하게 되었다. 12장에서 우리들은 글로벌 경제 안에서 최대 합법부문인 관광에 대해 살펴볼 것이다. 그러나 최대 비합법적 활동인 글로벌 범죄는 연간 5,000억 달러의 이윤을 창출한다. 국제범죄 활동에는 불법 인신거래(불법이민 혹은 노동자), 금지되어 있는 물품의 거래(약품 및 고대문명의 유물 등), 컴퓨터 사기, 특허권 및 저작권의 침해, 불법 무기거래, 담배 및 도난차의 밀수 등이 있다.

이러한 활동이 국제범죄의 주요한 수입원인 불법 마약거래를 넘어서기 시작했다는 지표는 다수 존재한다. 예를 들어 리온(Lyon 2005)에 의하면 국경을 넘어서 불법적으로 거래되는 사람들은 연간 240만 명에 이르고, 무역은 300억 달러에 달한다고 추정된다. 그러나 마약거래로 인한 이익이 증대되는 것 이상으로 이로 인한 악영향이 발생한다. 세계 헤로인 시장의 거래액은 1970년부터 1990년 사이에 20배 이상 증가한 한편 코카인 거래는 같은 기간 50배 이상 증가했다(Strange 1996 : 114). UN 마약통제 프로그램(2005 : 2)은 2004년 불법 마약 소매시장은 3,200억 달러에 달한다고 추정하고 있다. 이러한 거래의 고객이자 희생자이기도 한 많은 사람들 사이에 이러한 습관이 확산되면서 국내의 폭력과 범죄수준도 크게 증대한다. 마약으로 이윤을 얻는 사람들은 주로 '마약왕'(drug barons), 밀수업자, 판매업자들이다. 그러나 이 무역을 줄이는 것에는 어려움이 따른다. 마약은 볼리비아, 네팔, 자메이카와 같은 국가들의 가난한 농민들의 중대한 수입원인 한편 부유한 국가들에서 마약을 즐기는 사람들, 중독된 사람들의 요구는 만족을 모르기 때문이다. 어떤 곳에서는 코카, 양귀비, 마리화나 재배로 인해 농부들은 국제 경제라는 호랑이에 물리지 않고 그 등 위에 올라타는 것이 가능했다.

테러리즘으로 인한 도전은 상업 항공기 2대가 뉴욕의 세계무역센터에 충돌하고 1대는 펜타곤을 목표로 하여 날아들었던 2001년 9월 11일의 테러에서 가장 명백히 드러났다. 이로 인한 영향은 매우 컸다. 세계무역센터에서 2,889명, 워싱턴에서는 189명 이상이 죽었다. 이 안에는 60개 국가에서 온 수백 명의 외국인이 포함되어 있었으며, 여기에 그들을 돕기 위해 뛰어들었던 소방관 343명, 경찰 78명이 희생되면서 더더욱 통렬한 비극의 현장이 되었다. 알렉산더(Alexander 2002 : 1)에 의하면 이러한 폭행은 '공동작업으로서 규모 및 타이밍에 있어서' 전례가 없는 것이었다. 이 테러가 금융과 미디어의 중심지역(물론 국제도시)으로 세계에서 가장 중요한 도시 중 한 곳에서 일어났다는 것은 이 모든 것들이 생생하고 자세하게 세계 구석구석에 방송된다는 것을 의미했다. 그러나 이러한 무서운 사건들로 인해 우리들은 테러리즘 현상을 설명하기 위한 어려운 문제점에 직면하게 되었다. 우리는 테러리즘의 기원에 대해 무엇을 알고 있으며 이를 어떻게 정의해야 할까? 우리들의 역사에 존재했던 선례로부터 무엇을 배울 수 있는가? 여기에 특정적 기본 패턴—이는 이러한 인간의 삶에 대한 공격과 안전에 해를 끼치는 행위를 이해하는 데 도움이 된다—은 존재하는가?

범죄, 마약, 테러리즘은 글로벌 통제와 그 치료로부터 벗어나 있는 글로벌 사회의 고통을 유발시키는 유일한 원인은 아니지만 이 3가지가 중요한 원인이 되고 있다는 점은 명확하다. 이번 장에서 우리는 이들의 범위와 효과를 측정하고, 이를 해결할 수 있는 방법은 존재하는지 그 방법을 살펴볼 것이다.

범죄의 감시

'범죄'는 제3자나 다른 이들에 대해 범위를 벗어난 폭력 및 손해를 입히는 다수의 활동을 포함한다. 이러한 행위가 범죄 스펙트럼의 '가벼운' 쪽 말단에 가게 되면 많은 사람들이 불쾌하다고 생각되지 않는 형태의 행위도 포함될 수 있다. 1970년대에서부터 미국과 영국 사회학자들은 '금지된 행위, 책망받을 만한 행위, 비난받을 만한 행위, 벌받을 만한 행위'(banned, censured, stigmatized or penalized)를 묘사할 때 '일탈행위'(deviance)라는 단어를 사용하기 시작했다(Rock 1996b : 182). 이러한 일탈행위는 범죄행위를 포함하는데, 다른 한편으로 형식적으로는 위법이 아니지만 비난받을 만한 행위와 이 둘 사이에 애매한 경계선에 있는 행위들 역시 포함된다. 마리화나 역시 사회학자들이 관심을 가지는 예 중에 하나다.

하워드 사울 베커_ HOWARD SAUL BECKER (1928-)

하워드 베커는 예술사회학자이면서 뛰어난 음악가이다. 우리가 범죄와 마약을 다루는 이번 장에서 그를 다루는 이유는 무엇일까? 그가 쓴 높이 평가받는 『아웃사이더』(*Outsider*, 1963)라는 책 때문이다. 이 책에서 그는 '일탈행동의 사회학'이라는 영역을 설립했다. 일탈행동의 사회학은 사회적 규칙이 우세한 집단에 의해 강요되기 때문에 '아웃사이더'(outsiders)를 만들게 된다고 본다. 이들은 언제라도 낙인찍혀 퇴출되거나 유폐될 수 있는 사람들이다. 이러한 일탈행위자들은 자신들이 곧 처벌을 받는다는 것을 받아들이거나(과속이나 불법주차로 잡혔을 때 항변하지 않고 벌금을 내는 사람들처럼), 아니면 그들의 비난자들에게 도전할 수도 있다— '범법자들은 재판관이 아웃사이더라고 생각할지도 모른다(Becker 1963 : 2). 그들의 성적 행위가 일탈행위라고 간주하는 사법권에 대한 동성애자들과 마리화나를 피는 것에 어떠한 문제도 없다고 생각하는 마리화나 흡연자들이 좋은 예가 될 것이다. 두 경우 모두 자신들을 아웃사이더라고 보지 않고 자신들의 행위를 적법화시키려는 시도가 행해진다.

사회학에서 가장 널리 읽히는 기사 가운데 하나가 베커의 '마리화나 흡연자 되기'(Becoming marihuana user)인데, 1953년 『미국 사회학 잡지』(*American Journal of Sociology*)에 첫 출판되어 『아웃사이더』 3장에 포함되어 있다. 가장 놀랄 만한 주장은 아마도 마리화나의 사용은 자동적으로 기분이 좋아지는 것이 아니라는 것일 것이다. 초보 사용자는 어지럽고, 목이 타며, 배가 고프고, 시간과 거리를 판단할 수 없고 두피가 따끔따끔 아프다. 이러한 감각들이 즐거운 것이라는 감각은 경험이 많은 사용자로부터 배워야 한다. 요약하자면, 몽롱한 기분은 사회적으로 구성된 것이라는 것이다. 1960년대의 많은 학생들이 이러한 관점에 고정되어 있었으며, 매뉴얼 같은 자료를 읽었다. 사회학이 아닌 화학에서 더 많은 효험을 찾은 사람들은 "하위 베커는 딜러를 바꿔야 한다"라고 놀리는 낙서 공격을 전개했다. 부인할 수 없는 것은 베커가 음악가, 마약사용자 혹은 다른 일탈행위를 한 사람들에 대해서 썼을 때 그는 그 '상황'에 있었다는 것이다.

베커(2005)는 사회학자들이 해야 하는 것—그의 주제의 세계에 감정을 이입하여 들어가는 것—을 했을 뿐이라고 주장했다. 이것은 글로벌 사회학자들에게는 좋은 교훈이 된다. 어느 아프가니스탄인이 나중에 헤로인이 되는 양귀비를 키울 때 우리는 그의 동기가 복잡하다는 것을 볼 필요가 있다. 그는 이 작물을 그 자신과 그의 가족, 그가 속해 있는 공동체의 생존을 위해서 기른다. 그러나 그는 최종 소비자의 건강을 해치는 데 도움을 주는 결과를 낳는다. 그는 자신의 최종 소비자가 방탕하고 불성실하며 아웃사이더라고 생각함으로써 자신의 양심을 달래는 걸까? 다음은 불법 인신거래의 경우를 보자. 그는 한편으로는 무자비하게도 가난한 사람들의 취약성을 이용하여 이들이 수탈당하고 국내·국제법을 위반하도록 만든다. 그들은 멕시코에서는 '코요테'로, 중국에서는 '뱀머리'라는 용어로 불리며 비난받는다. 그러나 한편으로는 부당한 이유로 그들의 이동권을 제한당하는 힘없는 사람들이 움직일 수 있도록 서비스를 제공하고 있는 것이다.

아웃사이더에 대한 베커의 연구는 우리에게 어려운 문제를 던진다. 일탈행위를 이해할 수 있는 통찰력은 의심할 여지없이 이를 정당화할 수 있는 위험을 제공한다. 이는 사회학자들이 단호하게 거부해야 할 결과이지만 베커는 정당하게도 우리에게 '그들의 행동방식에 의해 우리가 공부하는 사람들이 연관된 현실, 그리고 그들의 경험에 관한 그들의 해석이 만든 현실'에 참가하길 요청한다(Becker 1963 : 174).

출처 : Becker(1963 : 2005).

범죄와 일탈행동의 경계는 역사적·지리적으로 매우 다양하여 결정이 매우 어려우며, 이로 인해 범죄율의 측정 역시 어렵다. 범죄 통계는 그 해석이 어렵기로 유명하다. '단순한 거짓, 화나는 거짓, 그리고 통계'라는 냉소적 표현은 거의 범죄 통계의 진상을 감추기 위해 발명된 것처럼 보일 정도이다. 이러한 정의의 문제에 덧붙여 다른 주요한 문제점들은 다음과 같다.

- 범죄발생 건수와 **보고되는** 범죄발생 건수에는 큰 차이가 있는 경우가 많다. 보험 및 다른 목적을 위해 특정 범죄들은 보고되지 않는 경우가 있다.
- 많은 나라에서 범죄는 지방 경찰소로 보고되는데, 이러한 데이터 수집은 비효율적이며 통계 서비스가 명목뿐인 경우도 있다.
- 법의 집행이 효과적인 곳에서는 보고 범죄가 감소하기보다는 증가한다. 그러나 집행률이 낮은 곳에서는 보고율이 법집행과는 관계가 없으므로 일부 집단이나 독단에 의해서 정해져 버리는 경우도 있다.
- 피해자 조사는 그 특성상 경찰 수치와는 범죄발생이 달라진다.
- 경찰은 자신들의 이익과 자신들이 실제보다 더 능률적이라는 것을 보이기 위해(자금이 목표 건수에 달려 있는 경우), 혹은 실제보다 능률적이지 않다(더 많은 자원을 투기하게 하기 위해)는 것을 보이기 위해 사용될 수 있다.

살인

비록 이러한 여러 어려움들을 고려해 보아도 나라들 사이에서 나타나는 특정 기록 범죄의 거대한 차이는 이러한 잘못된 보고, 통계적 오류, 정의의 문제만으로는 설명하기 힘들다. 최하위 25개국의 살인(의도적 살인)율을 살펴보자(그림 9.1).

	국가		±% 1,000명당 막대 그래프
1	콜롬비아	0.6	
2	남아프리카	0.5	
3	자메이카	0.3	
4	베네수엘라	0.3	
5	러시아	0.2	
6	멕시코	0.1	
7	에스토니아	0.1	
8	라트비아	0.1	
9	리투아니아	0.1	
10	벨라루스	0.1	
11	우크라이나	0.1	
12	파푸아뉴기니	0.1	
13	키르기스스탄	0.1	
14	타이	0.1	
15	몰도바	0.1	
16	짐바브웨	0.1	
17	세이셸	0.1	
18	잠비아	0.1	
19	코스타리카	0.1	
20	폴란드	0.1	
21	조지아	0.1	
22	우루과이	0.05	
23	불가리아	0.04	
24	미국	0.04	
25	아르메니아	0.04	

그림 9.1_ 최하 25개국의 살인율, 1998-2000

출처 : UN 마약 통제 프로그램(2004).

이미 언급한 통계적 문제로 인해 매우 조심해야 하지만 여기 제시된 데이터는 특정한 패턴을 공유하고 있다. 그림 9.1의 많은 국가들이 정치적 환경이 급격하게 바뀌게 된 급격한 사회변동을 경험했다는 것이다. 1989년 러시아, 에스토니아, 리투아니아, 라트비아, 벨라루스, 우크라이나, 키르기스스탄, 몰도바, 폴란드, 조지아, 아르케니아는 모두 복지체계를 제공하는 강압적인 공산당에 의해 통치되었다. 1989년 이후 사회적 지원은 고도로 경쟁적 형태의 자본주의에 의해 대체되어 빠르게 사라졌다. 남아프리카의 경우 아프리카인의 운동에 있어서 단호한 인종차별 통제는 노동, 이동력의 자유로 커다란 전환을 경험했다. 콜롬비아와 자메이카의 경우 일부 지역에서 국가 권력을 장악한 강한 마약 카르텔이 존재했다. 이러한 환경에서는 정치적 불확실성, 사회적 고난, 통상적 치안유지의 붕괴, 공동체 결속의 손실 등은 살인율 증가의 배경이 될 수 있다.

　　또한 통계적 문제는 존재하지만 시장화 및 글로벌리제이션의 성장과 함께 악화된 불균형 역시 자동차 절도, 강도, 폭력을 수반한 강탈 등의 다른 범죄증가의 원인이 되었을 수 있다. 한 설명에 의하면, 미디어가 "사람들을 점점 더 냉소적으로 만들 수도 있다. 그들은 부자들이 그들이 원하는 것을 강탈한다고 본다. 또한 미디어는 소비주의라는 '좋은 생활'에 대한 미디어, 영화, 선전을 통하여 사회의 남은 분야를 조소한다" (Burbach et al. 1997 : 22). 이 저자들은 '방임적 풍요'가 종교와 도덕적 가치를 대체하고 있다고 주장한 보수 미국 외교정책 고문인 즈비그뉴 브레진스키(Zbigniew Brezinski)의 말을 인용한다. 사람들은 재화를 원하도록 조장되지만 "이러한 재화의 다수를 구할 수 없는 세계 인구의 다수는 좌절하고, 분개하며, 반역을 꿈꾸게 된다"(Burbach et al. 1997 : 23).

　　빈곤과 폭력범죄의 증가에 대한 이러한 설명은 확실히 어느 정도 설득력을 가진다. 버바흐(Burbach 1997 : 22)의 주장에 따르면 "글로벌리제이션은 그 안에서부터 자신을 파괴하는 자기 자신만의 야만인들을 만들어낸다." 그들은 많은 도시에서 '폭력의 문화'를 지적하고, 산업화와 근대화가 범죄를 증가시켰다—개발도상국의 빈곤범죄는 선진국의 4배에 달한다—고 주장한다. 이러한 논평들은 중요하게 받아들여야 하지만 이것만으로는 불완전하다. 예를 들어 프랑스의 높은 자동차 절도 비율과 독일의 낮은 자동차 절도 비율을 생각해 보자. 상대적으로 비슷한 국가들 간의 이러한 대비는 우리가 여기서는 다루지 않는, 프랑스와 독일 사이에 존재하는 좀 더 직접적이고 특정적인 범죄원인이 있다는 것을 나타낸다.

　　그러나 영국과 미국의 경우 일반적 주장이 좀 더 설득력을 가진다. 레이건과 대처 시대에 시장의 힘은―이로 인해 부의 폭포가 '떨어질 것'이라는 충실한 주장에도 불구하고―소득 불균형을 현저하게 심화시켰다. 여기에는 위조된 노스탤지어적 요소가 남아 있지만 많은 논평가들은 공동체 정신이 붕괴하고 제멋대로인 젊은이 및 가난한 사람들을 돌보는 도덕적 의무가 줄어들었다는 점을 지적한다. 탄광, 철강공장, 일본 차 수입(후에 국부적으로 차를 만들었다)으로 인해 미국 차생산, 부품제조와 엔지니어링이 위태롭게 된 '러스트벨트' 지역에 위치한 직업들이 사라지면서 상당한 블루칼라 노동자계급이 대폭 감소했다. 시카고의 대도시지역에서는 1950년대 제조업 영역에 616,000개의 직업이 존재했는데 30년 후에는 이 중 63%가 줄어들어 277,000개가 되었다. 2006년 1월 23일, 미국 자동차 제조업계를 대표하는 포드사는 10개 공장의 폐쇄를 발표했고, 이로 인해 30,000개의 직업이 없어졌다. 실직한 사람들, 그리고 일거리를 전혀 찾을 수 없는 사람들은 절망에 차서 길거리를 헤매는 경우가 많았다. 국가 복지가 줄어들면서 그들의 처지는 더욱 더 힘들어졌다. 디트로이트의 이스트랜싱과 이 정도의 다른 도시에서 '폭력, 공포, 알코올 중독, 마약중독은 최하층을 사로잡았고, 이에 대한 의존과 절망에 직접적으로 연결되었다(Burbach et al. 1997 : 103).

도시의 악몽과 인종 간 격차

폭력범죄는 보통 가난한 사람들이 다른 가난한 사람들을 공격하는 형태로 나타난다. 그러나 도시의 사회 불평등으로 인해 생기는 확대된 격차로 인해 금전, 자산, 직업을 가지고 있는 사람들 사이에도 그러한 자산 및 자원을 가지고 있지 않은 사람들 사이에서의 분노와 결합되어 공포심이라는 죽음의 칵테일을 만들어냈다. 이러한 정신적 포위로 인한 결과 앞으로 발생이 예상되는 범죄 및 실제 범죄에 대해 공적·사적 방어가 나타나게 되었다. 캘리포니아에서는 형무소에 드는 경비가 교육예산을 넘어섰고, 로스앤젤레스의 경우 자체에서만 매 1시간마다 평균 35건의 범죄가 보고되었는데 그 중 10건이 살인, 강간, 폭력행위 등의 폭력범죄였다(Burbach et al. 1997 : 28-9). 미국 시민들은 정부가 경찰에 쓰는 비용의 2배를 자택 경비를 위해 썼다(Martin and Schuman 1997 : 9). 이러한 국민국가의 능력의 쇠퇴를 나타내는 '국내 지표'가 국민국가가 글로벌 자본을 제대로 통제하지 못하고 있다는 주장만큼 다양한 측면에서 나타났다(5장 참조).

이것만으로도 충분히 문제가 있음에도 불구하고 사회 불평등이 '인종'이라는 색안경이 더해지게 되면 이 '칵테일'은 더욱 더 큰 폭발력을 가지게 된다. 예를 들면 인종차별정책 이후의 남아프리카공화국의 폭력을 수반한 재산범죄는 억압적인 백인 지배 국가가 무너진 8년 뒤 풍토병과 같은 수준으로까지 유행하게 되었다—현재는 줄어들고 있는 듯 보인다. 이전 악명 높은 패스 법 아래 도시로부터 추방되었다가 다시 농촌에서 도시로 온 이민자들은 기존 '백인도시'의 가난한 지방 출신 이주자들 무리와 함께하게 되었다. 백인의 경제력에는 별다른 변화가 없어 많은 흑인 실직자들과 빈민굴의 증가로 인해 많은 사람들이 범죄를 저지르는 것은 그리 놀라운 일이 아니었다. 긴 세월 동안의 인종차별정책에 대한 무장저항과 주변국가의 내전으로 인해 무기시장과 총기문화가 발달했다. '성공을 손에 넣은' 많은 흑인을 포함한 부유한 남아프리카 시민들은 야간여행을 불안해하고 많은 사람들이 경보장치, 강도 방지용 바, 높은 벽, 경비대, 경비견, 무기를 갖춘 요새와 같은 집을 구비하게 되었다.

　　이러한 비슷한 일들이 브라질에서도 발생했다. 여기서는 한 부동산 개발업자가 상파울로 서쪽에 알파빌(Alphaville)이라는 '안전도시'를 건설했다. 그는 자신이 "지구상에 천국과 같은 환경을 만들었다"고 자신하고 있었다. 그러나 그는 1960년대 장-뤽 고다르(Jean-Luc Godard)가 만든 역시 「알파빌」이라는 영화의 존재를 알지 못했다. 이 영화는 전면감시와 사회통제(Box 9.1 참조)라는 기술의 악몽을 예견한 것이었다. 실제로는 삶이 예술을 모방한 것이었다. 높은 장벽, 감시장치, 서치라이트가 브라질판 알파빌을 둘러싸고 있었다. 민간 경비회사 사원—경찰관이 그들의 봉급을 보충하기 위해 일하는 경우가 많았는데—이 그 경계를 순찰했다. 방문자들은 모두 신분증명서를 보이지 않으면 안 되었고, 거주자의 허가가 없으면 출입이 통제되었다. 유모, 가사 도우미, 운전수들은 경찰로부터 범죄이력이 있는지 검사받았다. 거주자들 또한 범죄이력이 있으면 거절당했다. 알파빌에는 약 12만 명이 살았는데, 이러한 비슷한 도시의 건설계획이 10건 정도 존재한다(Martin and Schuman 1997 : 171-2).

Box 9.1

사회학 이론에 있어서 사회통제

사회학자들에 의하면 사회의 도시화와 공업화로 인해 오래된 관습과 공동체의 권위가 붕괴된 근대 사회에서는 사회통제가 필요하다. 직장수준에서 신입 산업노동자들은 시간 엄수, 자기 관리, 근면, 절약의 습관을 배우지 않으면 안 된다. 공장이 등장하기 시작한 초반, 공장경영자들은 노동자가 술에 취해 출근한다거나 축제일에 결근하고 월요일 아침에는 나타나지 않거나 한다고 불평을 호소했다. '타임카드에 기록'하거나 지각에 대한 처벌, 다른 형태의 감시체제가 이러한 '나쁜 습관'을 없애기 위해 도입되었다.

좀 더 일반적인 수준에서 사회복지, 감옥 수용시설, 소년원, 공교육, 선거권까지 이와 같은 시스템은 부와 권위를 가진 사람들이 가지지 못한 사람들을 통제하기 위한 수단으로 생각된다. 이러한 시스템이 없으면 가지지 못한 사람들이 반란을 일으킬 수 있기 때문이다. 물론 그 배경에 무언가 알 수 없는 거대한 음모가 존재한다고 믿지 않도록 주의하지 않으면 안 된다. '자본주의의 긴급사정'이라는 이유는 너무나 많이 사용되어 왔다. 전문직 및 상류계급 사람들은 평화적이고 목가적인 공동체라는 노스탈지어적 이미지를 동경하고 묘사하여 자신들만의 이익뿐만 아니라 좀 더 일반적인 사회 선을 재생산하려 할 수도 있다. 또한 폭력과 범죄의 주요 타깃이 되는 것은 부유한 사람들이 아닌 가난한 사람들이라는 것을 주의할 필요가 있다. 이러한 위험에 노출되어 있기 때문에 그들은 좀 더 극단적인 사회통제 조치(교수형이나 공개처형, 채찍질)를 원하는 경우도 많다.

1970년대 이후 사회학자들은 사회통제라는 개념을 일탈행동 연구에 응용했다. 그 결과 사회통제라는 용어는 오늘날 순응을 유도하려는 좀 더 일반적인 압력, 다시 말해 시간의 경과와 함께 점차 강도가 강해지는 압력을 언급하기 위해 사용되게 되었다. 스탠리 코헨(Stanley Cohen 1972)은 경찰과 재판소 같은 사회통제 기관이 마약상용자와 젊은 갱에 대해 제제를 들어가려는 순간을 '도덕적 패닉'(moral panic)이라는 용어로 묘사했다. 그들의 간섭이 가능하려면 미디어가 중간계급의 품위라는 곤봉을 들고 공공, 상상 속의 '일족의 악마'가 되는 부정적 집단을 분류하고 그 꼬리표를 붙이는 것은 어느 정도 필요하다. 복잡한 피트백 회로를 통해 이러한 집단의 일부 사람들은 그들의 악평을 즐기게 된다. 각각의 관점에서 일반 대중의 인기를 노리는 것과 같이 '일탈의 증대'과정이 전개되는 것이다.

미쉘 푸코(Michael Foucault)는 또 하나의 획기적인 생각을 창조해냈다. 『감시와 처벌』(Discipline and Punish, 1977)에서 그는 19세기의 '대감금'(Great Incarcerations)을 사회 전체 디자인의 일부로 보는 마르크스주의적 생각을 되풀이했다. 도둑은 감옥에, 노동자는 공장에, 정신이상자는 수용소에, 징병자는 병영에, 아이들은 학교에 수용되는 것은 모두 자본이 제공하는 서비스 안에 사로잡혀 있는 것이다. 그러나 푸코는 좀 더 미묘한 형태의 감시와 규율에도 관심을 가졌다. 단두대와 같은 잔혹한 구경거리, 벤담이 고안한 패놉티콘(감옥 안이 다 보이는 전망대)과 같이 참견하지는 않지만 끊임없이 감시하는 장치 대신 말이다. 규율은 단순한 모범을 보여주거나 강제하는 것이 아니라 본인에게 좋은 것이다. 정신분석의, 교사, 사회사업가들은 일탈적 마음을 고쳐주는 엔지니어로 무의식적

어날 때부터 장애를 가지고 있는 아기들이 아직도 태어나고 있다. 미국의 모회사는 인도의 자회사를 비난하면서 이러한 안 좋은 안전기록에 대해 부인했으며, 사보타주가 관계되어 있다고 주장하면서 이러한 주목을 피해가려 했다. 또한 모든 희생자들에게 4억 7,000만 달러라는 낮은 합의금을 받아들이도록 인도 정부에 압력을 넣었다. 이러한 거래는 유니온 카바이드사의 불기소를 보장하는 것을 조건으로 이루어졌다. 실질적 손해배상액이 재정될 가능성이 있는 미국에서 회사를 기소하려는 시도도 있었으나 이는 당사의 변호사들로 인해 실패했다. 그들은 공장의 계획 및 설비에 있어서 모회사의 중심역할을 무시하고 불충분한 규제기구와 부적절한 검열을 위해 인도 정부에 손을 댈 수 있었던 것이다.

보팔에서 일어난 일들이 '범죄' 행위인지 아니면 단순한 기업의 사회적 무책임성을 보여주는 예였는지는 애매한 점이 있다. 범죄결과를 '세탁'하는 과정에 깊게 관련되어 있는 많은 은행의 경우는 애매모호하지 않다. 은행 간부가 순진한 봉으로 범죄에 관계하는 경우는 매우 드물다. 역외금융 피난처는 마약무역의 기로에 위치해 있다. 파나마와 바하마의 은행은 라틴아메리카와 미국 사이의 코카인 무역으로부터 수익을 올린다. 홍콩은 동남아시아와 서구의 헤로인 무역에, 스위스와 리히텐슈타인, 지브롤터는 터키와 중동 사이의 마약무역을 보호한다. 최근의 은행 역사 중에서 가장 큰 스캔들 중 하나로서 런던 파크 레인의 명망 있는 도체스터 호텔의 거대한 지점과 함께 BCCI(Bank of Credit and Commerce International)가 1980년대에 '부상했다.' 미국 상원에 의한 조사에 따르면 탈세자, 정치부패, 다수 다국적 기업뿐 아니라 콜롬비아의 마약 불법거래, 중동 테러리스트, 라틴아메리카 혁명 그룹이 포함된 다양한 고객층을 위한 '불법금융' 서비스에 관여하고 있다는 것이 밝혀졌다(Strange 1996 : 118).

마약 : 수요와 공급

유럽과 미국에 있어서 마약거래는 불법 마약에 대한 방대한 수요와 마약재배를 계속하지 않으면 안 되는 불쌍히 여겨야 할 다수 국가들의 공급에 의존한다. 가난한 국가 중 가장 가난한 국가들은 부국의 가장 절망적인 사람들과 연결되어 있다. 하그리브스(Hargreaves 1992 : 3)는 1980년대 후반에서 1990년대 초반에 걸쳐서 그 수요가 어느 정도였는지 다음과 같이 정리했다.

미국인은 어느 선진국보다도 많은 코카인을 소비하고 있다. 2,200만 명 이상의 사람들이 겉으로는 무해한 것처럼 보이는 이 하얀색 가루를 경험해 본 적이 있으며, 200만 명에서 300만 명이 이에 중독되어 있다. 1989년 '단순히 예스라고 대답한' 약 2,500명의 미국인이 코카인에 관련된 원인으로 죽었다. 1990년 범죄에 관련된 사람들의 5분의 1 정도가 코카인이나 정제 코카인에 관련되어 있다고 알려졌다. 미국은 한 해에 1,100억 달러의 방대한 자금이 마약(코카인에 28,000달러)에 쓰여지는데, 이는 포춘 500사의 순이익을 다 합친 것보다 두 배가 넘는 것으로 미국 전체의 농업수입과 동등한 수치이다.

만약 수요가 충족되지 않는다면 공급 측에는 어떤 일이 일어날까? 1989년 콜롬비아에서 실패를 맛본 이후로 볼리비아로 중심지를 옮긴 마약왕들의 예를 들어보도록 하자. 이 가난한 라틴아메리카 국가는 이미 세계 최대의 미정제 코카잎 생산국이었는데 1989년부터 1991년간 정제된 코카인 생산량이 3배로 증가하여 세계 2위로 올라섰다. (코카는 수출용으로 건조되기 전 그 잎을 황산, 파라핀 석회를 섞음으로써 '정제'된다. 이 레시피를 사용해선 안 된다.)

하그리브스(1992 : 34-6)는 볼리비아의 코카 재배 농민인 '파라데스'의 이야기를 자세히 서술하고 있다. 그는 볼리비아의 주요 광산도시 오루로 근처에 살면서 돼지와 양을 키웠고 옥수수를 재배했다. 그러나 1983년 가뭄이 닥치면서 가축들이 하나씩 하나씩 죽어갔고 농작물 역시 말라갔다. 땅이 너무나 메마른 나머지 죽은 동물조차 묻을 수 없었다. 많은 불운이 이어진 후 그의 수중에 남은 것은 5헥타르 정도의 코카 재배용 토지뿐이었다. 그는 다른 농부의 계획에 따라 씨앗과 묘목을 교환하기로 약속받고 다른 농부의 밭을 경작했으나 그 다른 농부가 약속을 저버리자 씨앗을 훔쳤다. 18개월 후 그는 첫 수확을 거두게 되었다. 그는 코카인 재배업에 종사하게 된 것이다. 다른 경제활동이 경제적 불안정성으로 가득 차 있었으므로 다른 수천 명의 농부들과 같이 코카 재배에 이끌렸다. 1980-1985년 사이에 볼리비아 경제는 급락했다. GNP는 20% 줄어들었고, 실업률은 6%에서 20%로 증가했으며, 한 해에 24,000이라는 경이적인 인플레이션이 발생했다. 코카가 이 정도로 매력적인 대체작물이 된 것은 놀라운 일이 아니었다.

다수 국가에서 그 사회적·경제적 중요성으로 인해 마약거래는 또한 정치과정의 부패와도 관련된다. 러시아, 소말리아, 자메이카, 아프가니스탄, 콜롬비아, 인도네시아에서 합법적 활동과 비합법적 활동 사이에는 견고한 차이가 없다. 범죄, 정치, 비즈니스는 이음매가 없이 결합되는 경우가 많아 그 안의 행위자들조차 차이를 설명하기 힘들다. 마약거래를 비난하는 움직임이 강한 곳에서조차—이러한 곳은 종종 외국에서부터 원조를 받는 경우도 있다—큰 효과가 나타나지 않는다. 두 가지 예를 들어보자.

1. 1980년대 미국의 부시 정권은 콜롬비아에서 사실상 국가 안의 국가로서 활동하고 있던 악명 높은 메델린 마약 카르텔의 세력을 약화시키기 위해 콜롬비아에 자금을 원조하고 군사요원을 파견했다. 1년 뒤 세계 최대의 코카인 보스 파블로 에스코바르(Pablo Escobar)는 드디어 코너에 몰리게 되었다. 그는 체포되었음에도 불구하고 자신의 수감조건을 정할 수 있을 정도로 영향력을 가지고 있었다. 그는 그의 바람대로 풋볼 경기장과 호화로운 가구들을 구비한 10에이커의 토지 안에 수용되었다. 당국은 그를 수많은 적들로부터 보호해 주는 무료 경비원이 되어버렸다. 그러는 동안 이 카르텔은 다른 라틴아메리카 국가들로 그 세력을 확장시켰다(Hargreaves 1992 : xi).

2. 조지 부시 주니어(아들 부시)가 착수한 '테러에 대한 전쟁'(war on terror)은 아프가니스탄 침공 및 탈레반 정권교체와 함께 시작되었다. 이는 급진적이고 분쟁적인 형태의 이슬람교와 관련된 것이었지만 일정부분 아편생산을 근절하는 데 공헌하기도 했다. 미국의 침공으로 인해 양귀비 재배자들은 수명이 새롭게 갱신되었다. 세계 아편생산에서 아프가니스탄 산 아편의 비율은 2003년 76%에서 2004년 86%로 증가했다(그림 9.2).

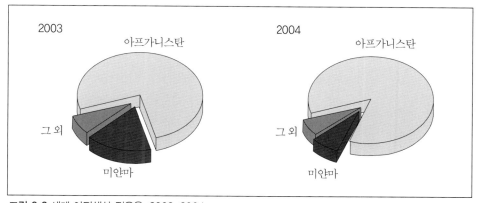

그림 9.2 세계 아편생산 점유율, 2003, 2004
출처 : UN 마약 통제 프로그램(2005 : 45).

글로벌 스포츠계에서의 약품 사용

15장에서 우리는 스포츠 글로벌리제이션의 또 다른 측면에 대해서 살펴볼 것이다. 여기서는 스포츠계에서 마약 사용에만 집중하기로 한다. 스포츠에 있어서 불법적 약품의 사용이 급증한 것은 제2차 세계대전 이후부터라는 연구결과가 지배적이다(Waddington 2000 : 14). 이 기간은 두 가지 발전—성적 향상을 위한 새로운 약품의 발전과 냉전으로부터 발생된 정치적 긴장관계의 발전—과 그 시기를 같이한다. 벤제드린과 같은 암페타민(중추신경을 자극하는 각성제역자)은 제2차 세계대전 당시 군대에서 병사의 사기를 유지하기 위해 사용되었는데 이는 곧 스포츠 선수들에게 퍼지게 되었다. 그러나 이러한 '각성제'에 더하여 테스토스테론, 스테로이드, 성장 호르몬 등이 새롭게 만들어지거나 사용 가능하게 되어 1950년대 주류를 형성하게 되었다. 웨딩턴(Waddington 2000 : 115-34)의 언급에 따르면, 이러한 발전은 많은 연구자들의 주장 안에서 약학결정론 혹은 기술결정론을 불러일으켰다. 약이 존재한다. 그러므로 이것이 사용되는 것은 놀라운 일이 아니다.

이러한 종류의 주장은 사회행위자들 자신들—운동선수, 스포츠 보건 전문가, 상업 스폰서들, 정부들—의 행동과 그들이 활동하는 넓은 맥락을 이해하려는 사회학자들로서는 적절한 것이 아니다. 아마도 1945-1989년 사이 국제 스포츠 경쟁에서 이렇게 약의 사용이 증가한 가장 중요한 원인은 냉전일 것이다. 핵경쟁은 상호 파괴 보장(Mutual Assured Destruction : MAD)을 낳았고, 이로 인해 경쟁은 상징적인 것이 되었다. 상정된 공산주의와 사회주의의 뛰어난 가치는 스포츠, 특히 올림픽에서 증명되었다. 이제 우리는 많은 기록 보유자들이 약을 복용했기 때문에 그런 기록을 보유할 수 있게 되었다는 것을 알고 있다. 이러한 정보가 가장 크게 폭로된 것은 아마도 2005년 11월, 전 동독 선수가 한 약품회사를 상대로 800만 파운드의 손해보상을 제기한 사건일 것이다. 동독 체제가 무너진 이후이기 때문에 국가 공무원을 공동 피고로서 피고석에 앉힐 수는 없었으나 이 사건이 복잡한 것은 명백했다. 이에 대해 하딩(Harding 2005)은 다음과 같이 논했다.

2005년 10월, 독일 선수연합은 동독 선수가 세운 22개의 국가 기록에 협의를 품고 있다고 발표했다. 이네스 쥐펠(Ines Geipel)이 마약을 상용하고 있었음을 시인한 후 잇따른 조사로 인해 1984년 여성 4×100미터 릴레이 종목의 동독 팀 선수로서 그녀가 세운 기록은 말소되었다.

　　　약 800명의 선수들이 심각한 병을 앓고 있다고 추정되는데, 다수가 제약회사 제네팜이 만든 테스토스테론을 함유한 신진대사 스테로이드인 오랄터리나볼 (Oral-Turinabol)을 복용하고 있었다. 이 '푸른 알약'은 근육형성 속도를 크게 향상시키지만 여성불임, 발모억제, 유방암, 심장 관련 질병, 고환암 등을 일으킬 수 있다. 유명 투포환 선수인 안드레아스 크리거(Andreas Krieger)는 좋은 성적을 내기 위해 너무 많은 남성 호르몬을 맞아 결국 성을 바꾸게 되었다.

　　이처럼 마약이 메달과 관련되었다는 것은 의심할 여지가 없다. 1972년 뮌헨 올림픽에서 동독은 인구에 있어서 크게 뒤처짐에도 불구하고 미국과 소련 다음인 3위를 기록했다. 1976년 동독의 여성 선수들은 13개 수영종목 중 11개 종목에서 우승했다. 국가 공무원, 팀 전담 의사들, 많은(가장 어린 선수들이 아니거나 가장 순진한) 선수들이 이러한 성적향상을 위해 약품을 사용하는 데 가담했다. 이에 성공한 운동선수들은 국가 사회주의 이미지를 향상시킨 듯 비춰졌고, 그들은 특권을 누릴 수 있었다.

　　이런 비슷한 현상이 1950년대 소련에서도 나타났다. 소련과의 경쟁이 늘어남에 따라 미국 의사들은 다이아나볼(Dianabol)을 만든 시바 제약(Ciba Pharmaceuticals) 회사의 도움을 받아 많은 미국 선수들에게 스테로이드를 먹였다(Waddington 2000 : 117). '건강과 신체단련'의 아이디어로 상징된 이미지를 자기 인식으로 가지고 있던 운동선수들은 환자가 되었고, 건강관리 대상이 되어 '어떠한 병리학의 존재 혹은 부재를 무시한 채 통상적인 의료관리'를 필요로 하게 되었다(Waddington 2000 : 122). 팀 성적을 최적화하기 위해 이제는 통상적으로 코치, 트레이너, 의사들, 물리치료사, 심리학자들이 국가대표팀과 함께하게 되었다. 이러한 건강 전문가들 중 일부는 약품을 공급하는 데에도 관련하고 있었다.

　　냉전종언 이후 약의 사용에 관한 주요 압력은 스포츠의 상업화로 인한 것이었다. 금메달을 획득한 선수들이나 전문화된 스포츠 종목의 탑 선수들(골프나 테니스 선수들)은 상품의 보증선전, 출연료, TV선전을 통해 큰 돈을 벌 수 있다. 물론 우리가 그가 약을 복용했다고 추정하는 것은 아니다. 그러나 골프 선수인 타이거 우즈가 2004년 선전과 관련하여 7,000만 달러를 부수적으로 벌어들였다는 사실(http://www.forbes.com/finance/lists/)은 성적이 좋지 않은 다른 스포츠 선수들을 유혹하는 요인으로 작용할 수 있다. 이러한 거대한 상금이 눈앞에 있는 한, 국제 스포츠에서 약을 규제하는 것은 대단히 어려운 일이다.

테러리즘의 이해

2001년 9월 11일 뉴욕, 마드리드, 런던에서 시작된 이슬람 지하드의 계속된 악행 이후 유럽과 북미 등지의 정치가, 미디어, 대중들 모두는 테러리즘이 제기한 위협을 필요 이상으로 걱정하게 되었다. 그러나 이슬람의 극단주의자들이 세계 곳곳의 다른 사건들에도 원인을 제공했다는 사실을 잊어버리면 안 된다.

- 1972년 9월 5일, '검은 9월'(Black September)은 뮌헨 올림픽에 참가한 이스라엘 선수 11명을 살해했다.
- 1992년 13월 29일, 아덴에서의 폭탄 테러로 인해 관광객 두 명이 살해되었다.
- 1998년 8월 7일, 동아프리카의 미국 대사관에 대한 폭탄 테러는 224명을 살해하고 5,000명(대부분이 이 지방 사람들이었다)의 사상자를 냈다.
- 2002년 4월 11일, 튀니지의 테러로 20명의 관광객이 살해되었다.
- 2002년 5월 8일, 카라치에서는 프랑스 해군장교 11명과 3명의 파키스탄인이 살해되었다.
- 2002년 6월 14일, 다시 카라치에서 미국 영사관에 대한 차 폭탄 테러로 인해 12명이 사망하고 45명이 다쳤다.
- 2005년 7월 23일, 샤름 엘 쉬크(홍해의 이집트 리조트)에서는 83명이 사망하고 200명이 넘는 사람들이 다쳤다.

이러한 악행을 계속하고 있는 체첸과 팔레스타인 집단은 러시아와 이스라엘 정부가 그들을 테러리스트 집단이라고 간주함에도 불구하고 오히려 국가 혁명의 군사집단으로 간주되는 것 같다.

즉 우리는 이슬람 테러리즘이 전 세계적인 현상임을 이해해야 한다. 16장에서 우리는 글로벌 종교에 대해 논의할 것인데, 이러한 폭력적인 지하드를 지원하는 교조가 존재하는지 아닌지, 왜 무슬림의 소수가 폭력에 관여하게 되었는지, 평화적인 공존을 위해, 더 나아가 다양한 종교를 가지고 있는 많은 사람들과 어떠한 종교도 가지고 있지 않는 사람들 사이에 협조를 위해서 어떠한 기회가 존재하는지 등에 관해 살펴볼 것이다. 반대로 이번 장에서는 테러와 테러리즘의 특성과 기원에 대해 좀 더 깊은 이해를 얻기를 기대한다. 분노에 찬 비난과 즉각적인 반격—이러한 반응도 이해 가능하지만—을 뛰어넘어 이러한 현상을 이해하는 데 다양한 방법이 존재한다.

기원과 정의

틸리(Tilly 2004 : 8-9)에 의하면 '테러'(terror)라는 단어가 서구 정치 단어에 들어온 것은 프랑스 혁명가들이 국내에 있는 자신들의 적에 대한 조치를 취한 것을 설명하기 위함이었다. 로베스피에르(Robespierre)(그림 9.3)와 같은 혁명가가 주도한 공포정치(the Reign of Terror)는 새로운 체제에 반대하는 사람들에게 공포를 주는 것을 의미했다. 약 17,000명이 합법적으로, 23,000명이 불법적으로 처형당했으며, 이 중 다수가 새로 발명된 기요틴(guillotine, 단두대)에 의해 공공장소에서 처형당했다. 또한 혁명군은 방데(Vendée)에서 일어난 반혁명 봉기를 잔인하게 억압했다. 반대자들은 산 채로 도리깨 모양의 무기로 두들겨 맞았고, 다른 잠재적인 반대자들에게 공포를 주기 위한 예로 전시되는 경우도 많았다. 혁명정부는 그들의 적을 제거하고 비밀스레 그들에게 동조하는 시민들을 위협하기 위해 국가 지원 테러책을 사용했다. 스탈린의 숙청을 생각해 보자. 노동 캠프로 유배한 뒤 국가가 유발한 기아에 시달리게 함으로써 약 1,000만 명이 넘는 소련인들을 죽음으로 몰아넣었다. 캄푸치아 폴폿의 무모한 탈도시화 정책을 생각해 보자. 소수인종 및 불교 승려들에 대한 그의 공격으로 인해 1975-1979년 사이 인구의 8분의 1 정도에 해당하는 150만 명에서 230만 명 사이의 사람들이 살해되었다.

그림 9.3 프랑스 혁명가 막시밀리앙 로베스피에르의 장식화(1758-1794)
1794년 2월 5일의 연설에서 그는 공포와 덕목을 연결시켰다 :

> 평화 시대 대중적 정부의 원천을 미덕이라고 한다면 혁명 시대 대중적 정부의 원천은 동시에 공포와 미덕이다. 공포가 없는 미덕은 파멸의 원인이 되며, 미덕 없는 공포 역시 힘을 잃어버리게 된다. 공포는 정의, 고무, 엄정함, 단호함이다. 이는 곧 미덕이 발산한 것이다. 이는 다른 어떤 특별한 원칙이라기보다 오히려 우리나라의 가장 긴급한 요구로 적용되는 민주주의의 일반적 원칙의 결과이다.

로베스피에르는 이 탁월한 연설을 한 몇 개월 후 그가 해방시키는 데 큰 도움을 준 공포의 희생자로 전락하여 기요틴에서 처형된다.
출처 : http://www.fordham.edu/halsall/mod/robespierre-terror.html

이러한 국가가 유발한 공포를 단순히 혁명적 열기로 인해 통제 불가능하게 된 것으로 인식하는 것이 가지는 문제점은 혁명적 보증 없이도 정부에 의해 계속되는 국가적 공포의 사례가 다수 존재한다는 것이다. 1976년 이후 아르헨티나의 군사정부를 그 예로 들 수 있는데, 20,000-30,000명의 사람들이 경찰과 군에 의해 실행된 '더러운 전쟁'(dirty war)에 의해 '사라졌다.' 칠레의 피노체트 장군은 유괴, 고문, 우익정권 반대자들의 제거를 명령했는데 지금까지도 재판을 피해오고 있다. 인종차별정책 정권 하의 남아프리카공화국, 자이레의 모부투, 우간다의 이디 아민, 파라과이의 스트로에스너, 아이티의 '파파 닥' 듀발리에, 그리고 다른 많은 우익체제는 공포를 통한 권력 유지가 특정 정부의 복잡한 정치의 산물이 아니라 몇몇 환경에 의해 형성될 수 있다는 것을 보여준다. 국가들이 그들의 적이 테러리스트이기 때문에 이러한 조치를 취할 필요가 있다고 주장하는 방식으로 그들의 공포정치를 정당화하는 것은 그다지 드문 예는 아니다.

우리는 이제 주요 정의에 관한 논쟁을 시작하려 한다. 과연 정부 테러리즘과 비정부 테러리즘에 있어서 도덕적·실제적 차이는 존재하는가? 어떠한 대리인이 관련되든지 상관없이 테러리즘은 단순히 위법성, 잔혹성, 비밀스러움, 그리고 굴욕감을 주고 상대를 제거하고 '공포를 주려는' 의도만으로 정의해도 되는 걸까? 정부들이 다른 국가의 독재자들을 살해하도록 명령하여 제거하는 것은 정당화될 수 있을까? 예를 들어 우리들은 미국 정부가 피델 카스트로를 암살하려는 명령을 몇 번이나 내린 것을 알고 있으며, 빌 클린턴 전 미국 대통령이 사담 후세인의 제거명령에 대해 숙고했다는 것을 공개하는 지혜롭지 못한 행동을 했다는 것을 알고 있다. 이 문제에 관련하여 정부가 테러리스트나 테러 용의자들의 살해명령을 내리는 것이 정당한 걸까? 스티븐 스필버그의 영화 「뮌헨」(Munich)은 골다 마이어(Golda Meier) 이스라엘 수상이 1972년 뮌헨 올림픽에서 이스라엘 선수들을 살해하는 데 가담한 팔레스타인 암살자들의 암살을 명령한 사실에 대해 대중적 관심을 불러일으켰다. (후에 누설된 바에 의하면 이스라엘 정보국의 암살대상의 모든 희생자가 이에 관련된 것은 아니었다.) 테러리즘의 사용을 허가한 국가 공무원들의 동기는 매우 다양하다─대중을 보호한다거나 그들의 무고한 시민들의 죽음에 대한 복수, 국가를 보호하거나 단순히 그러한 방법이 목표일 수도 있다. 즉 국가 테러리즘의 행위와 그 의도는 구별되어야 하는 것이다.

비정부 테러리즘의 특성과 설명

국가 직속의 테러리즘과 국가 하부수준에서 조직된 테러리스트 집단에 의한 테러리즘을 비교 대조해 보지 않고서는 테러 혹은 테러리즘을 충분히 이해하는 것은 불가능하다. 물론 이 두 가지 형태의 테러리즘 사이에서는 관계가 존재하는 것을 잊어버리면 안 된다. 9·11 사건에 관련하여 미 국무부는 '7개의 테러 지원 국가'의 리스트를 만들었는데, 이러한 국가들은 쿠바, 이란, 이라크, 리비아, 북한, 시리아, 수단이었다. 그러나 미국 자체(일반적으로는 중앙정보국을 통해서)도 테러리스트 집단 지원에 관련하고 있다. 예를 들어, 비록 이러한 것들은 격렬하게 부인되고는 하지만, 1990년대 후반 미국이 당시 반공산주의 세력으로 유용해 보였던 탈레반 세력을 지원했다는 증거들이 존재한다. 미국의 친밀한 동맹국인 파키스탄과 사우디아라비아가 탈레반을 상당부분 지원했다는 사례도 명확하다.

국가 직속의 테러리즘, 국가 지원의 테러리즘, 비국가행위자의 테러리즘이 이렇듯 교차하고 있음에도 불구하고 최근의 테러리즘에 대한 논의는 대부분 전적으로 국가 하부(subnational)수준에 집중되어 있다. 예를 들어 미 국무부는 테러리즘을 "국가 하부집단이나 비밀단체들에 의해 대중에 영향을 끼치려는, 비무장 목표를 대상으로 이루어지는 정치적 목적을 지닌 폭력행위"라고 정의내리고 있다(Tilly 2004 : 7). 이는 베르게센과 리자르도(Bergesen and Lizardo 2004 : 38)가 내린 국가 하부/초국가적 테러리즘의 정의와 별 차이가 없다. 그들은 "많은 대중을 목표로 한 공포나 위협을 통해 정치·종교·사회적 목적을 달성하려는 비국가적 집단에 의한 계획된 폭력의 사용"이라고 정의내렸다. 그렇다면 우리는 어떻게 국가 하부 테러리즘의 형태를 특징짓고 설명할 수 있을까? 사람들은 보통 테러가 최근 몇 년간 증가했다는 견해를 가지고 있을 것이다. 그러나 미 국무부에 의한 정의와 국무부 조사 데이터를 바탕으로 살펴보면 놀랍게도 2003년 이전까지 비정부기관에 의한 국제 테러리스트의 공격은 줄어들고 있다.

조사기간 동안 테러 공격사건이 약 500건에서 300건으로 줄어들었다(가장 높을 때가 660건, 낮을 때가 190건)고 하더라도 한 사건이 희생자들과 그들의 친구들, 가족들, 동료 시민들에게 끼치는 영향은 너무나 크고 절망적이다. 그럼에도 불구하고 이러한 비정부 테러리즘 감소의 증거자료가 왜 뉴욕, 마드리드, 런던의 테러가 정부 당국의 이데올로기 및 실제적 측면에서 커다란 구멍을 남겼는지 설명해 줄 수 있다. 이 사건은 처음부터 말 그대로 불시에 일어났던 것이다.

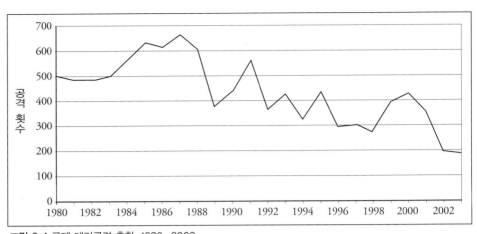

그림 9.4 국제 테러공격 총합, 1980-2003
출처 : 미 국무부 (2003) Tilly (2004 : 7)에서 사용한 2001년 데이터를 확대

　　　베르게센과 리자르도 (2004)는 이때까지 설명하지 못했던 것을 설명했다. 현대의 테러리스트 현상은 특정한 중요한 점 안에서 변경되었는데, 기존의 설명이 주요한 구조적 측면을 잡아내는 데 실패했다는 것이다. 테러리즘의 특성 변화에 대해 이들은 (Bergesen and Lizardo 2004 : 42-3) 6가지 특성을 들고 있다.

1. 테러리스트 조직은 네트워크 형식으로 변화하고 있다. 단일한 명령구조를 지닌 계급구조적 조직 대신 많은 중핵을 가진 훨씬 더 유동적인 조직으로 변했다.
2. 조직의 실체를 파악하는 것이 더욱 더 어려워졌다. 예를 들어 한 개 이상의 집 단들이 자신들에게 공격의 책임이 있다고 주장하거나 혹은 어떠한 주장도 책 임을 주장하지 않는 경우가 꽤 자주 생기게 되었다.
3. 테러리스트의 요구는 좀 더 흐릿하고, 애매하며, 혹은 아예 없어졌다. 예를 들 어 9·11 때에도 테러집단으로부터는 어떠한 요구도 없었다.
4. 종교적 이데올로기를 가지고 일어나는 움직임이 늘어났다. 여기에는 이슬람 의 지하드도 포함되지만 도쿄 지하에 독가스를 유출한 집단인 오움진리교 같 은 집단도 포함된다 (Juergensmeyer 2003 참조). 초기 테러리즘의 파도는 일본의 적군 혹은 독일의 적군과 같이 계급 요구에 집중되어 있었다.
5. 테러의 목표는 전 지구적으로 퍼져 있다. 유럽이나 중동에 집중되었던 옛날과 는 달리 최근에는 인도네시아(발리), 아르헨티나, 케냐, 탄자니아, 미국 등—여 기서는 5개 국가만 언급하기로 한다—초국가적인 공격이 일어나고 있다.

6. 테러리스트의 공격은 더욱 더 무차별적이 되어 무고한 시민들, '비전투원', 단순한 통행인조차 희생자가 된다.

베르게센과 리자르도(2004 : 43)가 주장하는 것처럼 이러한 현대 테러리즘의 특징을 보면, 우리의 사회적·문화적·정치적·경제적 삶의 다른 것들이 그러하듯이 테러리즘 역시 그 자체가 글로벌화되어 이를 통제하거나 이해하기가 더욱 더 어려워지고 있다. 그들의 이어지는 설명에 따르면(Bergesen and Lizardo 2004 : 39-42, 46-51), 테러리즘은 개인적·심리적 접근(오사마 빈 라덴과 다른 테러리스트들은 무슨 생각을 하고 있는 걸까?)에서부터 집단수준(이러한 집단들은 어떻게 자신들의 목표를 설정하고 이를 달성하기 위해 조직되는 걸까?), 국가적 접근(왜 특정 국가들은 비정부적 테러리즘을 지원하고 다른 국가들은 왜 타깃이 되는 걸까?), 역사적 접근(현대의 테러리즘의 패턴을 초기의 원인론 연구와 어떻게 비교해 볼까?)까지 매우 다양하다.

비교역사학적 접근에서 베르게센과 리자르도(2004)는 매우 대담한 제안을 한다. 테러리즘과 글로벌리제이션의 연속적 국면은 인과관계로 연결되어 있다. 테러리즘이 패권제국—지금은 미국이지만 그 전에는 오토만제국, 오스트리아, 헝가리, 대영제국이었다—에 의해 해방된 변화에 대한 방어적 반작용이라고 할 수 있을까? 역사적 전례들 또한 테러리즘은 제국/패권이 쇠퇴함에 따라 발생하고 증가했다는 것을 보여준다. 그것은 제국이 더 이상 자신들의 의지를 경제적 권력을 통해 강제하여 통제할 수 없게 되었기 때문이었다. 그 지위를 유지하기 위해 그 대신 군사력을 사용하거나 군사력으로 위협하게 되었던 것이다. 이것이 테러리스트들을 자극하게 되었고, 이들은 제국이 군사적인 측면에서 세력을 확장하려는 시도가 보일 때 더욱 더 조장되었다. 이 연구자들은 또 하나 매우 흥미로운 설명을 하는데, 테러리스트들은 전제정의 반주변부 국가를 중심으로 한 기관에서 나타난다는 것이다(반주변부의 정의에 대해서는 글로벌 사상가 1을 참조할 것).

정리

왜 인간은 범죄를 저지르는 것일까? 지금까지 보아왔던 것처럼 여기에는 광범위한 원인이 존재할 것이다. 그렇지 않으면 우리는 전 세계에 걸친 다양한 범죄율을 설명할 수 없을 것이다. 그러나 몇 개의 글로벌 패턴은 존재한다. 범죄는 경제의 번영과 함께 증가한다. 범죄는 농촌주민들이 토지를 빼앗겨 할 일도 없고 자신들의 임기응변에만 기대면서 살 수밖에 없는 빈민굴에 들어가게 되면서 증가한다. 살인과 같은 극단적인 범죄는 급속한 정치변화와 근본적 사회변동을 겪은 사회들에서 발생한다.

　　범죄는 또한 사회 불평등이나 차별받는 사람들이 느끼는 불평등 개념, 그리고 자신들이 상대적으로 박탈당했다고 생각하는 사람들과도 관련된다. 그다지 생산적이지는 않았지만 뜨거운 논쟁을 몰고 온 것이 신자유주의 경제정책의 전환이 범죄행위를 증가시켰는가에 관한 문제이다. 마약거래는(무기거래나 정책거래와 같이) 단순한 수요공급 '법칙'의 일환에 지나지 않는다고 주장하는 극단적인 자유시장 이데올로기의 신봉자들이 존재한다. 그들에 의하면 충족되지 않은 수요나 특정 상품에 있어서 공급과잉의 경우, 딜러는 단지 단순한 중개자로서 도덕적으로 중립적인 입장에서 서비스를 제공하도록 행동하는 것이다. 마약거래업자나 마약왕이 인터뷰를 받으면 자신들을 선의를 가진 행위자로 특징짓는 경우가 많다. 이러한 입장에서 시장은 '중립'적인 것이다. 이것은 '눈에 보이지 않는' 것으로 사회적 행위자의 통제영역 밖에 존재한다. 만약 범죄가 공표되어야 한다면 시장은 공공선을 위해서 관리되지 않으면 안 되지만, 과연 많은 국가들이 관리능력을 가지고 있는지 혹은 이 문제를 공표할 의사를 가지고 있는지 더 이상 확신할 수 없게 되었다.

　　여기서 논의한 3가지 문제들—범죄, 마약, 테러리즘—은 모두 1945년 이후 국제적·지역적·양자적 합의와 함께 한층 더 근본적인 타개책이 필요하다는 것을 보여주고 있다. 국경을 넘나드는 범죄의 통제는 양자 협정만으로는 해결될 수 없으며, 마약 재배로 생활을 유지하는 사람들에게 대규모 자원의 이전과 대안적 개발의 길이 열리지 않는 한 마약공급의 감소는 일어나지 않을 것이다. 마지막으로 테러 혹은 테러리즘으로 정의되는 활동의 범위는 일방적인 간섭—비록 세계의 슈퍼파워에 의한 간섭이라 할지라도—보다는 훨씬 큰 이해력과 세밀한 반응을 필요로 한다. 게다가 이미 우리는 테러리즘이나 국가 지원 테러리즘에 대한 비효율적인 무력간섭이 패권의 상대적 쇠퇴를 의미할 수도 있다는 점과 오히려 테러리즘의 활동을 촉진시킬 수 있다는 점을 설명했다. 범죄, 마약, 테러리즘의 통제에 대한 실패는 좀 더 효과적인 양자 조약, 더 강한 초국가적 행위자, 그리고 궁극적으로는 세계 정부와 같은 것들이 필요하다는 것을 지적한다.

더 읽어볼 책

- 피어스와 우디위스(F. Pearce and M. Woodiwiss)가 글로벌 범죄에 대해서 편집한 『글로벌 범죄 커넥션』(*Global Crime Connections*, 1993)은 기업 범죄, EU 내의 사기, 마약거래를 통제하기 위한 미국의 정책 등에 관한 유용한 내용을 포함한다.

- 『설원』(*Snowfields*)에서 클레어 하그리브스(Clare Hargreaves 1992)는 볼리비아의 마약 거래를 다루고 있으며, 루이터(P. Reuter)는 『비조직적 범죄』(*Disorganised Crime*, 1983)에서 마피아가 개발한 시장에 대해 다루고 있다. 루이터는 또한 마약통상 금지에 대한 다수의 연구를 출판했다.

- 웨딩턴(I. Waddington)의 『스포츠, 보건, 약물』(*Sport, Health and Drugs*, 2000)은 글로벌 스포츠계의 마약 사용에 대해 좋은 분석을 제공한다.

- 유르겐스마이어(M. Juergensmeyer)의 『종교와 테러』(*Terror in the Mind of God*, 2003)는 매우 훌륭한 설명을 제공하는데, 특히 16장이 유용할 것이다. 그러나 제목에서 알 수 있듯이 좀 더 일반적인 테러리즘을 다루기보다는 종교문제에 의해서 도출된 테러리즘에 집중하고 있다.

그룹 과제

- Box 9.2의 계약금 사기에 대해서 공부해 보자. 이 사건은 a) 나이지리아 정부 및 선진국 정부의 통제능력, b) 이 사기에 빠진 사람들의 기대와 편견에 대해서 무엇을 말해주는가?

- 당신과 당신의 많은 친구들은 불법적인 약품을 사용한 경우가 있을 수 있다. 당신 자신의 이야기는 하지 말고(당신 자신을 형사사건에 기소하게 할 수도 있으므로) '어떤 친구'가 어떻게 처음으로 불법적 약품을 구하게 되었는지 이야기해 보자. 이 친구는 약이 어디에서 왔는지 알고 있었는가?

- 큰 종이 한 장을 준비하자(오래된 벽지의 뒷장도 좋다). 클래스의 반은 폭력적인 재산 범죄로부터 '안전'한 인구 5,000명의 계획공동체의 주거를 스케치해 본다. 입구와 출구, 보안 및 경보 시스템, 그리고 공유되는 공공장소를 표시해 보자. 나머지 학생들은 방어 시스템을 어떻게 하면 뚫을 수 있는지 고민해 볼 것. 후에 이러한 안전공동체에 살고 싶은지 토론해 보자.

- 3그룹으로 나누어 보자. 이번 장에 사용된 자료들을 바탕으로 책이나 인터넷 자료를 검색한 뒤 각각 국가가 직접 관여한 테러리즘, 국가가 지원한 테러리즘, 비정부 테러리즘의 예를 5개씩 들어보자. 그 차이와 비슷한 점을 논의해 보자.

생각해 볼 문제

1. 범죄의 사회학적 연구에 있어서 공식통계는 얼마나 유용한가?

2. 만약 수요가 매우 높은데 공급이 매우 제한되어 있으면 코카인과 헤로인의 거래는 정지될까?

3. 현대 사회에 있어서 사회통제의 양상이 어떻게 변화했는지 설명해 보자.

4. 현대 테러리즘의 새로운 특징은 무엇인가?

유용한 웹사이트

■ http://www.ojp.usdoj.gov/nij.international/global_crime.html '글로벌 테러리즘'과 같은 단어를 구글에서 검색하는 것은 안전한 컴퓨터 환경에 좋지 않을 수 있다. 이상한 팝업이나 경고음이 뜰 수도 있고, 왜 이러한 사이트를 검색했는지 정보국에서 관심을 가질 수도 있다. UN과 함께 일하는 The National Institute of Justice International Center는 적법한 연구기관이다. 인신매매, 자금세탁, 테러리즘에 대한 좋은 링크를 제공한다.

■ http://www.unodc.org/unodc/index/html UN 마약통제 프로그램의 공식 사이트. 여기에는 매우 심각하지만 유용한 통계자료들을 다국적 언어—스페인어, 프랑스어, 러시아어—로 제공한다.

인구와 이주
Population and Migration

SOCIOLOGY

지구상의 인구는 극적으로 증가해 왔다. 이에 대한 평가는 다양하지만 기원전 약 8,000년경 450만 명의 인구는 서기 1년에는 1억 7,000만 명, 2,000년 뒤의 20세기 말에는 60억으로 늘어났다. 게다가 빈곤국에 있어서 높은 유아 사망률, 질병, 가난, 기아, HIV 바이러스의 확산에도 불구하고 그 수는 급격하게 늘어나고 있는 듯 보인다. 이번 장에서는 이러한 인구증가를 어떻게 평가해야 하는지, 인구과잉에 대한 우려가 과장되어 있지는 않은지 설명할 것이다. 또한 인구증가를 줄이기 위해 어떠한 조건과 정책이 필요한지 검토할 예정이다.

출생률의 급격한 상승은 일반적으로 농업사회와 농촌에서 나타난다. 높은 도시 인구의 증가는 가족의 확대와 함께 도시로의 이주에 의한 것이다. 높은 국내 이주율에 이어 국제 이주도 증가했다. 국제 이주자는 국내 이주자에 비교하면 수는 적지만 그들의 존재는 그들을 받아들이는 국가에 있어서 강렬한 외국인혐오증을 불러일으키곤 한다. 국제 이주는 어떠한 새로운 형태를 취해왔는가? 또한 이러한 '위협'에 대한 반응은 어떠했는가? 국제적 이익을 위해 이주를 '관리'하는 것이 가능한가?

인구과잉에 대한 불안

수많은 글로벌 문제 중에서도 인구과잉에 대한 불안은 일반 시민들에게 있어서 가장 큰 불안 중 하나일 것이다. 세계 인구의 급증은 적어도 영국 정교회의 목사인 토마스 맬서스(Thomas Malthus)(그림 10.1)의 『인구론』(*Essay on the Principle of Population*)이 1798년 익명으로 출판된 이후로 계속 토론의 의제가 되어왔다. 당시 세계 인구는 현재의 9분의 1에 지나지 않았다. 이 책은 19세기에 적어도 프랑스 혁명가들의 저작 정도로 큰 영향력을 가지고 있었다. 영국 허버트 스펜서(Herbaer Spencer, 주요한 초기 영국의 사회학자)의 사상으로부터 큰 영향을 받아 찰스 다윈(Chalres Darwin)(그림 10.2)과 사회 다위니즘 학파에 큰 영향을 끼쳤다. 20세기에는 맬서스주의의 생각은 선택적인 교배에 의해 상류계급층을 늘리려고 했던 우생학자들의 연구를 중심으로 분파되어 최종적으로는 지구상의 취약한 생태계 균형의 관점에서 인구과잉론을 논의하는 최근의 상황에까지 이르렀다.

맬서스주의는 수많은 추종자들뿐만 아니라 비판자들을 낳았다. 칼 마르크스(Karl Marx)는 이 주장을 격렬하게 공격하면서 인구억제론을 신봉하는 맬서스 자신은 많은 아이들을 낳았다며 조롱했다. 니콜스(Nicholls 1995 : 324)는 마르크스가 단순히 맬서스의 장을 요약한 척하면서 의도적으로 맬서스의 주장을 왜곡했다고 주장한다. 마르크스는 다음과 같이 논하고 있다 : "(맬서스의 주장에 의하면) 보통 인구는 생활물자의 한계를 뛰어넘고 있기 때문에 자선사업은 어리석은 것이고 오히려 빈곤을 공공연히 장려하는 것이다. 이 주장에 따르면 빈민층이 그 운명을 그대로 받아들이고 좀 더 쉽게 죽을 수 있도록 내버려 두는 것 외에 국가가 할 수 있는 일은 없다." 니콜스(1995)가 해석하는 맬서스주의는 훨씬 더 동정적이다. 그러나 맬서스식의 생각이 프랑스 혁명에 대한 반동이었다거나 특정 혁명사상을 앞다투어 받아들인 가족 및 재산에 대한 위협의 반응이었다는 것에 대해서는 반론하지 않는다.

맬서스는 기존 사회질서의 붕괴가 자연히 식량생산보다 빠른 인구증가 현상을 가속화시킬 것으로 생각했다. 그의 통계적인 계산은 간단했는데, 그는 식량생산은 1 → 2 → 3 → 4로 산술적인 증가를 보이는 반면 인구는 1 → 2 → 4 → 8로 기하급수적 증가를 보일 것이라고 생각했다. 성교에 대한 욕망과 인구증식의 단계가 일정할 것이라고 생각한 것이다. 현재를 사는 우리들은 지금에야 문화적 규범이나 출산제한 조치, 질병, 풍요의 증대 등의 특정적 변수로 인해 태어나는 아이들의 수가 변동할 수도 있다고 생각하지만 맬서스는 18세기 말에 이러한 논리적 가정을 세운 것이다. 맬서스는 이러한 일정성 가정에 근거하여 인구증가를 막을 유일한 방법은 기아라는 고통스러운 제한조치밖에 없다고 생각했다.

그림 10.1 토마스 로버트 맬서스(Thomas Robert Malthus 1766-1834) 어두운 운명의 예지자?
기아는 세계 자원에 비해 너무나 거대해진 인구를 막을 것인가? J. Linnel의 그림.

그림 10.2 중년의 찰스 다윈(Charles Robert Darwin 1809-1882)
사회적 다윈주의자들은 자연도태에 관한 그의 연구를 이용, 우성학 사상을 정당화했다.

니콜스는 몇 가지 중요한 시점에서 이 문제에 대한 맬서스의 공헌은 마르크스나 다른 비판자들의 주장보다는 훨씬 복잡했다고 본다.

- ■ 『인구론』의 두 번째 판 이후 맬서스는 기아 외에도 금욕(절제)이나 만혼 등이 인구억제의 수단이 될 수 있다고 인정했다.
- ■ 그는 인구증가에 반대하는 것이 아니었다. 그는 인구로 인해 세계가 활성화되어야 할 종교적 의무가 있다고 생각했다. 심지어 그는 '현재 지구상의 인구부족' 현상을 한탄했다.
- ■ 그는 이주가 인구와 자원의 조화에 도움이 될지도 모른다고 생각했다.
- ■ 그는 마르크스의 주장처럼 모든 형태의 국가 간섭에 반대하지 않았으며 노동자계급에 적대적이지도 않았다. 실제 그는 면직물산업에 있어서 아동 노동을 제한하는 법률을 제정하기 위한 운동을 추진했던 초기 사회주의자인 로버트 오언(Robert Owen)을 지원했었다.

니콜스의 지적에도 불구하고 '맬서스주의'라는 단어가 이제 더 이상 통용되지 않으며, 인구와 자원의 불균형 문제의 중대성을 강조하기 위해서만 쓰이고 있다는 것에는 반론의 여지가 없다. 맬서스주의자가 주장하는 것처럼 이러한 불균형은 기아나 다른 형태의 심각한 사회붕괴에 의해서만 해결될 수 있다. 맬서스의 주장은 옳은 것이었을까? 다음에 제시하는 3가지 측면에서 그의 주장은 옳지 않다.

1. 정밀하지 않았던 그의 통계적 계산에 의하면 유럽 인구는 25년에 2배로 증가하게 된다. 그러나 실제로는 역사 인구통계학자의 지적에 의하면 1800년 이후 2배의 인구증가에는 약 50년이 걸렸다.
2. 출산율의 억제에는 기아보다는 전쟁이나 질병이 효과적이라는 것이 증명되었다. 예를 들어 제1차 세계대전 사이 많은 젊은이들이 목숨을 잃었기 때문에 영국과 프랑스에서는 심각한 인구감소가 발생, 프랑스에서는 출산율 장려정책이 실시되었다. 또한 1918-1919년 사이 인플루엔자의 유행으로 2,000만에서 4,000만의 인구가 줄어들었다.
3. 유럽에서는 인구가 증가하는 속도보다도 농업발전 속도가 빨랐다. 이는 인도를 제외한 아시아 대부분의 지역에도 해당된다.

이상의 중대한 결점에도 불구하고 맬서스식 생각은 가장 일어날 것 같지 않은 상황 하에서 부활의 길을 걷고 있다. 몇 가지 예를 들어보자.

1. 맬서스주의의 조잡한 수정 버전이 특정 사람들을 공격하는 무기가 되고 있다. 다양한 시대에 걸쳐 노동계급의 사람들이 '토끼처럼 번식한다'고 공격당해 왔으며, 아프리카와 중국을 포함한 다양한 민족들이 부적절하게 많은 아이들을 낳는다고 인식되어 왔다. 이러한 형태의 차별적 맬서스주의는 소수 상류층 사람들의 출산을 장려하는 우성학 운동에 의해 주장되어 왔다. 같은 종류의 논리에 근거하면서 좀 더 극단적인 형태로 나치가 아리아 민족의 출산을 정당화한 것이나 극비 흑인 단종정책이나 백인의 출산율 향상정책 등의 인종차별적 체제를 위한 정책 등이 있다.

2. 1997년 한 신문의 특종으로 나치 독일 외에도 덴마크, 노르웨이, 에스토니아, 핀란드, 스웨덴 정부, 그리고 스위스의 1개 주정부가 강제 단종정책을 용인한 적이 있다는 것이 밝혀졌다. 1934년과 1976년 사이에 40,000여 명이 넘는 노르웨이인과 6,000명이 넘는 덴마크인이, 또한 60,000명이 넘는 스웨덴 인— 이들의 대부분이 여성이었다—이 강제로 불임시술을 받았다. 1953년에도 사회적으로 진보적인 단체로 유명한 스웨덴의 국립보건회의가 '닐스'라는 이름의 16세 소년을 그의 의지에 반하여 불임시술을 받도록 결정했다. 소년이 '성적으로 조숙한 잡종'이라는 이유에서였다. 국립인종생물학연구소 보고에 의하면 이 '잡종'이라는 의미는 이 소년이 인종적으로 순수혈통이 아니었다는 것을 의미한다(*Guardian*, 1997년 9월 3일).

3. 인구문제는 또한 생태문제와도 관련된다. 이는 '우주선 지구호', 즉 우주공간을 떠다니는 부서지기 쉬운 공으로 대표되는 글로벌적 사상의 하나로서 중요한 측면을 가진다. 지구는 하나의 통합된 생태 시스템으로, 각각의 생명체는 서로를 구성하는 관계에서 교환·변화하고 상호작용하며 살아가고 있다. 그러나 이러한 폐쇄적·유한적인 시스템은 생물권이라는 얇은 지표와 물, 공기 안에서만 존재한다. 여기에는 한정된 수의 연약한 생물들이 존재한다. 만약 이들의 주장처럼 인구과잉이 이러한 시스템을 방해한다면 우리는 자기 파괴의 상황으로 추락하게 될 것이다. 이러한 종류의 생각에 의하면 많은 종교적·윤리적 사고의 핵심인 신성한 인간의 삶도 더 숭고한 지구의 선에 종속되어야 한다.

인구증가의 이해

지금까지 살펴본 것처럼 맬서스식 주장은 과학(아마도 '왜곡된 과학')과 추측, 편견의 복잡한 혼합물을 기반으로 하고 있다. 인구문제를 연구하는 체계적인 수단 없이 억측과 무지를 기반으로 한 생각에 반대하는 것은 어려운 일이다. 이 문제를 논의하기 위해서는 사회학자들도 인구학의 기본적인 방법을 알아야 한다. (인구학자들은 인구 규모, 구성, 분포, 변화 등을 연구한다.) 여기서는 예측을 위해 몇 가지 요소만을 검토해 보도록 한다.

- **보통 출생률**(crude birth rate) : 보통 출생률은 해당년도 인구 1,000명당의 출생아 수를 나타낸다. 2005년 미국 지수는 14.1명으로, 1947년부터 12.4명으로 줄어들었다. 1980년대 중반 케냐는 53.8명이었다. 미국 지수는 다른 어떤 선진국, 예를 들어 2005년 독일의 8.3명인 것과 비교해 볼 때 훨씬 더 현저한 것이었다.

- **출산율**(fertility rate) : 출산율은 여성이 평생 낳은 아이의 수로 좀 더 직관적 성격이 강한 방법이다. 선진국이 그 인구를 유지하기 위해서는 (그들의 부모보다 먼저 죽는 아이들의 존재 때문에) 2.0명이 약간 넘는 정도의 출산율을 필요로 한다. 출산율은 1947년 3.8명에서 1980년대 중반에는 1.8명으로 떨어졌는데 서유럽에서는 더 큰 하락을 보였다. 1990년대 프랑스와 이탈리아는 1.2명이라는 매우 낮은 출산율을 기록했고, 흥미롭게도 싱가포르도 1990년대 중반 똑같이 1.2명을 기록했다.

- **보통 사망률**(crude death rate) : 보통 사망률도 위의 수치와 같이 인구증가에 관한 고찰에 중요한 방향을 제시한다. 2005년 미국의 보통 사망률은 인구 1,000명당 8.2명이였다. 이에 비해 1980년대 후반 기아와 내전상황을 겪었던 서아프리카의 채드에서는 1,000명당 44.1명의 비율을 기록했다.

- **유아 사망률**(infant mortality rate : IMR) : 사망률과 밀접히 관련되는 것이 유아 사망률이다. 유아 사망률은 1살 이하의 유아 1,000명당 사망자 수이다. 핀란드, 일본, 스웨덴은 6.0명 정도로 IMR이 낮고, 미국의 경우는 10-11명에 비해 에티오피아가 기근에 시달리고 있었을 때가 229명이다. IMR과 그 뒤의 아동 사망률은 출산행동을 결정짓는 데 매우 중요하다. 만약 아이가 죽을 가능성이 높으면 우발적 사태에 대비해 더욱 더 많은 아이를 가지려는 것은 당연한 결과이다.

사회학도들이 정량적 지식 없이 통계적 방법에 너무 의존하는 것은 위험한 경우가 있지만 통계적 연구방법이 아닌 그 결과를 이해하는 것은 중요하다. 인구학은 강력한 사회학적 데이터를 제공해 주기 때문이다. 이러한 데이터는 내전, 동맹파업, 형무소 폭동, 인두세에 대한 반대운동 등 극적인 사건을 기록하는 면에 있어서는 그다지 효과적이지 않다. 그러나 건강, 소득, 사회적 행위, 안전, 대기오염 수준, 그 외 다양한 요소의 장기적 변동에 관한 측정 및 연구에 있어서는 복잡하고, 다소 위험하며, 때때로는 모순된 결과까지 추론할 수 있다.

다시 인구의 문제로 돌아가서 인구성장 연구의 결과가 몇 가지 불안을 제공하고 있다는 것을 부인할 수 없다. UN 인구부문에서 2002년 제공한 최근 데이터—와 영국 정부의 국방부 데이터(2005)에도 포함되어 있다—에 의하면, 세계 총인구 증가 예상 중 가장 낮은 비율을 선택한다고 해도 2030년에는 적어도 76억 명까지 늘어난다. 뚜렷이 대비가 되는 가장 높은 예상비율은 2030년까지 약 93억 명이다. 만약 인구증가가 가장 높은 비율로 늘어나게 된다면 식량공급, 도시관리, 범죄, 안전, 위생, 빈곤층을 위한 사회적 지원 등에 심각한 결과를 가져오게 될 것이다.

이러한 예상이 필연적이 아니라는 것은 확실히 할 필요가 있다. 그러나 이는 앞으로 무슨 일이 벌어질지 신뢰할 수 있는 경고가 된다. 때때로 사람들은 사전의 그럴싸한 경고에 대한 반작용으로 자신들의 행동을 바꾸므로 현재 추세의 예상은 틀리는 경우가 많다. 예를 들어 신맬서스주의자의 주장에 대한 가장 중요한 반론은 세계 인구의 연간 증가율이 1963년 2.2%에서 1992년 1.5%로 감소했다는 것이다. 이러한 추세의 배경이 되는 것은 영국 국방부(2005)에서도 구할 수 있는 미국 인구통계국의 2002년 자료인데, 이 자료는 2050년에는 0.4%까지 급격하게 떨어질 것으로 예상했다.

각국의 연구 역시 인구증가가 둔화될 것이라는 견해의 근거들을 제시한다. 위에 인용한 UN 인구부문의 세계 인구증가의 낮은 변화율은 2030년의 예상을 가능하게 한다. 성공적 신흥공업국(싱가포르와 같은)에서는 부유한 서구국가들의 경우와 마찬가지로 급격하게 출산율이 줄어들고 있다. 가톨릭의 이탈리아, 라틴아메리카 도시의 사례에서 볼 수 있듯이 종교가 이러한 추세를 둔화시킬 것이라는 근거는 거의 없다.

세계의 인구 : 불안의 원인?

인구증가와 관련하여 인구학자와 사회학자들은 다음과 같은 중요한 발견을 제시했다.

1. 일관된 결과는 모든 국가에 있어서 출산율 감소에 있어 가장 영향력 있는 기준은 경제적인 번영이라는 것이다. 위생설비가 향상되고 IMR과 유아 사망률이 줄어들면 '보험으로서 아이들'의 필요성도 줄어든다. 적절한 보수제도 및 연금, 복지가 제공되면 부모들은 노후에 자식들의 지원에 의존할 필요성도 없어진다(이는 다른 문제점을 유발하지만). 따라서 그들은 아이들을 많이 가질 필요가 없어진다. 개개인들이나 가족들로서는 아이들이 적을수록 경제적으로 부유해진다. 복식, 레저, 여행, 휴일 등의 질은 향상되고 어린이들로부터 소비로 문화적 이동이 일어난다.

2. 보통 경제적으로 부유해지면 다수의 여성들이 노동시장에 들어가게 되는데, 이 시기는 그녀들이 가임기인 경우가 많다. 만약 여성들이 경력을 쌓고 직업을 가지게 되면 아이들을 낳기 위한 기간은 줄어든다. 교육의 기회가 늘어나는 등 여성의 지위가 향상되면서 또한 가족의 크기가 줄어들었다.

3. 산아제한 조치는 경제적인 번영수치와 비교해 보았을 때는 그다지 효과적이지 않다. 산아제한을 지지하는 사람들은 '기술적 과오'의 희생자가 되는 경우가 많다. 그들은 사람들이 정확한 정보를 가지고 있으면 기술을 이용할 것이라고 생각한다. 이러한 입장은 사람들이 다른 것을 원하는 경우 메시지를 무시할 수 있다는 사실을 설명하지 못한다. 또한 인간의 창의성에 대해서도 설명하지 못한다. 사람들의 생각 안에서 출산과 성적 만족감은 분리되어 있는 것으로, 후자는 알약이나 콘돔, 코일, 나머지 기술적 패키지 없이도 가질 수 있다.

4. 선진국에 있어서 주요한 인구문제는 저출산으로, 이민율이 높지 않는 경우에는 사회구성의 피라미드에 큰 영향을 끼친다. 이는 120년 정도의 과정을 거쳐 보통의 피라미드 형태에서 크리스마스 트리 형태, 오크나무 형태를 거쳐 역피라미드형으로 이동하게 된다. 처음에는 젊은이들의 수가 많지만 점차로 소수 노동인구가 고령자(의료에 대한 필요는 점점 커지고 불충분한 연금을 받는 경우가 많은)를 지원하게 된다.

5. 다수의 미국 연구에 의하면, 빈국에서 부국으로 이동하는 사람들은 급속하게—한 세대 안 혹은 두 세대 안에서는 반드시—이주국의 출생률 패턴에 맞추게 된다.

우리는 무제한적 인구증가가 지구의 섬세한 생태계를 망가뜨릴 수 있다는 것을 지적했다. 그러나 우리는 이 명제가 두 가지 측면을 가지고 있다는 것을 주의하지 않으면 안 된다. 첫째는, 항상 이 세계의 종말을 예언하는 사람들은 출현했다는 점이다. 생태계가 부서지기 쉽다는 과학적 증거와 이에 대해 강한 공포를 느끼는 사람들의 종말론적 생각은 구별되어야 한다. 둘째로, 과학과 정치가 겹쳐지는 많은 다른 분야와 마찬가지로 소수의 광신도적인 생태학자가 증가하고 있다는 탐탁지 않은 신호가 나타나고 있다는 점이다. 1997년 미국 워싱턴 주에서 목재 채벌꾼들이 나무를 자르는 것을 멈추게 하려고 그들을 활로 쏴 살해하는 상황이 발생했다. [이러한 종류의 행위는 때때로 '생태학적 파시즘'(ecology fascism)이라고 불린다.]

인구통제 조치에서도 명확한 윤리적 제약은 존재한다. 대부분의 사람들은 내전, 인종청소, 강제단종, 가스실 등은 도덕적으로 받아들일 수 없다는 점에 동의한다. 또한 널리 이용되어 왔던 다른 두세 개의 방법 역시 도덕적인 면에서 회의를 느낀다. 1970, 1980년대 다수 국가(여기에는 스웨덴, 남아프리카공화국, 영국이 포함된다)에서 의사들은 첫 번째 방법을 사용했다. 그들은 어머니들이 아이를 낳으려고 하는 저항력이 없는 시기에 의학적으로 단종이 필요하거나 바람직하다고 이들을 설득했다. 또한 지금은 아니지만 1970년대 인도 정부는 사람들에게 물품(라디오와 같은)이나 돈을 뇌물로 제공하면서 단종을 장려했다. 이러한 장치는 도덕적인 면에서 문제가 있는 것뿐만 아니라, 효과적이지도 않거니와 매우 제한된 효과만을 가지고 있었다는 증거가 상당히 존재한다. 인구증가에 대한 문제는 환경악화, 정치적 분쟁, 토지개혁, 식량의 안전보장이라는 문맥 안에서 위치지어야 한다(8장 참조). 식량생산자들과 도시 노동자는 충분한 보장(다음 식사는 어디에서 오는 것인가?), 정치적 안정성(나의 가족들에게 미래는 있는가?), 의료보장(나의 아이들은 오랫동안 살 수 있는 걸까?)이 필요하다. 이러한 요소들이 보장된다면 소득 수준이나 서비스 급부가 어느 정도 낮더라도 출산율은 저하할 가능성이 높다.

그들은 모두 어디로 가는가? 도시화와 국내 이주

인구문제가 해결 가능하다는 낙관론을 뒷받침하는 근거가 있음에도 불구하고 일부 나라들에서 나타나고 있는 경로를 벗어난 가중치가 우려를 불러일으키고 있다. 만약 농촌인구가 먹을 식량이 거의 없거나 아예 없다면 그들은 어디로 가야 하는가? 물론 인구증가의 대부분은 도상국의 급속한 발전 안에서 급속도로 발전하고 있는 도시에 의해 흡수된다. 가장 온건한 예상조차 2010년에는 세계 인구의 대부분이 도시화될 것이라고 예상한다. 이러한 발전속도는 역사상 그 예를 찾아볼 수 없을 정도이다. 도시화를 '인구 50% 이상이 도시에 사는 것'으로 정의했을 때 다음과 같은 변화가 나타났다.

- 1850년에는 어떤 국가도 도시화의 정의에 포함되지 않았다.
- 1900년에는 오직 대영제국만이 이에 포함되었다.
- 1970년에는 거의 대부분의 선진국이 이에 포함되었다.
- 같은 1970년, 50개의 도시에 100만 명이 넘는 거주자가 존재했다.
- 2000년에는 거주자가 100만 명이 넘는 도시는 254개였다.

밀집된 거주지구, 깡통과 보드지로 만들어진 빈민굴(라틴아메리카에서 favelas나 barrios로 불리는)은 많은 도시의 외관을 망가뜨린다. 최악의 경우 이러한 거주지는 비위생적이고 범죄로 가득 찬 도시의 슬럼으로 악화된다. 다행스럽게도 일부 사회학자들은 이러한 '변칙적 거주'가 긍정적인 결과로 변하게 될 것이라고 주장한다. 특히 라틴아메리카에서 거주자들은 그들의 거주환경을 향상시키기 위해 자치체 당국을 설득하여 전기, 쓰레기 수집, 교육 및 위생시설 등의 서비스를 제공받는 데 성공했다. 이러한 새로운 도시 거주자 중에는 인구행동이나 그 외의 사회행동이라는 측면에서 자신들의 출신지나 고향과의 교류를 계속 이어나가는 사람들도 있다. 따라서 우리는 공업화 없는 도시화와 충분한 고용 없는 도시화라는 이중현상을 목격하게 된다.

역사적으로 볼 때 도시지역으로의 국내 이주는 인구증가뿐만 아니라 토지의 봉쇄나 산업노동의 필요에 의해 추진되었다. 이러한 요소들은 여전히 작동하고 있지만 오늘날 우리들은 에너지 수요(특히 수력전기력), 그린 혁명, 유전자변형작물, 야생구역 및 보호관리지역의 보전, 농작물의 상업화, 벌채, 수확, 포장('농업공장') 등에 대한 수요 역시 고려하지 않으면 안 된다. 이러한 모든 요소들로 인하여 거대한 농촌인구가 그들의 토지를 떠나게 된다. 세계 인구의 3분의 1이 거주하고 있는 인도와 중국이 이와 관련된 문제를 안고 있는 주요 국가이다. 그러나 나이지리아, 브라질, 인도네시아, 남아프리카공화국, 멕시코 역시 이러한 국가들에 포함된다.

이제 특히 다이나믹한 사례로 중국과 멕시코의 경우를 보도록 하자. 중국에서 농업의 상업화로 인해 매년 수백만 명의 사람들이 그들의 토지를 떠난다. 중국 전문가들에게 있어서 중국은 끝이지 않는 농업 노동력의 공급처이다. 다행히도 중국은 번성하고 있기 때문에 이러한 공급을 해결하고 있는데, 남부지역의 제조기지는 노동력의 과잉공급이 이루어지고 있다. 그러나 한 예상에 의하면(Harris 2004 : 5) 중국은 노동력이 바닥나 해외로 진출할지도 모른다.

[중국은] 현재 세계에서 세 번째로 큰 무역국이고 일본을 따라잡았다. 이는 20년이라는 시간이 걸렸는데, 특히 두 지역 — 진주강 삼각주(Pearl River Delta)와 양쯔강 삼각주(Yangtze Delta) — 을 중심으로 이루어졌다. 진주강 지역은 이미 노동력이 바닥나서 200만 명의 노동자가 부족하다. 양쯔강 삼각주 지역과 경쟁하기 위해 진주강 지역은 노동력을 찾아 동쪽으로 진출해야 하는데, 이는 처음으로 다른 지역으로 이동하는 것으로 아마도 아프리카 사하라 주변이 될 듯하다. 2005년의 섬유협정으로 인해 많은 중국 제조업자들은 국내의 높은 임금을 지불하지 않고 해외로 옮겨갈지도 모른다.

두 번째 사례는 멕시코이다. 멕시코에서는 이미 언급한 농촌 — 도시 간의 이주 외에도 국내 이주의 비율이 급증하고 있는데, 이는 (역설적으로) 리오그란데 강을 건너 멕시코에서 미국으로 국제 이주를 억압하기 위한 시도로 인한 것이다. 이 아이디어는 정밀한 것으로, 미국 혹은 다른 국제적 기업을 두 나라가 나뉘어지는 국경선 바로 남쪽에 유치하도록 장려하는 것이었다. 기업 입장에서는 노동비용을 줄일 수 있고, 그들의 상품을 미국에 면세로 수출할 수 있으며, 멕시코는 실업률을 줄이고 직장을 제공함으로써 그들의 국민들이 미국으로 (보통) 불법 이민을 하는 것을 막기 위한 것이었다.

처음에는 모든 것들이 잘 굴러갔다. 1975년까지 800개의 공장이 설립되었으며 67,000명의 근로자가 고용되었다. 20년 후인 1995년에는 고용인구가 640,000명까지 뛰어올랐다. 그러나 중부·북부지역의 시골에서 이러한 '꿀단지'의 직업을 기대하고 모여드는 멕시코 이주민으로 인해 북부 멕시코 국경의 마을들은 점점 비대해졌다. 카넬레(Caneles 1999 : 1)에 의하면 1990년까지 잠들어 있던 티후하나(Tijuana), 메히칼리(Mexicali), 노갈레스(Nogales), 시다드 후에레즈(Ciudad Juárez), 누에보라레도(Nuevo Laredo), 레이노사(Reynosa), 마타모로스(Matamoros) 등의 국경도시들이 갑자기 성장하여 '많은 심각한 도시문제들'을 만들어냈다. 여기에는 도시 경계의 환경에 있어서 부정적인 영향뿐만 아니라 다양한 식수 부족, 하수도 부족, 불충분한 거주설비, 쓰레기 처리장의 부족, 공기 및 수질오염 등이 포함되었다. 이러한 국경 공업화 프로그램이 미국

으로 흘러들어 가는 멕시코의 불법 노동자를 막을 수 있을 것이라는 생각 또한 문제가
있었다. 이 프로그램은 고용할 수 있는 노동자의 한계보다 훨씬 더 많은 이주자를 끌
어들였을 뿐만 아니라, 최근까지 공장들은 보통 처음으로 취업하는 여성 노동자만을
받아들여 남성 고용에 대한 수요에 대해서는 어떠한 해결책이 되지 않았다. 리오그란
데 강을 건너려는 유혹은 여전히 존재했고, 앞으로 우리가 설명할 것처럼 멕시코인들
은 불법, 합법 양면에서 미국으로의 이민자의 대부분을 차지해 왔다.

글로벌 이주

이주의 대부분이 국내 이주라는 것은 지금까지 잘 알려지지 않았던 사실을 바로
잡는 데 유용한 사실일 것이다. 그러나 농촌지역에서 도시지역으로 이민한 사람들 중
에서는 다른 나라를 찾아가는 사람들도 있다. 이러한 국제 이민은 글로벌리제이션 현
상 중 중요한 부분이다. 그들은 증가하는 세계 경제의 독립성 덕분에 글로벌 노동시장
안에서 그들이 살 곳, 때때로 그들에게 알맞은 살 곳을 찾은 것이다(Cohen 1987). 그들
은 또한 글로벌리제이션의 활동적 행위자로서 그들의 출신지와 정착지 사이에 굳건
한 연결 네트워크를 형성한다. 그러므로 국제 이민자의 움직임은 정치적·사회적 측면
에서 고도로 민감한 문제가 된다. 아이디어, 이미지, 돈, 음악, 전자 메시지, 스포츠, 패
션, 종교 등 사람 없이도 움직일 수 있는 것들의 결과로 인해 사회를 이분하고 있던 상
징적 경계 및 실제의 국경이 무너지고 있다는 것은 사실이다. 이는 때때로 창의적이고
효과적인 형태의 문화 간 국제교류를 이끌어낸다(글로벌 사상가 10 참조). 그러나 사람의
이동은 또한 오랜 기간 동안 그 자리에서 살아왔던 많은 거주자들을 괴롭히는 결과를
가져오는데, 이러한 이주가 그들의 국민적·문화적 아이덴티티의 감정을 저변에서부
터 위협하는 것처럼 보이기 때문이다.

국제 이주자들이 정착지에서 적개심과 의구심에 직면하게 된다면 어째서 그들
은 계속해서 오는 것일까? 많은 사람들이 단순히 자신들의 물질적 환경을 향상시키기
위해서 이주하는 것이 아니라 이주할 수밖에 없는 힘이 작용하는 경우도 있다는 것은
분명하다. 글로벌 불균형이 증가하고 정치적 폭력행위가 존재하며 생계가 완전히 무
너지게 되었을 때, 일부 이민자들로서는 선호하는 사회에서 일하고 살 권리를 얻는 것
은 생사 여부가 달린 문제이다. 결과적으로 불법 이민자들과 난민 이주자들은 상당한
결단력을 필요로 한다. 따라서 자신을 원주민이라고 생각하는 사람들과 새로 이주해
온 사람들 사이에는 민족적 긴장이 존재한다. 당연하게 대중적 미디어는 불법 이주자

와 비정규 이민자들의 수를 과장하는데, 이러한 사람들의 수는 관광객 수나 국내에 가족이나 친척이 있어서 입국이 허가된 방문자들, 비자나 취업 프로그램과 같은 허가를 받고 들어온 사람들의 수와는 비교가 되지 않을 정도이다. 그러나 예측 불가능한 불법 이주자들의 유입과 당국이 국경을 통제하지 못하고 있다는 느낌은 오래된 거주자들의 공포심에 불을 붙인다. 외국인들이 직업, 거주지, 여성을 죄다 차지한다는 흔한 농담에 더해서 이제는 그들이 범죄, 테러리즘, 이방인 문화, 전염병을 가져온다는 혐의가 씌어지고 있다(Cohen 2006 참조).

글로벌 이주는 많은 형태를 띠고 있다. 다수의 독자들은 제2차 세계대전 이후 남반구에서 북반구, 즉 전 식민지 영토에서 그들의 오래된 본국 도시로, 혹은 빈국으로부터 이웃의 부국으로 노동력을 찾아 이주했다는 것을 잘 알고 있을 것이다. 인도인, 서인도인, 파키스탄인 노동자들이 영국으로 갔고, 알제리인은 프랑스로, 터키인과 유고슬라비아인은 서독으로, 이보다 더 많은 멕시코인들이 미국으로 건너갔다. 1970년대 초 북미나 유럽 등의 선진공업국의 영주를 위한 노동 이주는 실질적으로 멈추게 되었다. 그 대신 새로운 형태의 국제 이주가 좀 더 현저화되었다. 우리가 '좀 더 현저화' 되었다는 표현을 쓴 것은 이들이 완전히 새로운 현상이라기보다는 부가적인 자극을 얻었기 때문이다. 다음 절에서 우리는 글로벌 이민형태에 있어서 다음과 같은 변화를 다룰 것이다 : 난민의 증가, 피난민, 망명 희망자, 불법 노동자들, 독립적 여성 이주자의 증가.

난민과 피난민

고대 그리스 작가인 에우리피데스(Euripedes)는 기원전 431년 "이 세계에서 조국을 잃어버리는 것만큼 슬픈 일은 없다"고 썼다. 그러나 이러한 저주로부터 사람을 보호하는 것에는 그다지 큰 진전을 이루지 못했다. 20세기는 난민의 세기라고 할 수 있다. 앞으로 살펴보겠지만 글로벌 난민의 수를 정확히 파악하는 것은 어려운 일이다. 이는 부분적으로는 '난민'이라는 용어가 국제법에서는 명확하게 정의되어 있으나 미디어나 일상적 회화에서는 매우 느슨하게 사용되기 때문이다. 상식적인 의미에서는 '피난처를 찾는 사람들'은 '난민'으로 보여진다. 이러한 느슨한 의미에서 '난민'은 자연재해나 전쟁 혹은 내전으로 인해 조국을 버릴 수밖에 없었던 사람들이나 종교적·민족적 박해의 희생자를 일컫는다. 간단히 말하자면 개개인의 책임으로 돌릴 수 없는 사건들에 중점을 두는 것이다.

'난민'이라는 용어의 상식적 이해에 관해서는 언급해야 할 부분이 많이 있다. 이는 우리들을 정당한 관점에 관심을 두게 하여 통렬한 고통 안에 있는 사람들을 차별하지 않도록 한다. 인도주의 단체와 난민지원 단체들은 보통 이 용어를 매우 넓게 정의하고 각국 정부들이 이러한 고통을 겪고 있는 사람들에게 지원을 제공하도록 설득한다. 반대로 난민에 대한 법적 정의는 1950년 UN 결의 결과로 만들어졌다. 이는 후에 1951년 제네바 협정과 1967년 벨라지오 의정서에 포함되게 되었는데, 양 협정 모두 많은 나라들이 서명했다. 간단히 말해서 인종, 종교, 국적, 정치적 의견, 특정 사회단체의 소속 여부 등을 이유로 학대받을 가능성이 있는 경우 국적국가 밖에서도 사람들이 보호받을 수 있게 했던 것이다. 이러한 정의는 그 정신 면에서는 매우 관대하고 사실상 관대적이지만 누가 난민이고 누구는 난민이 아닌지를 결정하는 것이 전적으로 난민 수용국의 손에 맡겨지게 되었다. 불행하게도 이것은 정부 당국자와 정치가에게 사실상 백지위임장을 수여한 것이 되어 그들은 난민지위의 허가 및 인지조건은 좁아지게 되었다.

1914-89년의 난민

20세기 글로벌 규모의 난민 흐름의 역사는 다음과 같은 5개 항목으로 요약할 수 있다(Zolberg et al. 1989).

- 제1차 세계대전의 불안전한 상황, 그 뒤의 독일과 러시아의 혁명운동으로 인해 950만 명의 난민이 발생했다.
- 유태인과 집시에 대한 나치의 위협으로 인해 새로운 난민의 파도가 발생했다. 사료에 의하면 히틀러의 당초 계획은 전멸이 아닌 추방이었다. 그러나 대부분의 국가가 난민을 받아들이는 것을 거부하게 됨이 명확해지자 히틀러는 마지막 해결책인 근절로 나간 것이다. (이러한 역사는 오늘날 일부 부국이 엄격한 난민정책을 계속해도 어떤 결과를 가져오게 될지 모른다는 경고를 제공한다. 우리의 태도가 억압적인 체제로 하여금 그들이 좋아하지 않는 집단에 대한 집단학살 정책을 실행하도록 하는 결과를 가지고 올 위험성은 없는 걸까?)
- 제2차 세계대전의 종결시점에 국외에서 지원을 필요로 하는 사람들은 1,100만 명이 존재했다.
- 국가 형성은 많은 수의 난민을 발생시킨다. 1947년 인도의 독립 후 파키스탄

그에게 있어서 이렇게 문제를 일으킬 가능성이 높은 글로벌과 로컬의 합류는 '크레올리제이션' (creolization)이라는 개념(주로 언어학자들이 사용하는 용어로서 혼합된 기원을 가진 언어를 묘사하는 데 쓰인다)을 통해 가장 잘 이해될 수 있다. 하네즈(Hannerz 1992 : 264)는 이 개념을 창의적인 방법으로 새롭게 배치하여 혼교어와 같은 '크레올 문화' (creole culture)라는 개념을 제시했다. "크레올 문화는 기본적으로 혼합된 기원을 가지고 있어 기본적으로 중핵/주변부 관계 안의 상호작용하는 동떨어진 역사적 흐름들이 두 개 이상 합쳐진다." 그는 솔직하게 '의미 망들의 혼합'을 인공적이라거나 정통이 아니라거나 허위라고 보는 사람들을 비난한다. 이러한 입장들로서는 초국경적 흐름이 어떻게 중심으로부터 주변부로 향하는가 뿐만 아니라 어떻게 반대의 경우로도 흐르는가를 살펴보는 것은 자연스러운 발전단계이다. 패션, 음악, 스타일이 글로벌 시장으로 들어감에 따라 주변부는 '말대답'을 할 수 있게 되었다. 『초국경적 커넥션』(*Transnational Connections*, 1996)에서 그는 어떻게 상업, 이민, 투어리즘이 특정 도시를 다양한 문화가 '전시'되는 장소로 만드는지 설명한다. 암스테르담과 스톡홀름—하네즈가 묘사한 것에 의하면—은 그들의 영토 국가와 분리되기 시작하여 글로벌 도시 혹은 세계 도시 (17장 참조)의 카테고리에 들어가고 있다. 동시에 글로벌 커뮤니케이션의 스피드는 로컬과 글로벌을 연결할 수 있게 되었다. 그는 이란과 인도에서 금지되었고 나이지리아에서는 폭동을 일으킨 책 『흉악한 시가』(*The Satanic Verses*)는 영국에서 출판된 '러쉬다이(Rushdie) 사건'을 사실적으로 묘사하고 있다(Hannerz 1996 : 11–12). 어느 쪽인가 하면 하네즈는 이 사건을 줄여서 말한 편에 속한다. 이 책은 그 외에도 8개 국가에서 금지되었다. 러쉬다이의 일본 번역자는 살해당했고, 이탈리아 번역가와 노르웨이 출판자는 칼에 찔렸으며, 터키 시바스에서는 터키어 번역에 대한 반대 항의에서 37인이 불에 타죽었다. 이런 놀라운 예는 문화전쟁이 치명적인 것이라는 것을 예증한다.

출처 : Hannerz(1969, 1980, 1992, 1996).

불법 노동자

우리들은 '정식 입국서류가 없는' (undocumented)이라는 표현을 '불법' (illegals) 행위를 하고 있는 사람들을 정의하는 데 사용하는 경우가 많다. 이는 '정치적으로 올바른' (politically correct) 것인가 아닌가와는 관계없이 기술적 관점에서 봤을 때는 적절하다고 할 수 있다. 1914년 정도에 들어서 겨우 여권이 전 세계적으로 보급된 이후에도 불법 체류는 애매한 개념이었다. 세계의 여러 곳, 특히 아프리카의 경우는 현재도 여전히 변함이 없다. 1885년 베를린 회의에서 몇 명의 신사들이 아프리카 지도상에 그은 선이 반드시 20세기 말에도 여전히 각 국가의 국경이란 법은 없다. 민족단체들은 나라와 나라 사이로 갈라졌으나 계절에 따른 이주와 유목 이주의 흐름은 끊임없이 이어졌다. 이는 아프리카만의 독특한 경우가 아니다. 스페인 북부와 프랑스 사이에도, 가장 유명한 것은 멕시코와 미국 사이에도 이와 같이 출입이 간단한 국경이 존재한다. 때때로 국가들은 국경의 감시를 포기하려고 한다. 따라서 그 결과 국가는 불법 이주자들을 용인하게 되는 것이다.

불법 노동은 현재 주로 두 가지 형태를 띠고 있는데, a) 불법 잔류, b) 불법 입국[여기에는 '인신밀수업자'(people smugglers)라고 불리는 중개업자 및 업자에 의해 조직된 것이 포함된다]으로 나뉜다. 불법 잔류현상은 출입국자의 수와 속도의 증가에 대응할 수 없게 되었다는 현실을 반영하고 있다. 세계에서 가장 큰 항공 허브인 런던 히슬로 공항의 예를 들어보면, 이 공항은 90개의 항공사가 드나들며 90개가 넘는 국가의 180개 지역에 취항하고 있다. 매년 6,000만 명의 여행객이 공항의 '회전문'을 드나든다(물론 자주 여행을 하는 사람들은 몇 번이고 이용했을 것이지만). 여행자나 학생, 가족 방문객들도 문을 지나므로 이러한 계산에는 상당한 한계가 존재한다. 이 안에는 불법으로 입국했거나 불법으로 일하는 사람들도 있다(예를 들면 패스트푸드 아웃렛에서 일하는 학생들). 또 다른 이들은 입국비자가 끊겼는데도 계속 체류하여 어둠의 세계에서 불법적인 일을 한다거나 불법 거주를 하기도 한다.

고의적인 불법 입국자 뒤에는 각종 조직들이 존재한다는 것이 점점 명확해지고 있다. 방대한 자금이 움직이고, 입국 허가증이나 비자가 위조되며, 국경 감시관은 매수된다. 여행업자나 운송업자가 관련되는 경우도 많다. 불법 이민에 관해 중요한 점은 고용하는 측의 복잡한 사정에 있다. 가장 현저한 예로서는 특히 1986년 이전의 미국에 있어서 멕시코 노동자와 관련된 것이다. 그때까지 정식 입국서류가 없는 노동자는 불법적 존재이긴 했지만 그들을 고용하는 것은 불법이 아니었다. 흔히 '코요테'(불법 취업 노동자를 대상으로 하는 취업 알선자를 칭하는 말)들이 주문을 받아 노동자 집단을 공급했다. 그들이 어떻게 노동자들을 취급했는지에 관한 이야기는 매우 많다. 예를 들어 작물 수확을 끝낸 노동자는 급료를 받기 전에 이민귀화국(Immigration and Naturalization Service : INS)에 신고당했다. 고용자(값싸고 순종적인 노동자와 특수한 기술과 자질을 가진 노동자를 필요로 하는)와 여론에 민감한 정부 사이에서는 의견차이가 자주 발생했다. 국내 노동자를 조직화하는 노동조합은 보통 정부 편이었다.

멕시코는 약 730만 명의 이주민이 미국에 가 있다고 추정하는데, 그 중 1/4이 1980년대에, 약 반 정도가 1990년대에 이주했다. NFTA의 연장으로 인한 멕시코의 무역 이익으로 인해 이민이 상당히 줄어들 것으로 예상되었다. 그러나 2004년 지표를 사용한 파셀(Passel 2005)에 의하면 2004년 3월 미국의 불법 외국인은 1,030만 명에 이르는데, 이 중 다수가 멕시코인이었다. 이는 2000년 수치보다 거의 200만 명이 늘어난 것으로 매년 500,000명(합법적으로 멕시코를 떠난 사람들의 수를 뺀) 가깝게 증가한 것이다. 이민에 대한 압력이 강한 데다 이와 관련된 고용주들이 계속 일할 기회를 제공한다면 완전한 국경통제는 영원히 불가능할 것으로 보인다. 이에 대한 각국 정부의 대책에는 적어도 3가지 방법이 존재한다. (때로는 동시에 3가지 방법을 사용하는 경우도 있다.) 여론을 잠재우기 위해 못 본 체하고 국경은 완전한 통제 하에 있는 것처럼 행동하면서 때때로 사면을 통해 불법 노동자 지위를 적법화함으로써 현실을 인정하는 것이다.

여성 이주자

1960년대의 페미니스트들은 여성들이 '역사로부터 숨겨져' 왔다고 선언했다. 일반적으로 이는 정확한 관찰이지만 특히 이주문제에 관해서는 더더욱 그러했다. 많은 이민 연구는 여성들을 농촌에 '남겨진' 존재로 봐왔다. 여성은 종속적 입장 혹은 가족의 구성원으로서 남성 노동자들의 짐으로 간주되었다. 이러한 견해는 남성이 이민의 선구자였던 경우가 많았으므로 정당화되었을 수 있다. 그러나 역사적으로 보았을 때도 여성들은 이전에 생각되어진 것보다 그 이상으로 독립된 행위자였다는 증거가 나오고 있다. 가족의 하인과 같은 형태로 이민가족에 속해 있는 것은 관습에 순종하는 예속상태와 같은 인상을 주지만 이는 종종 어느 정도의 독립성을 가지는 경우도 많았다. 이민법도 이와 같은 효과를 가지고 있었다. 전후 미국이나 영국으로 이주한 카리브해 여성들의 예를 들어보자. 규제시기에 시행되었던 많은 법률은 노동목적의 이민을 금지했으나 인도적인 견지나 국제법을 존중하여 가족의 재회를 위한 이민은 허락했다. 따라서 여성들은 기회주의적인 결혼이나 위장결혼을 하는 경우도 있었다.

과거 이러한 종류의 활동을 사례로 들어보면 양적인 면이나 사회적인 면에서 여성 이민이 새로운 단계에 접어들고 있는 것이 명백해졌다. 이는 글로벌적 서비스 경제 분야에서의 여성의 수요에 대응하는 독립적인 움직임이라는 점이 특징이다. 그 중 일부가 동남아시아의 성 비즈니스이다. 일본 같은 나라들에서 호스티스, 매춘부, 엔터테이너에 대한 수요가 높았는데, 일반적으로 중국이나 타이가 그 공급지였다. 이러한 종류의 무역 중에서 좀 더 점잖은 것이 '신부의 통신판매'(mail order bride)로 필리핀 여성이 그 중심이다. 필리핀은 또한 가사노동자 시장에서도 주도적 국가로 매년 수만 명에 달하는 가사노동자를 중동을 포함한 다른 여러 나라에 수출하고 있다.

이러한 시장은 수요와 공급 양쪽에 의해 추진되고 있다. 공급 측면에 있어서 필리핀 정부는 노동자의 수출을 다른 수출품과 마찬가지로 외화벌이로 간주한다. 이는 주로 해외에 있는 필리핀인으로부터 상당한 송금 이득이 발생하기 때문이다. 외환환전을 통해 상당한 수의 중개업자와 외국으로부터 수수료 또한 받을 수 있다. 수요 측면에서는 서구 여러 국가에 있어서 젠더의 역학변화가 큰 영향을 주었다. 구미의 젊은 여성들이 '남성 중심의 돼지들'(Male Chauvinist Pigs : MCPs)을 용인하지 않게 되면서 부엌이나 가정에 한정되어 있는 것을 싫어하게 되었다. 그 결과 구미제국 안에서의 가정부의 국내 공급은 사실상 고갈되었다. 1920년대 후반에는 수십만 명의 영국 여성이 가정부 일에 종사하고 있었으나 지금은 거의 존재하지 않는다. 이 차이를 국외로부터의 공급으로 채우는 것이다. 신부들과 가사도우미들에 더하여 웨이트리스, 패스트푸드점 임시 점원, 청소부, 간호원(특히 노인을 대상으로 하는), 비서, 호텔 접수원, 스튜어디스 등을 국외로부터 공급받고 있다. 칸빠니(Compani 1995)에 의하면, 1990년대 중반에 이르게 되면 여성들이 국제 이민의 다수파를 점하게 된다. 여기에 나온 수치는 신뢰할 수 있는 것은 아니지만 여성들은 이제 이민 연구에 있어서 눈에 보이지 않는 종속적 입장으로부터 독립적인 사회행위자로 옮겨간 것은 명확해 보인다.

노동수출국 : 필리핀의 경우

필리핀의 경우를 좀 더 자세하게 살펴보기로 하자. 1990년에 이르자 필리핀인들은 아시아에 있어서 가장 거대한 영구 이민자 집단이 되었는데, 그 중 대부분이 여성들이었다. 1980년부터 1990년 사이 필리핀을 떠난 국제 이민자의 총수는 약 540,000명 정도인데, 중국의 경우가 524,000명, 인도의 경우 500,000명, 파키스탄의 경우는 469,000명이었다. 해외에 거주할 계획을 가진 이민자들은 주로 미국, 캐나다, 오스트레일리아, 뉴질랜드와 같은 전통적인 이민국으로 간다. 아벨라(Abella 1993)에 의하면, 2000년에는 1990년대 초와 비교할 때 580,000명의 필리핀으로부터의 이민자가 발생할 것이라고 예상했다. 이러한 계산은 280만 명의 영구 이민자가 나왔음을 보여주는 공식기록을 생각할 때 너무나 적은 예상이었다(표 10.2).

훨씬 많은 수의 필리핀인들이 다른 형태의 이주에 관련되어 있다. 1970년대 중반 페르시아 걸프 만에 계약 노동 이주의 파도가 시작되어 많은 사람들이 임시 이주혹은 '단기간 이주'와 같이 '거주자' 계산에 들어가지 않는 이주를 했다. 필리핀으로부터의 단기간 이주자들의 수는 해외 영구 이주자들의 수를 월등히 뛰어넘는다. 이제

표 10.2_ 지역별 필리핀 해외 이주자 수, 2003년 12월

지역/국가	영주	임시	비정규	총수
아프리카	318	53,706	16,955	70,979
아메리카 대륙/신탁통치 지역	2,386,036	286,103	709,676	3,381,815
동남아시아	85,570	944,129	503,173	1,532,872
유럽	165,030	459,042	143,810	767,882
중동	2,290	1,361,409	108,150	1,471,849
오세아니아	226,168	55,814	31,001	312,983
특별한 명기 없음		8,767		8,767
해양 관련 노동자		216,031		216,031
세계 총합	**2,865,412**	**3,385,001**	**1,512,765**	**7,763,178**

정의 : (a) 영주(permanent) : 노동계약 체결과는 상관없는 이주자나 해외 법적 영주권자, (b) 임시(Temporary) : 고용 관련으로 해외에 머무르는 사람들로서 노동계약이 끝나면 돌아가길 원하는 사람들, (c) 비정규(Irregular) : 불법체류자로 거주허가서, 노동허가서 등이 없는 사람들 혹은 외국에 불법 장기 체류자들을 포함.
출처 : the Commission on Filipinos Overseas(192개 국가/영역 포함 출처를 사용) www.poea.goc.ph 참조.

는 글로벌 현상이 되어버린 이러한 임시 이주자들의 '순환적 흐름' 안에서 필리핀인들 또한 모든 아시아 국가들 중에서 가장 큰 국가집단이 되었다.

　해외 이주에 대한 압력은 명확하게도 필리핀의 사회구조에서 기인한다. 1986년 경제위기의 구렁텅이에서 277,000명의 대학졸업자들과 284,000명의 대학교육 경험자들이 실직상태에 있었다. 1980년 이후 모든 필리핀 경제부문에서 실질임금이 떨어지고 있었다. 전 영역에 있어서 고용인의 명목 평균임금은 1980년 1,193페소에서 1986년 2,243페소로 올랐지만 사실 이 시기 실질임금은 27% 떨어졌다. 1980년 농업분야의 임금은 이미 낮은 수준이었음에도 불구하고 1/5이 떨어졌다. 서비스 분야는 이보다는 약간 작게 떨어졌다(Abella 1993).

　필리핀에서 실질 가족임금이 감소하는 동안 다른 동아시아 국가들의 임금이 급격하게 상승하면서 발생한 임금격차가 필리핀의 이주를 촉진시켰던 것이다. 아시아 신흥공업국(홍콩, 타이완, 한국, 싱가포르)의 1인당 국민소득은 1965년과 1988년 사이 연간 6~7% 증가했고, 말레이시아와 타이의 경우는 같은 기간 4%가 넘는 증가율을 보였다. 현재 일본과 타이완의 평균임금은 필리핀 평균임금의 각각 10배와 7배이다. 아벨라(Abella 1993)에 의하면, 이렇듯 국내에서 성장과 고용을 만들어내지 못하는 국가의 무능력함에 대해 대부분의 필리핀 가족이 이민을 생각하는 것은 합리적인 판단이

라는 것이다. 필리핀인들은 실질임금과 생활수준의 쇠퇴로부터 자신들을 지키기 위해
'초국경적'으로 변했다는 것이다. 이주는 교육 및 토지와 주거의 취득에 관한 가족의
투자계획과 관련된다. 증가하는 국제 이동성으로 인해 위험을 최소화하기 위해서는
가족 노동을 어떻게 재분배해야 하는가에 대한 것에 국제적 측면이 추가된 것이다. 좀
더 부유한 국가로 완전히 이주할 기회는 제한되어 있기 때문에 많은 사람들이 가족구
성원 중 한 명 혹은 일부만을 이주시키고 그들이 버는 수입을 받게 되었다. 이주자들
의 송금액이 이러한 적응 메커니즘의 중요한 요소인 것은 분명하다. 가족들은 여전히
이주를 통해서 국내 주요 가족구성원의 복지를 최대화(혹은 위험을 최소화)하려고 하기
때문이다.

아고스티넬리(Agostinelli 1991)는 필리핀으로부터 흘러들어 오는 이민자들의 흐
름에 있어서 또 다른 특징에 주목했다. 소위 계약모집 중개업의 확산이다. 그는 다음과
같이 논하고 있다 : "필리핀과 다른 남아시아 국가들로부터 중동지역으로 가는 '이주
의 상업화'는 어디에서나 존재하는 모집업자들의 중개로 인해 증가하고 있다"(Agosti-
nelli 1991 : 19). 1970년대 해외 취직을 위한 모집자들의 존재는 실질적으로 알려지지 않
았지만 필리핀 총노동 이민에 있어서 모집업자를 통한 점유율은 1977년에는 72.4%,
1980년에는 82.2%, 1985년에는 96.6%에 달했다. 합법적으로 활동하는 민간 중개업
자는 1976년에 4개에서 1980년 650개, 1985년에는 964개까지 증가했다.

수입 대체를 기반으로 한 국내 중심 산업화 정책으로 필리핀에 있어서 가족전략
과 중개업자들의 활동은 더욱 강화되었다. 결과적으로 상품수출에 있어서 부정적 편
향이 생겨나게 되었다. 무역에 대한 관세 및 비관세 장벽, 재정 유인, 대부금액의 보조,
과대평가된 환율 등이 포함되는 모든 조치들이 비효율적인 국내 기업을 보호하는 데
투입되었다. 중국, 인도(그리고 베트남과 같은 다른 작은 국가들)와 같은 남아시아의 자유
화된 경제권이 더 싼 노동이라는 상대적 이득으로 많은 틈새시장에서 세계적인 우위
를 누리게 되었으므로 상품수출 전략으로 전환하기에는 너무 늦었을지도 모른다.

요약하건대 많은 보완적 요소들이 이러한 노동 수출의 길을 강화했다.

- 정부가 노동 수출을 지원하고 장려했다.
- 송금액 수입은 국가 수입의 중요한 출처가 된다(2004년 해외 노동자들로부터의 송
  금액은 85억 달러에 이르렀다).
- 조직화된 노동력 모집은 큰 비즈니스였고, 효율적인 로비도 함께 이루어졌다.

■ 가족들은 하나의 생존 및 위험 최소화 수단으로서 이민을 받아들였다.

■ '이민문화'가 발전하게 되어 가족구성원들은 보통 임시적으로든 영구적으로
든 해외로 이주하기를 원한다.

■ 경쟁국의 존재로 인해 노동집약 수출 제조업이라는 대체전략에 한계가 있다.

글로벌 이주의 관리

글로벌 이주가 증가함에 따라 발생하는 긴장관계들을 해결하기 위해 UN사무총
장인 코피 아난은 주요 문제들의 분석 및 정책 제안을 위해 2003년 12월 국제 이민에
관한 글로벌위원회(Global Commission on International Migration : GCIM)를 설립했다. 최종
보고서(GCIM : 2005)는 신중하고 자제된 분석 및 현명한 조언을 했다. GCIM(2005 : 10)
은 다음과 같이 논하고 있다.

글로벌 이주는 그것이 국가 정체성, 글로벌 평등, 사회정의, 인권의 보편성 등
의 중요한 문제를 부각시킨다는 점에서 논쟁의 여지가 있다. 글로벌 이주정책은 그
것이 인간, 즉 그들의 열망을 충족시키기 위해 어떠한 희생과 위험을 감수할 목적을
가진 행위자들의 이동에 관한 것이기 때문에 이를 공식화하기가 어렵다.

그러므로 정책은 다양한 이익, 공포, 거주자와 이주자의 야망, 출신국과 이주국
이 조화를 이루어야 한다. 따라서 GCIM은 글로벌 이민정책을 이끌 많은 '행동원칙'
을 고안해냈다(Box 10.1).

Box 10.1

국제 이주에 관한 글로벌위원회의 행동원칙

1. 선택으로서의 이주 : 이주와 글로벌 경제

여성, 남성, 아동들은 그들의 출신국에서 그들의 잠재성을 인식해 그들의 요구를 충족시
키고, 그들의 인권을 행사하며, 그들의 열망을 충족시켜야 한다. 따라서 이주는 필요로
인한 것이라기보다는 하나의 선택이다. 이주를 통해 글로벌 노동시장에 들어가는 여성과
남성들은 안전하고 합법적인 상황에서 위의 것들을 성취할 수 있어야 한다. 이는 그들과
그들의 기술들이 가치를 가지고 있으며, 그들을 받아들인 국가와 사회가 필요로 하는 것
이기 때문이다.

2. 경제적·발전적 영향의 강화

출신국에 있어서는 발전을 도모하고 빈곤을 줄이며, 이주국에 있어서는 번영을 위해 공헌하는 이민의 역할은 인정받아야 하며 강화되어야 한다. 국제 이민은 개발도상국 및 선진세계 양측에 있어서 경제성장을 위한 국가·지역·글로벌 전략의 중요 부분이 되어야 한다.

3. 비정규적 이주의 신청

자신들의 영토에 누가 들어오고 누가 남을 것인지 결정할 주권을 행사하는 국가들은 이민자의 권리를 보호하고 출신국으로 돌아갈 의무를 가지고 있거나 이를 원하는 시민들을 재차 인정하는 그들의 의무와 책임을 다해야 한다. 비정규 이주를 근절하기 위해 국가들은 적극적으로 협력해야 하나 그들의 이러한 노력이 망명을 구하는 난민들의 권리를 포함한 인권을 침해하지 않도록 해야 한다. 정부들은 이 문제에 관하여 무역노동조합과 시민사회와 협의해야 한다.

4. 통합을 통한 사회결합의 강화

이주자와 도착지의 시민들은 그들의 법적 의무를 존중하고, 문화적 다양성을 조정하고 사회적 결합을 육성하는 적응과 통합의 상호작용으로부터 이득을 얻어야 한다. 지방 및 국가 당국, 시민사회의 구성원과 고용자들은 이러한 통합과정을 적극적으로 지원해야 하며, 이 통합과정은 무차별과 성평등에 헌신해야 한다. 또한 객관적인 대중, 정치권, 미디어 담화를 통해 이러한 국제 이민이 인식되어야 한다.

5. 이민자 권리 보호

국제 이주자에게 영향을 끼치는 법적·규범적 구조는 강화되고 더 효율적으로 실행되며 무차별적으로 적용되어 이주해 온 모든 여성과 남성이 인권과 노동 표준을 즐길 수 있도록 보호되어야 한다. 국가와 다른 제3자들은 이러한 법적·규범적 구조를 존중하고 좀 더 지속적이고 일관성 있게 이주문제를 건의해야 한다.

6. 거버넌스의 향상 : 응집성, 능력, 협력

국제 이주의 거버넌스는 국가수준에 있어서는 향상된 응집성과 능력에 의해, 지역수준에서는 국가 간의 긴밀한 협의와 협력에 의해, 글로벌 수준에 있어서는 정부와 국제기구

보건, 라이프스타일, 신체
Health, Lifestyle and the Body

SOCIOLOGY

글로벌리제이션은 다양한 방법을 통해 보건과 질병에 영향을 끼친다. 이동성이 증가하고 시공간이 수축되면서 기존 및 새로운 질병들은 전보다 훨씬 더 빠르게 지역으로 퍼져나간다. 근대성과 산업화가 더 많은 국가로 퍼지게 되었다는 것은 의학, 보건과 관련되는 과학적 지식 역시 글로벌화되었다는 것을 의미한다. 긴 수명, 풍부한 경제력, 정착생활과 늘어난 여가시간을 즐기는 서구식 생활이 우세해진 현재에도 심장마비와 암 같은 만성질병은 계속되고 있고, 더 가난한 국가들로도 퍼지고 있다. 역사적으로 볼 때 전염병을 비롯한 여러 질병들은 가난과 관련되고 불균등으로 인해 많은 사람들이 그러한 병을 안고 살아왔음에도 불구하고 말이다. 강력한 글로벌화를 향한 세력—TNCs와 글로벌 미디어의 마케팅 전략과 결합된 국제관광이나 이주 같은—은 비서구사회에 매혹적인 서구식 라이프스타일 모델을 불러들였다. 또한 글로벌리제이션과 관련된 문화의 역흐름도 생겨나 아시아나 다른 비서구지역의 많은 보건적 요소 역시 부국으로 들어온다. 이러한 흐름은 하나의 대체요법 혹은 자국의 치료법이 너무나 현대적이고 과도하게 기술적이라는 생각에 기반한 반발수단으로서 중산층의 서구인들에 의해 받아들여졌다.

물론 글로벌리제이션은 현대 세계 보건 트렌드를 형성하는 유일한 요소는 아니다. 그러나 글로벌리제이션은 국가들과 전 세계 안에서 발견되는 사건과 질병의 종류에 있어서 자신만의 독특한 기여를 하고 있다. 보건에 대한 글로벌리제이션 효과를 밝히기 위하여 우리는 다음과 같은 테마를 살펴볼 예정이다. 우선, 신체를 사용하고 혹은 남용하는 방법과 긴밀하게 관련되는 라이프스타일 선택에 미치는 문화적 영향력을 살펴볼 것이다. 이러한 주제는 보건사회학과 신체사회학(Tuner 1992, 1995 ; Barry and Yuill 2002 ; White 2002)상에서의 논쟁에 있어서 중심적인 것이다. 두 번째로 시공간의 압축과 늘어난 이동성이 새로운 형태의 **유행질병**(epidemiologies)—그러나 기존의 질병을 대체하거나 다시 불러올 수도 있다—을 창조했음을 살펴볼 것이다.

이번 장 후반에서는 글로벌리제이션의 다양한 영향이 세계 인구의 3분의 2가 살고 있는 개발도상국에 있어서 어떠한 영향을 미쳤는지 살펴봄으로써 질병의 유형과 발병에 있어서 나타나는 세계 불균등 현상을 살펴볼 것이다. 여기서 우리는 지속되는—심지어 심화되고 있는—패러독스와 직면하게 된다. 질병의 재앙이 빈곤과 긴밀하게 관련되는 동시에 선진국에 있어서는 만성질병이 증가하고 있는 것이다.

보건과 의학의 사회학과 신체에 대한 사회학적 관심의 집중은 과거 15년간 대체로 동시에 진화해 왔다. 이제 푸코(Foucault)의 글들과 터너(Turner 1992, 1995)의 훌륭한

유행병학(Epidemiology) 질병의 원인, 결과, 유형, 분포 상태 등을 연구하는 학문. 보건사회학자들은 유행병학자들과 긴밀하게 협력하여 특정 지역 계급연령 집단과 인조 그룹 안에서 복지 및 질병상태 등을 연구한다.

업적을 통해 이러한 학문영역에 대한 간단한 설명을 해보자.

의학적 응시의 등장

모든 근대 과학과 마찬가지로 의학은 그 이론, 연구, 전문적·실행적인 면에서 계몽주의 사상에 의해 형성되었다. 이는 인류개선을 과학지식의 최종 목적으로 삼고 종교적 교의와 순수하게 철학적 연역론에서 벗어나 관찰, 실험, 합리성을 강조했다. 또한 의학의 발전은 18세기 유럽에 있어서 인구가 증가하고 비위생적인 인구과잉 도시들이 늘어나면서 생겨나는 문제들을 해결하기 위한 정부들의 노력에 의해서도 촉진되었다. 전쟁의 추구와 시민들을 경제적으로 좀 더 생산적으로 만들려는 노력 역시 보건문제를 근대화하는 국민국가들이 경쟁하는 쟁점으로 만들었다(5장 참조). 『임상의학의 탄생』(*Birth of the Clinic*, 1973)에서 푸코는 1789–1794년의 혁명 전과 후 많은 프랑스 의학 연구자들이 어떻게 '과학적'인 방향으로 이동하게 되었는지 설명하고 있다. 질병을 분류하고 기존 이론과 관련하는 증거로서 질병을 설명하지 않고—마치 질병이 실제의 환자들과 독립적으로 존재하는 것처럼—질병과 그 증상을 구체적으로 기록하기 시작했다. 그들은 또한 질병의 원인을 탐구하기 위해 인간의 시체를 해부하게 되면서 교육, 연구, 치료의 중심이 추상적인 학문으로부터 치료기관과 병원으로 옮겨갔다.

그동안 프랑스는 모든 지역에 있어서 질병, 주거, 공중위생에 관련된 좀 더 자세한 정보를 수집하게 되었고, 국민생활의 모든 면—공설도살장, 공동묘지에서부터 광산, 식량생산에 이르기까지—에 있어서 규제를 강화하게 되었다. 의학에 있어서 주요한 돌파구가 된 것은 이로부터 훨씬 뒤로, 19세기 소독약의 발견과 함께 수술이 훨씬 더 안전해지고 20세기에 들어 항생제가 사용되기 시작하면서 여러 가지 변화와 관련해 나타났다. 그럼에도 불구하고 푸코는 이와 관련된 두 가지 주요 변화를 강조했다 : 과학을 향한 의학의 가속적 움직임과 의학이 '국운과 함께 하는' 근대 의학으로 연결되게 되었다는 점이다(Foucault 1973 : 34). 따라서 의학계—정부의 지원과 함께—는 통일된 '의학적 응시'를(Foucault 1973 : 29) 받아들이게 되었고, 이는 '새로운 형태의 전체화'(Foucault 1973 : 28)와 관련되게 되었다. 즉 의학 전문가들은 사회개선이라는 명목 하에 모든 생활양식을 감독할 독점적 권리를 주장하게 된 것이다.

메디컬리제이션과 생물의학 모델

글로벌 사상가 11에서 우리는 근대화하는 사회에 있어서 권력, 지식, 직업에 관한 푸코의 아이디어를 살펴보았다. **메디컬리제이션**(medicalization)의 개념을 이용하여 우리는 사회학자들이 푸코의 연구를 어떻게 받아들였는지에 대해 논의할 것이다. 최근까지 의학계는 보건치료와 질병의 생물의학 모델에 관한 담화를 지배해 왔다. 이는 다음과 같은 가정들을 만들어냈다(Barry and Yuill 2002 : 2장).

■ 신체는 생물학적 법칙과 과정에 지배를 받는 중립적·물리적 존재이다. 신체는 마음이나 사회적·개인적 인간과는 매우 다르게 움직이는데, 서구 사상에서 이러한 마음–신체의 이원론적 기초는 데카르트 이후로 계속되어 왔다.

■ 신체는 기계적으로 움직인다고 간주될 수 있다. 일단 건강장애를 발생시키는 생물학적 법칙을 이해하면 의학은 회복을 위한 적절한 치료를 제공할 수 있다.

■ 각각의 질병에 대한 연구는 환자들이 전문 자문을 구해야 하는 전문가들이 시술을 함으로써 발전하는 과학적 전문화를 통해 가장 잘 수행될 수 있다.

■ 정상적인 신체의 진행방식과 비정상적인 신체의 진행방식은 명확하게 구별된다. 따라서 질병을 처리하는 것은 부분적으로는 '정상'으로 돌아가는 것이 포함된다. 이는 질병의 분석과 치료를 위한 적절한 환자의 신체를 전제조건으로 한다.

■ 질병을 치료하는 것은 다양한 기술적 혹은 약학적 발명, 즉 알약, 혈액 샘플, 바디 스캔, 다양한 검사들, 화학치료, 외과적 치료 등을 기반으로 한 의학 전문가들의 일이다.

■ 따라서 의학적 기술은—영원히 발전할—질병을 극복하기 위한 주요 요소가 된다.

생물의학적 접근법으로부터 특정적 결과를 이끌어낼 수 있다. 첫째로 예방보다 치료가 우선이다. 둘째로 이러한 접근법으로 인해 질병이 단순히 자연과정에서 생겨나는 것이 아닌 '사회적 기관으로부터 발생하는 방법'(White 2002 : 4)이라는 것을 경시하는 경향이 있다. 이는 때때로 기대하지 않은 질병 자체만큼이나 나쁜 효과를 가져온다. 알코올 중독이나 우울증, 약물중독의 경우에서도 알 수 있듯이 심리학적·사회적·생물학적인 복잡한 요인들이 존재함이 명확하나 이러한 문제들이 외과적 수술이나 약물만이 치료할 수 있는 물리적 상황으로 바뀌는 것이다. 현재 인간 게놈 지도를 만드는 등 생물유전학의 발전 또한 모든 사회적·심리학적 '문제'들을 과학적·생물학적 간섭을 사용하면 정상화될 수 있는 상황으로 만들 위험이 존재한다.

중요 개념

메디컬리제이션(medicalization)   생물의학 모델 원리에 있어서 질병의 모든 설명을 사실상 기술과 과학에 의해서만 풀 수 있는 물리적 혹은 생물학적 설명으로 바꾸는 프로세스. 거대 병원, 발전된 보건기술, 제약회사, 강력한 의학기구, 전문가 집단의 연합 등의 성장으로 인해서도 이러한 메디컬리제이션이 연관된다.

여성학자들은 특히 이러한 메디컬리제이션 경향에 비판적이었다. 예를 들어 역사적으로 볼 때 여성이 출산 혹은 위험한 출산을 하는 경우 보통 오랜 경험을 가진 산파가 이를 처리했다. 물론 19세기에 이르기까지 그리고 현재에도 여전히 빈곤국가에서 여성들의 출산은 항상 감염을 비롯한 여러 위험을 수반한다. 그러나 근대 소독약과 항생제가 보급되기까지 경험이 별로 없는 의사들은 출산에 있어서 산파들보다도 뛰어나지 않았다. 의학업계가 질병관리를 다룰 수 있게 되면서 남성들—20세기에 이르기까지 거의 대부분의 여성은 의사가 될 수 없었다—이 '합당한' 자격을 가지지 못한 개인들의 치료행위를 금지하는 입법을 지지함으로써 산파의 역할을 박탈한 것이다.

최근에 있어서 메디컬리제이션은 더더욱 출산의 경험을 침범하게 되었다. 입원의 주장, 출생 전 테스트와 스캔, 병원 스케줄에 맞춘 분만 유도, 분만 중 포괄적인 태아감시, 외과용 겸자나 제왕절개 분만과 같은 외과적 시술 등이 이루어지고 있다. 분만을 돌보기 위한 이러한 많은 기술적 지원은 유용하지만 대부분의 여성들은 자율성과 존엄성을 잃어버리는 이러한 절차에 노출되게 되었다. 가족을 늘리기 위해 필요한 이러한 자연적·사회적 과정은 여성이 주도적 역할을 하는 것을 허용했으나 이는 외롭고 무서운, 복잡한 의학절차로 변화했다. 그리고 그 안에서 여성들은 의학적 응시와 기술의 대상으로 무력화되었다. 이와 비슷하게 메디컬리제이션은 출산영역을 침범했다. 리와 잭슨(Lee and Jackson 2002)에 의하면 생식기술에 있어서 최근의 많은 발전들—경구피임약, 임신중절 약, 체외수정제(in vitro fertilization), 대리수정—은 여성들로 하여금 자신들의 임신을 통제할 수 있게 함으로써 명확하게 여성들에게 도움을 주었다. 그러나 "임신은 잠재적으로 건강하지 못하므로 집중적인 의료적 감시와 간섭이 필요하다고 생각되게 함으로써 병원의 집중적 감시의 대상이 되는"(Lee and Jackson 2002 : 118-19) 현상이 일어났다.

보건의 사회학, '새로운' 질병과 근대 기술

더욱 최근에는 생물의학 모델로 인해 여러 가지 문제점이 발생하고 있다. 또한 의료사회학은 보건과 질병을 사회문화 및 경제 관련 주제로서 중요시 여기는 또 하나의 독자적인 사회적 분야로 발전해 나가고 있다. 여기에는 여러 가지 이유가 있다. 우선 의학의 발전과 관련하여 깨끗한 식수와 위생시설이 보급되었을 뿐만 아니라, 생활 수준이 올라가고 식량 및 의료보험이 향상되었다. 이로 인해 인류를 계속 괴롭혀 왔던 많은 질병의 원인이 제거되었다. 따라서 수명이 길어졌을 뿐만 아니라 영아 사망률도 급격히 감소했다. 그러나 지난 100년간 이러한 요소들은 질병의 특성을 바꿔왔다. 디프테리아나 척수성 소아마비와 같이 전염병이나 가난과 습기로 인해 발생하는 폐렴, 결핵 같은 호흡기 질병으로 죽는 것이 아니라, 사람들은 이제 더욱 더 긴 수명을 누리게 되었지만 심장마비, 관절염, 뇌일혈, 비만과 같은 만성질병이나 전염되지 않는 병으로 인해 죽는다. 이러한 만성질병에 관해서 언급해야 할 중요한 것들이 있다.

1. 심장이식 수술이 대표적으로 보여주듯이 이러한 병들은 대부분의 전염병보다 훨씬 비용이 많이 들고 치료도 어렵다. 근대 치료는 환자가 약과 치료를 계속 받으면서 살아가는 것을 의미하는 경우가 많다.

2. 정의에 있어서 만성질병이 만연한 사회는 또한 인구의 고령화를 겪고 있는 사회이다. 지난 20세기 영국에서는 65세 이상 인구가 18%가 넘었다—1901년에는 6%에 달했었다. 그러나 2025년에는 24%로 증가할 것이다(Thinker 1997 : 167). 경제적 생산 면에서 고령집단은 그 점유율이 상대적으로 감소하므로 이들은 점점 더 다른 사람들에게 의존하게 된다. [빈국에 있어서는 21세 이하가 인구의 반을 차지하는 경우가 많기 때문에 '의존'이 좀 더 다른 형태를 띠게 된다. 얼마 지나지 않아 젊은이들은 부(富)의 생산에 참여하게 되지만 말이다.]

3. 현대 생활에 있어서 대부분의 양상들은 여러 건강문제를 발생시키게 된다. 특히 자동차 사용 증가, 육체노동의 감소, 서비스 산업의 증대와 같은 정착적 특

징으로 인해서 말이다. 그러나 환경오염, 교통체증, 범죄, 과밀인구, 신자유주의적 포스트포드주의 경제와 수반된 직업 불안정성 등으로 인한 스트레스의 증가 역시 이러한 만성질병과 관련이 있다.

4. 개인적인 라이프스타일의 선택 또한 이러한 만성질병의 원인이 되는데, 지방과 설탕 중심의 다이어트, 술과 담배 소비, 운동량 등을 예로 들 수 있다.

이러한 모든 요소들을 단기에 바꾸기는 힘들다. 게다가 의학계가 간단히 이러한 환경에 영향을 줄 수도 없다. 사회학자들은 오늘날 소비주의 사회에서 개인들이 선호하는 라이프스타일, 정체성, 여가시간을 보내는 방법, 취미 등에 대해 특별히 관심을 가지게 되었다. 라이프스타일이 건강과 관련되는 것은 명확하다. 그뿐 아니라 서구 라이프스타일은 비서구사회에 급격하게 보급되어 이미 존재하는 건강 관련 문제를 심화시키거나 새로운 문제를 발생시킨다. 우리는 뒤에서 이 주제들을 다룰 것이다.

글로벌 사상가 11

미쉘 푸코_ MICHEL FOUCAULT (1926–84)

담화와 지식

푸코는 어느 누구도 주어진 언어와 개념, 그리고 이를 포함하는 개념 없이는 세계를 이해할 수 없다고 주장했다. 그러므로 지식은 담화의 생산물이다. 이들은 메타포, 서술, 구전 및 무의식적 관례의 시스템들로, 무엇이 '지식'을 구성하며 어떤 한 영역에서 어떻게 지식을 얻을 수 있는지에 대한 것이다. 따라서 우리가 질병으로 간주하는 것들, 그 원인, 우리가 그것을 어떻게 인지하는지는 모두 사회적·문화적으로 구성된 것, 즉 우리가 생각하는 방식의 산물인 것이다. 뚱뚱하거나 비만인 사람들은 유쾌하거나 태평한 사람이라고 생각하는 것도 그 한 예이다. 셰익스피어는 이러한 개념을 몇몇 희곡에서 사용했는데, 여기에는 줄리어스 시저와 헨리 4세 등이 이에 해당한다.

우리가 세계를 해석하고 배우는 최근의 특정 담화에 의하면 비만을 a) 유전적 원인을 가지고 있다는 점에서 불쌍하게 여겨야 하는 상황, b) 게으름과 방탕함의 명시, c) 낮은 임금을 받거나 스트레스로 가득 찬 삶에 직면하거나 교육을 받지 못한 사람들이 많은 경향이 있다고 볼 수 있다.

권력, 지식 그리고 신체의 규제

푸코의 주장에 의하면 모더니티와 관련되는 특화된 담화—형벌학·범죄학, 정신의학과 의학

과 같은 사고방식과 지식 코드—는 그러한 지식의 독점을 주장하는 전문가 집단과 정부 행정
가에게 점점 권력을 부여한다. 그러므로 권력은 다음과 같은 특성을 가지게 된다.

- 권력은 지식과 같은 의미를 가지는데, 이는 권력과 다양한 규칙에 순종을 요구할 수 있는 수
  단을 생산한다. 권력은 또한 지식에 대한 접근을 가능하게 하고 이를 더욱 더 강화하게 한다.
- 권력은 상반되는 효과를 가지고 있다. 왜냐하면 모더니티가 요구하는 규칙은 시민들에 의해
  동시에 내면화되고, 혹은 기꺼이 받아들여지고—그들은 이것이 그들의 이익을 위한 것이
  라고 믿는다—또한 규칙과 규제들에 의해 외부적으로 강화되기 때문이다.
- 결과적으로 현대 사회에 있어서 권력은 모든 사회적 관계를 통해 지식과 전문성이 나타나는
  모든 곳에서 모든 곳으로 확산된다. 권력은 반드시 특정 제도나 개인에 집중될 필요는 없다.
- 외부적 체제의 통제가 극단적인 경우 시민들은 고도의 팬옵티시즘(panopticism)을 겪게 된
  다. 즉 그들의 모든 양상이 극도의 관찰과 통제의 대상이 되는 것이다. 이러한 관찰 및 통제
  는 공장, 군대, 사법체제와 감금을 포함한 보안 시스템, 병원·클리닉·수용시설, 학교·대학
  을 통해 이루어진다.

바이오파워(biopower)

근대화 과정에서 국가는 경제적·군사적 면에서 우선적으로 방대한 양의 정보와 함께 국내 전
인구의 생산 및 재생산, 즉 국내 전 인구의 성적 활동을 통제—바이오파워—할 필요성이 요구
된다. 다시 말해서 이것은 얻어진 지식을 바탕으로 한 개인들의 자기 규제—예를 들어 피임
기술과 같은—와 전문가 및 여러 제도들의 외부적 감시가 결합된 것이다.

글로벌화 안에서의 권력 - 지식?

푸코는 국민국가를 기반으로 하는 사회를 고려했다. 그러나 우리는 그의 생각들을 글로벌화하
고 있는 세계 사회/경제에 적용해 볼 수 있다. 따라서 오늘날의 글로벌 기업 자본주의는 끊임
없는 광고, 미디어 노출, 동년집단으로부터의 압력을 통해 소비, 레저, 쾌락주의의 신체를 통
제하길 원한다. 이뿐 아니라 소비주의 지향이 내면화됨에 따라 개인들은 지식을 얻게 되고 패
션을 중요시하는 민감한 소비자가 된 것이다. 이는 부분적으로 그들이 도덕적으로 자신들의
신체—국가가 아니라—에 책임을 가져야 한다는 믿음이 장려되면서 소비자들이 건강을 신경
쓰고, 자기를 통제하며, 건강한 식단을 먹게 한다. 이는 또한 개개인들이 상업화된 식단체계,
개인 건강계획, 식품 패션, 조깅 키트 등등 시장이 제공하는 것들을 소비하도록 돕는다.

출처 : Foucault (1973, 1977) ; Sheridan (1980) ; Lee and Jackson (2002).

페미니스트 사상가들은 바이오메디컬 모델의 영향을 약화시킬 또 다른 이유를

제시했다. 출산에 관한 논쟁에서 살펴보았듯이 페미니스트들은 모든 곳에 있어서 여성의 건강이 그녀들의 생물학적 특성의 차이뿐 아니라 불공평하고 가부장제로—젠더 우위와 종속의 권력의 계급구조—부터 부과된 문화적으로 결정된 관계에서부터 온다고 주장한다. 우리는 이러한 관계를 6장과 20장에서 자세히 논의했다.

최근의 기술적 발전은 섹슈얼리티의 본성, 인권, 삶에 대한 문화적 담화로부터 형성되는 경우가 많다. 이러한 기술적 발전은 인간 신체의 경계와 그 한계에 대해서 여러 문제를 제기하곤 한다. 현재 수많은 외과 및 의과적 개입을 이용할 수 있으며, 이는 점점 늘어나고 있다. 여기에는 불임시술(IVF, 대리모), 줄기세포 연구와 생물유전학 등(언젠가 조로증이나 비만, 파킨슨병 등을 완화시켜 줄지도 모른다)과 다친 신체기관을 대체하는 보정학, 성전환, 성형수술(지방제거술, 가슴성형, 문신제거 수술) 등이 포함된다. 정보통신 기술(transportation and information and communication : ICTs)에서도 이와 비슷한 전환이 발생하고 있다. 이로 인한 이동성 증가는 우리의 신체를 우주로 보냈고 휴대폰, 아이파드, 노트북, 인터넷과 같은 ICTs가 이룬 발전으로 가능해진 가상현실로 인해 우리의 의미 역시 우주로 확장되었다. 이제는 이러한 기술 없이 부국에 사는 사람들의 생활을 상상할 수조차 없다. 어리(Urry 2003)를 포함한 여러 학자들의 주장에 의하면 인간들은 점점 복잡한 하이브리드—일부분은 인간이고 일부분은 기계—를 만들어내고 있다. 많은 개개인들이 다친 장기 대신 장기 이식과 같은 기술이나 여러 비장기적 기관 등에 의존하고 있는 현실을 생각해 보면 이러한 생각은 더욱 더 중요하다.

이러한 기술적 발전으로 인해 무엇이 인간의 신체를 구성하고 있으며 자연과 외부세계 사이의 경계가 어디에 놓여 있는지에 관한 우리의 관념들은 흔들리기 시작했다. 결정학(crystallography, 장기 신체냉동)과 생명유지 시스템, 사후 심폐소생술의 시대에서 우리는 삶과 죽음의 경계에 대한 질문을 하게 된다. 개개인으로 하여금 다른 젠더 정체성을 받아들일 수 있도록 돕는 호르몬과 심리시술과 병행되는 성전환 수술 또한 남성과 여성의 개념에 대한 질문을 하게 한다. 건강한 사람들을 자극하여 성형수술을 받게 하는 생활양식의 선택이 진정한 보건문제의 일부분인 걸까? 심지어 어떤 것이 건강한 삶인지에 대한 우리의 생각조차 문제화되고 있다. 개인적 삶의 지향과 다양성에 대한 요구에 대한 우려와 마찬가지로 이러한 모든 물음들과 전에는 친숙했던 경계들의 붕괴는 포스트모던적 생각과 관련된다.

보건과 의학의 사회학을 떠받치고 있는 마지막 영향력은 인간과 사회활동의 중점으로서의 신체에 대한 관심이 늘어나면서 나타났다. 초기 사회학자들은 인간의 육체가 어떻게 사회적 삶과 그 상호작용에 영향을 미치는가 하는 육체적 존재의 중요성에 대해서는 대체적으로 관심이 없었다. 왜냐하면 그들은 사회나 생물학의 영역과 사회영역을 명확히 구분하고 싶어 했으며, 그 중에서 사회영역은 그들의 관점에서 매우 중요했기 때문이다. 우리는 이미 신체에 관련된 몇 가지 이슈에 대해서 언급했다. 여기에는 푸코의 주장—종교의 쇠퇴에 직면하여 근대화 과정 중 국민국가와 엘리트, 의학을 비롯한 전문가 집단은 시민들의 육체를 통제함으로써 시민들을 좀 더 생산적이고 건강하며 관리하기 편하게 하려고 했다—도 포함된다. 다음으로 우리는 신체에 대한 사회학적 관심이 증대되기 시작했다는 것을 설명할 것이다.

삶의 구현화

근대화와 함께 나타난 기술발전은 오늘날 사회생활의 포스트모던적·후기 산업사회적·소비주의적 성격을 수반했다. 이러한 기술발전으로 인해 우리는 일상에서 우리의 신체활동 역할을 점점 더 인식하게 되었다. 여기에는 몇 가지 흥미로운 현상이 존재하는데, 이와 동시에 모순점 역시 존재한다. 모든 사람들은 독특한 DNA, 몸매, 사이즈, 외모를 가지는 특정 신체를 물려받는다. 개인으로서 우리가 어떠한 사람들인지, 정체성은 부분적으로 이러한 유전적 계승에 의해 결정된다. 그러므로 개인을 식별하는 능력과 유전적 특징을 알아내는 능력은 범죄예방의 주요 양상으로서 개개인의 정체성을 확인하는 수단 및 이동성을 추적하는 한 가지 방법이 된다. 여기에서 우리는 지식 레짐과 사회 감시망에 관한 푸코의 아이디어와 직면하게 된다. 과학이 우리의 삶을 위협하는 질병, 사건, 장애, 노화 등으로부터 위험성을 최소화했음에도 불구하고 피할 수 없는 생물학적인 면을 가지는 '진정한' 신체가 존재한다(Evans and Lee 2002 : 1-12). 신체는 반드시 규칙적으로 영양을 보급받아야 한다. 신체는 여전히 질병에 노출되어 있고, 우리가 노화를 미룰 수는 있어도 결국에는 늙어 죽을 수밖에 없다.

그럼에도 불구하고 신체는 더 이상 고정된 존재가 아니다. 한계는 여전히 존재하지만 모더니티는 우리로 하여금 우리의 신체를 바꾸어 변화하는 목표와 필요—이것이 사회로서든 혹은 개개인으로서든지 관계없이—를 충족하게 만들었다. 다르게 설명하자면 신체는 문화적·정치적·경제적·기술적 창조물이며, 다른 이익과 제도의 창조물이다. 이러한 요소들은 신체는 무엇인가에 대한 아이디어에 끊임없이 영향력을 미치게 된다. 터너(Turner 1992 : 11)의 주장에 의하면, 후기 자본주의 사회에서는 대부분의 직업이 제조업보다는 서비스업으로 이루어지게 되는데, 로봇이나 컴퓨터와 같은

거나 승강기 버튼을 누르는 것만으로도 가능하다. 국경을 넘는 감염된 조류의 판매와 이동은 놀랍도록 빠른 이 질병감염의 주된 원인이 되었다.

Box 11.1

1980년 이후 HIV/AIDS의 글로벌 확산

그 원인과 특성

현재 AIDS는 젊은이들 사망의 주요 원인 중 하나로 전 세계 사망원인 4위를 차지하고 있다. 이 질병이 처음 확인된 것은 1980년대 초반이지만 아마도 특정 아프리카 지역에서 영장류에서 인류로 그 벽을 넘어선 것으로 추정된다. 이 바이러스는 체액이 교환되는 것을 통해서만 감염되는데, 여기에는 안전하지 않은 성교, 모유, 혈액, 정맥주사 약품의 사용(주사바늘의 공유), 수혈, 탯줄을 통한 감염이 포함된다. HIV 양성은 오랜 기간 동안 어떠한 증상도 나타나지 않으면서도 다른 사람들을 감염시킬 가능성이 있다.

범위

2002년까지 전 세계 약 2,000만 명의 사람들이 AIDS로 인해 사망했고 400만 명의 아이들이 감염되었다. 오늘날은 1990년대 중반 이후 이 질병이 폭발적으로 퍼지면서 3,400만 명에서 4,600만 명 정도의 사람들이 감염되었다. 이들 중 70%의 사람들—2,800만 명—이 아프리카에 사는데, 이들은 실질적으로 안전하지 않는 이성 간 성교를 통해 감염되었다. 이 질병은 동부유럽과 중앙아시아에서 급속도로 팽창하고 있고 이제는 남반구 대부분의 지역과 동아시아에서도 유행하고 있다.

글로벌리제이션 : 질병의 전염경로

1. 세계 경제의 통합과 관련한 여행과 운송이 증가하면서 더 많은 사람들이 국경을 넘나들고 있다. 이는 전문가, 예술가, 연예인, 미디어, 매춘 등 직업과 관련되는 경우가 많다. 또한 배낭 여행자들, 섹스 관광을 포함한 국제 관광객들 역시 포함된다.

2. 승무원, 선원, 장거리 트럭 운전사와 같이 끊임없이 여행을 요구받는 직업을 가진 사람들이 있다. 아프리카에서는 장거리 트럭 운전사들이 HIV/AIDS를 퍼트리는 주요 원인으로 의심받고 있는데, 그들은 장거리를 이동하는 동안 여러 여자 친구들 및 매춘부들과 어울리기 때문이다.

3. 가끔 고향을 방문하는 이주자들 역시 질병을 옮기는데, 특히 그들이 낮은 임금을 받

는 경우 그들의 가족들을 이주국으로 데려오는 것이 힘들기 때문이다.

이러한 집단으로 인해 AIDS가 퍼지게 되는데, 이는 집을 떠나 있는 그들이 성적인 서비스를 찾기 쉽기 때문이다. 그러는 동안 그들은 국경을 넘나드는 감염에 관련하게 되고 분리되어 있던 지방의 사회적 네트워크에 관련되는 것이다.

글로벌리제이션에 의한 상호작용으로 인해 강화되는 다른 요소들은 다음과 같다.

- 가난은 특히 가부장제와 부족의 관습 때문에 토지권을 가질 수 없어서 일할 기회가 거의 없는 저학력층의 젊은 여성들에게 중요하다. 낮은 도시의 임금은 그다지 도움이 되지 않는다. 따라서 타이의 여성들은 공장노동이 아닌 매춘업에 종사하면서 25배 이상의 임금을 벌 수 있다. 가난이 여성들을 매춘으로 내몰았을 때 여성들이 안전하지 못한 성교에 대한 손님들의 요구를 거부하기는 매우 힘들다. 케냐를 비롯한 다른 여러 나라의 공무원과 NGO 관련자들이 여성들로 하여금 그들의 고객들에게 콘돔 사용을 주장하고 있지만 말이다. 도시화는 주요한 요소인데, 이는 그들의 아내와 동반자들을 속이고 상업적인 성을 찾는 많은 농촌지역 남성들에 집중되기 때문이다.
- 문화적 영향력은 특히 여성들에게 큰 영향력을 갖는다. 예를 들어 가부장제와 젠더 종속은 여성들은 감염되었을지도 모르는 남편들이 안전하지 못한 성교를 요구했을 때 반드시 받아들여야 하는 것을 의미한다. 이를 거부하는 것은 남성우월주의에 대한 공격으로 해석되고, 개인적 친밀성을 기반으로 하는 관계에 대한 신뢰가 부족하다는 것을 나타낸다. 그러므로 역설적으로 어떤 여성들에게 있어서는 결혼이 가장 큰 위험을 가져오기도 한다.
- 라이프스타일 또한 중요하다. 특히 10대들이나 젊은이들 사이에서 그러하다. 가장 가난한 국가들에서조차 연장자들과의 좁은 마을생활을 떠나 도시로 탈출하고 싶다는 욕망은 도시에 대한 지식 없이 나타나는데, 비전통적·개인주의적 아이덴티티를 추구하는 이러한 사람들에게 있어서 약과 성의 유혹, 브랜드 상품의 유혹은 오직 매우 위험한 경제활동 — 상업적 성 — 을 통해서만 얻어질 수 있다. 이러한 모든 것이 질병을 가져오는 것이다.

출처 : Bloor(1995) ; *New Internationalist*(June 2002) ; WHO(2004).

보건의 글로벌리제이션에 있어서 무서운 양상 중 한 가지는 장기 매매가 늘어나고 있다는 것이다. 부유한 사람들은 신장, 각막, 안구, 폐, 심장과 같은 건강한 장기를 얻기 위해서라면 기꺼이 많은 돈을 지불한다. 이러한 판매가 오직 상업적 이득만을 위해 행해지는 불법행위라고 해도 말이다. 장기의 보관과 운반을 가능하게 하는 기술이 발전하고 부유국과 빈곤국의 불균형이 증가하면서 가난한 사람들은 그들의 기관을 팔 강한 유인과 기회를 제공받게 된다. 그러나 이러한 무역은 불법이기 때문에 초국경 시장은 범죄 갱단에 의존하게 되어 장기들은 밀수입되어 국경을 넘나들게 된다. 또한 장기를 적출하고 이식하기 위한 병원도 이에 관련하게 된다(Castells 1998 : 181). 이러한 사업의 대부분은 인도나 이집트로부터 석유가 풍부한 중동의 부유한 환자에게 장기가 판매되는데, 남아메리카, 러시아 등지로부터 몇몇 EU 국가, 일본, 북아메리카로도 큰 시장이 존재한다. 대부분의 사람들은 자발적으로 자신들의 기관을 기증한다. 그러나 최근 죽은 환자들에게서―혹은 중국의 경우에 있어서는 사형을 당한 죄수들로부터―그들의 허락 없이 장기를 적출하는 무역이 증가하고 있다. 우리는 여기에서 전 지구적 빈곤과 불균형 및 선진 의학기술 발달 간의 주요한 상관관계를 발견하게 된다(Castells 1998 : 118).

보건 불균형과 글로벌리제이션 : 정책효과

우리는 이제 경제적·사회적 정책을 실시함으로써 글로벌리제이션이 어떻게 유행질병과 관련하여 전 세계적인 변화를 가져오는지 살펴볼 것이다. 이러한 정책들은 글로벌 보건 불균형을 줄이기 위한 것이지만 반대의 결과를 낳는 경우가 많다.

대부분의 국가에서 온 대표단으로 구성된 WHO는 제네바에 본부를 둔 UN 특별기관이다. 1977년 WTO는 2000년까지 새로운 보건 프로그램을 시행하려 했는데, 그것은 글로벌 시민의 보건으로 생산적인 사회경제적 생활을 추구하도록 하는 것이었다. 그 다음해부터 WHO 대표단은 비싼 기술이 필요한 치료보다 범죄예방을 중요시하는 '주요 건강관리'를 강조했다. 공공 보건교육, 지방의 보건관리 노동자와 면역 프로그램과 같은 저비용의 예방조치 역할, 위생적인 상하수도, 깨끗한 식수에 대한 관심이 높아졌다. 또한 영아 사망률과 출산시 산모 사망률 등의 기초적 건강지수가 높아진 것도 주목해야 한다(Curtis and Taket 1996 : Chapter 9 ; Hall and Midgley 2004 : Chapter 6).

불행히도 보건 전문가와 서구 정부들은 곧 이러한 목표가 실행 불가능하다고 주장했다. 많은 빈국들에게는 이용 가능한 보건 관련 기반시설이 제한되어 있었고, 그들의 국가 보건예산의 약 80% 정도가 월급으로 쓰였기 때문이다. 따라서 특정 보건목표에 집중하는 것은 '주요한 보건관리에 대한 일반적이고 사회정의적인 접근'으로 바뀌게 되었다(Werner 2001 : 22). 예를 들어 널리 도입되어 있는 경구 수액치료의 경우, 어린 아이들이 이질이나 콜레라에 걸려 체액이 고갈되는 것을 치료하는 저가의 해결책이 되고 있다. 동시에 강력한 동인이 글로벌 보건 어젠다를 지배하게 되었다. 1970년대 후반 이후 만들어진 여러 변화들을 간단히 살펴보도록 하자.

신자유주의 경제의 글로벌 강요

1979년 제2차 석유위기와 1981년의 세계 경기침체 이후로 특히 늘어난 부채를 감당하지 못했던 여러 부채국들은 1980년대 IMF와 세계은행의 구조조정 프로그램(structural adjustment programmes : SAPs)을 받아들여야만 했다. 이는 신자유주의 경제정책 어젠다로 구성된 프로그램으로, 부국들의 경우 이미 자신들의 경제에 도입한 것이었다(7장 참조). 이 정책은 국가 경제를 자유무역에 개방시키고 자본의 국내외 이동에 대한 장애물을 제거하며 식량을 포함한 여러 필수품에 대한 보조금을 줄이고 국영기업과 공사를 민영화하는 정책이 포함되어 있다. 결국 미국 정부는 자신이 승인한 경제정책을 채택하는 데 실패한 국가들에게 자신들의 거대한 국내 시장에 대한 접근을 줄이거나 막는다고 위협함으로써 신자유주의 경제정책—소위 '워싱턴 합의'—을 부과할 수 있었다. 따라서 미국은 IMF와 세계은행의 최대 투자국으로서 글로벌 정책 주도권을 형성할 수 있었다. 이는 다른 결과들과 함께 많은 공공 보건 프로그램의 삭감을 낳았다.

세계은행과 글로벌 보건정책

1980년대 세계은행은 보건투자에 있어서 주요 원천이 되었다. 사실 세계은행은 WHO의 정책을 만드는 데 있어서 주요한 영향력을 가지고 있었다(Hall and Midgley 2004 : 179). 이러한 역할을 수행하는 데 있어서 세계 보건문제의 중심에는 경제가 있었다. 따라서 1993년『세계 발전 리포트』—흥미롭게도 보건투자라는 부제가 붙어 있는데—는 3가지 우선사항을 강조했다. 첫째로, 우리가 보아왔듯이 정부들은 신자유주의 경제정책을 실시해야 한다. 이러한 정책은 경제성장을 촉진하고, 이로 인해 가난이 줄어들면 가족들이 자신들의 보건을 향상시키는 데 책임을 질 수 있도록 할 것이다. 둘째로, 보건규정에 지출하는 많은 정부들은 비효율적이고 낭비적이다. 앞으로는 공공규모를 줄여야 하며, HIV/AIDS나 말라리아 통제와 같이 사적 의약품이 이득을 낼 수 없는 특수문제에만 집중해야 한다. 또한 시민들은 의학적 필요가 있으면 돈, 즉 '사용료'를 내고 이를 사야 한다. 셋째로, 사기업에 의해 작동하는 시장 주도 보건 시스템은 국가의 보건규정 일부를 지원한다. 시장경쟁과 민영화로 인해 공공영역에서 흔히 나타나는 '과다규정'으로 발생하는 낭비는 줄어든다(Curtis and Taket 1996 : 272-7 ; Werner 2001 : 22-3). 부시 대통령은 2005년 3월, 신보수주의자인 폴 월포위츠를 세계은행 총재로 공식 임명하여 이러한 정책의 큰 변화는 기대하기 어렵다.

글로벌 보건동맹과 기업의 관여

1990년대 중반 이후 빈국의 많은 보건 프로그램은 그들의 정부와 파트너십을 맺고 있는 UN기관—WHO, UNICEF, 세계은행과 같은— 뿐만 아니라 여러 민간기업으로부터도 자금을 협력받았다. 예를 들어 국제에이즈백신기구(International AIDS Vaccine Initiative)는 세계은행, 몇몇 UN 지원기관, 민간연구소, 정부 발전기관, 빌앤멜린다 게이츠 재단, 학계, 다양한 기업들—레비 스트로스와 그랙소스미스클라인을 포함하여—등의 다양한 기관들의 지원을 받아 1996년 설립되었다(Busse and Walt 2002 : 45-7). 1999년 1월, 글로벌 콤팩트(Global Compact)는 여러 목표들 가운데서도 세계 보건규정의 향상을 위해 자본주의 기업과 비정부기구가 협력할 것을 강조했다. UN 사무총장인 코피 아난에 의해서 착수된 이 프로젝트는 세계 시민의 생활을 향상시키기 위해 특히 상업기관의 역할을 요청했다. 그러나 이러한 글로벌 국가-민간 파트너십으로 인해 현재 민간기업은 이미 거대한 권력을 행사하고 있음에도 불구하고 더욱 더 기업의 영향력이 늘어나는 것이 아닌가 하는 우려가 존재했다(Buse and Walt 2002). 글로벌 보건규정의 규범과 우선순위는 권력을 별로 가지지 못하는 다수의 빈곤층보다도 민간기업의 이익을 반영하는 쪽으로 변하고 있는지도 모른다. 따라서 많은 보건상품들이 "사회투자 가치가 충분한 공적 부분으로 인식됨에도 불구하고 시장은 이러한 발견과 발전에 맞춰 자원을 분배하지 못하고 있다. 이는 잠재적 이득이 투자를 따라가지 못하기 때문이다"(Buse and Walt : 2002 : 46). 이 주제에 대해서는 아래에서 다시 살펴보도록 하자.

변화하는 글로벌 경제와 보건정책 결과

이러한 정책의 효과는 다음과 같이 요약될 수 있다.

■ 계속되는 채무부담, 구조조정 프로그램, 경제침체(1990년대 초반, 1997년과 1999
   년 사이의 동남아시아), 무역수입의 감소, 세계은행 주도의 보건정책 등으로 인해
   많은 정부는 자신들의 보건예산을 삭감하게 되었으며, 많은 국가에 있어서 의
   학 관련 사용료가 보건관리의 주요 수입을 차지하게 되었다. 당연히 빈곤층이
   가장 곤란을 겪게 되었지만 증가하는 민간 치료비용은 그보다 약간 부유한 사
   람들 역시 곤란에 빠뜨렸다. 예를 들어 인도에서는 높은 입원비용으로 인해 전
   에는 빈곤층이 아니었던 많은 사람들이 빈곤층으로 전락했다(Hall and Midgley
   2004 : 185).

■ 다수 국가에 있어서 몇몇 정부 보건 서비스에 대한 수요가 감소했다(Hall and
   Midgley 2004 : 186-7). 아프리카, 아시아 등지의 경제적으로 발전이 덜 된 국가
   에서는 절반 이상의 인구가 가장 기초적인 약품 부족에 허덕였다(Hall and Mid-
   gley 2004 : 194).

■ 명확하게 민간 보건관리에 대한 지불은 소득에 의존하게 되므로 보건규정에
   있어서 사용료는 점점 더 불균등하게 되었다. 게다가 부국에 있어서는 개인 지
   불에 반대하여 보건관리를 지원하는 공공 세금지원에 대한 논쟁이 뜨겁게 일
   어났다. 민간 시스템은 시민들 사이의 경계를 넘나드는 보조금을 없앴고, 보건
   관리를 받는 과정에서 위험과 불안정성은 늘어나게 되었다. 역진세를 통해 부
   유층은 빈민층을 지원했지만 건강한 사람들 역시 현재 아픈 사람들이 요구하
   는 치료비용을 지불했다. 그러나 그들은 병이 들었을 때 같은 이득을 받을 수
   있었다. 고도로 개인화된 미국 민간 보건 시스템에서는 보건관리 비용이 다른
   나라들보다 2배 정도 더 많이 들었고 질도 매우 안 좋았다.

■ 부국과 빈국 사이에서 나타나는 보건관리의 불균형성은 시장 주도의 경제정
   책에 의해 차이가 줄어들 것이라는 주장에도 불구하고 계속 증가했다. 따라서
   1990년대 세계 인구의 15%를 차지하는 OECD 국가들이 세계 보건지출 총계
   의 88%를 차지했다. 그러는 동안 빈국의 GDP 지출은 약 1% 정도를 차지하
   게 되었고, 현재 이러한 부담을 가볍게 하기 위한 역진성 세금 시스템도 없이

시민들은 그 대부분을 지불하고 있다.

■ 민간 보건규정을 향한 상대적 전환은 공중보건에 심각한 위협이 되는 질병조차도 그 일부가 민간기관에 의해 치료된다는 것을 의미하는 것이었다. 이는 말라리아나 결핵의 치료 역시 포함된다(Hall and Midgley 2004 : 192). 결핵의 경우 질병예방을 위한 공공지출을 줄이자는 압력으로 인해 그 발병이 증가할 것이 우려된다(Porter et al. 2002 : 186). 결핵의 민간치료는 질이 낮은 경우가 많아 이 질병을 치료하는 데 실패하는 것이다(Hall and Midgley 2004 : 192).

■ 이러한 정책들로 인해 특정 사회 그룹은 큰 피해를 입게 된다. 보건규정이 제한되어 있는 농촌지역 사람들과 여성 및 아이들을 대상으로 하는 기본적인 보건관리를 받는 것조차 급격히 줄어들고 있는 경우가 많다. 일부 국가에 있어서—최근 HIV/AIDS의 유행이 보건문제가 되고 있는 사하라 이남 아프리카 지역에서 특히—지속적 향상이 나타난 다음인 1980년대 사망률과 수명은 다시 악화되고 있다.

■ 여성들은 항상 건강문제에 있어서 특히 취약하다. 출산의 위험성과 많은 사회에 있어서 종속적 위치에 있기 때문이다. 종속적 위치에 있다는 것은 식량에 대한 접근성이 낮고, 낮은 임금을 받으며 교육수준도 낮다는 것을 의미하는 경우가 많다. 그러나 전 세계 가족의 4분의 1에서 3분의 1 정도가 여성 가장으로 추정된다. 공공 보건비용의 삭감, 사용료 부담, 임금감소와 함께 빈국의 여성들은 낮은 가계수입으로 일반적인 가계지출을 감당해야 했다. 그 과정에서 그들은 자신들의 개인적인 건강 및 영양상 필요한 것들을 더욱 더 희생해야만 했다(Jacobson 1993 : 7).

남·북 문제를 둘러싼 보건 패러독스와 균열

이제 빈국과 부국 간의 비교를 통해 매우 달랐던 그들의 근대화 경험이 보건문제에 있어서 어떠한 영향을 미쳤는지 살펴보기로 한다. 동시에 만성질병의 측면에 있어서 모든 국가에 있어서 유사성이 증가하고 있음도 살펴볼 것이다.

2004년 WTO 보고서는 우리가 사는 세계가 점점 두 개로 분화하고 있다는 점을 상기시킨다. 표 11.1은 글로벌 불균형이 얼마나 심각하게 나타나고 있는지를 명확히 보여준다. WTO는 '영양실조'를 겪고 있는 세계의 빈국과 '영양과다'의 부국(이들은 남반구와 북반구 양쪽에 존재하지만 대부분 북반구에 위치하고 있다)을 비교함으로써 이 차이

를 극명하게 보여주고 있다. 이 보고서에 의하면 5살 이하의 세계 어린이들의 약 26%
가 저체중이며, 개발도상국에서는 가난으로 인한 영양실조로 인해 매년 60%의 어린
이들이 죽어간다고 보고했다.

표 11.1_ 글로벌 격차 : 두 나라에 있어서 보건/생활 기회의 대조(2000)

	캐나다	에티오피아
인구성장률(매년)	1.0	2.8
정부의 보건지출 비율(총지출 대비)	15.5	3.2
1인당 국민총생산(US달러)	28,472	350
출생 후 1년 이내 영아 사망률(남아 1,000명당)	6	187
5살 이하 유아 사망률(남녀 1,000명당)	6.0	178.7
1인당 총 보건지출(US달러)	2,580	11
60세 이상 인구비율	16.7	4.7
남성 평균수명	76.0	42.8
여성 평균수명	81.5	44.7

출처 : WTO(2004).

2004년 WTO 보고서에 의하면 미국의 3분의 1의 성인들이 비만으로 고통받고
있으며, 22개 서구국가의 약 540,000명에 달하는 사람들이 운동부족과 지방, 설탕, 소
금이 과다한 식단으로부터 직접적으로 기인하는 질병으로 사망한다. 또 다른 라이프
스타일 킬러인 담배의 경우 2000년 490만 명의 사람들이 이에 관련되어 사망했다. 이
와 관련해서는 담배소비가 급속하게 늘고 있는 개발도상국의 사람들 역시 증가하고
있다. 글로벌 보건의 패러독스 중 하나는 유행병을 비롯하여 빈곤과 관련된 여러 질병
들이 빈국에서 계속 나타나고 있다는 것과 함께 풍요가 원인이 되는 만성질병 역시 증
가하고 있다는 점이다. 맥머래이와 스미스(McMurray and Smith 2001)는 이를 다음과 같
이 설명했다.

1. 서구의 19, 20세기 초 인구통계 전환과 비교해 볼 때 면역제를 포함한 다른 여
러 효율적 약품 등 근대 의학기술로 인하여 남반구의 대량 사망률은 매우 빠
르게 감소해 왔다.

2. 20세기 의학발전에 우선한 서구 사망률의 하락은 주로 산업화로 인한 임금상 승과 공공 보건 시스템 투자가 증가하면서 발생한 것이다. 대조적으로 대부분 의 남반구 사람들에게 있어서 경제성장과 산업화로 인한 고도의 임금상승은 훨씬 늦어졌다. 소수의 사람들은 이득을 얻었지만 말이다.

3. 동시에 출생률은 대량 사망률보다 훨씬 더 느리게 떨어졌는데, 이러한 현상은 서구에서도 이미 발생했던 일이었다. 이 결과는 부분적으로는 위에서 언급한 늦은 경제성장과 관련된 계속되는 빈곤으로 인한 것이었다. 그러나 낮은 질의 공중 보건관리 규정으로 많은 가족들은 여전히 많은 아이를 가지는 것이 노후 를 가장 잘 보장해 주는 것이라고 생각했다. 부적절한 피임 프로그램과 불충분 한 여성 지원은 출산율 감소를 더욱 더 늦추는 원인이 되었다.

4. 많은 국가에서 나타난 결과를 살펴보면 인구는 절대적 의미에서는 계속 증가 했다. 이전보다는 낮은 비율로 증가하긴 했지만 말이다. 이는 경제성장의 방해 가 되었으며, 정부는 좀 더 좋은 보건규정을 위한 자금을 마련하는 능력을 낮 추게 되었다.

5. 따라서 빈국의 많은 시민들, 특히 높은 실업률에 어떠한 미래도 보이지 않는 저임금, 비정규 서비스직에 놓여 있던 도시지역 사람들은 슬럼가나 빈민가에 사는 자신들의 처지를 비탄할 수밖에 없었다. 근대화 과정은 그들을 사회적으 로 무시했다. 그들은 질병, 범죄, 요동치는 임금, 오염, 과밀한 인구로 인한 스 트레스를 견뎌야 했다. 그러나 그들은 또한 교육, 미디어, 도시생활을 통해 상 업선전과 소비성향이 강한 서구 라이프스타일의 매력에 노출되었다.

6. 결과적으로 소비주의의 유혹은 많은 사람들을 빈민화시켰다. 특히 젊은 층들 이 서구 브랜드의 식료품, 음료, 담배, 주류 및 자국 브랜드품을 사들였다. 이러 한 라이프스타일을 채택하면서 그들은 미국 원주민과 오스트레일리아 어보리 진과 같은 다른 소외된 집단들뿐만 아니라 젊은이들, 상대적으로 부유하지 못 한 사람들, 저학력의 서구인들이 걸어왔던 것과 비슷한 길을 걷게 되었다.

마지막 두 가지 포인트는 WHO가 '글로비시티' (globesity)라고 부른 것이다. 즉 번영, 장수, 정주생활과 같이 현대 서구에서 볼 수 있는 것과 관련된 비전염성 질병들 이 남반구 사회집단에 빠르게 퍼지고 있는 것이다. 글로벌리제이션 과정이 복잡한 방 법으로 세계 보건을 만들고 있다.

기업자본과 서구 라이프스타일의 보급

기업자본은 전 세계 보건양식에 거대한 영향력을 끼치고 있다. 이는 정부와 비정부기구에 대한 영향력, 글로벌 소비자들의 라이프스타일의 선호를 형성하는 능력을 통한 것이다. 이러한 라이프스타일 선호 형성 능력은 의도하지 않게 빈국에 있어서 질병이나 이러한 건강문제를 해결하기 위해 필요한 자원의 분포를 왜곡하곤 한다. 이제 우리는 제약회사의 사례연구를 통해 이러한 주제를 검토할 것이며, 7장에서 설명한 사례 또한 살펴볼 것이다.

제약회사

제약회사는 연구&개발(Research and Development : R&D)에 엄청난 투자를 하여 새로운 약품을 개발하거나 기존의 약을 향상시킨다. 한 약품이 최종적으로 시장에 나오기까지는 기나긴 시간이 걸린다. 그러므로 이러한 회사들은 이윤을 많이 거두어 R&D를 지속할 만한 충분한 수입을 얻어야 한다고 주장한다. 비슷한 이유로 그들은 또한 신상품에 대한 국제 특허권 기간을 20년으로 할 것을 주장한다. 이로 인해 그들은 다른 제조회사들이 '제네릭'(generic, 후발 상품)이라고 불리는 브랜드가 없는 복제품을 만들지 못하게 제한함으로써 거대한 투자액을 되찾을 수 있다. 복제회사는 상품생산에 수년을 투자하지 않아도 되므로 이러한 복제품은 훨씬 싼 가격으로 생산이 가능하다.

국제적 보호의 필요성은 매우 중요하여 제약회사들은 1996년 WTO가 세계 무역을 위한 새로운 룰을 세운, 무역에 관한 지적재산권 협정(Agreement on Trade-Related Aspects of Intellectual Property Rights : TRIPS)을 채택하는 데 주요한 역할을 했다. WTO에 가입하는 모든 국가들은 국내 시장에 있어서 이 법칙을 시행하는 것에 대해 합의해야만 한다. 또한 WTO는 TRIPS 법을 준수하지 않는 기업이나 국가에 벌금을 부과해야 할 의무가 있다. 특히 가장 가난한 국가들은 그들의 국민들에게 좀 더 싼 제네릭 약을 구입해 줄 수 있음에도 불구하고 이러한 규칙을 깨는 것을 두려워한다. 이는 훨씬 강력한 부국 정부들의 통상 보복의 위험성 때문으로, 부국들은 그 외에도 원조를 줄이거나 부채규모를 줄여주거나 기간을 늘려주는 것을 거부하기도 한다. 많은 제약회사의 본부가 이러한 부국들에 존재한다.

이러한 제약산업에 반대하여 비정부기관, 학계, UN 기구 등 여러 기관들이 세계 빈곤층에게 더 싸고 효과적인 약품을 조달하기 위해 여러 의견들을 내놓고 있다.

첫째로, 세계에서 가장 큰 제약회사들은 매우 부유하다는 점이다. 2002년 10대 제약회사의 매출은 115억에서 270억 달러 사이다. 제약 경제 매출은 전 세계적으로 4,300억 달러에 이른다. 2002년 제약부분은 상업적 은행을 포함한 다른 어떤 것보다 가장 높은 매출을 올렸다. 이렇게 큰 경제력 자체가 원래부터 해로운 것이 아닐 뿐더러 바람직하지 못한 것도 아니다(*New Internationalist*, November 2003 : 18~19). 그러나 1990년대에 제약산업은 인수와 합병을 통하여 점점 더 집중되었고, 유전학과 관련된 의학연구를 담당하는 바이오테크놀로지 기업을 새롭게 흡수하게 되었다. 이로 인해 전 세계적으로 강력한 거대 회사들의 네트워크가 만들어졌고, 이 네트워크는 세계 지식을 독점하고 세계 시장 대부분을 통제할 수 있는 힘을 가지게 되었다. 결과적으로 그들이 약품가격을 결정할 수 있게 되었다. 또한 WHO와 WTO 같은 비정부기구와 정부들의 보건정책 등에 대한 이들의 영향력은 점점 커지게 되었다(Buse et al. 2002 : 260).

둘째로, 오직 높은 가격과 값싼 경쟁으로부터의 보호만이 R&D 투자를 감당할 수 있다는 제약회사의 주장에도 불구하고 실제로 제약회사들은 프로모션과 광고에 훨씬 더 많은 돈을 쓰고 있다. 예를 들어 2002년 미국의 탑 기업들은 R&D 투자의 2.5배에 해당하는 돈을 판매 프로모션에 썼는데, 여기에는 정치가들과 보건관리 전문가에 대한 로비, 소비자 선전, 마케팅이 포함되어 있었다(*New Internationalist*, November 2003 : 19).

셋째로, 자본주의 기업들의 최대 목적은 판매와 이윤을 최대화하는 것이다. 따라서 소비자들이 높은 가격을 지불할 수 있으며 고령, 유복함, 탐닉으로 인한 만성질병(고혈압, 비만, 높은 콜레스테롤) 치료약을 필요로 하며, 이들이 소비자가 쾌락주의적인 라이프스타일을 추구할 수 있는 사람들이 살고 있는 부국 시장을 공략하는 것은 그들에게 있어서 놀라운 일이 아니다. 1975년부터 1997년 사이에 개발되고 시장화된 모든 새로운 화학물질 중 단 1%만이 열대질병을 치료하기 위한 목적으로 개발되었다(*New Internationalist*, November 2003 : 29). 게다가 세계 질병의 18%를 차지하는 결핵, 폐렴, 당뇨병에 관한 거대 기업의 매년 R&D 투자는 전체의 오직 0.2%에 해당한다(*New Internationalist*, Nov-ember 2003 : 30). 말라리아는 이러한 상황을 훨씬 더 명확하게 보여준다. 아프리카 대부분의 지역에 있어서 매년 100만 명이 넘는 어린이들이 말라리아로 죽는데, 지구온난화와 이동성의 증가로 인해 이제는 유럽이나 북미에서도 말라리아가 퍼지고 있다. 말라리아는 또한 신체능력을 악화시키는 질병의 원인이 되는데, 이로 인해 어른들과 어린이들이 제대로 일할 수 없게 되어 이는 다시 빈곤으로 이어지게 된다.

세계 인구의 약 45% 정도가 이 질병에 걸렸다고 산정된다(*New Internationalist*, January 2001 : 24-5). 그러나 제약회사로부터 자금을 지원받은 연구회사가 2001년 말라리아의 예방과 치료에 쓴 돈은 천식의 20분의 1에 지나지 않았으며, 이는 HIV/AIDS의 80배 정도 적은 금액이었다(*New Internationalist*, November 2003 : 18). 2000년 글락소웰컴(지금은 글랙소스미스클라인)은 주요 약품회사가 40년 동안 노력하여 생산한 안티말라리아 약을 처음으로 시장에 내놓았는데, 이는 말라리아가 범람하는 지역으로 여행하는 관광객들이나 여행자들을 위한 것이지 그러한 지역에 사는 사람들을 위한 것이 아니었다(Buse and Walt 2002 : 45).

제약산업에 대한 우려점으로 마지막으로 논할 것은 많은 필수의약품의 가격이 인위적으로 높게 유지되는데도 TRIPs의 영향에 대항하기 위한 비정부기구와 빈국정부들의 시도가 잘 받아들여지지 않아왔다는 것이다. 이는 특히 HIV/AIDS 바이러스와 좀 더 값싼 항레트로 바이러스 약의 수요의 경우 결정적인 요인이다. 이 없이는 대부분 어린 환자들이 희생되어 죽을 것이다. 이러한 상황은 최근 훨씬 복잡해지고 있다. 왜냐하면 인도, 브라질, 타이와 같은 남부 산업발전국이 이제는 반대로 광범위한 정밀약품을 대량으로 재생산할 수 있게 되었기 때문이다. 여기에는 항레트로바이러스 약이 포함되어 다른 개발도상국의 중간·저임금자들은 서양의 거대 제약회사보다 훨씬 낮은 가격으로 이를 수입할 수 있게 되었다.

남아프리카공화국은 아프리카에서 가장 높은 HIV/AIDS 환자를 가진 국가이다. 1997년 남아프리카공화국은 무수정 일괄승인으로 강제실시권을 발동했다. 이는 WTO가 특별한 경우에만 인정하는 것으로, 이로 인해 남아프리카공화국 보건부는 항레트로바이러스 약품을 포함한 의약품들을 값싸게 수입할 수 있었다. 그 결과 1998년 42개의 제약회사들이 남아프리카공화국 정부를 제소했다. 이러한 움직임 이후 남아프리카공화국의 입장을 옹호하는 전 세계적인 캠페인이 열성적으로 나타났다. 2001년 3월 전 세계 30개 도시에서 반대운동이 일어났다. 결국 2001년 11월, WTO 도하 회의에서는 공중보건에 극단적 위협이 있는 경우 정부가 약품 특허법을 느슨하게 적용할 수 있게 하는 시스템이 단순화되어 제네릭 약품을 수입하는 것이 훨씬 쉬워졌다. WTO는 2003년까지 이 협정을 강화했다.

정리

우리는 왜 사회학자들이 점점 더 보건, 질병, 신체에 대해 관심을 가지게 되었는지 살펴보았다. 그러나 이것은 또한 글로벌리제이션의 영향으로 인한 질병의 발병양식에 대한 글로벌 변환 중 하나이다. 사회와 사회 사이에서 무역을 비롯한 교환방법의 여러 형태는 항상 이러한 영향력을 가지지만, 현대 기술발전 및 기후변화와 함께 세계가 점점 통합됨으써 질병이 다른 지역으로 퍼지는 속도와 능력은 증가하고 있다. 글로벌리제이션은 또한 질병의 유행병학의 변화에도 관여하는데, 이는 1980년 이후 신자유주의 경제체제로의 전이 때문이다. 이러한 신자유주의 경제체제는 정부로 하여금 보건지출을 줄이고 민영화 체제를 도입하도록 강요했다. 또한 소비자 라이프스타일의 선택에 관련된 상업적 선전, 미디어, 기업자본의 영향력이 전 세계적으로 증가했다는 점도 중요하다. 이러한 것들은 서구화된 삶의 방식에 관련된 감칠맛 나는 이미지를 만들어내어 많은 사람들은 특정 소비제품을 구입하여 날씬하고 성적으로 매력 있으며 젊은, 환상의 신체를 얻게 되는 것을 꿈꾸게 되었다.

홍미롭지만 이해하기 어려운 모순점도 분명히 존재한다. 첫째, 신체로서 불가피한 '살집'—특정 종교에 있어 이것은 죄이지만 근대화 정부는 이를 생산의 원천으로 규정했다—은 두 가지 특색을 가지게 되었다. 한편으로 살집은 성직자, 정부, 의학 전문가들에 의해 외부적으로 감시되었는데, 이들은 살집을 규제하고 '향상' 시키려고 했다. 다른 한편으로 살집은 즐거움과 자기 표현의 한 방법이 되어 개개인들은 자신들이 만든 보건규칙을 통해 이를 보호하거나 즐거움을 위해 살집을 최대한 이용하거나 했는데, 양쪽 다를 동시에 추구하는 사람도 있었다. 분명히 라이프스타일의 선택은 이러한 과정에서 매우 중요했고, 이는 또한 개개인들에게는 자신들의 신체와 건강을 남용하거나 향상시킬 기회가 있다는 것을 의미했다. 물론 일부 사람들은 교육수준의 향상이나 안전성, 고수입을 얻는 것을 선호하기도 했지만 말이다. 우리는 지금까지 상품을 제공함으로써 이러한 걱정을 하는 사람들을 대상으로 적절한 상품을 제공해 온 기업의 역할에 대해서 살펴보았다.

두 번째 모순점은 빈국에 있어서 질병 유행의 특성이 이중적 의미를 가지는 것이 점점 분명해지고 있다는 점이다. 빈곤이나 경제적 후진성과 함께 나타나는 유행성 질병의 발병은 1900년에서 1980년 사이 대부분의 국가에서 크게 줄어들고 있다. 그러나 최근에 이러한 진보는 특히 제일 이득을 얻지 못하는 집단 안에서 역으로 늘어나고 있다. 그러나 동시에 풍요를 원인으로 하는 서구의 만성질병 역시—특히 근대화 영향에 노출된 사람들 사이에서—나타나고 있다. 그러나 그들의 낮은 수입과 교육으로는 건강한 소비자로서 건전한 라이프스타일을 선택하기가 매우 어렵다.

더 읽어볼 책

■ 이번 장에서 언급된 보건사회학에 대한 책들은 매우 훌륭한 입문서이다. 예를 들어 와이트(K. White)의 『보건과 질병 사회학입문』(*An Introduction to the Sociology of Health and Illness*, 2002).

■ 푸코의 저서들은 읽기 쉽지 않다. 그러나 1980년 쉐라이던(A. Sheridan)이 쓴 푸코의 분석인 『미쉘 푸코 : 진실을 향한 의지』(*Michael Foucault : The Will to Truth*)는 매우 유용하고 이해하기 쉽다. 또한 현대 사회학에 대한 사이덤(Seidamn)의 책 『논쟁적 지식 : 포스트모던 시대의 사회이론』(*Contested Knowledge : Social Theory in the Postmodern Era*, 1998)의 6장에 나온 푸코에 대한 논의도 훌륭하다.

■ 이번 장에서 인용한 터너(B. Turner)가 쓴 책들 또한 매우 추천할 만하다. 그는 복잡하고 이론적인 문제들을 탁월하게도 읽기 쉽고 흥미롭게 논하고 있다. 『신체의 규제 : 의료 사회학에 관해』(*Regulating Bodies : Essays in Medical Sociology*, 1992)를 읽어볼 것.

■ 최근의 정보를 위해서는 *The Economist*나 *New Internationalist*와 같은 양질의 잡지와 WHO 리포트, 웹사이트들을 검토하는 것도 필요하다. 서적형식으로는 맥머래이와 스미스(C. McMurray and R. Smith)의 『글로벌리제이션의 질병』(*Diseases of Globalization*, 2001)이 매우 유용하다.

그룹 과제

■ 몇 개의 그룹을 만들어 WHO와 같은 다양한 웹사이트를 정기적으로 검토해 보자. 각 그룹은 주로 시공간의 압축에 의해 발생하는 보건문제를 하나씩 담당한다. 예를 들자면 말라리아의 만연 등을 들 수 있다. 두 달 후 각 그룹은 진행상황을 보고한다.

■ 학생들의 경험이나 인간관계의 지식을 이용하여 이하의 토픽에 관해 토론해 보자. 토론주제는 "메디컬리제이션 과정과 보건 생물의학 모델은 보건사회학이 지적한 것보다 훨씬 더 중요하며 앞으로도 그러할 것이다."

■ 반을 세 그룹으로 나누자. 각 그룹은 신문, 책, 웹사이트를 이용하여 만성질병의 주요 원인으로 생각되는 이하의 각 요소들 중 하나를 옹호하는 보고서를 준비해 보자. (a) 도덕적·개인적인 결함, (b) 소비주의적인 라이프스타일, (c) 현대 생활의 스트레스. 이들 중 어떤 사례가 가장 설득력 있는가?

생각해 볼 문제

1. 오늘날의 소비·오락사회—예를 들자면 다이어트와 같은—를 설명하는 데 있어서 푸코의 아이디어—내재화된 규율과 외적인 감시·통제의 쌍생의 작동—는 얼마나 유용한가?

2. 저개발국가의 보건문제를 줄이기 위해 WHO와 같은 다양한 기관들은 무엇을 가장 우선순위로 놓아야 하는가?

3. (a) 부국과 (b) 가난한 개발도상국에 있어서 라이프스타일과 보건 사이의 사회학적 관계는 어떠한가?

4. 세계 보건문제에 있어서 기업의 힘은 어떠한 역할을 하며 어떠한 일을 해왔는가?

유용한 웹사이트

■ http://dept.kent.edu/sociology/asamedsoc/ 이 페이지는 Research and Data Resources for Medical Sociologist(의료사회학 연구와 데이터 리소스)라는 제목을 가지고 있는데, 켄트 대학(Kent University) 사회학과에 본부를 둔 미국 사회학협회(American Sociological Association)의 의료사회학 부문의 하부 페이지 중 하나이다. 매우 유용한 링크가 구비되어 있지만 이 중에는 깨진 것도 있다. 우리가 마지막으로 검토했을 때는(경고!) 링크 중 하나가 포르노 다운로드 사이트에 의해 가로막혀 있었다.

■ http://www.latrobe.edu.au/telehealth/esochealth/Links.html 이 사이트는 오스트리아 사회학협회의 보건사회학 부문이 제공하는 종합적인 링크 페이지이다. 이 페이지는 공식 뉴스레터인 eSocHealth라는 전자 저널을 제공하는데, 이는 오스트리아 멜버른의 La Trobe University의 공중보건 대학이 관리한다.

■ http://www.britsoc.co.uk/new_site/index.php?area=specialism&id=52 이 사이트는 영국 사회학협회의 의료사회학 스터디 그룹의 사이트이다. 직접적으로 다운로드 가능한 것은 많지 않지만 매년 회의의 초록 책이 있어 많은 논문의 요약을 얻을 수 있다. 수고가 조금 더 들어가겠지만 재미있는 것을 발견하면 저자나 제목으로 구글에서 검색하면 무엇인가 얻을 수 있을 것이다.

■ http://www.socsocmed.org.uk/ 이 사이트는 사회의료학 협회의 홈페이지이다. 사회학보다는 공중보건이나 유행병학에 좀 더 직접적으로 관련되지만 매우 유용한 영국과 유럽 링크를 제공한다.

■ http://www.blackwell-synergy.com/toc/shil/1/2 Blackwell 출판사의 공식 사이트를 통하여 1976년부터 1989년까지의 *The Sociology of Health and Illness*

잡지를 무료로 볼 수 있다. 이용하는 도서관이 만약 이 저널을 구비하고 있지 않다면 이 사이트는 무료로 좋은 자료를 얻을 수 있는 기회를 제공할 것이다.

G L O B A L
SOCIOLOGY

GLOBA

CHAPTER 12

관광 : 사회적·문화적 영향
Tourism : Social and Cultural Effects

SOCIOLOGY

20세기에 이르자 레저는 일반인의 생활 안으로 확산되어 점점 일상생활의 중요한 부분을 차지하게 되었다. 이번 장에서 우리는 중요한 레저활동의 하나인 국제관광에 중점을 둘 것이다. 첫째, 국제관광이 글로벌리제이션에 어떻게 공헌하고 있는지 살펴볼 것이다. 둘째, 관광객들의 행동이 어떻게 사회적으로 구성되는지에 관한 사회학자들의 이해를 살펴볼 것이다. 셋째, 국제관광은 또한 글로벌리티의 성장—즉 자신들이 같은 인간 집단의 일원임을 의식하는 것—에 공헌하고 있음을 보여줄 것이다. 이러한 글로벌 의식의 성장은 각 사회 간의 경계나 내부자와 외부자 간의 경계(혹은 방문국과 방문자 간의 경계)가 점차적으로 모호해지는 문화적인 세계에 우리를 직접적으로 노출시킴으로써 진행되고 있다.

단체관광이 발달하면서 방문자들을 자신들의 '놀이' 공간으로 끌어들이는 사람들(Sheller and Urry 2004 : 1)은 그들 자신의 독특한 아이덴티티를 재고하여 이를 포장하고 상품화함으로써 다른 문화로부터 온 사람들을 끌어올 수 있기를 원했다(Perkins and Thorns 2001 : 189). 그러나 그들은 또한 이러한 장소들을 '연극 속의 장소'로 만들 수 있어야만 했는데, 이는 셸러와 어리(Sheller and Urry)가 지적한 것과 같이 관광이 '글로벌 무대'에서 일어나고 있기 때문이었다. 이 "무대에서는 각각의 마을, 도시, 섬, 국가들이 자신들을 동원하여 훌륭하게 꾸미고, 서로 경쟁하면서 자신만의 브랜드를 만들어 관광자들, 관계 사업들, 그리고 '지위'를 얻으려고 한다"(Sheller and Urry 2004 : 8). 이러한 연극의 공간은 또한 로컬적인 것과 글로벌적인 것을 함께 다룬다. 우리는 글로벌 세력과의 접촉이 전통문화의 자율성에 해를 가할 것이라는 예측에 관한 사회학자들의 논쟁이 어떻게 진전되어 왔는가를 사례를 이용하여 살펴볼 것이다. 이에 관련된 것이 네 번째 테마이다. 글로벌리즘은 우리 모두를 자신의 문화적 유산을 제시하도록 만들어진 공연을 상연하는 글로벌 연기자로 만든다. 이 때문에 일부 사회학자들은 '문화'와 '전통'이 의미하는 것을 어떻게 이해해야 할 것인지 재고하게 되었다.

국제관광과 글로벌리제이션

마드리드에 본부를 두고 있는 세계관광기구(World Tourism Organization : WTO)는 해외에서 휴가를 즐기는 사람들의 국제적 흐름에 관한 통계를 조사한다. 이 기관은 '국제관광객'을 적어도 24시간 이상 한 국가에 머무르는 사람으로 정의내렸다. 또한 여기에는 레저 목적으로 방문한 사람도 비즈니스를 목적으로 방문한 사람도 포함되어 있는데, 이 두 경우는 중복되는 경우가 많기 때문이다. 양 집단 모두 방문국 외의 자금원을 가지고 있다는 것이 이 정의의 본질적 부분이다. 이와는 대조적으로 근린국가에서 국경을 넘어서 통근하는 노동자나 보통 국외에 살면서 다른 국가를 방문하는 사람들은 이 통계의 대상이 되지 않는다.

그린우드(Greenwood 1989 : 171)는 국제관광이 전쟁을 제외하고 '인류 역사상 가장 거대한 규모의 상품과 서비스, 그리고 사람의 이동'을 만들어낸다고 설명했다. 해외에서 휴가를 보내는 사람들의 수는 1950년대 이후 급속도로 증가했다. 따라서 국제관광객 수는 1950−1990년 사이 17배라는 놀라운 속도로 성장했다. 물론 아주 낮은 상태에서 출발한 것이긴 하지만 말이다. 그림 12.1에서 볼 수 있듯이 1990−2004년 사이에 국제관광은 약 3분의 2가 증가했다. (2001년과 2002년 사이의 경우, 특히 미국의 경우 약간 떨어지긴 했지만 이는 뉴욕에서 일어난 9·11 사건 이후 항공기와 관광지에 대한 테러리스트 공격에 대한 공포가 전 세계적으로 퍼졌기 때문이었다.) 따라서 세계관광기구의 미래 예상 수치에 따르면 2010년 10억대의 벽을 깰 것이며, 2020년에는 1990년 수치보다 3배는 더 늘어날 것이다. 세계 경제 공헌이라는 입장에서 국제관광을 살펴보면, 2003년 관광수입은 전 세계 수출의 6%, 서비스 산업의 세계 총생산의 3분의 1에 해당된다(WTO 2005). 실제 수치로는 9조 달러를 넘어선다. 그러나 이는 항공기 운임과 같은 운송수입은 포함되어 있지 않다. 이 정도의 성장률을 지속하고 있는 산업은 거의 없다.

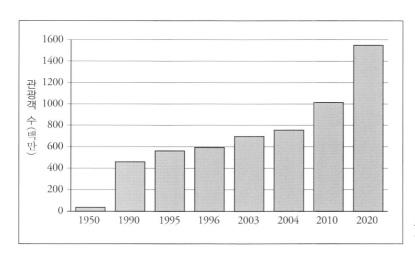

그림 12.1 국제관광객의 이동(해당년도와 예상)
출처 : WTO (2005).

그림 12.1에 제시된 이동규모는 명확하게도 글로벌적 함의를 가진다. 그러나 국제관광과 글로벌리제이션이 긴밀하게 연결되어 있는가에 대해서는 다음과 같은 7가

지 구체적인 이유가 있다.

1. 이미 살펴보았듯이 관광은 현재 매우 거대한 비즈니스이다. 최근까지 관광은 글로벌 경제 안에서 석유, 승용차 생산에 다음가는 세 번째 산업으로 간주되었다(Sinclari and Tsegaye 1990). 그러나 일부 연구자에 의하면 1990년대에는 세계 최대의 합법적 매상을 기록하게 되었다.

2. 사업 잠재력이 이렇게까지 큰 성장을 거둘 수 있었던 것에는 초국적 기업들의 영향력 증가가 존재했다. 초국적 기업들은 관광중개 전문가로서, 혹은 호텔 비즈니스, 리조트 개발, 운송설비, 테마파크 사업 관련 거대 기업에 보조적인 역할을 함으로써 서로 경쟁했다. 예를 들어 아코르(Accor) 체인 호텔의 경우 2004년 당시 140개 국가에 4,000개의 지점을 가지고 168,500명의 고용인을 두고 있었다(Accor 2005).

3. 다른 근대화의 예와 같이 국제관광은 지금까지 무료 재화였던 상품들에 시장 가격을 매기게 된 것과도 관련된다. '문화'는 이제 고대 유적지, 제사의식, 민족 관습의 형태로 포장되어 관광객들에게 판매되고 있다. 심지어 보통 사람들의 일상생활마저 관광객들에게 팔리는 상품으로 바뀌게 되었다.

4. 해외에서 휴가를 지내는 사람들의 수가 커지면서 이와 대조적으로 다른 형태의 초국경적 이동—예를 들어 장기간에 걸친 이주자, 종교적 순례자, 박해를 피해 도망친 난민, 계절 노동자들—은 위축된 것처럼 보이게 되었다.

5. 국제관광은 셸러와 어리(Sheller and Urry 2004 : 6)가 '다수의 네트워크로 연결된 이동성'(multiple networked mobilities)이라고 부른 현상을 명확하게 보여주었다. 따라서 국경 및 그들이 중요하다고 여기는 여러 요구—문화적·생물적·신체적·감성적·감정적·성적·전달적인 면에서—를 넘어서 이동하는 수많은 관광객들을 위해서 또 다른 수많은 사람들이 다른 여러 가지 재화들과 함께 동원되어야 한다. 이동수단, 신호, 이미지, 돈, 자본, 정보, 식료품, 엔터테인먼트, 유적지, 오락, 서핑보드와 비치웨어 같은 인공물 등 그 외의 수많은 것들이 이에 포함된다.

6. 국제관광은 전 세계적 현상, 즉 피할 수 없는 '국제적 사실'이다. 이는 실질적으로 모든 나라에 영향력을 끼치고, 멀거나 접촉할 수 없었던 국내 대부분의 지역과 지방에까지 침투한다. 또한 "각종 수준의 각종 영역의 집단생활 안에

서 이를 실감할 수 있게 한다"(Lanfant et al. 1995 : 25, 26). 최근 수십 년 사이에 북미와 유럽에서 쇠퇴하기 시작한 산업의 러스트벨트 지역의 멈춰버린 공장, 용광로, 창고, 운하, 거리들은 점점 진정한 산업 관광지역으로 바뀌고 있다.

7. 급성장하고 있는 다른 레저 산업(소비주의, 매스미디어, 예술과 스포츠)과는 다르게 국제관광은 방문국과 직접적인 사회교류와 관련하는 사람들과 다른 사회를 직접적으로 경험하는 사람들의 대량이동을 필요로 한다.

이러한 특징이 결합된 결과가 랑팡(Lanfant 1995 : 25)이 다양한 라이프스타일과 글로벌 통합을 진전시키는 매개체 사이의 '전동벨트'(transmission belt)라고 부른 현상이다. 관광은 또한 글로벌리제이션의 행위자로서 단수의 다른 어떤 요소보다 복합적인 효과를 가진다는 주장도 있다. TNCs에 관해서도 비슷한 주장이 가능하다. TNCs는 기술, 자본, '소비주의라는 문화 이데올로기'의 운반책으로서 크나큰 영향을 가지고 있기 때문이다(Sklair 2002). 한편 TNCs의 사회적 효과는 한정되는 경우가 많다. 해네즈(Hannerz 1990 : 239)의 주장에 따르면, 이와 다르게 국제관광은 점차적으로 국경에 한정되지 않는 광범위한 상호작용과 사회관계에 관계하고 있다. 복수의 문화가 국경을 넘어 사회적 네트워크를 통해 자유롭게 공존하거나 '중복되고 뒤섞이게 되는' 곳이라면 어디든지 글로벌리제이션이 자라나게 된다. 많은 국제관광객들은 이렇듯 진정한 의미에서의 다문화 이해 증대 및 문화적 선택의 다양성에 공헌하고 있는 것이다.

관광객의 증가와 분포

관광객 수의 증가에 관해서는 몇 가지 설명이 존재한다. 해리슨(Harrison 1995)의 주장에 의하면, 영국의 경우 19세기 노동자계급의 생활수준이 향상되면서 우선 '외출하는 날'이라는 발상이 생겨난 후 해변에서의 휴가라는 발상이 나타났다. 의사들은 해수와 해풍이 건강에 좋다고 권유했다. 풍요로움과 유급휴가의 증가와 함께 오랜 시간 동안 귀족과 상업 엘리트에게만 허용되었던 외국여행은 19세기 말이 되면서 더 이상 사치가 아니게 되었다. 20세기에는 '관광의 민주화'와 함께 사회제도로서의 '휴가'가 탄생했다(Sharpley 1994 : 83).

1960년대 이후 쿠르즈 여행의 가격이 낮아지고 특히 여객기에 의해 장거리 여행이 가능해지면서 저가격의 패키지 여행이 등장하고, 많은 정부가 관광산업을 국가 진흥책으로 추진하면서 국제화가 추진되었다. 국제관광의 성장을 둘러싼 또 하나의 해

표 12.1_ 관광객의 목적지(지역 선정), 1995-2020(예상)					
지역	1995년 (기준년도, 100만 명 기준)	2020년 예상 (100만 명 기준)	시장 점유율 (%, 1995)	시장 점유율 ($, 2020)	매년 성장률 평균 (%)
아메리카대륙	110	282	19.3	18.1	3.8
동아시아와 아시아태평양	81	397	14.4	24.4	6.5
유럽	336	717	59.8	45.9	3.1
중동	14	69	2.2	4.4	6.7
남아시아	4	19	0.7	1.2	6.2
아프리카	20	77	3.6	5.0	5.5

출처 : WTO(2005) 자료 채택

석은 이러한 발전이 다양한 레저와 소비활동이 수반하는 기호와 심볼 중점으로 개인적 라이프스타일의 아이덴티티를 만들려는 포스트모던적인 열망에 의한 것이라는 것이다. 해외여행은 풍요로움과 세련됨, 모험심을 보여주는 증거로 보여진다. 외국의 풍경, 기후, 요리, 습관은 사람들이 성적으로나 사회적으로도 '점수를 얻기' 위한 새로운 분야나 기회를 가져다 준다. 또한 그들의 특별한 몽상을 현실로 해주거나 '이국풍의 환경 아래에서 다양한 사회적 역할을' 가져다 주기도 한다(Turner 1994 : 185).

1970년 이후 국제관광 자체는 점차 글로벌화되어 가고 있다. 최근에 이르기까지 주요 방문국가들은 소수의 부유한 서구국가들로 미국, 스페인, 프랑스, 이탈리아, 영국이 최고 5개 국가 순위경쟁 국가들이었다. 그러나 2003년에는 중국이 영국을 제치고 이탈리아 다음으로 5위를 차지하게 되었다. 같은 2003년 WTO 통계(2004)는 여행국가 상위 20위 중 7개가 비서구국가임을 발표했다. 멕시코는 8위, 홍콩(당시 중국의 한 부분이었지만) 12위, 터키 15위, 말레이시아 17위, 타이 18위, 러시아 연방이 20위였다. 게다가 1960-1994년 사이 서구 부국을 향하는 세계 관광객의 총비율이 실질적으로 줄어들어 그 점유율은 92%에서 74%로 줄어들었다. 이러한 경향은 계속 이어지고 있는데, 이러한 현상은 표 12.1에서 볼 수 있듯이 유럽에서 특히 두드러졌다. 해리슨(Harrison 1992 : 8)에 의하면 개발도상국으로의 관광객 수와 이로 인한 수입은 1980년대에 실질적으로 증가하기 시작했는데, 특히 동아시아와 아시아 태평양 지역 국가들의 경우가 그러했다. 또한 이러한 경향은 1990년대 중반 이후 계속 이어져 왔다.

1950−2003년 사이 국제관광의 증가율은 매년 약 6.5 정도였던 반면 아시아 태평양 지역의 성장률은 13%, 중동지역의 성장률은 10%였다(WTO 2004). 아프리카와 남아시아 또한 앞으로 그 총점유율을 점점 늘려갈 것으로 예측된다. 표 12.1에서 볼 수 있듯이 이러한 모든 '새로운' 관광객은 유럽, 북미, 일본을 방문하지는 않을 것 같다. (물론 여전히 많은 사람들이 방문하고 있지만 말이다.) 그 대신 많은 사람들이 그들이 속한 지역이든 다른 지역에 위치하든 빠르게 성장하고 있는 개발도상국을 방문하고 싶어 한다.

관광 사회학

사회학자는 관광을 어떻게 이해하려고 해왔을까? 첫째, 다른 활동과 똑같이 관광경험은 사회적으로 구성된 것이다. 예를 들어 다른 사람들이 볼 때 코스타 델 솔의 휴일용 아파트에 머무르는 것보다는 프렌치 리베라(전에는 유럽 귀족들과 부유한 부르주아가 독점한 휴양지였다)의 비싼 호텔과 같은 곳으로 휴가를 가는 사람들이 더 높은 지위에 있다고 볼 수 있다. 해마다 바뀌는 인기 리조트 역시 유행의 변화와 같다. 여행 전문가, 미디어 프로그래머, 테마파크 기획자 등 수많은 사람들이 관광객들이 필요로 하는 모든 것들을 공급하게 된다. 관광객들은 보통 예비 부모처럼 신중하게 여행준비를 하고 여행 오래 전부터 계획을 세우거나 한다. 이러한 과정 중에 관광객들은 친구들이나 가족들과 상담하거나, 광고 전단지 및 여행 가이드를 정독하거나, 텔레비전에서 휴가 프로그램을 보거나 선탠 크림, 화려한 셔츠, 캠핑 도구와 같은 필요한 장비를 사거나 한다. 그래서 여행에서 돌아와도 다른 여행객들과 공유한 기억과 함께 살 수밖에 없었던 기념품, 사진을 전시하는 다양한 사회적 이벤트로 보통 생활을 특징짓는 것이다. 이에 따라 관광은 사회생활 안에서 내재화된다.

둘째로, 휴가와 관광은 "레저행위—소위 통제되고 규칙적인 일을 전제조건으로 하는 것과 반대되는—와 관련된 것이다"(Urry 1990a : 2). 일과, 즉 일상생활의 노동영역과 레저 및 레크리에이션 영역 사이의 분리는 새로운 현상이 아니다. 이는 뒤르케임(1976)의 종교생활에 관한 연구에서 관심을 기울였던 **성스러운 것**(the scared)과 **세속적인 것**(the profane)의 구분과 일치한다.

중요 개념

성스러운 것과 세속적인 것(the sacred and the profane) 『종교생활의 원초적 형태』(*The Elementary Forms of Religious Life*, 1976)에서 뒤르케임은 종교적 실천과 신앙은 일상의 세속적 활동 및 목표

와 성스러운 것을 명확하게 구분할 것을 요구한다고 주장했다. 후자는 경외와 숭배의 대상이
된다. 이들은 의식적 행위나 집단 깊숙이 뿌리박혀 있는 신념을 확인하기 위해 공동체의 구성
원들을 하나로 결속시킨다. 세속적인 것이 일상에서 가능한 것을 통해 알려짐에 반해 성스러운
것은 일상을 넘어선 경험을 통해서만 알려진다(16장 참조).

전근대적 사회에 있어서 일상으로부터 비일상적인 사건 및 경험으로의 전환은
계절이나 연도의 전환과 함께 종교적·사회적 생활의 순환기에 있어서의 중대한 변
화—세인트 데이, 크리스마스, 탄생, 결혼, 죽음—와 관련된다(Graburn 1989 : 24-5). 예
를 들어 성지순례 같은 여행으로 인한 위험과 비용은 대부분의 가난한 사람들도 그러
한 종교적 축제나 사회적 의식, 가정 내 혹은 고향의 특정 예배장소에서 이러한 전환
을 경험하고 있다는 것을 의미했다. 교회와 사원은 마을의 여느 집들보다 훨씬 크게
지어지는 경우가 많았는데, 이는 이것이 경외의 대상이라는 점을 강조하기 위해서였
다. 지방의 축전의식은 우리들이 오늘날 '휴가'(holiday, 당신은 아마도 'holiday'와 'holy
day'의 어원이 비슷한 것을 알아차렸을 것이다)라고 부르는 것에 가장 가까운 것을 구성한
다. 산업화가 진전되고 일반인들 안의 풍요로움이 증대함에 따라 비노동영역은 가정
으로부터 분리되어 먼 곳으로의 여행으로 이어지게 되었다. 그러나 종교적 관심이라
는 형태와 신성과 연결되어 있다는 흥분과 기대감은 다시 살아나게 되었다. 단, 신성이
제공했던 본래 정신적 지주로서의 역할은 거의 사라졌다. 그 대신 이는 휴일이라는 경
험과 결합하게 되었다. 따라서 근대의 관광은 그래번(Gra-burn 1989)이 '신성한 여행'
이라고 부르는 것과 연관된다.

휴일과 신성한 여행 사이의 이러한 관계는 관광을 이해하는 데 있어서 흥미롭고
설득력 있는 세 번째 관점을 제시한다. 이는 맥카넬(MacCannell 1976)의 주장에서부터
시작되었는데, 그의 주장은 산업화 시대를 사는 근대 사람들의 삶이 지나치게 상업화
된 나머지 기존의 독특한 문화적 콘텐츠가 없어져 이국정서가 부족한 경향이 있다는
것이었다. 특히 중산층과 지식인에게 있어서 관광은 '소외된 것에 대한 방랑자의 시찰
여행'(Meetahn 2001 : 91)과 같아졌다. 그리고 이것은 정통성과 '진실성'(realness), 영성
등 오직 전통적인 사회들이 제공할 수 있다고 생각되는 것을 찾기 위한 동기에 의한
것이다. 그러나 "전근대 사회에 있어서 정통성의 새로운 출처를 발견하면서 여행객들
은 자신들이 지키고자 했던 것들을 어쩔 수 없이 오염시키게 된다"(Harrison 1995 : 240).

이 주제에 대해서는 다시 살펴볼 것이다.

네 번째로, 관광에 대한 어리의 연구(1990a, 1990b)는 매우 영향력이 컸으며, 계속해서 진화하고 있다(Urry 1995, 2004). 그의 주장은 중산층 개인들이 진실성을 추구하는 과정으로서 관광을 분석했던 맥카넬(MacCannell 1976)의 주장을 부분적으로 받아들인 것이었다. 그러나 그는 휴가여행이 '관광객의 응시'(the tourist gaze)라는 현상과 관련된다는 점을 소개했다. 이러한 암시적 용어에 대해 그는 우리가 여행을 하는 동안 새로운 풍경을 찾고 수집하게 되는 것을 지적했는데, 보통 이런 것들은 "사진, 엽서, 영상, 모델 등을 통해 표현된다"(Urry, 1990a : 3). 그러는 동안 국가 혹은 지역의 관광객 유치자들과 상업 관광업자들은 멋진 팸플릿, 선전 등의 다양한 미디어 자료들을 통해 다양한 장소들의 정교한 이미지들과 관광객의 모습들을 창조해낸다. 관광객의 응시는 "우리의 시선을 받을 가치가 있는 물건들과 장소들을 판별해 주는 표시에 의해서 소개되며"(Urry 1990a : 47), 관광객들은 이러한 귀중한 의미들을 인지할 수 있도록 훈련된다. 여러 예들 중에서 어리는 다음과 같은 예를 제공했다. "파리 길거리에서 두 사람이 키스하고 있는 것을 보았을 때 사람들이 주목하는 것은 '영원히 로맨틱한 도시 파리'이고, 영국의 작은 마을의 경우에 사람들이 주목하는 것은 '진정한 옛 영국'"(Urry 1990a : 3)인 것이다. 우리가 여기서 목격할 수 있는 것은 관광산업이 상업적 이유로 만들어낸 이미지와 충격적이고 반복적인 시각적 표현을 제공하여 특정 지역을 관광명소로 조성하고 있다는 점이다. 동시에 테마파크에서 볼 수 있듯이 그들이 무대 이벤트를 세심히 짜고 가짜의 전통경험을 만들어내는 경우도 많다.

어리(Urry 1990a : 45-6)는 다양한 관광객의 다양한 응시를 통해 시각적 경험을 수집하는 것은 중요하다고 주장하면서 집합적 관광객의 응시와 낭만주의적 관광객의 응시를 구별해야 한다고 주장했다. 집합적 응시자들은 휴일장소로 해변 리조트, 테마파크, 야영지 등 많은 사람들이 있는 곳을 찾는 것이 일반적이다. 그러나 많은 사람들이 있는 곳은 혼잡과 환경적 스트레스(끝없는 자동차, 하수, 쓰레기더미)를 발생시키기 마련이고, 기념품 가게나 레스토랑, 아이스크림 차 등 이들을 즐겁게 해줄 다양한 사업체를 끌어들인다. 그럼에도 불구하고 집합적 응시자들은 이러한 혼합물을 즐기고, 전체적으로 상업화된 환경 안에서 편안함을 느낀다. 낭만주의적 응시는 좀 더 분별 있는 여행자들에 의해 추구되는데, 이들은 손때가 묻지 않은 자연의 순수한 아름다움이 있는 지역을 찾는다. 닳아버린 선로나 '민속' 촌이 아니라 머나먼 나라나 지역에 있는 농장, 공예, 종교적 생활과 같이 망가지지 않은, 독특한 것들이 남아 있다고 생각되는 것들을 찾는 것이다. 그들은 집합적 응시자들보다 활동적이고 대중의 구경거리와 현대 관광의 상업화를 기피한다. 그 대신 그들은 좀 더 진실성과 감정적 깊이를 느낄 수 있는 특이하고 차별화된 개인적 경험을 찾는다. 이렇게 전에는 소수였던 관광의 형태가 점점 증가하여 단체 상업관광의 초기적 형태는 무너지고 있는 것이다.

그림 12.2 이슬람교도에게 있어서 가장 성스러운 사원인 카바신전에 모인 100만 명에 가까운 순례자들. 2001년 2월 27일 해질녘, 사우디아라비아 메카의 그랜드 모스크.
2001년에는 200만 명이 넘는 순례자들이 메카에 도착했다.

그림 12.3 헬멧을 쓴 미키 마우스, 종교적 아이콘으로서의 지위를 가지는가?

존 어리_ JOHN URRY (1947-)

이번 장에서 이미 우리는 관광 사회학에 있어서 어리의 공헌에 대해 논의했다. 여기서 우리는 근대 후기와 포스트모던 상황에 있어서 자본주의의 특성에 대한 그의 연구를 살펴보았는데, 이는 그와 스콧 래쉬(Scott Lash)의 공동연구였다. 우리는 또한 글로벌리제이션에 대한 그의 최근 연구 역시 살펴보았다.

'조직화'에서 '탈조직화 자본주의'로

다른 여러 학자들과 마찬가지로 어리와 래쉬는 1960년대부터 일어나기 시작한 거대한 변이를 인정하고 있었다. 이는 대부분의 부가 기업의 거대 통합과 지역의 도시화로 인해 제조업으로 만들었던 국가 기반경제의 변화였다. 기업은 정부 보호, 과학 및 중산층 테크노크라시의 확산으로 인해 지원받았다. 기업들은 또한 거대한 수공업 노동력이 무역조합 안에서 조직화되고 국가 복지가 확대되면서 보호를 받았다. 이로 인해 훨씬 더 탈조직화된 경제, 기호와 공간의 경제(economy of signs and spaces)는 점점 늘어나게 되었다.

- 기존 산업화 국가들이었던 소수의 서구국가들 외에도 산업화를 향해 움직이는 국가들이 늘어나게 되었다.
- 자본—자금과 주식, 투자, 완전상품 혹은 구성상품의 여부를 떠나서—은 점점 더 국가 통제로부터 자유롭게 되었다.
- 아웃소싱과 하청계약이 늘어나게 되면서 회사는 자신들의 주요 활동기관 규모를 줄이게 되었다.
- 경제생활은 상대적으로 탈물질화되었다. 노동과 많은 상품의 물리적 콘텐츠가 줄어든 반면 지식, 디자인, 표시 등의 콘텐츠는 증가했다(13장 참조). 재화의 수가 증가하면서 (팝송, 영화, 휴일 등) 심미적이고 표현적인 매력이 중심이 되었다.
- 이로 인해 선진국 사회 대부분의 사람들에게 있어서 라이프스타일, 레저, 소비활동의 중요성이 증가했다. 또한 지식에 기반한 새로운 정보사회가 나타나고 커뮤니케이션과 전산화 기술이 융합되었다.

기든스(Giddens), 벡과 부만(Beck and Bauman) 같이 어리와 래쉬 역시 새로운 경제로 인해 나타난 개인화 과정을 지적했다. 이러한 새로운 형태의 경제로 인해 기존 사회구조 내에서 유전되어 내려오던 통제 가능성—계급이나 가족—은 줄어들고 이로 인해 인간 개개인은 자신들만의 삶을 구성할 수 있도록 자유로워졌다.

글로벌리제이션의 주요 구성요소

최근 어리는 이러한 아이디어의 일부를 확장시키고 새롭고 흥미로운 주장을 받아들였다. 이러한 주장들은 글로벌리제이션을 이해하는 데 큰 도움이 된다. 어리가 발견한 글로벌 라이프의 중심부분은 다음과 같다.

- 사람들(예를 들어 관광객, 이주민, 범죄자), 재화, 이미지, 통화, 기호에 있어서 그 속도, 강도, 이동성의 양은 크게 증가했다. 이는 매우 다양한 형태로, 경계를 깨고 여러 방향으로 보급된다.
- 따라서 영토나 장소보다는 네트워크가 현대의 사회적 삶을 설명하고 탐험하는 데 좀 더 유용한 은유를 제공한다.
- 문화적 흐름의 측면에 있어서 이동성은 매우 놀랍다. 문화적 요소들은 스스로 흘러다니거나 IT, 여행 및 미디어가 제공하는 기술통로를 따라 운반되는데, 이주나 투자를 통해서도 흐른다.
- 그러나 이러한 흐름은 훨씬 더 넓은 함의를 가진다. 어리는 글로벌리제이션에 유동성 개념을 도입·적용했다. 질병, 환경 쓰레기, 웹사이트, 메시지, 기업 브랜드 이미지, 아이콘, 선전 이미지와 같은 개체들은 쏟아진 액체처럼 모든 곳에 퍼지고 스며들어 침투한다. 이러한 흐름은 거의 대부분 제한할 수 없고 예상할 수도 없다.
- 인터넷, 휴대폰, 워크맨, 위성 텔레비전, 자동차, 항공기와 같은 기술이 없는 사회적 삶은 점점 더 상상조차 할 수 없게 되어간다. 게다가 인간 개인의 활동도 이제 기술과 항상 함께하는 것이 필요한 것처럼 보인다.

결과적으로 글로벌라이프는 중심이 없고, 매우 복잡하며, 쉽게 조종할 수 없으며, 다양한 방향으로 예측할 수 없이 움직인다. '사회'라는 개념은 이제 매우 의심스러운 것이 된다.

출처 : Lash and Urry (1987, 1994) ; Urry (2000, 2003).

관광자 등급에 대한 고찰

다양한 종류의 관광객을 분류하기 위해서 다양한 시도가 행해져 왔다. 예를 들어 어리는 위에 설명한 것과 같이 분류함으로써 이 분야의 연구에 중요한 공헌을 했다. 또 다른 기본 분류로는 '단체 전세' 관광과 개인 혹은 소집단의 관광을 비교하는 것이 있다(Smith 1989 : 12-13). 각각의 기본형은 이제는 세속화되어 성스러운 영역의 잔여물이 된 다음의 두 가지 구성요소 중 하나와 동일시될 수 있다.

■ 레크리에이션, 회복, 재미로의 탈출
■ 모험, 영적 회복, 정통성을 추구하는 좀 더 '받아들여질 수 있는' 욕망

이러한 이분법은 매우 중요하다. 일반적으로 단체 전세 관광객은 방문국에 있어서 거대한 경제사회적 영향을 발생시킨다고 간주되기 때문이다. 단체관광객들은 엄청난 규모의 리조트 설비와 서비스에 대한 수요를 만든다. 게다가 이러한 종류의 관광객 수요는 서구 관광객들이 그들의 집에서 사용했던 것과 같은 수준의 서구 스타일의 쾌적함을 누리도록 요구하는 권리로 작용한다. 근대적 하수도 처리는 물론 방안의 텔레비전, 방문국의 사람들은 방문객들의 언어로 이야기하고 방문객들의 전통요리도 제공되어야 한다. 스미스(Smith 1989 : 13-14)는 다음과 같이 단체관광을 묘사했다.

전세 관광객들은 단체로 온다. 그리고 총 747개의 활주로에는 적어도 10개의 대형 버스가 그들을 공항으로부터 호텔까지 옮기기 위해 대기하고 있다. 호텔 로비에는 스페셜 투어 데스크가 배치되어 여행안내를 비롯한 다양한 단체 서비스를 제공한다. 이름표를 단 전세 관광객들은 번호가 달린 버스에 배정되고, 버스에 탄 후에는 그 숫자를 체크하고 끊임없이 '자신이 속한 버스를 탈 것'을 주의받는다. 대규모 사업인 전세투어에 종사하고 있는 여행 중개인이나 호텔들은 클레임을 피하기 위해 서구(혹은 일본)의 입맛에 맞춰 그 서비스를 평준화하고, '모든 층에 아이스크림 판매기와 소프트 드링크 코너'가 구비된다. 전세 관광객들에게는 목적지조차 중요하지 않을지 모른다.

다른 연구자들과 마찬가지로 스미스(1998 : 11-12)는 이러한 단체관광객과 개인 및 소집단 여행객을 대비시킨다. 이들은 다양한 카테고리에 속해 있지만 좀 더 드물고 좀 더 분별력을 가지고 있다고 생각된다. 이러한 종류의 사람들은 '탐험가'(새로운 경험이나 손상되지 않은 토지를 추구하므로) 혹은 '보통이 아닌' 관광객(멀리 떨어진 사회의 이국적 관습을 보기를 원하므로) 혹은 그들의 근원을 찾는 사람들(Box 12.1 참조)로 구성된다. 이러한 집단은 현지 습관, 음식, 오락(혹은 이러한 것들이 거의 없는 상태)을 '완전하게 즐기거나' '이에 잘 적응하거나' 한다. 게다가 '이것에 맞추려는' 노력에 큰 즐거움을 느낀다.

Box 12.1

가나에 있어서 관광의 발전 : 어두운 과거의 유산에 대한 경외

1980년 중반 이후 서아프리카 국가인 가나(몇백 년 동안 유럽과 중동에 금을 공급해 왔기 때문에 한때는 골드코스트라고 불렸다)에서는 새로운 산업이 발전했다. 이는 새로운 형태의 역사적·문화적 관광촉진 정책의 일환으로서 대서양 노예무역에 관여했던 이 국가의 슬픈 유산을 활용한 것이다. 그 결과 가나 방문객 수는 1985년 85,000명에서 1994년 335,000명으로 증가했다. 실제로 1990년대 중반에 이르자 가나에 있어서 국제관광은 금, 코코아의 수출에 이어 세 번째로 중요한 외환 수입원이 되었다. 게다가 관광부분이 중요해짐에 따라 정부는 점점 국가의 호텔, 공항, 길 등을 보수하거나 숲의 야생공원을 개선하는 데 투자하기 시작할 것이라고 예측되었다.

현재 가나 관광에서 가장 중요한 '인기 포인트'는 15세기부터 다양한 시대에 지어진 네덜란드, 포르투칼, 영국, 프랑스 등 대서양 해안의 많은 요새이다. 이러한 요새는 매우 악의적이고 잔인한 의도를 가지고 있었다. 이곳의 지하감옥은 서아프리카에서 잡혀 낙인이 찍힌 사람들이 미국의 플랜테이션 농장으로 운반되기 위해 배를 기다리는 장소였다. 그들은 어둡고 축축하며 비위생적인 상황에서 수갑이 채워진 채 갇혀 있었다. 모두 약 1,000만 명의 아프리카인들이 노예가 되어 아프리카로부터 대서양을 건너 브라질, 카리브 해, 북미로 건너갔다. 16세기 초부터 시작된 이 놀라운 '인간무역'은 1700년에 최고 전성기를 맞이하여 19세기 중반까지 이어졌다.

가나 해안의 가장 유명한―혹은 가장 악명높은―요새는 케이프코스트에 있는 요새로서 1877년까지 영국 식민지배의 행정 중심지였다. 특히 케이프코스트는 많은 관광객들이 찾는 포인트였다. 관광객의 상당부분은 아프리카계 미국인으로 그들은 자신들의 고향과 노예화로 인해 자신의 선조들이 잃어버렸던 문화유산을 재발견하기 위해서 온다. 그러나 그들은 또한 옛날 노예들이 겪었던 고통을 애도하기 위한 순례자로서도 이곳을 방문한다. 가이드들이 어두운 지하감옥으로 안내하면 많은 관광객들은 옛날의 기억들을 떠올리며 감동하여 눈물을 흘린다.

좀 더 밝은 면에 대해 이야기하자면 가나의 관광사업은 많은 아프리카계 미국인에게 부족장 등 현지 사람들을 방문할 수 있게 해주거나 고대 의식에 참가하는 기회를 제공하여 여행객들에게 자신들의 선조와 같은 아프리카 이름을 제공한다.

출처 : *Financial Times* (4 August 1995).

다른 연구자들 또한 이러한 다른 종류의 관광객의 특성에 대해 논하고 있다. 예를 들면 대부분 단체관광객들은 '우발적 관광객'(Tyler 1985)이라고 불리는데, 이들은 여행보다는 모든 쾌적함을 보장해 주는 집에 머물러야 하기 때문이다. 그러나 재미와 레크리에이션의 경험—특히 '4개의 s', sun(태양), sand(모래), sea(바다), sex(섹스)—을 통해 일상생활에서 벗어나고 싶은 열망은 그들을 먼 여행지로 여행하도록 만든다. 비슷한 맥락에서 세로(Theroux 1986)는 휴가에 있어서 대부분의 관광객은 자택에 있는 듯한 편안함을 원하지만, 이에 더하여 부가적으로 마법적 요소—집과 은은한 달빛이 비추는 야자수 해변—를 접하길 원한다. 이러한 현상의 또 다른 예는 성관광의 경우를 들 수 있는데(Box 12.2), 이는 타이나 필리핀과 같은 국가의 휴양산업에 있어서 중요한 부분을 형성한다(Hall 1992 : Kruhse-Mount Burton 1995). 여기에서는 서구인들이 집에 더하여 '이국의 화신'으로서 현지 여성이나 가끔은 어린 아이들과의 일시적인 성적 관계를 찾는 것이다(Enloe 1989 : 28).

Box 12.2

아시아의 성관광

관광은 항상 현지인들에게 이익을 가져오는 것은 아니다. 특히 가난한 국가에서는 더욱 그렇다. 성관광은 그러한 예 중 하나이다. 여기에는 1980년대 이후 필리핀이나 스리랑카의 소년들과 성관계를 맺기 위해 게이 남성 투어를 조직한 유럽 아동성애자들 단체가 관련되어 있었다. 그러나 성관광은 주로 여성과 소녀들의 착취가 관계된다. 이 점은 시대와 상관없이 막대한 수의 관광객이 관련되어 왔다.

타이에서는 관광이 두 번째로 큰 외화 수입원이다. 그러나 많은 관광객들은 싸고 쉽게 이용 가능한 성관계를 위해 찾아온다. 전에 타이 남부의 푸켓 섬은 '파라다이스 해변'이었다. 그러나 1984년 1월 한 매춘업소에 화재가 나면서 이러한 이미지는 금방 변했다. 자물쇠가 걸린 지하실에서 9-14살 소녀들 5명이 시체로 발견된 것이다. 이로 인해 매춘업소의 감시원들이 타이 북부의 가난한 지역에서 어린 소녀들을 끌고와 서양, 일본, 중국에서 온 관광객들의 환락을 위해 가두어 두었던 것이 밝혀졌다. 오랜 추적 끝에 이 소녀들 중 두 명의 부모들을 찾을 수 있었다. 소녀의 어머니는 낮은 목소리로 이렇게 말했다 : "우리는 아이들이 10명이 있어서 그들을 전부 먹일 수가 없어요. 우리는 그들을 도회지로 보내야만 했지요. 어쩔 수 없었어요"(Matsui 1989 : 63).

부모들은 그들의 아이들을 '육체상인'에게 파는데, 이들은 아이들을 차이나타운의 '찻

집'이나 팟퐁 거리(방콕) 혹은 푸켓의 '마사지숍'으로 끌고 간다. 중국에서는 정월에 소녀와 성관계를 가지면 젊어진다는 미신이 있기 때문에 중국 정월경에는 초경 전의 어린 소녀들은 높은 값을 받을 수 있다. 따라서 어린 여성들은 생산 라인에 옮겨져 임신중절 약을 강제로 먹어가면서 일 년에 약 1,000명 정도의 손님을 상대하는 것이 보통 일이다. 이들은 말 그대로 '성 노동자'로 표현될 수 있다.

어린 여성들을 이러한 운명에서 벗어나도록 돕는 것은 쉬운 일이 아니다. 정부와 경찰력은 이를 '못 본 척'하고, 타이의 빈곤지역은 이러한 무역에 의존하고 있다. 타이의 사회학자인 찬타위파 아피숙(Chantawipa Apisuk)은 그녀들을 교육시키고 트레이닝시킴으로써 이러한 성 노동자들에게 권력을 부여하려고 했다. 매춘업자들 일부가 마지못해 승낙했다. 아피숙은 그녀들이 영어를 좀 더 잘하게 되면 외국 손님들이 그녀들을 속이지 않을 것이라고 생각했다. 매춘부는 고고 댄서로 진출할 수도 있었고 나중에는 웨이트리스도 될 수 있었다. 더 나중에는 정규급을 받는 안정된 직업을 가질 수도 있을 것이다. 이러한 성 노동자 일부는 그들의 열악한 상태를 알리기 위해 뉴스레터를 발행했고, 많은 수가 해외로 이주하거나 정규직으로 직장을 옮기거나 했다(Matsui 1989 : 66-7).

필리핀, 특히 마르코스 정권 하 마닐라는 '국제 섹스 도시'의 명성을 걸고 함께 경쟁하고 있었다. 여기서는 관광 선전도 섹스가 '모든 것을 포함'하는 패키지 투어를 구성하고 있음을 분명하게 선전한다. 그 안에서 매춘부들은 아주 적은 보수밖에 받지 못한다. 산업 안에는 많은 '중개업자'들이 존재하여 그들 각자가 자신들의 몫을 가져간다. 한 연구에 의하면 성 노동자들은 고객들이 지불하는 가격의 오직 10%만을 가져간다.

성관광은 또한 신부 통신판매 사업에도 숨겨져 있다. '남편'이 될지 모르는 사람들은 '상품'들을 검사하기 위해 패키지 투어에 참가한다. 이러한 사람들은 가장 보수적이고 반페미니스트적 태도를 가지고 있는 경우가 많다. 필리핀으로부터 신부를 주문하는 것은 그들이 자기 주장이 강한 서구화된 여성보다는 순종적인 아시안 여성을 선호한다는 일종의 의사표현이다. 문화적인 면에서 많은 아시아 여성과 서양 여성 사이에 차이가 존재하는 것은 의심할 바 없다. 그러나 빈곤으로부터 탈출하거나 가족을 돕기 위한 자포자기 행위를 문화적인 규범에 기반한 복종으로 잘못 생각해서는 안 될 것이다.

아이러니하게도 낭만주의적 응시자들은 더럽혀지지 않은 관광지를 발견하여 다른 사람들에게 그 가치를 피력함으로써 무의식적으로 이를 따라 단체관광객이 올 수

표 12.2_ 관광객의 유형과 그들이 방문하는 사회에 끼치는 영향

	단체 관광, 전통적 관광 혹은 '나쁜' 관광객	'좋은' 관광객 혹은 대안 관광객
관광객의 흐름과 규모	대규모, 일정적·지속적 흐름(계절에 따르는 경우도 많다). 많은 사람들이 단체로 온다. 큰 용적	작은 흐름과 작은 규모. 보통 개인이나 가족, 친구들의 그룹 여행
'신성한 여행'을 위한 기본 동기	레크리에이션, 회복, 즐거움, 재미, '4개의 s', 열대 해변과 맑은 하늘, 싼 알코올	공업화 사회인 본국에서 사라졌다고 간주되는 자신과 가치의 발견. 진실성, 영적 재생, 자연과의 만남 추구
특별한 목적과 의도	공적 장소나 군집 추구, 집합적 응시에 더하여 신비한 'x'적 요소. 스포츠 활동 : 수영, 서핑, 수상스키, 성관광	낭만주의적 응시 추구. 이국적 문화나 목가적 생활, 유적을 자신의 눈으로 보고 싶다는 욕망 : '문화', '에스닉', '역사' 관광객(Graburn 1989). 야생이 가진 치료효과나 멀리 떨어진 곳에 대한 욕망, '자연' 관광, '색다른 관광(트레킹이나 카누여행), 인디언 마을에 묵는 등의 '희한한' 관광(Smith 1989)
관광객들의 욕구와 기대	서구적 쾌적함을 '권리'로 누려야 함. 가능한 한 집과 비슷한 친숙함을 원함.	필요한 것은 상대적으로 적다. 친숙하지 않은 것을 추구하지만 그럼에도 불구하고 기본적 시설이나 집을 떠올리게 하는 정도의 물건을 원할 수도 있음(E. Cohen 1972). 대부분은 가난한 여행지의 환경을 참는데, 이는 경험의 일부로서 '원시성'을 선호하기 때문이다.
가이드	수동적. 여행지 국가 사회에 그다지 민감하지 않음. 여행국과의 사회적 교류는 메이드나 웨이터에게 팁을 주거나 기념품점에서 가격교섭을 하는 정도. 서구화된 가이드에 의존 정도가 크다.	능동적에다 치밀하며 준비가 잘 되어 있다. 여행지 사회가 가지고 있는 여러 문제에 대한 이해력이 높고, 잘 알고 있으며 민감한 반응. 가능한 경우 현지 문화와 사회에 참가
여행지 경제 및 사회에 끼치는 영향	관광객의 수와 욕구에 대해 원대한 투자 : 호텔, 해변시설, 공항 등. 새로운 '악'(알코올, 마약, 해변의 나체, 도박)의 도입에 의한 현지 문화 파괴, 서구의 향락적 역할 모델로 인해 관광시설에서 일하는 젊은 층이 매료됨. 거대 리조트가 환경에 악영향을 끼침.	관광시설은 여행국가 경제 안에 좀 더 균등하게, 좀 더 드물게, 좀 더 널리 분산되어야 한다. 현지인들과 직접적으로 접촉하고 전통문화에 관심을 가질 수 있도록 배열되어야 한다. 초국경적 교환, 문화적 다양성, 이해를 키운다. 일반적으로 바람직하지 않은 환경효과를 거의 발생시키지 않는다.

있는 길을 밝힌다(Urry 1990b : 32). 따라서 낭만주의적 응시는 집합적 응시에 의해서 파괴되거나 대체되는 경우가 많다. 우리는 이에 대한 논의를 표 12.2에 정리했는데, 샤프리(Sharpley 1994 : 84-5)의 '좋은' 관광객과 '나쁜' 관광객—후자는 단체관광객과 같

다─라는 다소 겉과 속이 다른 도식화를 사용했다.

　　점점 더욱 더 많은 연구자들이 이러한 기초적 유형화에 대한 의문을 제기했다. 소비자 문화에 관한 13장에서 알 수 있듯이 노동을 통해 자동차, 옷, 영화와 같은 일상적 소비상품을 구입하는 데 있어서 우리가 남들과 다른 것을 갈망하고 선택하려 좀 더 다르고 좀 더 높은 수준을 요구하게 된 것과 마찬가지로 우리 중 많은 이들, 행락객들은 더 늘어난 다양성을 필요로 하고 추구한다. 따라서 관광객 시장은 분화된다. 후기 포드주의식의 유연하고 전문적인 틈새시장─여기에는 '핑크'/게이 축제(Binnie 2004), 연장자 관광, 30세 이하들의 여행, 어린 아이들도 참여할 수 있는 가족여행 등(4장 참조)─이 늘어나면서 중개업자들이 이를 관리하게 되면서 관광시장은 분화하게 되었다. 이러한 현상은 점점 더 많은 사람들이 혼자 살고 혼자 여행하는 현실과도 연관된다. 자신들의 유급휴가를 복수의 짧은 휴가로 나눠 쓰고 싶어 하는 사람들도 있다. 그들은 주말마다 여행을 떠나거나 연휴기간을 겨울 스키 주간, 이른 봄방학의 싼 항공료를 이용한 열대 리조트에서의 휴가, 외국 강이나 협곡에서의 카누를 즐기는 모험여행 휴가 사이사이에 위치시키기도 한다(Meethan 2001 : Chapter 4). 젊은 층의 몇 개월 혹은 몇 년 동안의 배낭여행─특히 고등학교를 졸업하고 대학에 들어가기 전에 하는─의 경우 영국에서만 매년 50,000명에 이르는 사람들이 여행을 떠나는데(McVeigh 2002), 이는 최근 급격하게 늘어나 전문화·시장화된 또 하나의 사례를 구성하게 되었다. 여기에서의 주요 동기는 다른 문화를 탐험하는 것과 여러 나라에서 오는 배낭여행객들과 초국경적 우정을 나누는 것이다(Huxley 2005).

　　이러한 관광의 분리는 관광이 휴가 선호를 결정하는 사회계급이 아니라 사람들의 취미나 이익, 라이프스타일 선택을 형성하는 문화적 의미를 결정하는 경우가 많다는 것을 의미한다(Meethan 2001 : 70). 게다가 1980년대 이후 좀 더 모험적인 휴가경험을 추구하는 사람들이 늘어나기 시작했다. 이러한 이들은 '대안관광'(alternative tourism)이라고 부를 수 있다. 크리펜돌프(Krippendorf 1987 : 38, 174-5)는 이것이 이미 '대규모 산업으로 발전'했으며, 1986년 전 해외 여행객의 약 4분의 1에서 2000년에는 3분의 1에서 5분의 2로 상승할 것이라고 주장했다. 이러한 그의 예상은 명백히 정확했던 것처럼 보인다. 대안관광의 한 형태는 홀과 와일러(Hall and Weiler 1992 : 4-6)가 '특수한 관심을 가진 관광'이라고 부른 것으로, 여기에는 예를 들어 행글라이딩, 암벽등반, 요트, 고고학적 발굴, 예술제에 참가하는 것과 같은 교육적 요소를 가진 휴가, 모험, 건강이나 스포츠를 목적으로 한 여행이 포함된다. 이러한 특수한 관심을 가진 휴가에 공통으로 존재하는 것은 자기 실현의 욕구와 지적 욕구인데, 이와 동시에 현지 문화, 사회, 환경에 영원히 남게 될 피해를 주지 않고 휴가를 즐기는 것을 의식하는 점이 있다.

또 다른 비판으로는 파이퍼(Feifer 1985)가 '포스트 관광'(post tourist)이라고 부르는 것, 즉 우리들이 2장에서 논했던 재귀적 능력을 가진 사람들의 증가와 관련된다. 파이퍼는 매일 다양한 장소와 문화가 텔레비전 화면으로부터 뛰쳐나오고 있다고 표현했다. 그 결과 우리들은 접근 가능한 많은 장소에 대한 정보를 얻거나 개인적으로 그곳을 방문할 필요없이 이들을 경험할 수 있다는 것을 깨닫게 된다. 실제로 우리들은 선택하는 즐거움을 맛보거나 휴가를 즐기는 다양한 방법을 경험하고 싶어 한다. 이것은 후기 여행객들이 전보다 훨씬 더 자기 자각적이라는 것을 의미한다. 그들은 관광을 일종의 게임으로 보는 경향이 있어 그곳에서 자신들은 끊임없이 변화하는 다양한 각본을 받아 읽을 수 있는 이점을 가진 플레이어로서 참가하고 있다고 생각하게 된다. 이러한 모든 것들은 테마파크나 박물관과 같은 본질적으로 '유사 이벤트'에 참가하는 아이러니한 자각, '유희'(playfulness)와 관련된다(Sharpley 1994 : 87).

어리의 연구로 다시 돌아가서 주로 응시를 구성하는 그의 관광 개념은 관광객의 두 가지 유형을 너무 명확하게 구분했다는 점에서 일부 학자들에게 비판을 받았다. 게다가 미선(Meethan 2001 : 83-5)에 의하면, 어리의 연구는 관광의 시각적 특성을 과도하게 강조함으로써 집합적 응시 관광객들의 대다수가 관광산업이 제공하는 상업적 판매를 수동적으로 받아들이는 데 만족하는 것처럼 그리고 있다고 지적했다. 더 나아가 퍼킨스와 톤즈(Perkins and Thorns 2001)에 의하면, 어리의 이론은 유럽중심적 관점으로 전형적인 관광객의 지향점을 강조함으로써 다른 세계 관광객의 필요와 요구를 무시한다고 주장했다. 이들은 좀 더 능동적일 뿐만 아니라 여행지 국가가 그들을 위해서 제공하는 공연에 참여하는 것을 매우 좋아할 수도 있다. 예를 들어 뉴질랜드 도시 거주자들의 다수가 그들의 휴가를 등산, 승마, 해면 카누, 동굴탐험 등의 야외활동 등으로 매우 활동적으로 보낸다. 그러나 다른 많은 사람들의 경우—국제관광객이든 국내 관광객이든— 한동안 마오리공동체 근처에 머물면서 마오리공동체가 조상으로부터 물려받은 문화적이고 영적인 일상생활에 흠뻑 빠진다(Taylor 2001). 그들이 묵고 있는 마오리족의 호스트가 자신들의 이득을 위해 주최하는 의식들은 명백하게 극화된 것으로 진실성은 떨어지지만, 이를 경험하는 양측은 무대 뒤에서 인간적인 교감을 찾음으로써 이를 보상받을 수 있다. 무대 뒤에서는 호스트와 손님이 동등한 위치에 서게 되고 관광객들은 '자신들을 드러내도록' 조장되는 것이다(Tayler 2001 : 24).

최근 어리는 이러한 비판을 받아들여 호스트와 손님 양측 모두 '자신들의 신체를 거주지, 공항 라운지, 해변, 바, 레스토랑, 도시, 박물관 등의 장소로 이동시키면서, 또한 구체화된 동작, 활자, 해석 등 다양한 형태를 통해 서로 의사소통을 하면서 여러 목적을 달성하게 된다"고 주장했다(Sheller and Urry 2004 : 7). 이는 비재귀적 대중이 순수한 즐거움을 목적으로 하는 성스러운 여행과 소수 지식인들의 자기 실현과 진실성을 찾는 탐험 사이에 존재하던 명백한 이분법이 무너져내렸다는 것을 의미한다. 이제 대부분의 관광객들은 정도의 차이는 있지만 동시에 두 가지 경험, 즉 자신들이 활동의 참여자인 동시에 활동의 일부라는 점을 이해하고 있다.

국제관광과 '전통' 문화 아이덴티티

여행객들을 유치하여 확대되는 글로벌 관광시장에서 이기기 위해 정부와 그 대리인들은 그들의 문화와 자연환경에 있어서 무엇이 특별한지를 설명할 필요가 생겼다. 즉 어느 곳에서나 '아이덴티티의 표상을 광적으로 위조'(Lanfant 1995 : 32)하는 현상이 나타났는데, 이는 알기 쉬운 이미지를 창조하고 어필하는 것이다. 노련한 기술의 선전, 소책자, 영상들을 통해 발바도스의 해변이 지상낙원인 것처럼 보이게 하며, 말레이시아에 고대 열대의 이국적 동화의 나라를 출현시킨다(King 1993 : 108).

1970년대 초에 이르면 특정 지방 및 국가 문화를 상품화하는 이러한 경향으로 인해 사회과학자들을 포함한 많은 관찰자들은 놀라움을 금치 못하게 된다(Greenwood 1972 : Turner and Ash 1975). 그것은 계속 증가하는 외국인 여행자들의 유입에 따라 경제적 이익을 얻기 위해 비즈니스는 지역문화의 패키지를 촉진, 처음에는 여행자를 끌어들였던 아이덴티티가 역으로 타락해 버릴지도 모른다는 우려 때문이었다. 우리는 단체관광이 이러한 비판의 대상이 될 수 있다는 것을 살펴봤다.

또 하나 일어날 수 있는 귀결로서 사람들이 자신들이 어떤 존재인가를 정의하고 자신들이 속해 있는 곳에 자부심을 가지게 해주는 고대로부터 공유되어 온 의미체계, 종교적 신념, 확립된 사회관계가 붕괴할 위험에 빠질 수 있다는 것이다. 게다가 많은 사람들의 지적에 의하면, 이로 인해 사회는 분절되어 균질화의 힘을 가진 서구 물질주의적 성격을 대신 가지게 될 수도 있다. 일부 학자들의 주장에 의하면, 이미 소외돼 버린 사람들이나 억압받는 소수의 경우 더욱 더 놀라운 결과를 가져올 수 있다. 이러한 집단들은 정부의 압력이나 빈곤으로 인해 어쩔 수 없이 외국 손님들에게 문호를 개방할 수밖에 없는 경우가 많다. 이러한 외국 상업주의로 인한 오염의 피해는 특히 자신들의 전통문화만이 유일한 자원이자 자신들을 지켜줄 수 있는 경우 더욱 커진다. 이 문제를 고려하는 데 있어서 이러한 국제관광이 시간에 따라 어떻게 변화하는지에 관해 학자들의 문제 제기를 살펴볼 것이다.

스페인 바스크 지방에 대한 사례연구

스페인 북부 바스크 지방의 펜데라비아라는 마을에서 매년 열리는 알라르데라는 공개의식에 관한 그린우드(Greenwood 1972, 1989)의 연구는 이를 잘 보여준다. 일 년에 한 번 실제로 모든 거주자들은 성대한 퍼레이드를 위해 한곳에 모인다. 이는 1638년 그들의 선조가 프랑스 군대를 물리친 승리를 기념하기 위한 것으로, 69일 동안 계속되었던 이 전투는 결국 침략자들이 퇴각하면서 끝났다. 마을 대부분의 사회집단 및 구역들은 세련된 가장 퍼레이드에 참가하여 마을 광장까지 행진하거나, 소총으로 무장한 남자들 집단에 들어가 일제사격을 한다거나, 단순히 관람객으로 구경을 하거나 이러한 의식에 일정한 공헌을 한다. 그린우드에 따르면, 알라르데 의식의 중요성은 승리를 가져온 마을 사람들의 일치단결을 재현하는 데 있다. 원래대로라면 퍼레이드는 외부인들이 아닌 지방 사람들에 의해 지방민을 위해 개최되는 것으로 "펜데라비아의 '성스러운 역사'를 재현"한다.

이 이벤트는 여름에 열리므로 수많은 관광객들이 몰려오는 시기와 겹치게 된다. 1969년 자치체 당국은 관광객도 이 퍼레이드를 볼 수 있도록 하는 조치를 취하기로 결정하고는 이 이벤트를 종전처럼 매년 한 번이 아니라 두 번 개최해야 한다고 주장했다. 2년 뒤 그린우드가 마을에 돌아왔을 때는 전에는 '생기가 넘치고 재미있던 이 이벤트가 피하고만 싶은 의무'가 되어버렸다(Greenwood 1972 : 178). 자치체가 공동체 의식을 외부인들을 위한 상업적인 볼거리로 선전하기로 결정함으로써 이 의식이 본래 가지고 있던 많은 문화적 의미를 잃어버리게 되었던 것이다. 그린우드(1989)는 그 후 알라르데는 살아남아서 스페인 국내에서 보다 많은 자치를 주장하는 바스크 투쟁의 일환으로서 그 정치적 의미가 한층 깊어지게 되었다고 보고했다. 그럼에도 불구하고 이 예는 관광이 '문화적 착취'의 한 형태가 될 경우 어떤 일이 벌어지는지 명확히 보여주고 있다.

지도 12.1 토라자인의 위치를 보여주는 인도네시아 지도

인도네시아 토라자 문화의 재생

그러나 1970년대 후반 이후 많은 국제관광 연구자들은 방문국 사회에 있어서의 문화적 결과를 다른 측면에서 해석하기 시작했다. 지방의 문화적 의미와 사회적 관계를 파괴하는 것이 아니라, 특정 상황에서는 국내 및 국제관광은 실제로 이를 보호하도록 돕는 것처럼 보였다. 대부분의 경우 머나먼 사회와 고대문화를 찾아오는 방문객들은 대중 전세 관광객이 아니라, 진보적이고 이해력이 풍부하며 현지의 필요에 민감한, 무엇보다도 진실의 전통을 추구하는 사람들이었다.

관광객이 현지의 공동체에 끼치는 새로운 소비력과 함께 그들의 이국적 습관이 가진 매력으로 인해 지방인들은 자신들의 문화적 정체성을 재발견―전에는 근대화로 인해 위협을 받았었다―하게 되었으며, 많은 고대기술들도 부활하게 되었다. 가장 흥미로운 사례들 중 하나는 인도네시아 슬라웨시 섬의 중앙 고지에 사는 토라자족의 사례이다.

토라자족의 인구는 약 30만 명이다. 몇 세기에 걸쳐 그들은 다른 많은 인도네시아인들처럼 힌두교와 이슬람교의 영향, 그 중에서도 특히 그리스도교의 영향을 받아왔다(Volkman 1984 : 153). 그럼에도 불구하고 최근에 이르기까지 토라자 사람들은 조상숭배에 기반한 고대신앙과 함께 신들(죽은 그들의 친척들), 자연, 살아 있는 인간, 그리고 아직 태어나지 않은 사람들이 모두 하나의 상징체계 안에서 서로 연결되어 있다는 생각을 가지고 있었다. 어느 정도 단순화해서 설명하자면 일상생활은 4개의 주요한 기둥 위에 지어져 있는데, 혈연(혈족)과 결혼을 기반으로 한 공통 유대, 각 혈족집단별로 가꿔온 선대로부터 내려온 자신들의 집에 대한 애착, 장기간에 걸쳐 내려와 노래나 행진 및 춤을 동반한 복잡하면서도 매우 중요한 장례의식, 그리고 그 장례식 동안 돼지와 버팔로를 살육하는 의식이 그것이다. 가족들은 이 고기를 서로 나누기 위해 초대되고, 이곳에서 그들은 가까운 미래에 그들의 '빚'을 의무적으로 갚아야 한다. 그렇지 않으면 사회적 지위를 잃어버리게 된다(Crystal 1989 : 142-3).

1906년 네덜란드 선교사의 도래 이후에도 이러한 장례식은 계속해서 열리고 있었다. 그러나 점차 관습의 수준으로 떨어지게 되어 종래 가지고 있던 깊은 종교적 내용은 많이 사라지게 되었다(Volkman 1984 : 156-7). 게다가 1949년 인도네시아가 네덜란드로부터 독립한 이후 그 외의 변화들이 기독교의 영향을 강화하기 시작했다. 학교와 교육이 보급되고, 정부는 인도네시아 근대화 정책과 새로운 국민통합을 달성하려는 정책을 실시하게 되었으며, 1970년대 이후 많은 젊은이들이 일자리를 찾아 인도네시아로 이주하게 되었다. 이러한 이주에 의해 토라자는 급속도로 외부세계와 연결되었으며, 또한 이주자가 돌아오면서 벌어오는 돈을 통해 새로운 부를 축적하게 되었다. 이제는 가난하고 낮은 지위에 있는 집안들조차 종래에 경제적 여유가 있거나 사회적 지위가 높은 가문들이 치르는 장례식이나 사회적으로 적당하다고 생각되어졌던 장례식의 규모보다 훨씬 성대하게 식을 치를 수 있게 되었다(Volkman 1984 : 159). 이러한 '의식의 르네상스'가 의미한 것은 처음 관광객들이 도착하기 전부터 의식의 실행이 '토라자인으로서 아이덴티티에 더욱 더 중요한' 위치를 차지하게 되었을 뿐만 아니라 더욱 더 비씨지고 정교해졌다는 것이었다(Wood 1993 : 61).

1975년에 토라자를 방문한 관광객은 약 2,500명이었는데 1985년에는 약 4만 명으로 증가했다. 1986년에는 토라자 지역이 발리 섬에 이은 인도네시아 제2의 관광지가 되었다. 1980년대 중반에 이르자 작은 비행장이 개설되고 지역의 곳곳에 송영버스 서비스, 호텔, 레스토랑이 생겨나 투어 기획자들은 인도네시아의 다른 지역을 비롯한 세계 곳곳으로부터 관광객을 실어나르게 되었다. 이러한 국제관광은 토라자 사회를 어떻게 바꾸었을까? 이러한 변화들은 다음과 같이 정리할 수 있다.

1. 토라자 지역은 이제 국제관광 및 문화 지도에 명확하게 표시되게 되었다. 이는

이 지역의 전통에 많은 사람들의 관심이 몰렸기 때문인데, 이는 관광객들뿐만
아니라 전 세계의 박물관, 고고학자, 골동품업자, 텔레비전 회사들에 의한 것
이었다.

2. 관광객들은 토라자의 이국적 의식과 묘지를 관찰하는 데 관심을 가졌다. 이는
   '토라자의 독특하고 소중한 유산에 대한 자긍심'을 장려했고, '외부세계 사람
   들이 이를 통해 토라자에 대해서 인식하고 알게 되는 이미지로서' 고대종교
   아이덴티티를 되살리려는 자각적 시도를 촉진했다(Volkman 1984 : 164).

3. 바구니짜기나 목공예, 비즈공예와 같은 전통공예가 되살아나면서 지역주민들
   에게 새로운 부를 가져다 주었다. 이는 묘지를 보호하고 장송곡을 재발견하며
   토라자 문화의 역사 및 고고학적인 관심사를 발전시키는 데 도움을 주었다.

4. 종래 토라자 문화를 업신여겼던 인도네시아의 다른 집단들도 이제는 토라자
   문화를 국가 문화의 중요한 구성요소로 간주하게 되었다. 게다가 토라자를
   '야만인'(Wood 1993 : 62)으로 취급하던 이웃지역 사람들 또한 토라자 사람들
   을 좀 더 경의를 가지고 대하게 되었다. 즉 토라자 경제로 흘러든 부로 인해 종
   래 인도네시아 안에서 무시당하던 이 지역이 좀 더 큰 정치적 영향력을 가지게
   되었던 것이다.

5. 관광은 좋지 않은 영향도 가져왔다. 선조 대대로 내려온 가족재산이 도둑맞고,
   고대 묘지는 더럽혀졌으며, 기존에 전통적인 삶과 문화를 이어오던 저학력층,
   빈민층과 종교 전문가들은 이러한 관광으로부터 상업적 이익을 거의 얻지 못
   했다(Crystal 1989 : 166-8).

토라자의 사례는 드문 예가 아니다. 국제관광으로 인해 전에는 근대화, 정치적
주변화, 지역적인 무시 등을 경험하던 많은 문화와 민족적 집단은 토라자의 경우와 비
슷하게 자극을 받았다. 이러한 사례들을 자세하게 다루고 있는 문헌으로는 다음과 같
은 것이 있다. 발리의 경우에 관해서는 맥킨(Mckean 1989)과 피카드(Picard 1995), 안데
스 인디언에 관해서는 드 비다스(de Vidas 1995), 일본 북쪽의 아이누인에 관해서는 프
리드만(Friedman 1990 : 319-23), 스페인 섬인 이비자(Ibiza) 주민에 관해서는 로젠버그
(Rozenberg 1995), 뉴질랜드 마오리 유산 관광에 관해서는 테일러(Taylor)의 분석(2001)
이 유용하다.

세계 관광무대 위의 지방과 글로벌의 상호작용

국제관광과 그 방문국 사회의 영향에 관한 연구로 인한 자극으로 일부 사회학자들은 우리들이 '문화'나 '전통'이라고 부르는 것들을 재검토하게 되었다. 이러한 개념 분류는 완전하게 고정되어 있다고 볼 수 없는 것이다. 이는 유년 시절의 사회화가 단 한번에 내면화되는 것이 아닐 뿐더러, 절대 의문시되지 않는—일부 학자들이 믿었던 것처럼—불변의 '외부변수로서' 사회적 압력에 의해 강화되는 것도 아니다. 문화와 전통은 명확하게 정의된 경계를 가지지 않는다.

외부로부터 쳐들어와 다양한 사회적 행위자를 지배하는 대신에 문화는 "상징이나 이야기, 의식, 세계관 등의 '도구상자'를 제공하는데, 사람들은 이를 다양한 종류의 문제를 해결하기 위한 다양한 형태로 이용한다"(Swidler 1986 : 273). 문화는 특정 사회의 구성원에 의해 창의성이나 교섭의 범위를 제공한다. 또한 문화는 끊임없이 진화하며, 다른 대안문화와도 겹쳐질 수 있다(Clifford 1988). 이와 비슷하게 호벤과 헤프너(Hoben and Hefner 1991 : 18) 같은 연구자들은 전통의 대안적 정의를 제시한다. 이 정의에 의하면 전통은 '세대별로 갱신되고 수정되며 재생되는' 의미로 구성된다. "자기 스스로 영속되는 것이 아니라 창조적인 노력과 투자를 필요로 하는 것이다." 따라서 전통은 그 대체물이나 자신들의 변화 정도를 측정해 줄 고정기준을 제공하지 못한다. 즉 여기에는 '진실성'이라는 것은 존재하지 않으며, 항상 현시점에서 재해석할 필요가 있는 개념만이 존재할 뿐이다.

이 외에도 국제관광은 우리들이 전통, 진실성, 문화를 어떻게 이해하고 있는지 다시 생각해 볼 여러 가지 이유를 제공한다. 우리가 지금까지 보아왔듯이 관광객 유치 이득을 얻기 위해 정부 주도의 관광은 '대표성'이나 로컬의 표식을 만들어야 했다. 그러나 국제관광으로 인해 관광유치국 사회 또한 관광객 시선을 통해 외부세계에 노출된다. 이러한 양 측면은 관광유치국의 아이덴티티적 특징을 바꾸기 시작한다(Lanfant et al. 1995 : 30-40). 부분적인 측면에 있어서 유치국 쪽이 더 큰 자기 인식과 재귀성(reflexity)을 경험하게 되기 때문이다. 이렇게 보면 그들이 현재 자신들의 아이덴티티를—말 그대로—고쳐 만드는 작업을 하고 있다는 것은 놀라운 일이 아니다. 실제로 우리가 살펴본 것처럼 그들은 자신들의 삶의 방식 중 여러 측면을 선별하여 자신들의 로컬리티 버전을 세계 무대에 쏘아올린다. 그로 인한 흥미로운 결과를 정리하면 다음과 같다.

우선 관광객 유치업자를 비롯한 지방과 외부세계의 다양한 행위자—관광객을 포함하여—사이에 끊임없는 상호작용이 벌어진다는 것이다. 여기에서 지역 행위자들은 국제기구들의 우려(혹은 요구까지도)와 관광 흐름을 끊임없이 재구성하는 기술과 패션의 피할 수 없는 변화에 적응하면서 세계 관광시장 안에서 자신들의 위치를 유지하려고 안간힘을 쓴다. 에덴서(Edensor 2004)가 제시한 인도의 예를 들어보자. 그는 '타지마할의 재구성'을 언급했는데, 이는 17세기 무굴제국의 황제가 자신이 가장 사랑하는 아내를 위하여 지은 무슬림 건물을 끊임없이 재창조·재상품화하는 과정에 있는 여러 지역 정당에 관한 것이었다. 이 과정에는 건물이 위치한 아그라시 당국, 시 당국과 공동책임을 지고 있는 인도 고고학 서베이, 델리 정부, 관광객으로부터 나오는 수입에 의존하는 지역의 다양한 이익집단(호텔, 공예품 가게, 상점, 역사적 사건이 발생했던 주변 지역)까지 '두루 살펴보기 관광'(Edensor 2004 : 104) 상품을 제공하는 여행사 등으로부터의 압력이 관련된다.

동시에 이 지역 사람들은 더 큰 세계로부터 일련의 신호와 요구에 응답한다. 이는 부분적으로 이 지역이 인도를 포함한 다른 주요 아시아 관광지와 경쟁하기 때문이다. 인도 안에서는 도시지역이나 힌두교 성지, 많은 배낭여행자가 즐겨 찾는 고아 해변 등이 있으며, 타이나 인도네시아의 발리와 같은 지역들이 경쟁지역에 해당한다. 그러나 이 외에도 유네스코의 세계문화유산 협약(인도 최고재판소도 이를 지지한다)은 역사적으로 매우 중요한 세계의 지역으로서, 타지마할이 이를 대표하고 관리되는 데 크나큰 관심을 가지고 있다. 또한 이 협약은 시 당국으로 하여금 '지방 공장과 교통으로 인한 공해효과'를 줄이도록 강한 압력을 넣고 있다(Ednsor 2004 : 108). 이러한 '글로벌 네트워크'와 '점점 더 강해지고 상호적으로 얽혀가는 내셔널 문제(national concerns)와 글로벌 문제'(global concerns)(Edensor 2004 : 111)에 대한 현지인들의 반응은 다음과 같다. 2000년 외국 관광객들의 입장료는 20루피에서 750루피로 올랐다. 명목상으로는 해당 건물과 이 지역의 다른 역사적 건물을 보존하기 위한 작업을 위한 것이었다. 따라서 무역업자들은 이러한 비싼 입장료를 낼 수 없는 관광객들도 자신들의 상품을 사면서 이 건물을 바라볼 수 있도록 다른 전망지점을 찾아야만 했다.

국제관광 시장에서 로컬 브랜드의 '상품'을 만들어내고 선전하여 성공적으로 국제관광객들을 끌어들임으로써 발생한 또 다른 현상은 관광유치국 사람들이 점점 방관자적 입장에서 반영된 자신들을 보기 시작했다는 점이다. 그리고 그들이 보는 것은 자신들의 문화를 이상화하고 단순화한 표상으로 또 다른 버전에 지나지 않았다. 이러한 두 번째 이미지는 그들이 상업적 이유로 만들어낸 것의 일부를 반영했다. 이는 또한 관광객들이 가지고 있는 정신적 재생에 대한 열망을 표현한 것이었는데, 이러한 열망으로 인해 지역주민들은 그들 자신이 현재 살고 있는 훨씬 더 상업화된 사회 안에서 전통과 의미를 잃어버리는 것을 두려워하면서도 이를 대체할 수 있게 된다. 그러므로 실제로 이러한 전통문화의 문화적 이상화는 유치국과 방문객 사이에 다르지만 서로 연결된 상상력 안에서만 존재하게 된다. 그리고 관광객과 유치국 사이에서 벌어지는 사건들과 상호작용으로 인해 더욱 더 변형되게 된다. 이러한 점으로부터 얻을 수 있는 중요한 함의는 다음의 3가지로 정리할 수 있다.

- **전통의 재창조** : 관광으로 인해 사회는 우리가 '전통'이라고 이름붙일 수 있는 것을 유지할 수 있으며, 전에는 잃어버릴 뻔했던 자신의 정체성에 대한 자긍심 또한 다시 얻을 수 있다. 그럼에도 불구하고 살아남은 '전통'이라는 것은 재창조된 것이다. 이것은 원래의 원형과 같지 않다.
- **피할 수 없는 관광객의 응시** : 가능성에 있어서는 적어도 세계의 모든 사람들이 관광상품이 되어가고 있다. 우리들 중 어느 누구도 관광객의 응시로부터 자유로울 수 없다. 그러나 이는 또한 모든 사람들이 자신들의 정체성을 확인하고 이를 영속화하기 위해 관광객의 시선에 부분적으로 의존하고 있다는 것을 의미한다.
- **글로벌 흐름 안에서 일정 부분의 지역 정체성의 취득** : 관광이 고용이나 소중한 외환수입만을 가져오는 것은 아니다. 각 국가들은 관광으로 인해 "가속화되는 글로벌리제이션 과정 안에서 자신의 부권(paternity)을 보장하고 자신의 과거로부터 현재를 보호한다"(Lanfant et al. 1995 : 40).

정리

관광객은 그 수의 급격한 상승, 경제 면에서의 공헌, 다른 사회로의 문화적 침투라는 점에서 글로벌적으로 중요한 의미를 가진다. 일련의 사례연구와 현재 진행되고 있는 논쟁의 요약을 통해 우리는 국제관광의 '좋은' 측면과 '나쁜' 측면에 대해서 살펴보았다. 이에 관련하여 무턱대고 일반화하기는 어려운 일이라는 것은 명확해 보인다. 2004년에 이르자 매년 약 7억 명의 사람들이 각자 다른 목적지와 관심을 가지고 약 190개 국가를 여행하게 되었던 것이다. 그럼에도 불구하고 우리는 여러 가지 함축적인 의미를 내포하고 있는 사회학적 질문을 할 수 있다.

관광 특유의 영향과 관광객 자신이 가지는 특징 사이에는 어떠한 관계가 있을까? 혹은 '단체' 관광과 '대안' 관광의 구분이 너무 분명하고 딱딱하지는 않은가? 많은 여행객들은 강력한 부국의 문화 파성퇴나 나이 든 순례자처럼 행동한다. 또 다른 이들— 성관광을 즐기는 사람들—은 단순히 약하고 가난한 사람들을 착취한다. 그러나 일부 관광객들은 다문화를 더 깊이 이해하고 인지하게 된다. 요약컨대, 관광은 지역문화를 파괴할 수도 재생할 수도 있다. 관광객과 그 방문국 사회가 이러한 가능성에 대해 인식한다면 그들은 관광이라는 거래 안에서 연기자가 되어 때로는 자신들의 문화를 무언극으로 바꾸거나 때로는 그 안에서 웃음을 줄 수 있는 아이러니를 낳기도 한다. 윌리엄 셰익스피어를 패러디하자면 "이 세계 전체는 하나의 무대이지만 관광은 우리들 모두를 그곳에서 상연되는 연극의 연기자로 만들어 버린다."

더 읽어볼 책

■ 미선(K. Meethan)의 『글로벌 사회의 관광』(*Tourism in Global Society*, 2001)은 국제관광 사회학의 모든 주요 논쟁을 매우 훌륭하게 다루고 있다. 이 책은 전체적으로 학생 독자들이 알기 쉽게 쓰여져 있으면서도 자세하고 사려 깊으며 분석적 설명을 제공한다.

■ 최근 관광이 전통사회에 끼치는 영향에 대한 재평가와 아이디어에 관해서는 스미스와 브렌트(V. Smith and M. Brent, eds 2001)가 편집한 책 중 파이-서니에르 등과 반브뤽, 퓌즈크(Pi-Sunyer et al. van, Broeck and Puijk)가 쓴 『접대자와 다시 방문하는 손님 : 21세기 관광에 대한 이슈』(*Hosts and Guests Revisited : Tourism Issues of the 21st Century*)를 참조할 것.

■ 쉴러와 어리(M. Sheeler and J. Urry)가 같이 편집한 『관광 이동성 : 즐길 수 있는 장소, 연극 안의 장소』(*Tourist Mobilities : Places to Play*, Places in Play 2004)는 다양한 국가들의 생생한 연구를 일반적으로 소개하고 있다. 또한 환경보호 투어에서부터 웹사이트 서핑까지 매우 다양한 범위의 관광 스타일 역시 살펴보고 있다.

■ 랑팡(M. F. Lanfant), 알콕(J. B. Allcock), 부르너(E. M. Bruner)가 편집한 『국제관광 : 아이덴티티와 변화』(*International tourism : Identity and Change*, 1995)는 매우 훌륭하다. 이 책은 일부 어려운 내용을 다루고는 있지만 서장과 1장, 2장, 3장, 4장 9장은 읽어볼 만하며 매우 재미있을 것이다.

그룹 과제

1. 국제관광의 선전활동에 대한 조사 : 한 그룹은 문화·민족·자연 등과 관련된 연휴, 즉 특별한 관심을 가진 관광에 대해서 조사하고, 다른 그룹은 대중 전세 관광에 대해 조사해 본다. 여행사에서 가져온 팸플릿을 이용하고 여행 매니저와 간단한 인터뷰를 통해 각 팀은 이하의 질문에 대답해 볼 것. (이미지와 스타일 면에 있어서) 두 개의 관광 타입은 어떻게 다른가? 서로 다른 종류의 고객들을 끌어당기는 것은 어느 정도 명확하게 다른가? 이 관광의 두 타입의 차이가 무너져 가고 있다는 주장의 근거가 있는가?

2. 개인의 해외여행 경험에 관한 서베이 : 반의 학생들은 각각 지난 5년간 이틀 이상 외국에서 연휴를 보냈던 사람들 5명을 인터뷰하고 그들의 답을 대조해 보자. 이하의 정보를 얻어야 할 것이다. 그들은 어디에 갔으며 그 이유는 무엇이었는가? 그들은 어떤 관광 패키지 혹은 예정에 참가했는가? 그들은 현지인들이 관광으로 인해 득을 얻을 것이라고 생각하는가, 아니면 손해를 볼 것이라고 생각하는가? 또한 그것은 어떤 방법으로 이루어진다고 생각하는가? 이를 바탕으로 전체적인 결론을 내려보자.

생각해 볼 문제

1. 관광객의 경험의 특징은 무엇이며, 이는 어떻게 변해왔는가?

2. 관광이 글로벌화의 추진력으로서 활약하는 다양한 방법에 대해서 검토해 보자.

3. 관광은 어떻게 유치국의 사회를 파괴하는가?

4. "오늘날 우리 모두는 관광 시선의 대상이 된다." 이 진술이 로컬과 글로벌 사이의 관계에 대해 우리에게 이야기하는 것은 무엇인가?

What's on the Web

■ http://www.lancs.ac.uk/fss/sociology/cemore/index/htm 랭카스터 대학 사회학과의 이동성연구센터(Centre for Moilities Research)의 홈페이지. '이동성'(mobilities)이라는 넓은 의미의 개념을 주로 다루고 있지만 투어에 관해서도 다루고 있다. 또한 사회학과는 이 영역의 저명한 사회학자인 존 어리(John Urry), 미미 쉘러(Mimi Sheller)의 본토이기도 하다.

■ http://www.ratztamara.com/tourism.html 잘 꾸며진 이 웹페이지는 헝가리의 관광자료를 중심으로 일부 핀란드에 관한 자료도 제공한다. 또한 전세계에 걸친 관광의 효과에 관한 일반적 참고자료를 제공한다.

■ http://www.odi.org.uk/rpeg/research/pro-poor_tourism/index.html 빈민층에

게 도움이 되는 관광을 추진하기 위해 다수의 중개업자들이 '친빈민층 투어' 혹은 '책임감 있는 투어'를 추진했다. 런던에 있는 해외발전기구(Overseas Development Institute)의 사이트로 좋은 포털을 제공하며 참신한 연구 보고서도 제공한다.

■ http://www.world-tourism.org/ 여기는 관광에 관련된 UN 공식기구의 사이트로 지역별로 훌륭한 최근 통계자료를 제공한다.

소비문화
Consuming Culture

SOCIOLOGY

한 잔의 커피나 차를 마시는 행위로 인해 당신은 바로 글로벌 시장으로 연결된다. 이렇게 아무렇지도 않게 당신에게 도달하는 세계 상품들은 항상 증가해 왔다. 전 세계 재화들은 다양한 장소, 다양한 사회에서 사는 사람들에 의해 생산되고 동시에 구매되고 사용된다. 피랏(Firat 1995 : 115)에 따르면 20세기 후반 운 좋은 소비자들은 "점심은 이탈리아 요리, 저녁은 중국 요리를 먹으며 오후 야외 파티에는 리바이스 501 청바지를, 밤에는 구치 정장을 입는 것이 가능하다." 우리가 글로벌 시장 안에 살고 있다는 것은 음식과 음료의 사례에서 특히 잘 나타난다. 다음과 같은 예를 들 수 있다.

- 1993년 영국의 패스트푸드 산업에서는 인도 요리 테이크아웃 전문점 수가 피쉬앤칩 가게의 수를 넘었다(James 1996 : 81). 이와 비슷하게 피자와 파스타가 '글로벌 음식 중에 가장 글로벌' 하게 되었는데(James 1996 : 76), 이 둘은 최근에서야 이탈리아 국적의 음식임이 인식되었다. 이탈리아 요리의 많은 자료는 원래 중국(파스타)에서 오거나 미국(토마토, 후추)에서 온 것이긴 하지만 말이다.
- 글로벌 요리는 뉴욕에서 페르시아 만 바레인, 마나마에 이르기까지 다양한 도시의 레스토랑에서 볼 수 있다. 체이스(Chase 1994 : 84)에 의하면 한 레스토랑은 '아라비안(레바논이나 걸프 만) 요리, 중국 요리, 인도 요리, 피자, 햄버거, 그릴 요리'를 제공하는데, 필리핀 출신 종업원에 의해 그리스 음악을 연주하는 악단과 함께 배달받는 것도 가능하다.
- 피자헛, 켄터키 프라이드 치킨, 맥도널드 버거 등 세계적으로 유명한 음식/음료 상표는 약 130개 국가에 진출해 있다(Ritzer 2004b). 예를 들면 코카콜라는 1996년 135개 국가에서 자신들의 다양한 음료를 137억 상자를 팔았는데(Coca-Cola Company 1997 : 27) 중국의 경우만 8억 개의 병 및 캔이 팔렸다(Hooper 2000 : 441).

이번 장에서는 소비의 글로벌화에 대해 생각해 보는 동시에 그것이 사회적·문화적 생활에 있어서 어떤 의미를 가지고 있는가에 대해서도 고찰해 볼 것이다. 우리들의 중심 테마는 스클레어(Sklair 2002 : Chapter 7)가 '소비주의라는 문화 이데올로기' 라고 부른 풍요로운 국가 사람들 다수에 나타나는 현상으로 인한 것으로, 우리는 특히 개발도상국에 있는 사람들에게 끼친 영향에 대해 다룰 것이다. 일부 학자들은 이러한 이데올로기를 받아들이는 것이 광고나 매스미디어 등 많은 산업에 있어서 구미, 특히 미국의 지배를 지속시켜 정치적 지배가 아닌 문화적 지배에 의해 새로운 제국주의가 출현할 수 있다고 경계했다.

이와 동일한 과정으로 서구적 라이프스타일과 브랜드 상품으로 인해 독특한 지역문화는 없어질 위험에 처하게 되고 점점 더 균일화된 세계가 나타나고 있는 것은 아닌가라는 지적도 있다. 이러한 이론을 검증하기 위해 우리는 우선 보편적으로 나타나는 소비주의의 다원적 성격뿐만 아니라 글로벌 자본주의의 특징 또한 살펴볼 필요가 있다. 이와 비슷하게 우리는 또한 사회학자들이 소비주의의 현대적 함의를 어떻게 보고 있는지 그 비관적 측면과 낙관적 측면 양 극단의 의견을 살펴볼 필요가 있다.

소비주의와 일상생활

인간 삶의 중심부분에 위치한 소비는 한쪽 발은 정치경제 영역에, 또 한쪽 발은 사회생활 및 문화에 굳건히 뿌리내리고 있다. 자주 회자되는 것이지만 자본주의적 산업화와 글로벌리제이션은 다양한 방법으로 이러한 연결을 심화하고 강화한다.

1. 수많은 회사와 교환 네트워크를 통한 생산 · 운송 · 배분의 조직은 이것이 특정 국가적 혹은 전 세계적 규모의 제도 배치에 의해 고정되어 있기 때문에 제 기능을 할 수 있다. 이로 인해 금융투자 통화관리가 가능하고, 소유권과 이동의 자유가 보장되며, 적절한 커뮤니케이션 시스템의 사용이 가능하다. 전 세계적인 생산과 소비는 더 나아가 더욱 상호 의존적인 글로벌 경제를 강화시킨다.

2. 우리의 소비 선호와 소비행동은 사회적 생활에 의해 형성된다. 우리는 특별한 유니폼을 입거나 반기는 마음을 공개적으로 표현하거나 선물을 주는 등의 친절함을 베푸는 행위를 통해 다른 사람을 향한 충의를 보인다. 복장에서부터 자동차, 실내장식에 이르기까지 모든 것에 있어 소비자 선호나 스타일은 우리가 누구이며 이루고 싶은 사회적 지위가 무엇인가에 관해 중요한 것들을 말해 준다.

3. 재화의 소유 역시 다양한 의미를 함축한다. 이것은 다른 사람들과 우리가 공유하는 더 넓은 문화적 신념 및 가치, 지향과 결합되어 있다. 우리는 이런 공통적인 의미들의 저장고를 이용함으로써 의사소통을 하고 우리 주변세계를 이해하며 공통의 아이덴티티나 가치를 표현하게 된다.

사회수준에서 나타나는 이러한 연결은 그 사회가 전근대 사회인가 자본주의 사회인가와는 관계없이 모든 재화가 가지는 이원적 특성과 유사한 특성을 가진다(Douglas and Isherwood 1978). 우선 재화는 사회적 · 문화적 생활의 '하드웨어'를 구성한다. 그들은 그들 고유의 실체성(materiality)과 효용(utility), 즉 마르크스가 '사용가치'(use-value)라고 부른 것을 가진다. 사람은 쌀을 먹음으로서 살아가고 옷을 입음으로써 계절로부터 자신을 보호하는 것이다. 또 다른 한편으로 가장 기본적인 재화조차 일상생활의 '소프트웨어'적인 역할을 한다. 이는 우리들이 부여하는 의미를 표현하는 것을 가리킨다. 즉 상징적 중요성을 가진다는 것이다. 이러한 의미는 공유되기 때문에 다른 사람들은 우리의 소비행동을 읽고 해독할 수 있다. 고고학적 연구에 의하면, 점토 물병과 같이 선사 시대 사람들이 사용했던 가장 기초적 도구에조차 장식이 새겨져 있다는 것이다. 이들은 아마도 가문 연합이나 사회적 위치, 종교적 신에 대한 경외를 나타내는 것이었을 것이다. 그들은 또한 미적 기쁨조차 가져다 준다.

자본주의 사회에서 이러한 기능과 형태 사이의 보편적 이중성은 재화가 상품이 되어 시장에서 교환가치를 가지게 됨으로써 더욱 강화된다. 따라서 우리가 앞으로 보게 될 것과 같이 모든 재화 안에 내재되어 있는 문화적 의미는 그 자신의 권한으로 인해 고도로 추구되는 형태의 상품이 된다. 마지막으로 모든 재화가 이렇듯 물질적 특성뿐만 아니라 상징적 특성을 가지고 있으므로 기존의 연구자들이 지적했던 것과 같이 우리의 '진짜' 생존욕구를 충족시키는 것과 단순히 '비본질적' 욕망을 이루는 것 사이의 구별은 실질적으로 불가능하다. 문화적 의미에 있어서 본질적이지 않은 재화란 존재하지 않는 것이다.

소비주의의 의미

전근대 사회에서 종교와 관습은 재화에 '부여되는' 의미를 공급하는 주요 원천이었다. 상속재산, 의식용구, 집, 도구 등 많은 것이 상속 혹은 공동 소유를 통해 가족과 공동체 안에서 유통되었다. 각각이 귀속된 사회, 시간(계절, 종교적 축제), 장소, 사회적 지위, 성별 등 중요한 차이를 나타내는 표시의 역할을 했다. 현대 광고산업은 때때로 고대종교, 습관, 민족 정체성을 제공하는 글로벌 문화의 저장고로부터 매력적 의미를 차용해 재화에 붙어넣고자 한다. 그럼에도 불구하고 현재의 소비행태는 과거의 경험과는 본질적으로 다르다.

현재 경제적 성공 안에서 우리는 과거와 비교해 볼 때 재화의 과잉을 누리고 있으며, 이는 대부분 시장을 통해 얻어진다. 보통 사유권은 이러한 재화에 대한 접근으로 정의할 수 있다. 또한 일반적으로 생산품에 부과되었던 비교적 영속적인(문화유산의 축적으로부터 도래한) 비상업적 의미와는 달리, 오늘날의 생산품은 계획적으로 만들어져 이윤을 목적으로 일시적으로 부여된 이미지를 가지는 경우가 많다. 이것이 어떻게 그리고 어떤 이유로 일어나는지 이해하기 위해서 우리는 **기호학**(semiotic) 혹은 재화의 상징적인 본질을 이해할 필요가 있다. 현대 소비에 관한 사회학적 논의는 소쉬르(F. de Saussure 1857–1913)와 바르트(R. Barthes 1915–80)에 의해 발전한 기호학 연구로부터 온 경우가 많다. 소쉬르는 그의 전 생애를 산스크리트어와 고트어, 프랑스, 독일, 스위스 지역의 고대 고지 독일어를 가르치면서 눈에 띄지 않는 언어학 교수로서 살았다. 그러나 소쉬르의 죽음 후 그의 동료들과 학생들은 그의 강의 노트를 모아『일반 언어학 노트』 (*Course in General Linguistics*, 1974)라는 영어판 책을 출판했는데, 이 책은 기호학의 고전적 연구가 되었다. 소쉬르는 주로 의미를 부여하고 전달하는 언어—글자로 표기된 단어 혹은 음성으로 표현된 소리—에 관심을 가지고 있었다(Box 13.1 참조).

기호학(Semiotic) 언어 혹은 그 외의 커뮤니케이션의 수단에 있어서 기호와 상징에 관한 연구

Box 13.1

언어와 기호학에 대한 소쉬르의 연구

언어 연구에 있어서 소쉬르의 주요한 특성은 다음과 같은 개념에서 찾을 수 있다.

- **기표**(signifier) : 의미를 전달하는 운반책 혹은 형태. 언어에 있어서 기표란 우리들이 음이라는 형태로 듣거나 특정 문자의 조합이라는 형태로 읽거나 하는 실제의 단어다.
- **기의**(signified) : 기표에 의해 전달되는 머릿속의 이미지나 개념
- 기표와 기의가 결합하여 기호(sign)를 형성한다. 우리는 머리 안에서 지식을 기호로 축적함으로써 그것들을 해독하는 것이 가능하다.
- 기호를 읽는 능력으로 인해 우리는 의미형성(signification) 과정에 관여한다. 이로써 우리는 기호에 의미를 부여할 수 있다.

언어에 있어서 실제의 단어나 기표, 그리고 그들이 운반하는 의미인 기의 사이의 관계는 자의적인 것이다. 'bird'라는 단어는 'split'가 되든 'mnenk'가 되든 어떠한 문제도 없다. 깃털이 났으며 날아다니는 생명체라는 이미지를 우리 모두가 공유하는 표현을 사용하는 한, 그 단어가 가진 '사운드 이미지'(sound image)(Strinati 1995 : 91)는 그 의미

내용으로부터 어떠한 영향도 받지 않는다. 따라서 단어의 의미는 그것이 가리키는 실제 대상에서 도래하는 것이 아니라, 우리가 '언어'(language)라고 부르는 문법적 규칙의 전체적 구조와 단어의 차이를 나타내는 정교한 체계로부터 나오는 것이다.

현대 사회학자들과 기호학자들은 다양한 형태의 현상, 예를 들어 예술, 사진, 소리, 광고, 로고와 테디 보이, 히피, 펑크, 고쓰 등 다양한 서브컬처가 뒤섞인 복장의 분류까지도 연구대상으로 함으로써 그들의 의미를 '읽거나' 해석한다(Hebdige 1988 ; Hall and Jefferson 1993). 이렇게 함으로써 그들은 기표와 기의의 결합에 의해 만들어진 기호에 관한 소쉬르의 기본 도식을 응용하는 것이다.

출처 : Thwaites et al.(1994) ; Strinati(1995).

바르트는 우리의 의미의 이해에 큰 업적을 남겼다. 그의 연구는 트웨이츠 등(Thwaites et al. 1994 : Chapter 1, 2 and 3)과 스티리나티(Strinati 1995 : Chapter 3)에 의해 잘 정리되어 있다. 바르트는 광고나 복장, 그 외의 문화적 표상형태에 있어서 기표와 기의의 결합이 자의적이지 않다고 주장했다. 언어의 경우와는 다르게 기의가 국기, 특정 스타일의 구두, X모델 차 사진, TV의 유명인사 등 시각적인 문화적 아이템을 통해 표현되기 때문이다. 메시지가 전달되고 그 메시지를 읽는 우리들의 능력은 자연스럽게 생겨나는 것이 아니다. 이는 같은 문화에 노출된 사람들이 비슷한 코드와 사회습관, 이데올로기를 습득했기 때문이다. 문화적 의미들이 함께 모여 우세하고 명확한 특정 메시지 주변에 구체화되는 것이다. 동시에 그들은 공유되는 특정 역사적·사회적 상황 안에 내재화된다. 예를 들어 영국에서는 흰 카네이션 다발은 보통 '결혼'을 의미해 축복이라는 메시지를 전달한다. 다른 꽃이나 다른 색의 카네이션은 전혀 다른 의미를 전달한다. 예를 들어 붉은 장미는 로맨틱한 사랑의 고백을 암시하는 기표로 작동한다.

그러나 바르트는 또한 많은 신호들이 의도적으로 만들어져 지배적인 이익집단이나 사회계급―교회, 엘리트 귀족, 성장하고 있는 자본주의 부르주아―에 의해 보급되었다고 주장했다. 어찌되었건 특히 언어 이외의 영역에서 기호가 결백한 경우는 매우 드물다. 즉 기호가 전달하는 메시지는 가치선호(value preference)와 결합한다. 텔레비전 뉴스에서 성조기를 덮은 미 해병의 관이 엄숙한 분위기에서 군용기로부터 운반되는 것을 보았다고 하자. 미 대통령이 유족을 위로하고 제복을 입은 고관들이 경의를 표하며, 이런 모든 행렬이 슬픈 음악이 적절하게 흐르는 와중에 이루어진다. 여기서 해석할 수 있는 메시지는 다음과 같다. 미국과 그 시민들은 무질서하며 혼란한 세계에서 평화와 문명의 가치를 지키기 위해 필요한 힘을 행사하거나 글로벌 책임을 지는 데 있어서 희생을 치르는 것을 자랑스럽게 생각한다.

그러나 이러한 이미지와 그들이 운반하는 강력한 메시지는 대안적 해석을 억누르도록 작용한다. 이들은 우리에게 다음과 같은 물음을 던질 수도 있다. 미국은 왜 베트남, 그레나다, 소말리아, 이라크에서 벌어지는 군사적 분쟁에 참가했을까? 그리고 이러한 활동으로 인해 누가 가장 이익을 볼까? 따라서 군인의 장례와 같은 기호가 우리로 하여금 부인할 수 없는 '있는 그대로의' 현실을 그리고 있다고 생각하도록 만들지만 사실 그 외에 일어날 수도 있는 일련의 질문과 설명을 불가능하게 하는 것이다. 이러한 일이 일어났을 때 의미형성 과정은 신화형성적 성격을 띠게 된다. 신화는 시간을 초월한 진실의 위치를 획득하지만 그들은 또한 그것의 문화적 의미를 해석할 우리의 능력을 막고 있는 것이다.

우리의 목적을 위하여 이러한 논의로부터 다음과 같은 두 가지 중요한 질문이 제기될 수 있다.

1. 첫째, 광고주가 우리가 구매하기를 원하는 상품에 붙인 의미를 우리는 어떻게 해석하는가? 우리는 한편으로 광고주가 바라는 대로 메시지나 기호를 수동적으로 해독하는 문화적 얼간이(cultural dupes)나 바보(dopes)일지도 모른다. 또 다른 한편으로는 그러한 메시지를 완전하게 무시하거나, 광고주의 의도와는 무관하게 우리 자신만의 의미를 부여할 수 있는 능력을 가진 문화적 영웅(cultural heroes)이 될 수도 있다.

2. 둘째, 우리가 받아들이고 있는 엄청난 양의 메시지, 이미지, 상징은 우리 삶에 어떠한 영향을 끼치는가? 길을 걷거나 잡지를 읽거나 텔레비전을 보거나 영화관에 가거나 록 콘서트나 축구경기를 관람하거나, 우리가 어떤 장소에 있든지 매시간 그들은 우리를 덮치는데 우리는 그들을 피할 수 없다. 또한 우리는 선전표어나 **상표들**(brands)에도 노출되어 있다.

상표(brand)   상표는 광고보다 훨씬 강력하다. 이는 한 상품만이 아니라 회사에서 팔리는 재화의 전 범위를 일컫기 때문이다. 이는 또한 소수민족, 도시 빈민층, 젊은 무리의 거리에서 발견할 수 있는 활기 넘치는 풀뿌리 문화를 모델로 하여 소비자가 전체적 삶의 방식에 대해 접근할 수 있도록 보장한다.

비관적 시나리오 : 우둔한 소비자

간결하고 명확한 요점을 위해 우리는 상반된 두 가지 관점을 중심으로 소비에 대한 주요 주장들을 소개할 것이다. 여기서 우리는 상품, 광고주, 마켓 매니저의 맹공격에 직면한 소비자들이 순진무구하다는 주장을 검토할 것이다. 그 다음으로 이에 대해 소비자들이 어떻게 반격했는지, 소비자들의 자율성과 창의성이 부분적으로나마 어떻게 주장될 수 있었는지를 살펴볼 것이다.

상품에 대한 물신숭배

마르크스의 가장 중요한 개념 중 하나인 상품에 대한 **물신숭배**(Commodity Fetishism)을 살펴보도록 하자. 마르크스는 상품생산이 탈인격적인 경제(depersonalized economy)를 창출한다고 주장했다. 다양한 장소에 서로를 알지 못하는 고용 노동자들의 무리가 기계를 이용하여 누군지 모르는 구매자를 위해 상품을 생산한다. 자본주의에 의해 만들어지는 시스템은 너무나 복잡하고 비인격적이어서 이를 이해하거나 그것에 동화되는 것은 사실상 불가능하다. 그 때문에 상품교환이라는 표면세계는 표면에 드러나지 않는 노동과 생산의 실제 세계를 감추고 '교환과 생산 사이의 장애물'을 형성한다(Rabine 2002 : 4). 동시에 인간이 창조적 노동과 사회적 협동을 통해 얻는 자기 실현의 기회는 부정되고, 이는 즉시 시장이나 쇼핑몰에서 살 수 있는 매혹적인 소유물로 보상된다. 우리는 자신이 구입한 것에 그것들이 원래 가질 수 없는 의미나 중요성을 부여하는 것이다. 우리는 그들을 숭배한다. 즉 그들을 헌신과 신비성의 대상으로 변화시키는 것이다. 예를 들어 고가 향수 한 병은 실제로는 고래 지방에 스컹크로부터 추출한 향을 더해 가공한 것에 지나지 않는다.

중요 개념

물신숭배(Commodity Fetishism)   마르크스에 의하면 물신숭배는 생명이 없는 물체를 마치 그것이 종교적 헌신, 때로는 성적 헌신까지도 요구하는 것처럼 취급하는 경우를 발생시킨다. 전근대 사회에 있어서 물신은 불행이나 병으로부터 소유주를 보호해 주는 영혼을 체현화한 인공물이었는데, 드물게 자연체인 경우도 있었다. 자본주의 아래에서 물신이 생기는 것은 시장체제가 그 아래에 놓여 있는 사회적 관계(이는 불평등과 착취에 기초하고 있는데, 처음부터 이로 인해 시장에서 물건이 팔린다)보다 우리에게 더욱 더 현실적이고 직접적인 것이 되기 때문이다.

대량소비

20세기의 많은 연구자들은 포드주의식 생산(우리가 4장에서 논의했던 주제)의 도래와 관련하여 대량소비의 시대를 강하게 비판했다. 아도르노와 호르크하이머(Adorno and Horkheimer 1972)의 예를 들면, 포드식 생산의 확장으로 인해 기업들은 전례없이 우리들의 재화에 대한 욕망을 키우게 된 한편 우리는 더 좋은 신상품을 위해 아직 쓸 수 있는 상품들을 버리게 되었다고 주장했다. 여기에는 광고산업이 중요한 역할을 한다. 이들은 이국적 이미지, 노스탤지어, 욕망, 로맨스, 아름다움, 좋은 생활 등 새로운 의미의 흐름을 끊임없이 만들어낸다. 이러한 의미는 청소기, 소프트 드링크, 비누 등과 같은 평범한 상품에도 내재화되어 있다.

소비자들이 '그것에 빠져 있다'라고 할 때 그들은 잘못된 필요와 불가능한 희망에 반해 있는 것이다. 이러한 상품들은 소비자들의 소망을 충족시킬 수 없기 때문이다. 'Y'라는 브랜드의 샴푸는 실질적으로 사람들의 연애생활을 좋게 할 수 없으며, 거실을 유행하는 가구로 채운다고 해서 친구 없는 외로운 삶이 충족될 리 없다. 대량소비문화에서 활용되는 의미는 대량상품의 회전속도를 빠르게 하기 위해 간단하고 바로 이해할 수 있어야만 하는데, 결과적으로 '고급'문화(예를 들어 클래식 음악이나 르네상스 미술과 같은)와 대중문화의 차이, 섬세하지는 않지만 즉시 인식할 수 있는 이미지(만화나 텔레비전 드라마, 대중 음악 차트)와의 구별은 대부분 무너졌다. 가장 비관적인 주장에 의하면, 그 마지막 결과는 표준화된 대중상품과 내용이 없고 마비되어 버린 뒤섞인 문화로 균일화된 세계의 창조인 것이다.

문화의 의미화

소비문화에 있어서 광고와 매혹적인 포장은 재화 안에 미묘하게 다른 의미들을 심어놓는다. 보드리야드(Baudrillard 1988)가 '신호가치'(sign-value)라고 부른 이것은 우리에게 있어서 물질적 상품보다도 중요한 것이다. 상품이 갖는 원래의 사용가치는 광고주가 부여한 의미와는 다르게 자유롭게 부유하게 되는 것이다. 어찌되었든 우리는 점차로 '문화의 의미화' 안에서 살게 되었다. 그 안에는 분절된 메시지가 흘러넘치게 되는데, 우리가 찾고 있는 것은 상품의 기능성보다도 이러한 것들이다. 이러한 시나리오에서 우리가 구입하는 것들은 우리의 진정한 필요와는 점점 관련이 없는 것이 된다.

그림 13.1 멕시코 유카탄 반도
서구 소비자들의 끝없는 식욕을 충족시키기 위해 멀리 떨어진 라틴아메리카 대륙에서 치클(풍선껌) 블록이 수집된다. 런던의 람베스 시에서는 거리 및 포장도로에서 껌을 제거하는 청소비용으로 2004년에만 6만 파운드를 썼다.

깊이의 결여

또 하나의 문제는 우리의 소비문화를 순환하고 있는 기호의 양이 무서울 정도로 크다는 것이다. 게다가 기호는 본질적으로 이동하기 쉽다. 이들의 의미는 당초 표현하고자 하던 대상이나 문맥과는 다르게 변화·분해되어 버리는 경우가 많다. 이들은 또한 미디어 조작의 영향을 많이 받는다. 따라서 미디어와 광고가 소비자들의 관심을 끌기 위해 의미들을 창조하려고 해도 실제 의미는 우리들을 피해간다. 자기 실현이나 자아발견은 슈퍼마켓의 선반 위에서 찾을 수 없다. 제임슨(Jameson 1984)에 의하면 이러한 모든 것들로 인해 우리의 삶은 불안정해지고 의미들은 깊이를 잃어버린다. 우리는 방향을 잃어버리고 혼란한 상태에 있다.

현실이 되는 판타지

메시지와 상징이 흘러넘치는 TV 드라마, 영화, 광고 등 미디어가 주도하는 판타지의 세계는 우리가 살고 있는 실제 사회보다도 훨씬 생생하게 보일 때가 많다. 현실세계는 점점 그 중요성이 줄어들고, 신기하게도 훨씬 더 현실같지 않게 된다. 실제로 우리는 한 개 혹은 그 이상의 **시뮬라크르**(simulacra) 안에서 우리의 삶을 모방하거나 만들어내려고 하고 있는지도 모른다. 그러한 위조 혹은 판타지의 경험이 우리의 구체적 일상세계보다 더 현실적이 되는 상황을 보드리야드(Baudrillard 1988)는 '하이퍼리얼리티'(hyperreality)라고 불렀다.

중요 개념

시뮬라크르(simulacra) (단수 : simulacrum)   시뮬라크르는 현실세계 안에서 어떠한 독자적 시나리오를 갖지 못하거나 독창성이 남아 있지 않은데도 '현실'이라고 생각되는 존재이다. 예를 들어 엘비스 프레슬리나 특정 TV 드라마의 문화적 추종자들은 그들의 외모나 라이프스타일을 모방하거나, 그들에게 조언을 구하거나 심지어 프로포즈를 함으로써 그들의 시뮬라크르를 본뜨려고 한다.

특정 종류의 영화나 TV 방송 주변에 나타나는 모방현상 외에 하이퍼리얼리티의 좋은 예 중 또 다른 하나는 미국, 일본, 프랑스에 있는 디즈니파크의 높은 인기를 들 수 있다. 1996년 6개의 디즈니파크는 세계 테마파크 순위의 1위를 차지했고 3억 2,000만 명에 이르는 세계 여행객의 4분의 1을 끌어들였다(Meikle 1997). 2005년 9월에는 홍콩 디즈니랜드가 개장하여 거대한 중국 시장을 개방시키면서 첫해에만 360만 명의 방문객이 예상되었다. 디즈니파크의 관광객은 살아 있는 새나 동물을 플라스틱이라고 착각하는 경우가 많다. 현실과 판타지의 구분선이 사라지고 있는 것이다. 브라이만(Bryman 1995 : 172)은 "디즈니파크의 가상세계는 존재하지 않는 현실을 대표하여 미국 사회의 모델이 됨으로써 하이퍼리얼리티적 미국이 시뮬라크럼에 기초하여 구축될 것"이라고 예측한다.

무(無)에 대한 글로벌 소비

4장에서 우리들은 리쳐(Ritzer 2004a)의 연구에 대해서 논했다. 그의 연구는 예측 가능한 패스트푸드 및 다른 서비스 산업의 표준화적 성격과 이러한 맥도널드화 (MacDonaldization) 과정이 어떻게 해서 전 세계적으로 퍼지게 되었는가에 관한 것이었다. 최근에 리쳐(Ritzer 2004b : 3-10)는 이러한 주장을 채용하여 거대한 수의 상품들(차나 시계에서부터 신용카드, 엔터테인먼트, 물론 패스트푸드 등 소비자 서비스에 이르기까지)이 전에 비해 특별하고 구체적인 내용 및 독창성이 결여되어 있다는 것을 설명했다. 전에는 이러한 내용들이 특정 지역의 전통과 개인화된 상품 시스템 안에 내재화되어 있었다. 그러나 이제 혼합된 상품들 안에 실질적 내용은 거의 없으며 차별성도 없다. 이러한 생산과 매매과정을 발명·기획·조정하는 것은 주로 거대 기업들, 광고회사, 은행들이다. 이러한 '무'(non-things)(Ritzer 2004b : 55)는 쇼핑몰이나 공항 라운지, 슈퍼마켓과 같이 모두 한결같아 개성이 없고 표준화되어 어떠한 개인적인 애착도 느낄 수 없는 장소, 즉 '무의 장소'(non-place)(Aug : 1995)에서 팔리는 경우가 많다. 이러한 '무'의 소비 상품들과 경험들로 인해 상품들은 글로벌화된다. 즉 많은 국가를 넘나드는 대규모 시장에서 대량으로 팔리고 있는 것이다. 이러한 현상은 케냐, 세네갈, 가나 등지에서 고도로 숙련된 장인들이 보잘것없는 오두막에서 만드는 전통적이고 개성적인 보석류나 혹은 독창적이고 지역적인 의상과는 완전하게 대비된다. 이들은 수트케이스에 넣어져 비행기나 버스로 운반되어 비공식적인 '아프리카 패션 네트워크'(Aug 1995 : 13)의 개별 마케터, 디자이너, 흩어져 있는 친족적 커넥션을 통해 로스앤젤레스와 같은 지역의 시장에서 아프리카계 미국인들에게 팔린다(Rabine 2002 : Chapter 1).

낙관적 시나리오 : 창의적인 영웅으로서의 소비자

비관적인 시나리오가 가지고 있는 주요 문제점은 그것이 소비자의 자율성과 창의성, 재귀성과 같은 인간이 가진 힘에 대해서는 거의 설명하고 있지 않다는 점이다. 그것은 또한 자본주의 하에서 재화가 가진 의미는 본질적으로 인공적이고 사소한 것이라는 것을 강하게 내포하고 있다. 그것이 이윤을 목적으로 생산·판매되고 시장에서의 교환을 통해 얻어지는 것이기 때문이다. 그 결과 그들은 문화적으로 열등한 형태를 가지게 되고 착취와 깊게 관련되게 된다. 이러한 관점에는 몇 개의 반론이 존재한다.

상품의 구별

자본주의의 마케팅 기술 안에서 가장 주목해야 할 것 중 하나는 회사가 차별화된 상품을 장려하려고 시도하는 것이다. 소비자들은 계급, 교육, 종교, 민족성, 성적 취향, 가족형태로 인한 책임성 등에 따라 매우 다른 집단에 속한다. 이러한 각각의 정체성은 욕구나 취미에 있어서 현저한 다양성을 만들어낸다. 또한 사람들은 인생에 있어서 어떤 단계에 있는가, 즉 그들이 청소년, 독신, 어린 아이를 가진 커플, 중년으로 '아이들이 떠난 후의 빈 둥지'인가 노년기인가라는 문제도 있다. 따라서 각 집단의 취향은 다양할 뿐만 아니라 개개인들의 필요는 시간에 따라 진화하고 변화한다. 더욱이 사람들은 차이와 특성을 원하며, 이를 제공할 시장을 기대한다. 즉 상품의 다양성과 틈새 마케팅은 현대 자본주의의 중심에 존재한다.

광고와 그 한계

신클레어(Sinclair 1987 : 63)에 의하면, 광고산업에 종사하는 사람들은 소비자에 대한 자신들의 영향력에 대해 대단히 회의적인 경우가 많다. 또한 그들은 "광고의 유용성에 대해 의심한다." 첫째로, 소득은 광고에 대해 반응할 우리의 능력에 대해 주요한 제한을 가한다. "사람들은 그들이 감당할 수 있는 정도의 신호만을 상대로 한다" (Warde 1992 : 27). 우리가 구입하는 것은 습관과 시간적 제한에 의해 좌우되는 경우가 많다. 상품에 부착된 이미지가 어떻게 어필하든지 상관없이 우리는 그 신호적 가치만을 이유로 상품을 구입한다는 것은 부조리하게 들린다. 캔 오프너, 신발, 자동차는 유용한 물건이며 특별한 기능을 가진다. 그 상품을 사지 않은 사람들이 광고에 끌리는 경우도 있지만 이를 구입하는 사람들 중에는 광고에는 거의 신경 쓰지 않는 사람도 있을 수 있다. 많은 사람들은 가벼운 마음으로 '광고를 놀리는 것'을 즐긴다. 요약하자면 "광고의 상징적 혹은 이데올로기적 의미와 그에 대한 사람들의 반응행동 사이에 필연적 관계는 존재하지 않는다"(Sinclair 1987 : 63). 따라서 가끔 코드의 부조화가 발생한다. 전달된 메시지와 실제 소비자가 받아들인 것이 반드시 같을 필요는 없는 것이다.

사회적 여과기

글로벌 사상가 13에서 우리는 20세기 후반의 프랑스 사회주의자 부르디외(Bourdieu 1984)의 주요 개념에 대해 설명했다. 그러나 여기에서는 그의 연구 중 프랑스 라이프스타일에 대한(Bourdieu 1984) 영향력 있는 연구에 대해 살펴볼 것이다. 그는 소비자 행동의 모든 측면(휴일이나 벽지 선택에서부터 음식 선호, 의류 스타일까지)이 우리가 사회적으로 속해 있는 곳에 대한 중요한 특성들을 말한다고 주장했다. 이러한 관점에서 '귀속'은 특히 우리의 계급, 교육, 민족, 종교, 세대, 살고 있는 장소(도시, 교외, 지역, 소도시, 마을)를 일컫는다. 공유된 취향은 또한 자신이 속하고 싶어 하는 그룹의 멤버십으로의 접근을 가능하게 한다. 따라서 각각의 서브 그룹은 자신만의 특별한 **아비투스**(habi-tus)를 표명한다.

중요 개념

아비투스(Habitus)　아비투스는 원래 라틴어에 기원을 두고 있는데, 이는 전형적 혹은 흔히 있는 상황을 일컫는 것이었다. 부르디외에게 있어서 아비투스는 개개인의 특정 삶의 경험과 특정 사회 서브 집단의 멤버십의 결과인 문화적 지향 및 성질을 구성한다. 이를 통해 그들은 소비와 라이프스타일에 있어서 특유의 선호를 강하게 표현하게 되는데, 사회적 배경이 이를 완벽하게 고정시키지는 않는다. 우리는 자율성을 가지는 것이다.

아비투스가 어떻게 나타나는지 그 예를 들어보기로 한다.

- 도시의 공장 노동자는 가족생활을 미화하거나 옛날 목가적 생활을 낭만화하는 예술품을 장식하는 경우가 많다.
- 부를 누리는 첫 세대임에도 불구하고 그리 높은 교육을 받지 못했던 사회적 유동성이 높은 실업가 집단은 자신들이 쌓아온 부의 정통성을 추구하여 오페라를 관람하거나 골동품을 구입하거나 상류층 사람들과 교류하거나 한다.
- 교육수준이 높은 전문직은 부와 소득, 재산의 측면에서 상대적으로 가난한 경우가 많지만 문화적 자본을 획득함으로써 이를 보상할 수 있다. 즉 재즈나 19세기 문학, 입체파 미술가와 같은 지식과 풍미를 구별할 수 있는 식견을 체득하는 것이다.

일부 연구자들의 주장에 의하면, 초국적 기업의 성장과 경제생활의 글로벌리제이션으로 인해 글로벌 라이프스타일의 새로운 아비투스를 보이는 '비국적화된'(Saasen 2000 : 24) 전문가, 기업 관리자들로 구성된 초국적 계급이 생산·증가되었다(Feather-stone 1990). 그러나 다른 연구자들은 이것이 결과적으로 가짜 '소비자중심주의 코스모폴리타니즘'(Calhoun 2002 : 105)을 만들어냈다고 주장한다. 이로써 이러한 특권을 가진 개개인들은 '그들의 호화로운 생활과 주거공간을 장식할 문화적 노리개를 위한 세계'를 찾는 것이다(Kennedy 2005 : 91). 그들이 에어컨이 달린 부유한 환경에서 다른 곳으로 이동하는 것처럼 말이다. 소비 패턴이 사회생활의 토양 깊숙히 뿌리박혀 있는 것은 명확하다. 상품에 부착된 신호-가치는 강한 상쇄력의 중재 없이는 우리의 필요를 형성하는 것으로부터 자유롭지 못하다.

생활수준을 향상시키는 소비

많은 연구자들은 포스트모던 사회의 증대와 최근 나타난 또 다른 변화인 후기 포드주의 경제를 향한 움직임이 연결되어 있다는 것을 지적한다. 포스트모던 소비자들은 흔히 차별성, 개인적 서비스, 독창성, 다양성을 선호한다고 주장된다. 이로 인해 기업은 특정 부분에 있어서 틈새 마케팅에 관여하며, 더욱 유동적인 제조 시스템을 유지한다. 포스트모던적 감수성은 또한 오늘날의 시민생활에 있어서 소비와 레저가 초기 공업화 시대보다도 중요한 역할을 하고 있다는 것을 의미한다. 당시 사람들은 훨씬 더 빈곤했으며, 일이나 계급의식, 내셔널리즘, 가족 및 공동체에 대한 깊은 충성심 등이 사람들의 일상을 더욱 더 크게 차지했다.

소비자의 창의성

다시 현재로 돌아와서 페더스톤(Featherstone 1987, 1990), 톰린슨(Tomliinson 1990)을 포함한 일부 학자들이 포스트모던적인 생각에 찬성했다. 그들은 우둔한 소비자라는 개념은커녕 우리가 끊임없이 메시지를 해석하고 자신의 해석을 부과함으로써 그러한 의미들을 바꾸는 방법에 통달한 숙련공이 되었다고 주장한다. 그리고 우리들은 관련 사회 네트워크를 통해 이러한 의미들에 대해 타인들과 교섭한다. 우리들은 점점 복수성과 차별성을 즐기게 되었다. 이러한 방법으로 우리는 변화하는 개인적 아이덴티티 패턴에 의미들을 짜넣는 것이다. 따라서 소비주의는 우리들의 특정적 자아와 집단에 대한 귀속을 사회공간 안에 투영하는 매개가 된다. 1950년대 이후 수많은 젊은 서브컬쳐 그룹들이 실제로 **브리콜라쥬**(bricolage) 스타일의 옷을 받아들이고 끊임없이 변화하는 팝과 락적인 장면을 연출한 것을 보면 그 실천은 명확해 보인다. 따라서 우리들은

브리콜라쥬(Bricolage) 외견상으로는 연결되지 않은 다양한 요소들의 집합

소비사회의 하인이 아닌 자유로운 주인이 되는 것이다. 그러나 소비주의의 긍정적 잠 재력은 개인들의 미적 자기 창조성의 능력을 훨씬 넘어선다. 베넷(Bennet 2004)과 같은 작가들은 소비주의가 자유로운 시민과 관련하여 중요할 뿐만 아니라, 보이콧과 같은 다양한 종류의 운동에 참여하고 있는 현명한 소비자(informed consumers)에게서 볼 수 있는 것처럼 도덕, 도덕적 인식, 지식, 권력 등을 표현할 기회를 제공하는 것과도 관련 된다고 주장한다. 이와 관련해서는 18장에서 더욱 자세히 살펴보기로 한다. 게다가 엘 리트들이 추구했던 위조 가능한 글로벌 소비주의에도 불구하고 전 세계에 걸친 소비 주의의 결과 라이프스타일의 공유로 인해 현재는 좀 더 강력한 글로벌 시티즌십을 저 해하고 있는 경제적·문화적 차이들을 어느 정도 무마할 수 있게 되었다는 주장도 있 다(Urry 2000 : 187).

이러한 다양한 기회에 관련된 포스트모던적 주장, 즉 쇼핑이 '보통 사람들에게 있어서 그들의 다양한 욕망'을 생산하고 만족시키며, 쇼핑과 '사회정의는 상호적으로 배타적인 가치가 아닌'데다가 '공존할 수 있다'는 사실(Hutton 2005 : 26)은 우리는 우 둔한 소비자가 아니라고 안심시킨다. 그러나 사람들의 생활에 있어서 중요한 의미를 가지는 것이 노동과 생산이라 강제했던 과거의 일방적인 집착을 보면, 포스트모더니 스트들 역시 또 하나의 똑같이 비뚤어진 시나리오를 그 대안으로 가지고 온 것처럼 보 인다. 일터에 있어서 인간의 창의성은 부정되고 과소평가되어 거의 대부분이 소비와 레저 영역으로 할당된 것처럼 보인다. 이는 다소 자본주의적 이익의 의도대로만 편리 하게 움직이고 소비자 문화를 즐기는 물질적 수단을 가지지 못하는 사람들을 배제하 는 것처럼 해석될 수 있다.

글로벌 사상가 13

피에르 부르디외_ PIERRE BOURDIEU (1930-2002)

행위자-구조 논쟁

사회학의 대부분은 구조주의자와 구성주의자 간의 논쟁에 관련된다. 부르디외는 이러한 양측 의 접근을 반대했다. 구조주의는 행위자가 그들의 삶에 의미를 부여할 때 접하게 되는 외부 구조를 어떻게 의식적으로 해석하고 때때로 이를 어떻게 거부하는지, 그리고 이를 통해 같은 구조를 수동적으로가 아니라 적극적으로 강화시키는 경우가 얼마나 많은지를 설명하지 않는 다. 한편 구성주의는 사회를 단순히 수백만 개인들의 집합체로 생각함으로써 시간의 흐름에 도 불구하고 사회관계가 어떻게 영속성을 가지는지, 행위자들이 처음에 어떻게 그들의 사상을 습득하게 되었는지(혹은 이러한 것들을 결정할 때 왜 특정 행위자들은 다른 행위자들보다 큰 영향력을 가지는지) 설명하지 못한다.

부르디외의 주요 개념 : 사회의 양차원적 관점

1. **사회적 영역** : 사회적 생활은 종교, 정치, 예술, 생산, 교육과 같은 사회관계의 다양한 영역과 부차적 영역이 겹쳐져 구성된다. 각 영역은 게임과 같아서 이 안에서 플레이어들은 대강의 규칙을 알게 되고, 이 게임이 그들 자신의 이익을 추구하기 위해 참가할 가치가 있는 것임을 발견하게 된다.

2. **다양한 종류의 자본으로의 접근에 있어서 불평등성** : 사회적 행위의 영역은 또한 권력의 지역이다. 이곳에서는 다양한 정도의 자원을 가진 사람들이 그들의 지위를 향상시키고 유지하기 위해 투쟁한다. 이러한 자원들은 다양한 종류의 자본으로 구성되는데, 여기에는 경제(부, 수입), 사회(클럽의 멤버십, 네트워크, 친분관계), 문화(예술지식, 교육증명서, 기술/전문가 자격증명), 상징(다른 사람들을 설득하여 특정 권리의 존재를 인정하도록 특권을 정당화하는 능력)

3. **아비투스** : 행위자들이 사회적 경험을 쌓게 됨에 따라 그들은 자신들이 부딪치게 되는 불평등을 이해하고 내면화하며 그들을 다루는 사회적 카드를 '플레이' 하는 법(가족생활, 출생지, 학력, 다양한 자본의 종류에 대한 접근을 통해)을 배운다. 그러므로 그들은 일련의 사회적 배치를 발전시킨다. 이는 태도, 지향점 등 특정적인 그들의 사회적 지위를 반영(혹은 대략적으로 이에 대응하여)할 뿐만 아니라, 각 사회영역 안에서 그들이 가지고 있는 자본의 최대 한도가 허용하는 데까지 그들로 하여금 게임을 플레이하게도 한다. 이러한 배치는 그들의 아비투스를 구성하고, 이로 인해 행위자와 구조는 합쳐진다. 따라서 사회에 의해 형성된 행위자들은 불평등 구조를 재생산하도록 작동하는 경우가 많다. 그러나 그들은 자신들이 일정한 자율성을 행사할 수 있는 것과 동시에 부분적으로 자신들이 전하는 의미를 실행하고 해석하는 방법으로 인해 자신들의 삶이 결정된다는 것을 알고 있다.

후기 산업사회에서 일어나는 현상으로는 다음과 같은 것을 들 수 있다.

– 서비스와 지식기반 경제로 인해 상대적 변동이 일어나면서 문화자본은 더욱 더 중요해지고 있다. 경제자본을 거의 가지고 있지 않은 많은 사람들도 성공할 수 있다.
– 따라서 교육의 유형, 자원, 수준이 계급 위치에 있어 중요한 지위를 차지하게 되었다.
– 이와 비슷하게 소비주의의 증대는 생산영역에 있어서 행위자들은 생활양식의 추구를 통해 사회적 위치를 위한 경쟁에 참가한다는 것을 의미한다.
– 그러므로 일반적으로 모든 형태의 문화(미적 형식이나 차이, 자격, 상징적 지식), 사회적 규약, 주요 의미, 대표 체계를 통제하고 한정하려는 투쟁은 계급과 사회를 재생산하는 중심에

서게 된다.

글로벌 사회와 문화와의 관련성?

비록 부르디외가 프랑스의 경우를 상정하고 있었지만 영역, 다양한 자본, 아비투스에 대한 그의 개념들은 글로벌 생활에도 유용하게 적용된다. 만약 21세기에 통합되고 있는 글로벌 생활에 적합한 자본주의의 본성이 무엇인지에 관해 그 주요 테마와 가정들(상징체계)을 이해하고 재정의할 수 있다면 불평등은 개선될 수 있다는 아이디어 역시 그러하다.

출처 : Bourdieu and Wacquant (1992) ; Bourdieu (1993) ; Schwartz (1997).

균일화한 미국화? 글로벌 문화를 향하여

많은 연구자들은 서구적 소비주의의 확대와 물질주의 사회의 성장으로 인해 나타나는 서구세계의 문화적 지배라는 망령을 우려했다. 이러한 우려는 일부 연구자(예를 들어 Tomlinson 1991, 1999 ; Canclini 1995 ; Howes 1996)들에 의해 자세하게 검토되었다. 미국화의 공포는 훨씬 더 절실한 문제인 경우가 많다. 때때로 이는 **맥도널드화**(McDonaldization)라는 표현으로도 묘사되는데, 이는 주로 우리가 4장에서 논의한 규격화된 상품의 보급과 이와 관련된 사업통제 시스템을 일컫는다(Ritzer 1993, 2004a). 많은 회사들이 맥도널드 햄버거 프랜차이즈 체인을 모방한다. 맥도널드가 가진 세계적인 영향력은 거대하다. 1991년에는 미국 점포의 2.5배 정도의 새로운 점포가 오픈했으며, 1992년에는 700석 규모의 중국 베이징 1호점이 오픈했다(Ritzer 2004a : 2-3).

중요 개념

맥도널드화(McDonaldization)   맥도널드화는 원래 미국 패스트푸드 산업과 연결된 사업 시스템이 거부할 수 없을 정도로 보급되는 것을 일컫는 말이었다. 이들은 싼 가격에 규격화된 양질의 상품을 쾌적한 환경에서 제공하는 것을 목적으로 했기 때문에 종업원이나 고객을 철저하게 관리했다. 이러한 효율성과 예측 가능성에 대한 진전은 현재 다른 많은 경제활동 및 다양한 국가에 퍼져 그 결과 맥도널드 햄버거 프랜차이즈 체인은 좀 더 넓은 방식에 있어서 '규범적인 사례'(paradigm case) (Ritzer 1993 : 1)가 되었다.

하네르츠(Hannerz 1992 : 217)는 이러한 미국적 소비주의의 지배에 대한 우려뿐만

아니라 문화적 지배에 대한 우려의 보급 역시 지적하면서 이와 비슷한 '세계의 코카콜라화' 라는 용어를 만들어냈다. 생각컨대 그의 주장에 있어서 사활의 위기를 맞이한 것은 단순한 지역 식습관이나 소규모 산업이 아니라, 한때는 활기를 띠고 있었던 독특한 종교적·민족적·국민적 정체성이 붕괴의 위험에 처한 것이다. 흥미로운 것은 제2차 세계대전 종료 직후 많은 유럽인들이 '양키 문화' 와 미국의 시장지배에 대해 반감을 가지고 있었다는 것이다. 미국화에 대한 우려는 특히 프랑스에서 강했다. 예를 들어 코카콜라가 1948년에 현지 생산 허가를 신청했을 때 프랑스 공산당은 놀랍게도 코카콜라가 미국 스파이 정보망으로 활용되고 있으므로 이를 거부해야 한다고 주장했는데, 이는 대중으로부터 많은 지지를 얻었다. 다른 연구자들은 이것이 프랑스 문명에 대한 위협이라고 주장하면서 나치 초기의 프로파간다와 같이 코카콜라 광고는 대중을 '중독' 시킨다고 주장했다(Pendergrast 1993 : 241-3).

또한 최근의 연구에 의하면, 전후 소비자 상품 시장 확대에 있어서 미국의 초국적 기업이 해왔던 주요 역할이 1960년대 미국의 광고회사와 미디어 네트워크에 의해 비슷하게 나타났으며, 강화되었다. 그 결과 1970년대 후반 해외에서 활동하는 미국 광고회사들 수입의 50%가 이러한 역할로부터 나온 것이었다(Janus 1986 : 127). 실제로 이것은 1980년대 초반 대부분의 주요 시장에 있어서 소비자 상품의 세계 광고를 관리했다. 한편 1960년대 많은 개발도상국에서는 국가의 이니셔티브로 인해 텔레비전 보급률이 상승했다. 이로 인해 미국의 라디오, 텔레비전 네트워크는 미국의 방송 프로그램과 함께 개발도상국이 통신시설을 설립하는 데 필요한 기술을 팔 수 있었다(Sinclair 1987 : 103).

그 결과로서 미국 상품에 대한 소비자의 수요를 크게 증대시키는 채널(이는 직접적으로 초국적 기업을 통하거나 국영 라디오, 텔레비전 방송, 신문의 스폰서인 광고 대리점을 통한 것이었다)이 만들어졌다. 이는 특히 라틴아메리카에 있어서 현저하게 나타났다. 예를 들어 재너스(Janus 1986 : 131)에 의하면, 1971년 어느 날 멕시코의 한 유명한 라디오 방송국 광고방송의 84%가 초국적 기업 제품에 관련된 것이었다. 이와 비슷한 예로 1970년대 중반 라틴아메리카 거대 신문 22개의 20-50%에 해당되는 광고란은 초국적 기업이 구입한 것이었다. 따라서 미디어는 "광고를 토대로 만들어진 상업 시청자를 최대화하는 시스템을 통해 고도의 소비 패턴을 조장하고 세계 경제 안으로 한층 더 결합함으로써 만족할 수 있는 기대를 만들어내게 된다" (Cruise O'Brien 1979 : 129).

1980년대 구공산주의 국가에서는 빅맥 버거 등의 제품 판매가 열렬한 환영을 받았다. 그들은 서구의 자유와 '진정한 미국의 맛'을 대표하는 소비 스타일에 다가갈 수 있다는 강력한 상징처럼 보였다(James 1996 : 83). 이러한 예들은 글로벌 문화를 미국화 혹은 서구화와 거의 같다고 봄으로써 서구생활을 다소 단순하게 보는 경향이 있다. 이는 세계 안에서 서구문화의 범람을 보여주는 단순한 예에 지나지 않는 것일까? 그렇지 않으면 소비가 글로벌화된다 해도 균질화되고 미국화된 세계가 될 필요는 없다는 것을 보여주는 것일까? 다음에서는 이러한 주장에 대해서 살펴보기로 한다.

경험을 쌓은 소비자

선진국에 사는 사람들은 다른 어떤 국가에 사는 사람들보다도 소비사회가 가진 매력에 장기간에 걸쳐 집중적으로 노출된다. 지금까지 우리가 보아왔듯이 대부분의 사람들이 한 무리의 시끌벅적 우둔한 소비자 집단으로 변모하는 사례는 별로 없다. 어린이들이나 청년기의 일부 예외가 있을 수 있지만 대부분은 우리가 구입한 상품에 대해 자신만의 해석을 완벽하게 부여할 수 있다. 또한 우리들은 서로 다른 집단에 소속되는데, 이는 의미들이 논의되고 변화되어 처리되는 일종의 심사장치로서 작용한다. 이러한 것을 생각해 보면 우리들과 매우 다른 문화 안에서 사는 사람들이 우리와 같은 반응을 보인다거나 혹은 우리보다 더 창조적인 반응을 보일 수 없다는 주장은 신뢰하기 힘들다. 만약 그러한 주장이 옳다고 해도 광고주의 메시지와 소비자가 이를 읽고 해석하는 방법 사이에서 발생할 수 있는 부조화의 가능성, 즉 불확실성이나 이중성 및 새로운 의미창출의 가능성이 훨씬 더 클 수 있다. 하네르츠(Hannerz 1992 : 243)가 주장한 것처럼 외부로부터 유입된 문화가 가지는 의미는 '관찰자의 눈에 의존'하는 것이다. 게다가 글로벌 문화에 관련되면서 "보다 많은 문화적 선택지와 … 새로운 기술자원에 접근할 수 있고, 상징적 표현을 창출할 수 있으며, 이를 좀 더 지역적인 것에 뿌리를 두고 있는 것과 통합시킬 수도 있다"(Hannerz 1992 : 241).

문화변동의 뿌리

문화변동은 새로운 현상이 아니다. 외부로부터 온 종교 등의 영향으로 여러 사회에 있어서 새로운 정체성이나 의미가 창출된다. 이러한 과정은 수천 년간 지속되어 왔다. 따라서 이러한 다양한 형태의 문화는 항상 사회적으로 구성된다. 그것은 만들어진 의미들의 집합체로 구성되는데, 이러한 의미들은 끊임없이 수정되고 부가된다. 이러한 것을 전제로 해보면 많은 사람들이 현재의 문화 정체성의 변동을 '상업화된 시장세력'에 의해 매개되었다는 이유만으로 이를 우려하거나 싫어하는 것은 불합리한 것이다(Firat 1995 : 121).

피랏(Firat)은 이러한 현상은 아마도 시장과 화폐를 저속한 것으로 생각하기 때문일 것이라고 설명한다. 그러나 이는 그러한 태도를 설득력 있게 설명하지 못한다. 게다가 돈과 상업으로부터 나오는 문화에 대한 '위협'은 "다른 형태의 침략보다 해롭지 않은데, 이는 상업적 침략으로 인해 모든 문화의 요소들이 시장화되는 한 계속 살아남을 수 있기 때문이다"(Firat 1995 : 121). 즉 문화적 인공물과 문화적 경험에 금전적인 인센티브를 붙여 세계 시장 안에 투입하는 것이 이들을 생존시킬 수 있는 최대의 보증이 되는 것이다. 이러한 경험으로 인해 문화가 바뀌기도 하지만 우리가 보아온 바로는 어찌되었든 문화변동은 피할 수 없다. 또한 군사 등 여러 형태의 억압이 문화적 유산을 크게 훼손시키는 결과를 가져오는 경우도 굉장히 많은데, 미 대륙으로 건너온 아프리카인들에 대한 노예제의 영향은 이를 증명하는 대표적인 예이다.

균일화 국가들 안의 다양성

선주민 문화를 제외하면 캐나다와 미국은 다양한 국가에서 수입된 문화적 요소로 형성된 국가이다. 실제로 미국은 오랜 기간 동안 평균 이상의 멜팅 포트(melting-pot) 사회로 묘사되어 왔다. 우세집단인 앵글로색슨족 프로테스탄트 그룹은 18세기 초 이후 동부유럽, 이탈리아, 아일랜드, 중국, 일본, (좀 더 최근에는) 다른 여러 아시아 국가들, 중동, 라틴아메리카에서 온 대중들을 특히 학교제도를 통해 미국화 혹은 앵글로 민족화(Anglicize)하려고 노력해 왔다. 그럼에도 불구하고 많은 도시에 있어서 독특한 민족적 핵심 요소가 남아 있다. 많은 사람들은 자신들의 언어, 종교, 전통음식의 유산을 자랑스러워하고, 출신이 비슷한 사람들과의 결혼이나 공동체 형성을 통해 결속을 유지하고 있다. 예를 들어 의심할 바 없는 세계 자본주의 진앙지인 뉴욕을 방문한 사람들은 이곳의 활기찬 다문화 정신에 충격을 받을지도 모른다. 원한다면 상상할 수 있는 모든 요리, 뮤지컬, 예술, 패션, 언어, 사업형태(글로벌 네트워크와 완벽하게 연결된), 교회, 공동체를 경험할 수 있다. 이와 비슷한 현상은 오래된 역사를 지닌 유럽국가들의 대부분에 있어서도 나타난다.

지역문화의 생존

디즈니로부터 TV 드라마인 「달라스」에 이르기까지 미국의 소비문화는 지구상

그림 13.2 마리(The Maris), 1996년 파리, 루 드 로지에르
퓨전 음식-유태인 지구의 유태인 피자가게

의 각종 문화에 분명하게 드러나는데, 그 반대의 경우도 동등하게 나타난다. 이민문화는 가장 부유한 국가들 안에서 오랜 기간 집중적인 소비주의와 미디어의 영향에도 불구하고 수세대에 걸쳐 살아남았다. 이런 점에서 보면 왜 봄베이 거리에 켄터키 후라이드 치킨이 있으며 이집트 마을에 TV 드라마인 「로잔느」를 보면 이러한 개발도상국의 문화적 전통 전체가 파괴되어 버린 것 같은지 이해하기가 쉽지 않다. 때로는 라오스나 쿠알라룸푸르의 주민들도 코카콜라를 마시거나 리바이스 501을 입거나 마돈나의 음악을 듣거나 한다. 그러나 이것이 그들이 그들의 관습이나 가족적·종교적 의무 혹은 국가적 정체성을 전부 버리는 것을 의미하지는 않는다. 만약 그들이 그렇게 할 여유가 있다고 해도 대부분은 그럴 수 없다. 특정한 종류의, 누가 봐도 명확히 서구화된 문화 상품이 온전하게 수입되는 곳에 있어서도 지역 소비자들은 그들의 특별한 욕망을 반영한 해당 상품을 재해석함으로써 변함없이 자신들만의 독특한 의미를 부과할 수 있다. 예를 들어 살다나(Saldanha 2002)는 방글로의 부유한 엘리트 가문 출신인 10대들이 인도 전역에서 사랑받고 있는 대중음악(여기에는 발리우드 영화음악—아래 참조—부터 인도의 팝음악이 포함된다)을 거부하고 그 대신 어느 정도 희석되지 않은 앵글로 아메리칸 팝뮤직을 좋아한다는 것을 제시했다. 그러나 동시에 그들은 이로 인해 옛 힌두, 반식민지화되어 여전히 가난한 인도로 여겨지는 모든 표시(여기에는 농민계급, 카스트제, 국가 관료제, 부패, 종교차별 등이 포함된다)들을 거부한다. 따라서 그들은 이러한 제한들로부터 벗어나 서구로 이주하고 싶은 마음은 전혀 없다. 그 대신 그들은 수입된 팝록, 빠른 자동차 등의 여러 서구 소비주의 스타일을 탐닉함으로써 울트라 모던 라이프스타일을 추구하며, 이로 인해 그들은 지금까지 인도가 근대 세계의 진정한 강대국이 되는 것을

막고 있었던(그들이 생각건대) 모든 전통과 제약들을 싹 쓸어버린 인도의 감수성을 구축하게 된다. 이러한 과정에서 인도는 독특하고 자율적으로 온전히 보전될 수 있다.

문화의 역흐름

서구나 일본으로부터 세계 전 지역의 개발도상국으로 유입되는 중요 문화의 역흐름 현상은 점점 증가하고 있다. 이러한 현상은 앞으로도 계속될 것으로 보이는데, 이는 특히 더 많은 비서구국가들이 공업화를 달성할 경우 더욱 증가할 것이다. 우리는 이미 세계의 요리와 일본식 경영철학과 같은 사례를 살펴보았지만 이는 뒤에 좀 더 자세하게 논의할 것이다. 여기서는 특히 3가지 사례에 대해서 언급해 보자.

첫째로 아시아 전통의 의학, 보건 및 피트니스, 정신건강에 대한 접근이 유럽이나 북미의 중산계급에 상당히 보급되었다는 것이다. 가라테, 유도, 태권도, 쿵후와 같은 격투기뿐 아니라 요가, 타이치, 지압, 명상, 색채치료, 침술, 허브요법 등이 그 대표적인 예이다.

둘째로 축제의 인기가 점점 증가하고 있다는 점이다. 이는 브라질이나 트리니다드 같은 원산지로부터 서구의 특정 대도시의 중심부로 전통이나 춤, 음악 등을 전수해 온 이민자나 이산집단들만의 이야기가 아니다. 수백만의 원주민들과 다른 곳에서 온 이민자들 사이에서도 축제의 인기는 높다. 너스(Nurse 1999)는 원유수입으로 인해 트리니다드 카니발이 1970년대에 40,000명의 관광객을 유치했다고 설명한다. 그러나 그 후 이 축제는 좀 더 넓은 지역에서 받아들여지고 제도화되어 1990년대에는 북미나 유럽의 도시들에서 매년 60개의 카리브 해 축제가 열리게 되었다. 여기에는 런던의 노팅힐, 토론토의 카리브 해, 뉴욕의 노동절 축제가 포함되었으며, 1940년대 후반부터는 아프리카인, 서인도인, 아시아인 등 다양한 인종이 참여하고 있다.

마지막으로 존스와 레쉬코위츠(Jones and Leshkowich 2003)에 의하면, 아시아 전통 의상도 서구 패션에 점점 더 큰 영향을 미치고 있다. '아시아의 멋'의 글로벌리제이션은 1990년대 급속하게 증가했는데, 이는 많은 동아시아 국가들이 경제적으로 부유해지고 마이클 잭슨이나 마돈나를 비롯한 여러 유명인들의 뮤직비디오나 영상, 웨일스 공주인 고 다이애나비와 같은 유명인사들의 관심으로 인해 더욱 촉진되었다. 그 결과 인도네시아 수마트라의 토착 납결엽색천, 인도의 사리, 사롱 치마, 키모노 자켓, 만다린 칼라, 베트남의 아오다이(말아올라간 모자, 딱 맞는 튜닉, 헐렁헐렁한 바지로 구성된 전통의상)를 포함한 여러 의상들이 같은 아시아 국가들 사이에서만이 아니라 글로벌 패션 산업에서 주요 요소로 자리 잡게 되었다.

글로벌 문화의 형성 : 지방의 역할

마지막 절에서는 실증연구 사회학자들의 사례연구를 통해 글로벌 소비주의의
균질화 세력에 대한 지방문화의 반응을 3가지 유형으로 나누어 살펴보고자 한다.

토착화

글로벌 영향을 받은 지방이 이를 어떻게 토착전통과 양립 가능한 형태로 바꾸는
지에 대해서는 여러 연구가 존재한다. 그 중 일본의 사례는 특히 의미심장하다. 클래머
(Clammer 1992)는 일본 시민들이 새로운 스타일을 선호하여 곧 버릴 것임에도 불구하
고 끊임없는 브랜드를 찾으려는 소비자세에 대해 설명했다. 특히 여성들 사이에서 쇼
핑은 레저를 즐기는 데 있어 본질적인 핵심 부분이다. 클래머에 의하면, 실제로 일본인
들은 복장을 포함한 여러 소비 면에서는 독특한 스타일을 만들어내고 국내에 알맞은
분위기를 만들어냄으로써 주관성을 표현하는 욕망을 가지고 있다는 점에 있어서 본
질적으로는 포스트모던적이다. 그러나 이의 대부분이 오랜 시간 동안 쌓아온 일본의
전통에 기반한다. 일본인들은 언제나 절충주의—문화적 표현의 새로운 방법을 고르
는 기쁨—를 길러왔으며, 고도로 발달한 심미적 기술과 '기호학적으로 애매모호한 대
상'을 다루는 것에 대해 높이 평가해 왔다(Clammer 1992 : 205). 전통은 또한 사회적 지
위와 연령, 성별을 염두에 둔 적절한 자기 표현 방법을 매개로 하여 일상생활 안에서
자신을 수양하는 것을 높이 평가한다.

미적 감각과 이의 표현에 대한 집착을 단적으로 보여주는 예가 선물포장에 있어
서 일본인들이 가지고 있는 독특한 고집이다. 선물은 그 디테일까지 매우 세심한 정성
과 집중을 필요로 하는데, 선물을 받는 사람들에게 정확한 메시지가 전달되도록 위한
것이다. 근대적 소비주의 역시 이러한 선대로부터 내려오는 일본인의 선물 주고받기
안에 갇히게 되었는데, 이는 '일상문화의 불가피한 요소'의 하나가 되어 있다(Clammer
1992 : 206). 가족구성원을 비롯하여 좋아하거나 앞으로 도움을 받을 사람들까지 일본
에서는 다양한 사람들에게 한 해에도 몇 번이고 다른 시기에 선물들을 주고받는다. 변
함없이 이어지는 이러한 선물경제에 있어서 일본인들은 크리스마스와 같은 기독교
축제를 쉽게 결합시킨다. 그들이 타종교를 믿고 있음에도 말이다. 여기에는 어머니의
날이나 할로윈과 같은 다른 서구 여러 나라로부터 기원한 기념일도 들어간다.

매스미디어가 문화적 가치(그리고 소비주의적 기대)를 퍼트리는 데 주요 역할을 하게 된 이후 많은 개발도상국에 있어서 TV와 라디오 네트워크, 영상산업 등의 자신들의 산업을 설립하는 것은 주목할 만하다. 이러한 사례는 특히 라틴아메리카에서 현저하게 나타난다. 그 결과 1972년부터 1980년대 초까지 라틴아메리카 TV 네트워크의 미국 방송 프로그램 의존도는 크게 감소했다. 이러한 현상은 부분적으로 '텔레비전 소설'(telenovel)의 발전 및 인기로 인한 것이었다. 이는 지방에서 만들어진 TV 드라마로 국내 문제나 테마를 다루었고(Rogers and Antola 1985) 해외에 사는 이주자들이나 디아스포라 집단에 보내지는 경우도 많다.

인도의 영화산업은 1912년 설립되었다. 이는 매스미디어와 관련된 토착화의 사례로서 매우 흥미롭다. '발리우드'(Bollywood)라는 이름으로 알려져 있는 복수 도시에 기반한 봄베이 프로덕션 센터가 그 중에서 가장 유명하다. 인도는 세계에서 가장 거대한 영화산업을 가지고 있어 연간 900편 이상의 영화를 생산한다(Kasbekar 1996). 대부분이 남아시아를 가로질러 이주민들이 정착한 러시아, 아프리카, 라틴아메리카, 유럽의 여러 도시들로 수출된다. 최근 급속한 경제변동에 직면한 가족의 생존이나 '가난한 소녀'이 어떻게 해서 '부유한 소녀'를 만날 수 있었는가와 같은 지역적 문제들이 인도 영화 테마의 주류가 되어 있으나 전통 힌두교 등의 신화적 소재—예를 들어 다루마(사회규범)나 친족의 의무 등—역시 현저하게 나타난다. 이와 비슷하게 새로운 플롯과 창의적 형태가 고대 고전적 극이나 심미적 전통과 결합하여 서사적 드라마와 스펙터클적인 사랑, 노래의 사용, 로맨스에 대한 강조, 강한 감정적 내용 등으로 나타난다.

재발명과 재발견

12장에서 우리들은 관광이 어떻게 해서 전통문화의 부활에 공헌하는지 그 사례를 살펴보았다. 소비의 경우에 있어서는 쇠퇴 혹은 소멸된 전통의 재발견 사례로서 요리의 사례가 특히 두드러진다. 서점에 가서 요리 코너를 돌아보면 글로벌 푸드에 대한 관심이 얼마나 다양하고 방대한지 알 수 있을 것이다. 거의 매일 TV에서는 글로벌 요리에 대한 방송이 전파를 탄다. 그러나 '정통' 외국요리를 제공하는 레스토랑과 수입된 패스트푸드의 인기상승과 경합할 필요로 인해 민족 및 지역 요리의 전통 안에 새로운 것에 대한 관심이 생겨나기도 한다.

최근에 이러한 '균일성에 대한 저항'(James 1996 : 89)은 영국의 경우 현저하게 나타난다. 그 결과 전에는 잊혀지고 무시되었던 치즈, 소시지, 보존식품, 맥주, 과일, 야채

등 특정 지역의 독특한 전유물이었던 것들이 재발견되어 '전통' 요리책에 복원되었다. 또한 '찐 푸딩, 파이, 페스트리, 버터 바른 빵, 푸딩, 내장요리, 전통적인 티케익과 머핀' 같은 요리들이 '멋진 레스토랑의 메뉴'에 다시 올라가게 되었다(James 1996 : 89). 체이스(Chase 1994)는 터키 이스탄불의 사례를 든다. 터키 도시에 햄버거가 처음 등장한 것은 1960년대 초로, 이는 '철두철미하게 미국적인 환경'(Chase 1994 : 75)이었다. 그녀는 당시 이것이 중동 요리를 기반으로 한 활기찬 지역 거리를 파괴하는 것은 아닌지 우려했다. 그러나 30년 후 그녀는 지역 음식이 '미국 패스트푸드 산업이라는 빛나는 사원'(Chase 1994 : 77)의 공격에도 살아남았을 뿐만 아니라, 지역 스낵과 요리의 다양성, 인기, 품질이 높아졌음을 발견했다. 그 결과 케밥, 코프테, 요구르트를 곁들인 가지, 스파이시한 빵을 곁들인 에피타이저를 포함한 여러 음식들이 터키 전역의 시장과 상점, 카페에서 급격히 성장했다. 서구 음식과의 경쟁은 이러한 부활에 중요한 역할을 했을 뿐만 아니라, 물가상승 시기에 도시에서 바쁘게 일하는 인구들 역시 이러한 현상을 촉진시켰다. 그들은 교통체증이 증가함에 따라 점심시간에 집에 돌아가서 식사를 하는 것이 불가능했던 것이다.

크레올리제이션

글로벌한 것이 지역적 문화형태를 표현하는 데 이용되는 토착화와는 다르게 **크레올리제이션**(creolization)과 관련된 요소들의 혼합은 완전히 새롭고 융합된 발명을 발생시킨다. 우리는 이러한 창의적 혼합이 인류의 역사 중에 항상 일어났다고 생각한다. 물론 크레올리제이션은 다양한 문화적 형태에서 나타나는 것으로 단순한 소비주의는 아니다. 예를 들어 남부 나이지리아(혹은 아프리카의 다른 지역)의 기독교 신앙의 수용에 있어서는, 아프리카 음악과 언어가 표준화된 교회의 전례와 융합하거나 전근대적인 건강법이나 타인의 저주로부터 자신을 마법을 통해 보호하려는 기원을 전례에 도입하는 등의 현상이 나타났다. 그 결과 나이지리아의 많은 교회들은 유럽의 교회들과는 매우 다르다.

중요 개념

크레올리제이션(creolization) 이 용어는 다른 문화가 서로 영향을 미칠 때 그 사이에서 어떠한 상호 교배(cross-fertilization)가 나타나는가를 보여준다. 지방은 도래한 문화로부터 특정 요소를 선택하여 그들 고유 문화와는 다른 의미를 부여하고 창조적으로 기존의 전통에 결합시킴으로써 완전히 새로운 형태를 창조한다. 이러한 정의는 많은 목적에 도움이 되지만 '크레올'이라는 단어는 상황에 따라 매우 다양한 의미로 쓰이므로 주의해야 할 필요가 있다.

다음에는 복장과 음악의 크레올리제이션에 대한 최근 사례를 논의해 보자.

● 복장

이미 살펴본 아시아의 몇몇 사례에서 알 수 있듯이 복장은 문화적 융합에 있어서 중요한 자리를 차지하고 있다. 전통 패션은 단순히 세계로 퍼져나가는 것만이 아니라 다른 국가의 스타일을 흡수하거나 융합한다(Leshkowich 2003). 또 다른 예로 과테말라의 사례도 볼 수 있다. 헨드릭슨(Hendrickson 1996 : 117-18)에 의하면, 과테말라인의 풍부한 방직 전통은 사회적 아이덴티티를 표현하는 방법의 하나로 원래 마야문화로부터 전래되었는데, 이것이 다양한 서양국가들의 통신판매 카탈로그를 통해 그 판매 경로를 개척하고 있다. 다른 상품들 중에는 과테말라에서 염색된 일본 기모노 스타일의 옷이나 초기 미국의 개척정신으로 표현되는 카우보이의 담요로 과테말라의 수공직물이 제공되거나 한다. 어찌되었든 현대 대량생산된 공업제품과 함께 세계 곳곳에 퍼진 민족공예 상품을 살 수 있게 된 것은 믹스 앤드 매치의 소비자 문화로 인한 것이다.

● 음악

음악은 크레올리제이션이 항상 넘쳐나는 또 하나의 영역이다. 실제로 음악은 아마도 다른 어떤 미적 수단보다도 크레올리제이션을 육성하는데, 이는 그 연주목록의 대부분이 문자 혹은 가사를 반드시 필요로 하지 않기 때문이다. 언어의 제약, 문화 혹은 역사적 배경으로부터 자유로운 음악은 국경을 끊임없이 넘나든다. 클래식 작곡가 중에는 러시아, 스코틀랜드, 체코슬로바키아 등지의 민족음악 및 지역농민의 민요를 자신들의 심포니에 도입했다. 대중음악 분야에서 더욱 더 중요한 것은 1950년대 팝이나 락과 같은 음악 스타일이 탄생과 그 이후의 수많은 변종에 있어서 아프리카가 중요한 영향을 끼쳤다는 것이다. 따라서 20세기 초 미국에 살고 있던 아프리카계 미국인들이 아프리카의 전통음악을 들여옴으로써 다양한 형태의 재즈가 탄생한 것만이 아니라, 락 음악의 탄생 역시 컨트리 음악과 서양 음악과 재즈가 결합함으로써 나타나게 된 것이다. 이러한 창조적 결합은 최근까지 이어지고 있는데, 서아프리카 밴드, 카리브 지방의 레게, 미국에서 출발한 랩 등에서 흑인문화의 유입을 찾아볼 수 있다.

그러나 세계 곳곳의 다른 문화에서도 역시 다양한 음악형태의 크레올리제이션 현상이 나타난다. 여기에는 수많은 사례가 존재한다. 흥미로운 사례 하나를 들자면 스페인의 집시 플라멩고, 락 음악, 베두인 민요의 융합인 라이(Rai)의 사례를 들 수 있다. 가장 중요한 라이의 제창자인 알제리 출신의 카레드 하지 브래민(Khaled Hadj Brahmin)은 1992년과 1996년 프랑스 싱글 차트 10위 안에 들었다(Myers 1997). 또 다른 예로는 독일의 터키계 제2세대 젊은이들 사이에서 힙합과 랩이 높은 인기를 끌고 있는 것을 들 수 있다(Benett 2000). 이는 원래 프랑크푸르트 지역에 주둔하고 있던 미군에 종사했던 흑인 병사들이 받아들여 젊은 이주민들과 일부 독일인들이 나이트클럽과 미군 라디오 프로그램에서 이 장르와 가사를 듣게 되면서 유행하게 되었다. 미국에서 사는 흑인 병사들과 마찬가지로 터키 젊은이들은 독일 백인사회에서 제2시민과 같은 감정을 가지게 되는 경우가 많았다. 그들이 독일에서 태어났음에도 불구하고 말이다. 그들의 음악은 이러한 소외와 거부의 의식을 반영하고 있다. 흥미롭게도 일부 터키 랩퍼들은 그들의 가족이나 출장 혹은 카세트를 통해 터키로부터 전통음악을 수입하기 시작했다. 그들은 이러한 수입된 음악을 아프리카계 미국의 랩과 결합시켰는데, 독일 디스코나 클럽에서의 그들의 음악공연은 다시 터키어로 전환되었다. 이로 인해 그들은 그들의 민족적 뿌리를 재발견할 수 있었다. 독일의 지역적 환경이 확실히 보존되면서 동시에 혼성의 음악형태가 탄생한 것이다.

정리

글로벌 소비주의를 검증하는 준비단계로서 현대 소비문화의 성격에 관해 대조적인 두 가지 이론적 입장에 대해서 살펴보았다. 우리는 특히 낙관적인 시나리오 쪽에 중점을 두어 소비자는 소비에 대해 우둔하지 않은 경우가 많지만, 일반적으로 소비자들은 개인적인 라이프스타일의 욕구나 다양한 사회집단에의 참가라는 방식으로 상품 선전에 내재된 의미를 해석하거나 표현하곤 한다는 것을 설명했다. (물론 소비주의에 대해서 우려하는 것은 여러 가지 이유가 있는데, 특히 소비주의가 세계 생태계에 끼치는 누적적·환경적 영향에 대해서는 20장에서 살펴볼 예정이다.)

우리는 또한 구미의 소비물자와 그 안에 포함되어 있는 가치관이 급속도로 개발도상국에 보급되었지만, 이러한 국경을 넘어선 문화의 흐름이 결코 일방통행은 아니라는 점도 지적했다. 이것이 완전히 지역문화를 압도해 버리는 것이 아니라, 오히려 과거에서 볼 수 있는 것처럼 지역적인 것은 보통 외부로부터의 영향을 포획하고 바꾸며 혼합하는 방법을 찾거나, 심지어는 글로벌적인 것으로부터 기인한 새로운 자원의 협력을 받아 자신을 재창조하기까지 한다.

더 읽어볼 책

- 신기하게도 우리는 일상적으로 소비에 관련하고 있음에도 소비에 관한 것들은 언제나 이해하기 쉽지 않다. 그러나 슬레이터(D. Slater)의 『소비자 문화와 모더니티』(*Consumer Culture and Modernity*, 1997)는 다른 어떤 책들보다 읽기 쉽고 이 테마에 대해 생생한 입문적 해설을 제공한다. 1장, 2장 3장을 읽어볼 것.
- 이와 비슷하게 에드워즈(T. Edwards)의 『소비의 모순』(*Contradictions of Consumption*, 2000)은 소비의 사회학 및 관련 주제에 대한 넓은 범위의 연구를 제공한다.
- 하위(D. Howes)의 『초문화적 소비』(*Cross-cultural Consumption*, 1996)는 매우 매력적인 내용을 다룬다. 서문과 2, 4, 6, 8장은 특히 유용할 것이다.
- 톰린슨(J. Tomlinson)의 『글로버리제이션과 문화』(*Globalization and Culture*, 1999)는 글로벌 문화와 관련된 여러 유용한 테마를 살펴보고 미국화 이론을 비평적으로 검토한다.

그룹 과제

- 2개의 백화점과 2개의 슈퍼마켓에 가볼 것. 라벨을 조사해 보거나 매장 책임자에게 말을 걸어 외국산 상품의 리스트를 작성하고 이를 종류별로 분류해 볼 것. 수업에서 다음과 같은 문제에 대해서 생각해 볼 것. 몇 개 국가로부터 수입하고 있는가? 어떤 국가로부터 어떤 종류의 상품을 들여오고 있는가? 자국제품이 외국제품보다 우수한 분야로는 무엇이 있는가? 그것을 어떻게 설명할 수 있는가? 전체적인 의견을 논해보자.
- 그룹 작업을 하면서 개개인의 지식을 모아서 1960년대 이후의 록 및 팝뮤직의 연표를 작성해 보자. 음악 장르의 주요 유형과 최근까지의 계보를 작성해 보자. 그리고 다음의 두 질문에 답해보자. 각 유형의 젊은 세대들이 어떤 장르 또는 유행을 선호하는가? 외국음악의 영향은 어느 정도이며, 어느 시대 혹은 어떤 분야에 있어서 외국 음악이 젊은 층의 선호에 큰 영향을 미쳤는가?
- "소비문화의 글로벌리제이션은 어디에서든지 지역 전통을 파괴한다"라는 주장에 대해 사전에 토의해 보자. 주요 발표자가 준비한 연설을 발표한 뒤 자신들이 왜 주장에 동의하는지 그 이유를 2가지 논할 것.

1. 우리들은 우둔한 소비자인가 아니면 소비의 영웅인가?

2. 소비주의의 확대로 균일화되고 미국화된 글로벌 문화가 나타난다는 주장을 둘러싼 주요 논의를 평가해 보자.

3. 지역적인 것은 글로벌화하는 문화적 세력의 도래에 어떻게 반응하는가?

4. 1970년대 이후 유럽이나 미국 이외로부터 온 문화적·종교적 영향은 사회생활에 어느 정도 영향을 미쳐왔는가?

■ http://www.indiana.edu/~wanthro/consum.htm 인도의 리차드 윌크스(Richard Wilks) 교수는 글로벌 소비문화에 관한 이 사이트를 운영한다. 최근 우리가 살펴보았을 때 한동안 업데이트가 되지 않았지만 링크는 여전히 유용하다.

■ http://www.consume.bbk.ac.uk/ 이 사이트는 영국의 경제사회연구위원회(Economic and Social Research Council)와 문학과 인문학연구위원회(Art and Humanities Research Council)의 자금을 받아 글로벌 문제를 포함, 소비자 행동에 관한 25개 프로젝트의 사이트이다. 풍선껌에 대한 흥미로운 프로젝트는 http://www.consume.bbk.ac.uk/research/redclift_full.html.을 체크해 볼 것.

■ http://homepage.gold.ac.uk/slater/consumer/index.htm 런던 골드스미스 컬리지(Goldsmiths' College) 사회학과 돈 슬레이터(Don Slater)의 홈페이지이다. 몇 개의 링크와 그의 연구로부터 무료자료를 제공한다.

■ http://www.mcdonaldization.com/ 맥도널드화론의 사이트로 철저하게 이 이론에 관련된 80개의 기사들(모두가 아주 좋지는 않지만)을 제공한다. 원한다면 토론 포럼도 이용 가능하다.

CHAPTER 14

미디어와 정보화 시대
Media and the Information Age

SOCIOLOGY

"미디어는 메시지다"는 현대 미디어 연구의 선구적 지도자인 마샬 맥루한(Mar-shall McLuhan 1962)의 매우 단순한 모토이다. 그러나 이는 무엇을 의미하는가? 일반적으로 커뮤니케이션 시스템은 화자 혹은 저자(우리는 이 사람을 '브로드캐스터'라고 부를 수 있다)와 청취자, 시청자 혹은 독자(관객) 사이에 있어서 전자로부터 후자에, 때때로는 후자로부터 전자로의 의사소통 수단에 의존한다. 이 세 번째 메커니즘을 브로드캐스터와 관객을 연결시키는 '미디엄'(medium), 즉 복수형태인 '미디어'(media)라고 부르는 것이다. 전통적으로 메시지를 방송하는 사람들은 자신들이 중요한 역할을 하고 있다고 생각한다. 특히 창의적 표현을 원하는 세력들은 이들을 부추기고 찬양한다. 정치 내부를 파악하고 있는 연사, 호소력 있는 시인, 유쾌한 식후 연사, 통찰력을 가진 작가는 여전히 높은 명성을 얻고 있다. 그러나 그럼에도 불구하고 재기에 넘치고 독자적인 메시지는 오직 비평가, 독자, 시청자, 청취자들(관객)이 브로드캐스터의 주장을 인식하여 그들을 인정하고 신용할 때에만 눈에 띄게 된다. 과거 이러한 메시지의 전달을 매개하는 미디어의 성격은 전체적으로 흥미롭지 않다고 해서 무시되거나 활발하지 않다고 여겨져 왔다.

맥루한은 미디어 자체가 메시지를 변화시키는 능력을 가지고 있다는 점에 착목했다. 히틀러와 괴벨(Hitler and Goebbels)은 이미 라디오가 국가 목표를 위해 독점·조작되어 프로파간다 장치로 동원 가능하다는 것을 보여준 적이 있다. (나치에게 있어서 이러한 '일방통행 미디어'의 장점은 논쟁의 여지가 있는 정치가가 여론의 장에서 직면할 수 있는 부정적 반응을 제거할 수 있다는 것이었다.) 인쇄술의 발명 이후 활자와 알파벳이 문자를 매개로 한 커뮤니케이션의 대부분을 지배해 왔다. 그러나 우리가 이를 눈치채지 못하는 동안 TV는 책과 신문으로부터 가장 일반적인 커뮤니케이션 미디어의 좌를 물려받았다. 이는 매우 심각한 결과를 가져왔다. 인쇄물은 체계적인 설명과 시계열적이고 연역적인 생각을 제시하는 데 적합하나 TV는 많은 대화에서 볼 수 있듯이 인상적이고 모순적이며 체계화되어 있지 않은 담화에 가장 적합하다(Castells 1996 : 331-2). 미디어의 주요 역할은 다음의 두 가지 예에서 볼 수 있다.

1. 보통 대학의 동료를 상대로 학술논문을 발표하거나 정중한 학생들에게 강의하곤 하는 연구자들은 TV 스튜디오에서는 당황하는 일이 많다. 두 경우 모두 구두로 행해지는 미디어에다 전달하고자 하는 메시지가 비슷한데도 말이다.

2. 라디오 프로그램의 청취자들은(이들은 라디오를 들으면서 다림질을 하거나 아이를

돌보거나 요리를 하거나 운전을 하거나 한다) 메시지를 매우 선택적으로 흡수한다. 때때로 이는 무의식적으로 행해지는데, 그들은 종종 다른 것이 들리는 경우 그들이 듣고 싶거나 들어야만 하는 것들을 선택하곤 한다. 예를 들어 아이가 울거나 개가 짖고 있는 경우처럼 더 중요한 소리를 듣는 것이다.

우리는 이제 맥루한의 요점을 이해하기 시작한 것이다. 어떠한 매개체에 의해 메시지가 전해지는가를 통해 미디어는 시적 허용의 한 형태처럼 그 의미를 좀 더 강력하게 전달하거나 과장하는 것이라는 그의 격언을 이해하는 것은 중요하다. 현재 메시지의 전달과 수령이 미디어의 구조, 제약, 확대에 의해 영향을 받는다는 것은 실증 연구에 의해 확립되어 있다.

스스로가 자신을 글로벌 스케일로 확장시킴으로써 변화하는 것처럼 미디어는 글로벌리제이션을 육성한다. 이번 장에서는 미디어의 정의와 특징에 대해 설명하고 전자 미디어의 성장과 관련한 소유권과 내용의 문제에 대해서도 다룰 것이다. 우리는 또한 대중 소비재로서 전화와 컴퓨터 네트워크의 연결을 받아들임으로써 어떻게 '정보화' 혹은 (좀 더 단순하게) 정보화 사회로 설명되는 현상들이 발생하게 되었는지도 살펴볼 것이다. 이러한 발전이 경제·사회적으로 깊은 영향력을 가지게 된 것은 분명하다. 우리는 또한 정보의 공유와 상호 커뮤니케이션이라는 새로운 가능성이 지방, 국가, 글로벌 수준의 민주주의의 새로운 발전 가능성을 열수 있는지에 대한 문제 역시 살펴볼 것이다.

'미디어'란 무엇인가?

미디어는 우리 주변의 환경, 커뮤니티, 그리고 우리 자신에 대한 생각, 정보, 이미지의 커뮤니케이션을 특화하는 행위자이자 기관이다. 또한 미디어는 '타자'와 그들의 커뮤니티에 대한 이미지를 투사한다. 많은 저널리스트와 미디어 관련 종사자들은 그들이 하고 있는 것은 단순히 아이디어와 정보, 이미지를 수집하여 퍼뜨리는 것이라고 주장한다. 그들은 자신들이 방송한 내용이나 이로 인한 결과물에 대해서는 책임이 없다고 주장하는 경우가 많다. "메신저가 나쁜 소식을 가져오더라도 그를 쏘지 말라"라는 전쟁의 패배소식을 가지고 온 불운한 전령에 대한 고대 그리스의 격언이 그들이 반복하는 레퍼토리이다.

그러나 현재 이러한 주장은 너무나 천진난만한 것으로 받아들여진다. 마샬 맥루한뿐만 아니라 많은 코멘테이터들(그리고 많은 관중들)은 미디어가 중립적으로 뉴스를 전달하는 것보다는 훨씬 더 많은 종류의 일을 한다는 것을 믿는다. 그 결과가 의도된 것인지 아닌지 상관없이 말이다. 미디어는 분명 비난받을 수 있다. 예를 들어 미디어를 독점하거나 그 내용에 영향력을 미치려 하는 정치가들이나 테러리스트가 인질을 협박하여 그들의 무서운 메시지를 퍼트리는 경우를 들 수 있다. 또한 미디어는 자신들의 외면적 메시지보다 훨씬 더 많은 것을 전달할 수 있다. 즉 숨겨진 메시지가 존재하거나 커뮤니케이션에 영향을 줄 수 있는 의도하지 않은 결과가 존재하는 것이다. 요약하자면 미디어는 아이디어와 정보뿐만 아니라 가치와 감정, 그리고 **주장**을 나른다.

신문의 경우 명목적으로는 편집자 칼럼(주요 신문의 경우 신문의 중앙에 실리는 경우가 많다)과 뉴스 페이지가 형식적으로 나누어져 있다. 그러나 타블로이드 신문의 경우는 정치 및 선전 캠페인을 신문의 일면에 싣는 경우가 많다. 이는 광고나 편집자 주장과 뉴스의 경계를 무너뜨린다. 유명한 영국 일간지인 《선》(*Sun*)지는 맹목적인 애국주의적이며 외국인혐오적인 헤드라인을 고안하는 것이 전문이다. EU에 대한 반대 캠페인을 벌이면서 이 신문은 일면에 모든 독자들로 하여금 트라팔가 광장의 집회에 참석해 줄 것을 부탁하는 청원문을 실었다. 이 캠페인의 헤드라인은 '빌어먹을 델로스'로, 실질적인 보도내용은 전혀 없이 전 EU 위원장 개인에 대한 노골적인 공격이었다. 영국과 아르헨티나 사이에서 벌어진 포클랜드 전쟁 당시 헤드라인은 아르헨티나 군사정부에 대한 '군사정부를 덮쳐라'였다. 1999년 3월 영국 정부가 NATO가 세르비아에 대한 폭격을 주장했을 때 타블로이드의 헤드라인은 '클로바 슬로바'(Clobba Slobba, 당시 세르비아 대통령을 때려눕히라는 의미역자)였다.

영국의 타블로이드는 또한 영국 왕실 결혼생활의 불화를 파헤치고 미래 영국의 헌법구조에 대한 불필요한 제언을 하려고 기회를 포착해 왔다. 많은 신문들이 다이애나 비가 경호를 받고 있지 않은 개인적인 사진을 찍는 파파라치들에게 거대한 돈을 지불했다. 그녀의 갑작스러운 죽음에 대한 일반 시민들의 감정(이 역시 미디어에 의해 증폭되었다)에 의해 가장 대중적인 신문의 편집자들은 이러한 사진을 싣는 것을 꺼리게 되었다. 많은 미디어 연구자는 이러한 특색 없는 자숙은 일시적인 현상으로 상업적 관심은 금방 다시 일어날 것이라고 예상했다. 요약하자면 정보, 뉴스, 감정, 가치, 의견은 미디어 자체에 의해 가망이 없을 정도로 서로 섞이고 시청자의 머리 안에서도 복잡하게 뒤섞인다. 이러한 혼란의 결과 일상수준에서 많은 팬들은 TV 시리즈 방송의 등장인물 캐릭터와 그를 연기하는 배우 본인의 캐릭터를 구별하지 못하는 현상이 나타난다.

더 심각한 예는 2006년 1월 말 한 덴마크 신문이 만화 시리즈를 실었는데, 그 중 하나가 이슬람 지도자가 폭탄으로 짠 터번을 쓰고 있었다. 이 만화가 다수의 유럽국가에서 출판되면서 무슬림 세계의 많은 이들이 분노했다. 무슬림에 대한 정부 정책과 신문의 표현의 자유권, 그리고 서구의 여론은 무슬림들 안에서 절망적으로 융합되었다. 그들은 신문들의 무신경함과 무시(지도자들의 이미지는 금지된다), 이슬람에 대한 '서양'의 공격에 대해 넋이 나갈 정도였다. 인도네시아, 가자를 비롯한 여러 곳에서의 폭동과 데모가 계속해서 이어졌다.

전통적인 미디어는 출판 미디어(책, 잡지, 신문)와 시청각 미디어(영화, 라디오, TV)로 분류할 수 있다. 뒤에 살펴보겠지만 새로운 형태 혹은 하이브리드 미디어는 디지털적 수단을 통해 생겨난다. 하이브리드 또한 전통적인 미디어로 특징지어진다. TV 시리즈 방송 보도에서 볼 수 있듯이 각 미디어는 상호 기생하거나 때로는 서로를 잡아먹는 현상 역시 일어난다. 라디오는 신문의 헤드라인을 소개하거나 '신문이 무엇을 다루고 있는지' 방송한다. 신문은 TV와 라디오의 프로그램을 싣거나 리뷰를 싣는다. 화제 영화의 원작이 소설인 경우도 많다. 보수적이고 독특한 출판업계 거물인 윌리엄 랜돌프 허스트(William Randolph Hearst 1853-1961)는 고전적 영화 「시민 케인」의 모델이 되었다. 미디어와 관련된 사람들은 소위 '유명인사'를 선정한다. 과거 유명인사 문화는 지금까지 '무명'의 사람들을 발굴하는 탤런트 쇼나 뷰티 쇼에 의해서 보급되었다. 현재 「빅 브라더」와 같은 리얼리티 쇼는 무명인들이 결국에는 이긴다는 계획 아래 무명인들을 'B급 유명인사'(종종 TV에서 사라지고 있는)와 경쟁시킨다.

미디어의 기업 소유권

미디어에 의한 사실과 픽션의 혼동 및 이성과 감성의 혼동은 매우 중요하다. 거대한 미디어 기업은 이미지와 아이디어를 영사하는 능력을 국가 및 국제적 이익보다는 자신들의 이익을 위해 사용하는 법을 고안한다. 어떤 기업들은 과두적 복합체가 되어 신문, 필름 보관소, TV 네트워크, 라디오 방송국, 케이블 회사, 서적 출판사, 음반사, 위성국 등 전역에 걸쳐 영향력을 행사하고 있다는 것을 생각하면 이러한 주장은 그다지 과대해석된 것은 아닌 것처럼 보인다. 이는 특히 '루퍼트 머독의 뉴스사'를 포함하여 비아콤, AOL 타임 워너, 디즈니, 독일에 본거지를 둔 베르텔스만과 같은 거대 기업(표 14.1) 역시 마찬가지이다. 소수의 미디어 기업에 의한 프로그래밍, 생산, 마케팅, 방송기능의 통합현상은 점점 더 분명해져 가고 있다. 다른 미디어의 통합된 소유권으로 인해 그러한 기업들은 때때로 민주주의, 다양성, 표현의 자유를 위협하는 것처럼 보일 정도의 글로벌 영향력을 부여받는다. 이러한 미디어 제국은 흔히 자신들을 황제의 허락을 위해 어필하는 탄원국과 같다고 생각하는 비즈니스, 국제기관, 국가 정부들에게 영향력을 끼칠 수 있다. 미국에서 미디어 제국의 권력에 대한 논의를 불러일으킨 계기가 되었던 한 사례를 들어보자. 2004년 초반 월트 디즈니사는 마이클 무어 감독의 「화씨 9/11」라는 반전영화의 배급을 막으려 자회사인 미라맥스에 압력을 넣었다. 한 보고서에 따르면, 이 영화를 보급하는 것으로 "대통령의 동생인 젭(Jeb)이 도지사로 있는 플로리다 주의 디즈니 테마파크의 세금우대조치가 없어질 수 있다"고 보았다는 것이다(http://www.fepproject.org/factsheets/mediademocracy.html).

표 14.1_ 미디어 소유권, 2006

기업명	소유기업 예
비아콤(미국)	CBS, 쇼타임, MTV, 블록버스터 비디오, 사이먼 앤 슈스터 출판사, 180개 라디오 방송국, 35개 TV 채널
AOL 타임 워너(미국)	AOL, CNN, 타임 라이프 북스, DC 코믹스, 《포춘》(*Fortunes*)지, 《스포츠 일러스트레이티드》(*Sports Illustrated*)지와 《피플》(*People*)지
월트 디즈니사(미국)	ABC TV 네트워크, 케이블 채널 디즈니, 히스토리 채널, 미라맥스 필름, 10개의 TV 방송국, 전 지역의 60개 라디오 방송국, 디즈니 테마 파크
제네럴일렉트릭사(미국)	내셔널 브로드캐스팅 코포레이션 TV 네트워크, 유니버설 픽쳐스
뉴스사(미국)	폭스, 내셔널 지오그래픽, 포 뉴스, 포 무비, 전 세계적인 스카이 위성 시스템, 20세기 폭스 필름 스튜디오, 《뉴욕 포스트》, 하퍼콜린스 출판사, 미국내 34개의 TV 방송국
비방디 유니버설(미국)	카날+, 시네플렉스 오디언 씨어터, 뮤직 컴패니(Music Corporation of America : MCA), 폴리그램, 유니버설 뮤직 그룹, 데카, 도이치 그리모폰, 비방디 텔레콤, 2,680만 AOL 타임 워너 주 보유
소니(일본)	소니픽쳐스, 콜롬비아 트라이스타, 애니맥스 재팬, 소니 뮤직 퍼블리싱 (마이클 잭슨과 공동 사업)
베르텔스만(독일)	라디오 TV 룩셈부르크(RTL) II, 랜덤 하우스, 더블데이, Alfred A. Knopf, 빈티지, 《파이낸셜 타임즈 독일》

출처 : http://www.fepproject.org/factsheets/mediademocracy.html (Free Expression Policy Project, New York University School of Law) ; http://www.cjr.org/tools/owners/ (Columbia Journalism Review).

한정된 수의 플레이어들에 의한 글로벌 커뮤니케이션의 지배는 19세기에 시작된 것으로, 이는 유럽제국에 의한 영토 확장, 제국주의, 식민주의의 활동에 부속된 것이었다. 미국 서부를 그린 헐리우드의 옛 영화들은 육로를 기반으로 한 커뮤니케이션 기술의 발전을 그리곤 했다. 웰스 파고와 같은 회사들이 운영했던 역마차는 우편물뿐만 아니라 승객들도 운송하고 (영화에서 볼 수 있는) 도로의 파손, 망가진 차바퀴, 다친 말, 노상강도에 의한 정체, 미국 원주민 공격의 피해자들 역시 운송했다. 철로와 전보로 인해 이러한 문제점들은 천천히 극복되기 시작했고, 안전한 커뮤니케이션의 수단이 제공되었다. 그러나 철도를 비롯한 관련 산업에 대한 자본투자는 워낙 거대하여 이들의 소유주는 당시 정재계에 있어서 즉시 주요한 인물이 되었다.

이와 비슷한 논리는 범선이 증기선으로 대체되었던 때에도 나타났다. 그러나 아마도 가장 중요한 발전은 19세기 중반부터 보급된 케이블 통신일 것이다. 케이블은 지하에 묻히거나 해저에 놓인 전신주를 따라 퍼졌다. 로이터와 같은 통신사는 급속히 소규모 기업들을 사들였다. 로이터 남작(1816–1899)은 비둘기를 이용하여 독일, 프랑스, 벨기에 사이에 정보를 나르면서 이 사업을 처음으로 시작했다. 그러나 유럽 정부들은 곧 그가 거의 대부분의 정보를 독점하게 되었다는 사실에 놀라게 되었다. 영국 정부도 런던에 살면서 독일 국적을 가진 로이터가 전쟁시에 전신선을 지배하는 것은 아닌지 두려워하여 이를 대신할 비밀 통신 라인을 개발했다.

로이터 외의 다른 4개의 서구 통신사 지배로 인해 세계 많은 나라들의 뉴스가 방송되지 않는다거나 사소하게 취급하며 오해를 불러일으키거나 자기 민족 중심적이 된다. 1980년대 아프리카, 라틴아메리카, 아시아, 중동국가 정부들은 자국의 국영통신사가 발신하는 이야기를 더 많은 국가가 받도록 하기 위해 유네스코 관련 사무소를 활용하려 했다. 이에 대해 미국과 참을성을 가지고 그 뒤를 따랐던 영국은 해당 기관을 탈퇴하고 자금협력을 거부했다. 이러한 탈퇴행위는 유네스코 내부의 부패 및 운영 미숙에 대한 비판 등 복잡한 배경을 가지고 있기는 했지만 서구 미디어는 강력한 로비 활동을 전개했고, 이는 결정에 영향력을 미쳤던 것으로 생각된다.

케이블 및 그 후 위성에 대한 소유권과 지배는 전략 및 외교적 측면에서도 매우 중요하지만 상업적·문화적 측면에서 역시 매우 중요하다. 커뮤니케이션 수단을 가진 사람들은 거대한 청중을 연결시켜 선별적으로 비슷한 메시지를 제공하는 능력을 갖는다. 10억이 넘는 사람들이 다이애나 비의 죽음에 관련된 예식들을 시청했고, 개별적 스포츠 이벤트 역시 수많은 글로벌 시청자들을 끌어당긴다(표 14.2 참조).

이와 같은 주요한 '이벤트'는 물론 일상적인 것이 아니며, 전파가 특정 지배를 받을 때 나타나는 잠재적 위험성을 보여주는 것일 뿐이다. 점진적이지만 더욱 위험할

지도 모르는 사례로 들 수 있는 것이 「달라스」와 같은 해외수출 목적의 TV 드라마이다. 이들은 편협하고 개인주의적이며 물질주의적인 메시지를 옮긴다고 생각되는 경우가 많다. 앞으로 설명하겠지만 다행히도 이러한 드라마를 '소비'하는 사람들에 대한 조사에 의하면 이러한 편견은 증명되지 않는다.

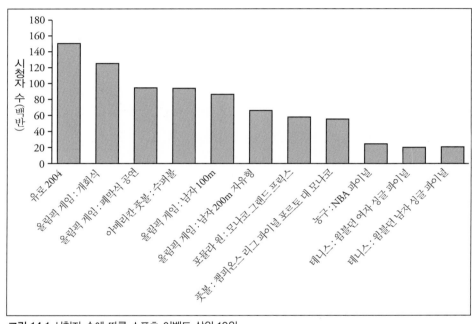

그림 14.1 시청자 수에 따른 스포츠 이벤트 상위 10위

출처 : *Guardian Unlimited*(23 December, 2004 http://media.guardian.co.uk/) 전 세계 90%에 해당되는 57개의 주요 TV 시장을 대상으로 한 조사

텔레커뮤니케이션

정부와 거대 미디어 기업의 소유주가 글로벌 미디어를 지배하고 있는 것은 아닌가에 대한 불안은 **얼마나 많은** 사람들(얼마나 많은 사람들이 이러한 능력을 가지고 있는가는 경제력과 접근능력에 의해 결정된다)이 직접적·수평적 커뮤니케이션을 통해 미디어를 둘러싸고 있는가에 의해 어느 정도 상쇄된다. 특히 전화체계가 이에 해당되는데, 장거리 전화 또한 인터넷에 대해서는 더더욱 그렇다. 현재 글로벌 전화 네트워크는 매우 밀집되어 있으며, 전화비용은 급속하게 줄어들고 있다. 이러한 발전을 보여주는 5가지 포인트를 살펴보도록 하자.

1. 1965년 세계 전화선의 85%가 유럽과 북아메리카에 존재했다. 한번에 89개의 통화처리가 가능한 대서양을 가로지르는 전선은 단 하나밖에 없었다. 미국에서 유럽 혹은 아시아로의 3분 통화비용은 1965년 기준으로 90달러였다.

2. 그러나 1995년 글로벌 네트워크는 190개 국가의 6억 개 이상의 전화선과 12억 개 이상의 전화로 구성되었다. 횡대서양선과 위성 네트워크는 미국과 유럽 사이, 동시 100만 개 선을 처리한다. 이는 보통 3분에 3달러로 30년 전의 가격에 비교하자면 30분의 1 가격이다.

3. 뉴욕의 경우 런던으로 거는 전화비용이 로스엔젤레스로 거는 비용보다 낮다.

4. 이 가격조차 전화회사들이 가격을 인상한 것이었는데, 1분당 대서양을 가로지르는 전화는 1 US센트를 조금 넘는다.

5. 인도 전화규제 당국에 의하면 2005년에 7,600만 명이 이동전화를 사용하고 있었고 4,900만 명이 상설전화를 사용하고 있었다. 전화 사용은 2002년에는 인구의 4%에 지나지 않았으나 11.43%로 급속도로 증가했다.

그림 14.2 외진 강가에서의 휴대전화 사용
남아프리카와 북아프리카를 제외하고 나머지 아프리카 지역에 있어서 전화연결은 매우 빈약하다. 2001년 47개의 대륙국가를 살펴볼 때 약 460만 정도이다. 대륙에 전선을 도입하는 비용과 구리 절도가 대륙선을 확장시키는 데 주요한 장애물이다. 무선전화의 영향으로 인해 아프리카는 양호한 '후기 개발국가'가 될 수 있었다. 현재 부유하지 않은 많은 사람들도 이동전화를 사용할 수 있다.

인도의 경우에서 알 수 있듯이 케언크로스(Cairncross 1997a)는 (위성을 거쳐서 나오는) 무선 시스템의 출현과 전화회사의 민영화가 가속화되면서 접속비용이 극적으로

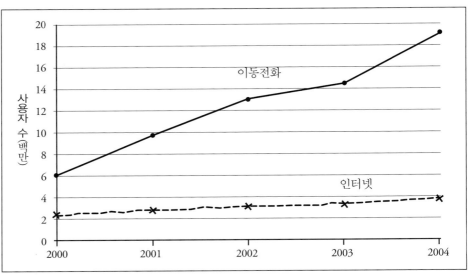

그림 14.3 남아프리카의 인터넷과 이동전화 사용자, 2000-2004
출처 : Brown and Molla (2005).

내려갈 것이라고 논하고 있다. 예를 들어 핀란드에는 52개의 기업이 있는데, 1990년
대에는 80개 이상의 새로운 기업이 아시아 태평양지역의 시장에 진출했다. 1980년대
후반 국제전화 사업에 관심을 보인 기업은 190개였으나 1990년대 후반에는 5,000개
였다. 전 세계적으로 다양한 마을과 도시의 주택에 살고 있는 소비자들이 국영 전화회
사가 제공하는 전통적인 구리선, 케이블 회사가 제공하는 상설 광섬유선, 기존 네트워
크와 무선연결을 통한 무선 시스템 혹은 수많은 무선 이동 서비스 가운데 하나를 선택
하게 되었다. VoIP(인터넷 프로토콜을 통한 목소리)를 사용한 인터넷 전화는 컴퓨터, 웹,
전화기술이 결합하여 또 하나의 선택지를 제공한다. 2006년에 VoIP 기술은 이미 일본
전화 사용자의 10%를 차지하게 되었다.

　　전화통신 혁명으로 인한 이익은 부국에서만 나타나는 것이 아니다. 이동전화의
예를 들어보자. 이동전화는 일본과 같은 부국의 선진 전화 네트워크의 보조수단이 된
다. 2005년 일본은 1억 2,750만의 인구 중 3,940만 명이 이동전화를 가지고 있었다. 그
러나 많은 빈국들의 경우 이동전화는 상설전화의 **대안**이다. 이러한 곳에서는 멀리 떨
어져 있는 시골을 연결하는 것은 어려운 일이다. 아무리 이동전화가 싸게 시장화된다
고 해도 이것만으로는 이러한 새로운 기술의 이점을 이용할 수 없다. 그러나 저가의 지
역 서비스를 통한 간접 커넥션으로 인해 최빈국의 경우에도 소기업, NGO들이 이동
전화 서비스 이용이 증가한다. 남아프리카에서 이동통신(소위 핸드폰) 소유는 4년에

1,300만이 늘었고(표 14.3 참조), 더욱 더 가난한 아프리카 국가들에 있어서도 전화 카드를 팔거나 이동전화를 임시로 제공하는 작은 상점이 많은 사람들에게 기술을 전파했다.

컴퓨터와 인터넷

1995년 전 세계 인구의 2% 정도의 사람들이 사용하던 인터넷은 아주 짧은 기간 동안 기하급수적으로 증가했지만 더욱 더 성장할 여지는 얼마든지 있다. 2004년 전 세계적으로 퍼진 인터넷 사용자는 약 9억 3,500만에 이르렀다. 그리고 2005년 말 6억 5천만의 세계 인구 중 인터넷 사용자는 1억 1천만으로 증가할 것이다. (이 글을 쓰고 있는 시점에는 아직 확정 수치가 나오지 않았다.) 가장 많은 사용자 수를 보유하고 있는 나라는 미국이지만 중국, 인도, 브라질 등 많은 나라들에서 인터넷 사용은 꾸준히 늘어나고 있다.

컴퓨터 네트워크, 브로드밴드, 무선접속 및 모뎀을 통해 개개인의 컴퓨터를 연결하는 인터넷의 도래로 인해 민주주의적 가능성이 향상되었다. 새로운 집단들(때로는 '디스커션 그룹'이라고 불리는)이 전통적 미디어의 범위 밖에 설립되고, 인터넷을 통해 연결된 다양한 사람들(이들은 지구 반대편에 존재하는 경우가 많다)과의 대화 안에서 주장과 아이디어 및 사람들의 태도가 형성된다. 미디어는 이러한 활동에 참가하려는 시도를 해오고 있는데, 신문의 디지털 버전이나 디지털로 보관되는 라디오 방송 등을 만드는 것들이 이에 속한다. 그러나 이러한 시도는 정보가 그들의 통제범위 밖에서 폭발적으로 증가하면서 명백히 실패한 것으로 보인다.

인터넷의 민주주의적 가능성은 논란의 중심에 있다. 그러나 탈집권화된 통제구조로 인해 비즈니스와 미디어의 면밀한 지배는 어려워졌다. 이것은 시스템 안에 내재화되어 있었는데(적어도 인터넷의 민간 역사에 의하면), 원래 인터넷은 모든 군사적 커뮤니케이션을 영원히 불능화시킬 가능성을 지닌 러시아의 미 국방부 공격을 막기 위해 고안된 것이었다. 고의적으로 중앙 교환 스테이션을 거치지 않고 컴퓨터와 컴퓨터를 연결시키는 것은 전 세계의 여러 대학과 도서관들에 의해 모방되었는데, 이로 인해 이례적인 경로로 개개인이 급속도로 연결되었다. 미디어 제국, 소프트웨어 기업, 비즈니스 그룹은 이제 인터넷에 대한 접근방법을 통제하려고 한다. 특정 소프트웨어나 검색 메커니즘('브라우저') 등 상업적 경로를 개발하는 것이다. 그들은 또한 특정 데이터나 정보를 대량구입하여 전자상점에 저장해 놓고는 소비자가 돈을 지불해야 얻을 수 있는 특정 코드에 의해서만 접근 가능하게 만들기도 한다. 웹브라우저 구글의 성공은 처음에는 웹 민주주의 통제에 대한 승리처럼 보였다. 기업의 창시자들은 이를 '해악적으

표 14.2_ 인터넷 사용자 상위 15개국, 2004

2004년 말	인터넷 사용자(1,000여 명)	점유율(%)
1. 미국	185,550	19.86
2. 중국	99,800	10.68
3. 일본	78,050	8.35
4. 독일	41,880	4.48
5. 인도	36,970	3.96
6. 영국	33,110	3.54
7. 대한민국	31,670	3.39
8. 이탈리아	25,530	2.73
9. 프랑스	25,470	2.73
10. 브라질	22,320	2.39
11. 러시아	21,230	2.27
12. 캐나다	20,450	2.19
13. 멕시코	13,880	1.49
14. 스페인	13,440	1.44
15. 오스트레일리아	13,010	1.39
상위 15개국	**662,360**	**70.88**
전 세계 총합	**934,480**	**100**

출처 : 『컴퓨터산업 연감』(2005, http://www.c-i-a.com/pr0904.htm).

로 사용'하지 않기로 약속한 것으로 유명했는데, 2006년 1월 그들은 중국 시장에 들어
가기 위해 자신들의 이미지와 웹페이지를 검열하는 것을 허용함으로써 중국 정부에
게 머리를 조아렸다. 구글 검색을 통한 더 많은 정보의 추구는 또한 지적 저작권을 가
진 자들(작가, 예술가, 출판사)을 경악케 했다. 이들은 자신들의 창작활동을 계속하기 위
해서 로열티를 받는 사람들로, 이러한 회사들을 '병적 도벽'이라고 비난했다.

초기 인터넷의 상업적 이용은 억제되었는데, 이는 신용카드 번호, 은행코드, 개
인 신분증명 번호 등 보안을 요하는 특정 정보들의 유출을 막기 위한 보안통제가 어려

왔기 때문이었다. 이는 매우 심각한 문제이다. 컴퓨터 사기의 증가는 수억 명의 사용자들이 소매 및 거래를 위해 인터넷을 사용하는 것을 막지 못했다. 책을 주문하고 극장 티켓을 사고 배달받을 식료품을 고르고 은행계좌를 통합하는 것은 이제 많은 소비자들에게 있어서 일상적인 일이다. 인터넷이 점점 더 상업화되고 있음에도 불구하고 수평적 연결은 기업이 예상했던 것보다 훨씬 빠르게 확산되어 규제나 상업화를 피할 것이라는 예상을 의심할 여지는 없는 것 같다. 또한 인터넷의 많은 커뮤니케이션의 저변에 존재하는 무정부주의적 정신으로 인해 지금까지 거대 미디어 기업의 글로벌 파워에 억압받아 왔다고 느끼는 사람들은 원기를 얻는다. 이러한 연결로 인해 좀 더 민주적이고 덜 통제된 형태의 커뮤니케이션이 친구들, 가족들, 기업들, 전문가 집단 사이에서 가능하게 되었다는 점은 명백하다. 정치가들이 거짓말 혹은 반 정도만 사실인 것을 이야기하면, 이는 곧 전문적 경험이나 그 이슈에 깊은 관심을 가지고 있는 웹페이지의 방문객들이나 블로거들(아래 참조)의 의견과 비교되고 텅 빈 것으로 밝혀지게 된다. 강력한 특정 이익집단들이 가치나 현실이 사회적으로 구축되는 것을 조정하는 것도 어려워진다.

정보화 사회의 도래

'정보화 사회'(informational society)라는 표현은 인터넷 활동과 텔레커뮤니케이션의 이동수준과 같이 전 지구를 교차하는 흐름과 그 연결이 얼마나 중요한지를 설명해준다. 일부 사회학자들과 마찬가지로 **미래학자**(futurologists)와 컴퓨터광들은 그리 우아한 단어를 사용하지는 않는 것 같다. '정보화 사회'(Informational Society)나 '정보 수퍼하이웨이'(Information Superhighway), '정보화'(Informatization), '정보기술'(Information Technology), '4세대 언어'(the Fourth-Generation Language), 'ISDN'(Integrated Services Digital Network), '하이퍼텍스트'(Hypertext), 'VoIP'와 같은 단어들은 급속도로 만들어지고 버려지며, 때로는 좀 더 활동적인 새 단어로 대체되곤 한다. 단어가 어떻게 변화하든지 여기에서의 끝없는 테마는 커뮤니케이션 기술과 컴퓨터 기술 양쪽이 빠른 속도로 자신들의 권리를 발전시키고 정보기술을 공유하는 하나의 세트로 통합되고 있다는 것이다.

미래학자(Futurologists) 현재의 트렌드를 바탕으로 미래에 관한 세밀한 예측을 하는 사람들

마뉴엘 카스텔_ MANUEL CASTELLS (1942-)

마뉴엘 카스텔은 스페인에서 자랐고 1963년 프랑스로 이주했다. 학생들과 노동자들이 프랑스 국가에 민주적이고 창조적인 혁명적 열정의 표현을 주장했던 1968년 5월 항쟁 당시 그는 파리의 조교수로 있었다. '현실주의자가 되는 것 : 불가능한 것을 요구하라', '금지하는 것에 대한 금지' 등의 포스터가 거리에 붙었다. 이러한 '사건'의 목적은 너무나도 애매하여 정부를 교체하고도 변화는 계속되었다. 그러나 이러한 항쟁으로 인해 국가에 대한 요구는 어디에서 생겨날 수 있는지에 대한 카스텔의 해석이 알려지게 되었다. 그는 특히 도시의 사회운동에 관심이 있었다. 이러한 운동은 도시의 부흥, 복지수혜권, 공공설비를 목적으로 했다. 이러한 데모를 해석하는 데 있어서 카스텔의 연구(1983)는 기존의 도시화와 정치적 투쟁에 대한 해석(공간보다는 소비문화에, 계급보다는 공유된 정보를 바탕으로 한 공동체 이익의 변화에 관심을 가졌음)과는 결정적으로 달랐다.

카스텔이 출판한 약 25권의 저서 대부분이 도시문제에 관련된 것인데, 그의 걸작은 역시 3부작인 『정보시대 : 경제, 사회, 문화』(*The Information Age : Economy, Society, Culture*, 1996, 1997, 1998)이다. 여기서 카스텔은 도시문제로부터 출발하여 정보 네트워크가 새로운 도시공간인 '정보도시'를 창조한다는 것을 지적한다. 이러한 정보도시는 자본주의적 생산양식으로부터 좀 더 나아간 차별적 단계이다(Castells 1989). 그 결합의 결과로 도시는 글로벌 규모로 팽창하고, 그는 이 현상을 설명하는 데 있어서 '네트워크 사회', '유동공간'이라는 두 가지 용어를 사용했다. 『네트워크 사회의 도래』(*The Rise of the Network Society*, 1996 : 412)에서 그는 유동공간을 '흐름을 통해 작동하는 시분할 방식의 구체적 조직'이라는 다소 이해하기 힘든 정의를 내렸다. 그는 유동공간이 좀 더 구체적으로는 3개의 층에 의해 유지된다고 주장했다. 첫째, 마이크로 전자학, 컴퓨터 프로세싱, 텔레커뮤니케이션과 같이 우리가 하드웨어라고 인식하는 것들, 둘째로는 정보가 모이고 저장되며 교환·분배되는 장소인 중심점과 허브와 같이 우리가 네트워크로 인식하는 것들, 세 번째는 정보의 흐름을 지배하여 자신들의 이익에 맞게 정보를 불균형적으로 유지하는 사회적 행위자의 공간적 기구, 즉 우리가 새로운 지배계급 조직이라고 이해하는 것이다(Castells 1996 : 412-18). 이는 매우 야심찬 논문이었는데, 산업사회의 지배계급이 자본을 소유했고 네트워크 사회에서는 정보를 지배한다는 논의를 제시함으로써 마르크스의 주장을 수정한 것이었다.

카스텔은 이미 이러한 과정이 불완전하다는 것을 인정했다. 기존의 특권과 이권체제로부터 이득을 얻고 있던 사람들은 네트워크 사회에 적응할 수 없었다. 토요타의 제조부문이나(1996 : 156-60) 아시아 무역업자들이 사업과 상업에서(1996 : 172-90) 그러했듯이 말이다. 정보화 시대 역시 파도에 탄 것처럼 '유동성과 함께' 갈 수 있는 사람들과 여전히 기존의 영토를 기반으로 한 정체성과 결연에 정박해 있는 사람들 사이의 대립을 수반한다. 그는 다음과 같이 논했다 : "새로운 정보기술은 정보수단인 글로벌 네트워크 안에서 전세계를 통합하고 있다.

그러나 1990년대의 사회정치적 동향에 있어서 특이한 점은 이것이 주로 아이덴티티—그것이 역사나 지리에 뿌리를 두고 있든 의미와 영성을 얻기 위한 고민을 통해 새롭게 만들어진 것이든—를 둘러싼 사회행동과 정치가 구축한 것이었다는 점이다"(Castells 1996 : 22). 이 결과는 코스모폴리탄과 지역주민, 가상공동체와 지위에 기반을 둔 공동체, 그리고 궁극적으로는 '네트'와 '자신' 사이의 대립을 만들었다.

출처 : Castells(1983, 1989, 1996, 1997, 1998).

커뮤니케이션과 컴퓨터 기술의 융합으로 인해 이때까지 분화되어 있던 기능들이 놀라울 정도로 통합되고 있다. 사람들은 모뎀이나 네트워크를 통해 컴퓨터로부터 팩스를 보낼 수 있다. 팩스 기계 또한 여러 기능을 가지고 있어서 복사, 스캔, 팩스와 음성전화 간의 전환, 전화기능의 잡음 수정 기능, 다른 전화 네트워크로 연결, 컴퓨터 프린터로도 쓸 수 있다. 인터넷을 통해 보내는 이메일 메시지는 개인의 컴퓨터 혹은 네트워크화된 파일 기억장치로부터 포맷화된 파일을 수용할 수 있다. 포토그래픽 이미지는 스캔, 디지털화, 압축, 변환, 저장, 전송이 가능하다. 현재 3,500만 명이 쓰고 있는 아이팟(2005년 수치)을 비롯한 기기들도 이와 같은 작업을 하고 있다.

많은 사람들에게 있어서 그러한 작업을 매끄럽게 수행할 수 있는 기술을 습득하는 것과 이에 익숙해지는 것은 어려운 일이다. 일부 사람들은 이해할 수 없는 현상에 직면해 자기 가치를 유지하기 위해 기술공포증에 걸리거나 **러다이트**(luddites)가 되고는 한다. 카스텔(1996 : 22-5)은 "정보 시스템과 네트워크는 집단의 인력과 통합을 증대시키기 때문에 이는 곧 분리되고 독립된 주체라는 전통적인 서구 개념을 전복하는 것이 된다"고 주장했다.

커뮤니케이션과 연결된 컴퓨터 시스템은 인간의 뇌의 중요한 양상을 흉내낸다. 인공 지능의 '인공'은 실제 지능을 급속도로 닮아간다. 이러한 점에서 보면 심리분석 중 한 환자가 자신의 머리가 키보드와 연결되어 있는 이미지의 꿈을 꾸는 것은 그리 놀라운 일이 아니다. 그는 자신이 '프로그램화된 머리'처럼 느꼈다고 말했다(우리도 이런 느낌을 안다).

기계와 인간의 인터페이스는 메모리칩, 가상현실, 인공 지능과 같이 경쟁하듯 진보하는 기술을 통해 중성화되기 시작했다. 이에 따라 인간들은 자신들의 감각 인식에 있어서 주도권을 잃어버리기 시작할 것이다. 대량생산 시대에 있어 소외 개념은 생산의 사회적 관계가 인공적이며, 인간 본성이 기계와 조립생산 라인에 맞추어 바뀌고 있

러다이트(Luddites) 기계 및 기술변화를 받아들이지 않고 이에 폭동을 일으켰던 영국 장인들

다는 주장에 사용되곤 했다. 정보화 시대의 소외는 이보다 훨씬 심오하다. 산업 시대 기계는 사람의 물리적 특성(팔과 다리를 절꺽절꺽 움직이는 로봇이 상징하듯이)을 흉내 냈으나 정보화 시대에는 의식이나 마음 자체를 본뜰 것이며, 결국 한계에 가까운 상황까지 갈지도 모른다.

정보화 사회 : 경제적 영향

정보화 사회의 성장은 심오한 경제적 영향을 가져온다. 데이비드 하베이(David Harvey)의 『포스트모더니티의 조건』(*The Condition of Postmodernity*, 1989)은 자본이 축적되는 데 걸리는 시간이 단축되는 것에 주목한다. 마이더스 대왕이 금을 자신의 창고에 쌓아두거나 중세 은행이 신용증서를 손으로 써서 발행했던 시대는 이미 옛날에 지났다. 이제 급료는 결산 자동화 시스템을 통해 기입되는 것이 보통이며, 실질적인 자금의 이동도 순식간에 이루어진다. 배당금, 이자, 이윤보다 훨씬 자유롭게 이송되고(일부 국가들은 여전히 이를 막아두고 있지만) 반대 방향으로도 투자, 대출, 신용은 순식간에 흘러간다. 주식과 배당의 실질적 구입과 판매 또한 즉시 이루어진다.

이렇듯 거래의 빠른 속도와 거대한 양으로 인해 국가 당국은 이를 알아보거나 감시하거나 세금을 부과하는 데 어려움을 겪는다. 1970년대 브레튼우즈 체제(3장 참조)의 붕괴와 함께 독일과 미국은 자본의 유입, 유출 및 통제를 중지했다. 이런 움직임 이후 1979년 영국 대처 정부를 비롯하여 그 뒤 많은 국가에 외환통제의 비규제 및 자유화 현상이 뒤따랐다. 몇 년 지나지 않아 금융시장이 글로벌적 성격을 가지게 되었다. 이것이 많은 개인 및 기업에게 이득이 되었던 것은 명백하지만 특정 국가에 있어서는 급작스러운 금융위기도 가져왔다. 1992/1993년의 유럽, 1994/1995년 멕시코, 1997년 후반 많은 아시아 남부 국가들의 경우가 그 예이다. 타이의 경우를 예로 들면 3개월 동안 바트화의 가치가 30% 떨어졌다. 정부 당국이 1996년 GDP의 9%에 해당되는 금액을 썼음에도 불구하고 91개 타이의 금융기업 중 58개가 지불정지 상황에 처했다 (*The Economist*, 18-24 October 1997 : 131).

통화유통은 점차적으로 국가 당국의 통제에서 벗어나 자국통화를 사용하는 새로운 시장이 생성되었다. 가장 대표적인 예는 유로 달러로, 미국 당국의 통제 밖의 유럽 시장에서 사용된다. 1973년 이후 '석유대금'은 유로 달러로 예금되는 경우가 많은데, 이는 중동의 불확실성에서 벗어나 안전한 장소를 찾게 되면서 발생하게 되었다. 여기에는 거대한 액수가 관련된다. 1973년의 500억 달러는 겨우 14년 뒤인 1987년 2조

달러로 늘어나게 되었다. 이러한 1987년의 유로 달러 수치는 미국에서 유통되는 총 통화량과 같았다.

자본의 순환기가 줄어들면서 실시지역도 늘어나서 24시간 단위로 주식거래가 가능하게 되었다. 런던 시장이 폐장하면 뉴욕 시장이 열린다. 또한 뉴욕 시장이 닫히면 토쿄 시장이 열린다. 주요 '글로벌 도시'(17장 참조)를 연결하여 기업, 초국적 기업, 개인은 이러한 다른 공간을 무역, 투자, 금융을 위해 동시에 사용할 수 있게 되었으며, 시간과 공간은 둘 다 수축하게 되었다. 1995년 싱가포르에서 발생한 닉 리슨이라는 영국 '불량 주식중개인'의 불법적인 거래활동을 즉시 발견하지 못한 것은 능력의 결여를 분명하게 보여준다. 10년 전만 하더라도 오직 한 화폐를 거래하는 중매인의 활동이 영국 금융기관의 가장 취약한 부분을 쓰러뜨릴 수 있다는 것은 상상하기 어려웠을 것이다.

정보화 사회 : 사회적 영향

아래 Box 14.1에 논할 사례 및 그 긍정적 가능성에도 불구하고 많은 연구자들은 매스미디어와 매스 커뮤니케이션의 부정적—혹은 부정적으로 간주되는—효과에 대해 논했다. 주로 다음의 3가지 주요 효과가 논의된다.

1. 폭력, 성적 관습, 교육능력 현상에 대한 TV의 효과
2. 점점 더 균일화되고 모조품화되는 글로벌 문화의 창출, 최저수준으로의 환원
3. 파괴적 소비주의의 확대

Box 14.1

레바논의 라디오, 이란의 블로그

미디어의 힘은 종종 사악한 것처럼 공격받는 경우가 많지만 1960년대 많은 연구들은 미디어가 또한 민주화의 '진보적' 사회변동을 불러일으킬 힘으로 작용한다고 보았다. 러너(Lerner, Kornblum 1988 인용)는 레바논 농촌지역의 수많은 벽지마을을 조사했다. 그는 농촌의 라디오 보유율이 증가하면서 사람들은 자신들 이외 세계의 화제나 정보에 접근 가능하게 되었다는 것에 주목했다. 그는 외부세계와의 연결이 증가하면서 마을의 가부장제가 쇠퇴했다는 것을 증명했다. 즉 권력관계에 큰 전환이 일어났다는 것이다. TV가 들어오면서 여성들은 수수한 자매들, 헌신적 어머니 등 자신들과 유전적으로 연결된

여성이 아니라 서구 여성들의 역할을 보게 되었다. 베일을 쓰는 사람들의 수가 줄어드는 등 여성이 그들의 생활양식에 있어서 좀 더 개인적 자유를 표현하는 현상이 나타났다. 우리는 여기서 우리 자신의 규범적 선호를 나타내지 않도록 조심해야 하기는 하지만, 이러한 레바논의 매스미디어의 영향력이 '긍정적'이지 않다고 보기는 힘들 것 같다. 미디어는 또한 대중교육을 보급하는 데 도움이 되고, 대중 문맹률을 줄이며 다수에게 대중오락을 제공한다. 다른 사람들의 문화를 인식하는 것은 공통된 휴머니티의 감각을 늘이는 데 도움이 될 수 있으며, 문화적 다양성을 인식하는 데도 도움이 된다.

중동의 좀 더 현대적 사례로는 이란에 있어서 인터넷 블로그의 발전을 들 수 있다. 가장 널리 읽히는 이란의 정치사회에 대한 블로그 중 하나는 호세인 데라크샨(Hossein Derak-shan) (http://hoder.com/webblog/)이다. 콜만(Coleman 2005 : 77-8)의 지적처럼 이란의 블로그는 다음과 같은 기능을 수행한다.

- 학생 데모와 같은 사건에 대한 1차적 보고를 제공한다.
- 젊은이들은 이를 데이트 서비스처럼 이용한다. (이란에서는 흔한 일이 아니다)
- 부모들은 자신의 아이들의 고마움을 알게 된다.
- 해외에 있는 이란인들에게 모국에서 일어나는 일들을 알려준다.
- 정치인들과 정책보유자들이 블로그를 읽고 대답해 준다.
- 페르시아어 자료 및 정보에 대한 접근을 쉽게 한다.
- 정치에 큰 관심을 가지고 있는 사람들을 채팅룸으로부터 끌어낸다.
- 많은 독자를 확보한 웹매거진을 발행한다.

우리가 조금 덧붙이자면 핵에너지 발전(일부 사람들이 핵무기의 전조라고 생각하는)을 둘러싸고 EU와 미국, 이란 사이에서 벌어지는 갈등을 고려해 볼 때 이 블로그는 이란에 대한 태도에 대한 통찰력을 제공한다.

출처 : Lerner ; Coleman (2005 : 77-8)가 인용한 Kornblum (1996).

TV 시청의 부정적 영향

TV 시청에 대한 우려는 부분적으로 시청시간이 증가함에 따른 직관적 부분에서 온다. 미국 가정의 평균 TV 시청시간은 하루 7시간이다. 미국 평균 가정의 어린이들은 18세가 되기 전까지 TV에서 18,000회 살인장면을 본다고 추정된다(Watson 1998 : 238). 많은 부모들, 특히 어린 자녀들을 두고 있는 부모들이 자신의 아이들이 스크린의 이미지, 아이디어, 행동 패턴을 마음껏 흥내 낼 것을 우려하는 것은 당연한 일일 것이다. 그러나 실제 폭력과 미디어가 만든 폭력 사이의 연관성은 여전히 불확실하다. 연구자들에 의하면 미국 역사상 폭력이 가장 난무했던 시기는 TV가 존재하지 않았던 1929년에서부터 1933년 사이였으며, 폭력 발생률이 높은 많은 빈국에서는 TV 보급률이 낮다(Watson 1998 : 239). 폭력이 TV에 의해서만 발생하는 것은 아니다. 그러나 왓슨(Watson 1998 : 238)이 주장하는 것처럼 80개의 연구가 TV와 실제 폭력과의 연관성을 지적하고 있으며, 이러한 주장을 간단히 무시하기는 힘들다. 어찌되었든 "폭력을 보면 볼수록 폭력에 무감각해지고 결국은 면역이 생겨버린다. 우리의 의견이 확증되든 안 되든 바깥에는 위험하고 적의에 가득 찬 세계가 존재한다."

폭력의 문제를 제외하고도 장기간의 TV 시청은 특정적인 삼투효과를 발생할 수 있다. 특히 어린이들은 환상의 세계와 현실세계를 구분할 수 없다. 물론 일부 포스트모더니스트들은 가상세계와 현실세계의 경계선의 소멸을 주장한다. 다행히도 매일 TV를 장기간에 걸쳐 본다고 해도 많은 사람들이 방송 프로그램을 무시한다는 증거는 강력해 보인다. TV는 움직이는 벽지와 같다. 장식 램프 안에서 위 아래로 움직이는 석유 얼룩 색이 흥미롭게도 부드럽게 변화하는 패턴과 같이 말이다.

문화의 저급화

문화가 공유할 수 있는 최저수준으로 저급화될지도 모른다는 우려는 좀 더 근거가 있는 것처럼 보인다. 황금시간대의 TV는 끊임없이 드라마, 퀴즈, 리얼리티 쇼, 퀴즈 쇼, B급 수준의 영화로 이루어진다. 또한 미디어는 오직 하나의 글로벌 언어, 즉 영어, 특히 미국식 영어 보급에 도움이 된다. 프랑스어나 스페인어와 같은 중요 언어조차 이러한 헤게모니에는 굴복해야 했다. 많은 사람들이 중국어를 사용함에도 불구하고 그들은 중국이나 중국인들이 이주한 지역에 집중되어 있다. 미디어는 영어를 글로벌 교환의 매체처럼 퍼뜨렸고, 이러한 상황은 국제법, 국제여행, 국제 비즈니스 및 외교에도 역시 적용되었다.

영어의 사용 그 자체는 문화를 저급화하는 데 중요한 역할을 하지는 않는다. 그러나 다른 언어로 존재하는 신화, 서술, 문학의 풍부한 자산은 학자들이 연구하는 비밀의 영역을 제외하고는 점진적으로 사라지고 있다. 문화는 그들의 생명력과 발전상황

에 의존하고 있는데, 만약 어린이들이 그들의 부모와 조부모들의 언어를 배우는 데 주
안점을 찾을 수 없다면 세계의 복잡성과 풍부함은 점점 더 유약해질 것이다.

소비주의

우리는 13장에서 글로벌 소비주의의 특성에 대해서 논했다. 그러나 이곳에서는
글로벌 미디어가 소비주의를 확산하는 데 얼마나 효과적인지 언급해 둘 필요가 있다.
많은 사람들이 가지고 싶어 하는 재화, 최첨단 음악, 패셔너블한 의류, 최신 '룩'은 모
두 미디어의 힘을 통해서 흡수된다. 이러한 소비주의의 모방과 경쟁과정은 놀랍게도
국가 공산주의에 대항하는 네오 리버럴리즘(신자유주의)을 확산시키는 데 중요한 영향
을 끼쳤다. 저 언덕 너머 재화라는 멋진 풍요로운 세상이 기다리고 있다고 주장하는
미디어의 능력은 구공산권 국가들의 사람들에게 정치적·사회적 자유를 가진 자유시
장을 퍼뜨렸다.

매스미디어와 대중관광의 효과는 부정적 의미로, 즉 타국과 다른 문화를 단순한
소비대상으로 대하는 점에서 연결될 수 있다. (대중 소비주의의 긍정적 결과 역시 13장에서
다루었다.) TV는 '이국풍'을 목적으로 하는 소비자와 음식 프로그램의 끊없는 흐름을
제공한다. '휴일'은 저속한 퀴즈 방송과 데이트 방송의 상품이 된다. 신문은 여행수기
와 저가 항공권 선전으로 가득 차 있다. 디즈니로 대표되는(디즈니 월드와 유로 디즈니)
일부 회사들은 재화, 여행, 문화의 소비를 하나의 세트로 통합한다. 어린이들은 정통
미국 음식인 햄버거, 코카콜라, 아이스크림과 팝콘을 먹으면서 일명 '카리브 해 쿠르
즈' 여행을 떠나는 기계선박을 탈 수 있다. 역사적 현실의 일부분들이 이러한 여행목
적을 위해 재현된다. 역사, 전통, 정통성 측면에서 특별한 모방작품의 세트 안에서 해
적들은 단검을 뽑아 흔들고 흑인 배우들은 '올 맨 리버'(Ol Man River)를 부르며, 여자
들은 벨리댄스를 춘다.

요약하자면, 커뮤니케이션이 항상 다문화적 이해와 다른 사람들에 대한 상호 존
경을 가져오는 것은 아니라는 것이다. 그 대신 더 큰 이윤을 목적으로 미디어와 소비
주의를 합병시켜야 하는 필요 때문에 타문화를 이해하게 되는 것이다. 민주주의적 개
방성과 상업적 폐쇄성이라는 양면적 특성은 또한 전화의 사례에서도 볼 수 있다. 전화
는 대규모 미디어 밖에서의 상호 접촉을 촉진시키거나 가족구성원을 연결시키는 데
도 도움이 되지만, 정체를 알 수 없는 비즈니스에 쓰여지거나 불유쾌한 레크레이션 목
적으로 사용될 수 도 있다. 1997년 국제적 텔레폰 섹스 채팅 라인 사업은 20억 달러 규

모가 되었다(Cairncross 1997a : 4). 이러한 상황은 인터넷 역시 마찬가지이다. 2005년 9월 20일, 'sex'라는 단어로 구글 검색을 해보면 82억 개의 사이트가 나온다. (물론 포르노사이트들이 아닌 사이트들도 다수 있었지만 대부분이―우리의 추측에 의하면―그러했다.)

젠더와 표상

또한 정보화 시대는 이미지의 힘을 통해 스테레오 타입을 강화시키거나 오랜 기간 동안 존재해 온 계급, 인종, 젠더를 정당화시킬 수 있다. 여성학자들은 이와 비슷한 효과들을 심각하게 우려하여 미디어는 여성을 왜곡하고 과소대표하며 잘못 대변한다고 주장한다(Friedan 1963 ; van Zoonen 1994가 그 고전적 연구이다). 여성들은 보통 다음의 3가지 방법에 의해 협소하게 그려진다.

- 아내, 어머니, 주부로서(그 결과 옛부터 주어져 있던 역할이 강화되고 여성의 직업활동 분야는 한정된다.)
- 진부한 상품에 자신의 성적 매력을 부여하는 성적 대상으로서(따라서 선전들은 전통적으로 젊고 매혹적인 여성이 초콜릿 바를 핥고 있는 것을 묘사한다.)
- 남성이 이용하는 성적 대상으로서(마조히스틱하거나 변태적이며 포르노그래피적인 묘사)

반 쥬넨(van Zoonen 1994 : 30)이 주장하는 것처럼 미디어는 여성의 생활과 경험의 많은 측면을 적절하게 반영하지 않는다 : "미디어에서 볼 수 있는 것보다 훨씬 많은 여성들이 일을 하고 있다. TV나 영화에 나오는 팜므파탈과 같은 여성은 거의 없으며, 여성들의 욕망은 전통적인 여성 잡지에 그려진 가정의 영역을 훨씬 넘어선다."

노동력의 여성화가 증가하고 집안일에 있어서 남성들도 책임이 있다는 것이 인정받기 시작하면서 미디어에 나타나는 여성들은 크게 변화했다. 그럼에도 불구하고 이러한 편견은 여전히 명백하게 남아 있다. 여성에 대한 잘못된 이미지가 그려지고 있다는 인식의 또 다른 측면으로 광고주와 미디어가 '진정한 남성'은 강하고 공격적이고 자제심을 가지고 있다고 암시하는 문제가 존재한다. 특히 경제력과 직장 내 권력과는 거리가 있는 노동계급의 남성들에게는 '남성성'은 미디어가 그리는 것처럼 근력과 신체능력, 완력, 폭력에 대한 찬양을 통해 성취되었다(Katz 1995 : 135).

영화나 TV, 광고에서 젠더가 왜곡되어 표현되는 현상이 증가하는 이유를 이해하기 위해 좀 더 복잡한 논점을 들어보면 시각적 표상이 되는 대상은 거의 대부분 여성으로, 이들은 거의 의상을 걸치고 있지 않거나 누드인 경우가 많다. 이는 예술의 한 부분으로 볼 수 있는데, 이러한 영역에서는 남성 화가들이 여성의 누드를 그리는 것은 흔한 일이지만 여성 화가가 남성 누드를 그리는 경우는 사실상 찾아보기가 힘들다. 요약하자면 '관찰방법'이 남성이 우세하다는 것이다. 버거(Berger 1972 : 47)의 주장처럼 "남성은 행동하고 여성은 등장한다. 남성은 여성을 본다. 여성은 보여지는 것을 통해 자신을 본다. 이는 여성과 남성 사이의 대부분의 관계를 결정하는 것뿐만 아니라 여성과 여성 자신들과의 관계도 결정한다." 그 결과 여성들은 남성의 시선 안에 갇히게 된다. 그레드힐(Gledhill 1992 : 193-4)은 다음과 같이 설명하고 있다 : "서술자 주체의 주류는 가부장적이며 부르주아적인 개인이다. 여기에서 이 세계는 조직되고 의미를 부여받으며 통합된 중심점이 나타난다." 따라서 관찰자들은 일반적으로 남성으로, 관점 역시 남성적 시점을 가지게 된다. 이미지는 남성적 에고를 만족시키고 위로하도록 만들어져 있다.

인종과 미디어에 관해 다음 절에서도 살펴보겠지만 젠더 표상에 대한 비판은 또한 복잡성과 다양성을 인식하는 것에 대한 하나의 요구이기도 하다. 판 주넨(van Zo-onen 1994 : 33)이 주장하는 것과 같이 "젠더는 고정되어 있는 개인적 특성이 아니라 그에 의해 주체가 구성되는 부분으로 봐야 하는데, 이러한 과정은 역설적으로 나타나는 경우가 많다. 그러므로 생성되는 아이덴티티는 단편화되고 역동적이다. 젠더는 아이덴티티를 결정하거나 고갈시키지 않는다."

미디어, 인종, 사회적 정체성

우리는 지금까지 각종 미디어의 소유권 집중과 생산, 마케팅, 방송기능의 통합이 소수기업에 의해 이루어지고 있음을 논의해 왔다. 그러나 과연 이로 인해 이러한 기업들이 퍼뜨리고 싶어 하는 메시지가 그대로 받아들여질 수 있을까? 몰리와 로빈스(Morely and Robins 1995 : 126-46)는 그들이 '피하주사'(hypodermic) 모델이라고 부르는 미디어 효과—미디어 상품을 '주입' 받는 모든 사람들에게 있어서 강력한 문화효과가 있다는 가정—를 받아들이는 것에 대해 경고한다.

그들은 미디어 지배의 영향을 무시할 수 있다고 주장하는 것이 아니라 좀 더 복잡하고 다양한 방법이 있다는 것을 주장한다. 서구 미디어 제국주의의 고전적인 예로 자주 인용되는 TV 드라마 「달라스」의 예를 들어보면, 이 한 프로그램에 대해서도 여러 지역 연구를 통해 다양한 반응을 발견할 수 있다. 몰리와 로빈스(Morely and Robins 1995)는 네덜란드에 관한 중요한 연구를 인용했는데, 네덜란드 여성들은 이 프로그램을 '자신들의 페미니스트적 과제라는 관점에서' 보았다. 그들은 'JR'이라는 인물을 가부장적 권력을 주장하는 것으로 보지 않고 여성 캐릭터들이 운을 다한 가부장적 지배를 비꼬고 있는 것으로 인식했다. 그들은 남성 캐릭터들이 실제 있을 법한 마초 캐릭터를 연기하는 것이 아니라 웃음을 주기 위한 것이라고 생각한 것이다. 오스트레일리아 원주민, 미국인, 러시아인, 북아프리카, 일본 청중들은 자신들만의 문화, 친족형태, 사회적 선호, 종교와 규범이라는 다르게 채색된 렌즈를 통해 이 프로그램을 매우 다른 식으로 보았다.

시청자들은 '피하주사'의 희생자는 아니지만 그들의 선택에 의해 메시지를 자신의 것으로 받아들이거나 버리거나 굴절시키거나 하는 '기호학적 게릴라' 역시 아니다(Morley and Robbins 1995 : 127). TV 채널과 FM 방송국의 수는 늘어나고 있음에도 불구하고 사람들이 선택할 수 있는 메뉴는 한정되어 있고 더욱 더 큰 제약을 받게 되었다는 것에 대해서는 논란의 여지가 있다. 한편으로는 새로운 디지털 기술의 발전과 함께 아날로그 채널 증가로 인해 틈새시장(예를 들어 소규모 소수민족을 대상으로 하는 프로그램이나 패러글라이딩에서부터 클래식카의 복원에 이르기까지 다양한 취미를 커버하는 프로그램)이 발전하게 되었다. 그러나 다른 한편으로 이러한 프로그램의 주류는 청중들이 그들의 취향에 맞는 것을 찾기 위해 헛된 시도를 계속하면서 이리저리 헤매고 다닐 때조차 예측 가능한 범위 안에서 매우 온건하게 이동했다.

또한 런던 사우스 홀에 사는 젊은 펀자비 출신자에 대한 민족지 연구인 미디어 소비조사 안에도 이러한 '복합성'이 존재한다. 길레스피(Gillespie, 1995)는 그녀의 연구를 통해 미디어가 적어도 5가지 차별적 효과를 가지고 있다고 주장했다.

1. 그녀의 주된 연구주제는 시크교도였는데, 대부분의 사람들이 VCR로 힌두 영화를 보고 있었다. 그 중에는 빈곤의 이미지들을 보고 혐오감을 표시하거나 당황한 사람들도 있었지만 많은 사람들—주로 소녀들—은 힌두 필름이 제공하는 로맨틱한 판타지에 반응을 보였다. "인도 영화를 보고 있을 때, 그리고 본 뒤엔 전 천국에 있는 것 같아요. 현실세계와는 전혀 관련이 없는 곳이죠. 거기엔 장미정원이 있고 어디에선가 음악이 흘러나와요." 한 소녀의 코멘트이다 (Gillespie 1995 : 85).

2. 힌두 가족들은(그리고 그 외의 사람들) 함께 모여 종종 '종교적인 드라마'를 보곤 했다. 드라마에서 신을 표현할 때 어린 아이들 또한 바른 자세로 앉아 크리슈나와 같은 그들이 경애하는 신들에게 경의를 표하도록 가르침을 받았다(Gilllespie 1995 : 89). 신의 화신이 최신 오디오 비쥬얼 기술에 의해 몇 번이고 표현됨으로써 이제 TV 시청은 경외의 한 형태가 되었다.

3. 부모들이 그들의 아이들에게 서양 드라마 시청을 금지하는 반면—많은 부모들이 실제로 그렇게 하는데—「이웃」(Neighbours, TV 드라마역자)과 같은 프로그램은 '가족의 일상생활 속으로 젖어들어 갔'는데, 이러한 방송은 공유된 가족의 가치를 가지고 그 안에서 협상을 통해 새로운 문화적 변화를 추구했다.

4. 젊은이들은 영국인이면서 동시에 아시아인이라는 프레임워크 안에서 TV 뉴스에 반응했다. 대처 정권의 종언이 발표되자 16살의 세 소녀가 인두세(한 세대 구성원 수를 기초로 했던 세금. 위원회 세금으로 대체)가 없어지는 것에 기뻐했다. "인두세에는 모두 화가 나 있었어요. 우리 가족 5명이 전부 인두세를 내야 했거든요. 정말 제정신이 아니죠. 그러한 돈이 어디서 나올 거라고 생각하는지." 그 중 한 명이 말했다(Gillespie 1995 : 128).

5. 한편 걸프전쟁 중 신문의 논조가 승리에 가득 차 있을 때 편자비 사람들은 일반적으로—특히 이슬람교도인 사람들—불편한 감정을 가지고 있었다. 그들은 명백한 서구의 프로파간다를 통해 상황을 관찰하고 있었으나 영국인 편(특히 학교에서)에서, 그리고 동시에 반무슬림이 되지 않으려 하면서(특히 집에서) 불편하게 자신의 위치를 살펴야 했다.

이러한 풍부한 연구로부터 우리가 얻을 수 있는 결론은 많은 소수 그룹들 안에서 문화를 보존하려는 세력은 매우 크다는 것이다. 미디어는 소수의 아이덴티티를 주장하기 위한 수단을 제공한다. 그들은 또한 코스모폴리탄적 문화와 어울리거나 이주국에 대한 충성을 보여주는 수단으로도 사용되지만 이에 더해 구세대의 가치관이나 신앙적 설득에 대한 부당한 공격 및 반항으로도 사용되었다. 즉 미디어의 소비는 복잡하고 애매모호한 문제이다.

정리

이번 장에서 우리들은 미디어가 어떻게 방송국 및 청중과 분리되어 상대적으로 독립적인 생활을 유지할 수 있는지를 살펴보았다. 물론 미디어는 사회적 행위자 없이는 존재할 수 없지만 그 메시지는 커뮤니케이션 수단을 통해 현저히 변화하고, 기술을 보유하고 그 기술과 함께 일을 하며 그 기술을 이해하고 있는 사람들에게 특별한 권력을 부여한다. 이러한 측면에서 볼 때 적어도 인쇄 미디어는 집필, 편집, 발행, 비평의 과정에서 독자가 깊게 관여하여 개인적인 판단을 내릴 수 있다는 점에서 그리 큰 관련을 가지지는 않는다. 이 책을 살 것인가 말 것인가? 이 책은 얼마나 좋은 비평을 받았는가? 당신은 이 책에 대해서 어떻게 생각하는가? 나는 이 책을 좋아하는 걸까? 이러한 문제들은 인쇄 미디어에서는 여전히 생각해 볼 수 있다. 그러나 시청각 미디어는 더욱 더 성장하여 청중에 대해 '압력'을 끼치게 되었다. 선정적 광고판을 지날 때나 당신이 제일 좋아하는 스포츠인 모토 레이스의 차들과 드라이버들이 담배 스폰서들의 광고로 가득 차 있는 것을 보고도 못 본 척하는 것은 매우 힘들다. 사람들은 집에 있는 TV을 끌 수는 있지만 이로 인해 다른 가족은 화를 낼지도 모른다. 영화 밖으로 나가버릴 수도 있지만 거의 소수의 용감한 영혼들만이 이에 성공한다.

　　이러한 예들은 끝이 없으나 모두 비슷한 결론을 이끌어낸다. 미디어는 당신이 은둔자이든 편견을 가지고 있든지 상관없이 '당신에게 도달하는' 방법을 알고 있다. 이런 점에서 누가 미디어를 소유하는지를 이해하고 우리에게 이야기하지 않는 것은 무엇인지, 그들이 무엇인지를 평가하는 것은 중요하다. 그들이 민주적인 정치질서를 어지럽힐 만한 부당한 영향력을 행사하는가? 허만과 맥체스니(Herman and McChesney 1997)가 주장한 것처럼 재화와 아이디어의 '자유시장'을 제외하고 모든 이데올로기와 삶의 방식을 파괴함으로써 글로벌 자본주의를 위한 군대나 선교사로서 활동하는가? 여성이나 소수민족의 삶과 갈망을 비틀고 잘못 대변하고 있는가?

　　커뮤니케이션의 혁명과 정보화 시대의 성장에 있어서 우리는 인터넷을 비롯한 근접 기술들, 전화 등의 사용과 그 정밀화가 진행됨으로써 민주주의가 수탈받기보다는 더욱 큰 가능성을 가지게 될 것이라고 주장했다. 적어도 이러한 발전으로 인해 강력한 기업적 이윤이 모든 것을 독점하는 것은 불가능해졌다. 미디어 거물과 그들의 주장에 대한 당연한 공포는 우리가 단순히 들은 모든 것을 '피하주사'를 통해 흡수하는 존재가 아니라는 것을 증명하는 여러 연구를 통해서 어느 정도 사라졌다. 우리들은 그 중 많은 부분을 무시하고 일부분에 대해서는 반대하며, 우리 자신들이 공유하고 있는 가치와 문화에 따라 대부분의 방송국 메시지를 재구성한다. 인류는 스크린, 아이팟, 핸드폰의 끊임없는 울림에 대해 [아직은일지도 모르지만] 굴복하지 않는다.

더 읽어볼 책

■ 《이코노미스트》(*The Economist*)의 저널리스트인 프란시스 케언크로스(Frances Cairncross)는 텔레커뮤니케이션 분야에 있어서 활발한 집필활동을 벌이고 있다. 그녀의 주요 작품으로는 「거리의 소멸」("The death of distance", *The Economist*, 30 September 1995), 「텔레커뮤니케이션」("Telecommunications", *The Economist*, 13 September 1997) 등이 있다. 또한 같은 제목의 책인 『거리의 소멸』(*The Death of Distance*, 1997)이 있다.

■ 에드워드 허만과 로버트 맥체스니(Edward S. Herman and Robert W. McChesney)의 『글로벌 미디어』(*The Global Media*, 1997)는 미디어가 국제자본의 첨병이 되어 왔음을 주장한다.

■ 마뉴엘 카스텔(Manuel Castells)의 주요 작품인 『네트워크 사회의 도래』(*The Rise of the Network Society*, 1996, revised 2000) 중 프롤로그와 첫 번째, 두 번째 장이 본장의 주제와 관련된다.

■ 미디어 연구과목이 많아지면서 초심자들이 일기 쉬운 책들과 글들(이미 출판된 글들을 재출판한)이 시장 점유율을 다투고 있다. 확고부동한 교과서로서 브랜스톤과 스타포드(G. Branston and R. Stafford)의 『미디어 전공 교과서』(*The Media Student's Book*, 2003), 스레버니-모하매디 등(H. Sreberny-Mohammadi et al.)의 『글로벌 환경의 미디어』(*Me-dia in Global Context : A Reader*, 1997)의 두 권이 있다.

■ 리스벳 반 주넨(Liesbet van Zoonen)의 『페미니스트 미디어 연구』(*Feminist Media Studies*, 2004)는 미디어와 관련하여 여전히 가치 높은 페미니스트적 관점을 제공한다.

그룹 과제

■ 두 그룹으로 나누어 각자 오늘밤의 주요 뉴스 방송을 시청한다. 한 그룹은 '뉴스가 얼마나 편중되어 있는가?'에 관한 편견의 문제를 중심으로 보고, 다른 그룹은 '어떠한 뉴스가 빠져 있으며 그 이유는 무엇인지?'의 관점에서 예측해 볼 것.

■ 지금까지 본 영화 중에서 가장 인상 깊었던 것을 10편 고를 것. 어떠한 점이 마음에 들었는가?

■ 보고 있는 드라마 리스트를 작성해 볼 것. 어떠한 등장인물이 개인적 경험과 관련이 있는가?

■ 잡지나 신문에서 젠더, 계급, 인종에 대한 오해를 만들 수 있다고 생각되는 광고를 찾아 그룹 구성원과 함께 토론해 볼 것.

■ 도서관에서 간단한 리서치를 해볼 것. 살고 있는 지역 및 국가에는 몇 개의 채널이

있으며 주요 신문은 몇 부가 팔리는지 그 수치를 알아보자. 이 정보로부터 대다수의 사람들이 어떠한 정치적·사회적 의견을 가지고 있는지에 대해 어떠한 힌트를 제공하는가?

생각해 볼 문제

1. 텔레커뮤니케이션의 진보가 가져오는 민주주의적 가능성은 무엇인가?
2. 누가 미디어를 소유하고 있는지 아는 것이 왜 중요한가?
3. 문화는 가장 낮은 공유지점으로 '저급화'되고 있는가?
4. '피하주사' 모델과 '기호론적 게릴라' 모델을 비교·대조해 보자.
5. 사회구축과 아이덴티티의 재구축에 있어서 글로벌 미디어는 어떠한 효과를 가지는가?
6. 우리가 '정보화 사회'에 살고 있다고 주장할 수 있는가?

유용한 웹사이트

■ http://www.com.washington.edu/rccs/ 새로운 디지털 미디어에 관한 최고의 사이트 중 하나. 사이버 문화연구 리소스 센터(Resource Center for Cyberculture Studies)는 '사이버 문화의 학생, 학자, 교사, 탐험가, 건축가 육성'을 목적으로 한다. 1996년도에 설립된 이 기관은 매우 오래되었다(인터넷을 기준으로 하면).

■ http://www.oil.ox.ac.uk 유서 깊은 옥스포드 대학(University of Oxford)에 기반을 둔 옥스포드 인터넷 연구소(Oxford Internet Institute)는 보유 정보를 매우 높게 평가하지만 우리는 이 사이트가 저명한 학자들과의 인터뷰를 제공하는 흥미로운 웹케스트들을 빼면 그리 풍부하지 않음을 발견했다. 이는 쉽게 MP4로 변환할 수 있지만 변환은 다른 포맷에 있어서 그리 매끄럽지는 않다.

■ http://www.indymedia.org/en/index.shtml 자기 묘사에 의하면 독립 미디어 센터(Independent Media Center)는 "독립적인 미디어 기관들의 집합으로 수백 명의 저널리스트들이 풀뿌리적·비기업적인 방송을 제공한다. 인디 미디어는 민주주의적 미디어 아웃렛으로 진보적이고 명확하며 열정적으로 진실을 논한다." 이 사이트는 주류 언론에서 다루지 않은 이야기를 골라 인상에 남을 정도로 많은 언어로 이를 제공한다.

■ http://www.intute.ac.uk/socialsciences/cgi-bin/search.pl?term1=media 약 1,000개에 가까운 사이트들이 이 게이트웨이에 모여 있다. 오직 사회학적인 사이트만 고를 것.

글로벌 시대의 스포츠
Sport in a Global Age

SOCIOLOGY

스포츠 활동에 관여하고 있는 사람들은 그가 아마추어인지 프로인지, 개인 경기에 참가하고 있는지 팀 경기에 참여하고 있는지와는 관계없이 보편적인 특징을 가진다. 스포츠 활동이란 선수들 사이 혹은 팀 사이에서 벌어지는 경쟁이기 때문에 팀이나 서포터들 사이에 강력한 충성심과 감정이 존재한다는 것이다. 특히 서포트들 사이에 존재하는 이러한 감정은 공동체(국가, 지역, 도시, 구역) 안에서 나타나는 공동체적 아이덴티티를 이해하는 데 큰 도움이 된다. 암스트롱과 영(Armstrong and Young 2000 : 183)은 축구를 예로 들어 "축구는 '평등주의적 관점'이 아닌 당파주의적인 참여를 요구한다"고 논했다. 글로벌리제이션과 상업화가 매력적인 선택지로서 지역공동체에 제시된 경우, 혹은 반대로 기존의 지역적 특성이 전 세계 청중들에게 인기를 얻는 경우 이러한 당파적 연합에는 어떤 일이 벌어질까?

음악, 춤, 예술과 마찬가지로 스포츠는 언어의 공유를 기반으로 하지 않는다. 오히려 스포츠는 감정적 언어와 규칙, 절차들로 이루어져 일반적으로 출신배경 밖에 존재하는 문화권의 사람들 역시 이를 이해하고 평가할 수 있다. 따라서 스포츠는 음악, 춤, 예술과 마찬가지로 문화와 국가의 경계를 넘어서 국제화될 만한 잠재력을 가지고 있다. 스포츠는 이미 글로벌화되어 있는 것이다.

스포츠의 기원

대부분의 현대 스포츠는 전근대화 사회에서 주로 남자들이 즐기던 민족 전통 게임에서 기원한다. 이러한 민족 게임은 여러 사회적 측면과 결합해 나타났는데, 우선 즐거운 유희와 노동으로부터의 유예상태를 제공했다. 공동 아이덴티티를 축하하는 자리로 사람들을 단합시키고 때로는 공동체 사람들에게 보건과 운동을 제공했다. 또한 경기는 신체의 미를 즐기거나 사회적 의식—특히 사춘기에서 어른으로 성장하는 경과의식—과 밀접하게 관련한 경우도 많았다. 스포츠를 통해 사람들은 다른 경쟁자와 맞붙어 싸우거나 상대를 던지거나 뒤쫓음으로써 인간의 신체능력을 검증했다. 또한 민족 게임은 일반적으로 특정 지방, 민족집단 혹은 특정 민족의 특징을 띤다. 벨기에 플렌더 민족의 게임에 대한 한 연구(Renson et al. 1997)에 의하면 이곳에서는 1,000개가 넘는 협회가 자신들이 민족 게임의 대표자라고 주장했다. 그러나 대부분의 게임들이 특정 술집, 지역, 지방축제를 중심으로 열렸고, 매우 비슷한 게임들이 근접 마을 및 도시에서 자주 벌어졌다. 예를 들어 이 연구에 의하면 다양한 종류의 석궁, 장궁, 구궁을 이용한 적어도 6개의 사격 게임과 2개의 거위 던지기 게임이 존재했다.

이러한 모든 특징은 근대 스포츠에서도 역시 나타난다. 사회 유대감은 종종 남성성, 집단 정체성의 유지, 레크리에이션, 보건과 운동, 친근한 경쟁과 같은 개념들과 함께 구축된다. 그럼에도 불구하고 근대적 형태의 스포츠는 또한 기존의 '전통적' 민족 게임과는 매우 다른 형태로도 나타난다.

■ 스포츠는 원래 분열적이며 동시에 잠재적으로 융합적 성격을 가지므로 근대 국가 형성기간 동안 정부와 정치 엘리트들은 국가 '소유'의 스포츠를 육성하거나 도입하려 했다. 결과적으로 이는 학교 교육, 신문과 같이 보편 지성(common intelligiblity, Anderson 1983)의 또 다른 원천이 되어 시민을 상상의 국가공동체에 구속시키면서 세계 차원에서의 국가 정체성을 보호했다(Wagner 1990 ; Bale and Sang 1996 ; Mangan 1996 참조).

■ 축구, 크리켓, 달리기, 스키 등 특히 일부 지역 안에 녹아들어 있던 경기들의 다수가 전 국민 사이에서 인기를 얻게 되었을 뿐만 아니라, 과거 150년이 넘는 동안 '스포츠화'(sportization)의 과정을 경험하게 되었다(Elias 1986 ; Maguire 1999). 즉 성문화되고 표준화되어 세계 전역에 수출되었다. 전근대 사회의 스포츠 문화에 있어서 어떤 일을 기념하고 즐기는 특징(Eichberg 1984)은 '성과를 내기 위한 신체적 노력의 경쟁화 · 규제화 · 합리화 · 성구분화'(Maguire 2000 : 364)로 전환되었으며, 이는 현대 글로벌 스포츠에 참가하기 위한 필수조건이 되었다.

■ 20세기 중반 이후 우리는 또한 스포츠에 있어서의 성과가 '코포라티제이션'(corporatization)(McKay and Miller 1991 ; Donnelly 1996 : 246)되어 '스포츠가 상품으로 변화'(Miller et al. 2001 : 18)하는 과정을 목격하게 되었다. 즉 스포츠가 비즈니스 스폰서에 의존하여 다양한 이익을 산출하기 위한 형태로 바꾸는 미국적 성향이 일반적 글로벌 스포츠를 지배하게 된 것이다. 1990년대 초반 이후 끊임없이 계속된 전자 매스미디어의 발전—특히 디지털화와 위성 TV의 발전—으로 인해 스포츠 경기는 더욱 더 혁신화되어 '글로벌 미디어의 구경거리'(Maguire 1999 : 144)로서 전 세계 수십억만 명의 TV 시청자에게 팔리게 되었다.

이러한 중요한 전환들은 스포츠의 특성을 바꾸었을 뿐만 아니라 글로벌리제이션 과정에 중요한 공헌을 했다. 여기에는 여러 장점들도 존재하지만 일부 관찰자들의 주장에 의하면, 실제 스포츠—우리가 12장에서 살펴보았던 과정들—에 있어서 강력한 미국화 및 균일화(homogenization) 경향이 나타나며, 이러한 스포츠들이 일반 사람들의 생활에 중요하게 관여할 수 있는 여지는 전보다 줄어들고 있다. 이번 장에서는 지금까지 간단히 설명했던 주요 경향을 살펴보면서 이러한 주장들을 평가하도록 한다.

'패트리어트 게임': 스포츠와 국가형성

스포츠를 통해 국가에 대한 충성심을 가르치는 것을 맥귀어(Maguire 1999 : 176)는 '패트리어트 게임'이라고 불렀는데, 이는 정부가 국가형성을 위한 수단으로 스포츠를 이용하기 때문이다. 여기에는 또한 '바람직하지 않은 충동' 대신 신체적 활동을 장려했던 '강건한 기독교주의'(Muscular Christianity)(Miller et al. 2001 : 4)의 소망도 포함되어 있다. (이러한 충동이 무엇인지에 관해서는 여러분들의 추측에 맡기겠다.) 또한 엘리트들은 정기적 스포츠 모임을 통하여 자신들에게 반항할 가능성이 있는 낮은 지위에 있는 사람들의 주위를 다른 곳으로 환기시키려고 했다(Elias 1986). 어떠한 측면에서 이는 푸코(1977)(글로벌 사상가 11 참조)가 이야기한 과정과도 관련된다. 내재적 규율과 외부적 규제의 조합을 통해 근대화된 엘리트들은 효율적인 노동력과 순종적인 시민을 양산하기 위한 '생체권력'(biopower)을 행사했던 것이다. 외부적 규제는 제도적 관리체제—감옥, 공장, 군대, 훈련 프로그램—에 의한 통제를 말한다. 따라서 훈련을 통해 애국심을 주입하고 군사적 민첩성을 기르는 것은 근대 스포츠 장려의 주요 원동력이 되었다. 예를 들어 사이클과 럭비가 주요한 민족 스포츠가 되었던 19세기 말 프랑스에서는 학교에서 국가가 후원하는 형태로 '조직화된 신체활동'이 가장 중요한 스포츠 활동이 되었는데, 이는 종종 사격 클럽의 활동으로 연결되는 경우가 많았다(Holt 1996 : 40). 그 목적은 명백히 군사적 능력과 애국심을 키우는 것이었다.

영국, 제국과 경기 참가

엘리아스(Elias 1986)에 의하면, 근대 스포츠의 본질적 정신을 처음 만든 것은 19세기 중반 영국의 귀족계급과 부상한 부르주아, 학교 교사들이었다. 수많은 시인들과 예술가(Mangan 1981)는 이러한 정신에 대해 논의하고 칭송했으며, 이는 엘리트 교육 시스템을 중심으로 그들의 자손들에게 전해졌다. 즉 국가 제국에 대한 팀 정신, 신사도와 기사도, 도덕적 책임성이 영국 교육의 운동장을 통해 작동하게 된 것이다. 많은 청소년들을 통해 이러한 스포츠 코드가 군대, 대학, 전문직, 공무직의 최상위 지위로 이동했다. 뿐만 아니라 '영국의 식민지 팽창을 배경으로'(Stead and Maguire 1998 : 54) 이러한 사상은 선교사, 군 장교, 식민지 공무원, 교사들을 통해 오스트레일리아와 아시아, 아프리카 대륙의 많은 통치령에 이전되었다. 제1차 세계대전 시기까지 영국의 산업적·무역적 영향력으로 인해 영국 제국주의에 직접적인 영향을 받지 않은 곳도 영국의 비즈니스와 선수들은 자신들의 국기를 멀리 떨어진 국가들에게까지 확장시킬 수 있었다. 이러한 과정은 본국의 운동장에서 만들어진 아마추어리즘과 페어플레이의 문화를 수반했다. 예를 들어 우루과이, 아르헨티나, 브라질과 같은 일부 남미국가들의 경우 자신들 국가의 건설 프로젝트에서 일하는 브리티쉬 레일웨이사의 엔지니어와 노동자들을 만나면서 처음으로 축구를 경험하게 되었다(Mason 1995 : 97 ; Archetti 1996 ; Giuli-anotti 2000 : 136).

　　　일부 학자들(예를 들어 Mangan 1981 ; Dyreson 2003 : 96)의 주장에 의하면, 영국 엘리트들은 스포츠를 '영국의 글로벌 파워'를 유지하고 '자신들의 이미지대로 세계'를 재창조하기 위한 '장치'로 보았다. 제국적 무역 지배와 독특한 스포츠 문화의 전달을 결합하려는 그들의 시도는 매우 성공적인 것으로 보인다. 축구가 세계 전역에 퍼진 것은 가장 대표적인 예이다. 럭비와 크리켓의 경우 축구만큼 널리 퍼지지는 못했지만 그럼에도 불구하고 크리켓은 영국 통치령, 남아시아, 카르브 해 식민지 등으로 널리 보급되었다. 1870년대에는 첫 오스트레일리아 이주자가 크리켓 선수로 랭카셔 북부의 영국 리그에서 뛰기 시작했고, 1920년대부터는 레아리 콘스탄틴(Learie Constantine)과 같은 트리니다드 출신 흑인 선수가 영국에서 큰 인기를 얻게 되었다(Hill 1994).

다른 민족과 스포츠 : 제국의 역습

　　　원래 영국이 이러한 스포츠를 소개해 준 국가들—그 국가가 식민지인지 통치령인지, 아니면 관계가 없는 국가들인지 상관없이—은 결국 자신들의 경기를 통해 영국을 이길 정도의 기술을 습득했다. 축구의 경우 우루과이와 아르헨티나는 게임을 받아들인지 얼마 되지 않았음에도 불구하고 1928년 올림픽 게임과 1930년의 첫 월드컵에 파이널리스트가 되면서 세계적으로 그 우세함을 떨쳤다. 결국 두 경기 다 우루과이가 승리했다. 영국은 1966년 이후 월드컵에서 한번도 이기지 못했다. 또한 특이하게도 영국 크리켓 팀은 전 식민지 국가들에게 패배했다. 2005년의 오스트레일리아전, 2006년 파키스탄전에서의 승리가 스리랑카와 인도를 비롯한 국가들을 상대로 했던 기나긴 패배의 역사를 단절시켰던 예외적인 경기였다. 국가 독립을 위한 투쟁 중 일부 식민지 반대파 리더들은 스포츠가 민족 통일성을 자극하는 능력을 가졌다는 것을 인식하게 되었다. 영국령 서인도제도의 제임스(C. L. R. James)—위대한 트리니다드 트로츠키주의자이자 고전문학자, 역사가이자 크리켓 코멘테이터—는 크리켓이 내부 인종분열을 극복하고 '국가 정체성을 주장하는 언어'가 될 수 있음을 인식했다(Dyreson 2003 : 96 ; James 1963). 1957년 영국 투어에서 주장인 고다드(Goddard)를 비롯한 백인 선수들은 프랭크 워렐(Frank Worrell)과 같은 전성기의 흑인 선수와 급부상중이었던 가필드 소버스(Garfield Sobers)를 경기에서 제외시켰다. 결과는 충분히 예상할 수 있는 것으로 영국은 3-0으로 대패했다. 여론은 서인도 크리켓 위원회의 의견에 반발하여 1960년의 중요한 오스트레일리아 투어에 있어서는 프랭크 워렐을 주장으로 임명하도록 요구했다. 그 결과 '균형성, 신뢰성, 명확성을 보유한 새로운 질서로 서인도 크리켓을 진수시킨 영광스럽고 중대한 타이드 테스트'가 치러졌다(Beckles 1998 : 131).

영국의 초기 식민지 중 하나인 미국은 곧 '스포츠를 통한 상상의 국민의식(nationality)이라는 영국적 전통에 대한 가장 큰 침략자'가 되었다(Dyreson 2003 : 96). 미국의 정치 엘리트들은 언제나 국가 정체성과 애국심을 국내 스포츠 대회를 통해 육성할 수 있는 한 쌍으로 간주했다(Wilcox 1994). 가장 대표적인 예가 슈퍼볼 풋볼 대회로, 최근 이 경기는 위대한 세계 파워에 필수로 여겨지는 독특한 미국의 아이덴티티와 '적극적 남성성'을 찬양하는 '궁극적인 퍼포먼스'로 자리 잡았다(Langman 2001 : 202, 203). 미국 엘리트들 역시 농구, 배구, 야구, 풋볼(Box 15.2 참조)과 같은 자신들의 국기를 '좀 더 미국화'(Dyreson 2003 : 97)된 세계를 위해, 그리고 영국보다 큰 영향력을 가진 '제2의 제국'(Miller et al. 2001 : 15)을 건설하기 위한 장치로 사용해 왔다. 따라서 일본에서 야구의 인기는 축구를 넘어선다. 여기에는 여러 가지 이유가 있지만 그 중에서도 일본 엘리트들이 20세기 초 미국의 문화와 외교의 영향력을 강하게 받았기 때문이며(Horne 2000), 졸업생들이 국가의 경제와 문화생활을 형성하는 최상위 대학에서의 야구의 높은 인기 때문이다.

올림픽 경기 : 전 세계의 조화?

고대 그리스의 경기로부터 영감을 얻은 근대 올림픽 게임의 첫 경기는 1896년 아테네에서 열렸다. 리더십을 발휘한 인물은 프랑스인인 피에르 드 쿠베르탕이었다. 그는 4년마다 전 세계의 젊은이들을 한곳에 모아 스포츠에 대한 그들의 열정을 기념하려 했다. 그는 이 게임이 개인적 자유라는 목표를 만들고 평화적 경쟁을 기반으로 한 상호 이해를 통해 국가 간 전쟁을 없애는 데 도움이 될 수 있다고 생각했다. 처음부터 올림픽 게임 조직은 스포츠 원칙뿐만 아니라 정치 원칙을 기반으로 하는 것이었다(Guttman 1992). 그러나 국민국가 시대의 영향을 받은 드 쿠베르탕로서는 내셔널리티 또한 개인의 아이덴티티에 있어서 중요한 요소였다. 국제 평화를 증진하고자 하는 열정에도 불구하고 올림픽 게임은 내셔널리즘적 경쟁상대를 찾아내고 정치가들로 하여금 애국심을 조장하게 하는 기반으로 이용되었다. 이러한 예는 수도 없이 많지만 여기에서는 그 중 몇 개만 살펴보기로 한다.

- 1922년 미국 올림픽 협회의 협회장은 미국 선수들을 국제 경기에 내보내는 목적 중 가장 중요한 것은 '미국을 세계의 다른 지역에 파는' 것이라고 말했다(Dyrenson 2003 : 100에서 인용). 다른 국가들도 미국 문화의 우월성을 나타내는 주요 요인으로 스포츠 분야에서의 성공을 꼽는다. 심지어 미국 팀은 처음으로 출장했던 1896년 올림픽 게임에서 1위를 차지했다(Guttman 1992 : 18).
- 대부분의 정부와 도시들은 올림픽 게임을 유치할 계획을 세운다. 이러한 계획에는 국제올림픽위원회(International Olympic Committee : IOC)의 임원을 포함한 여러 사람들에 대한 뇌물, 성적 서비스, 아이들에 대한 장학금 지원 등이 포함된다(Miller et al. 2001 : 24).
- 냉전기간 동안(1947~1990) 올림픽 게임과 다른 세계 스포츠 이벤트는 미국과 소련이 얼마나 많은 메달을 딸 수 있는가를 통해 자신들의 방식의 우월성을 '증명'하는 장소가 되어왔다. 때때로 그들은 올림픽 게임이나 다른 세계 스포츠 이벤트를 보이콧하거나 보이콧하겠다고 위협함으로써 정치적 점수를 따려고도 했다. 예를 들어 미국은 소련이 아프가니스탄을 침공한 후 1980년 모스크바 올림픽을 보이콧했다.

월드컵과 같은 국제 스포츠 이벤트 및 올림픽 게임은 이것들이 보편적 인간성의 이상을 상징하는 것만큼 국가에 대한 감성을 조장한다. 밀러 등(Miller et al. 2001 : 61)은 이를 다음과 같이 명확하게 설명했다.

많은 관중들에게 있어서 메달 수여식은 국가 정체성을 집약시킨 것이 된다. 국가와 기업의 표시, 색으로 몸을 치장한 선수들은 기계적으로 식장에 들어선다. 그들은 군대에서 하는 것처럼 몸을 구부려 메달을 수여받고 국기를 응시하기 위해 돌아선다. 이 긴 선수와 팀의 국가가 울려퍼지면서 그들의 우월성은 시청각적으로 증대된다. 이러한 상황에서 선수들은 눈물을 흘리는 경우가 많은데, 이는 개인적인 감정에 의해, 그리고 국가에 대한 기여와 의무감으로 인해 감동받았기 때문일 것이다.

글로벌리제이션과 스포츠 정체성 : 로컬리티, 계급, 남성성

스포츠 활동과 팀은 내셔널리티를 구축하는 데 있어서 큰 역할을 해왔으나 동시에 로컬, 도시, 이웃 정체성을 유지하는 데도 강력한 수단이 되어 왔다. 이는 특히 남성들에게 중요한 경우가 많았는데, 노동계급의 남성들에게는 더더욱 그러했다. 지방 팀을 응원함으로써 그들은 동료들 및 이웃들과 사회적 유대를 맺었고, 힘과 용기, 전문기술, 동지애 등 남성적 미덕이라고 생각되는 가치를 기념하기 위해 저비용에 접근이 용이한 장소를 제공받았다. 이는 또한 힘들고 지루하며 저임금에 낮은 사회적 위신을 지닌 그들의 노동에 대한 모욕적 대우를 보상할 만한 즐거움 역시 제공했다.

스포츠에 대한 애착을 통해 증진된 지방에 대한 강한 충성의 예는 어디에서나 명확하게 나타나지만 여기서는 두 가지 흥미로운 사례를 들기로 한다. 20세기 초반에 걸쳐서 축구는 아르헨티나, 브라질, 우루과이와 같은 국가들에 있어서 전국민적 열정을 유지시키는 역할을 했을 뿐만 아니라 도시들, 부에노스아이레스와 같은 도시 안의 축구팀, 특정 주변지역과 유대를 표출하는 역할을 했다(Mason 1995). 각 구단은 많은 추종자들을 낳았으며, 때때로 이는 지방에 대한 애착뿐만 아니라 계급 차이를 반영했다. 축구에 있어서 라이벌 의식과 구단에 대한 충성심은 특히 브라질, 아르헨티나 등지의 바리오스와 파벨라의 가난한 이민 그룹과 그들의 자손들 사이에서 나타났다. 다양한 국가, 민족, 종교적 배경을 가진 거주민들인 만큼 기존의 라이벌들은 다양한 구단, 이주민, 계급 충성감들 사이에서 서로 뒤섞이곤 한다. 구단과 그들의 추종자들은 응원활동을 조직하는데, 이는 경기와 직접적으로 관련되는 경우—노점상권의 침범, 라이벌 구단 폭력배들과의 싸움, 음악연주를 이용한 응원과 배너 싸움 등—도 있고, 거리 혹은 해변의 파티, 가족규모의 식사, 소풍과 같은 다른 활동으로 이어지기까지 한다(Mason 1995 : 97-8).

그림 15.1 헤비급 권투선수, 프리모 카네라(Primo Carnera 1906-1967)
이탈리아 우디네에서 태어나 1930년 미국으로 이주했음에도 불구하고 그는 이탈리아의 영웅, 즉 이탈리아인으로 그려졌다. 2.01미터의 신장을 가진 그는 매일 아침 규칙적으로 오렌지 주스 1/4갤런, 우유 1/2갤런, 계란 14개, 토스트 19개, 버지니아 햄 0.5파운드를 먹었다.

Box 15.1

권투 : 민족성과 사회 이동성

스포츠에 있어서 유태계 미국인 청년의 업적이라 하면 어떤 이미지를 가지고 있는가? 세미나에서 책장을 넘기거나 월스트리트에서의 힘든 하루를 마치고 호화로운 헬스클럽에서 체중감량을 시작하는 것? 1928년 이러한 이미지는 완전히 잘못된 것이었다. 당시 미국에 있어서 유태계는 다른 어떤 민족보다 훌륭한 권투선수를 배출했다. 새몬즈(Sammonds 1990 : 2)의 설명에 의하면 권투는 가난한 이민자 그룹이나 소수민족들에게 있어서 사회적 이동을 꾀할 수 있는 수단이었다. '가장 눈부신' 왕관은 아일랜드계에서 유태계로, 이탈리아인계, 아프리카계 미국인들 그리고 스페인계로 성공적으로 이동했다. 각 그룹의 구성원들은 권투를 힘든 훈련, 바디빌딩, 굳은 결단력 등을 통해 이름을 알리고 자신만의 길을 만들어 나가는 수단으로 삼았다.

권투는 보기에 아름다운 관경은 아니다. '나비와 같이 춤'추며 '벌과 같이 쏘는' 무하마드 알리와 같이 극도의 기술을 가진 프로 권투선수를 제외하면 대부분의 헤비급 선수들의 경우 권투는 땀과 침, 부은 눈, 연달아 엉기는 팔, 피가 엉킨 상처로 가득하다. 권투선수들뿐만 아니라 관중들도 남성 호르몬인 테스토스테론 수치가 천장을 치솟는다. 틀에 박힌 듯한, 태초부터 존재한 것 같은 거친 민족적 충성심은 활기를 띠며 남성성, 인종, 내셔널리티의 정치는 절대 사라지지 않는다.

1930년대 헤비급 경기는 특히 민족적 정치에 의한 것으로 기록되었다. 독일과 이탈리아, 나치와 파시스트 독재가 강해지면서 강력한 헤비급 선수인 막스 슈멜링(Max Schmeling)과 프리모 카네라(그림 15.1)가 아돌프 히틀러의 인종차별적 환상과 베니토 무솔리니의 제국주의적 야망을 상징화하는 챔피언으로 등극했다. 유태계 미국인의 희망이었던 막스 베버(Max Baer)는 두 선수들에게 이미 패배하여 미국은 얻어맞은 상태에 놓여 있었다. 그들의 기세는 월등했고 미국은 더 이상 '백인' 경쟁자를 배출할 수 없었다. 인종 기준이 낮아지면서 갈색 폭격기(Brown Bomber)라고 불렸던 조 루이스(Joe Louis)가 링에 오를 수 있게 되었다. 그는 전형적인 권투선수 경력을 가지고 있었는데, 모계가정에서 자랐으며(그의 아버지는 가정을 버렸다), 학교를 자퇴하고 권투를 하기 전에는 거리생활을 했다. 루이스-카네라전이 결정되자(1935년 6월 25일) 국제적 위기를 배경으로 국내의 인종갈등은 증폭되었다. 이탈리아가 아프리카 대륙에서 유럽 식민지화로부터 유일하게 살아남은 에티오피아를 식민화하겠다고 위협하고 있었던 것이다. 권투시합은 백인과 흑인 간의 싸움이었으나 동시에 유럽 제국주의와 아프리카 자유와의 싸움이기도 했다. 기진맥진하게 하는 6라운드 경기가 끝나자 루이스의 월등한 기술은 드디어 이탈리아의 거인을 무너뜨렸다.

슈멜링과의 첫 시합에서 루이스는 그다지 좋은 성적을 거두지는 못했다. 그는 준비 부족이었으며, 자만에 차 있었다. 결국 12라운드에서 슈멜링이 승리했다 히틀러는 매우 기뻐하면서 자신의 승리는 히틀러로부터 영감을 받은 것이라고 선언한 전사를 위해 저녁 만찬을 열었다. 두 번째 시합에서 루이스는 더 이상 실수하지 않았다. 전운이 감도는 1938년 6월 22일, 슈멜링과의 시합이 벌어졌다. 많은 미국인들과 유럽인들, 아프리카인들은 권투시합의 결과를 앞으로 다가올 세계 전쟁의 리허설로 보았다. 루이스는 슈멜링을 2분을 조금 넘는 시간 만에 넉다운시켰다. 전 세계가 이 승리를 축하했다. 권투는 글로벌 스포츠가 되었고 다른 스포츠 역시 곧 그 뒤를 따랐다.

출처 : Sammonds(1990) ; Sugder(1996 ; 32-58) ; http://www.nationmaster.com/encyclopedia/
     Primo-Carnera

힐(Hill 1994)에 의하면, 19세기 후반에 이르자 특히 북쪽 랭카셔 지방을 포함한 영국의 여러 지역에서 크리켓이 일반 사람들의 주요한 취미가 되었다. 소도시, 마을, 공장, 교회, 심지어 거리조차 자신들의 팀을 소유했으며, 이는 곧 지방에 대한 자부심과 단합심이 결집하는 중심점이 되었고, 서포터 협회는 자금을 제공했다. 우리가 이미 보았듯이 넬슨(Nelson)과 같이 크리켓을 중심으로 하는 소도시는 1870년대부터 팀의 성공을 위해 이민자 선수들을 받아들였다. 수입한 '외국인' 이주자들에게 의존해도 자신의 출신지역 팀과 특정 지역에 대한 서포터들의 충성심은 약화되지 않았다.

위협받는 주권독립주의자 / 지역 정체성

스포츠화(혹은 글로벌리제이션)와 경쟁적 게임의 코포라티제이션이라는 쌍둥이 과정은 스포츠를 통해 로컬(지역) 결속력이라는 강력한 감정을 위협하고 있는지도 모른다. 예를 들어 하베이 등(Harvey et al. 1996)은 캐나다 아이스하키팀이 점점 기업의 스폰서에 의존하게 된 것을 지적했는데, 이는 경쟁에서 승리하기 위한 상업적 압력은 증가하는 반면 신자유주의적 경제정책에 직면하여 공공자금은 줄어들었기 때문이었다. 그 결과 몇 개의 팀들이 기존 지역공동체와의 유대를 잃게 되었다. 이에 대한 반발—라디오 방송국, 데모, 정부 지원 요청을 통한 운동의 조직—에도 불구하고 반민주화 과정은 계속되었다. 지방이 영향력을 잃어가는 상황에서 상업, 미디어 엘리트들이 통제권을 쥐었던 것이다.

비슷한 상황은 영국 축구에 있어서도 나타나고 있다. 암스트롱과 영(Armstrong and Young 2000)은 변화를 위한 압력—이는 1980년대 후반 이후 영국 축구구단에 영향력을 미치고 있다—으로 인해 사람들, 특히 노동자 계급의 청년 서포터들이 게임을 즐기는 방법이 어떻게 변했는지에 대해 설명한다. 변화를 위한 힘 중 하나는 보수적 정부로부터 나온다. 보수 정부는 구호를 외치거나 욕설을 퍼붓거나 전체 사회를 동요시키거나 하는 종종 시끄럽고 때로는 폭력적이기도 한 호적수인 노동계급의 단결력을 약화시키고 싶어 한다. 기업들 역시 축구의 인기가 더욱 커져서 매치 게임의 관람률을 높인다든지, 미디어 회사에 주요 게임을 판다든지 일반적인 축구경험을 '확대시킴'으로써 게임으로부터 더 많은 이익을 짜내길 원한다. 이는 클럽 로고나 모조 유니폼, 비디오, 팬 잡지 등을 파는 것과도 관련된다(Armstrong and Young 2000 : 176, 202). 영국에서는 이러한 변화로 인해 중산층 계급의 이익이 급성장했다. 그들은 경기를 관람하거나 TV로 경기를 시청하거나 영화, 소설, '지적' 코멘트에 관심을 가진다. 경기는 그들이 열광하는 '스타일 컬쳐'의 한 부분을 형성한다(Armstrong and Young 2000 : 177). 또한 가족단위의 참가가 장려된다. 이러한 모든 것들은 노동계급의 젊은 스포츠 팬들이 가끔 행하는 시끄럽고 폭력적인 감정 분출의 기회를 줄이기 위해 좀 더 편안하고 상업화(commercialization)된 상황(식음료가 바로 준비되는)에서 관전할 수 있도록 정책과 조직의 변화 전반을 실질적으로 만들어낸다.

축구경기를 '정화'하는 것은 경기장의 모든 관람객들에게 좌석을 제공하고 경기를 좀 더 잘 볼 수 있도록 더 많은 종업원과 경찰, CCTV를 배치하여 관객의 이동을 줄이는 것이다. 티켓은 종종 일부 저임금 관객들이 쉽게 살 수 있는 가격을 넘는다. 따라서 지방에 깊은 뿌리를 가지면서 매주 대부분의 청년들이 감성적·사회적 단결을 다질 수 있게 했던 '전통적인 마초 축구 서포터들과 오래된 테라스식의 문화'(Armstrong and Young 2000 : 205)는 '개인화되고 사유화된 부르주아적 사고방식'과 '가족을 위한 상품화된 레저 경험'으로 바뀌게 되었다(Armstrong and Young 2000 : 204, 205). 2005년 중반 맨체스터 유나이티드가 미국 회사에 팔리게 된 것은 이러한 전통적 노동자계급 남성 서포터들을 소멸시키는 또 하나의 요인이 되었다.

글로벌 사상가 15

노버트 엘리아스_ NORBERT ELIAS (1897-1990)

엘리아스는 엘브로(Albrow), 브루디외(Bourdieu), 로버트슨(Robertson), 매귀어(Maguire)를 포함한 많은 사회학자들에게 커다란 영향을 미쳤다. 이번 장은 글로벌 스포츠에 대한 그의 연구에 대해 설명했다. 엘리아스는 사상과 감정이 어떻게 문명화 과정과 같은 장기 사회적 변동과 연결되는지에 관심을 가졌다. 그의 전문분야는 문명화 과정에 대한 것이었다. 여기서는 그의 주장을 간단히 요약해 본다.

● 피겨레이션(Figurations)

우리는 '사회'(society)를 고정된 구조의 시스템으로 보는 것이 아니라 행동은 항상 여러 겹으로 포개진, 두꺼운 관계 네트워크, 피겨레이션 안에서 벌어지는 것으로 봐야 한다. 인간은 다른 사람들과의 관계 안에서만 존재한다. 이런 네트워크는 상호 의존과 관련된다. 인구가 증가하고 도시화되며 화폐경제가 발달함에 따라 이렇듯 겹겹이 짜여진 관계는 더욱 더 복잡해졌다. 여기서 엘리아스의 주장은 현대 글로벌리제이션과 관련한 무역, 기술, 문화적 흐름을 통한 의존의 증가를 포함할 정도로 확장될 수 있는 것이었다.

● 과정(Processes)

모든 사회관계는 과정 안에서 끝나지 않고 진행중이다. 이는 개개인의 펼쳐져 있는 삶을 포함한다. 따라서 사회가 균형상태에 있을 수 있다고 생각하는 것은 의미 없는 이야기이다. 대신 끊임없는 변화가 존재한다. 이는 또한 글로벌리제이션에 대한 우리의 이해와 잘 맞아떨어진다.

● 의도하지 않은 사회적 결과(Unintended social consequences)

경쟁은 개인이 개인 혹은 그룹적 개선을 위해 전략적 기회를 구하기 때문에 존재한다. 따라서 권력투쟁의 존재는 항상 눈에 띈다. 그러나 상호 의존이라는 현실—군주들은 그들의 왕권을 인정받기 위한 귀족을 필요로 하고 사회를 통해 계속되는 거대한 경제활동망에 의존한다—

은 자신들의 이득을 추구하는 개개인의 의도가 항상 의도하지 않은 결과를 가져온다는 것을 의미한다. 사회 네트워크 전체를 통해 생겨나는 질서는 개개인이 원하거나 계획한 것보다 훨씬 더 강력한 것이다.

● **문명화 과정(The civilization process)**

엘리아스의 주장에 의하면 개인들은 기나긴 기간에 걸쳐 점진적으로 그들의 감정과 타인에 대해 둔감한 행동, 폭력적 성향을 다루는 법을 배운다. 그들은 도덕과 예절을 발전시킨다. 이러한 자제력의 기풍이 유지되면서 사회적인 상호 의존, 네트워킹, 사회 분화를 향한 강한 흐름은 증가하게 된다. 따라서 경제적·문화적·정치적으로 더욱 더 복잡해지고 성공하면 피겨레이션은 가능해진다. 엘리아스는 유럽 중세 봉건사회에서 나타난 중앙집권 국가에서 문명화 과정의 근원을 찾았다. 예를 들어 전쟁중인 17세기 프랑스에서 군주는 귀족들의 전쟁을 좋아하는 경향을 억제하기 위한 노력으로 궁정사회와 수익성을 따지는 국가 집무실을 설립했다. 이로 인해 귀족들은 궁정에 많은 시간을 들여야 했고, 궁정예절을 가꾸고 세련된 행동을 익혀야 했다. 결국 귀족들은 이를 내재화하고 자제력의 습관을 자신들의 아이들에게 전수하게 되었다. 엘리아스는 또한 문명화 과정을 경쟁적 스포츠의 체계화에 적용했다. 그는 그 기원이 영국 귀족들의 거친 취미에 있었으나 이는 나중에 신사적이고 규율화된 스포츠로 변화했다고 보았다.

● **문명화 과정의 전 지구로의 보급(The global spread of the civilizational process)**

이 습관은 점진적으로 사회 시스템으로 퍼져나갔고 다른 계급, 특히 급성장하는 부르주아 계급은 자제심을 자본축적의 수단으로 받아들였다. 이후 유럽 식민주의에 의해 비서구사회도 이런 과정에 관련하게 되었다. 식민지 규칙은 통치 엘리트에 의한 사회 우월성 행사에 기반을 둔 것이었다. 그러나 식민주의자는 점진적으로 원주민과 상호 의존관계에 얽히게 되었고, 이는 기술을 배우고 소비자 정신을 발전시켜 식민지를 좀 더 생산적이고 통치하기 쉽게 하는 데 필요한 것이었다. 이러한 사람들은 또한 수입된 유럽식 행동양식을 따르게 되었다

출처 : Mennell (1989) ; Elias (994) ; van Krieken (1998) ; Smith (2001).

신체 그리고 스포츠 문화의 부상

인류의 신체가 모든 스포츠 활동에 있어서 중심을 이루는 것을 생각해 볼 때 스포츠 규칙의 체계화와 글로벌리제이션은 전근대 사회의 전형적 신체문화(Eichberg 1984)의 본성, 즉 이를 축하하고 즐기는 성격은 엄격한 규율의 신체적 활동으로 바뀌었다. 매귀어(Maguire 1993, 1999 : 67-8)는 현대 스포츠 신체가 부상하게 된 과정을 설명

했다. 집중적이고 규칙적인 운동을 통한 신체단련은 특별한 식단과 함께 기술을 필요로 한다. 또한 상위 스포츠 선수들의 신체는 힘과 우월성을 나타낸다. 단순한 관람객들은 경기에서 뿐만 아니라 그 외에서도 그들을 보면서 그들의 힘, 기술과 끈기에 경외를 보낸다. 스포츠적 신체는 또한 우리가 열망하는 완벽함, 건강, 아름다움의 모델이 되며, 또한 스포츠 신체는 젠더, 인종, 섹슈얼리티와 관련된 몇 가지 딜레마에 대한 쟁점을 제공한다. 이번 장에서 우리는 스포츠 신체와 관련된 몇 가지 갈등을 살펴볼 것이다. 먼저 전통적인 스포츠 활동과 근대 스포츠 활동 사이의 차이점부터 살펴보기로 하자.

근대 신체문화와 케냐 주자

배일과 생(Bale and Sang 1996)은 육상경기 선수들이 모든 스포츠 중에서도 가장 글로벌화되었다고 서술했다. 이는 육상경기가 다른 스포츠보다도 훨씬 국가대표의 마음을 끌어당기기 때문이다. 1996년 206개의 국가가 국제육상경기연맹(International As-sociation of Athletics Federations : IAAF)에 가입해 있었다. 저자들은 1960년대 이후 케냐 출신 주자들의 눈부신 성과가 얼마나 세계를 매료시켰는지 묘사한다. 인구 규모를 생각하면 각 국가가 세계 수준의 주자를 얼마나 배출할 수 있는지 산출할 수 있을 것이다. 1993년 케냐 지수는 9.87이었는데, 이는 아프리카 전체의 1.52, 미 대륙의 2.8에 비교하면 매우 높은 것이었다(아프리카 전체 여성 평균은 0.84였지만 말이다).

처음으로 케냐 남성이 세계 경기에 출장한 것은 1954년이었는데 1960년대 중반에 이르자 케냐는 세계 1인자가 되었다. 그러나 이렇게 되기 전까지 케냐는 크나큰 도약을 해야 했는데, 이는 전(前)식민지로서의 케냐의 전통적인 스포츠 활동과 근대적인 글로벌 스포츠 사이에는 큰 차이가 있었기 때문이다. 이것이 비록 역사적 신화 만들기와 관련된 일이기는 했지만, 배일과 생(Bale and Sang 1996)의 주장에 의하면 식민시기 전에 청년들이 행했던 것은 경주를 하면서 창던지기나 장애물 넘기를 하는 것이었다. 이는 종종 구역 내에서 야생동물을 사냥·포획하거나 군사적 기술을 검증하는 것과 연결되었던 것으로 성인식, 씨족 가입 의식과도 연관되었다. 또한 이는 종종 춤과 같은 감각적 문화 추구 활동과 결합했다. 모험, 연극, 오락이 주요 요소가 되었고, 경기는 기록되지도, 표준화되거나 규제화되지도 않았다.

이런 모든 것은 1900년대 영국이 케냐를 식민지화하면서 급진적으로 변화한다. 행정관, 교육자, 선교사, 경찰, 군인들은 케냐의 아이들과 대학생, 경찰관, 군인들이 훈련을 받도록 장려했고, 교육을 받은 청년 고용자들은 근대 스포츠의 문화교육을 포함한 근대성을 받아들이게 되었다. 1920년대부터 1950년대까지 전통적인 스포츠 문화에서 근대적 스포츠 문화로의 전이가 실행되었으나 이 기나긴 시간 동안 아프리카와 영국 스포츠는 불편하게 공존하고 있었다. 그들은 또한 영국식의 근대성, 팀 정신, 경쟁 라이벌에 대한 존경, 엄격한 규율에 대한 필요성의 이해, 스포츠의 성취목표를 높게 설정하는 것이 중요하다는 생각을 유입시켰다.

배일과 상(Bale and Sang 1996)은 이러한 특정 신체운동 문화에 있어서 스포츠적 성취 이데올로기의 사회화는 피할 수 없었던 것이라고 주장했다. 이러한 규제화와 표준화 없이는 국가들이 글로벌 스포츠에 참가할 수 없기 때문이다. 또한 이로 인해 관중들과 챔피언들이 월드컵과 같은 거대 스포츠 이벤트에서 경험을 공유할 수 있는 가능성이 만들어졌다(Bale and Sang 1996 : 107). 케냐의 전통적인 신체운동 문화는 1920년대부터 1950년대까지 어떻게 변화했을까?

- 스포츠와 비슷한 활동에 관련된 신체운동은 주택농가, 숲, 마을로부터 구별되어 특별하게 만들어진 스포츠 필드로 이동했다. 그곳은 시간, 장소, 활동의 측면에서 다른 사회생활과는 떨어져 분리된 곳이었다.
- 육상경기의 트랙과 운동장은 '구별된 영역의 공간'을 구성했고, 다른 근대 스포츠와 마찬가지로 전 세계에 걸쳐 똑같은 공간을 만들었다. 따라서 아프리카의 전통적 공간은 단일한 '육상경기장'으로 대체되었다(Bale and Sang 1996 : 98).
- 이러한 새로운 장소는 또한 '선의 시작과 끝', '기호학적으로 배열된 레인의 표시'를 필요로 한다(Bale and Sang 1996 : 98-9). 따라서 신체적 운동이 기존에 가지고 있던 자유는 엄격한 제한과 '구속된' 신체로 바뀌었다.
- 여기에는 '0.1초를 다투는 경기에 시간의 제약이라는 스톱위치의 압제'가 새롭게 더해졌다(Bale and Sang 1996 : 99). 또한 이는 일상생활과는 동떨어져 미리 정해진 특화된 대회의 스케줄에도 맞춰져야 했다.
- 기록은 매우 신중하게 기록되어야 한다. 개인과 팀 대회는 내셔널 기준 혹은 글로벌 기준으로 측정되었고, 이로 인해 새로운 목표가 세워질 수 있다. 이는 전근대 사회의 전형이었던 기억에 의존하는 구전과는 명확하게 대조된다.
- 근대 스포츠 정신을 심는 것은 전 세계적으로 '노력의 최대화'를 주입하여 개인 성취의 목표를 끊임없이 향상하고 높이 세우고자 하는 갈망을 필요로 한다.

　　　이는 욕망, 모험, 사회적 단결의 흐름을 바꾸었다.

- 세계적 수준의 능력을 얻으려 했던 케냐 주자들은 순종, 훈련, 단련의 중요성을 배워야 했고, 그동안 그들의 능력을 세계 수준으로 끌어올리기 위해 만들어진 형벌적인 규율을 쉴 틈 없이 행해야 했다. 실제로 이것은 개인성의 상실과 내·외부 양 측면에서 감시라는 시스템(코치, 에이전트, 라이벌, 미디어의 관찰자 등)에 대한 신체의 복종으로 이어졌다.

　　　이상 우리는 근대 신체운동 문화가 이전 시대 관찰된 것과는 아주 대조적인 형태임을 알 수 있다. 이는 개인화되고 고도로 집중되어 있으며, 매우 엄격하면서도 수단적 특성을 가진다.

스포츠 신체의 인종화 : 진행되는 변화

　　　스포츠 능력은 각 국가의 특별한 아이덴티티의 천재성을 나타내 주는 것이어야 함에도 불구하고 신문이나 TV를 보면 예전에는 몰라도 현대의 '국민' 스포츠는 다른 국가들로부터 수입한 '외국의' 스포츠 신체에 의존하고 있다. 선수들, 매니저 등 국가적 차별성은 사라지고 있다. 그러나 한편으로는 국민 스포츠는 또한 극도로 젠더화된 활동이었으며, 최근까지는 주로 백인 이성애자를 보호하는 활동이었다. 무엇이 스포츠 신체의 젠더, 인종, 성적 특성으로 '적합'한가와 관련하여 (내셔널 특성을 반영하여) 지속되어 온 불균형과 고정관념은 커다란 토픽이었다. 이곳에서 우리는 내셔널·글로벌 스포츠의 이러한 문제들 중 인종화된 특성을 중심으로 간략하게 살펴보기로 한다.

　　　인종차별주의는 스포츠뿐만 아니라 다른 활동, 신체운동을 통해서 나타난다. 1960년대 이전의 미국 최남부나 20세기 대부분 기간 동안의 남아프리카 공화국과 같이 고도로 분리된 사회의 경우에는, 흑인들은 백인과 다른 특성(많은 사람이 이를 부정하지만)을 가지고 있기 때문에 '백인'으로 묘사되는 모든 것으로부터 분리되어 생활해야 한다는, 즉 스포츠에 있어서도 사실상 배제되어야 한다는 요구로 인해 인종화된 사회질서(racialized social order)가 시행되었다. 남아프리카공화국에 있어서 스포츠상 인종분리는 매우 엄격한 것이어서 백인이 참가하는 스포츠 경기에는 참가할 수 없었다 (Nauright 1996 : 45). 서인도의 경우 1960년대까지 국제 경기에서는 흑인 선수가 팀의 주장이 될 수 없었는데, 이는 엄격히 법으로 금지되었기보다는 사회관습적인 것이었다. 뉴질랜드의 경우 마오리족은 지방 및 국가대표 럭비팀에서 뛸 수 있었다(Nauright

1997 : 45).

물론 인종화된 스포츠에 대한 중요한 예외들이 20세기에 들어서는 점점 늘어나 흔한 것이 되었다. 전 스포츠 종목에 걸쳐 훌륭한 흑인 선수들이 증가했는데, 그 대표적 예가 아프리카계 미국인 제시 오웬(Jesse Owen)이다. 1936년 베를린 올림픽 트랙에서 보인 그의 훌륭한 퍼포먼스는 나치 정부가 주장하던 백인의 인종적 우월성이라는 터무니없는 이론의 기반을 흔들었다. 눈앞에서 벌어진 이러한 업적으로 인해 나치는 독일 권투선수인 막스 슈멜링(Marx Schmeling Box 15.1 참조)을 떠받들어 그 영향력을 줄이려고 했다. 물론 오늘날은 카리브 해 지역뿐만 아니라 서아프리카, 북아프리카, 브라질, 남아메리카 국가들 출신의 축구선수들이 많은 유럽 도시 팀에서 활약하고 있으며, 이러한 외국 선수들에 대한 의존현상은 점점 커지고 있다. 랑프랑시(Lanfranci 1994 : 66)에 의하면, 1931년과 1960년 사이 프랑스의 경우 도시 클럽의 약 63%의 프로팀 선수들은 프랑스 출신이 아니었으며, 약 3분의 1 정도가 남아프리카 및 서아프리카 등 전 프랑스 식민지 출신이었다. 흑인 미국인들은 이제 농구에서 지배적인 위치를 점하고 있으며, 올림픽 육상경기를 비롯한 다른 스포츠도 마찬가지이다. 테니스와 크리켓에 있어서도 많은 아시아, 아프리카 출신의 세계수준 선수가 늘어나고 있다.

이러한 반가운 변화가 나타나고 있음에도 불구하고 스포츠가 여전히 인종화되어 있는 경우는 많다. 이러한 현상은 각 국가 안에서 관중들이 상대방 혹은 자신의 팀에 속해 있는 흑인종의 크리켓, 축구선수들을 상대로 퍼붓는 인종차별적 발언만이 아니라, '타고난' 능력(Miller et al. 2001 : 87)으로 뛰어난 성적을 내는 흑인 스포츠맨, 스포츠우먼을 만들어낸다고 설명하는 경향에서도 나타난다. 이들은 힘든 훈련과 노력, 규율이 아니라 선천적으로 물려받은 생물학적 차이가 선수들의 스포츠 성공의 원천이라는 그들의 전제를 숨기려 하지 않는다. 이와 비슷하게 밀러 등(Miller et al. 2001)은 세계 스포츠 대회에서 자신의 국가를 대표하는 사람들에게 가해지는 압력, 즉 조심스럽게 구축된 '국가라는 통일된 개념'(Miller et al. 2001 : 87)을 해쳐서는 안 된다는 압력으로 인해 국내의 불균형은 관중을 위해 가려지고 있다는 것을 지적했다. 1968년 멕시코시티 올림픽에서 두 개의 메달을 딴 아프리카계 미국인 선수들은 이러한 기대에서 벗어난 행동을 했다. 흑인 권력운동을 지지했던 그들은 미국기로부터 눈을 돌려 주먹을 들었다. 이러한 그들의 행동은 TV와 신문의 사진을 통해 전 세계에 보도되었는데, 이것은 미국에게 있어서 그다지 반가운 일이 아니었다(Miller et al. 2001 : 69). 흑인의 스포츠 신체가 미국의 국가 통일성 신화에 저항한 것이다. 분명 신체는 억압과 저항이라는 두 가지 측면을 가진다.

글로벌화, 미국화 혹은 동일화

스포츠 연구에 있어서 중요한 문제 중 하나는 이러한 근대 스포츠 문화의 보급—스포티제이션—이 '진정한' 글로벌화 현상으로 봐야 하는가, 아니면 또 하나의 미국 문화제국주의의 사례로 봐야 하는가이다. 글로벌화는 근대화와 연결되어 사회 간 유사성이 증가하는 것을 의미하지만(동시에 다양성, 복합성, 차이의 증가도 나타난다) 미국화 현상을 증가시킨다. 이 문제를 합리적으로 살펴보기 위해 이 주장을 다음과 같이 3개의 문제로 나누어 보도록 하자. 미국 스포츠와 스포츠 문화는 다른 국가들에게 얼마나 큰 영향력을 가지는가? 증가하고 있는 스포츠의 상품화가 관광객의 경험을 어떻게 변화시켰으며, 이러한 압력은 어디서 시작되었는가? 현대 글로벌 스포츠에 있어서 매스미디어, 특히 텔레비전의 영향력은 무엇인가? 우리가 보아왔듯이 이는 글로벌 스포츠의 미국화처럼 보이기도 하고 그렇지도 않은 것처럼 보이기도 한다.

미국 스포츠의 지배 : 평가

미국 스포츠는 널리 퍼졌으며 많은 국가들은 이를 받아들였다. 1930년대에 단순히 미국의 국민 스포츠였던 야구의 경우 19세기 미국 기업들에 의해 중앙아메리카에서 남아메리카 국가들로 전파되었고(Miller et al. 2001), 1870년대에는 미국 선교사들을 통해 일본에 전파되었다. 농구 역시 마찬가지이다. 와그너(Wagner 1990 : 401)가 '전형적인 미국 스포츠'로 묘사한 이 스포츠는 1890년과 1910년 사이에 급속도로 퍼졌고, 현재 대부분의 국가에서 수영, 육상, 축구, 또 다른 미국 스포츠인 배구와 함께 가장 인기 있는 스포츠 5위 안에 들어가게 되었다. 우리는 이미 미국 정치 엘리트들이 미국 스포츠와 그 문화를 다른 국가의 근대화 과정을 건설하기 위한 주요 기구로 생각해 왔다는 것을 살펴보았다.

더욱이 최근에는 내셔널 풋볼 리그(National Football League : NFL)나 내셔널 바스켓볼 어소시에이션(National Baseball Association : NBA)과 같이 미국의 스포츠 이익을 전 세계적으로 통용시키려는 경우도 나타나고 있다. 예를 들어 1980년대 초반부터 NFL은 아메리칸 풋볼을 영국에서 선전하기 시작했다. 그 전에 이 게임은 "영국 문화풍경에서는 실제적으로 알려지지 않았다"(Maguire 1999 : 158). 이러한 과정에 대해서는 Box 15.2에서 좀 더 자세하게 살펴보기로 한다. 영국의 아메리칸 풋볼 프로모터는 TV 홍보에 있어서 "영국식 '저널리즘' 스타일이 아니라 '엔터테인먼트'를 강조한" 미국 스타일 역시 도입하기로 결정했다(Maguire 1999 : 159). 이는 또한 CBS나 NBC와 같은 미국 TV 네트워크가 사용한 코멘트 및 방송을 설치하게 되었다. 미국 스포츠뿐만 아니라 미국 문화의 스포츠 방식과 스타일이 다른 국가들을 침공하고 있는 것이다.

또 다른 좋은 예로는 아이스하키가 있다. 이 게임은 캐나다, 미국, 러시아, 스칸디나비아, 여러 유럽국가들, 아시아 등지에서 널리 행해지고 있다. 1990년대 중반 이후 우수한 캐나다 선수들이 여러 국가들, 특히 미국과 영국을 중심으로 이주했는데 이제는 스웨덴, 독일, 러시아 같은 국가로 이주하는 선수들 역시 늘어나고 있다(Maguire 1999 : 107-11). 그러나 캐나다의 경우 우수한 아이스하키팀 전체가 통째로 미국에 팔리는 경향이 있다. 이는 캐나다의 지방 및 연방정부가 더 이상 이러한 구단을 보유하는 산업이 요구하는 보조금을 제공할 수 없기 때문이었다. 미국의 경우 선수나 기업가에게 주는 재정적 보수는 상당하다(Harvey et al. 1996 : 269-70). 결국 1995년 위니페크 제츠팀의 소유주는 자신들의 구단을 아리조나의 컨소시엄에 매각했고 퀘벡 노르디크는 콜로라도로 옮겼다.

Box 15.2

아메리칸 풋볼의 영국 스포츠 침공

1982년 이전 영국에 있어 아메리칸 풋볼은 미국 공군기지를 제외하면 거의 알려지지 않았으며 행해지지도 않았다. 그러나 1982년 채널 4, NFL, 버드와이저 맥주회사인 앤하이저부시(Anheuser-Bush)사가 공동으로 이 경기를 육성하기 시작했다. 당시 채널 4가 중계하는 스포츠 경기는 아메리칸 풋볼과 농구뿐이었다. 1983년 처음으로 영국에서 슈퍼볼 게임이 생중계되었다. 동년 NFL과 슈퍼볼 관람 수치는 470만이었다. 미국에 비하면 이 수치는 매우 작은 것이었지만 프로모터는 여러 가지 방법으로 영국에서의 인기를 높였다.

- 잡지들이 아메리칸 풋볼을 홍보했다. 예를 들어 영국 신문인 데일리 《텔레그래프》 (Daily Telegraph)는 주간잡지를 발행하기 시작했는데, 1988년 전성기를 맞이했던 이 잡지의 독자는 10만 명이었다. 이러한 전문지의 독자는 주로 중산층의 10대 소년들로 그들 대부분이 실제 경기에는 참석하지 못했다. 이는 미국의 경우도 마찬가지였다.
- 앤하이저부시사는 영국에서 아메리칸 풋볼 게임의 TV 방영 비용의 일부를 지불했

고, 유명한 미국 풋볼 선수를 TV 선전에 기용했다. 1986년에는 늘어나는 영국 팀을 조직화하여 버드와이저 리그를 설립했는데 1987년에는 105개의 팀이 있었다.

■ 기업 스폰서 연합은 1986년 달라스 카우보이, 시카고 베어의 선두 슈퍼볼 팀을 초청해 런던 경기를 마련했다. 이 경기의 티켓은 8만 장 정도 팔렸다.

■ NFL은 미국 마케팅 경험을 영국 상황에 적용했다. NFL은 채널 4와 계약을 맺어 미국식 방법을 수입했다. 외양을 요구에 맞추고 롤러스케이트, 열쇠고리, 초콜릿바, NFL의 모조 헬멧, 초콜릿, 풍선껌과 같이 주로 십대 소년들을 대상으로 하는 NFL의 판매를 조장했다. 1988년 조사에 의하면 10-15세 소년을 가진 영국 가정의 50%가 경기를 좋아하고 대부분이 NFL 로고가 있는 상품의 질이 좋다고 생각한다고 대답했다.

이러한 프로모션 기술에도 불구하고 1993년의 경우 아메리칸 풋볼의 시청시간은 축구의 421시간에 비교하여 71시간에 지나지 않았다. 1996년 아메리칸 풋볼은 영국의 지상파 TV 스포츠 방송 전체의 2.4%를 차지했다.

출처 : Maguire(1999 : 158-70).

이러한 미국 지배현상은 반대 주장에 의해서 충분히 검증받을 필요가 있을 것이다.

1. 미국 스포츠는 전 세계적으로 퍼져 있지만 미국이 명백하게 '소유'하고 있지 않은 다른 많은 스포츠인 테니스, 수영, 축구, 크리켓, 육상경기, 권투도 마찬가지로 퍼져 있다. 게다가 미국의 대표적 스포츠인 아메리칸 풋볼과 야구는 미국 외에서는 널리 행해지지 않는다.

2. 미국 스포츠가 널리 받아들여지기 시작하면서 문화의 역흐름 역시 나타난다. 아시아의 다양한 무술은 이제 전 세계적으로 유행하고 있으며, 아프리카 일부 지방으로부터 검과 봉을 사용한 무술, 세계 여러 지역에서 행해졌던 투계는 이제 미국이나 중앙아메리카에서 행해진다(Wagner 1990 : 401). 원래 인도에서 시작된 폴로 또한 많은 국가에서 행해진다.

3. '근대 스포츠와 전통 스포츠, 많은 스포츠가 혼합'되고 있는 현상도 나타난다(Wagner 1990 : 400). 맥귀어(Maguire 1999)는 일부 국가들에 있어서 부족 게임이

부활하고 있으며, 게임은 계속해서 점점 다양해지고 있다는 점을 지적한다. 축구와 육상경기같이 널리 행해지는 스포츠는 이제는 '정말로 국제적'(Donnelly 1996 : 245)이며, 이러한 확산은 미국화 혹은 서구화라기보다 '국제화'(Wagner 1990 : 400)의 과정이라고 생각하는 것이 더욱 적합할 것이다.

4. 13장에서 보았듯이 사람들은 자신들의 언어와 국민적 유산에 따라 스포츠 이벤트를 포함한 미국 문화상품으로부터 발산되는 메시지를 거르고 해석한다. 따라서 "단순한 하나의 이데올로기(Maguire 1999 : 153)나 무비판적인 관중들의 일방적인 지배문화의 유입은 존재하지 않는다. 청중들은 다수의 형태와 의미를 메시지에 부여하는 것뿐이다"(Miller et al. 2001 : 85).

5. 국가 스포츠 조직은 때때로 미국화에 저항해 왔다. 이는 종종 캐나다 아이스하키팀(위 참조)의 경우와 같이 정부 보호나 재정 보조의 형태로 이루어졌다. 뉴질랜드의 경우 1980년대 후반 이후 내셔널 TV, 스포츠, 소비자 문화에 있어서 국제적 영향력이 커져왔다. 1980년대 후반 뉴질랜드는 자신의 국가 정체성을 재창조했는데, 이로 인해 미디어에 나타난 미국의 이미지와 '문화 주권'의 위협에 대해 청중들의 항의가 생겨났다(Andrews et al. 1996 : 439). 이는 1995년 내셔널 경기인 럭비에 대한 방영권을 둘러싸고 위성 TV의 무료 대 유료 논쟁으로 확산되었다. 이는 오크랜드 워리어 등 럭비팀의 경기 방송권을 루퍼트 머독의 스카이 TV가 인수하게 되면서 발생했는데, 스카이 TV는 가입자들에게만 방송을 서비스했기 때문이었다. 결국 이 논쟁은 지역 그룹들이 글로벌 미디어 세력이 그들의 국민 스포츠와 문화를 위협함과 동시에 뉴질랜드 럭비를 전 세계로 발신시킬 수 있다는 것을 인정하면서 해결되었다 (Andrews et al. 1996 : 437-8). 이는 또한 일부 사람들이 자신들의 스포츠 영웅도 마이클 조던과 같이 글로벌 스포츠 스타로 인정받아 큰 인기를 누릴 수 있다고 믿었기 때문이었을지도 모른다. (전 세계적인 명성을 떨치던 조던의 아이콘이 영국의 데이비드 베컴에 의해서 뒤집혔기 때문이다.)

6. 미국적 스포츠 관습이 채택된 곳에서는 토착화(indigenization) 혹은 글로컬리제이션(glocalization) 과정이 획일적으로 나타났다. 빌려온 것들은 지역상황에 흡수되어 국민문화를 재창조하는 데 사용되었다. 예를 들어 영국 럭비는 19세기 미국에 흡수되어 아메리칸 풋볼로서 재등장하게 되었다. 따라서 우리가 Box 15.2에서 살펴보았듯이 원래는 '영국의' 게임이었던 이 스포츠를 다시 영국으

로 소개하려는 움직임이 있어왔던 것이다. 그 결과는 그다지 성공적이지 못했지만 말이다(Maguire 1999 : 172). 앤듀루스 등(Andrews et al. 1996)은 또한 1990년대 구공산주의 국가인 폴란드의 청소년에게 미친 마이클 조단의 영향에 대해 검증했다. 조던 개인 자신도 엄청난 인기를 끌고 있었을 뿐만 아니라 그가 관여한 상품 전체, 나이키나 맥도널드와 같은 회사들이 선전하는 스포츠 상품이나 다른 미국 상품들 역시도 높은 인기를 가지고 있었다. 이러한 상품들과 '공들여 꾸민 NBA 농구 스타'(Andrew et al. 1996 : 444)가 폴란드 청소년들에게 높은 인기를 끌었던 이유는 그들이 단조로운 '동유럽의 생활, 탈개인적인 경제현실'과는 반대로 이러한 것들을 '개인적 자유'와 '오락의 영역'으로 생각했기 때문이다(Andrews et al. 1993 : 443, 441). 그러나 이러한 개인적 자유의 상징과 이상화된 미국은 또한 젊은이들이 포스트 커뮤니스트의 국가 정체성을 창조하는 데 도움을 주었다.

그림 15.2 타이거 우즈 2006년 3월 미국 플로리다 토너먼트
그는 자신을 카브리네이시안(Cablinasian, 코커스인, 흑인, 인디언, 아시안의 혼열)이라고 표현한다. 그의 인종적 모호성으로 인해 그의 국제적인 저명함은 더욱 더 높아지는 듯 보인다.

글로벌 스포츠와 미국 영향력의 상업화

적어도 1980년대 이후 '스포츠가 상품이 되는'(Miller et al. 2001 : 18) 과정을 '코포라티제이션'(corporatization)이라고 불러왔다. 미국의 마이클 조던을 글로벌 스타 아이콘으로 만들려 했던 그가 공식적으로 사용했던 여러 상품들과 광고들은 매우 훌륭한 예일 것이다. 코포라티제이션은 여러 가지 쟁점을 가지고 있는데, 맥케이와 밀러(McKay and Miller 1991 : 87)는 이를 오스트레일리아 스포츠와의 관계를 중심으로 살펴본 선구자들이다. 그들의 주장을 살펴보도록 하자.

- 스포츠를 둘러싼 아마추어 정신, 즉 '신사'는 돈을 위해서가 아니라 즐기기 위해 스포츠를 함으로써 모든 스포츠는 점차적으로 모든 풀타임 봉급 노동자들을 위해 재조직되기 시작했다. 따라서 주요한 스포츠 활동은 프로화되었다.
- 오랜 기간 동안 대부분의 비즈니스에 있어서 흔한 일이었던 특별한 기능 부서, 행정 디렉터, 홍보 등과 관련된 관리기술은 대부분의 스포츠팀들과 기구들도 도입하게 되었다.
- 아마추어, 세미 프로, 프로를 포함한 모든 스포츠는 코치, 운동기구, 팀 홍보 등으로 인해 기업으로부터의 다양한 스폰서십에 의존해야 했다. 이러한 과정에 있어서 중심이 된 것은 물론 운동분야, 팀의 유니폼, 미디어와 관련된 광고회사의 상품이었다. 대부분의 국가에서 신자유주의적 경제정책이 도입되면서 아마추어 및 프로에 대한 국가 보조금을 포함한 국가 지출이 줄어듦에 따라 비즈니스로부터 나온 자금에 의존하는 현상은 더욱 가속화되었다.
- 스포츠 선수 개인은 특정 기업 제품과 사용 계약을 맺거나 미디어에 유명인사처럼 등장하게 되면서 점점 더 큰 돈을 벌게 되었다. 물론 이러한 대중문화의 '유명인사 만들기'가 스포츠 스타에게만 한정된 것은 아니지만 말이다. 상금이나 이벤트에 출석하는 것도 큰 돈벌이가 되었다. 결과적으로 많은 에너지와 시간이 로고, 스포츠 의류, 미디어 접근, 스폰서에 대한 로열티를 지키기 위해 쓰이게 되었다. 또한 잡지와 신문은 스포츠 뉴스를 지금까지 한 번도 다루지 않았던 부문, 예를 들어 비즈니스나 마케팅 부문에서 다루기 시작했다.

스포츠의 상품화에 관련하여 위와 같은 목록 외에도 몇 가지를 덧붙이기로 한다.

- 많은 스포츠 조직과 팀은 자신의 비즈니스 프로모션 활동에 투자했다. 제조회사와 협의하여 팀의 모조 키트, 깃발, 문학, 비디오, 다른 여러 지역 상품을 만들거나 일부 구단의 경우 다른 주주들과는 별개로 독립적인 회사를 설립하게도 한다.
- 경기 방송권을 공사나 민영 미디어 기업에 매각하는 것은 매우 흔한 일이 되었고 또 주요 수입원이 되었다. 이에 대해서는 나중에 좀 더 자세하게 논의하기

로 한다.

■ 스포츠 이주와 관련하여 커다란 '비즈니스'가 만들어지게 되었다. 이것은 이제 사실상 모든 스포츠 및 국가의 문제가 되었다. 아프리카의 젊은 선수들을 선발하는 미국 대학, 이탈리아나 프랑스 클럽으로 가는 남부 아메리카 풋볼 선수, 캐나다 하키 선수들이 대표적 예이다. 캐나다의 경우 1994년에서 1995년의 한 시즌 동안 433명의 일류 선수들이 독일, 영국, 일본 등지로 이주했다 (Maguire 1999 : 107).

■ 거대하게 형성된 노동의 국제적 분업화 또한 스포츠 상품 산업에 이바지하게 되었다. 이로 인해 전 세계적 조직을 가진 회사들은 즉시 커다란 이익을 얻게 되었는데, 그동안 회사 상품은 스포츠 경기를 선전하고 스포츠 경기에 이목을 집중시켰다. 이러한 산업은 수많은 글로벌 상품 체인을 통해 조직화되었다(4장 참조). 이로 인해 가내 노동자, 소규모 하청업자, 중소기업은 월마트와 같이 세계 곳곳에 퍼져 있는 대기업, 서구사회에 기반을 둔 거대 디자인 마케팅 회사와 연결된다. 1990년대 초반 스포츠 상품 산업은 미국 내에서 200억 달러를 벌어들였다. '완전 미국 이미지'였음에도 불구하고 이러한 상품의 많은 부분(주요 야구 리그 선수가 사용하는 스포츠화의 90%를 포함하여)이 점점 카리브 해와 중앙 아메리카, 아시아에서 제조된다(Sage 1994 : 39).

미국화의 테마로 다시 돌아가자면 미국은 1920년대 이후, 특히 1945년 이후 세계 정세를 형성하는 데 점점 더 큰 영향력을 발휘했다. 이와 같이 미국 비즈니스 문화의 독특한 스타일은 스포츠를 포함한 글로벌 경제를 지배했다. 이는 서로 연관된 3가지 결과를 낳게 되었다. 스포츠는 고도로 개인화되고 경쟁적인 '사업'이 되었다. 우승을 한 극소수의 스타들만이 주목을 받는다. 대부분의 스포츠 영역에 있어서 게임 자체에 목적을 두고 이를 존중하는 아마추어 정신이 기존 영국의 운동경기를 대표했었는데 이는 점점 불명확하게 되었다. 승리만이 전부가 된 것이다. 둘째로 모든 스포츠의 측면들이 여러 방법을 통해 최대 이윤을 만들기 위한 목적으로 체계적으로 조직되었다. 윌콕스(Wilcox 1994 : 74)에 의하면 미국 스포츠는 언제나 어느 정도 오락이었을 뿐만 아니라 '거대한 비즈니스'였다. 그러므로 미국은 "세계 다른 곳에서 발견되는 평등주의적인, '모두를 위한 스포츠' 프로그램"과 같은 것은 조직할 수 없다. 따라서 "스포츠의 미국 스타일은 기업적 스포츠의 국제 벤치마킹의 대상이 되었다"(Donnelly 1996 :

246). 이는 코포라티제이션의 방향으로 자본주의를 이끌었다.

스포츠의 상업적·경쟁적 특성은 대부분의 커다란 대회가 시끄러운 볼거리가 되는 것을 의미한다(Maguire 1999 : 149-50). 화려한 '쇼비즈니스' 코멘테이터와 관중들이 '슈퍼스타 선수의 기록을 잡기'를 요구하기 때문이다(Donnelly 1996 : 246). 이에 따라 스포츠는 영화, TV, 음악 등 다른 레저 활동보다 훨씬 더 미국화(아메리카나이즈)되었을 가능성도 있다(Donnelly 1996 : 246).

글로벌 스포츠의 텔레비쥬얼리제이션과 그 영향

밀러 등(Miller et al. 2001 : 4)은 '텔레비쥬얼리제이션'(televisualization)이라는 단어를 글로벌 스포츠를 묘사하기 위해 사용했다. 저자들은 TV가 제2차 세계대전 이후 발전에 있어서 '주요한 모터'(Miller et al. 2001 ; 68)로 작용해 왔다고 보았기 때문이다. 이는 두 가지 점에서 매우 적절한 것으로 보인다. 첫째, 전 세계적으로 빠른 속도로 보급된 TV는 TV 프로그램과 선정되는 상품 양측을 위한 거대한 잠재적 관중을 만들어냈다. 그러나 그 평가는 사람들마다 매우 다르다. 한 연구자(Barker 1999)에 의하면 1995년 160개 국가에서 사람들은 8억 5,000만 개의 TV세트를 보유했고, 이를 25억 명의 사람들이 보고 있었다. 둘째로, 디지털화와 위성 TV 등 전자 커뮤니케이션 매스미디어의 끊임없는 기술혁명으로 인해 스포츠 생방송은 장소와 공간의 제약으로부터 자유로워졌다. 동시에 스카이 TV와 같은 상업 네트워크가 확대되면서 녹화방송이든 생방송이든 범위가 넓어진 스포츠 방송 상품이 모든 가정에 제공되었다. 이에 따라 스포츠는 "기업에 의해 화려한 쇼가 되고 청중을 스폰서에게 배달하도록 고용되어 미디어에 의해 형성되기" 시작했다(Miller et al. 2001 : 24). 이와 비슷하게 맥귀어(Magurie 1999)는 어마어마한 힘을 가진 '글로벌 미디어 스포츠 콤플렉스'가 나타나기 시작한 것을 지적한다. 이는 다른 어떤 요소보다 경기를 거대한 미디어 이벤트로 변질시킨다. 누가 혹은 무엇이 이러한 글로벌 미디어 콤플렉스의 배후를 조정하고 있는가? 그리고 이러한 글로벌 미디어 콤플렉스는 스포츠를 어떻게 형성하고 있을까?

대부분의 스포츠에서 티켓 판매 수입은 꾸준하게 줄어들고 있으며, 정부 보조금이나 지역의 민간 지원자로부터 오는 수입도 마찬가지이다. 살아남기 위해 스포츠는 다른 수입원을 찾았고, 이것은 부분적으로 자신들을 기업 스폰서에 의존하는 세계로 몰아가는 원인이 되었다. 맥귀어(Maguire 1999 : 149-51)에 의하면 현대 스포츠 경제학은 두 가지의 강한 원동력을 지닌다. 청중을 둘러싼 다른 스포츠와의 경쟁—미국의

NFL과 NBA의 경우 다른 어떤 스포츠보다 훨씬 더 큰 이익이 관련된다—으로 인해 인기가 없는 쪽은 '패권적' 스포츠가 성공적으로 추구하는 '현란함과 놀라움'를 따라 하도록 강요받는다. 둘째로, 위성 TV가 가져온 청중의 증가로 인해 스포츠 조직들은 흔들리고 있는 티켓 판매를 메울 상업적 보상을 얻을 수 있는, 그리고 다양한 미디어 회사에 자신들의 경기 방송권을 판매함으로써 자신들의 스포츠 종목의 인기를 증가시킬 수 있는 거대한 기회를 제공받게 되었다. 게다가 스포츠 조직들에게는 자신들의 생명을 연장시키기 위한 선택지가 그리 많지 않았다.

결과적으로 미디어 노출이 많을수록 수입과 안전보장은 점점 더 늘어났지만 동시에 스포츠는 더욱 더 전문화되어 다른 팀으로부터 스타를 영입할 능력뿐만 아니라, 풀타임 노동을 제공할 연기자를 고용할 능력은 스포츠의 표준과 볼거리를 제공하는 특성으로 인해 더욱 더 중요하게 되었다(Miller et al. 2001 : 68). 관중과 시청자를 모을 팀의 능력이 커지면서 이로 인해 미디어 기업으로부터는 더 많은 이윤을 얻을 수 있었고, 광고수입과 스폰서로부터도 더더욱 큰 수입을 얻게 되었다. 이에 따라 스포츠 조직과 팀은 차근차근 미디어 노출에 더더욱 의존하게 되는 사이클에 빠지게 되었다. 이러한 과정 안에서 미디어 기업은 '스포츠 조직이 그들의 스포츠를 방송하고 취재하며 다루는 방식 및 특성에 영향을 미치지 못할 때'까지 계속해서 그 지배를 강화하고 있다(Maguire 1999 : 150).

미국화에 대한 원래의 물음으로 돌아가서 미국 비즈니스가 1920년대 이후 글로벌 미디어 콤플렉스 전체를 건설하는 데 앞장서는 동안 오늘날의 글로벌 스포츠를 형성한 미디어 회사의 능력은 미국화의 증거가 되었다. 청중들은 수동적이지 않았지만 궁극적으로 대중적인 것을 선택했다(Wagner 1990). 어느 정도의 미국화는 부정할 수 없지만 "수령인이 이를 이해하는 편에 설지 반대하는 편에 설지 두 가지 과정이 존재한다"(Donnelly 1996 : 248). IOC와 IAAF, NBA와 같은 스포츠 기구와 단체는 어느 정도의 자율성을 행사하고 구성원들의 이익을 반영하려 한다. 상업단체들은 기술을 만들어내지만 우선 기술이 가능해지면 이러한 단체들은 자신들만의 속도로 기술을 사용한다. EU와 같은 일부 국가와 지역의 경우 정부는 미디어에 대한 공적 영향력을 주장하려 한다. 모든 미디어 회사를 미국 자본이 가지고 있는 것은 아니다. 14장에서 본 것과 마찬가지로 유럽, 일본, 아시아의 여러 상업단체 역시 이에 관련하고 있다. 루퍼트 머독과 같은 미디어 사업가 개인들은 특정 '국가'의 자본단체에 속해 있다고 보기는 어렵다. 게다가 미디어나 다른 기업들은 점점 더 그들 자신들을 먹여살릴 다양한 '소유권' 형태에 관여하게 되었다.

그러므로 미디어 스포츠 콤플렉스로부터 발생하여 미디어 기업에 의해 주장되는 논리를 통해, 혹은 다른 초국적 기업이 행하는 후원권력을 통해 세계 스포츠의 성격을 결정짓는 데 영향력을 확대하고 있는 것은 다름 아닌 글로벌 자본주의 그 자체(한편으로는 글로벌 청중을 따르고 한편으로는 리드하면서)이다.

정리

미디어 기업을 포함한 거대 기업들 사이에서 벌어지는 주도권 다툼으로 인해 스포츠는 이윤을 다투는 거대한 아레나가 되었고, 다양한 국가 및 국제 스포츠 조직들은 그들의 경기를 위해 더 큰 지원을 받으려 고군분투하게 되었다. 이로 인해 보통 스포츠에 열광하던 대중들과 선수들은 작은 자원을 가지고 대회에 영향력을 미치기 위해 노력하다 갈 곳을 잃어버리게 되었다. 게다가 이러한 싸움으로 인해 스포츠에 있어서 '인종, 젠더 시스템의 불균형'은 더욱 더 강화되었다(Maguire 1994 : 154). 예를 들어 볼거리를 찾는 미디어 보도가 사적인 관계나 패션 취향과 같이 스포츠와는 관련 없는 이슈에 집중함으로써 여자 스포츠 선수들의 업적은 하찮게 보일 수 있다. 물론 여성 스포츠 그룹은 이에 반대하여 싸우고 있지만 말이다(Harvey et al.1996 : 268 참조). 결과적으로 스포츠의 모더니제이션과 글로벌리제이션으로 인해 스포츠 애호가들에게 불이익이 발생하게 되었다. 여기에는 다음의 것들이 포함된다.

- 스포츠의 비국가화(denationalization)와 비지방화(delocalization)로 인해 많은 서포터들은 자신들의 팀과 근거지를 잃은 듯한 느낌을 받게 되었다.
- 구단수준이 떨어지고 인기 팀과 비인기 팀과의 불균형이 커지게 되어 비인기 팀은 자신들의 톱플레이어들을 잃고, 경기 티켓은 팔리지 않으며, 미디어의 주목도 받지 못하게 되었다.
- 풋볼과 같은 일부 스포츠가 부르주아화되었다. 티켓 가격이 올라가고 중산층과 가족, 전 세계 TV 시청자를 위해 경기문화를 건전화할 필요가 늘어나면서 기존의 노동계급 남성들의 지원은 줄어들었다.
- 자신들의 국가나 출신 도시에 대한 충성심을 보일 필요가 없어진 국적 없는 팀, 구단, 선수들이 국제적 슈퍼스타로 등장했다.
- 패권적 남성 스포츠 신체가 더 강화될 가능성이 나타났다.

■ 돈과 자원은 인기가 많고 가장 높은 수익이 나는 볼거리가 많은 스포츠로 흘러
들어가면서 스포츠 이익의 범위가 줄어들었다.

그러나 다른 한편으로 근대 스포츠 글로벌리제이션의 이점도 있다. 이는 다문화
세계의 창조에 도움이 된다. 이곳에서는 지역 스포츠의 특성과 글로벌 스포츠의 특성
이 맞물려—예를 들어 스포츠 이민과 인종적 디아스포라의 강화를 통해—다양한 문
화적 이익과 경험이 통합되고 전 세계 국가들을 더욱 거대한 상호 의존관계 안으로
(바라건대) 짜넣게 되는 것이다. 상업권력과 경쟁으로 인해 더 큰 자원이 창출되고 일반
적으로 스포츠 퍼포먼스의 수준은 올라가 결국 좀 더 큰 즐거움을 제공할 수 있다. 글
로벌라이제이션의 강한 경향에도 불구하고 일부 국가의 경우는 여전히 스포츠로 인
해 애국주의적 감정이 강화된다. 그리고 경우에 따라서는 국민 스포츠 조직들이 글로
벌화되고 있는 미디어를 자신들의 지역/국민 스포츠 정체성 및 전통을 글로벌 영역으
로 분사하는 효과적인 운반장치로서 사용한다. 마지막으로, 올림픽 게임과 같은 거대
스포츠 대회에 참가하는 많은 세계 청중들은 글로벌리티, 즉 세계가 단일적이며 다른
사람들과 공유하는 장소라는 인식을 만드는 데 공헌하고 있다는 일체감을 경험할 수
도 있다.

더 읽어볼 책

■ 맥귀어(J. Maguire)의 『글로벌 스포츠 : 정체성, 사회, 문명화』(*Global Sport : Identities, Socie-
ties, Civilizations*, 1999)는 글로벌리제이션과 스포츠에 관련된 주요 테마들을 알기 쉽
고 명확하게 살펴보고 있다.

■ 핀과 귈리아노티(G. P. T Finn and R. Giulianotti)가 편집한 『풋볼 문화 : 지방 대회, 글
로벌 비전』(*Football Culture : Local Contests, Global Visions*, 2000)은 훌륭한 장을 포함하
고 있으며, 넓은 범위의 국가를 포괄하고 있다.

■ 배일과 상(J. Bale and J. Sang)의 책 『케냐의 육상 : 이동문화, 지리, 글로벌 변화』(*Ken-
yan Running : Movement Culutre, Geography and Global Change*, 1996)는 매우 흥미로운 책
이다. 아프리카라는 문맥에서 근대 성취문화의 증가에 관련된 모든 측면을 세부까지
생생하게 표현하고 있다.

■ 맹건(J. A. Mangan)이 편집한 책 『부족 정체성 : 내셔널리즘, 유럽과 스포츠』(*Tribal
Identities : Nationalism, Europe and Sport*, 1996)는 매우 활기차며 재미 있다. 국가 정체성

과 패트리어트 게임과 관련한 스포츠의 여러 측면을 검토하고 있다.

■ J. 서젠(J. Sugden)의 『복싱과 사회 : 국제 분석』(*Boxing and Society : An International Analysis*, 1996)은 아일랜드 북부, 미국, 쿠바의 사례를 가지고 권투의 역사와 비교사회학을 읽기 쉽게 설명한다. 선택한 영역에 있어서 민족지학의 위험성에 대한 그의 설명은 유쾌하며 좋은 교훈을 제공한다.

그룹 과제

1. 몇몇 학생들이 타블로이드나 신문을 선별하여 특정 기간 동안 살펴본다. 각자 이하와 같은 예를 적어볼 것 : (a) 이주한 스포츠 선수들이 해당 스포츠에서 어떠한 역할을 하고 있는지, 스포츠 분야 및 그 외 분야에 있어서 그들의 퍼포먼스와 행동, (b) 국민 스포츠에 있어서의 업적이 국가의 성공 혹은 실패를 나타내는 척도가 되는 방법. 국민 스포츠를 즐기고 평가하는 데 있어서 이러한 언급에 대한 국제적 프레임은 얼마나 중요한가?

2. 가족이나 친구들의 개인적 경험을 들어 이러한 스포츠의 변화에 의해 로컬의 아이덴티티와 유대가 강화되고 있는지, 바뀌고 있는지 혹은 붕괴되고 있는지 논의해 볼 것.

3. 스포츠에 있어서 '코포라티제이션'의 개념에 대해서 생각해 보자. 이와 관련된 것은 무엇이며 그 이유는 무엇인가? 그 결과는 로컬 스포츠, 국민 스포츠, 글로벌 스포츠에 관련된 우리의 경험에 있어서 긍정적인가 부정적인가?

생각해 볼 문제

1. 많은 스포츠가 글로벌화되고 있는 주요 원인은 무엇인가?

2. 스포츠 신체운동 문화가 근대화로 인해 어떻게 변화했는지 목록을 작성해 보자. 그 다음 다른 사회적 경험영역(직장 혹은 휴가지에서, 그리고 이웃 사이 혹은 공공장소에서의 공중 처신과 같은)의 경우 어떤 일들이 왜 벌어지게 되었는지 생각해 보자.

3. 패트리어트 게임의 영향력이 점진적으로 줄어드는 이유는 무엇이며 그 범위는 어느 정도인가?

4. 매스미디어는 스포츠를 어떻게 바꾸어 놓는가?

유용한 웹사이트

■ www.le.ac.uk/sociology/css 레스터 대학(University of Leicester)의 스포츠 사회학 센터(Centre for the Sociology of Sports)는 주로 축구에 관련하여 다운 가능한 좋은 '자료표'를 제공한다.

■ www.uwm.edu/~aycock/nasss/nasss.html 북아메리카 스포츠 사회학회(North

American Society for the Sociology of Sport)의 홈페이지. 주로 사회학자를 위한 것이지만 '다른 스포츠 사회학 웹사이트 링크'를 비롯해 학생들을 위한 내용도 있다.

■ http://u2.u-strasbg.fr/issa 국제 스포츠 사회학학회 사이트(2004년에는 스트라스버그 대학에서 개최되었다). 이곳 역시 사회학자들을 위한 곳이나 '링크' 버튼은 다른 여러 유용한 장소로 이끌어 줄 것이다.

■ www.fifa.com 세계 축구관리기구 사이트. 뉴스 스토리나 훌륭한 이미지가 넘친다. 물론 이렇게 제공되는 정보를 해석하기 위해서는 사회학적 상상력을 갈고 닦을 필요가 있다.

CHAPTER 16

글로벌 종교
Global Religion

SOCIOLOGY

종교적 현상을 신념이나 행동과 같이 비슷한 형태의 다른 현상과 엄격하게 구분하는 것은 매우 어려운 일인 경우가 많다. 의식, 공공 예식, 미신, 마술(그리고 그 하위 카테고리의 '흑마술'과 마법), 신화 모두가 종교와 긴밀하게 연결되어 있다. 사회학자들에게 있어서 주요 이슈는 종교가 '진짜'인지 '거짓'인지가 아니다. 그것이 왜 모든 사회에서 공통적으로 나타나는지, 종교에는 어떠한 의미가 부여되어 있는지, 종교가 어떠한 사회기능을 제공하는지에 관심을 가지는 것이다. 사회학자들이 관심을 가지고 있는 다른 질문들은 다음과 같다.

- 어떤 특정 신념 혹은 종파가 신봉자를 얻거나 혹은 잃는가? 그리고 그 이유는 무엇인가?
- 세속적 세계 안에서 특정 종교 신념과 특정한 행위 형태는 어떻게 결합되어 있는가?
- 왜 많은 사람들은 여전히 예언에 실패한 예언자들과 종교적 유대를 유지하고 있는가?
- 이슬람은 일반적으로 '서구 문명화'에 있어서 위협이 되는가? 그리고 이슬람의 지하디스트(jihadist, 이슬람성전주의자)가 그들의 열렬한 신념을 표현하기 위해 테러리즘을 이용하는 이유는 무엇일까?

이번 장에서 우리는 이상과 같은 물음들에 대해 알아볼 것이다. 사회학자들이 종교 연구를 위해 어떤 공헌을 해왔는지, 현대 생활에 있어서 종교가 왜 이렇게 강력한 지위를 획득하게 되었는지, 종교가 어떻게 전 세계적으로 보급되었는지, 종교는 사회적 결속력에 위협을 가하는 수단인가 아니면 사회적 결속력을 다지는 수단인가? 우리는 또한 9장에서 시작한 테러리즘에 대한 일반적인 논의 역시 계속할 것인데, 이번 장에서는 폭력적 형태의 이슬람교의 부활에 집중하기로 한다.

초기 사회학자와 종교 : 콩트와 마르크스

역사적으로 볼 때 많은 사회학자들은 종교적 아이디어와 그 실행을 세속적·이성적 문화가 확립되면 사라질 계몽주의 이전 문화의 일부로 인식했기 때문에 이를 제대로 받아들이지 못했다. 1장에서 이미 설명했듯이 어귀스트 콩트는 인간의 사고는 역사적으로 3가지 단계를 거친다고 추론했다. 첫 번째 단계는 신학적 단계로, 원시 혹은 초기 사회에서 나타난다. 두 번째 단계는 중세사회의 형이상학적인 단계로, 마지막 실증주의적 단계는 근대 사회(콩트에게 있어서는 19세기)에 들어서 나타난다. 애니미즘(Animism)은 유일신 신앙으로 인도되고, 유일신 신앙은 다시 논리적 추정에 근거를 둔 과학적·이성적 사고로 인도된다. 이러한 사고방식에서 종교는 비이성적 우회로 혹은 시대에 뒤떨어진 세계관의 잔여물이 남아 있는 것과 같이 볼 수 있다.

이와 비슷하게 칼 마르크스에게 있어서 종교는 '거짓된 의식'과 '이데올로기'의 카테고리에 속하는 것이었다. 그는 독일 유물론 철학자인 루트비히 포이어바흐(Ludwig Feuerbach 1804-72)의 영향을 크게 받았다. 포이어바흐는 『기독교의 본질』(*The Essence of Christianity*, 1957)에서 신은 인류 내부 본성에 대한 외부적 보호라고 주장했다. 그의 주장에 의하면 신이 인류를 창조한 것이 아니라 인류가 신을 창조한 것이었다. 자본주의에 대한 광범위한 글과는 대조적으로 마르크스는 종교에 대해서는 글을 많이 쓰지 않았다. 그러나 그는 가난하고 소외된 사람들이 위안을 구해 종교를 찾는 것에 대해서는 충분히 인식하고 있었다. 1844년 그는 다음과 같이 쓰고 있다.

> 종교적 괴로움은 동시에 현실의 괴로움의 표현이며 현실의 괴로움에 대한 저항이다. 종교는 억압받는 창조물들의 한숨이자 비정한 세계의 마음, 영혼 없는 상황에서의 영혼과 같다. 이는 사람들의 아편인 것이다(Bocock and Thompson 1985 : 11에서 인용).

"종교는 사람들의 아편이다"라는 어구가 널리 인용됨에도 불구하고 마르크스의 코멘트를 간략하게 논해서는 안 된다. 그는 종교가 희열을 가져온다고 이야기한 것이 아니라 존재하는 고통을 조금 덜어준다고 말한 것이다(Aldridge 2000 : 62). 그러므로 이 인용의 앞부분을 통해 마르크스는 그의 종교관이라고 종종 이야기되는 관점보다는 종교적 교훈의 필요성에 대한 공감을 보여주고 있다.

콩트는 후기 작품에서 세속적 견해에서 후퇴해 지금으로 보면 '종교적 휴머니즘'을 지지하는 사회운동과 비슷한 것을 구축하려 했다. 그는 과학적 이해를 위해 자신의 '차가운' 탐색에 종교가 제공하는 '따뜻한' 사회 결집력을 용접시킬 필요가 있다고 생각했다. 이는 찰스 다윈(Charles Darwin)의 책 『종의 기원』(*On the Origin of Species*, 초판은 1859년)의 출판 이후 다른 생명과학 분야로 옮겨가 훨씬 광범위한 논쟁으로 바뀌게 되었다. 다윈의 연구는 인류가 어떻게 나타났는지를 설명하는 성서 창세기를 문자 그대로 진실이라고 믿는 사람들에게는 큰 타격을 가하는 내용이었다. 자연도태에 대한 그의 주장은 식물, 동물, 새, 곤충, 물고기의 생활에 근거를 두고 있었는데, 이러한 그의 연구는 국제 항해와 면밀한 생물학적 연구를 통해 다양한 관찰을 충분히 행한 결과였다. 관찰과 분석이 가진 힘은 성서를 문자 그대로 믿는 '원리주의자'나 '창조주의자'에게 감명을 주지 못했다. 종교와 과학 사이에서 벌어진 분노에 가득 찬 논쟁은 150년에 걸쳐 점점 줄어들었다. 과학자인 굴드(Gould, 1999)는 과학과 종교의 '겹쳐지지 않는 교학권' 사이에 대화, 아니 적어도 공존을 주장했는데, 그런 그조차도 다른 생물학자들에게는 맹공격을 받았다. 도킨(Dawkin 1991)과 같은 과학자는 양측이 기본적으로 양립 불가능하다고 주장했다. 사회학자들은 신학자들도 진화생물학자들도 아니다. 따라서 우리는 과학과 종교 사이의 대립점을 깨뜨릴 만한 것들은 제시할 수 없다. 그 대신 우리는 명시적으로 사회학적 문제에 집중하기로 한다.

종교 표현의 이해 : 의식, 토템, 터부

서론에서 우리는 종교가 모든 사회에서 나타나고 있다고 주장했다. 이는 두 가지 방법으로 증명된다. 첫째, 종교의 억압은 불가능한 것으로 밝혀졌다. 소련 공산당의 사례를 살펴보자. 1917년 러시아 혁명 이후 5년간 공산당은 28명의 러시아 정교회 추기경과 1,200명의 사제를 처형했다. 국가 이데올로기에 순응하여 교회는 폐쇄되고 학교에서 종교 수업도 없어졌으며, 국가 이데올로기로서 무신론이 채택되었다. 제2차 세계대전 당시 스탈린은 대나치전에서 민족의 애국심을 고양하는 데 교회에 도움을 청했음에도 불구하고 말이다. 국가 커뮤니즘이 끝났을 때(약 1989년) 정교회는 다시 출현하게 되었는데, 복음주의 및 여호와의 증인과 같은 다른 많은 선교사들 역시 러시아의 준비된 청중들과 기존 신자들과 만나게 되었다. 전투적 무신론자였던 피델 카스트로조차 무신론을 버리지는 않았지만 종교와 합의하려 했다. 그는 1998년 교황 요한 바오로 2세를 공산국가 쿠바에 초청하여 자신은 신을 믿는 사람들과 그렇지 않은 사람들 양쪽을 존경한다고 주장했다.

둘째로, 또 하나 종교가 가지고 있는 일반적 성격을 살펴보기 위해서는 종교 자체의 현상을 더 깊이 이해할 필요가 있다. '신앙'은 반드시 교회(모스크, 시너고그, 절, 예배당)나 교리와 융합될 필요는 없다. 전자는 단순히 종교가 표현되거나 조직되는 장소에 지나지 않는다. 자신들은 종교를 가지고 있으며 종교적이라고 주장하면서 어떠한 신앙집회에도 참석하지 않고 한 가지 신앙에만 충성하지 않는 사람들이 점점 증가하고 있다. 후자인 교리는 보통 100년이 넘는 시간 동안 신성한 문서에 대해 토론 후 학자나 종교사상가들이 발전시킨 생각체계 혹은 정교한 신학일 뿐이다. 예를 하나 들자면 유대교에서 가장 경외받는 성서는 토라(Torah)이다. 이 율법은 8만 자 정도로 구성되어 있는데(이 책의 절반도 되지 않는다), 이에 대한 해설서인 바빌로니아 탈무드는 2,000명의 랍비가 1,200년에 걸쳐 완성했는데 그 길이가 무려 250만 자에 달한다.

어디에나 존재하는 종교의 특성과 그 중요성을 이해한다면 우리는 우리 자신을 '교회'(우리가 비슷한 모든 종교적 건물/기구와 동의어로 사용하는)나 교리에 한정시켜서는 안 된다. 대신 선견지명을 가지고 있던 스코틀랜드 사회학자인 윌리엄 로버트슨 스미스(William Robertson Smith 1894)가 주장했던 것과 같이 종교는 보편적으로 나타나는 의식, 토템, 터부를 통해 이해해야 한다. 의식, 토템, 터부에 대한 앞으로의 논의를 통해 우리는 종교의 형식적인 표현이나 교리와는 관계없이 매일 사회에서 퇴적되고 있는 종교의 심층구조를 평가할 수 있게 될 것이다.

의식은 감사, 용서, 기념, 헌신에 관한 집단적 표현이 형성되는 순간을 의미한다. 신생아의 작명, 곧 성인이 될 청소년들, 결혼, 죽음, 장례식, 군사적 승리, 파종, 추수, 강우, 번개, 지신, 화산활동 등 이 모든 것들이 간단한 혹은 공들인 의식의 대상이다. 이러한 사건들은 공포, 감사, 즐거움과 관련되기 때문에 '종교적 행동을 특징짓는 존경과 경외'를 수반한다(Chinoy 1967 : 353). 물론 교회는 이러한 과정 안에서 그 교리와 실행에 따라 평가한다. 예를 들어 유럽 전역에 걸쳐 그리스도교회는 9월에 수확제를 기념한다. 수확을 축하하는 것은 명백하게 그리스도교 이전, 이도교적 의식이다. 이는 축제에 가는 사람들이 콘울프를 만드는 것에서도 분명하게 나타난다. 여러 곳에서 '짚인형'(corn dolly)를 만들어 정화하지만, 콘울프는 마지막 곡물다발에 갇혀 있는 늑대의 영혼으로 다음 계절이 오기 전까지 생명력으로 그곳에 갇혀 있어야 한다. 이러한 개념은 그리스도 교리에 있어서는 완벽히 이질적인 것이지만 그리스도교의 수확축제와 굳건히 융합되어 있다.

토템은 좀 더 논쟁적인 개념이다. 프랑스의 사회인류학자인 레비 스트로스(Lévi-Strauss, 1963)가 그 중요성에 대한 의문을 제기했는데, 그는 초기 인류학자들이 자신들이 관찰한 것을 충분히 이해하지 못했다고 생각했다. 의식과 마찬가지로 토템의 개념은 주로 멜라네시아와 폴리네시아 섬들, 오스트레일리아 어보리진, 인디언을 연구하는 초기 민족지학자들이 발전시킨 것이다. 이러한 학자들은 동물(가축 혹은 인류에게 위험한), 식물, 생선, 그리고 심지어 자연현상(암석, 빙하 물)조차 사람들이 고도로 경외하

그림 16.1 북부 몽고-러시아 경계의 타이가 숲, 오보(성스러운 건축물)에 보드카를 붓고 있는 몽고인 남자.
나뭇가지를 종교적 문장으로 덮는 이러한 헌주의식은 고대 그리스와 로마, 아프리카 및 그의 다이아스포라들에게 있어서도 역시 나타난다. 일반적으로 헌주는 선조들 혹은 다른 차원의 세계를 연결하는 방법이다.

는 대상이 되고 초자연적 특성을 부여받는 경우가 많다는 것을 설명했다. 토템의 대상이 되는 동물의 고기를 먹는 것은 금지되어 오직 준비된 예식 중에서만 먹을 수 있다. 이러한 토템의 '표시' 기능은 종종 집단을 한곳으로 집합시키는 사회성, 관습, 의식, 친족 간의 깊은 유대감으로 오해받는다. 레비 스트로스를 놀라게 했던 것은 토테미즘의 과장된 역할이었다. 상징이 종종 실체로 오인받는다는 그의 지적은 옳은 것이다. 이와 관련해서는 다음과 같이 설명할 수 있다. 자신들이 진짜로 회색곰이나 말벌, 호랑이, 황소, 얼룩이리, 팬더, 곰, 롱혼(뿔이 긴 소), 코요테라고 믿는 미국인은 거의 없다. 그러나 이러한 위협적인 동물들은 3분의 1이 넘는 미국 스포츠 팀에게 집단 정체성과 라이벌 팀에 대한 위협의 비유적 상징을 제공한다. 현대 사회에 있어서 토테미즘은 또한 부적, 주문, 표시라는 형태로 번창하고 있다. 아프리카계 미국인들이 미 남부로 수입하는 토끼발은 좋은 예가 될 것이다. 이는 미국에서 한 해 1,000만 개가 팔렸다. 웨일즈, 중국, 멕시코, 이집트 등지에서 토끼발은 행운, 재치, 악령 제령, 다산, 행운을 가져오는 것으로 여겨진다(Desai 2004). 요약하자면 토템은 지나치게 문자 그대로 해석될 수 있으므로 해석적 관점에서 볼 필요가 있다는 것이다(베버의 해석학적 사회학에 관해서는 1장을 참조).

터부는 폴리네시아로 항해했던 쿡 선장이 영국에 들여온 단어이다. 섬 주민들은 특정 물체나 행동을 '터부'(taboo) 시했는데, 이는 금지되어 있는 것, 접근할 수 없는 것, 경계 밖에 있어야 하는 것이었다. 이러한 개념은 여러 신앙의 음식 금기에서도 볼 수 있다. 돼지고기와 조개류는 유대교인들에게 금지되어 있다. 이슬람교도들은 돼지고기는 청결하지 않다는 관념을 공유하지만 거의 모든 형태의 술도 금지한다(그러나 아래를 참조할 것). 유대인과 마찬가지로 모르몬교도들은 조개류를 멀리하지만 이슬람교도들처럼 술을 거부한다. (여기에 차나 커피와 같이 흥분제가 들어간 것도 금지된다.) 이와 대조적으로 가톨릭교도들은 그리스도의 몸과 피로 상징되는 와인과 성찬용 빵을 먹는다. 유대인, 그리스도교도, 이슬람교 모두는 소고기를 먹지만 정통 힌두교도들은 소를 성스러운 것, 토템으로 생각하여 먹지 않는다. 신앙에 따라 그 차이는 있지만 일정하게 공유되고 있는 것으로 볼 때 터부는 거부행위, 자제를 위한 규율의 원인이 된다는 점에서 의미를 가진다. 만약 우리가 유대인들과 이슬람교도들이 돼지고기에 대해 금욕하는 것을 냉동기술이 없었기 때문에 상한 돼지고기를 먹음으로써 위험한 질병에 걸릴 수 있었던 당시 상황으로부터 이해하려고 한다면 우리는 슈퍼 합리성(super-rationality)이라고 하는 콩트가 논한 덫에 빠지는 것이다. 21세기 풍요로운 서구사회에서 사는 유대인들과 이슬람교도들은 다른 사람들이 아침으로 베이컨과 계란을 먹는 것을 볼 수 있다. 이것이 맛이 있고 그들의 콜레스테롤 수치에 문제가 없는 한 어떠한 피해도 주지 않는다는 것은 분명하다. 그러나 그들은 그들의 터부를 지키려고 한다. 이는 그들이 건강한 식단을 추구하기 때문이 아니라 터부가 영혼적·종교적 측면에서 중요하기 때문이다. 단순한 실용주의적 목적이 아닌 것이다.

의식, 토템, 터부의 세밀한 해석에 대해 어떠한 의구심을 품는가와는 상관없이 이들은 종교에 대한 애착과 확신의 저변에 깔려 있는 감정, 소위 구성요소를 이해하는 법을 알려준다. 이는 또한 종교의 거부에 대한 원인, 특히 프로이트의 주장을 설명하는 데도 사용된다. 프로이트는 윌리엄 로버트슨 스미스(William Robertson Smith)의 영향을 강하게 받았다. 그는 스미스의 세련된 산문을 읽는 것을 '곤돌라를 타고 미끄러지는' 것 같다고 표현했다. 또한 『토템과 터부』(Totem and Taboo, 1946, 초판은 1913년)에서는 스미스의 글을 광범위하게 인용했다. 프로이트가 주장했던 것은 터부가 깨졌을 때 개인 혹은 집단은 심리학적 불안으로 인해 그들 내부에서 내전을 벌이게 된다는 것이었다. 보복이 가라앉지 않으면 더욱 더 포괄적으로 터부의 위반이 이루어지는데, 이는 결국 어떠한 세속적 전망이 나타나기 전까지 이어진다. 우리는 앞으로 세속화의 증대를 설명하기 위해 좀 더 사회학적인 토론을 전개할 것이다.

글로벌 사상가 16

에밀 뒤르케임_ EMILE DURKHEIM (1858-1917)

에밀 뒤르케임은 사회학을 설립한 인물 중 하나이다. 그는 이하의 세 권으로 엄청난 명성을 얻게 되었다. 『사회의 분업』(*The Division of Labour in Society*, 영문판, 1933), 『사회학적 방법론 규칙』(*The Rules of Sociological Method*, 영문판, 1938), 『자살』(*Suicide*, 1952) 등 초기 연구를 통해 그는 대부분의 사회학자들이 계속 따르고 있는 기본 원칙들을 세웠다. 예를 들어 원칙을 세우는 데 있어서 그는 경제학, 생물학, 심리학으로부터 사회학을 정밀하게 구별했다. 심리학과 사회학을 구분하면서(Durkheim 1938 : 103) 그는 다음과 같이 주장했다.

> 사회는 단순한 개인의 집합체가 아니다. 시스템은 그들 연합이 대표하는 특정 현실—이는 그들만의 특성을 지니는데—에 의해 형성된다. 물론 각 개인의 의식이 생각하지 않으면 어떠한 집합적인 것도 생산될 수 없지만 이는 필요조건으로 개인의 의식자체만으로는 불충분하다. 이러한 의식은 특정한 방식과 결합해야만 하는데, 이러한 결합의 결과가 사회생활인 것이다. 결과적으로 이 결합이 사회생활을 설명한다.

이러한 중심 아이디어는 다음의 3가지 개념으로 이어진다.

- 사회는 구성원들이 공유하고 있는 아이디어, 규범, 기대로 구성된 하나의 세트로부터 전개된다. 이것을 그는 '집합의식'(collective consciousness)이라고 불렀다(la conscience collective라는 프랑스 표현이 영어 텍스트에서도 사용되었다).
- 선사시대 사회나 농업사회와 같은 사회의 초기 형태에 있어서 사회통합은 사회가 공유하는 미신, 사회관습, 의식이라는 묶음—이는 종종 종교와 관련된다—을 기반으로 형성된다. 이는 그가 '기계적 연대'(mechanical solidarity)라고 간주한 것으로 귀착한다. '기계적인' 것은 '받아들여지는' 혹은 '의심되지 않는' 것을 의미한다.
- 좀 더 발전된 사회, 도시화 혹은 산업화된 사회에서 기계적 연대는 더 복잡해진 개인들 안의 노동분화를 기반으로 하는 '유기적 연대'(organic solidarity)로 바뀐다. 계약, 비개인성, 자기 이익은 더욱 더 흔한 것이 된다. 그러나 뒤르케임의 주장에 의하면 근대 사회를 뒷받침하는 강력한 도덕적 질서는 여전히 존재한다.

자살에 대한 뒤르케임의 연구는 이상심리학(abnormal psychology)으로부터의 전통을 근본적으로 단절한 것이었다. 비교사회학 통계에 있어서 획기적인 기술을 사용하여 그는 프로테스탄트가 가톨릭교도보다 '자기중심적인 자살'(egoistical suicide)(그의 4분류 중 하나)을 하는 경향이 높다는 것을 발견했다. 그의 추측에 의하면 프로테스탄트는 개인주의적 정신에 영향을 받지만 가톨릭은 집합적 태도를 중시여기는 신학에 의해 묶여 있기 때문이다.

무신론자임에도 불구하고 뒤르케임은 종교에 지대한 관심을 가지고 있었다. 이는 종교가 '옳다'거나 '잘못되었다', 혹은 '진실'이거나 '거짓'이라는 것을 알고 싶었기 때문이 아니라 종교가 사회생활에 있어서 중대한 기능을 수행하고 있다고 확신했기 때문이다. 『종교적 생활의 기초적 형태』(*The Elementary Forms of Religious Life*, 1976 : 427)에서 그는 다음과 같이 결론짓고 있다 : "사회의 통일성과 개인성을 구성하는 집단적 감정과 집단적 아이디어를 정기적으로 확인하고 재확인할 필요를 느끼지 않는 사회는 존재하지 않는다." 물론 뒤르케임은 이것이 만남, 재결합, 모임 등을 통해서 이루어질 수 있다는 것을 알고 있었다. 그러나 이것이 관례화되고 일상생활이 되어버린 곳에서 그러한 행동은 단순한 공익적 목적으로 받아들여진다. 이러한 행동을 뒤르케임은 '세속적'인 것을 이름붙이고, 그는 이를 '성스러운 것'―존경과 경외의 태도를 표현하는 것과 관련된 인류의 경험영역―과 구별했다. 성스러운 것에 대한 개념에 있어서 그는 오스트레일리아 원주민(중요 사례 중 하나)과 현대 기독교의 종교관습을 비교했다. 그에게 있어서 종교는 '원초적'인 것 혹은 '신의 계시'가 아니라 신념과 실행의 시스템으로, 신도들을 도덕공동체로 끌어들이는 의식으로 인해 고정되고 굳혀진 것이다. 이것이 사회학자들이 종교를 이해해야 하는 이유인 것이다.

출처 : Durkheim(1933, 1938, 1952, 1976).

종교와 자본주의

　　콩트와 마르크스는 종교의 세속적·합리적·과학적 목적에 있어서 대조되지만 베버는 부의 세계와 신의 세계 사이의 중요한 연결에 관심을 가졌다. 1905년에 처음 출판된 『프로테스탄트 윤리와 자본주의 정신』(*The Protestant Ethic and the Spirit of Capitalsim*, 1977)에서 베버는 특정 종교신념이 물질적 이윤 획득을 지원한다고 서술했다. 이와 관련하여 그는 (특히) 칼뱅주의적 개념인 숙명(predestination)이라는 개념을 노동을 촉진하고 성공적 기업가 정신과 일관되는 축적 패턴을 만들어낸다고 보았다. 숙명은 신이 이미 세속적 성공을 거둘 사람을 '선별'하고 표시해 놓았으나 선택받았다고 생각하는(혹은 생각하고 싶어 하는) 사람들이 이를 증명할 수 있는 방법은 오직 그들의 친구들과 가족들에게 자선사업을 할 수 있을 정도의 부를 쌓아 그들 자신들이 신에게 선택받았음을 보여주는 것밖에 없다. 수동 개념으로서의 숙명―그리고 다른 프로테스탄트의 신념도 포함하여―이 아니라 물질적 성취를 위한 끊임없는 모험으로 결착하는 것이다.

　　베버의 이론은 한 세기 동안 사회학에 도움을 주었다. 그의 주장은 적절하면서도 교묘하게 제시되었다. 그는 프로테스탄티즘이 자본주의를 유발한다거나 혹은 자본주의가 프로테스탄티즘을 유발한다고 말하지 않았다. 대신 이 둘 사이에 '선별적 친화성' (즉 이 둘이 밀접히 연관되어 있다는 것이다)이 존재한다고 말했다. 고대 유대교, 중국, 인도에 대한 연구를 더해 그는 중요한 것이 프로테스탄트 그 자체가 아니라는 것을 분명히 했다. 자이나교나 조로아스터교는 인도의 무역업자와 기업가들의 관심을 끌었던 반면, 정통 힌두교는 카스트제와 관련해 종교적 복종과 수동적으로 자신의 위치를 받아들이도록 요구함으로써 자본주의에 제한을 가했다. (이로 인해 오직 세대 간 사회이동만이, 그것도 달팽이와 같은 느린 속도로 가능했다.) 불교, 유교, 유대교, 이슬람교에 있어서도 이에 대응하는 주장이 가능하다. 각 사례에 있어서 베버는 일탈적 가능성을 인정하면서(혹은 그의 주장이 애매모호한 것일 수도 있다) '프로테스탄트 같은' 요소가 나타날 수 있다고 인정했다. 이로 인해 그는 최근 인도가 자본주의에서 완승을 거두고 있는 이유에 대해 설명할 수 있었다. 도쿠가와 시대의 종교도 일본 산업화의 전제조건을 제공함으로써 베버식의 이론과 일관성을 가진다(Bella 1985).

마지막으로 이 이론은 복음주의 그리스도교가 경제성장을 경험한 세계의 다양한 지역, 특히 라틴아메리카에서 급성장함으로써 더욱 더 큰 확신을 얻은 것처럼 보인다. 판테코스트주의는 종종 국가 정체성의 부활로 부여되는 공동체 결속이라는 가치와 '개인주의, 개인의 선택, 노동에 있어서 금욕적 윤리, 저축과 축적을 찬양' 하는 베버식 전통을 결합시킨다. 명백하게 일관성이 결여된 이 둘은 놀랍게도 산악지대의 교육자들에 의해 결합되었다(Gros 1999 : 185).

세속화 이론

종교와 자본주의의 선별적 친화성에 대해 깊은 관심을 가지고 있었음에도 불구하고 베버는 또한 관료와 근대국가의 '합법적 합리적' (legal-rational) 성격이 '전통적' (traditional, 이어받은 직책에 의한) · '카리스마적' (charismatic, 개인에 의한) 형태의 권위를 인수하기 시작하면 종교의 역할은 줄어들 것으로 보았다. 관료제의 '강철로 만들어진 새장' (iron cage)은 지나치게 무자비한데, 이는 근대국가가 어떠한 열정이나 차별과는 상관없이 작동하기 때문이다. '세속화 이론' (secularization tthesis)의 지지자로 가장 널리 인용되는 브라이언 윌슨(Bryan Wilson 1996)도 이러한 관료제의 역할을 강조했다. 베버의 의견을 받아들여 윌슨은 "합리화는 전통을 휩쓸어 버리고 카리스마를 누를 것"이라고 생각했다(Aldridge 2000 : 73에서 인용). 윌슨의 관찰은 특히 1950년대, 1960년대 영국의 복음주의의 사례를 중심으로 하였는데, 이를 기반으로 하여 그의 주장은 더욱 더 널리 적용되었다. 그는 복음주의가 기울고 있다는 자신의 주장을 발전시키기 위해 다수의 통계학적 수치를 사용했는데, 그는 이를 또한 교회의 미래에 대한 논쟁이라는 더 넓은 문맥에도 이용했다.

월슨은 특히 그가 비어 있다고 보는 것, 현재 유행하는 표현을 통해 세속적인 사회에 적응하려는 그 어떠한 시도에 대해서도 혹평을 가했다. 여성의 사제서품, 평신도에 대한 존경, 다른 종파와의 전기독교적 대화와 같은 것은 그에 의하면 강함이 아니라 약함을 나타내는 표시였다. 특히 영국 사람들이 교회에 참석하지 않게 되면서 기존 인기를 다시 되돌리기 위한 시도는 소용없다는 것이다. 월슨은 줄어들고 있는 신자들이 교회 서비스에 돈을 내려고 하지 않게 된 한편 사제들의 봉급은 줄어들고 있으며, 교구 목사의 권위도 줄어들고 있다는 것을 보이면서 자신의 우울한 설명을 계속했다. 사회수준에서 종교와 그 신도들과의 관계는 안정된 커뮤니티 안에서의 사제와 교민들 사이의 개인적 접촉에 의존한다. 그러나 지방 공예품과 방언들, 관습들이 사라지면서 종교는 사적 영역에서 후퇴하게 되었다. 이러한 상황에서 교회 출석률이 높은 미국의 경우에 대하여 월슨(Wilson 1966 : 76)은 자신이 관심 있는 것은 단순한 출석통계만이 아니라고 대답했다. 미국의 참석률이 높다고 해서 종교에 대한 피상적 확신과 형식적 애착 속에서 나타나는 비간접적 형태의 세속화를 설명할 수 있는 것은 아니다.

세속화 이론에 대한 다수의 반대 의견이 존재한다. 월슨이 어쩔 수 없이 인정했듯이 미국이라는 지구상에서 가장 부유한 국가에서는 종교적 신념과 관행, 기구가 지배적이다. 게다가 많은 코멘테이터들이 인정하듯이 21세기에 들어와 그리스도교도의 권리를 주장하는 조직은 점점 더 중요해지고 있다. 조지 부시 주니어의 선출과 재선출은 그 대표적인 예이다. 그러나 이러한 주장은 양면의 날을 가지고 있다. 교회가 특정 이데올로기적 목적을 위해 동원되었다고 보는 것이 더욱 설득력을 가지기 때문이다 (예를 들어 낙태에 반대하거나 '가족가치'를 지지하는 후보자를 지지하는 것). 기존 교회 신자들 사이에서 종교적 및 영성의 깊이가 심오해지고 있다는 것은 그리 명확하지 않다.

스타크와 배인브리지(Stark and Bainbridge 1985) 또한 교회 참석률 증가를 뒷받침하는 월슨의 개념과 숨겨진 세속의식을 지지했다. 실제로 신자들은 인간이 자신의 보수을 최대화하고 위험을 최소화한다는 합리적 선택 이론을 사용한다. 왜 그들이 믿을 수밖에 없는가? 현대 미국인들은 단순히 유명한 파스칼의 도박을 따르는 것뿐이다. 파스칼의 도박은 믿음이 합리적인 내기이며 현명한 투자라고 본다. 만약 신이 존재한다면 신자들이 이기는 것이고 의심하던 사람들은 지옥으로 떨어진다. 만약 신이 존재하지 않는다면 신자들이 잃는 것은 거의 없고 비신자들은 여전히 진다. 비신자들은 양쪽에서 지는 것이다(Stark and Bain1985 : 97). 즉 카지노와 주식시장의 논리가 종교에 들어온 것이다.

또 하나의 주목하지 않을 수 없는 주장은 교회가 그들의 신자들에게 명확한 이득을 부여한다는 것이다. 우수한 교육기회, 건강지원, 노후와 불운(신자유주의 국가에로부터 피난온 지역), '다른 사람들을 돌보는' 동료들의 네트워크, 그리고 따뜻한 사회집단을 제공한다. 교회에 대한 이러한 도구주의적 태도는 다른 구성원들의 호의에 기대거나 집단 이익의 중요성을 생각하지 않는 '무임승차자들'(free riders)에 대한 맹공격으로 더욱 더 강조된다. 고수준의 국가지원 교육제도를 기대하기 힘든 영국의 상황에서는 아이를 교회가 지원하는 학교(일반적으로 좀 더 좋은 교육을 제공하는)에 입학시키려는 부모들에게 교회에 참석하도록 하고 있다. 그러나 몇 년 동안 지역 성공회 교회에 의무적으로 참석하는 야심찬 부모들 중 다수가 신을 바라보고 있다고 주장하기는 힘들다.

신앙과 신념이 증가하고 있다고 순진하게 받아들이는 것도 위험하지만, 우스노(Wuthnow 1996)는 미국에 형성된 소그룹들(이에 대해서는 지역공동체를 다루는 21장에서 좀 더 논의하기로 한다)이 기존에 알려진 것보다 훨씬 더 중요하다는 것을 증명할 합리적이며 강력한 증거를 모았다. 성경공부, 기도 모임, 자조 그룹, **12단계 모임**(twelve-step gatherings), 치료수업, 회복 그룹, 젊은이들의 토론 그룹은 모두 사람들을 감정적으로 지원한다(Wuthnow 1996 : ix). 그에 의하면 전 미국 시민들의 40%가 정규 소그룹 모임에 관련하고, 48%는 이러한 모임에 5년 이상 참석하고 있으며(Wuthnow 1996 : 47), 이러한 그룹 모임은 그 정신이나 목적에 있어서 명백하게 종교적이지는 않지만 집단이 제공하는 호의적 환경 안에서 독실함이 생겨나고 환기되며 증가한다고 주장했다.

12단계 모임(Twelve-step gatherings) 알코올 치료를 위한 익명의 모임에서 사용되는 것과 비슷한 절차이지만 좀 더 명백하게 그리스도교적 내용을 담고 있다. 일련의 단계 안에서 고전하는 사람들은 자신들의 잘못을 인정하고 예수 곁으로 돌아가 자신을 괴롭히는 것들을 고치고 기도를 받아들이며 좀 더 긍정적인 삶으로 돌아가도록 청해진다.

종교의 부활

기존 종교의 세속화 이론에 대한 반대 주장은 주로 도구주의나 합리성을 중심으로 나타나지만, 확고하게 설립되지 않은 교회 사이에서도 종교감정의 현저한 증가가 나타나고 있다는 것은 의심할 여지가 없다. 모르몬교(예수 그리스도 후기 성도 교회)의 사례를 살펴보자. 1830년에 설립된 이 종교는 1997년에 이르러 9,700,000명의 신도를 모았으며, 그동안 『모르몬교 성서』(The Book of Mormon)는 뉴욕 라피엣에서 7,800만 부가 팔렸다. 두 번째 예언 여호와의 증인은 그 신도가 전 세계적으로 600만 명이 존재하는데, 그 출판물인 『위치오버』(Watchtower)와 『어웨이크』(Awake)를 읽고 나서 신자가 되는 경우도 종종 있다. 그들의 교리는 그리스도가 1874년 두 번째로 강림하여 1878년

왕의 권좌에 오르게 된다고 주장한다. 모든 정부와 교회는 1914년 멸망하고 전 세계적으로 파라다이스가 시작된다는 것이다.

언뜻 보기에 널리 알려진 역사(1878년 그리스도의 목격에 대한 보고는 없었고, 1914년에는 피바다의 세계 전쟁이 일어났으며, 파라다이스가 출현한 흔적은 거의 볼 수 없었다)에 의해 명백히 부정되었음에도 불구하고 그 교리는 살아남았으며 번창하기까지 했다는 것을 이해하기는 어렵다. 이를 이해하기 위해 우리는 심리학과 사회학적 관점이 결합한 실패한 예언에 대한 전통적 연구를 살펴볼 필요가 있다. 페스팅져 등(Festinger et al. 1956)은 실패한 예언을 다수 살펴보았는데, 여기에는 홍수와 관련된 것이 제일 많고 그 다음이 비행접시가 내려와 신도를 구해주는 것이었다. 이러한 예언을 선언한 사람들이나 이로 인해 직업이나 명성이 위태로워진 사람들에게—보통 합리성을 가지고 있는 사람들이라면—가장 좋은 것은 그들 자신은 틀렸으므로 직장으로 돌아가 그들의 '인지적 불화'(그들의 예언과 실제로 일어난 것 사이의 차이)를 줄이도록 하라고 조용히 조언하는 것일 것이다. 예언자와 신자들은 종종 다른 방향으로 가는 경우가 많은데, 그들의 신념을 굳건히 재확인하며 더욱 큰 열정으로 선교를 한다. 페스팅져와 그의 동료들(1956 : 28)은 이런 예기치 못한 결과를 다음과 같이 설명하고 있다.

이러한 불화는 불일치를 거부하거나 합리화한다고 해서 완전하게 제거되지 않는다. 그러나 남겨진 불화를 줄일 수 있는 방법은 있다. 만약 더 많은 사람들을 그 신앙체계가 옳다고 생각하게 설득할 수 있다면 그것은 결국 명백하게 옳을 수밖에 없다. 만약 선교가 성공해서 더 많은 추종자들이 모이고 자신이 그 추종자들로 둘러싸일 수 있다면 신도들은 그가 살고 있는 지점에서 불화를 줄일 수 있는 것이다.

이러한 부인의 정신적 메커니즘은 특이한 방법으로 작동한다. 진실은 자신을 둘러싸고 있는 눈에 보이는 진실된 객관적 증거가 아니라 신념의 절대성, 자신의 의견에 동조하는 사람들 수에 의해 정의된다. 비신자에게 설교를 하거나 개종시키는 것은 새로운 긴급상황이다. 거절은 부인으로 보이지 않고 메시지의 확신으로 보여진다. 스톤(Stone 2000 : 6)은 이렇게 설명한다 : "추론은 순환한다. 이를 듣고 믿는 사람들은 구원을 받을 것이나 믿지 않는 사람들은 이미 길을 잃었다." 비슷한 인식과정은 여호와의 증인이 부활하게 된 행운의 기저에도 존재한다. 여호와의 증인의 예언은 1914년 극적으로 실패했다. 그러나 60% 정도의 신도들이 1975년 이후에 참가했다. 시간의 흐름

은 예언의 정확한 특성을 희미하게 만든다. '1914'는 대신 파라다이스의 도래 전에 오
는 재난의 징조로 바뀌었다. 파라다이스가 예언대로 실제 나타났다면 설교와 개종은
새로운 단계로 올라가 훨씬 더 명확하게 전개되었을 것이다. 이렇듯 실패한 예언은 환
멸이 아닌 더 깊은 헌신의 원인으로 바뀐다.

새로운 종교운동

모르몬교와 여호와의 증인과 같이 확실하게 설립된 신앙과 종교운동을 뛰어넘
는 종교와 관련된 여러 표현들이 존재한다. 이들은 때로는 '종파', '사교', '대안종교'
혹은 '신흥 종교운동'으로 불린다. 이러한 종교기관들을 비교·정의·분류하는 데 있
어서 큰 어려움이 있는 것은 분명하다(Beckford 1985 ; Barker 1989). 한 사람의 종교는 단
순히 다른 사람의 컬트일까? 컬트와 종파는 시간이 흐르면 점진적으로 종교로서 받아
들여지는 걸까? 이러한 구별을 어렵게 하는 것 중 하나는 이러한 대안적 형태의 종교
가 정치적 반대, 열광적인 천년왕국설의 신봉, 이상하고 때로는 유별난 희생행동, 극단
적 행동과 결합하기 때문이다(Box 16.1에 한 예를 설명하고 있다). '컬트'와 '종파'라는 표
현은 특히 부정적인 함축을 가진다. 특히 젊은 사람들의 개종은 영향력을 끼치려는 부
모와 정책결정자와 연결되어 '세뇌'나 때때로 '악마숭배'와 같은 것과 관련되는 경우
도 있다.

Box 16.1

존스타운의 집단자살

남아메리카 북부 해안의 가이아나 정부(전 브리티시 가이아나)는 과소인구로 인해 국내
발전에 대해 고민하고 있었다. 그래서 인민사원(People's Temple)이라고 불리는 종교공
동체가 1974년 나라의 최단 북서에 4,000에이커를 개발하기 위해 임대계약을 맺으러
왔을 때 정부는 그 뒤의 배경에 무엇이 있는지 세심하게 살펴보지 않았을 것이다. 만약
정부가 그들을 조사했다면 이상한 이야기를 발견할 수도 있었을 것이다. 1931년 5월
13일 인디애나에서 태어난 짐 존스(Jim Jones)와 제임스 워렌 존스(James Warren Jo-nes)
가 이 모임의 지도자였다. 그는 카리스마적 지도자가 될 모든 특징—보잘것없는 출신,
어렸을 때부터 감정적 종교(이 경우 펜테코스트파)에 대한 관심, 헌신과 불신 양쪽을 끌
어당기는 능력—을 가지고 있었다. 그는 1955년 새로운 종교적 운동을 설립하여 인민
사원이라고 명명했다.

인민사원은 발전하는 과정에서 교회만큼 정치운동과 닮아가기 시작했다. 이들은 종종 유복한 배경을 가지고 있는 백인 급진주의자들과 소외당하는 흑인들을 모아 정신장애자들과 빈곤층들에게 사회적 보호 및 지원을 제공했다. 이 운동은 좀 더 정치적으로 좀 더 환대받을 수 있는 환경을 찾아 인디애나를 떠나 북부 캘리포니아로 이동했으나 그 세금 면제 지위의 제고를 결정한 세금 당국과 충돌하게 되었다. 존스가 기존의 정치적 지지자들을 잃게 되면서 1977년 그는 1,000명의 추종자들과 함께 그의 부관이 3년 전에 힘들게 설립한 가이아나의 농업군락으로 이주하기로 결정했다. 존스가 이주한 이후 군락은 '존스타운'(Jonestown)으로 개명했다.

존스는 믿음을 통한 치료, 유토피아니즘, 펜테코스트파, 커뮤니즘(Pravda, 소련의 공산당의 기관지로 신성한 문맥이 채택되었다), 반인종차별주의의 미국식 혼합적 절충을 옹호했다. 그는 공동체를 상대로 공중 연설 시스템을 통해 고립의 감정과 그 두려움을 피력하면서 자신의 의견에 대한 완전한 복종을 요구했고 자신의 권위를 신성한 영감에 두었다. 커뮤니티를 떠난 사람들은 배신자나 추방자로 비난받았다. 그 중에는 인민사원의 법적 자문 담당 변호사였던 팀 스토엔(Tim Stoen)도 있었다. 그는 미국으로 돌아와 제임스 존스의 세뇌로 인해 가족들을 잃어버린 사람들의 모임을 조직하고 의회의 조사를 요구했다. 그러나 후에 스토엔의 아내가 존스와 성적 교류가 있었고 그의 아내의 아이들의 부권과 후견권을 둘러싸고 두 남성들 사이에서 법적 분쟁이 있다는 사실이 밝혀졌다.

스토엔은 결국 리오 라이언(Leo Ryan) 하원의원의 관심을 얻어 친인척 그룹을 위한 방문을 성사시켰다. 존스타운에 도착한 라이언 의원은 중립적인 입장에서 단지 사실 확인을 위한 방문이라고 설득할 수 있었으나 이는 곧 큰 혼란으로 바뀌었다. 라이언 의원은 칼에 찔리고 총에 맞아 사경을 헤매는 상태가 되었다. 동행했던 3명의 미디어 관계자 및 방문자들과 함께 마을을 떠나기로 했던 사람들 역시 상처를 입었다. 존스와 그의 부관들은 미국 정부가 개입하여 커뮤니티를 폐쇄하고 책임자에 대한 범죄 인도를 요구할 것이라고 확신했다. 불길한 분위기 속에서 거주자들이 중앙 가설물에 모였다. 존스는 '혁명적 자살'만이 유일한 선택지임을 주장했다. 일부 반항자는 있었지만 대부분의 사람들이 동의했다. 청산가리와 다양한 진정제와 안정제를 섞어 만든 달콤한 음료, 쿨에이드가 준비되었다. 부모들은 갓난아이들과 어린이들에게 이를 먹였다. 많은 어머니들이 자신의 아이들의 목으로 독을 부었던 것이다(1987 : 285). 존스는 독을 먹지는 않았지만 신전으로 가는 도중 총상을 입어 사망했다. 부검은 그의 죽음이 살인에 의한 것인지 자살에 의한 것인지 판별하지 못했다. 1978년 11월 17일 존스타운 사건으로 인한 최종

사망자 수는 909명이었고, 그 중 3분의 1이 미성년자였다.

이 끔찍한 사건을 거의 30년이라는 시간이 흐른 후 다시 생각해 봐도 그날 존스타운에서 일어난 사건을 해석하는 것은 어려운 일이다. 상당한 이상주의가 인민사원을 후원하고 있었다. 그 많은 부분이 흑인 빈곤층 출신이었던 구성원들은 농사, 건설, 건강관리, 교육기술을 얻기 위해 가혹한 환경에서 하루 11시간씩 일했다. 미국 동부 해안에 유럽인들의 거주지를 만들었던 청교도들처럼 그들은 신이 그들을 약속한 땅으로 이끌 것이라고 생각했다. 이 이야기는 또한 지도자가 얼마나 합리적이고 신성한지 확신한다고 해도 망상적 지도자를 따르는 것은 위험하다는 것을 알려준다. 마지막으로 존스타운은 견딜 수 없을 정도로 혹독한 교훈을 제공한다. 미디어, 정부와 같은 자칭 도덕적 수호자들은 정신적·사회적으로 상처받기 쉬운 사람들을 둘러싼 공포와 절망의 환경을 자극하여 그들을 절망과 광기의 행동으로 몰 수 있다는 것이다.

출처 : Hall(1987) ; Chidester(2004), Moore et al.(2004) ; http://religiousmovernts.lib.virginia.edu/nrms/Jonestwn.html

Box 16.1에서 묘사한 존스타운 사건이 절대적 복종이나 의구심을 품지 않는 것에 대한 위험을 경고하고 있음에도 불구하고 두 명의 저명한 사회학자는 신흥 종교운동의 특성에 대한 전체적 평가를 내림에 있어서 좀 더 무기력한 입장을 보인다. 벡포드(Beckford 1986 : xv)는 이러한 운동의 증가가 기존 종교에 대한 비판 및 혁신, 글로벌리제이션 등 사회변동이 빠른 속도로 퍼지게 되면서 나타나는 반응이라고 보았다.

> 20세기의 **빠른 사회변화**는 신흥종교의 증대를 수반했다. 이는 변화에 대한 반응임과 동시에 변화에 기여하는 수단이 된다. 사람들은 사회변화에 새로운 해석을 부여하고 그 실제 반응을 실험하면서 사회의 빠른 변화에 복종하게 되는데, 이들도 이러한 흥미로운 시도의 하나인 것이다. 아이디어, 감정, 사회관계의 실험이 벌어지는 장소, 즉 사회적·문화적 실험실인 것이다.

신흥 종교운동에 관한 영국 정부의 반공식적인 조사활동에 착수했던 바커(Barker 1989)는 일부의 영국 국민들이 '세뇌'와 '마인드 컨트롤'을 두려워한다고 인정했다. 그러나 그녀는 자신이 연구했던 500여 개 신흥 종교운동의 신도 모집과 신도 유지의 기술이 가족, 학교, 군대, 전통적 종교 안에서 나타나는 설득 및 사회화 형태와 큰 차이가 없다는 것을 발견했다(Barker 1989 : 19). 신흥 종교운동에 가입하고 지속하는 원인에 대해 들어보면 여러 조직이나 협회에서 나타나는 활동의 방향은 크게 다르지 않은 것 같다. 그들은 성공적인 커리어를 쌓고 건강을 얻고 공동체 의식을 갖게 되며, 자기 계발을 하고 세계를 바꾸며 종교활동에 참가한다. 다수의 추종자들이 전통적 교회에서는 흔치 않은 기쁨에 넘치는 경험을 했다는 것은 의심할 여지가 없다. 종교적인 표현을 드러내는 것은—예를 들어 펜테코스트교—이미 수용되어 정당화되었다. 통일교—1954년 북한 출신 문선명 목사가 설립. 그의 추종자들은 때때로 '무니스'(Moonies)로 불린다—로 전향한 한 영국인은 자신의 경험을 다음과 같이 묘사했다.

실제로 처음 '판결'을 들었을 때 사랑과 기쁨 안에서 내가 완전히 정화되는 것을 경험했다. 나는 우리 부모님에게도 신을 전파할 정도였다. 실질적으로 내가 재탄생 이후 일주일 동안 이야기한 것은 오직 신에 대한 것뿐이었다. 우리 부모님은 내가 미쳐간다고 생각했다. 그러나 나는 진정으로 성령, 행복함, 노래, 사랑으로 가득 차 있었다. 놀라운 경험이었다. 나는 그러한 감정을 지금 이 순간까지 느낀다(Barker 1989 : 30).

또 다른 형태의 종교 부활 : 순례자들

지난 30-40년간의 종교 부활로 인해 종교여행, 성지순례 역시 재발견되어 부흥하게 되었다. 제일 유명한 예는 아마도 프랑스 피레네 산맥의 루드르일 것이다. 이 마을은 영주민이 15,000명밖에 안 되는 작은 마을이다. 그러나 여행객 숙소 수에 있어서는 파리 다음으로, 270개의 호텔이 존재한다. 자주 성지순례의 장소로 일컬어지는 루드르는 종교적 인물이 등장하면서 종교적 분위기가 이곳을 휩싸게 되었다. 1854년 14살짜리 소녀가 성모 마리아를 본 것이다. 루드르의 물은 축복을 받았다고 전해져 아픈 사람들(휠체어나 병원의 4륜 운반차를 탄 사람들)은 공인된 66개의 치료 기적이 자신에게도 일어나길 바라며 이 마을에 찾아온다.

비슷한 예가 자본주의 합리성의 심장부라고 여겨지는 스위스의 북부에 위치한 아인지델른의 검은 성모 마리아 사례이다. 현재 해마다 백만여 명의 순례객들이 기름램프의 연기로 검게 변한 나무 성모 마리아상 앞에서 무릎을 꿇고 위안을 구하고 또 위안을 받는다. 아인지델른에 있는 상은 유럽에 존재하는 450여 개의 검은 성모상 중 하나인데, 그 중 많은 부분이 사원에 안치되었다. 이 검은 성모상은(연기에 그을리거나 칠을 한 나무, 현목암 혹은 대리석으로 만들어진) 치료 기적의 효과에 있어서 하얀 성모상을 월등히 뛰어넘는다. 이는 한 가지 흥미로운 질문을 제기한다. 검은 마리아상이 남부 이집트의 이시스 여신(위대한 치유능력을 가지고 있다고 믿어진다)으로부터 유래한 것이 아닌가 하는 것이다. 또 다른 가능한 영적 선조로는 여성으로 의인화한 신, 힌두교의 샤크티 여신이 있다(Beg 1996 참조).

순례자는 또한 기존 종교에 있어서도 중요한 지위를 차지하게 되었다. 많은 불교도들과 도교도들은 중국 북동부의 타이 산으로 향한다. 이곳에는 모택동주의자인 홍위병이 파손한 사원들이 있었으나 1976년 이후 복원되었다. 그리스도교도들, 특히 원리주의 그리스도교 종파인들은 예수와 그의 사도들의 삶을 재창조하기 위해 성스러운 땅으로 십자군 운동의 길을 되짚어간다. 일본 타이샤의 신토 사제들은 순례자들을 위해 매년 15번 이상의 축제를 주최한다. 마지막으로 메디나로의 메카 순례─움직일 수 있는 신체를 가진 이슬람교도들은 평생 한번은 방문해야 하는─는 이슬람 세계 공동체, 움마의 유대와 영감의 원천이 된다. 때때로 열정적인 군중들은 시설들을 압도하기도 한다. 2006년에는 아브라함 앞에 악마가 나타났던 세 기둥 근처에서 돌을 던지는데 참석하던 순례자들 중 345명이 갑자기 사람들이 몰리는 바람에 목숨을 잃었다.

이슬람으로부터의 '위협'

이슬람교가 인류의 5분의 1을 넘을 정도의 사람(그림 16.2 참조)을 끌어 안으며 팽창하고 호전적 성격의 정치적 이슬람이 부활하면서(우리는 이들을 '지하디스트'라고 부를 것이다) 이는 특히 서구 정치 그룹에게 있어서 고려하지 않으면 안 되는 불안요소가 되었다. 서구 경제·정치적 이익에 대한 이슬람의 위협이라는 관념이 9·11 이후 뉴욕, 마드리드, 런던의 테러가 발생하면서 특히 신뢰성을 얻고 있다.

이데올로기, 군사적 갈등이 극한으로 치닫고 있는 지금 신화와 현실('전쟁의 첫 사상자는 진실이다'는 좋은 지적이다)을 분별하는 것은 어려운 일이기 때문에 서구와 이슬람을 갈등으로 치닫게 하는 양쪽의 이익을 지지하는 주장과 그 증거력을 평가하는 것에는 특히 주의를 기울여야 한다. 이러한 생각에 찬동하는 인물 중 가장 눈에 띄는 한 사람이 미국인 보수주의적 연구자인 새뮤엘 헌팅턴(Samuel Huntington 1993)이다. 그의 주장은 대통령, 정치가, 편집자들에게 큰 반향을 일으켰다. 헌팅턴은 문화적 갈등의 미래를 피투성이의 '문명' 간의 전쟁이라고 예측했다. 그의 주장은 다음과 같이 요약될 수 있다.

1. '문명'은 역사, 종교, 언어, 관습 등 민족집단, 국민 혹은 인류가 공유하는 가장 넓은 수준의 문화적 정체성으로 구성된다. 이러한 정의에 의하면 현재 세계에는 일곱 개 혹은 여덟 개의 문명이 있다. 물론 각각의 문명 안에는 중요한 세부분야가 포함된다.

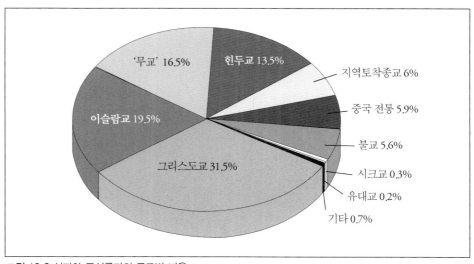

그림 16.2 신자와 무신론자의 글로벌 비율

주 : 그리스도교에는 가톨릭(구교), 프로테스탄트(신교), 동방정교, 판테코스트, 성공회, 단성론파, AICs, 후기성도교, 복음주의파, SDAs, 여호와의 증인, 퀘이커, AOG, 명목상 그리스도교도 등이 포함된다.
이슬람교에는 시아파, 수니파가 포함된다.
'무교'는 불가지론자, 무신론자, 세속적 인본주의, 어떠한 종교적 선호도 가지고 있지 않은 사람을 포함한다. 이 그룹의 절반 정도가 신의 존재는 믿지만 자신이 종교인이라고는 생각하지 않는다고 대답했다.
지역토착종교는 디아스포라적 표현 등 아메리카 전통을 포함한다.
출처 : http://www.adherents.com/Religions_By_Adherents.html

2. 냉전 후기 공산주의와 자본주의적 민주주의 사이의 이데올로기 갈등 혹은 국민국가 사이의 갈등은 글로벌 정치를 형성하는 데 있어서 더 이상 과거와 같은 영향력을 발휘하지 못했다. 국민국가는 여전히 강력한 행위자였음에도 불구하고 말이다. 그 대신 미래의 갈등은 점점 더 문명들 사이에 존재하는 '단층선'(Huntington 1993 : 29)을 둘러싸고 발생하기 시작할 것이다. 이는 때때로 자신들의 이익을 추구하는 정치 리더와 정치집단에 의해 발생한다.

3. 이러한 갈등 중 중요한 것이 현재 글로벌 리더십과 권력의 정점에 있는 서구문명과 이슬람–유교를 축으로 하는 비서구문명 연합 사이에 존재한다. 이슬람

문명과 동아시아 문명 안에 모인 국가들은 산업화 관련 무기산업을 발전시키거나 무기를 수입함으로써 자신들의 군사적 능력을 빠른 속도로 키우고 있다.

4. 이러한 국가들과 다른 비서구문명을 함께 묶을 수 있는 것은—많은 다른 점이 존재함에도 불구하고—과거 서구에 대한 분노를 공유하기 때문이다. 그들은 서구국가들이 자신들 방식의 모더니티를 세계에 계속 부과하고 세계은행이나 UN과 같은 국제기구를 조종하여 자신들의 이익증대를 위해 이용하고 있다고 본다. 군사능력과 무기, 특히 다른 국가로의 핵확산을 막으려는 서구의 우려는 이러한 배경에 안에서 해석할 수 있다.

5. 글로벌 변화는 이러한 '문명화 의식'(civilizational conciousness)(Huntington 1993 : 25)을 강조하고 강화한다. 그러나 이들 중 가장 강력한 것은 글로벌리제이션과 모더니제이션, 또한 시공간 수축과 지역 정체성의 상실로 인해 사람들의 생활에 등장한 그리움, 그 차이로 인해 여러 국가와 문화 간 상호작용의 증가와 관련된 것이다. 다양한 형태의 종교적·문화적 원리주의가 부흥하면서 그 차는 점점 채워진다.

1998년 8월 클린턴 대통령은 수단과 아프가니스탄의 이슬람 테러리스트 연합에 미사일 공격을 명령했다. 이는 한 달 전 지하드 단체가 케냐와 탄자니아의 미 대사관을 폭격한 것에 따른 것이었다. 이러한 사건이나 이보다 더 격렬했던 지하드 테러리스트 그룹의 뉴욕, 마드리드, 런던에 대한 폭격과 같은 사건들은 분명 헌팅턴이 예견했던 문명전쟁의 명백한 예인 것일까? 분명 헌팅턴은 자신의 이론이 맞아떨어진 것이라고 공표했다. 그러나 그의 주장은 몇 가지 결함을 가지고 있다. 우리가 앞으로 논할 결함들 중 처음의 3가지는 할리데이(Halliday 1996)의 날카로운 비판을 빌려온 것이다.

1. 문명이라는 개념의 유용성을 의심해 볼 필요가 있다. 국민의식이라는 아이디어와 마찬가지로 이 개념은 시간에 한정되지 않는 전통을 특정화하고 대표할 수 있다는 가정을 기반으로 한다. 그러나 실제로 전통은 정치적 이익과 다양한 엘리트들의 목적에 맞도록 조합된 문화적 생성으로부터 발생하는 다양하고 상충되는 해석에 기반하는 것으로 보는 것이 좀 더 이치에 맞는다. 즉 명확하게 경계가 존재하거나 구분 가능한 실체를 특정화할 수 없으므로 문명 간 실제 혹은 잠재적 분쟁은 신화이다.

2. 문명이 명확한 문화경계를 가지고 있으며 서로 구별된다는 생각은 문화와 사람은 항상 일정 범위 내에서 다른 문화나 사람으로부터 기술, 예술형태, 종교적 상징체계 등을 빌려와 혼합되는 점을 고려하면 더더욱 혼란에 빠지게 된다. 게다가 이러한 과정은 글로벌리제이션에 의해—헌팅턴의 주장이 내포하는 것처럼 줄어드는 것이 아니라—더욱 더 증대되는 것처럼 보인다.

3. 민족 간 혹은 국가 내 분열구조를 기반으로 해서 문명 내에서 일어나는 분열과 갈등은 문명들 간의 갈등보다 더 자주 일어나는 경우가 많다. 유럽의 경우가 전형적인 예다. 유럽은 전 지역에 그리스도교가 퍼져 있음에도 불구하고 수백 년 간 종교전쟁, 시민전쟁, 국가 간 전쟁을 경험해 왔다. 스페인 바스크 지역, 북부 아일랜드, 전 유고슬라비아에서 일어난 피비린내 나는 분쟁을 고려하면 이러한 시기는 1945년에 끝난 것이 아니다. 이슬람 세계 역시 국민적 종파적 경계를 따라 깊게 분열되어 있다. 이는 일부 서구인들이 주장하는 '녹색위험' (green peril, 이슬람 연합이 오래된 숙적을 멸하기 위해 전력질주한다)의 이미지와는 매우 다른 것으로 이러한 주장은 매우 뻔뻔한 것이다.

4. 또한 이슬람−유교 연합은 더더욱 근거가 없다. 공자는 본분과 의무를 강조하는 5개의 주요 관계를 정립했다(통치자와 피치자, 남편과 아내, 부모와 자식, 형과 동생, 친구 사이). 수동성, 자신의 위치를 알고 부모에게 복종하는 것은 공자 교리의 핵심이다. 이를 호전적 이슬람교와 연결시키거나 특정한 전략적 동맹의 기초가 되리라고 보는 것은 무리가 있다. 우리는 헌팅턴이 (정확하게) 중국의 급부상과 군사주의적 이슬람교가 미국의 이익에 있어서 두 개의 위협이 될 것이라고 보고 이 둘을 기회주의적으로 짝지었다고 보지 않을 수 없다. 문명 간 전쟁의 아이디어를 지지하는 사람들도 유교를 언급하지 않게 되어 이러한 해석은 확인된다.

이슬람의 복합성

서구의 가장 큰 문제는 이슬람교의 다양성을 구분하지 못하는 데 있다. 그들은 그리스도교의 다양성을 구별할 때 이러한 실수는 하지 않는다. 이슬람 학자들 사이에서는 이슬람교가 과연 종교적 신념, 정치적 이데올로기, 개인의 신념, 그룹 아이덴티티 중 어느 것으로 봐야 옳은지에 대한 논쟁이 있을 정도이다(Ruthven 2002 : 2). 요점을 명확히 말하자면, 이슬람이 가지고 있는 다양성 안에는 군사적 훈련을 받은 무장 지하디스트가 상당수(약 수만 명) 존재한다. 그리고 이들은 테러활동을 통해 그들의 신념을 지키고 조장하려 한다. 엄격히 말하면 '지하드'(노력 혹은 고군분투를 의미)는 마음, 말, 기술, 전쟁에 의해 보장된다(Ruthven 2000 : 116). 그래서 이슬람교도들이 자신들의 종교는 평화로운 것이며, 때때로 지하드의 테러리스트들은 전혀 이슬람교 같지 않다고 항변하는 것과 지하드를 제외한 다른 대부분의 이슬람교도의 경우에 있어서 이슬람교도들이 평화로운 입장을 취한다고 답하는 것은 정당한 일이다. 그러나 정통적 이슬람 교리는 설득을 거부하는 적들에 대해서는 무장 지하드를 용인한다.

이렇듯 명확하게 교리가 폭력을 지원함에도 불구하고 이슬람교는 이와 매우 다른 역사를 가지고 있음을 알 필요가 있다. 7–20세기에 이르기까지 이슬람 정부는 상당히 인내해 왔다. 책의 사람들(People of the book, 유대교와 그리스도교를 의미)이 자신들 각자의 신념에 집중하는 동안 오토만제국의 소수파는 상당한 자율성을 누릴 수 있었다(Hourani 1991). 다시 말하지만 이슬람교에는 여러 부류가 존재하여 그들은 다른 다양한 방향을 추구했다. 다음의 목록은 이러한 이슬람의 분화를 부분적으로 설명해 준다. 632년 마호메드의 죽음 이후 10년이 지나자 수니(Sunni)와 시아(Shia 혹은 Shi'ite)의 분열이 시작되었다.

- 수니파는 전체 이슬람의 85–90%를 차지하는데 다양한 학파로 나눌 수 있다. 와하브파(Wahhabis), 무타질라파(Mutazilites), 콰디야니파(Qadiyanis), 카와지리파(Kharjis)와 같은 독립파도 있다. (오사마 빈 라덴은 와하브파이다.) 수니파는 종교적 권위와 정치적 권위를 칼리프(프로테스탄트가 교황의 권위에 있어서 그러하듯이)에 두는 것을 거부하고 성서를 해석하는 종교학자 우리마(ulema)에 의존한다는 점에서 프로테스탄트와 비슷하다.

- 시아파는 수니파 다음으로 큰 종파이지만 이 역시 누사이리파(Nusyris), 자이디야파(Zaydis), 이스마일파(Ismailis)로 나뉘어 있다. 샤이맘(Shia imam)은 교황과 마찬가지로 무류성(infallibility)를 가지고, 시아의 종교적 계급구조는 가톨릭교회의 계급구조와 별 차이가 없다.

- 이스마일파(위에서 언급한 시아파의 일부)는 점점 더 분화되었으나 대부분이 아가칸의 지도력을 받아들인다. 아가칸을 사회적으로 허용하는 것은 영국 귀족계층의 직관에 반할지도 모른다. 그는 전에 독일 공주 및 영국 모델과 결혼한 적이 있었고, 600마리의 경주마와 전용 비행기, 5개 국가의 사유재산을 소유

하고 있으며, 서구적 개념에 대해서 깊은 이해를 가지고 있는 것처럼 보인다.

■ **수피파**는 이슬람교에 있어서 신비롭고 내면적인 정신심리적인 측면과 관련된다. 사제들은 대중활동에서 떨어져 금욕, 빈곤, 정화, 회개를 통해 내면의 신념을 찾으면서 금욕적인 생활을 한다. 이러한 목록에는 수피파인 윌링 데르비시(Whirling Dervish)가 추는 예식용 무용도 포함된다(그림 16.3 참조).

그림 16.3 2003년 10월 오스트레일리아 시드니, 예식 무용을 공연하는 윌링 데르비시
『아라비안 나이트』라는 매력적인 이야기의 독자인 그들은 약자를 위해 간섭하는 경향이 강하다. 그들은 전쟁에 의한 지하드에 반대한다. 1690년 오토만제국의 합스부르크 공격 동안 그들은 오토만 황제와 프랑크족 왕은 단순히 군대를 희생시키면서 즐기는 것뿐이니 이슬람교 군대에게 탈영하라고 말했다.

서구의 '이슬람 영토'로의 침입

이슬람교는 전 세계로 퍼져 그 종교적 공동체인 움마는 탈영토적 성격이 강하다. 그러나 이슬람 세계의 많은 사람들이 '이슬람의 땅'으로부터 이슬람이 아닌 모든 것들을 제거하려 하는 것은 주목할 만하다. 현대 이슬람 세계를 고려해 볼 때 1948년의 이스라엘의 건국은 그들에게 있어 중요한 위협이었다. 충격적인 홀로코스트 앞에서 유럽과 미국은 이를 승인하지 않을 수 없었다. 그럼에도 불구하고 이스라엘 국가는 이슬람의 심장에 단검을 꽂은 것과 마찬가지였다. 특히 이스라엘 지도자들이 예루살렘은 (아브라함의 3개 종교에 있어서 성지임) 영원한 수도임을 명확히 한 후에는 더욱 더 그러했다. 레바논에 프랑스 군대와 미국 군대가 들어오고 수에즈 운하에 영국과 프랑스가 들어왔으며, 1948년 이스라엘이 국경을 넓힌 것은 그 상처를 더욱 악화시켰다. 이러한 상황은 계속되었다. 소련은 아프가니스탄을 침공했으며, 최근에는 미국의 침공도 있었다. 이슬람교는 이라크의 쿠웨이트 침공에 대해서는 관심을 거의 가지지 않았지만, 미국이 주도한 인근 사우디아라비아 기지로부터의 반격으로 인해 이 지역에서 '이교도'의 영향력은 더더욱 강해졌다. 이라크를 공격하고 점유할 '의지가 있는 미국 연합'은 퍼즐의 마지막 조각인 듯하다. '서구'(단일주체로 악마화된 개념)는 이슬람 국가들을 상대로 전쟁을 계속하게 하는 장비처럼 보인다. 9·11 사건에 있어서 부시 대통령은 "이 **십자군전쟁**(crusade), 테러에 대한 전쟁은 한동안 계속될 것이다"라고 경고했다. 그는 이런 서투른 비유를 들지 말았어야 했다. 이는 많은 이슬람교도들 사이에서 그리스도교 기사들에 의한 자신들의 굴욕의 역사를 환기시켰던 것이다.

또한 호전적 이슬람교가 가지고 있는 서구에 대한 분노는 서구 이익을 묵인하는 것처럼 보이는 아랍 및 이슬람교 국가들의 통치자들에게도 확장하여 적용할 수 있다. 이집트의 무슬림형제단(the Muslim Brotherhood), 튀니지의 이슬람 르네상스당(the Islamic Renaissance Party), 알제리의 이슬람해방전선(the Islamic Salvation Front), 레바논의 헤즈볼라(Hezbollah), 요르단 강 서안지구와 가자의 하마스(Hamas), 사우디아라비아의 오사마 빈 라덴이 이끄는 알카에다 네트워크 등은 아랍 통치자들에게 좀 더 호전적인 선택을 촉구할 목적으로 이슬람교 세계 안에서 성장하고 있는 기구들 중 일부이다. 시아파 성직자 아야톨라 호메이니가 중세 이슬람 신권정치를 시작하기 위해 파리 망명으로부터 귀국했던 1979년 이란 혁명과 같이 이러한 기관들이 정치적 권력을 얻을 수 있는 가능성은 현저해 보인다. 그러나 옛날의 이슬람 세계로 돌아가는 현상은 눈속임이다. 이란의 아야톨라들은 과거를 공경한다. 그러나 그들의 이익—TV부터 제트기 여행, 세계 시장에서의 오일판매, 최신 병기에 이르기까지—을 지키기 위해 첨단기술에 의존한다(Hadar 1993). 핵무기 세대를 위해 그들의 능력을 키우려는 욕망(아마도 핵무기를 생산할 목적을 위해)은 빠른 속도로 이란과 미국, 유럽 간 새로운 분쟁의 원인이 되고 있다.

서구사회와 이슬람이 함께하는 미래?

비록 이 문제에 대해 명확한 대답은 할 수 없지만 앞으로의 방향에 관한 현상의 일부분은 명확해졌다. 첫째, 폭력적 지하드를 저지르는 소수와 이슬람교는 평화적인 종교로 내부의 다원주의를 받아들이고 다른 종교들과 공존할 수 있다고 생각하는 다수들 사이에서 서구 지도자들은 그 이론과 실제를 구분할 수 있다. 이에 대해 에스포시토(Esposito 1995 : 250)는 다음과 같이 표현하고 있다.

글로벌 위협만으로 '이슬람 원리주의'를 살펴보는 것은 폭력과 이슬람교를 같다고 보는 경향을 강화시키고, 개인이 부당한 방법으로 종교를 이용하는 것과 다른 종교의 신도들을 좋아하고 평화스럽게 살고 싶어 하는 다수의 이슬람교도와 그들의 행동의 차이를 인식하지 못한다. 이슬람교와 이슬람 원리주의를 무비판적으

십자군전쟁(Crusade)은 11세기부터 13세기 사이에 벌어졌다. 이로 인한 신성한 그리스도교의 성지로부터 이슬람교도를 몰아내려는 시도는 성공적이었다고 평가된다. 1905년 교황 위르뱅 2세는 '이슬람교도들이 예루살렘을 점령했다'는 사실에 격분하여 군대를 요청했고, 많은 그리스도교 봉건영주들(기사들)과 그들의 종자(從者)들은 이를 받아들였다.

로 같다고 보는 것은 이슬람교도들을 유대교나 그리스도교도들에게는 적용되지 않는 기준으로 파괴만을 만드는 사람으로만 평가하는 것이다.

둘째, 평화로운 경쟁선거로 인해 이슬람교 정당이 승리를 거둔 상황에서 서구 정치지도자들이 복잡한 신호를 보내는 것은 피해야 할 필요가 있다. 1991년 알제리 선거에서 이슬람해방전선이 예상과는 달리 알제리의 세속적 지도자이자 프랑스의 전략적 파트너를 이겼던 예와 2006년 1월 팔레스타인 하마스의 승리가 대표적 예인데, 세속적 군대에 의해 알제리 선거결과가 전복되고 마지못해 하마스의 승리를 받아들이면서 보였던 서구 정치가들의 태도 때문에 이슬람 세계의 많은 사람들이 민주주의는 서구의 이익에 맞지 않으면 버려지는 것이라며 서구의 위선적 행위를 비난했다.

셋째, 좀 더 긍정적인 측면을 살펴보자. 1999년 3월 이슬람의 코소보를 보호하기 위해 행해졌던 NATO의 세르비아 공격은 서구 지도자들도 희생당하는 이슬람교도들을 위해 원칙 있는 행동을 할 수 있다는 것을 보여준 예이다. 1999년 3월 파키스탄의 일간 신문인 《도운》(*Dawn*)의 사설들은 이슬람 세계도 주요 서구국가들도 그리스도교에 대항하여 이슬람교도를 보호할 수 있다는 것을 인식할 필요가 있다고 호소했다. 서구국가들이 쓰나미로 희생된 동아시아 이슬람교들을 위해 기부를 한 사례와 2005년 지진으로 인해 큰 피해를 입은 카시미르의 이슬람교도들을 도운 사례는 서구로부터의 긍정적인 인도적 간섭의 또 다른 예이다.

넷째, 자유민주적 가치와 긴밀하게 연결되는 근대적인 '시민적 이슬람'이 형성되었다는 신호가 나타나고 있다. 적어도 전략적으로 매우 중요한 두 국가에 있어서는 이러한 현상이 분명하게 나타난다. 헤프너(Hefner 2000)는 민주주의와 시민사회가 이슬람교 사회에 있어서 거점을 마련할 수 있는지에 대해 질문한다. 독립적 단체, 국가와 사회 간의 균형된 권력관계가 이슬람 사회에서도 발전할 수 있을까? 대중문화가 남의 의견에 대한 용인적 다원주의의 출현과 공개경쟁을 통한 공직 모집을 가져올 수 있을까?(Hefner 2000 : 215) 그는 그 대답에 대해서는 적정하게 신중한 태도를 보이는데, 이슬람교도가 가장 많은 수를 차지하고 있는 국가인 인도네시아의 사례로부터 낙관주의의 근거를 몇 가지 설명하고 있다.

독립시기에 이슬람교도들은 민주주의와 합헌성에 대해 알게 되어 그 형태를 적극적으로 받아들였다. 시민연합과 관련하여 이슬람교도들은 자신들이 어떤 집단

에도 뒤지지 않는다고 생각한다. 아무도 그들의 연합범위와 활기를 따라가지 못한
다. 새로운 질서 아래에도 이슬람교도들은 다른 어떤 사람들보다 국가 통제에 저항
하고 공공선에 대한 대안적 아이디어를 육성할 수 있다(Hefner 2000 : 217).

이러한 조심스러운 낙관주의는 터키의 사례에서도 나타난다. 터키의 경우 국가
의 근대화 수단으로서 아타튀르크가 세속주의를 열정적으로 추진했다. 유럽과 아시아
사이에 있는 터키는 이슬람 교조주의로의 회귀와 시민적 이슬람으로의 진화 사이의
접점에 서 있다. 터키를 EU 국가로 승인할지 말지를 결정할 필요가 있는 유럽 정치가
들은 매우 중요한 책임을 가지는데, 이는 그들의 결정이 터키가 어느 방향으로 나아갈
지를 결정할 수도 있기 때문이다.

다섯 번째, 마지막으로 시민사회 조직과 다른 종교 등은 다른 의견을 가진 사람
들과 일해야 하는 기회를 가지게 되었다. 이로 인해 이슬람 코스모폴리타니즘으로의
회귀를 필요로 하거나 혹은 더욱 더 발전시키기는 것이 필요해졌다. 이러한 의견은 다
수 있지만 그 중 하나를 소개해 보자. 어쉐드 만지(Irshad Manji)는 『현대 이슬람과의 문
제』(*The Trouble with Islam Today*)(Manji 2004)를 통해 커다란 반향을 일으켰는데, 그녀는
이 책을 "이슬람교도와 비이슬람교도, 걱정하고 있는 전 세계 시민들에게 쓴 공개 편
지, 이슬람교도의 개혁의 목소리—이 책은 왜 나의 종교공동체가 만물의 아이디어, 신
념, 사람의 다양성에 항복할 필요가 있는지, 그리고 우리 이슬람교도들이 거기에 도착
하는 데 있어서 왜 비이슬람교도들이 중요한 역할을 갖는지에 대한 것이다—라고 소
개했다(http://www.muslim-refusenik.com/thebook.html). 그녀는 11세기 이슬람의 다원주의
적 전통(135개의 다양성이 제시되었음)으로 돌아가 이슬람의 반유대정책과 무슬림 사회
의 여성 인권문제와 직면해야 한다고 주장했다. 물론 미디어의 아이디어에 대해 동의
만 하는 것에는 신중해야 한다. 이러한 방법으로 자신만의 성명을 만드는 종교 간 조
직과 이슬람교도 지식인들, 작가, 예술가들은 많이 있다.

정리

지금까지 살펴본 것처럼 종교는 인류가 처음으로 교류하고 공동체를 형성했던
초기에서부터 현재 글로벌 시대에 이르기까지 인류 역사의 기본구조를 용접해 왔다.
그러나 이 '종교'는 우리가 설명한 것처럼 특정 신념이나 교회, 교리를 의미하는 것이
아니다. 우리는 종교적 감정과 행동의 '구성요소'가 어떻게 의식, 토템, 터부의 이해를

통해 생성되는가를 설명하는 데 집중해 왔다.

처음 일부 사회학자들은 종교의 필요성에 대해서 회의적이었다. 그들은 세속적·합리적·과학적 교화사상이 우세해지면 종교는 쇠퇴할 것이라고 보았다. 그러나 얼마 지나지 않아 사회학자들은 종교가 사회결속의 형태로 강력하며 필요한 역할을 가지고 있음을 깨닫게 되었다. 이 점에 있어서 뒤르케임은 특히 명쾌한 주장을 했는데, 콩트와 같은 학자들은 과연 종교가 신학과 관련없이 정신적 휴머니즘과 같은 것을 발전시킬 수 있는지에 대해 의심했다. 터너는 또한 종교가 사회를 통합하는 역할을 가짐을 강조했으나 세속적 '시민종교'의 출현은 힘들 것이라고 보았다. 터너(Turner 1991 : 38-62)는 오히려 그리스도교가 (특히) 자신을 스스로 정교분리에 적응시켜 왔다고 본다. 예를 들어 미국의 그리스도교 교회는 구세계에서 이어지는 친숙한 제도를 제공했으나 이제는 새로운 세계의 방향과 장소를 제공하고 있다. 동시에 그들은 '미국식 삶의 방식'에 대해 어떤 공격도 하지 않고 이로부터 후퇴하여 헌법, 세속적 교육, 민주주의, 개인주의, 시장 자본주의의 찬양을 선택했다.

살아남기 위해 조직화된 종교가 민족성, 내셔널리즘, 그리고 이제는 글로벌리제이션을 받아들였다는 점은 중요하다. 로버트슨(Robertson 1994 : 128)은 다음과 같이 설명한다 : "장기간에 걸친 종교의 사회적응은 종교의 역사 및 종교 연구에 있어서 가장 중요한 일반적 특성일 것이다." 동시에 정통이 아닌 형태의 전통과 신흥 종교운동이 기존의 종교를 대신하여 신자를 늘리기 시작했다는 점을 인정해야 한다. 우리는 이러한 것들이 특이한 관습과 잘못된 예언에도 불구하고 성공을 거두고 있으며, 많은 사람들에게 매력적으로 다가오는 이유를 설명하고자 했다.

마지막으로 우리는 이슬람교의 호전적 형태가 부흥하고 있음을 살펴보았다. 물론 이는 세계의 모든 종교에 있어서 원리주의적 종파가 출현하지 않는다는 것은 아니다. 글로벌, 포스트모던 세계의 불확실성에 대한 일부 반응으로 인해 창조되었던 기존의 전통은 재확인된다. 그러나 그 안에서 무장 지하드가 많은 사람들이 촉진하고 있는 (그들의 정책이 항상 일관된 것은 아니지만) 자유주의, 다원주의, 민주주의 가치에 있어서 가장 큰 정면공격임은 의심할 여지가 없다. 이슬람 안의 다양성을 좀 더 평가하고 인정하면 평화로운 대화를 원하는 많은 이슬람교도들과 대화를 통한 협력을 시작할 수 있으며, 이로 인해 앞으로 나갈 수 있다는 생각은 결코 이상만은 아니다.

더 읽어볼 책

- 윌슨(B. Wilson)의 『세속적 사회 종교 : 사회학적 논평』(*Reiligion in Secular Society : a Sociological Comment*, 1966)은 세속화 이론의 고전적 책이다.

- 종교에 관련한 훌륭한 참고서는 많이 있다. 피셔(M. P. Fisher 1997)의 『살아 있는 종교』(*Living Religions*)는 세계 종교에 관한 백과사전이다. 그녀는 힌두교, 자이나교, 불교, 도교, 유교, 신토, 조로아스터교, 유대교, 기독교, 이슬람교, 시크교에 관련한 구체적 장들을 싣고 있다. 이 목록은 힌넬스(J. R. Hinnells 1997)의 『현대 종교 핸드북』(*A New Handbook of Living Religion*)과 큰 차이는 없지만 힌넬스의 책이 좀 더 큰 규모의 에세이를 담고 있다.

- 이러한 참고서는 일반적으로 신흥 종교운동에 대해 많은 것을 담고 있지 못하다. 제임스 벡포드(James Beckford)는 이 분야에 있어서 세계적인 학자이다. 대표적 예는 『논쟁 : 신흥 종교운동에 대한 사회의 반응』(*Cut Controversies : The Societal Response to New Religious Movements*, 1985)이다.

- 우리는 일반적으로 학생들 사이에서 인기가 많은 짧은 참고서에 관심이 많지 않지만 루벤(M. Ruthven)의 『이슬람 : 매우 짧은 소개』(*Islam : A Very Short Introduction*, 2000)는 엄청난 양을 짧은 글 속에 담고 있다.

- 스톤(Jon R. Stone)이 편집한 책 『아마겟돈에 대한 기대 : 실패한 예언에 관한 읽을거리』(*Expecting Armageddon : Essential Readings in Failed Prophecy*, 2000)는 이 주제에 대해 훌륭한 설명을 제공한다. 또한 일부 고전문헌으로부터의 인용과 흥미로운 사례 역시 포함하고 있다.

그룹 과제

1. 2그룹으로 나눈다. 양 그룹은 의식, 토템, 터부에 대해 한 문단 정도의 정의를 준비한다. 이 책 외의 참고자료를 사용할 것. 각 그룹은 각 카테고리당 3개의 예를 준비하고 문맥을 설명할 것.

2. 4그룹으로 나눈다. 인터넷과 참고문헌을 이용하여 각 그룹은 이슬람의 다양한 종파의 역사와 특징적 교리를 설명해 보자. 이를 반 학생들 앞에서 보고할 것.

3. 사회 안의 종교의 기능에 대해 한 팀은 세속적인 관점에서, 다른 팀은 종교적 관점에서 토론해 보자.

4. 3그룹으로 나눈다. 각 그룹은 주요 장소에 상상의 순례여행에 착수한다. 왜 거기에 갔는지, 누구와 묵었는지, 어떤 경험을 했는지 묘사해 보자.

생각해 볼 문제

1. 예언 종교의 많은 신봉자들이 자신들의 종교 중심 예언이 실현되지 않았음에도 불구하고 믿기를 계속하는 이유는 무엇인가?

2. 부가적 참고자료를 이용하여 존스타운에서 벌어진 비극적인 사건을 설명해 보자.

3. 세속화 이론은 결국 신빙성을 상실했는가?

4. 우리는 어떻게 이슬람의 폭력적 형태와 함께 살 것인가?

유용한 웹사이트

- http://www.intute.ac.uk/socialsciences/cgi-bin/search.pl?term1=religion&gateway=Sociology&limit=0 종교사회학에 대한 인튜트 게이트웨이 링크.

- http://web.uni-marburg.de/religionswissenschaft/journal/mjr/ 마르부르크의 우리 동료들이 편집한 *Journal of Religion*의 사이트는 10년간 종교 연구에 대한 학문적 글들을 제공한다. 전부가 사회학에 관련된 것은 아니지만 다수가 사회학과 깊게 관련되어 있고 편집수준도 매우 높다.

- http://religiousmovements.lib.virginia.edu/nrms/Jonestwn.html 이 홈페이지는 존스타운 사건을 다루고 있다.

- http://www2.asanet.org/section34/newsletter.html 주로 종교사회학에 대해 전문적으로 관심을 가지고 있는 사회학자들을 위해 만들어진 사이트. 이 미국사회학회(American Sociological Association)의 하부 사이트는 또한 학생들을 위한 짧은 글들을 담은 유용한 뉴스레터 역시 포함한다.

도시생활
Urban Life

SOCIOLOGY

대부분의 인류 역사에서 농촌은 생활의 기반이었다. 1800년 당시 세계 인구의 97%가 인구 5,000명 미만의 농촌지역에 살고 있었다. 그러나 대규모의 도시화 시대를 거친 200년 후의 2000년에는 100만 명 이상의 인구를 가진 도시는 254개에 달하게 되었다. 이 254개 도시는 그 성격에 있어서 매우 다양하지만 그 다수가 다음과 같은 기본적인 카테고리 안에 들어간다.

1. 바그다드, 카이로, 멕시코시티, 아테네, 로마와 같은 **고대도시**. 위대한 도시문명의 기초였던 거주지역에 건설되었다. 현재 관광객들은 이러한 위대한 도시문화의 유적들을 골라 과거의 비밀과 영광을 찾으려 시도한다.

2. 카라카스, 라고스, 상파울로, 봄베이와 같은 **식민도시**. 식민지 확대에 의해 혹은 그 뒤를 이어 만들어졌다. 이러한 도시들의 상업지구와 부유한 외곽은 섬과 같이 빈곤층의 바다에 둘러싸여 있다.

3. 버밍햄, 토론토, 프랑크푸르트, 요하네스버그, 시카고, 시드니 등의 **공업도시**. 근대화 및 국민국가 건설 시대에 공업, 상업, 금융활동의 중심지가 되었다.

4. 런던, 파리, 도쿄, 뉴욕과 같은 **글로벌** 도시. 근대화 시기 매우 중요했으며, 지금도 글로벌 변동과 통합과정에서 독특한 사회 특성과 구별되는 역할을 담당하고 있다.

도시는 새로운 거주자가 도래하여 새로운 시장이 생기고 새로운 직업이 생기며 새로운 감성이 형성되는 집합지점으로 정의할 수 있다. 아테네와 같이 고대세계 다양한 문화를 가졌던 도시로부터 현재 우리는 '코스모폴리스'라는 용어를 쓰고 있지만 모든 길이 통하는 곳은 로마였다. 중국, 아즈테크제국, 오스만제국, 신성로마제국에도 몇 개의 도시가 존재했다. 국민국가 이전에는 수백 개의 도시가 존재했다. 실제로 오랜 기간 동안 유럽 도시와 국가들 사이에는 긴장이 존재했다. 베네치아, 안트워프, 제노바, 암스테르담과 같은 도시는 포르투갈, 영국, 프랑스와 같은 왕국과 경제적·정치적 라이벌 관계인 경우가 많았다. 결국 일정한 '상호성'(mutuality)이 형성되어 거대 도시들은 국민국가 체제의 진화에 있어서 중요한 행정적·군사적·경제적 역할을 하게 되었다(Taylor 1995 : 48-62). 그들의 '상호성'은 오직 모더니티의 시기에서만 관련된 본질적으로는 외부 경계를 지키려는 국가의 능력, 즉 그 경계 안에 있는 주요 도시들의 기능을 지키는 것에 의존한 것이었다.

　　도시가 가지는 이러한 중요성으로 인해 도시적 거주형태와 그곳에 사는 사람들의 삶의 방식은 세계 저명한 사회학자들의 연구영역이 되었다. 예를 들어 뒤르케임(Durkheim 1933)은 농촌에서 도시로의 전환을 '기계적' 연대에서 '유기적' 연대로의 이동으로 보았다. 전자는 관습적 상호작용 양식을, 후자는 익명성, 비인격성, 계약을 기반으로 한 사회관계를 특징으로 한다. 짐멜(Simmel 1950a)은 도시를 새로운 형태의 '정신생활'을 가져오는, 복잡하게 얽힌 집단귀속의 네트워크라는 특징을 가진 근대 문화가 출현한 장소라고 보았다. 높은 수준의 개인주의는 이러한 사회관계에 의해서 완전히 중화되는 것이 아니므로 갈등과 사회병리는 분출될 가능성이 높다(글로벌 사상가 17 참조).

　　도시사회학의 전성기는 이 분야의 발전에 중요한 역할을 했던 1910년대부터 1930년대까지의 시기이다(Savage and Warde 1993 : 7). 도시사회학의 중요한 역할은 특정 도시가 가지는 글로벌 기능이 중요하다는 것이 인식되면서 1970년대에 다시 강조되었다. 이번 장에서 우리는 식민도시, 공업도시에 대해서 살펴볼 것이다. 공업도시를 논의하는 데 있어서는 도시집단의 '생태학적 패턴'(ecological patterning)과 공간적 분포를 이해하는 특징적인 방법론을 발전시킨 유명한 시카고 학파를 살펴볼 것이다.

식민도시

　　식민도시에 있어서 가장 현저히 나타나는 특징은 극도의 병렬이 나타나 이는 때때로 기이해 보이기까지 하다는 것이다. 로버츠(Roberts 1978 : 5)는 이에 대해 다음과 같이 논하고 있다 : "근대의 초고층 빌딩, 사치스러운 쇼핑, 오피스, 은행시설이 비포장도로, 무단거주지, 드러난 하수의 오물 등 (…) 우아하게 차려입은 사람들을 숨어서 기다렸다가 말을 거는 거지들, 노점상과 부딪힌다. 그들의 신발은 도시 내부 슬럼 출신의 소년들이 광을 낸 것이고 그들의 차 또한 소년들의 시선을 받는다." 거기에는 무단거주지 출신자들이 더해지는 경우도 있다.

　　식민도시에서는 어바니티(도시성, urbanity)와 모더니티(근대성, modernity) 간에 필연적인 연결이 존재하지 않는다. 실업은 흔히 있는 일로, 오히려 항상 있는 일이다. 경제활동에 있어서는 자영업이 중심이다. 공장에는 정규고용의 블루칼라 노동자가 있고 정부나 관청, 은행, 보험회사에는 화이트칼라도 있지만 대부분의 사람들이 '바자경제'(bazaar economy) 혹은 **비공식부문**(informal sector)이라고 불리는 분야에 속한다. 자영 수공업자, 목수, 벽돌공, 재봉사, 택시 드라이버, 기계공, '마켓 마미'(market mommies, 싼

그림 17.1 식민도시 안에 나타나는 병존(1)
랩탑을 사용하는 남자, 모로코 마라케시

그림 17.2 식민도시 안에 나타나는 병존(2)
지역 체육시설 광고 안의 한 백인 여성은 다리미를 가지고
팔운동을 하고, 한 흑인 남성은 아주 다른 방법으로 운동을
하고 있다. 잠비아 루사카

상품을 파는 여성), 작은 가축을 키우는 농민 등이 일반적인 직업이다. 저자 중 한 사람이
나이지리아에 살았을 때 자칭 '폭스바겐 박사'가 도로변에서 그의 차를 점검했다. 날
이 저물 무렵 차를 가지러 가는 것은 매우 시간이 걸렸는데, 사람 좋은 수리공이 자신
의 '테스트 드라이브'를 지역민들을 위한 택시 서비스로 활용했기 때문이었다.

중요 개념

비공식부문(informal sector)　　소규모, 노동집약적·자생적 경제활동을 특징으로 하는 도시사회
의 직업분야. 비공식부문은 최소한의 자본을 필요로 하는데, 그 활동은 규제되지 않은 시장과
공식적 교육제도 밖에서 얻은 기술에 의존하고 있다. 이 부분이 정부 규제자에 의해 통제받는
것은 드물기 때문에 노동조건, 안전성 체크, 환경수준은 최저이다. 자기 착취 및 착취로 가득
차 있다.

요약하자면 사람들은 자신에게 가능한 최선의 방법으로 살고 있다. 부유한 사람
들은 선진산업국의 특권집단과 비슷한 라이프스타일을 즐기는 반면 식민도시의 도시
빈민층은 저소득, 최소한의 공적 서비스, 초라한 주거라는 복합적 상황에 직면해 있는

경우가 많다. 많은 사람들이 낡은 공공 아파트, 다세대 주택, 카드보드와 나무판자, 양철, 초가지붕으로 만든 판자촌에 살고 있다. 도시 빈민층의 어려운 생활환경에 대해 사회학자들은 그들의 사회적·정치적 태도가 기존 질서에 어떠한 위협을 가하고 있는지 세밀하게 조사해 왔다.

라틴아메리카 도시에 관한 조사결과 도시 빈민층의 일부는 그들의 빈곤 정도로부터 추측되는 것보다 훨씬 '보수적'이라는 증거가 나타난다. 판자촌에 살고 있는 사람들은 공식부문에서 일하거나 일하고 싶어 하는 사람들이다. 그들의 판잣집은 종종 벽돌집으로, 기존의 조잡한 물질로 얹은 지붕은 골진 철 지붕으로 점진적으로 개조되는 경우가 많다. 도시 빈민층도 또한 창조적인 방법으로 자신들의 삶을 향상시키기 위해 문화적·사회적 자원을 사용하고 있다(Roberts 1978 : 141). 종교 귀속은 감정적 지원을 제공하고 슬럼에 새롭게 형성된 민족성은 경제적 신용과 정치적 동원의 기초가 된다. 한편 때로로 표를 원하는 기존 정당이 들어오면서 기존의 정치영역에 참가하는 길이 열릴 수도 있다. 펄만(Perlman 1976)은 주류에 참가하려는 이러한 압력으로 인해 도시 빈민층의 '주변성'(marginality)은 신화라고 주장했다.

공업도시와 시카고 학파

시카고 대학의 로버트 파크(Robert Park), 어니스트 버제스(Ernest Burgess)를 비롯한 그의 동료들과 후계자들은 공업도시에 대해 가장 유명하면서도 광범위한 연구에 착수했는데, 이는 1920년대에 처음 시작되었다. 시카고 도시 자체가 그 이론과 현장학습의 배경이 되었다. 파크(Park)는 1925년의 저서(Kornblum 1988 : 548-9 참조)에서 다음과 같이 논하고 있다.

이 도시는 단순히 사회적 편의―도로, 빌딩, 전등, 시내 전차, 전화 등―를 제공하는 것, 그리고 재판소, 병원, 학교, 경찰소, 다양한 종류의 기능의 집합체가 아니다. 도시는 이를 구성하는 사람들의 생활과정에 관계한다. 인류 본성의 특성의 산물인 것이다.

이상의 인용문이 제시하는 것처럼 시카고 학파의 구성원들은 도시가 가지는 의미와 도시문화가 어떻게 형성되어 가는가에 큰 관심을 가지고 있었다. 도시는 거대한 악의 온상이었는가, 아니면 문명의 근원이었는가? 도시에 살기 위해서는 어떠한 도덕적 타협이 필요한가, 그리고 기존 거주자들과 신이주자들 사이에는 어떤 갈등이 일어 났는가? 새로운 환경 안에서 개인주의적인 성취와 지역공동체의 귀속이라는 두 개의 대항 주장은 어떠한 행동으로 나타나는가? 카스텔(Castells 1977 : 77-8)은 시카고 학파의 주요 인물인 루이스 워스(Louis Wirth)의 주장에 대해 찬사를 보냈는데, 그의 주요 주장 은 사회생활의 새로운 형태가 규모(dimension), 밀도(density), 이질성(heterogeniety)을 축 으로 구성된다는 것이었다.

- **규모** : 도시가 커지면 커질수록 각 개인의 다양성과 사회분화의 스펙트럼은 넓 어진다. 이는 공동체의 연대를 약화시키고 사회경쟁과 익명성의 증대를 가져 오며, 감정적 연대와 신뢰가 낮아지면서 상호작용은 다양해진다. 사회문제에 직접적으로 관여하는 것은 불가능해지고 그 대신 대표제가 발달하게 된다.
- **밀도** : 이로 인해 분화가 촉진된다. 도시에서는 이웃들과 물리적으로 접근하면 할수록 역설적으로 사회적 접촉은 더욱 더 멀어진다. 개인적 목표를 만족시킬 수 없는 것에 대해서는 무관심해지고, 이로 인해 호전적이고 공격적인 태도가 나타난다.
- **이질성** : 워스는 뒤르케임의 관찰을 받아들여 민족적·계급적인 측면에 있어서 이질성이 급속한 사회이동을 촉진시킨다고 설명했다. 집단구성원으로서의 지 위는 각 개인이 일시적으로 이해관계를 맺는 것뿐으로 불안정한 것이 되어 간 다. 따라서 공동체(혈연 혹은 장기적으로 지속된 지위를 기반으로 한 집단)에 대해 제 휴(자신들의 합리적 목표를 추구하기 위해 연결된 사람들)의 우위가 나타난다.

시카고 학파는 도시문화의 성격을 둘러싼 연구와 함께 도시의 '지역제'(zoning) 혹은 '생태학'(ecology, 현재 우리가 생태학이라고 부르는 것이 아닌)이라는 개념으로 유명하 다. 파크와 버제스를 포함한 그들의 동료들은 기본적으로 물리적 공간이 어떻게 사회 공간과 연관되는지를 제시하려 했다. 그들의 모델은 동심원을 기초로 한다.

- 중심부에는 대규모의 상점, 오피스 블록, 극장, 호텔 등을 중심으로 하는 업무 지구가 형성된다.
- 이를 둘러싼 또 하나의 동심원은 '과도구역'(zone of transition)으로 도시 내의 슬럼, 소규모 산업, 극도로 황폐화된 도시구역[미국의 경우 '스키드 로우'(skid

row)로 불리는 지역]이다.

- 그 다음 원에는 상층 노동자계급의 주택지구가 있어 구멍가게와 간소하지만 깨끗한 주택들, 학교들이 존재한다.
- 그 외측 원에는 더 부유한 가족의 주택과 매력적인 중간가격의 아파트 지구가 있다.
- 마지막으로 그 외부를 둘러싼 느슨한 원의 지역에는 큰 정원이 있는 단독주택 단지가 있어 부유한 통근자들이 산다.

글로벌 사상가 17

게오르그 짐멜_ GEORG SIMMEL (1858-1918)

짐멜은 종종 사회학의 창시자 중 한 사람으로 알려져 있지만 이름이 가장 널리 알려져 있지 않은 사람이다. 그는 이러한 결과를 예상했는데, "나는 내가 정신적 후계자 없이 죽을 것을 알고 있다"(Frisby 1978 : 4에서 인용)고 말했다. 왜 이러한 일이 일어났을까? 첫째, 그의 업적들은 너무 늦게 영어로 번역되었고, 그것도 아주 일부분에 지나지 않았다는 것이 문제였다. 이에 반해 마르크스는 많은 부분을 영어로 썼으며, 뒤르케임과 베버는 영어 공용 사용을 위한 후원자나 번역가를 가지고 있었다. 둘째, 그는 연구자로서의 삶에 있어서 반유대주의를 경험해야 했다. 짐멜이 보장된 직업을 가진 것은 그가 죽기 4년 전인 1914년 스트라스부르크에서의 지위뿐이었다. 다른 주요 독일인 교수들은 그들의 아이디어를 확산시킬 박사과정 학생 그룹을 가지고 있었다. 그는 글을 쓸 때 어중간하게 분절된 방법을 사용했는데, 커다란 일반론, 특이한 예, 개인적 접촉을 끌어모아 깊은 비관주의와 인류의 노력이 극도로 무익함을 제시하는 것이었다. 동시대 학자들과 학생들 일부에게 감동을 줄 수 있는 방법으로 남은 마지막이 바로 연구의 높은 질이었다. 그는 개인적 친분과 개인 간 상호 교류를 통해 소통할 수 있었다. 좀 더 넓게 보자면 그는 문화연구와 문학연구, 심리학, 철학과 사회학 주류 사이의 다리 역할을 했다. 그의 주요 업적인 『화폐에 대한 철학』(*The Philosophy of Money*, Simmel 1978)이 완역된 이후로 그의 명성은 높아졌다. 이 책의 복잡성과 깊이에 대해서 수많은 주장들이 나타나므로 여기서 이를 요약하는 것은 불가능하다. 그는 돈을 단순한 자본 혹은 교환가치보다는 훨씬 심오하게 이해했다는 것만을 언급하기로 한다. 그가 예측하기로는 돈은 경험을 분자화하고 분열시켜 사회문화적 생활로 여과한다고 보았다. 돈은 절대 쉬지 않는다. 돈은 공업화된 메트로폴리탄의 삶의 중심에 있는 '고독한 에고'(solitary ego)와 '뼛속까지 외로운 영혼'에 말을 건다(Frisby 1978 : 29 인용).

꽤 어려운 글이지만 그의 훌륭한 예시를 보면 이 책을 좀 더 쉽게 이해할 수 있다. 금은보화와 같은 선물을 거부하도록 하고 있는 불교 승려를 예로 들어보자. 돈은 '공포와 두려움의 대상'이 되었고 빈곤은 '창조적 가치의 귀중한 일부로 빈틈없이 지켜져야 하는 소유물'이 되었다

(Simmell 1978 : 253-4). 혹은 매춘에 대한 그의 논의를 보도록 하자. "우리는 돈 자체의 본질 안에서 매춘의 본질을 경험할 수 있다"(Simmel 1978 : 376-7). 절대 인간을 '단순한 수단'으로 이용하지 않는 칸트의 도덕명령은 '명백하게 양측에 의해 무시된다.' 이는 '인간 위엄성의 밑바닥'이며, '주는 쪽과 받는 쪽 사이에 가장 비참한 불일치'이다.

이러한 관점은 21세기의 인식, 모든 것이 상품화되어 우리 존재의 중심 안으로 들어와 우리의 존재 자체를 파괴할 수도 있다는 생각과 매우 긴밀하게 공명한다. 그는 이러한 역동성을 그의 탁월한 글 「메트로폴리스와 정신적 삶」(*The metropolis and mental life*)에서 다루는데, 이 글에서 그는 생산자들이 메트로폴리스로 보낸 상품들의 거의 대부분이 어떻게 완전한 미지의 구매자들을 위해 공급되는지 설명한다.

> 생산자를 개인적으로 만난 적이 한번도 없는 사람들. 이러한 익명성을 통하여 각 집단은 냉혹한 사실을 손에 넣을 수 있다. 양측의 경제적 이기주의를 지능적으로 계산해도 측정할 수 없는 개인적 관계 때문에 그것이 왜곡되는 것을 우려할 필요가 없는 것이다(Simmel 1950b : 411-2).

이상의 인용문이 나타내듯이 짐멜은 낯섦과 친숙함, 친밀함과 불명함이 어떻게 영속적이고 참기 힘든 갈등을 억누르고 있는지 보여준다.

출처 : Simmel (1950a, 1950b, 1978) ; Frisby (1978).

시카고 학파의 다양한 구성원들이 발전시킨 이 모델은 문자 그대로 읽으면 안 된다. 모든 산업도시가 모두 같은 외관을 가지는 것은 아니다. 예를 들어 도시계획을 짜는 사람들은 중심부의 비즈니스 지구 중심에 고소득층을 위한 아파트를 세우도록 장려하는 **젠트리피케이션**(gentrification)이라는 과정을 통해 도시 내부의 황폐화를 막으려는 경우가 많다. 그럼에도 불구하고 약간의 변형은 있지만 시카고 학파의 생태학적 구역 모델은 어떻게 거대도시가 작동하고 발전하는지 이해하는 데 있어서 유용한 사회학적 툴이 된다.

중요 개념

젠트리피케이션(gentrification)   젠트리피케이션이란 황폐한 도시 내부 지역이 소규모 비즈니스, 극장, 카페, 개선된 거주지역의 성장과 함께 물리적·경제적 재생을 경험하는 과정을 의미한다. 이 현상은 오래된 주택을 개조하여 살고자 하는 '트렌디'한 중간계급의 지식인과 미디어·예술·교육 분야의 전문가가 유입된 결과로 나타나기도 한다[뉴욕 그리니치 빌리지의 로프트에 관한 주킨(Zukin)의 1981년 연구 참조]. 혹은 이러한 현상은 지주, 부동산개발업자, 정부가 그 지역 전체에 새로운 자본을 투입하는 경우에서도 나타난다.

Box 17.1

아프리카계 미국인의 북부 이주

시카고, 디트로이트 등 미국 북부 도시는 공업력으로 인해 19세기부터 20세기 전환기에 있어서 점점 더 중요해졌다. 시카고는 철도, 가축 수용시설, 육류 포장사업의 중심지가 되었고, 디트로이트는 자동차와 그 관련 사업의 주요 기지가 되었다.

이러한 도시의 사회적 이질성은 많은 유럽국가들과 미 남부로부터의 이주를 기반으로 한 것이었다. 남부를 떠난 아프리카계 미국인들은 '처형이나 기아의 위협이 아닌 이유로 발생한 이주들 중 역사상 최대 혹은 가장 급속도로 이루어진 국내 이주'를 형성했다 (Lemann 1991 : 6).

1865-1900 : 남북전쟁 후 인종격리를 촉진하는 짐크로우법(Jim Crow laws)이 남부에서 성립되었다. (짐크로우는 지능이 낮은 아프리카계 미국인을 가리키는 경멸적인 명칭이다.) 생산을 위한 기본 메커니즘(노예제)이 붕괴하는 한편 발전도상 단계의 남부 도시들은 황폐화되었다.

1900-1930 : 볼위빌(boll-weevil, 목화의 깍지를 갉아먹는 해충)의 횡행으로 목화산업에 큰 영향을 주게 되었다. 이 질병은 특히 흑인 농부들에게 큰 타격을 주었는데, 그들 대부분은 지주가 아니라 소작인이었고 대체작물로 바꾸는 것도 힘들었다. 대부분의 아프리카계 미국인은 자신의 토지를 버리고 새롭게 출현한 남부 도시로, 해충이 없는 지역으로, 최종적으로는 북부로 이동하게 되었다.

1920-1930 : 전 세계적으로 면화가 과잉생산되면서 심각한 농업불황. 흑인과 백인 모두 큰 타격을 입었다.

1930-1950 : 농업의 급격한 퇴진. 많은 농민과 대규모 플랜테이션 소유주들이 도산했다. 소작인들은 임시노동자가 되거나 북부로 이주할 수밖에 없게 되었다.

1950-1970년대 : 기계에 의한 면화 수확이 보급되면서 농업 노동자들이 갈 곳을 잃게 되었다.

남부를 떠난 이주민들에게 있어서 다행스러웠던 일은 제1차 세계대전 동안 북부 공업, 특히 시카고의 가축 수용시설과 육류포장업, 운송업(여기서 흑인들은 풀만식 차량산업에 종사했다), 철광회사 등에서 노동력이 부족했다는 점이다. 이 시기 아프리카계 미국인의 노래는 이러한 '흑인의 대이주'를 묘사하고 있다. 여기에서는 두 곡으로부터 가사를 소개하도록 한다.

일부는 열차를 타고 오고
일부는 화물열차를 타고 오네.
다른 이들은 걸어서 오겠지.
누구에게도 기다릴 시간은 없네.

짐크로우는 이제 신물 난다. 난 짐크로우 마을을 떠나
빌어먹을 내 검은 영혼, 나는 달콤한 시카고로 향하네 …

1920년 시카고의 흑인 109,000명 중 90,000명이 다른 주에서 태어났는데 대부분이 남부 출신이었다. 문화적으로 볼 때 이 이주는 유럽 클래식 음악의 발전 이후 가장 중요하고 영향력 있는 음악적 표현을 만들어냈다. 예를 들어 재즈, 밥, 비밥, 모타운[디트로이트의 '모터타운'(moter town)에서 온 표현]과 도시 블루스—시카고와 캔사스 도시 블루스의 특색 있는 사운드를 포함—를 생각해 보라.

출처 : Fligstein (1981) ; Lemann (1991).

글로벌 도시라는 개념

권력은 '글로벌 도시'라고 불리는 것의 출현을 통해 공간적으로 재배분되어 간다. 어떤 연구자들은 '세계 도시'(world city)라는 용어를 사용하고 다른 사람들은 '글로벌 도시'(global city)라는 용어를 선호하는데, 이 두 용어 사이에 큰 차이는 없다. 존 프리드만(John Friedman 1986)은 처음으로 세계 도시의 주요 특성을 정리하려 했다. 그는 새로운 국제분업을 공간적으로 조직하기 위해서는 특정 도시들의 역할을 새롭게 이해할 필요가 있다고 주장했다. 특히 그들은 여전히 영토를 기반으로 작용하는 정치와 점점 더 글로벌 수준으로 기능하는 경제 사이의 중대한 모순을 구체화했다. 도시 안에서 발생하는 사회적 갈등은 이러한 세력다툼의 결과로서 나타난다. 이러한 기초적 아

이디어에서 프리드만은 그가 '세계 도시 가설'이라고 불리는 것을 발전시켰다. 이는
다음의 7가지 명제가 잘 묘사하고 있다.

1. 한 도시가 어느 정도 글로벌 경제에 통합되었는가는 그 도시의 물리적 형태와
   노동 및 자본시장의 성격에 영향을 준다.
2. 세계의 주요 도시는 글로벌 자본의 '거점'으로 활용되어 도시 자체는 하나의
   '복잡한 공간적 계층구조' 안에 배열된다.
3. 세계 도시는 다양한 '관리기능'을 담당한다.
4. 세계 도시는 자본이 집중되고 축적되는 장소이다.
5. 세계 도시는 국내 혹은 국제적 이민의 목적지이다.
6. 세계 도시 안에서는 공간적·계급적 분화가 일어나기 쉽다.
7. 세계 도시에서 생겨난 사회비용은 국가의 재정능력(과세)을 넘는다.

지도 17.1은 프리드만이 제시한 세계 도시들 간의 연계와 그 여러 겹으로 쌓인
관계를 보여준다.

세계 도시 가설은 여러 논의를 발생시켰는데, 사센(Sassen 1991, 1995) 및 녹스와
테일러(Knox and Taylor 1995)의 저서가 유명하다. 이들은 또한 글로벌 도시의 개념을 새
로운 방향으로 확장시켰다. 그들의 관점은 다음과 같이 요약될 수 있다.

1. 주요 초국적 기업의 본사는 글로벌 도시에 위치한다. 이 책의 앞부분에서 보았
   듯이 초국적 기업은 그들의 출신 영토의 제약을 피할 수 있음에도 불구하고 본
   사를 유치하는 도시에 여러 가지 이점을 가져다 준다. 초국적 기업이 제공하는
   고용은 매우 가치 있는 것이며, 회의나 비즈니스 미팅을 위해 중요한 고객을
   유치하고 특정 도시에 권력 중핵부를 두어 정치적으로도 큰 보수를 기대할 수
   있다.
2. 모든 주요 도시는 선진 산업국가에 위치한다. 아마도 가장 유명한 예는 뉴
   욕·런던·도쿄로, 이러한 도시는 그 시장의 힘을 통해 막대한 자금의 동서축
   을 형성한다.
3. 기업의 본사와 증권거래소의 소재지는 주요 은행, 보험업, 연금기금의 운용책
   임자의 소재지와 일치한다. 상호적으로 강화되는 경제적 응집체는 글로벌 도

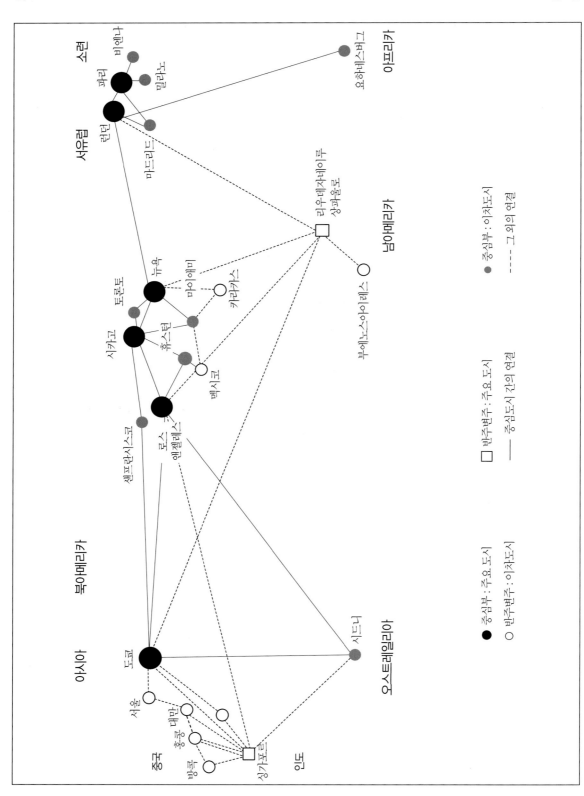

지도 17.1 세계 도시의 계급구조
출처 : Friedman (1986).

시에서 발전한다.

4. (미국, 아시아, 유럽이라는) 각 지역 군집 안에는 주요 도시와 그 주변을 둘러싸고 있는 소도시 군집 사이에 상대적으로 명확한 관계가 존재한다. 미국 군집은 로스엔젤레스, 뉴욕, 시카고 등의 중심부 도시로 구성된다. 아시아 중심부는 도쿄와 싱가포르 사이의 축에 존재한다. 유럽 체계는 런던–파리 그리고 라인 벨리에 있다. 다른 도시들은 이러한 주요 중심부와의 관계 안의 복잡한 계층구조를 형성한다.

5. 글로벌 도시는 국제분업 안에서 특화된 지위를 담당하고 있다. 이 지위는 때때로 그들의 행정적 중심성과 일치하지만 반드시 부합할 필요는 없다. 예를 들어 런던, 파리, 도쿄, 서울, 제노바, 스톡홀롬, 코펜하겐, 멕시코시티는 글로벌 도시이자 자본 도시이다. 그러나 오스트레일리아의 글로벌 도시는 캔버라가 아닌 시드니이다. 남아프리카의 경우는 프레토리아가 아니라 요하네스버그이다. 캐나다의 경우 오타와가 아닌 토론토와 몬트리올이 글로벌 도시이다. 이탈리아는 로마가 아닌 밀라노가 그 자격을 가진다. 이러한 분리상태는 글로벌 특징중 가장 적정한 것으로 매우 중요한데, 이는 글로벌 자본능력이 지금까지 자본 도시의 선택을 알려주던 오래된 정치적·종교적·행정적 논리에서 벗어나 도시와의 긴밀한 유대에 영향을 끼치기 시작했음을 보여준다.

6. 일부 도시들은 기업의 본사 기능을 담당하고 다른 일부는 금융센터 기능을, 다른 일부는 정치적 도시 기능을, 또 다른 일부는 경제활동의 국가 중심 기능을 담당했다. 그러나 장기적으로 볼 때 글로벌 도시는 이러한 기능을 전부 담당한다.

7. 글로벌 도시는 글로벌 운송의 중심이다. 홍콩, 시드니, 싱가포르, 뉴욕과 같은 많은 도시들이 항구라는 자연적 요인으로 인해 수행해 왔던 오래된 상업기능으로부터 진화했다. 그러나 항공운송으로 인해 이러한 제약이 거의 없어져 일부 도시는 주요 항공회사로부터 통행료를 받으며 발달하게 되었다.

8. 모든 글로벌 도시는 다른 글로벌 도시와의 항로로 밀접하게 연결되어 있다. 이를 가장 간단히 이해할 수 있는 방법은 비행기를 타고 좌석 앞주머니에 들어 있는 항공 노선표를 펴보는 것이다. 거기에는 지구상을 횡단하는 여러 세부 노선이 있다. 주요 비행기의 지도를 10개만 모으면 사실상 글로벌 도시를 표시하는 지도를 가지게 될 것이다. 물론 유나이티드 에어라인은 시카고를 중심으로, 브리티쉬 에어라인은 런던을 중심으로, 캐시패시픽은 홍콩을 중심으로 군

집을 이루고 있다. 그러나 이 모두를 합치면 특정 지점을 중심으로 밀집되어 있는 것을 볼 수 있을 것이다. 왕래가 매우 많은 곳이다. 런던의 경우 비행기는 매 2분에서 3분 간격으로 히드로우 공항(3개의 공항 중 가장 큰 공항)을 떠난다. 2006년 7월 18일 공항은 일일 최대 승객 수를 기록했는데 그 승객 수는 226,208명이었다. 이 중 약 3분의 1이 공항을 경유지로서, 다른 목적지에 가는 비행기로 갈아타기 위한 목적으로 사용했다.

9. 글로벌 도시는 커뮤니케이션의 중심지이다. 이는 전화, 팩스, 텔렉스, 인터넷 통신의 밀도에 의해 측정 가능한데, 여기에도 비슷한 현상이 일어난다. 즉 1985년 6자리였던 런던의 전화번호가 7자리로 바뀌었는데 1996년에는 7자리로, 통신량과 밀도가 늘어남에 따라 곧 11자리로 변화할지도 모른다.

10. 글로벌 도시는 정보, 뉴스 통신, 오락, 문화 상품의 중심지이다. 주요 서적, 잡지, 신문 출판사를 비롯한 텔레비전이나 레코딩 스튜디오가 위치한다.

11. 글로벌 도시는 국내 자본의 축적 센터일 뿐만 아니라 외국 자본을 끌어오는 중심이 된다. 그러나 이러한 외국 자본이 투기목적인 경우는 매우 드물다. 일반적으로 글로벌 도시의 금융기관은 그들의 안정성과 건실함이라는 명성을 잃지 않기 위해 '핫머니'를 위한 항구로 알려진 곳(케이먼 아이랜드, 버뮤다, 큐라소와 같은)과는 과다한 경쟁을 하지 않는다. 대신 글로벌 도시는 세계 곳곳으로부터 장기적 자본투자를 유치하는 경향이 있다.

이상 11가지 특징을 포함한 여러 특징을 종합한 결과 프리드만이 이미 제시한 것처럼 글로벌 도시는 자국 내 후방 도시와의 관계를 희생하면서 다른 글로벌 도시와의 관계를 적극적으로 개척하고 있다. 글로벌 도시 간의 유통과 교류가 활발해짐에 따라 행정적 수도로서의 기능을 잃어가는 한편 한층 더 글로벌적인 금융적·문화적 역할을 담당하게 되었다.

각각의 글로벌 도시와의 관계 통합과 글로벌 도시와 지방 도시 및 후방 도시들 간 관계의 상대적 약화는 기술변화와 국민국가 체제의 군사기능의 축소로 인해 가능한 것이었다. 첫 번째 요인인 기술변화는 우리가 이 책의 다른 부분에서 논의한 문제로 전자 커뮤니케이션의 발달, 저가여행의 보급, 이전과 하청에 의한 특정 직업의 비숙련화 및 국제화, 글로벌 금융시장의 통합이라는 문제와 관련된다. 두 번째 요인은 좀 더 미묘한 점을 포함한다. 제2차 세계대전 후 세계로의 확장에 있어서 또 하나의 중요한 수단이 있음이 명확해졌다. 즉 경제적 힘만을 사용하는 것이다. 일본과 독일 양측에게 재무장은 금지되었으나 양국은 힘의 위협 없이도 세계 시장에 있어 상당한 위치를 차지하고 있다. 오스트리아, 스위스, 싱가포르는 자발적으로 무장을 포기했다. 가장 강력한 초국적 기업 역시 군사적 능력 없이 그들의 경제적 능력을 성취했다. 이렇듯 군사적 무장의 비용과 위험 없이도 높은 경제력을 쌓은 전례로 인해 다른 이들도 이를 따라할 수 있게 되었다. 그리고 그 선두에는 오래된 도시국가의 경제적 역할을 재확인하듯 글로벌 도시가 서 있는 것이다.

글로벌 도시로의 이주

가장 일반적으로 나타나는 변화는 글로벌 도시가 전보다 훨씬 더 국제적이고 코스모폴리탄이 되어가고 있다는 점이다. 사용되는 언어, 종교의 실천, 앞으로의 전망, 소비유형, 패션의 형태, 엔터테인먼트가 국내 문화로부터만이 아니라 다양한 문화에서 추출되고 있다. 레스토랑, 음악, 극장은 글로벌 도시에서 살고 있는 방문객과 단기 체류자들의 마음을 끌 수 있도록 계획되고 만들어진다.

또한 특정 종류의 국제 이주가 발달했다. 여러 국가들로부터 '데니즌' (Denizens) (특권을 가지는 외국인)이 도래하고 있다. 그 일부는 전문직 종사자, 관리직, 다국적 기업의 지원 아래서 한정된 기간 동안 일하는 계약 노동자들이다. 그 외에도 이중(혹은 다중) 시민권 혹은 거주권을 가진 채 자신들의 활동거점을 찾는 기업가도 있다. 이러한 데니즌 기업가들 중 일부는 수입국에 있어서 크게 성공하는 사람들도 있다. 이집트에서 태어난 마호네드 알 파이에드(Mahammed Al Fayed, 그의 아들은 다이애나비와 데이트를 하다가 차사고로 죽었다)는 런던 나이트 브리지의 유명한 해로즈의 소유자이다. 런던에서 활동 중인 다른 유명한 데니즌으로는 딕슨 푼(Dickson Poon)과 데이비드 탕(David Tang) 등이 있다(Box 17.2).

Box 17.2

푼과 탕, 런던을 휩쓸다

런던의 새로운 중국인 엘리트는 차이나타운의 주민을 때로는 영어조차 말할 수 없는 세련되지 않은 구세대라고 무시하는 경향이 있다. 자신들은 홍콩의 상류층 학교나 중국인 입학자들에게는 쿼터제가 할당되는 영국의 퍼블릭 스쿨(사립)에서 영어를 배웠다.

톰슨(Thomson 1997)은 딕슨 푼이라는 유력한 중국 코스모폴리탄에 대해서 조사했다.

그는 쌀 농부의 손자이자 주식 브로커의 아들로 어핑햄 퍼블릭 스쿨을 졸업하고 캘리포니아 대학을 졸업했다. 아버지로부터 50만 파운드를 빌려 그는 서구의 특정 사치재를 홍콩으로 수입하는 독점권을 획득했다. 대영제국의 영광이 사라진 시대, 중국으로부터의 홍콩 반환 요구가 계속되는 가운데 홍콩의 유복한 주민들은 공포에 떨고 있었다. 그들은 돈을 물 쓰듯이 썼다. 1987년 프랑스 순금제 펜 및 라이터 제조회사인 듀퐁(S. T. Dupont)의 소유주인 푼은 이러한 분위기로부터 큰 이익을 얻었다.

1991년 그는 상류계급을 상대로 하지만 적자를 안고 있던 하베이 니콜스(Harvey Nichols)를 매수하는 대담한 선택을 했다. 푼과 같은 배경을 가진 홍콩인으로서는 독특하게 절제된 영국 스타일의 이 가게는 메카라고 불릴 정도의 존재가 되었다. 이 '시들어 버린' 가게를 "불황 속에서 유럽에서 가장 번지르르하게 포장한 상점으로 만든 것은 1990년대 소매업계에서 가장 위대한 업적 중에 하나가 되었으며, 이는 두 세계 사이를 힘들이지 않고 매끄럽게 오고가는 한 사람의 업적이었다."

또한 푼은 그의 이름을 딴 체인 레스토랑을 런던에서 시작했다. 그는 명백하게 차이나타운을 피해 코벤트 가든과 도시 근처에 점포를 냈는데, 이곳에서 그는 '도시의 멍청이들'로부터 높은 수익을 얻을 수 있었다.

더 큰 각광을 받고 있는 또 다른 인물로는 데이비드 탕이 있다. 그는 홍콩 유수의 거물 중 한 명인 탕(S. K. Tang)의 손자이다. 1970년대 런던에서 학생으로 있을 때 그는 그곳에서 가장 상류 클럽 중 하나인 크레몽에서 도박으로 자신의 아파트를 잃어버린 적도 있다. 1996년 그는 베이징에 자신의 클럽을 열었는데, 이는 지역의 여피들을 불러모았다. 이 클럽의 개장에 있어서 그는 '런던 사교계의 가장 좋은 부분'을 강조했다. 그는 또한 더 현실적인 재능도 가지고 있어서 북경 대학에서 철학을 가르치거나 자선 목적으로 클래식 피아노 연주회를 열기도 했다.

탕은 또한 벨벳으로 만든 칼라풀한 마오쩌둥 자켓을 런던 패션 시장에서 만들어 홍콩의 상하이 탕 숍에 팔았다.

출처 및 인용 : Thomson (1997).

그러나 모든 해외 이주민들이 높은 기술과 특권을 가지게 되는 것은 아니다. 엔터테이너, 웨이터, 웨이트리스, 매춘부, 가정부, 운전사, 간호사들도 글로벌 도시에 모여든다. 국내 노동력으로는 이러한 직종 전체를 충당할 수 없으므로 고용주들은 종종 좀 더 착취할 수 있는 외국 노동자들을 선호한다. 학생들과 관광객들은 그들의 비자가 허용하는 기간보다 '오랫동안 머무른다거나' 입국조건을 무시한다. 불법 입국과 망명자들도 또한 노동조건이 모욕적이든지 저임금이든지 어떤 형태라도 취직하고 싶어 한다. 이민관리 당국에 보고될지도 모른다는 공포로 인해 이러한 고용인들은 고용주들의 요구에 복종할 수밖에 없다. 때때로 불법 이민자들은 노예와 다를 바 없는 환경에서 일을 한다.

고용구조의 변화

새로운 국제분업에 의해 다양한 분야의 직업구조에 큰 변화가 나타나고 있는데, 이러한 변화의 대부분이 글로벌 도시에서 한층 더 현저하게 나타나고 있다. 전체적으로 공업부분에서부터 서비스 및 정보 관련 부문 고용으로의 대전환이 나타난다.

글로벌 경제가 원하는 유동적이고 유연한 형태에 적응해 감에 따라 노동은 비공식화되고 하청계약화되어 가고 있다. 이와는 대조적으로 조합을 조직하고 높은 임금을 받던 노동은 점진적 혹은 급진적으로 붕괴되고 있다. 직업부문이 돌연 무너진 예로 런던 신문 노동자의 사례를 들 수 있다. 1980년대에는 인쇄 노동자는 고도로 조직화되어 업무배분의 통제권 수준도 높았으며, 높은 소득수준 및 양호한 노동조건을 누리고 있었다. 이는 루퍼트 머독의 조직인 뉴스코퍼레이션에 의해 붕괴되었다. 이 기업은 책략과 강제력을 적절히 사용하여 회사를 플리트 스트리트에서 와핑으로 이동시키고, 새로운 기술을 채택했으며(이로 인해 조판공과 식자공이 사라졌다), 배급은 조합이 없는 유통회사로 바뀌 하청계약을 했다.

또한 국영 공공기업을 폐지하여 이를 소비자의 자주적 선택에 기반하여 보험회사의 지원을 받는 서비스로 전환하려는 움직임이 나타났다. 여기에는 민간운송, 헬스케어, 주택공급 분야도 포함된다. 학교와 대학조차도 글로벌 시장의 강력한 영향력을 받았다. 많은 학교가 실험실 등 기본 시설을 제공하는 비즈니스 스폰서를 확보해야 했다. 대학은 도서관을 유지하고 강의료를 충당하기 위해 해외 학생들을 모집해야 했다. 탈국영화의 움직임이 급속하게 진전되면서 일부 국가들에서는 감옥과 이민국까지도 하청화될 정도였다. 영국의 한 경찰대는 맥도널드에게 순찰차의 스폰서를 부탁했고, 미국에서는 고도의 훈련을 한 후 주 허가를 가지고 있는 항공교통관제사는 해고되어 수입도 임금도 낮은 동류업자로 바뀌었다.

이러한 직업상의 변화가 축적된 결과 1970년대 이후 제조업에 있어서의 많은 인

원감축과 서비스업에서의 증원이 글로벌 도시에서 현저하게 나타났다(표 17.1).

표 17.1_ 1970년대 이후 1980년대에 걸친 뉴욕, 런던, 도쿄에 있어서 고용분포(%)			
뉴욕	1977	1981	1985
제조업	21.9	18.7	15.4
서비스업	28.4	31.8	36.3
도매/소매	19.4	20.2	20.2
런던	1977	1981	1985
제조업	22.0	19.2	16.0
서비스업	49.6	40.1	39.8
도매/소매	13.5	19.2	20.5
도쿄	1975	1980	1985
제조업	25.1	23.5	22.0
서비스업	20.6	22.7	25.3
도매/소매	27.5	28.5	28.4

출처 : Sassen (1991 : 109).

고용의 여성화

우리가 지금까지 보아온 것처럼 여성의 노동시장 참가는 포스트 포드주의적 글로벌 환경의 특징 중 하나이다. 그러나 이는 특히 패션, 사무, 서비스 관련 직업이 집중해 있는 글로벌 도시에서 현저하게 나타난다. 많은 여성 노동자들이 고용에 있어서 강력한 기반을 얻을 수 있었으나 같은 조건의 남성보다 임금은 낮고 고용조건은 매우 불안정한 상황에 놓여 있었다. 고용의 여성화의 중요한 예 중 하나는 국제 고객층을 상대로 하는 의복과 패션산업이다. 홍콩, 파리, 런던, 뉴욕, 밀라노가 모두 글로벌 도시이자 동시에 가장 유명한 캣워크를 가진 주요 글로벌 패션 중심지인 것은 우연의 일치가 아니다. 여성잡지에 실린 매력적인 모델의 사진은 비용을 줄이기 위한 노동력 착취 현장, 저임금, 착취(보통 여성 노동자들을 상대로 하는), 불법 노동자들의 고용이라는 지저분한 이면에 의해 지지되고 있는 것이다. 피재클리(Phizacklea 1992 : 109)는 의복산업에 있어서 가장 낮은 단계를 차지하고 있는 재택 노동자에 대해 다음과 같이 쓰고 있다.

[재택 노동자는] 계약자들에게 색다른 노동의 흐름을 제공함으로써 완충기능을 한다. 갑자기 주문이 들어오거나 예약이 가득 차 있는 경우 일을 받지만 그렇지 않은 경우에는 어떤 일도 받지 못한다. 임금수준은 몹시 낮다. 재택 노동자의 대부분은 가사, 특히 미취학 아동을 돌보아야 하는 책임 때문에 집에 있어야만 하는 여성들이다. 대부분의 사람들은 재택 노동에 관련된 숨겨진 비용을 인식하지 못한다. 여기에는 자신들이 쓸 기계를 사거나 구하는 비용, 운영비용이 포함된다. 대부분의 재택 노동자는 '수표장부와는 동떨어진' 위태로운 직업이다.

재택 노동자는 또한 편지봉투의 주소를 쓰거나 인터넷을 통한 일반적 사무, 후방지원을 하는 '콜센터'(콜센터는 안내책자 문의, 시간표에 대한 정보, 비행가격, 판매상품 등을 제공하는 전화 네트워크에 연결된다)의 기능을 한다. 전화통화의 '실질' 비용(소비자가 지불하는 요금과 대조적으로)이 국제적으로 균등해지고 있기 때문에 대기업으로 건 전화가 실제로는 재택 노동자의 전화와 글로벌적으로 연결되어 장소와는 관계없이 처리되는 경우가 많다. 브리티시 에어워이로 브리스톨에서 뉴캐슬로 여행하고자 하는 한 고객은 밀라노의 자신의 전화를 이용하여 뉴욕이나 봄베이의 재택 노동자를 통해 예약을 할지도 모른다.

서비스 고용형태가 만연하게 되면서 이는 통계학적으로도 점점 중요해졌으며, 이는 글로벌 도시의 고용에 있어서 집중되게 되었다. 저임금의 국내 노동자들 ─청소부, 호텔 레스토랑의 노동자, 체크아웃 노동자─은 여성인 경우가 많다. 백화점이나 부티크의 판매원, 사무실 근무자, 부동산업, 은행, 광고업과 같은 화이트칼라보다 약간 좋은 조건의 고용 역시 여성들을 원하게 되었다. 역사적으로 볼 때 여성들은 사무실 노동(타이피스트, 전화교환수, 사무직 등)을 지배해 왔기 때문에 정보 관련 노동으로의 전환과 함께 그들은 노동력 시장에 이점을 가지는 경우가 많았다. 그들의 임금과 노동조건은 남성 노동자들과는 비교가 되지 못했지만 현재 다수 글로벌 도시에 있어서 고용노동 안의 여성 비율은 남성보다 높다.

글로벌 도시의 지역화

특정 주요 도시의 지역적 역할이 증가되는 경향이 있음에도 불구하고 이는 글로벌 도시의 논의에 있어서 간과되는 경우가 많다. 적어도 중단기적으로 보았을 때 지리적 조건은 많은 도시에 있어서 아직 과거의 이야기가 아니다. 로스엔젤레스는 멕시코와 남아메리카 같은 환태평양 이주자에게 있어서 주요한 진입 포인트로 남아 있다. 뉴욕은 캐리비안 군도로부터 많은 이주자들을 받아들인다. 베를린, 특히 대규모 재개발 후의 베를린은 서유럽과 동유럽 사이의 중심지가 되어 왔다. 핀란드로부터의 이주자의 81%는 스웨덴을 향하고 그 대부분이 스톡홀름으로 향한다. 런던과 파리는 영불해협 터널과 함께 수도로서의 역할에 있어 새로운 국면을 더하면서 북유럽의 유일한 기축으로 결합되고 있다. 부르셀은 베네룩스 국가들로 연결된다. 마이애미는 쇼핑 수도가 되어가면서 카리브 해 지역으로부터의 이주민의 입국지점이 되어가고 있다. 특히 스페인어를 쓰는 카리브 해−라틴계 사람들은 과거 반세기 동안 두 배로 증가하여 지금은 도시 인구의 과반수 이상을 차지하고 있다. 그로스포구엘(Grosfoguel 1995 : 164)은 이를 비꼬면서 이렇게 쓰고 있다. "오늘날 마이애미는 두 가지 언어를 쓰는 도시이다. 이곳의 가게에서는 'Se habla español'(스페인어 가능)보다 'We speak English'(영어 가능)라는 표시를 더 쉽게 볼 수 있다."

국경을 넘어서 지역화를 겪고 있는 도시가 있는 한편 자신들의 기능을 융합시키면서 국경선을 소멸해 나가고 있는 도시들도 있다. 이는 지리적 근접성에 따른 우연으로 인한 결과인 경우도 있는 반면 계획적으로 의도된 것인 경우도 있다. 란스타드(Randstad, 암스테르담, 로테르담, 위트레흐트, 헤이그의 그룹화)는 그 좋은 예일 것이다. 또 다른 예로는 오렌지, 산 베르나디노, 리버사이드, 벤추라 카운티가 로스엔젤레스 중심지역에 더해진 사례도 있다. 로스엔젤레스는 이제 53,136평방 킬로미터(Waldinger and Bozorgmehr 1996 : 5)가 넘는 지역으로 확장되었다. 리즈, 브래드포드, 쉐필드, 맨체스터 등 영국 북부의 도시들도 고속도로를 매개로 하여 도시연합을 형성하고 있다. 로스엔젤레스와 요하네스버그에 대해서는 좀 더 자세하게 알아보도록 하자.

로스엔젤레스 : 메트로폴리스의 분화

'천사들의 도시' 로스엔젤레스는 뉴욕, 샌프란시스코, 시카고, 필라델피아의 거의 2배, 마이애미 면적에는 거의 4배에 이른다. 이 도시는 '분열된 메트로폴리스'로 묘사되는데, 이는 이 도시가 불규칙하게 뻗어 있기 때문이다. 투어리즘, 헐리우드 영화산업, 그 후의 중장비 제조기지—이는 방위계약에 의존하는 경우가 많았다—로 인해 미국의 다른 지역과 이웃나라인 멕시코, 태평양 건너편에서부터 이주민들의 유입이 시작되었다. 인구 면에서 보면 그 결과는 매우 놀랄 만하다. 20세기에 들어서면서 로스엔젤레스는 10만 명의 거주자가 살고 있었는데 1930년대가 되자 220만 명이 더해지고, 30년 후인 1960년에는 600만 명, 최신 인구통계가 행해졌던 1990년에는 1,450만 명이 살고 있었다. 인구 면에서 볼 때 로스엔젤레스는 뉴욕에 약간 뒤처지지만 이러한 성장이 계속된다면 곧 뉴욕의 인구를 넘어설 것으로 보인다.

이 도시는 스스로 진화한 부분도 있는 반면 계획된 부분도 있다. 교외의 거주민들은 이 지역의 지형적 특징인 계곡으로 이어져 드문드문 체인을 이루며 살고 있었다. 선두 건축가들은 이러한 도시 거주형태에 마음을 빼앗겨 그 인간적 척도를 찬양했다. 그러나 글로벌 도시의 논리는 곧 적용되어 '다운타운'이 발달했다. 보험회사와 은행은 도시에 들어가 새로운 초고층 빌딩을 건설했다. 이러한 투자의 대부분은 1980년대 엄청난 호황을 탄 일본 기업으로부터 온 것이었다. 이 지역에 있었던 기존의 규제들은 무시되었고 새로운 초고층 빌딩이 증식하게 되었다. 슈와(Shuwa)라는 한 일본 기업은 2개월 반 만에 10억 달러 가치의 자산을 마구 사들였다. 슈와의 임원은 '새로운 이웃에게 선물을 주는 전통에 따라' 로널드 레이건 도서관, 메이저 브래들리를 위한 정치선거운동에 엄청난 기부를 했다. 그는 일본의 경제력을 반대하는 사람들을 '인종차별주의자'라고 비난함으로써 화답했다. 일본이 전쟁 중에 자신이 정복한 아시아 국가들을 일본의 '대동아공영권'에 넣으려고 노력했던 것에 비유하여 데이비스(Davis 1991 : 134-40)는 이러한 일본의 로스엔젤레스 금융 간섭을 '태평양공영권'이라고 언급했다.

1990년대 일본의 경제적 불황으로 인해 일본의 지배에 대한 공포는 경감했음에도 불구하고 로스엔젤레스가 태평양을 가로질러 미국과 글로벌 도시인 도쿄, 대만, 홍콩, 상하이, 싱가포르를 연결하는 주요 가교가 된 것은 의심할 여지가 없다. 이는 도시 민족구성의 변화에도 반영되었다. 오랜 기간 동안 이 도시는 멕시코 출신의 이주민과 북쪽의 유혹을 받은 다른 중앙아메리카 이주민을 끌어다니는 자석과 같았다. 그러나 1980년대부터 로스엔젤레스는 주로 아시아로부터 고도의 기술을 가진 외국인(데니즌)을 끌어오기 시작했다. 웰딩거와 보조르그메흐르(Waldinger and Bozorgmehr 1996 : 16)는 민족의 혼합을 다음과 같이 묘사했다.

1970년 상대적으로 작은 기반으로부터 시작된 아시아 인구는 폭발적으로 증가했다. 중국, 필리핀, 한국, 베트남, 인도(순서대로)에서 온 이주민들이 이 지역으로 쏟아졌다. 아시아인들은 LA에서 세 번째로 큰 그룹을 형성하여 기존에 설립되었던 아프리카계 미국인 인구를 넘어섰다. 신이주자들은 로스엔젤레스를 현대 아시아계 미국의 수도로 변화시켰다. 이 과정에서 다른 주요 아시아계 미국인의 중심이었던 뉴욕, 샌프란시스코-오크랜드, 호놀룰루는 뒤로 밀려났다. 새로운 아시아인들은 자본 및 기업가적 능력과 같은 자질을 비롯하여 좋은 학교수준으로 인해 경쟁우위를 점하면서 고도기술 노동력의 중요한 출처가 되었다.

요하네스버그 : 이해하기 어려운 메트로폴리스

몇몇 예상 가능한 '요한'(Johanns)이라는 인물들 중 어떤 사람이 그의 이름을 요하네스버그에게 주었는지 정확하게 아는 사람은 아무도 없다. 확실히 알려진 것은 1886년 금광의 발견 이후 많은 유럽 출신자들이 새로 계획된 도시로 쏟아져 들어와 탐사자들과 '일확천금을 바라는 상인들'이 갑자기 들이닥친 결과 급하게 명명되었다는 점이다. 처음에 근처 아프리카인들은 그들에게 육류와 채소류를 제공함으로써 번성했다(Bundy, 1979). 가장 많은 사람들인 보어인(케이프 콜로니의 영국 정부로부터 탈출하여 대륙 내부로 이동했던 네덜란드 정착민의 후손들)은 무엇을 해야 할지 알지 못했다. 그들은 성벽에 금광촌 아래를 겨누기 위한 총의 설치와 같은 간단한 법과 질서를 유지했으나 침략자들 때문에 자신들의 수도를 50km 북쪽의 페레토리아로 새로 옮겨야 했다.

이는 새로운 도시 거주자들에게는 큰 문제가 되지 않았는데, 이는 그들이 가장 잘하는 것―돈을 벌어 가능한 한 호화롭게 쓰는 것―을 잘 알고 있었기 때문이었다. 요하네스버그가 급격하게 발전하게 된 것에 대해 설명해 주는 학자 혹은 관찰자는 거의 없다. 역사학자인 반 온세렌(van Onselen, Mbembe and Nuttal 2004 : 354, 345)은 이 도시를 '바위 투성이 산등성이 위의 콘크리트의 결각'으로 묘사했다. 이 도시는 "비옥한 토지와 자연초목, 호수, 산, 계곡, 강이 부족했고, 심지어 개울조차 계속 지속되지 않았다." 그는 요하네스버그의 백인 주민들을 '뿌리가 깊지 않은 부르주아 1세대'로서 '지나치게 **새로운 부유층**'이었던 그들은 '교회에 참석하거나 콘서트 홀에 앉아 있거나 시의회에서 일하기' 보다는 '은행, 증권거래소, 스포츠 스타디움에 앉아 있는 것'이 훨씬 더 어울렸다고 말했다.

흑인들에게는 이보다 더 나쁜 상황이 전개되었는데, 도시가 착취적 금광산업의 중심지가 되었다는 점이다. 이곳에서는 수십만 명이 귀금속을 캐기 위해 지하의 무시무시한 환경 안에서 일해야 했다. 이곳의 금광산업은 전 세계 수많은 계약을 인수하여 (여기서 설명하기에는 너무나 기이한 방법으로) 글로벌 자본의 '가치'와 '기준'을 제공했다. 고용인 그룹, 철도를 따라 생긴 슬럼, 광산촌, 소웨토(Soweto, Southwestern Township)와 같은 새로운 흑인 거주구에 사는 흑인들에게 있어서 요하네스버그는 지옥과 같은 폭력이자 불결함, 억압, 인종차별주의 그 자체였다.

이러한 특별한 역사에도 불구하고 음베음베와 뉴탈(Mbembe and Nuttall 2004 : 34-72)은 용감하게도 요하네스버그를 좀 더 긍정적으로 재정의하려 했다. 짐멜의 「사물의 문화」는 이곳에서도 나타났다. 과감한 건축물(시카고에 필적하는 건물들도 있었다), 패션과 테크놀로지에 대한 애착, 점점 저속해져 가는 상품몰에 진열된 화려한 상품(상품들은 좋은 것이지만), 겉만 번지르르한 레스토랑, 공사에 있어서의 사치. 흑인들은 가혹한 인종차별정책이 실시되던 시기에도 이러한 것들부터 배제되지 않았다. 『드럼』(Drum)지는 흑인들의 세계인 요하네스버그에 대해 눈부시게 묘사했다. 이 잡지는 광산 부호('randlord', 다이아몬드 및 금광을 관리하는 기업가)의 아들로 1951년 이를 물려받은 25살의 영국 청년인 앤소니 샘슨이 편집장을 맡고 있었다. 샘슨(Sampson 1956)의 설명에 의하면 그는 흑인 작가와 사진가의 전 세대를 모집하려 했었다고 한다. 그들은 새로운 재즈 사운드['크웰라'(kwela, 남아프리카 재즈 음악의 하나역자)와 같은], 미인 콘테스트, 권투경기, 창조적인 언어의 진화, 술집과 댄스홀에서의 예술[유명한 백오브더문(Back of the Moon, 레스토랑역자)과 같은]에 대해서 논했다. 후에 자유 보유권이 인정되는 흑인 구역인 소피아타운(Shopiatown)이 붕괴되고 불복종운동이 시작되면서 이 잡지는 아프리카민족회의와 범아프리카회의와 같은 흑인 대중정치 운동을 기록했다.

인종차별정책 이후 요하네스버그에 또 다른 운명적 변화가 나타났다. 쇼핑몰, 카지노, 헬스 클리닉은 사하라 이남 아프리카의 부유층을 유치하게 되었다. 그들은 요하네스버그의 독특한 스타일과 좋은 기후, 런던·파리·밀라노로 가는 저가 교통편을 즐긴다. 자본—보험, 회사, 신기술 기업—이 전 세계로 순환함에 따라 '콘크리트 결각'을 감싸고 고속도로를 둘러싼 거대한 건축물 위에 자신들의 존재가 있음을 광고했다. 급속도로 늘어난 남아프리카 흑인 엘리트들(정치와 비즈니스에 있어서)은 골프 코스에서 그들의 친구들을 만난다. 그 주변을 둘러싼 교외에는 백인 동포가 살고 있다. 이에 대해 음베음베와 뉴탈(Mbembe and Nuttall 2004 : 367)은 이렇게 논한다.

[요하네스버그는 이해하기 어려운 메트로폴리스이다. 추한 도시 덩어리나 범죄로 가득한 도시, 안전을 보장받지 못하는 결함사회로서 낮게 평가해야 하는지, 끝을 모르는 욕심으로 '만족스럽지는 않지만 견딜 수 있'는 도시 혹은 기회를 만날 수 있는 곳으로서 높이 평가해야 하는지 알 수가 없다. 또한 이 도시는 아프리카인(혹은 전혀 아프리카인이 아닌 사람들, 아니면 충분히 많지 않은 아프리카인), 유럽인(혹은

유럽인이 아닐 수도 있고, 이제 더 이상 유럽인이 아닐 수도 있지만), **미국인**(상품의 교
환과 그 소비문화가 스며든 덕분에)조차 살고 있는 거주민의 다양성으로도 이해하기
힘든 메트로폴리스이다. 이러한 난해함은 연구대상으로서 요하네스버그를 매력적
으로 만든다.

인종, 도시, 미국의 언더클래스

로스엔젤레스와 마이애미 같은 도시에서는 새로 이주한 사람들이 아프리카계
미국인과 같은 기존의 소수자를 몰아내거나 압박하는 경우가 많다(아프리카계 미국인들
이 미국 산업도시에 이주한 이유에 대해서는 Box 17.1 참조). 이 경우 아프리카계 미국인 집단
을 '언더클래스'—프롤레타리아 아래에도 계층이 있다는 것을 나타내는 개념—라고
부르는 경우가 많다. 많은 포스트 마르크스주의 학자들이 이 개념을 발전시켰다. 8장
에서 살펴봤듯이 예를 들어 파농(Fanon 1967)은 아프리카에 있어서 반식민주의 투쟁에
대한 글에서 마르크스는 농업의 영속성을 과소평가했으며, 그 중에서도 직업을 잃어
버리고 직업을 구하기 위해 식민지 마을 및 수도로 이전한 사람들을 과소평가했다고
주장했다. 마르크스와는 다르게(마르크스는 도시 실업자를 하층민, 룸펜프롤레타리아로 보았
다) 파농은 도시의 언더클래스는 혁명운동의 선봉이 될 수 있다고 보았다.

블랙 파워

이러한 파농의 생각은 1970년대 미국의 블랙 파워 운동에 큰 반향을 불러일으켰
다. 운동은 흑인 인구가 반식민지 상태에 있다고 보았다. 흑인 게토가 유럽의 해외 식
민지와 동등하게 기능한다는 것이다. 미국과 마찬가지로 그곳에서 아프리카의 후예들
은 인종적으로 열등한 존재로 취급받는다. 그곳의 흑인들도 필요할 때 끌어쓰고 필요
없을 때는 버려지는 노동력 보유고처럼 취급받는다. 유일한 차이점은 이러한 식민지
가 국외가 아닌 국내에 존재한다는 것이다. 휴니 뉴턴(Huey Newton), 말콤 엑스(Malcolm
X), 바비 실(Bobby Seale), 안젤라 데이비스(Angela Davis)와 같은 미국 블랙 파워와 흑표
범단 운동을 이끈 지도자들은 모두 크든 작든 이러한 관점의 영향을 받았다. 이 운동
은 폭력으로 전환했지만 힘의 사용은 한정되었다. 블랙 파워는 검은 베레모를 쓰고 행
진을 한다거나 비무장 전투의 훈련, 거리에서 당국(호전적인 백인 포함)을 향한 호전적
자세를 취하는 것에 관여했다.

블랙 무슬림

도시의 흑인 인구가 직면하고 있는 문제에 대한 비슷한 관점으로부터 나왔지만, 다른 대응은 1932년 엘리야 모하메드(Elijah Mohammed)가 디트로이트 사원을 세우면서 이슬람 민족(Nation of Isalm)을 설립한 것이었다. 신봉자들은 일반적으로 그리스도교를 부정했는데, 그리스도교는 노예제, 선교사, 식민주의와 동일시되었다. 그러나 블랙 무슬림은 그리스도교 중 특히 수동적('다른 쪽 뺨도 대주라')인 성격과 연기('죽고난 뒤 하늘에 마련된 파이')된 형태를 반대했다고 알려졌다. 많은 흑인들이 노예 소유주로부터 받은 자신들의 이름을 이슬람식으로 바꾸었다. 예를 들어 권투선수인 카시우스 클레이(Cassius Clay)는 무하마드 알리(Muhammad Ali)가 되었고, 그는 후에 정통 수니파 이슬람교로 개종했다. 모스크는 대부분의 흑인 게토에 건설되었고 고도로 규율화된 군중들과 신자들은 공동체 프로젝트, 자기 향상 강좌, 흑인 기업을 위해 돈을 모았다. 정치적 좌파들은 도시의 빈곤문제에 대한 이러한 반응에 신중한 입장을 보이면서 '블랙 캐피탈리즘'이라고 비난했다. 그럼에도 불구하고 이는 아프리카계 미국인의 소수 그룹에게는 자존심을 획득하는 강력한 수단이 되었다. 이 운동은 블랙 무슬림의 리더 루이스 패라칸(Louis Farrakan)이 주도한 1995년 10월 워싱턴의 백만인 행진에 있어서 절정을 이루었다고 보여진다.

미국의 논쟁 : 올레타의 견해

오늘날 미국에 있어서 인종, 도시 빈곤에 대한 논의의 틀을 정한 것은 켄 올레타(Ken Auletta)의 책『언더클래스』(*The Underclass*, 1982)와 윌리엄 J. 윌슨(William J. Wilson)의 영향력 있는 책『인종 중요성의 쇠퇴』(*The Declining Significance of Race*, 1978),『진실로 불이익을 받는 사람들』(*The Truly disadvantaged*, 1987)이다. 이 책들의 공통 주제는 인종과 인종차별주의가 블랙 언더클래스의 형성에 있어서 작은 역할을 하며, 혹은 적어도 그 영향이 줄어들고 있다는 것이다. 이 책들은 모두 전체 흑인 인구의 3분의 1 정도를 차지하고 있는 블랙 언더클래스 실직자가 지속적으로 증가하고 있다는 데 동의하고 있다.

이러한 현상을 어떻게 설명할 수 있는가? 올레타(Auletta 1982)는 도시의 블랙(언더클래스)에서 탈선 및 범죄경향이 현저하게 나타나고 훈련, 교육, 직업 지도에 대한 무관심과 자기 태만, 노동윤리에 대한 적의가 존재한다고 주장했다. 그의 주장에 의하면 블랙 언더클래스의 젊은 여성은 균형이 안 맞을 정도로 젊은 나이에 많은 아이들을 낳는 경향이 있다. 남성도 여성들도 생활보호와 자선활동에 일반적으로 의존한다. 이러한 주장은 기존의 오스카 루이스(Oscar Lewis 1968)의 주장과 비슷한 부분이 있다. 그는 푸에르토리코 산후안(San Juan)에 살고 있는 빈곤한 가정을 집중적으로 연구했는데, 이 연구에서 유명한—일부 연구자들은 악명이라고 평하지만—'빈곤의 문화'라는 개념이 탄생했다.

이러한 일련의 논의에는 많은 문제가 나타난다. 우선 이러한 관찰이 사실이라고 해도 관찰자들은 원인과 결과를 혼동하기 쉽다. 문화는 독립변수가 아니라 종속변수일 수 있다(즉 문화는 고려하지 못한 요인의 결과일 수 있다). 장기 실업은 생활태도에 영향을 미치고 단념과 용인 혹은 절망의 감정을 만들어낼 수 있다. 이와 같이 인종차별은 그러한 태도를 만들어낼 수 있다. 동기와 직업윤리의 결여는 실제로 거절이나 억압, 기회의 결여라는 어려운 상황에 대한 비교적 건전한 반응일 수도 있다. 발상을 전환하여 만약 언더클래스의 구성원들 다수가 낙관적이고 진취적이며 의욕적이고 경쟁적인 태도를 가지고 있다면 그들이야말로 아마 현실과는 관련없는 이데올로기를 가지고 있는 병적 상태에 있는 것일지도 모른다. 그러므로 빈곤의 문화 혹은 빈곤의 하위문화는 돌이킬 수 없는 상황에 대한 건전하고 적절한 반응일지도 모른다.

언더클래스에 대한 윌슨의 견해

좀 더 유력한 논쟁은 윌리엄 J. 윌슨(William J. Wilson)에 의해 시작되었다. 그는 처음으로 미국 흑인공동체가 계급선을 따라 어느 정도 양분화되고 있는가(이로 인해 그의 표현에 의하면 '인종의 중요성이 감소')에 대해 체계적으로 설명했다. 예를 들어 그는 흑인공동체에 있어서 '경제적 분열의 심화'에 대해서 이야기했는데, 이는 다음과 같은 두 가지 결과를 가져왔다.

1. 재능 있고 학력수준이 높은 흑인들은 비슷한 자격을 가진 백인들에 비해 빠른 속도로 사회적 상승을 경험한다. 그는 이러한 그룹에게는 인종차별의 경험이 없다고 지적할 정도로 낙관적이지는 않다. 윌슨은 또한 차별철폐조치(혹은 '평등한 기회') 정책으로 인해 그 목적대로 상층 집단을 돕는 것을 용인할 수 있음에 기뻐했다. 그러나 중요한 것은 그 결과라고 그는 주장했다. 차별에 대해 저항하려는 단호한 노력을 통해, 아니면 차별철폐조치를 통해 흑인 엘리트들은 '성공을 얻는다.'

2. 도시 흑인 인구의 3분의 1의 최하층인 언더클래스에 관하여 윌슨은 범죄율의 증가, 저소득 또는 무소득 여성이 중심이 되는 가족의 증가, 생활보호대상자의 증가, 정식 교육을 받지 못하고 기술훈련을 받지 못한 다수로 인해 흑인 실업의 증가를 기록했다.

그의 주장에 의하면, 이 부정적인 속성의 리스트 중 흑인 언더클래스에서 흑인공동체의 나머지보다 백인 언더클래스와 더 많은 공통점을 볼 수 있다. 이것이 "인종의 중요성이 줄어들고 있다"는 주장의 제2의 이유인 것이다. 즉 흑인의 최상층 집단은 최하위 집단과 마찬가지로 백인의 최상층 집단과 더 닮아 있다.

페인스타인의 윌슨 비판

윌슨은 자신도 흑인인데다 시카고 대학 사회학과의 특출난 구성원이었다. 이러한 그의 배경이 가지는 유일한 중요성은 그의 관점이 특히 흑인 연구자들 사이의 반대의견의 돌풍을 일으켰다는 것이었다. 그들은 윌슨이 자신들의 인종적 배경을 부정하고 인종차별 상황의 중요성을 '말소'했다고 생각했다. 이러한 비판들은 거의 대부분이 잘못된 것이었는데, 그 이유는 이러한 비판이 사회학적 전제가 아니라 이데올로기를 전제로 한 것이었기 때문이다. 그러나 윌슨 주장의 실증적 기초에 도전하려 했던 노먼 페인스타인(Norman Fainstein 1992)은 유효한 비판을 제공하고 있다. 미국 인구조사의 복잡한 통계 데이터를 이용하여 그는 두 가지 제안을 발전시켰다.

1. 1960–1983년에 걸쳐 교육성취 측면에서 흑인과 백인 사이의 차이는 천천히 줄어들기 시작했지만 그 차이는 여전히 남아 있다. 성취율이 높은 경우도 윌슨의 이론이 예상한 정도로 그 차이를 줄이진 못했다. 반면 성취율이 낮은 경우(예를 들어 고등학교의 4년제 중학교 미만의 비율)는 백인과의 차이가 줄어들었다.
2. 소득에 관한 데이터는 윌슨의 이론을 뒷받침하고 있다. 1960년에서 1983년 사이 가장 가난한 아프리카계 미국인은 한층 더 가난해졌고 가장 부유한 아프리카계 미국인은 한층 부유해졌다. 그러나 윌슨이 추론했던 급속한 양극화보다는 점진적인 경향이 나타난다.

부조화 이론

흑인 언더클래스가 존재하는 이유는 흑인이 가진 기술과 가능한 기회 사이의 부조화 때문인 것일까? 이 이론은 상당한 수의 아프리카계 미국인이 기술과 경험의 측면에서 잘못된 곳에 위치한다고 주장한다. 카사다(Kasarda, Fainstein 1992 : 297-8에서 인용)는 이와 관련하여 특히 다음과 같은 4가지 논의를 정리했다.

1. 도시의 중심부에서는 교육정도가 낮아도 할 수 있는 직업의 수가 줄어들고 있는데, 도시 내 흑인들은 주로 이러한 직업에 의존하고 있다.
2. 그들은 정보집약적 산업에서 경쟁할 수 있는 교육을 받지 않았다.
3. 그들은 교외의 저임금 직업을 구할 수도 없는데, 이러한 곳의 경우 공중교통의 불비로 인해 자동차를 소유하지 않으면 안 되기 때문이다.
4. 그들은 북동부 도시가 제공하는 이득(이곳은 일반적으로 흑인 정치가들에 의해 보호된다)에 의존하고 있기 때문에 직장이 존재하는 남부나 남서쪽으로는 가고 싶어 하지 않는다.

페인스타인(Fainstein 1992)은 또한 이 주장의 좀 더 세밀한 부분에 대해서도 의문을 제기했다. 일반적으로 볼 때 이 주장이 실제의 흑인 고용구조와 일치하지 않는다는 것이다. 사실 부조화 이론의 주장처럼 건설, 제조, 소매업에 있어서 흑인은 과대하게 의존하지 않는다. 이제 더 이상 그들은 백인들보다 제조업에 의존하고 있지 않고 건설, 소매업 의존도가 상당히 줄었다. 한편 그들은 헬스케어, 학교, 대학을 포함한 서비스업에서 과대 의존하고 있다. 그 결과 흑인들이 신자유주의 아래 공공 서비스의 삭감에 노출되는 것은 분명해 보인다. 이러한 공공영역 직종에의 의존이 위험함에도 불구하고 페인스타인은 고용문제가 흑인들이 노동시장에서 어떤 분야에서 과대의존 혹은 과소의존하는지의 문제보다 훨씬 더 중요한 문제라고 보았다. 즉 흑인들의 퍼포먼스의 결여와 이러한 상황의 지속, 또는 언더클래스의 증가현상은 인종차별주의와 인종차별에 의해 설명되어야 한다는 것이다. 흑인들은 그들이 흑인들이기 때문에 직업을 얻지 못하고 있다.

정리

유럽의 모더니티가 부흥하면서 많은 도시들에 있어서 그 중요성이 커지고 있는 한편 식민지 팽창으로 인해 발전—나쁜 것들을 포함하여—을 이룬 도시들도 있다. 사람들이 토지로부터 추방당하거나 토지를 떠나야 함에 따라 식민세계 도시들은 팽창하게 되었지만, 이는 대중 산업화와 관련하여 고용기회를 제공하는 데는 실패하는 경우가 많았다. 이러한 '소농민의 도시'와 시카고와 같은 성공적 산업도시는 많은 사회학자들의 연구대상이 되었다. 이는 글로벌 시대의 도시들을 특징짓는 경제·정치·기술적 조건이 변함없이 중요한 사회학 분석의 장을 제공했기 때문이다. 글로벌 도시의 지역적 역할 또한 중요하다. 이번 장에서 우리는 로스엔젤레스가 어떻게 아시아 태평양 지역 전체를 위해 진화해 왔는가를 살펴보았다. 또한 포스트 인종차별정책 이후 요하네스버그가 대륙의 코스모폴리탄과 같이 기능해 왔다는 것도 살펴보았다.

글로벌 도시는 그 자신의 권리에 있어서 매우 중요한 현상이지만 그뿐만이 아니다. 여기에서는 특정 형태의 고용이 출현하고 있다. 특히 제조업에서 서비스로의 전이가 나타난다. 오랫동안 남성이 우위를 점하던 기술이 필요없어지고 새로운 노동력 시장이 형성됨에 따라 고용은 '여성화'되고 있다. 새로운 종류의 사람들, 다양한 민족적 배경을 가지고 코스모폴리탄적 관점과 여러 국가들과의 커넥션을 가진 사람들이 글로벌 도시에 이주하여 사회적 이동성을 위한 모험에서 성공을 거두는 경우가 많다. 이와는 대조적으로 기존의 소수인종은 주변화되어 소위 '언더클래스'로 전락하는 경우가 많다. 성공적인 이주 기업가들 안에 계속되는 수탈은 폭동과 데모의 형태로 표현되어 도시의 불만을 확대시키는 경우가 많다.

더 읽어볼 책

■ 브라이언 로버츠(Bryan Roberts)의 『농부들의 도시』(*Cities of Peasants*, 1978)는 라틴아메리카의 도시들에 대한 훌륭한 설명을 제공한다.

■ 존 프리드만(John Friedman)의 『발전과 변화』(*Development and Change*, 1986) 안의 「세계 도시가정」(The world city hypothesis)은 고전적 문헌으로 글로벌 도시에 대한 논쟁 시작의 계기가 되었다.

■ 사스키아 새슨(Saskia Sassen)의 『글로벌 도시』(*The Global city*, 1991)는 글로벌 도시에 대한 주제에 대해 가장 성취도가 높고 광범위한 연구이다. 이는 뉴욕, 도쿄, 런던에 대

한 세부 설명을 제공한다. 그 길이에도 불구하고 이 책은 어렵지 않을 뿐만 아니라 훌륭한 자료를 담고 있다.

■ 미국의 저명한 사회학자 윌리엄 J. 윌슨(William J. Wilson)의 책인 『인종 중요성의 쇠퇴』(*The Declining Significance of Race*, 1978)와 『진실로 불이익을 받는 사람들』(*The Truly Disadvantaged*, 1987)은 미국 도시들의 박탈에 대한 연구의 이정표가 되었다.

■ 마이크 데이비스(Mike Davis)의 『석영의 도시』(*City of Quartz*, 1991)에는 로스엔젤레스의 도시 발전에 대해 좌익적 입장에서 예언적인 비판을 기술한다. 웰딩거와 보조르그메흐(Waldinger and Bozorgmehr)가 편집한 『에스닉 로스엔젤레스』(*Ethnic Los Angles*, 1996)도 LA에 대한 풍부한 자료를 사용하고 있다.

■ 아킬레 음베음베와 사라 뉴탈(Achille Mbembe and Sarah Nuttall)이 편집한 2004년의 『공공 문화』(*Public Culture*)의 특별판은 요하네스버그에 대한 10개의 도전적인 문헌과 훌륭한 서론을 포함한다.

그룹 과제

1. 시카고 학파의 '생태학적' 방법과 근린 도시의 지도를 크게 확대한 사진복사를 이용하여 그 안에 성격이 다른 지역을 지적해 보고 각각의 경계선을 정해보자.

2. 3개의 그룹으로 나누어 각 그룹은 유럽, 아시아, 미국의 '글로벌 도시'의 목록을 작성해 볼 것. 왜 어떤 국가는 포함하고 어떤 국가는 배제했는가?

3. a) 여성이 우위를 점하고 있는 직종, b) 미래에 우위를 점하게 될 직종의 리스트를 작성해 볼 것. 왜 그렇게 생각하는가?

4. 로스엔젤레스에 대해 어떤 이미지를 가지고 있는가? 참고문헌 중 로스엔젤레스에 대한 주요 장(도서관에서 구할 수 있는 최근의 책이면 어떤것이든)을 골라 공부한 뒤 찾아본 내용과 지금까지 가지고 있던 이미지가 어느 정도 다른지 목록을 작성해 볼 것.

5. 3그룹으로 나누어 '흑인 언더클래스 논쟁'을 해보자. 그룹 A는 문화주의적 설명을, 그룹 B는 윌리엄 J. 윌슨(William J. Wilson)의 관점을 살펴보고 그룹 C는 '부조화 이론'을 제시한다.

생각해 볼 문제

1. 식민도시, 공업도시, 글로벌 도시 간의 주요한 차이점은 무엇인가? (각각의 도시가 이러한 카테고리로부터 '이주'하고 있을 가능성을 염두에 둘 것)

2. 1945년 이전의 사회학자들에게 있어서 1945년 전의 도시들이 중요한 이유는 무엇인가?

3. 글로벌 도시가 현재 그들이 위치하고 있는 국민국가들로부터 분리될 수 있을까?

4. 일부 도시에 있어서 고용이 '여성화'되는 이유는 무엇인가?

5. 아프리카계 미국인의 3분의 1에서 나타나는 나쁜 퍼포먼스를 설명하는 이유는 무엇인가?

What's on the Web

■ 도시사회학 사이트로 연결해 주는 인튜트 게이트웨이 사이트는 http://www.intute. ac.uk/cgi-bin/search/pl?term1=urban+sociology&limit=0&subject=sociial sciences 지리학자들은 도시문제에 글로벌리제이션이나 세계 도시의 진화를 연결시키는 중요한 연구들에 착수하고 있다. 이는 지리학을 경유한 인튜트 게이트 웨이이다.

■ http://www.lboro.ac.uk/gawc/ 글로벌리제이션과 세계 도시 스터디 그룹 네트워크 (The Globalization and World Cities Study Group and Network)는 매우 활동적이며 자주 업데이트된다. 이 사이트로부터 억세스 가능한 자료의 양도 방대하다. 학교 커뮤니티에 이러한 훌륭한 출처를 제공한 러프버러 대학 연구자(Loughborough University)에게 감사할 따름이다.

■ http://www.joburg.org.za/ 요하네스버그 시의 공식 웹페이지. 매우 활동적이다. http://www.ci.la.ca.us/ 로스엔젤레스의 홈페이지는 이로부터 배울 점이 있을 듯하다.

PART **FOUR** 원동력과 과제

GLOBAL

SOCIOLOGY

GLOBA

글로벌 시민사회
Global Civil Society

L SOCIOLOGY

우리는 사회운동의 일반적인 성격을 이론화하려는 여러 시도를 살펴봄으로써 이번 장을 시작하려 한다. 이러한 시도들은 특히 1960년대부터 진전을 보이기 시작해서 몇몇 사례도 제공한다. 그 다음 우리는 일부 사회운동의 방향이 점점 초국가적이 되어가는—우리는 이를 '글로벌 사회운동'이라고 부를 것이다—이유와 그 방법을 검증하기로 한다. 또한 글로벌 시민사회를 형성하는 데 이러한 사회운동들이 어떻게 점점 큰 영향력을 발휘하게 되었는지 역시 검증할 것이다. 이는 일반인들 개개인의 초국가적 행동과 전 세계적 캠페인이 계속되면서 나타나는 아래로부터의 글로벌 사회 건설과 연관된다. 이와 관련하여 우리는 최근에 나타난 중요한 예로서 반채무운동인 주빌리 2000 (Jubilee 2000), 빈곤과 불균형에 반대하는 글로벌 정의운동, 2003년 이라크 전쟁에 대한 전 세계적 반전운동을 살펴본다. 우리는 또한 글로벌 시민사회 문제와 긴밀히 관련된 3가지 테마를 간단히 살펴볼 것이다. 글로벌 사회운동과 INGOs, 인권담화의 중요성 증가, 2001년 9월 11일 뉴욕과 워싱턴의 테러리스트 공격에 대한 고도의 민족주의적 반응은 글로벌 시민사회의 진화에 도움이 되었는가 아닌가. 이번 장의 사회운동의 비교 분석은 또한 여성운동과 환경운동에 대해 자세히 살펴볼 다음의 두 장의 서론을 제공할 것이다.

그림 18.1 2000년 4월 파리 채무 면제를 위한 주빌리 2000 운동
최빈곤국의 채무를 면제하기 위한 운동은 2005년 G8 국가의 지지를 얻었다.

사회운동의 정의

사회운동은 특정 사회변화와 환경에 대한 반응으로 나타나는 사회변화의 동인이다. 또한 그들은 대중감정의 표명이다. 이러한 측면에서 그들은 수많은 종류의 다른 사회활동들과 중복된다. 그러므로 사회운동과 관련하여 과도하게 많은 정의와 설명이 존재하는 것은 놀라운 일이 아니다. 우선 다소 평범한 윌슨(Wilson 1973 : 8)의 정의부터 시작하도록 한다. 그는 "사회운동이란 비제도적 수단에 의해 사회질서를 변화시키거나 그에 대항하려는 의식적·집합적·조직적 시도"라고 주장한다. 그 뒤에 그는 다음과 같이 좀 더 사실적인 설명을 덧붙이고 있다. 사회운동에 참가하는 사람들은 "사회의 악을 해치우기 위한 자신들만의 십자군전쟁을 전수하기 위해 관습적인 사회질서를 넘어선다. 이러한 활동으로 인해 그들은 자신들을 넘어서 새로운 남성과 여성이 된다"(Wilson 1973 : 5).

그러나 번(Byrne 1997 : 10-11)은 사회운동을 다음과 같이 정의하고 있다.

- 예측 불가능(예를 들어 여성운동은 반드시 여성들이 가장 억압받고 있는 곳에서 발생하는 것은 아니다)

그림 18.2 2003년 2월 런던에 모인 반전시위자들
미국 주도의 이라크 침공은 베트남 전쟁 이후 가장 큰 데모를 동원했는데, 이는 부시 대통령과 블레어 수상의 정치적인 지지를 위태롭게 했다.

- 비합리성(지지자들은 자신들의 이익을 위해 행동하는 것은 아니다)
- 비이성성(지지자들은 자신들이 법을 업신여겨도 정당화된다고 생각한다)
- 비조직성(일부는 조직화하는 것이 좋은 아이디어처럼 보이는 경우조차도 자신들의 조직
  을 정식화하는 것을 꺼린다)

한편 지라크자다(Zirakzadeh 1997 : 4-5)는 사회운동을 다음과 같이 설명했다.

- 완전히 새로운 사회질서를 세우려고 의식적으로 노력하는 사람들의 집단
- 넓은 범위의 사회적 배경을 가진 사람들이 관련
- 정치적으로 투쟁적이고 사회적으로 파괴적인 전술을 전개

1960년대 이후 변화하는 사회운동의 특성

선진국의 사회운동을 연구해 온 많은 연구자들은 사회운동이 1960년대 후반 이후 크게 변화하고 있다고 논했다. 모든 사회운동에 있어서 이러한 변화는 당시 선진공업국에서 나타난 근본적인 사회변화와 관련된 것이었다. 뚜렌느(Touraine 1981)는 이러한 변화의 결과를 **탈공업화사회**(postindustrial society)라는 용어로 표현했다. 여기에는 수공업으로부터 IT, 미디어, 패션, 디자인, 테라피 및 카운셀링 서비스를 포함한 지식 및 서비스 영역으로 직업구조의 전환이 나타난다.

중요 개념

탈공업화사회(postindustrial society)는 지식, 미디어, 정보를 기반으로 한 영역을 포함한 서비스 산업이 부와 고용의 가장 중요한 원천이 되는 사회를 의미한다. 그러므로 이에 따라 제조업의 국부에 대한 상대적 공헌도 감소, 수공업 노동자 수 감소, 대학 및 고등교육의 확대, 중산층의 성장이 나타난다.

탈공업화와 관련된 특징 중 하나는 성장한 문화, 미디어와 지식산업에 종사하는 공적·사적 영역 고용인들 안에서 중간계급이 늘어났다는 점이다. 뚜렌느는 '오래된' 노동과 정치운동을 새롭게 등장한 직업 종사자의 관심을 반영하는 '새로운' 사회운동과 비교했다. '오래된' 사회운동과 '새로운' 사회운동 사이에 명확한 차이가 있는지

없는지에 대한 문제는 한동안 활발한 논쟁주제였으나 거의 대부분의 변화들이 종류의 차이라기보다는 정도의 차이라는 관점이다. 사회운동은 당연히 새로운 현실과 다른 사회적 욕구에 대응한다. 그러나 이러한 운동이 완전하게 다른 새로운 현상이라는 생각은 다른 문제이다. 이 중요한 문제를 염두에 두면서 우리는 최근 수십 년 간 사회운동의 방향성이 변화한 4가지 방향—아이덴티티 정치로의 전화, '대항문화'의 부상, 권위에 대한 도전, 풀뿌리운동의 성장—을 논의하도록 한다.

아이덴티티 정치로의 전환

기든스(Giddens 1991 : Chapter 7)에 의하면 21세기 후반에 이르기까지의 근대화 기간 전반에 걸쳐 사회운동은 일반적으로 그가 '해방의 정치'(emancipator politics)라고 부른 것과 관련된 것이었다. 이것은 생활경험을 선택할 사람들의 자유를 제약하는 구조와 불균형에 대한 투쟁이었다. 이러한 강제 중 주요한 것으로는 전통의 중압감(종교적 혹은 관습적 의무 같은), 물질적 결핍, 빈곤, 법적·정치적 권리로부터 일반 민중의 접근 배제, 지배집단과 같은 부를 획득할 기회의 배제 등이 있다.

해방의 정치의 대표적 예로는 보통선거권과 결사·집회·언론의 자유를 위한 투쟁, 유럽 식민지, 미국에서의 노예제 폐지운동, 노동자의 자유로운 단체교섭권, 복지국가 건설로 인한 과도한 착취를 억제하기 위한 권리획득 운동 등이 있다. 모든 이러한 투쟁에 있어서 사회운동은 국가 권력에 대해 일정 정도의 직접적 통제를 얻기 위해 사용되었다. 노동자와 사회주의 운동은 직장에서 자본가들과 좀 더 효율적으로 계약을 맺기 위해 노동조합을 결성했을 뿐만 아니라 정부를 제어하기 위해 정당 또한 설립했다. 이러한 무기로 무장한 노동자계급은 결국 자본주의의 접근을 막는 것에 성공했고, 이로 인해 다수파의 이익은 훨씬 보호받게 되었다.

대조적으로 현대의 사회운동은 국가 권력을 직접 장악하거나 접근하려는 것에는 별로 관심을 가지지 않는다. 그럼에도 불구하고 1960년대 이후 이미 여러 권리와 기회를 얻은 다수파 시민은 지금까지 불이익을 받던 사람들 및 배제되었던 집단들로부터 자신들의 권리와 이익을 확장시키기 위한 투쟁을 계속해 왔다. 이는 특히 개발도상국에 있어서 두드러진다. 때때로 이러한 요구는 국가와의 갈등과 관련된다. 선진국의 사회운동은 여성, 소수종교 및 소수민족(예를 들어 1960년대 미국에 있어서 시민권 운동), 어린이, 젊은이, 동성애자, 장애자와 관련되는 경우가 많다.

그러나 기든스는 기존의 사회운동과 최근의 사회운동 간에 좀 더 중요한 차이점을 지적한다. 『모더니티와 자기정체성』(*Modernity and Self-identity*)에서 기든스(19991 : 214-27)는 1990년대에 이르러 사회운동의 계기는 그가 '생활정치' (life politics)라고 부르는 것에 초점을 맞추게 되었다. 이는 다음과 같은 질문을 제기했다. 자유를 얻은 후 우리는 어느 정도의 범위까지 이 해방된 자유를 사용하고 싶어 하는가—어떤 개인 생활과 공동체 생활을 구축하고 싶어 하는가?—보편적 자유의 지속이 보장된다면 개인이 반드시 수행해야 하는 의무는 무엇인가? 우리 모두는 개인 상호간의 관계에 의존하고 있고, 개개인의 자유는 개인 상호간의 관계가 어떻게 배열되어 있는가에 의해 결정되므로 자기 실현과 개인의 아이덴티티에 대한 문제는 제일 먼저 고려하지 않으면 안 되는 문제가 된다.

　　미국에서 조직된 현대 페미니스트 운동이 1970년대 초반 서구세계를 휩쓸어 이제는 대부분의 사회에 침투해 있는 것은 분명하다. 이미 살펴보았듯이 페미니즘은 여성을 문화적으로 열등한 역할에 귀속시키는 가부장제에 도전해 왔다. 그러나 그 결과 여성은 어떠한 삶을 살아야 하는지, 어떠한 가치와 개인적 아이덴티티를 가져야 하는지에 관한 질문과 직면해야 했고, 이로 인해 이 관점은 더 넓게 확대시키게 되었다. 현대 페미니즘에 던져진 질문은 다음과 같다. 섹슈얼리티의 성격, 성적 지향성, 생물학적 생식의 통제(낙태를 포함), 아이에 대한 권리행사 자격을 누구에게 부여할 것인가, 결혼이나 다른 형태의 친밀한 관계를 기초하는 조건, 포르노그래피와 같은 표현의 자유와 표상의 문제. 그 결과 정치적 마찰과 정치적 과정에 의해 사적 영역과 공적 영역의 경계가 붕괴되기 시작했다.

비물질적 가치와 '대항문화'

　　잉글하트(Inglehart 1990)를 포함한 그 외의 연구자들에 의하면 제2차 세계대전 후의 경쟁성장과 당시의 사회민주주의가 시행한 복지개혁으로 인해 부와 물질적 안정이 증대되면서 많은 사람들은 자기실현과 아이덴티티를 더 강조하고 비물질적 가치의 추구를 한층 더 중요시하게 되었다. 이러한 **대항문화**(Counterculture)의 발전은 같은 시기 많은 노동자 사이에서 급진적인 사회주의적 아이디어가 매력을 잃어버린 것에 대한 원인도 되었다. 그들은 친자본주의적 정당을 반대함에도 불구하고 '시스템의 일부'로 보여져 왔다.

대항문화(counterculture)　주로 1960년대와 1970년대 부유한 서구 선진국에서 나타났다. 발전에 있어서 무디고, 반성하지 않으며, 자화자찬적인 획일성을 가진 기존 정치적 가치에 반대했다. 이러한 움직임은 개인 성장에 대한 관리, 사회관계 안에서 평등성과 유동성의 증가, 자연에 대한 존중, 탈집권적·자율적 공동체의 부활을 요구했다. 기존의 종교로부터 동양철학으로의 이행, 마약을 사용한 실험, 탐험적인 대중음악, '전위적인' 복장 코드로의 전환 등이 이 시기의 특징이었다.

특히 학생들이 이러한 대항문화 운동에 관련하게 되었다. 처음에는 미국 시민권 운동에 관련했던 많은 학생들의 불안은 1960년대 초반부터 명확해졌다. 이러한 학생 운동은 유럽으로 퍼져 1968년 파리의 5월 혁명에서 정점을 이루었다. 이 '사건'은 잉글하트의 이론을 증명하는 것이었다. 전 유럽에 걸쳐 노동자, 지식인, 학생이 동맹파업을 일으켜 대학 캠퍼스와 공장을 점거했다. 그들은—미국에서 살고 있는 마르크스주의 지식인—마르쿠제(Marcuse 1964)가 '1차원적 인간'이라고 표현한 것을 생산하는 사회를 반대하는 것처럼 보였다. 많은 지식인들이 보기에 이러한 투쟁은 다음과 같은 산업사회의 특징에 대한 공격이었다.

- 산업, 정부기관, 고등교육 관료제화의 결과인 비인간성화
- 전후 포드주의 경제가 제공한 '계약', 즉 직장에 있어서 무자비한 권한 박탈과 공동체와 문화적 자율성의 퇴진을 대가로 하는 경제적 번영과 욕망만을 왜곡하여 강조

Box 18.1

사이버 공간에서의 전투 : 프랑스의 핵실험에 반대하는 그린피스

배후 사건

1995년 6월 프랑스 정부는 핵확산금지조약을 존중하겠다는 기존의 의무에도 불구하고 남태평양에서 핵실험 재개를 결정했다. 그린피스는 오랫동안 '강국'을 열망하는 국가의 안전보장이라는 시대에 뒤처진 관점을 지지하는 프랑스 정부에 반대하는 캠페인을 벌여왔다. 예를 들어 그린피스는 1985년 프랑스 정부와 교전을 벌여 프랑스 해군이 레인보

우 워리어 호를 침몰시키는 사태에 이르게 되었다.

그린피스의 세계적 캠페인 : 1995년 7월부터 1996년 초까지

핵실험 재개에 반대하는 캠페인 중에서 그린피스는 많은 전선에서 활동을 벌였다.

- 500만 명 이상의 사람이 탄원서에 서명했다.
- 전 세계적인 데모가 조직되었다. 그 중 타히티에서는 15,000명이 넘는 사람들이 모여 도로를 봉쇄하거나 프랑스 정부에 반대해 그린피스의 주력선 정박을 요구했다.
- 지원 그룹의 네트워크가 많은 국가의 여론에 영향력을 미치기 위해 연대했다.
- 특히 오스트레일리아 여론이 표적이 되었다. 이곳에서는 과거 그린피스 전사의 용맹성에 대한 찬사와 핵실험 장소와 근접하다는 것으로 인해 정부로 하여금 외교를 통해 프랑스 정부의 행위에 반대하도록 강한 압력을 가하는 것을 기대할 수 있었다.
- 그린피스의 5개 선단이 헬리콥터, 다이버, 몇몇 고무보트와 함께 실험해역으로 향했다.

그린피스는 또한 최신 커뮤니케이션 기술을 활용했다.

- 수많은 팩스와 위성전화를 통해 다양한 캠페인 메시지가 세계 곳곳으로 발신되었다.
- 3척의 배가 최신 커뮤니케이션 시스템을 탑재하여 위성을 경유한 컬러 사진을 포함한 선명한 이미지를 연달아 전송할 수 있었다.
- 또한 헬리콥터가 찍은 사건들은 필름에 포함되어 글로벌 미디어에 전송되었다.
- 한편 주력선으로부터 인터넷을 통해 메시지가 방출되었다. 이로 인해 개개인, 그룹, 미디어는 1994년 설치된 웹사이트를 통해 현장의 그린피스 활동가로부터 보내진 정보들을 연달아 받을 수 있었다.

레인보우 워리어 2호에 탑승한 프랑스 병사가 시위자들에게 최루가스를 사용하면서 작전이 시작되었을 때, 이를 관찰한 사람들은 남태평양 분쟁의 심각함을 확신하게 되었다. 글로벌 사회운동은 적어도 선전전이라는 측면에서는 세계에서 가장 강력한 국민국가 중 하나를 무찌른 것이다.

출처 : Cooper(1997).

학생들의 불만은 대항문화 운동의 급증으로 직접적으로 흘러들어 서구세계 전역으로 곧 퍼졌다. 여기에는 히피, 마약문화, 1960년대부터 1970년대 초까지의 반베트남 전쟁 운동, 초기 환경운동의 고양이 포함되었다. 주류의 소비주의적 자본주의가 제공한 압제적·물질주의적 라이프스타일로부터의 철수는 또한 코뮌과 생활협동조합의 설립, 유기농법, 유기작물에 대한 관심, 동양철학과 동양적 건강법 실천도 포함되었다.

1968년 5월 혁명 관련 사건에 참가한 모든 학생들과 대부분의 학생, 참가자들이 이에 참가했던 지식인들과 같은 정도로 이를 물질주의적 가치에 반대하는 투쟁으로 인식하고 있었는가는 논쟁의 여지가 있다. 또한 최근의 변화를 살펴볼 때 대부분의 사람들의 생활이 더 이상 특유의 경제적 불안정에 고통받지 않는다는 주장은 시기상조인 것이 분명하다.

권위에 대한 도전

기든스(Giddens 1992)와 벡(Beck 1992)에 의하면 여러 변화 중 고등교육의 보급과 통신기술의 발달로 인하여 선진국 사람들은 전보다 과학, 기술, 경제적 생활의 관리에 대한 지식을 얻게 되었다. 동시에 화학, 생물전뿐만 아니라 핵 에너지와 무기에 관련된 위험으로 인해 많은 시민들은 정부, 군부 관련 비즈니스 업계는 이러한 영역에서의 독점권을 포기하도록 주장했다. 일부 과학자들과 기술자들도 이러한 좁은 분야에 자신들의 전문성과 공적 위신, 제어를 받지 않는 이익을 가지고 있다는 것이 알려지면서 이러한 요구는 더욱 더 강해졌다. 1970년대에 소집된 북아메리카와 유럽에 있어서 핵에너지의 위험에 대한 반대운동은 이러한 감정이 명확하게 표현된 것으로 볼 수 있다 (Joppke 1993). 이는 또한 평화운동의 기초도 되었는데, 이러한 평화운동은 1980년대 유럽, 북아메리카, 소련 등에서 새로운 형태로 분출되었다. 또한 더 넓은 범위의 환경운동의 원천이 되었는데, 이에 대해서는 20장에서 알아보도록 한다.

한때는 일반 시민(소비자나 주주로서 어느 정도의 능력을 발휘할 수 있는 경우를 제외하고)에게는 진입금지 영역이었던 시장과 비즈니스의 관리 하에 있던 세계조차 세밀한 공중 감시 아래 놓이게 되어 실질적으로 비판을 받을 수 있게 되었다. 이러한 점은 환경문제와 윤리를 고려한 상품을 내기로 결정한 대형기업 사이에서 특히 분명하게 나타났다(Kennedy 1996). 이러한 상품화의 결정과정에서는 외부 관련 운동단체로부터 검증을 구하거나 함으로써 이를 필요로 하게 되었다. 실제로 이러한 기업은 자사제품에 대한 여론을 바꾸기 위해 교육적이고 윤리적이며 환경보호 의식을 환기하는 활동을 할 수밖에 없게 되었다. 게다가 여론의 압력과 시장 기회에 부응하기 위해 에너지 절약이나 제출규제 기술 관련 회사들 중 일부가 좀 더 엄격한 정부 규제를 긍정적으로 요구했다. 따라서 정부 간섭에 의해 만들어진 경기장조차 없었더라면 환경기술에 투자하지 않거나 환경기술을 받아들인 경쟁자들은 좀 더 혁신적이고 관심을 가지고 있던 회사들보다 비용 면에서 우위를 얻었을 것이다(Oliviero and Simmons 2002 ; Monbiot 2005).

　　1990년대 후반 유전자 조작 작물과 식품에 대해 유럽 일반 민중의 불안이 높아진 것은 이러한 측면에서 다른 좋은 사례가 된다. 이에 대해서는 20장에서 좀 더 자세하게 알아보자. 이와 비슷하게 1990년대 이후 G7 국가들과 세계은행, IMF, WTO와 같은 IGOs가 개발도상국을 처리하는 과정에서 부과한 신자유주의적 경제정책과 정책선호에 반대하여 다양한 캠페인이 일어나면서 지방, 국가, 글로벌적 비판이 급증했다(예를 들어 Desai and Said 2001 ; Kiely 2005b ; Chapter 7 and 8 참조). 따라서 모든 영역에 있어서 의사결정의 민주화에 대한 요구가 나타나고 있다. 이러한 요구는 언제나 충족될 수는 없지만 많은 시민들은 이제 더 이상 충분한 정보를 공개하지 않은 채, 그리고 의견을 구하지 않은 채 의사결정이 이루어지는 정당한 영역이 존재한다는 것을 받아들이지 않는다는 점은 분명하다.

풀뿌리운동의 성장

　　1960년대 이후 사회운동은 집합행위의 구성원을 동원하는 과정에서 탈중앙화·비계급화 경향을 보였다. 그린피스(Box 18.1)나 남아프리카공화국의 아프리카국민회의(African National Congress : ANC)와 같은 사례는 제외하고 일반적으로 반자율적인 집단의 느슨한 연합을 형성하는 사회운동은 대부분 네트워크 활동을 기반으로 한 풀뿌리적 지원에 의존하고 그 구성원들은 자신들만의 우선순위와 시위전략을 세우는 것이 보통이다. 물론 이러한 관행은 운동 내부의 균열, 우유부단, 쟁점의 상실, 조직력 결여와 관련될 가능성이 있다. 그럼에도 불구하고 이러한 특성으로 인해 빠른 속도로 자신들의 활동방식을 수정하고, 연쇄적인 사건에 반응하며, 동원을 위해 새로운 목표를 설정하고, 다양한 이질성을 가진 사람들과 끊임없이 변화하는 지지자들에 의지할 수 있다. 같은 이유로 각 사회운동의 관심대상 및 지지자들은 다른 사회운동과 합쳐지거나 중복하거나 하는 경향이 나타난다. 예를 들어 동물의 권리수호 운동 지지자의 다수는 야생동물의 생존을 위협하는 도로건설 계획에 강하게 반대하는 경향이 있기 때문에 동시에 복수의 급진적 자연보호 그룹에 참가하는 경우가 있다. 하나의 운동으로부터 다른 운동으로 자연스럽게 이어지는 경우는 자주 나타난다.

　　민주적이고 탈집권적이며 참가형의 조직과 행동이 강조되는 경우는 주로 다음의 3가지 요인에 의해 설명된다.

1. 현대 사회운동은 직접 국가권력을 장악하는 것에는 관심이 없기 때문에 정권 획득이 가능한 거대하고 집권적인 조직을 만들 필요가 없다.

2. 그들의 목적은 넓은 범위의 사람들을 설득하여 사회적·문화적 생활을 근본적으로 변화하기 위해 새로운 과제를 받아들일 수 있도록 하거나, 기업이나 다른 강력한 단체로 하여금 그 우선순위를 바꾸게 하는 것을 포함한다. 특히 민주주의 사회에서는 그러한 목표는 의식을 환기시키고 기존 시스템의 실패를 폭로하는 분산적이고 다양한 뿔뿌리운동과 연대를 필요로 한다. 따라서 다음과 같은 행동이 효과적인 경우가 많다. 데모, 청원, 소비 및 투자의 보이콧, 토지점거, 바리케이트 및 연좌농성과 같은 가두행동, 회의, 세간의 이목을 끄는 미디어 이벤트, 근린지역 중심의 액션그룹, 정치가 및 기업경영자에게의 투서. 이러한 행동으로 인해 정치가들은 당혹감을 감추지 못하고 그들의 지지단체의 기초를 위험하게 한다. 또한 기업의 매상, 수익, 투자원, 신뢰도에 타격을 가하게 된다.

3. 사회운동에 매력을 느끼는 사람들은 교육수준이 높고 개인적 자율성이 큰 경우가 많다. 그렇게 때문에 설명 책임을 제대로 지지 않는 비개인적·관료적 지도자 집단에 의해 정책결정 과정으로부터 계속 배제되는 것을 용인하지 않는다. 즉 이는 자기 실현의 정신과 민중들과 시만사회에게 권력을 부여할 필요성에 직면하게 되었으며, 이러한 개인이 적극적으로 사회운동에 가담하게 되는 원인이 되었다.

위르겐 하버마스_ JÜRGEN HARBERMAS (1929-)

위르겐 하버마스는 가장 탁월한 현대 사회학자 중 하나로 비평이론에 있어서 프랑크푸르트 학파의 전통을 이어받은 사람이다. 이 학파에서 '비평'이라는 단어가 중요한 것은 두 가지 이유에서이다. 첫째, 마르크스의 중심 견해를 받아들이는 한편 프로이트 등으로부터 매스미디어, 대중사회, 대중문화, 심리학적 견해로부터 발생하는 문제도 다루었다는 점이다. 둘째, '비평'은 사회현상에 대해 과학적·실증적 방법을 이용한 한정된 확신이 아니라 해석학적 이해(Verstehen)에 대한 선호를 의미한다. 이 학파의 구성원들에게 있어서 인류 현상에서 합리성과 비합리성은 얽혀 있다. 후기에 하버마스는 '합리적 사회'는 어떻게 얻어질 수 있으며 합리성은 무엇을 의미하는지에 관해 집중하게 되었다.

프랑크푸르트 학파(1923년에 설립)의 구성원들이 비합리성에 대해 고찰하기 시작한 것은 놀라운 일이 아니다. 나치가 독일을 점령하고 대중집회가 히틀러의 무모한 이론을 지지하게 되면서 그 많은 수가 유대인 혹은 마르크스주의자, 혹은 양쪽 다였던 프랑크푸르트 학파도 뿔뿔이 흩어지게 되었다. 1931년부터 1949년까지 프랑크푸르트 학파는 뉴욕을 기반으로 하게 되었다. 제2차 세계대전 이후 독일에서 두 명의 유명학자 테오도르 아도르노(Theodor Adorno), 막스 호르크하이머(Max Horkheimer)가 학파를 재설립했다. 1956년, 당시 27세였던 하버마스는 아도르노의 제자가 되었다. 이는 영향력 있는 사회학적 연구의 한 줄기 시작이었다. 하버마스의 기술을 살펴보면 검토해 봐야 할 주요 업적이 15개나 있으므로 여기서는 다음과 같은 것만 간단히 살펴보기로 한다.

우선 '공공영역'(the public sphere)과 '합리성'(rationality)을 이해하는 데 있어서 하버마스의 공헌을 언급하기로 한다. 그의 첫 주요 저서인 『공론장의 구조변동』(*The Structural Transformation of the Public Sphere*, 1989)에서 그는 최근 생겨난 유럽 부르주아가 신문을 발행하여 식자층을 만들어냄으로써 어떻게 공공문제에 있어서 이익을 얻을 수 있는가에 대해 서술하고 있다. 그러나 20세기 공공영역은 분열되고 정치가들은 여론의 구조에 의해 조종되기보다는 여론을 조종할 수 있게 되었다(Outhwaite 1996 : 7-8). 공중의 수동성에 대한 강한 경향에도 불구하고 하버마스는 인류가 의사소통 능력을 확장시킬 수 있다는 점에서 잠재적 합리성이 크다고 보았다. 『합리적인 사회로』(*Towards a Rational Society*, 1971)와 『커뮤니케이션과 사회의 진화』(*Communication and the Evolution of Society*, 1979)라는 두 저서에서 그는 언어와 언어학 연구인 정치이론과 사람들이 엘리트의 변덕에 복종시키려는 시도에 반대하는 방법을 보여주는 사회적 행동과 사회성이라는 개념을 사용했다. 이렇듯 좀 더 실증적인 합리성의 형태는 '합리성의 인간화'—국가, 시장, 거대조직, 기업, 미디어와 같은 '기능적 합리성'과는 차별되는—로 생각될 수 있다.

우리는 여기서 하버마스가 어떻게 '공공영역', '시민사회', '도덕적 양심'의 역할을 회복하기를 원했는지 볼 수 있다. 그는 모든 국가가 '정당성의 위기'(그들은 이 안에서 자신들의 행동의 도덕성을 변론할 수 없었다)를 겪고 있다고 보았다. 이로 인해 공중의 지지도가 철회되거나 좀 더 긍정적으로는 시민사회로의 편향이 나타나게 되었다는 것이다. 글로벌 시민행동을 주장하는 급진적 지지자(이번 장에서 다루고 있다)들과는 달리 하버마스는 시민사회를 공식적 정치의 대체물이라기보다는 보완물로 보았다. 학생들은 종종 그의 추상적인 언어에 힘들어 하지만 그의 철학적 추론은 민주주의에 대한 강한 헌신과 부당한 국가 권력의 전제에 대한 맹렬한 반대를 감춘다. 그는 '대테러전'과 미국의 이라크 침공에 대해 직설적인 반대 입장을 취했다.

출처 : Habermas(1971, 1979, 1989) ; McCarthy(1978) ; Braaten(1991) ; Outhwaite(1994, 1996).

사회운동의 글로벌리제이션 : 제약과 기회

사회운동 간의 초국가적 협력은 새로운 것이 아니다. 19세기 이후 계속되어 온 평화, 반노예, 여성, 환경보호, 노동운동은 다른 국가의 비슷한 그룹과 연합함으로써 힘을 얻었다. 1960년대 동안 핵무장반대운동(Campaign for Nuclear Disarmament : CND)뿐 아니라 시민권, 베트남전 반대운동, 학생운동은 국경선을 넘어 확산되었다. 그러나 독립성이 높은 국민단위 그룹 간의 일시적 협력과 처음부터 글로벌한 목표를 추구하여 국민단위의 지원을 세계적 규모의 목적달성을 자원으로 활용하려는 운동은 구별해야 한다. 예를 들어 1980년대 이전 미국 자연보호단체는 국제적 야생생물 보호보다는 국내 환경보호 문제를 중심으로 운동을 전개했다(Bramble and Porter 1992 : 324). 이와 대조적으로 1981년부터 유럽, 미국, 그 외의 지역에서 널리 퍼진 평화운동은 그 효율성과 핵전쟁에 대한 생각에 있어서 기존의 반전운동보다 훨씬 글로벌적인 것이 명백했다(Taylor and Young 1987). 실제로 칼도(Kaldor 1999 : 198)에 의하면, 1981년 10월과 1983년 10월 약 500만 명의 개인들이 다양한 마을과 도시에서 데모를 벌였는데, 이는 당시까지의 데모 중에 '가장 거대한 초국경적 운동'이었을 것이다.

최근에 이르기까지 사회학자 등에 의한 사회운동에 대한 이론적 연구 대부분의 경우 국민국가는 운동이 전개되는 명확하며 자연적인 장소였다(Princen and Finger 1994 : Chapter 3). 사실 글로벌 활동을 국가수준의 활동보다 어렵게 만드는 다양한 제약이 존재했기 때문에 대부분의 사회운동은 우선 가장 먼저 국내의 지원을 기반으로 하는 국내수준의 투쟁에 뿌리를 내려야 했다. 그러나 코헨과 라이(Cohen and Rai 2000)의 설명처럼 노동, 여성, 평화, 환경, 인권, 종교의 보편화 등의 특정 사회운동은 본질적으로 글로벌적인 성격, 적어도 국제적 성격을 가진다. 현재 이러한 사회운동들은 초국경적으로 활동할 이유뿐만 아니라 좋은 기회가 존재한다. 실제로 어떤 의미에서는 사회운동은 국가보다 훨씬 더 준비가 잘 되어 있다(Box 18.2 참조).

Box 18.2

글로벌 시민사회의 행위자 : 동원의 제약과 기회

기회와 동기

국가와의 차이점 :

1. 사회운동은 국경, 국익 혹은 국가의 국제관계를 안정시키기 위한 외교적 관행에 얽매이지 않는다.

2. 사회운동은 비밀을 엄수하지 않고 활동할 수 있으며, 유권자에 대한 설명 책임도 지지 않는다.

3. 인권침해, 환경파괴, 빈곤과 같은 것에 대해 책임이 없다.

4. 사회운동이 제시하는 문제들은 불이익을 받는 계층과 불만을 가진 세력에 의해 공유되어 자연적으로 국경을 넘어서 확산된다.

5. 따라서 사회운동은 국가보다 대안적 아이디어 및 해결책에 있어 협력 가능하고 이를 만들기 쉽다.

비즈니스 기업과의 차이점 :

6. 사회운동은 편협한 이해를 대변하지 않고 지켜야 할 고정투자도 없다. 그들은 시장경쟁에 관련하지도 않는다(구성원 획득이나 미디어의 관심을 끌려는 경쟁은 있지만).

7. 사회운동은 탈집권적이며 관료주의적

제약

국가와 비즈니스 기업과의 차이점 :

1. 사회운동은 자금 면에서 한계가 있다. 글로벌 행동의 비용은 종종 높다—초국경 커뮤니케이션, 통역, 회의를 위한 여행 혹은 IGOs와 정부에의 로비

2. 미디어의 관심을 끌기 위해서는 (예를 들어 그린피스의 배와 같은) 장비를 준비하거나 비용이 많이 드는 활동이 필요하다.

3. 가정생활과 일에 들이는 시간과 장거리 여행의 비용으로 인해 개개인들의 초국경적 행동에 대한 참가가 제한된다.

4. 사회운동이 공유하는 공통의 목적에도 불구하고 언어장벽과 문화 간 커뮤니케이션의 문제는 다양한 국가 그룹 사이의 협력을 저해한다.

특수한 상황과 문제가 존재하는 경우가 많다 :

5. 많은 글로벌 사회운동과 INGOs들은 그들의 문제를 충분히 토론할 수 있도록 준비하는 한편 과학자 및 정부, 일반 시민들로부터 인정받을 수 있도록 기술 전문가들을 필요로 한다. 그렇기 때문

색채도 옅다.

대조적으로 그들은 특정적인 특징을 공유한다 :

8. 사회운동은 그들의 이타주의, 개방성, 결사적 각오로 민중의 지지를 얻는다.

9. 사회운동은 일반인들과의 접촉이라는 점에 있어서 융통적이며 순응적이다.

10. 사회운동은 다양한 수준에서 지원을 동원한다.

11. 운동과 NGOs의 다양성으로 인해 각 맴버는 다른 전문자원을 활용하는 것이 가능하다.

12. 정보통신기술 혁명은 초국경 공동작업 및 증가한 정보 공유의 비용을 크게 줄였다.

13. 세계의 여러 지역에서 민주주의가 확대되고 냉전이 끝나고 일부 국가에 있어서 경제번영이 나타나면서 개인과 그룹에 의한 자유로운 협력의 가능성이 커지게 되었다.

에 그들은 중핵으로서 정규직 전문가와 신뢰할 수 있는 데이터베이스를 필요로 한다.

6. 남반구의 개발도상국들은 북반구 국가들의 보조를 받은 경우에만 초국경적 이벤트에서 활동하거나 협력할 수 있을지도 모른다. 이는 '온정주의'(paternalism)에 대한 논의를 불러일으킬 수도 있다.

7. 남반구의 NGOs와 사회운동들은 종종 북반구의 NGOs와 사회운동들과는 그 우선순위에 있어서 차별되는 경우가 많다. 그들은 인권, 가장 빈곤한 그룹 내의 빈곤의 극복 등에 좀 더 관심을 가진다. 글로벌 환경문제는 종종 2순위로 물러나 있다. 이는 지금까지 양자의 불일치 문제로 자리잡아 왔다.

출처 : Ghils(1992) ; Fisher(1993) ; Princen and Finger(1994) ; Riddel–Dixon(1995) ; Anheier and Themudo(2002).

Box 18.2에서 우리는 INGOs를 논했다. 얼마나 다양하고 많은 INGOs가 존재하는지 추정해 보면 1980년대 중반 약 17,000개(Scholte 1993 : 44), 1990년대 초반 23,000개(Ghils 1992 : 419), 2000년에는 47,000개 이상(Held and McGrew 20002 : 18)으로 간주된다. 이 조직에 관련해서는 이하의 두 가지 점을 인식해 둘 필요가 있다. 첫째, 조직들 중에는 지역, 풀뿌리 수준 혹은 국내수준에서 활동하여 글로벌적으로 활동하지 않고 비정부적 기관과도 거리가 먼 기관들도 존재한다. 피셔(Fisher 1993 : ix)에 의하면 1990년

대 초반에 이르자 개발도상국(남반구 국가들)의 이러한 단체 수는 10만 개를 넘었는데,
이는 1억 명의 지지를 필요로 하는 수이다. 대부분이 경제적 고난의 경감, 여성 인권보
호, 판자촌의 도시 빈민층이나 전통 부족 사람들의 생활을 댐과 같은 거대 발전계획의
위협으로부터 보호하는 것과 관련된 것이었다. 그들은 탑-다운식 상업지향의 구조조
정 프로그램과 남반구 국가 정부가 추진하는 발전계획에 반대했다. 이러한 계획들은
서구국가들, 투자가들, 세계은행과 같은 IGOs의 지원을 받는 경우가 많았다. 결과적
으로 다른 35,000여 개의 풀뿌리 조직들(Fisher 1993 : viii)이 이러한 NGOs를 지지했다.
이러한 풀뿌리 수준의 국가 NGOs는 젊은 전문가들에 의해 유지되는 경우가 많은데,
이들은 동포들에 대한 헌신이나 실업을 계기로 하여 반자발적인 형태로 일하기로 한
경우가 많다. 이러한 남반구 NGOs의 많은 부분이 그들에게 자금, 기술전문가, 국제
미디어의 취재, 다른 종류의 외부적 지원을 제공하는 INGOs들과 연결된다.

　　INGOs에 관해 기억해 둘 두 번째 포인트는 그들이 옥스팜이나 암네스티 인터네
셔널과 같은 비영리단체보다는 협회, 네트워크 활동을 포함하는 일반적인 카테고리에
적합하다는 것이다. 후자와 같은 '진정한' 의미의 INGOs는 일반적으로 영구적인 사
무소와 중심 스태프를 고용하고 자발적 지원자들의 거대한 네트워크를 가지며 글로
벌 목적과 문제를 공유하면서 국가를 기반으로 하지만, 전 지구적으로 협력하는 사무
소와 자매기관의 연합을 통해서 전 세계적인 활동을 펼친다. 이들의 수는 1981년의 약
10,000개에서 2000년 25,000개로 지난 20년간 두 배 이상 증가했다(Lechner and Boli
2005 : 132). 그러므로 기아 지원, 전문 기술자와 지식은행의 축적, 인권침해 사실에 대
한 공표와 같은 표준 사무뿐만 아니라, 그들은 글로벌 사회운동을 포함한 다양한 종류
의 글로벌 사회행위자들과 긴밀하게 협력하는 경우가 많다. 또한 그들은 좀 더 공정하
고 안전하며 좀 더 인간적인 세계를 만들기 위해 정부 정책 및 여론을 형성하기 위한
캠페인을 운영하거나 참가하는 경우가 많기 때문에 때로는 명백한 항의를 표명하기
도 한다(Box 18.1 참조). 이러한 측면에서 이러한 기구들은 사회운동 그룹들과 네트워크
집단으로 둘러싸인 중핵을 제공한다. 그들은 사회운동 단체들에게 나아가야 할 방향
을 제시하는 동시에 더 거대한 글로벌 사회운동 안에 자리를 잡는다. 혹은 그들은 단
순히 사회운동과 함께 활동하거나 부분적으로만 협동하면서 분리되어 활동하는 경우
도 있다. 이는 우리에게 **글로벌 시민사회**(global civil society)의 개념을 제시한다.

중요 개념

글로벌 시민사회(global civil society)　시민사회(3장 참조)가 가족과 국가 사이 그룹의 네트워크로 구성되어 국민국가 안에서 정치적 의견이나 정책결정에 영향력을 미치려고 하는 반면, 글로벌 시민사회는 국민국가의 경계를 넘어 공통 문제 및 분쟁들에 대해 관심을 가진 모든 사회행위자들을 포함한다. 그들은 지금까지 적절하게 대응하지 못했거나 지역적 혹은 글로벌 수준에서는 다루어지지 않았던 관심 이슈나 문제와 관련하여 정부, IGOs, TNCs와 같은 다양하고 강력한 행위자들의 행위를 형성하려고 노력한다.

이 분야 관련 학자들이 제시한 정의들은 조금씩 다르지만 많은 학자들이 하버마스(Globaal Thinker 18 참조)의 고전적 연구에 의존한다. 예를 들어 안하이어와 테무도(Anheier and Themudo 2002), 안하이어 등(Anheier et al. 2005 : 17)에서 글로벌 시민사회에 공헌하는 활동은 가족, 국가, 시장이라는 3중 구조 사이에서 나타난다고 보았다. 한편 킨(Keane 2003 : 65)은 그의 정의, 그가 '터보 자본주의'(turbo capitalism)라고 칭했던 것에 글로벌 경제와 대기업과 같은 글로벌 경제행위자를 포함시켰다. 시장은 항상 정치사회적 구조와 관계 안으로 확고히 확장되기 때문에 글로벌 시민사회는 화폐경제 혹은 기술투자 없이는 존재할 수 없다. 대기업들은 화폐경제와 기술투자로 하여금 커뮤니케이션을 포함한 여러 자원들을 제공하게 하는데, 이러한 자원들을 통해 글로벌 시민사회는 번성하게 된다. 어떠한 경우에든 최근 글로벌 시민사회의 주요 투쟁은 글로벌 경제가 최근 작동하는 방법을 어떻게 개혁·폐지할 것인지 혹은 인간적으로 만들 것인지에 집중되어 있다. 어떤 점을 주목할 것인가에 대해서는 여러 차이가 존재하지만 여기에는 공통된 점도 존재한다. 따라서 글로벌 시민사회의 행위자인들은 :

- ■ '국경을 넘어선 사회활동'을 행하고 '정부 구조의 경계 밖에서' 작동한다(Keane 2003 : 8, 9). 그들이 설립한 상호 접속이 '두꺼운' 네트워크를 형성하는지, '가늘고 길게 늘어난 네트워크를 형성하는지, 혹은 피라미드형, 대도시 터미널 집중방식 무리를 형성하는지와 관계없다.
- ■ 그들의 활동에는 많은 역사적 선례가 존재하나 새로운 것은 '순전히 그들의 규모와 능력'이었다. 반면 '그들이 활동하는 영역의 범위와 유형은 전혀 넓어지지 않았다'(Anheier et al. 2005 : 4).

표 18.1_ 2003년 1월 글로벌 시민사회의 이벤트	
사회포럼/대안 정상회담	사위, 집회, 연좌농성
인도 하이데라바드 : 제1차 아시아 사회포럼으로 15,000명 참석	바레인 : 여성의 시민권 보장을 외치며 법무부 앞에서 연좌농성
에티오피아, 아디스 아바바 : 제2차 아프리카 사회포럼으로 40개국 대표들이 참석	샌프란시스코 : 미국 거주자 요건을 충족시키지 못한 거주자 체포 반대 다민족/종교 시위
브라질, 베들레헴 : 두 번째 범아마존 지역 사회포럼으로 환경문제에 중점	모로코 라바트 : NGO의 반이라크전 시위 행군, 팔레스타인이 연대한 UN 본부에서의 연좌농성, 노동조합들이 지지
브라질, 포르투 알레그리 : 첫 농업종사자 세계의 회기구	이디오피아에 600만 달러의 소를 건 네슬레에 맞선 국제적 보이코트 운동 성공
브라질, 포르트 알레그리 : 제3차 세계 사회포럼으로 123개국으로부터 10만 명 참석	프랑스 그르노블 : GM 공장을 파괴하려 했던 운동가들의 처리에 반대하여 8천 명이 시위

출처 : Burawoy(2005).

■ 국가수준의 기존의 정치적 활동에 적극적으로 참가하는 것은 많은 국가, 특히 부국에서 줄어들고 있는 것처럼 보이면서 글로벌 시민사회 적극주의는 정부, TNCs, IGOs에게 '해명을 요구'하는 방법이 되고 있다(Anheier et al. 2005 : 16).

■ 이는 또한 초국경적인 지지 네트워크—전 세계적인 지식인 여론과 정치적 압력단체의 연합—를 창조함으로써 '민주주의를 재활성화' 시키는 (Anheier et al. 2005 : 15) 역할을 한다. 이로 인해 바깥으로부터 억압적인 정부에 압력을 가하는 것이다(Keck and Sikkink 1998). 예를 들어 1990년대 중반 사파타주의자는 멕시코 정부에 대해 반란을 일으켰는데, 이는 그들이 멕시코 정부가 추진하고 있는 신자유주의적 경제정책이 그들의 지방경제와 사회생활을 파괴할 것이라고 믿었기 때문이다(2005b : 205-6).

■ 글로벌 시민사회는 막대한 영역의 다양한 행위자로 구성된다. 이들은 일시적으로 단기간 혹은 간헐적으로 활동하는 경우도 있다. 그러나 '진정한' INGOs는 영속적인 기관을 설치한다. 그 사이에 정보 네트워크, 재단, 자금, 디아스포라적 그룹과 같은 '풀뿌리 조직', 이민자협회, 대부분 사이버 공간에서 활동하는 '인터넷 기반 조직', 환경보호와 같은 특정 이슈에 집중한 사회운동, 다수의 비공식적 혼합협회 등이 존재한다(Anheier and Themudo 2002 : 196).

■ 경제적 글로벌리제이션은 특히 강력한 영향력을 발휘하는데, 이는 동시에 글

로벌 시민사회 활동을 증가시키고(왜냐하면 연결성이 높아짐에 따라 머나먼 거리를 넘어서 일할 수 있게 되었기 때문이다) 글로벌 정치연합을 장려한다. 이러한 연합은 특히 빈국들 안에서 글로벌 시민사회를 유발하고 심화시키는 불평등성, 불안전성 및 부당성에 대한 '반응'이다(Anheier et al. 2005 : 7). 이에 대해서는 글로벌 정의운동에 대한 다음 절에서 좀 더 자세하게 알아보도록 한다.

■ 시민사회의 그룹 연합이 국제적 미디어의 주목을 얻기 위해 대형 공공 이벤트에 대중의 참가를 동원할 경우 정상회담에 대항하여 일어난다. 또한 정부, IGOs, 대기업의 정상회담과 동시에 일어나는 경우가 많다. 이는 새로운 현상은 아니지만 1980년대 후반, 특히 1999년 이후 급속도로 증가하고 있다. 또한 이에 참가하는 시위자들은 국제적으로 다양한 사람들이 모이는데, 이는 점점 더 과격해지고 있다. 따라서 2000년과 2001년 사이만 볼 때 병렬회담은 40% 가까이 증가했다. 글로벌 활동가가 조직하여 2000년 스위스 다보스에서 글로벌 기업의 세계경제포럼(Wordl Economic Forum)과 병렬적으로 열린 사회 항의운동과 그에 맞서 2001년 브라질의 포르트 알레그레에서 열린 첫 세계사회포럼(World Social Forum)은 그 대표적인 예이다(Pianta 2001 : 17).

글로벌 시민사회의 운동, 영역, 범위를 간단히 살펴보기 위해 표 18.1에 2003년 1월에 열린 글로벌 시민사회 활동을 정리했다. 팀스(Timms 2005)의 모든 연대표를 살펴보면 알 수 있겠지만 2003년 1월은 결코 특별한 달이 아니었다.

글로벌 사회운동 : 원천과 과제

지난 10-15년 사이 국가수준, 전 세계 정치수준에 있어서 다양한 글로벌 시민사회 활동은 폭발적으로 증가했다. 물론 그 시작은 훨씬 전에 일어났지만 말이다. 이제 우리는 3가지의 중복되는 변화를 살펴볼 것이다. 이러한 변화로 인해 초국경적 커뮤니케이션과 연합을 효율적으로 이용할 수 있는 기회가 커졌고, 신자유주의 정책과 경제적 글로벌리제이션으로 인해 문제가 발생했다. 또한 사회운동과 INGOs 후원자들의 생각이 변화했으며, 커뮤니케이션 기술의 변화로 인해 글로벌 행위자에게 가능한 행동범위가 넓어졌다.

경제적 글로벌리제이션과 신자유주의 정책에 관련된 문제들

1980년대 초 미국과 영국에서 시작된 신자유주의적 경제사상이 선진국에 보급되기 시작하면서 이는 공공지출을 줄이고 인플레이션의 압력을 억제하기 위한 유력한 재정수단을 강구하게 되었다. OECD, 세계은행, IMF는 개발도상국들과의 교섭에 있어서 이와 같은 수단을 받아들이도록 요구했다. 또한 채무를 지불하기 위해 삼림 상품과 같은 원자재 수출을 확대함으로써 외화소득을 늘리도록 끈질기게 압력을 가했다. 이로 인해 많은 개발도상국에 있어서 환경오염을 더욱 더 가속화시키는 한편 부족 집단과 삼림 및 주변지역에서 생활하는 사람들의 생계수단을 위협하게 되었다. 코튼 (Korton 1990 : 6)에 의하면 이러한 사건들을 계기로 하여 남반구에 사는 많은 사람들의 경제는 더욱 자율적으로 '인간중심적인 비전'으로 발전하도록 해야 한다는 주장이 널리 퍼지게 되었다.

4장과 8장에서 살펴보았듯이 제조업의 글로벌리제이션을 비롯한 여러 변화와 함께 나타난 신자유주의적 경제정책은 북반구의 직업 안정성 역시 감소시켰는데, 이는 특히 수공업자들과 교육수준이 낮은 사람들의 경우에서 더욱 심각하게 나타났다. 따라서 경제성장의 이득으로부터 실질적으로 제외된 사람들이 많은 것은 남반구만의 현상은 아니다. 실제로 인도의 사회학자인 오멘(Oommen 1997 : 51-2)의 주장에 의하면, 소외된 그룹이 정치적 행동을 일으켰던 과거에 비해 현재는 그 활동영역과 범위에 있어서 "진정으로 초국경적이며 다면적인 집단들이 정치적 행동을 일으키는데, 이는 소외된 그룹들이 계속해서 지배와 불평등에 희생되어 왔기 때문이다."

다양한 형태의 집합행위와 시위가 남반구, 특히 경제적 정의, 인권, 여성에 대한 관심을 요구하는 주장을 중심으로 퍼져나갔는데, 이는 또한 전 세계적으로 민주화가 일어나면서 더욱 강화되었다(Lindberg and Sverrisson 1997 : 5-11). 이는 부분적으로 1989년과 1992년 사이에 일어난 소련과 동구권 공산체제의 붕괴와도 연결되지만, 남반구의 많은 정부들—특히 아프리카 대륙의 정부들—이 발전 프로그램에 실패하면서 가장 불이익을 받는 집단들은 INGOs의 지원에 의존해야만 해서 자신들의 경제적 생활을 관리할 권리를 거듭 주장하게 되었던 것이다. 이는 다시 시민사회를 강화시키고 민주주의를 향한 국내 압력을 발생시키는 데 도움을 주었다.

정신의 전환 : 글로벌 사고를 향해

헤게두스(Hegedus 1989 : 19)에 의하면 1980년대 이후 많은 개인들은 세계, 특히 변화라는 목표를 지지하는 사람들을 통해 이해의 '플래네티제이션'(planetization, 지구 규모화)을 경험해 왔는데, 이는 실제적으로 모든 것은 변혁적으로 재고찰되어야 한다는 것이었다. 이는 2장에서 논의했던 로버트슨(Robertson)의 글로벌리티 개념—글로벌 의식의 출현—과 비슷한 것이었다. 부유한 서구사회에서 힘을 얻은 사람들은 남반구의 가난한 사람들 역시 자신들의 권리와 특히 환경과 관련된 문제들을 인식할 수 있도록 돕는 것만이 의미 있는 해결책이라는 것이다. 사실 1980년대 초 이후 유럽과 북미의 평화운동 지지자들은 자신들의 정부로 하여금 핵무장과 군사지출을 줄이도록 압력을 가하는 것이 충분치 않음을 인식하기 시작했다. 행동의 범위는 훨씬 확대되어야 했다. 예를 들어 무기 수출국으로 하여금 압제체제에 무기를 수출하는 것을 금지시켜야 했고 무기산업을 평화활동으로 전환시켜야만 했던 것이다.

사회운동의 많은 지지자들은 또한 자기 실현과 문화적 정체성의 재구축만을 중점적으로 다루는 것을 그만두었다. 여전히 중요하다고 생각하기는 했지만 말이다. 그 대신 그들은 '로컬, 국가, 세계 수준에서 공동의 미래를 위한 개인적 책무'를 강조했다(Hegedus 1989 : 22). 이는 정치적인 문제가 가정/개인의 삶과 관계의 영역을 침범하고 있다는 기든스의 생활정치에 대한 논의와도 연결된다. 무수한 작은 개인들과 가계들의 결정이 합쳐지면 훨씬 더 넓은 급진적인 변화가 나타날 수 있다. Box 18.3에서 간략히 살펴볼 주빌리 2000(Jubilee 2000)이 거둔 상대적 성공은 이러한 과정의 좋은 예이다.

우리가 소비자, 투자자, 납세자, 텔레비전 시청자로서 국가 및 글로벌 경제생활에 의존하고 있는 것은 투표자로서의 우리의 권리에 대응하는 것으로, 이는 우리에게 사용 가능한 강력한 무기로서 작용한다. 우리는 이를 공동 정치의 영역으로 침입하는 장치로서 사용할 수 있으며, 우리가 원하기만 한다면 항의할 수 있다. 우리의 많은 문화 미디어, 특히 경제생활이 전 지구화되고 상호 연결되었기 때문에 이러한 개인들의 마켓과 투표에 대한 성향이 초국경적인 운동과 연결될 경우 이는 단순히 지역이나 국가 내부에만 한정되지 않을 가능성은 충분하다. 윤리적 소비자주의, 녹색 소비주의는 이러한 점에서 매우 중요한 예가 된다. 점점 더 많은 수의 사람들이 도덕적으로 허용할 수 없는 활동에 관여한 기업의 상품을 사지 않고 있다.

Box 18.3

채무 탕감을 위한 주빌리 2000 운동

채무 발생 원인

1. **달러 과잉** : 1970년대 과도한 달러는 규제가 풀린 국제 상업은행으로 흘러들었다. 그 주된 원인은 미국의 무역적자, 초국적 기업이 축적한 통화 포트폴리오 OPEC 국가들이 벌어들인 거대한 달러 수입이 주된 원인이었던 이러한 현상으로 인해 1974년 석유가격은 4배로 뛰었고 1979년 다시 3배 뛰었다. (석유는 보통 달러로 지불된다.) 이러한 달러의 대부분이 국제 은행에 예금되었다.

2. **'책임감 있는' 행위자로부터의 국제 지원** : G7 정부, 세계은행, IMF의 강력한 지원 아래 국제 은행들은 이 현금을 채무국들에게 빌려주었다. 이는 글로벌 경제를 통해 현금을 재순환시키기 위한 것이었다. 그러는 와중에 전자들은 가난한 국가들에게 비상업적 융자를 대출했다.

3. **현명하지 못한 소비 혹은 부패** : 불행히도 많은 정부들을 이러한 자금을 불필요한 '흰코끼리' 발전/지위의 프로젝트나 군사설비에 사용했다. 이러한 프로젝트로부터 돌아온 수익은 채무를 탕감하기에는 불충분한 것이었다. 또한 일부 자금은 서구 은행에 있는 부패한 정치인과 관료들의 개인 계좌로 사라졌다.

운동의 기원과 발전

주빌리 2000은 1996년 시작되었다. 이는 52개 빈국, 소위 과다채무빈국들(heavily indebted poor countries : HIPs)을 위한 채무 탕감 캠페인이었다. 그들의 채무는 대부분 IMF나 세계은행, G7 정부들과 같은 다자간 행위자들로부터 빌린 것이었다. 캠페인의 목적은 2000년까지 이러한 빚을 줄이는 것이었다. 1998년 영국의 버밍험에 모인 5만 명의 사람들은 G8(G7에 새 멤버로서 러시아가 가담) 회담을 인간 체인으로 둘러쌌다. 한편 영국의 한 여론조사에 의하면, 69%의 사람들이 런던 밀레니엄 돔을 짓기보다는 채무 말소를 지지했다. 2000년에 이르자 이러한 모임은 68개국—일본과 미국에서부터 앙골라와 콜롬비아까지—에서 열리게 되었다. 인터넷은 글로벌적인 조정에 큰 도움을 주었다.

운동조직과 전략

조직자들은 중앙집권화된 조직이 아닌 사회운동의 형태를 채택했다. 따라서 그들은 외부로부터 조직을 형성하도록 하는 것이 아니라 국가별 그룹을 자율적으로 형성하게 되었다. 이러한 유연성은 주빌리 2000이 전 세계적으로 2,400만 명에 가까운 청원자를 동원할 수 있었던 것에서 성공적으로 평가된다. 그러나 이러한 중앙집권성의 부족으로 인해 급진주의의 정도 차이, 세계 빈곤을 위해 더 넓은 과제를 원했던 남반구 그룹과 북반구 지지자들 간의 차이를 조정하는 것은 매우 힘든 일이 되었다.

주빌리 2000의 성공과 영향

운동은 G8 정부의 정책목표로서 채무 탕감을 상정한 것, 그리고 대중교육의 측면에 있어서 성공을 거두었다. 그러나 실제로 채무 감소는 어렵다는 것이 판명되었고, 채무 감소는 공공 시설의 민영화 및 지출 감소와 같은 승낙하기 어려운 조건들을 수반했다. 2003년 단계에서 620억 달러가 실제로 적당한 상황임에도 290억 달러의 채무만이 경감되었다. 2005년 G8 국가들은 가장 빈곤한 18개의 채무국이 가지고 있는 IMF에 대한 빚을 말소하는 데 동의했다. 그러나 앞으로의 부채 탕감은 부분적으로 원조 감소와 병행할 것이다. 다른 10개 국가들 또한 2년 안에 혜택을 받게 되었다. 이러한 투쟁은 계속된다.

출처 : Pettifor (2001) ; Anheier and Themudo (2002) ; http://www.jubileedebtcampaign.org.uk/ ; Kiely (2005b).

헤게두스(Hegedus 1989 : 33)에 의하면 많은 시민들은 자신들이 걱정하고 위협을 느끼는 것은 다른 사람들 역시 느낀다는 것을 알게 되었다. 그들이 모두 합동으로 투쟁에 참가할 때 의미 있는 해결책이 나온다는 것을 깨달은 것이다. 따라서 사회운동은 문화와 국적과는 관계없이 개인들 사이에 '새로운 도덕책임' 뿐만이 아니라 '자기 결정과 연대책임의 새로운 실행'과 관련된 것이었다. 이는 라이브에이드 록 음악(Live Aid Rock Sorg)인 '위아더 월드'(We are the world)와 1980년대 아프리카의 빈곤과 기아 구제를 위한 기금 마련을 위해 많은 록그룹이 참가한 것으로 상징된다. 그러므로 이러한 과정은 2005년 여름, 세계 곳곳에서 동시에 열린 라이브 8(Live 8)이나 빈곤말소 캠페인(Make Pverty History Campaign)에서 다시 재현되었다. 2005년 7월, 8개 국가에서 열린 이 라이브 이벤트에 100만 명이 넘는 사람들이 참가했으며, 20억이 넘는 사람들이 이러한 글로벌 쇼를 텔레비전 생방송으로 시청했다. 헤게두스는 1980년대 이미 몇 개의 사회운동이 이러한 수준에 이르렀음을 관찰하고 있다. 폴란드 연대 캠페인, 유럽·북미·소련 전역에서의 평화운동, 남아프리카공화국 내외에서 나타난 반인종차별정책

운동 등이 그 좋은 예이다.

커뮤니케이션 기술의 변화

커뮤니케이션 기술이 공통 글로벌 정체성의 출현에 기여하기 시작한 것은 1960년대로 거슬러 올라간다. 이 시기 위성 커뮤니케이션의 중요한 발전으로 인해 전 세계의 사람들은 처음으로 그들의 집 TV에서 지구의 영상을 볼 수 있었다. 이와 함께 미국에 의한 달 탐험 시도가 이어졌는데, 이는 1969년 6월 인류가 처음으로 달에 착륙했을 때 절정을 이루게 되었다. 그 이후 많은 사람들이 이러한 강력한 이미지가 인류 경험에 근본적인 전환점을 만들었다고 주장했다. 우리는 행성의 아름다움을 알게 되었고, 어떠한 희생이 있더라도 이를 지켜야 할 필요성을 느끼게 되었다. 지구는 상호 존속을 위해 우리가 가진 유일한 수단이었다. 지구 밖은 끝없이 이어진 황량하고 거대한 우주였던 것이다. 비슷한 감정들이 1980년대 초중반 나타나게 되었다. 우주공간에서 컴퓨터로 촬영한 사진이 지구를 둘러싼 **오존층**(ozone layer)이 고갈되어 봄철 극지방에서 관찰 가능할 정도의 '구멍'이 나타날 정도라는 부정할 수 없이 명확한 증거를 제시했던 것이다.

오존층(Ozone layer)은 지구 표면 20-50킬로미터 위를 싸고 있는 가스층이다.

14장에서 우리는 전기 커뮤니케이션과 IT 기술의 발전으로 인해 어떻게 개인들과 풀뿌리 조직이 자율성을 누리게 되었는지 살펴보았다. PC로 인해 작은 그룹들은 자신들의 주장을 매우 낮은 가격으로 생산·유통시킬 수 있게 되었을 뿐만 아니라, 국가나 다른 강력한 기구의 정통성을 문제삼는 데 필요한 데이터를 구축할 수 있게 되었다. 인터넷으로 인해 순식간에 메시지를 보내고 정보를 유포시는 것이 가능해졌을 뿐만 아니라, 먼 거리에 있는 집단이나 개인들에게 그들의 개인적 견해를 쉽게 공유할 수 있게 되었고, 빠르고 누적적인 교육경험도 제공할 수 있게 되었다. Box 18.1은 사이버 공간이 어떻게 그린피스 같은 INGO가 글로벌 투쟁을 행하는 데 있어서 유력한 무기를 제공하는지에 관한 최근 예를 살펴보았다. 우리는 이를 글로벌 정의문제에 있어서 더욱 깊이 알아볼 것이다.

다른 전략으로는 미디어의 주목을 끌거나 UN과 같은 IGOs에서 동감을 이끌어 낼 수 있는 그룹을 로비함으로써 전 세계 소비자들의 지지를 활성화시키는 것이 포함된다. Box 18.2와 18.3은 초국경적 시위의 아주 일부만을 소개하고 있는 것이다. 글로벌 사회운동과 INGOs가 현재 활동하고 있는 수준의 다양성으로 인해 그들은 현재 세계에서 훨씬 더 강력한 존재가 되었다. 글로벌 사회운동은 미디어와 INGOs와 긴밀한

관계의 도움으로 세계 전역 수백만 명의 사람들이 동시에 참가하는 거대한 시위에 필
요한 번거로운 과정을 간단히 만들 수 있게 되었다.

21세기로 : 행동, 과제, 균열

최근 글로벌 시민사회와 사회운동은 크게 보급되어 세계 여론을 형성하거나 그
방향을 바꾸거나 **글로벌 거버넌스**(global governance)에 영향을 미치게 되었다. 이러한 계
속되는 투쟁에 대해 살펴보기 위해 최근 중요한 사례 연구로 글로벌 정의운동을 간단
하게 고찰해 봄으로써 이번 장을 마무리하고자 한다.

중요 개념

글로벌 거버넌스(global governance)는 합의, 어젠다, 법, 제도 등의 결합으로, 이는 깨지기 쉽고
조직화되지 않는 특징을 가지며 국가, IGOs, INGOs, TNCs, 글로벌 시민사회, 시민 네트워
크, 전문가협회 등이 합쳐져서 만들어진다. 그 목적은 세계의 문제를 관리하기 위해 적합한 시
스템을 건설하는 것인데, 이는 개별 국가가 자신들의 영토에서 가지는 관리능력만큼 세계수준
에 있어서 질서를 유지할 수 있는 글로벌 주권정부가 현재 존재하지 않기 때문이다.

글로벌 활동가가 함께 모여 공식 정부나 IGO 어젠다를 문제삼는 것은 여러 경
우—1999년 6월 독일 쾰른에서 열린 G8 회담에 반대한 가두시위, 2005년 12월 홍콩
에서 WTO 회담의 데모 등—가 존재하지만 글로벌 정의운동(이는 반글로벌리제이션 운
동이라고도 불린다)이 세상 사람들의 눈에, 그리고 글로벌 세력으로서의 미디어에 처음
으로 구체화되고 인식되기 시작한 것은 1999년 12월의 일이다. 5일이 넘는 기간 동안
다양한 국가들에서 온 5만 명의 시위자들은 미국 시애틀의 주요 WTO 회의장을 봉쇄
하는 데 성공했다. 시위자들은 아프리카, 아시아, 라틴아메리카 등 회의에서 논의되고
있는 무역협정이 빈국들에게는 혜택이 없을 것이며, 어젠다는 부유한 G8 국가들과
OECD 국가들이 지배하고 있다고 생각하는 국가들의 정부대표 일부로부터 전략적
지원도 받고 있었다. 1999년 12월부터 2002년 초에 이르는 기간 동안 다양한 글로벌
정의운동 지지자들의 데모와 관련하여 18개의 분리된 주요 대중시위가 열렸다. 이러
한 시위는 IGO, EU 혹은 G8의 세계 어젠다에 반대한 것이었는데, 특정 국가 문제에
대한 시위는 포함시키지 않은 숫자이다. 이 중 가장 중대한 사건은 2000년 9월 프라그

IMF 회담 중 일어난 시위와 2001년 7월 제노바에서 일어난 시위이다. 제노바에서 일어난 시위의 경우 약 30만 명의 시위자가 참가하여 폭력적인 시위자와 이탈리아 경찰 사이에 거리에서의 무력충돌까지 수반한 것이었다.

글로벌 정의운동이 흥미로운 이유는 여러 가지가 있는데, 그 중 경제 글로벌리제이션에 대한 반응이라는 이유가 특히 현저하게 나타난다. 운동은 '글로벌 신자유주의 프로젝트'에 반대하기 위해 한시적인 연합을 만들려는 그룹과 네트워크의 느슨한 연대로 구성된다(Kiely 2005b : 223). 이러한 프로젝트는 G8 정부, 특히 미국이 세계에 부과한 것이다. 안하이어 등(Anheier et al. 2005 : 7-10)은 글로벌리제이션의 최근 형태에 대한 가능한 반응으로 4가지를 들고 있다. 사람들은 글로벌리제이션과 관련하여 이를 지지하거나, 거부하거나, 개혁을 주장하거나, 대안을 제공할 수 있다. (이러한 입장에 대해서는 22장에서 좀 더 자세하게 논의하기로 한다.) 첫 번째 입장을 제외한다면 이러한 분류법으로 인해 우리는 글로벌 정의운동 내부에 존재하는 다양성과 때때로 분리되기까지 하는 요소를 명확하게 구분하고 관찰할 수 있다.

1. 두 번째, 세 번째, 네 번째 반응을 취하는 많은 그룹들 전부는 글로벌 정의운동에 참가하지만 우익, 강한 종교 및 민족주의에 의존하지는 않는다.
2. '진정한' INGOs의 대부분과 다른 글로벌 시민사회의 행위자들 다수는 개혁자로서 운동을 실천한다. 그들의 의도는 글로벌 자본주의를 변혁하는 것이지 이를 폐지하거나 이로부터 도피하려는 것이 아니다.
3. 우리는 사회주의, 무정부주의, 환경주의의 강한 흐름이 존재하는 것을 알 수 있다. 각각은 수많은 하위 그룹으로 나누어질 수 있다. 이들은 같은 글로벌 정의운동 안에서 북반구와 남반구 양측에서 온 친글로벌리제이션 그룹, 반글로벌리제이션 그룹 사이의 넓은 스펙트럼을 따라 번성하고 있다.
4. 친로컬적 성향, 친글로벌적 성향 둘 다가 나타나는데, 이는 때로는 서로를 밀고 때로는 서로를 끌어당긴다.

글로벌 정의운동에 대한 비판 중 하나는 다양성, 유연성, 계급구조의 결여, 개방성—네트워크, 웹사이트의 접속 가능성과 상호작용적 특성, 끊임없이 변화하는 구성요소에 의존한다는 점에서—이 강점뿐만 아니라 약점이 될 수 있다는 점이다. 이러한 특성들이 글로벌 정의를 위한 싸움에 있어서 응집력이 결여되고 효율적이지 못하다는 것을 의미하기 때문이다(Kiely 2005b ; Waterman and Timms 2005).

글로벌 정의운동에 있어서 또 다른 주요 과제는 2001년 9월 뉴욕의 쌍둥이 빌딩의 파괴, 테러리즘의 보급, 미국 부시 정권이 전 세계적인 반대에 직면했음에도 점점 더 일방적으로 군사력 및 정치력을 사용하고 있다는 점으로부터 기인한다. 이러한 사건들은 글로벌 사회운동이 결집된 군사력, 국가와 비국가를 반대하는 데 있어서 가지는 한계를 두드러지게 했다. 앤더슨과 리프(Anderson and Rieff 2005 : 35)는 9 · 11 이후 "국가 안전보장이 중요 문제로 다시 돌아왔으며, 이로 인해 주권의 가치가 복권되었다"고 주장했다. 그 결과 1990년대 국제무대에 있어서 지배적으로 나타나 글로벌 시민사회를 실제보다 더욱 영향력 있는 존재로 만들었던 '글로벌 시민사회 및 UN과 같은 국제 기구 사이의 친밀한 관계'는 "세계의 초강대국이 제기한 특정 문제를 중심으로 한 국제 시스템에게 그 자리를 양보했다." 앤더슨과 리프(Anderson and Rieff 2005 : 36-7)의 주장에 의하면 미국의 행동은 세계 문제에 있어서 '중심 위치를 차지했고', 이로 인해 INGOs의 행동은 때때로 '솔직히 관계없는' 것처럼 보여지게 되었다. 또한 키일리(Kiely 205b : 242)는 이러한 사건들로 인해 글로벌 정의운동은 "일반적인 측면 또는 전쟁과 관련된 측면에서 좀 더 강압적으로 민족국가의 문제를 제기하게 되었다"고 주장했다. 그는 또 다른 비판을 제기했는데, 이러한 문제가 과거 글로벌 경제 정의의 문제에서는 부차적 문제로 다루어졌다는 점뿐만 아니라, 글로벌 정의와 반전운동이 전쟁, 인권 정의에 관한 문제를 혼동하고 있는 것처럼 보이는 경우가 많다는 점이다. 즉 오만한 글로벌 슈퍼파워에 의한 제국주의적 전쟁, 자기 본위의 전쟁에 반대하는 것도 중요하지만 단순히 자신들의 국민을 잔혹한 방법으로 억압하는 체제인지 아닌지 관계없이 이에 반대하는 어떤 행동도 거부한다면, 만약 이것이 미국이 가지고 있는 견해와 결합하여 나타난다면 이는 보편적 정의를 구하는 '글로벌 일치단결 원칙'을 저해할 것이다(Kiely 2005b : 248-9).

정리

기존 모델들과의 유사점은 있지만 사회운동은 1960년대 이후 중요한 변화를 겪어왔다. 선진국의 경우 사회운동은 훨씬 더 많은 사람들과 결합하게 되었다. 논쟁적인 문제의 영역을 끊임없이 넓힘으로써 사회운동은 지금까지 가장 다양한 활동에 관련하여 기존의 이해관계에 도전하고 사회를 재구축하는 것을 목적으로 하게 되었다. 사회운동은 또한 남반구에 더더욱 널리 보급되었다. 그 정치적 환경과 이용 가능한 경제

자원이 북반구와 비교해 볼 때 훨씬 좋지 않은 상황에 있음에도 불구하고 말이다. 1980년대 이후 글로벌 사회운동 간에는 중요한 초국경적·초이슈적인 남반구 – 북반구 연대가 설립되었는데, 이는 INGOs의 도움을 받은 경우가 많았다. 글로벌 시민사회는 현재의 모든 변화들과 관련되어 생겨나고 번성해 왔다. 또한 역으로 이는 우리가 직면하는 문제들이 서로 연결되어 있고 보편적이라는 것을 인식하게 했으며, 글로벌 협력을 위한 좀 더 효율적인 전략을 취할 수 있는 기회 역시 제공했다.

　　글로벌 사회운동이 계속해서 번성했음에도 불구하고 몇 가지 주요 사건들과 그 다양한 반향으로 인해 특히 최근 몇 년 동안 글로벌 정의운동에 있어서 딜레마가 발생했다. 서구의 제국주의, 부도덕한 체제, 근본주의적 테러리스트 네트워크는 이것들이 모두 사람들을 위험에 빠뜨릴 수 있는 군사주의적·가부장주의적인 반민주주의 정치를 불러오거나 영속화한다는 점에서 받아들일 수 없다. 글로벌 정의운동과 다른 시민사회행위자들은 이러한 과제들을 해결할 방법을 찾아야만 한다. 사회학자들은 글로벌 사회운동의 활동과 특성의 이해를 통해 글로벌 사회가 어떻게 해서 밑에서부터 형성되었는지를 검증할 도구를 가지게 되었다. 다음 장에서 우리는 특정 운동과 관련하여 이러한 과정을 살펴볼 것이다.

더 읽어볼 책

- 린버그와 스베리슨(S. Linberg and A. Sverrisson 1997)이 편집한 『발전의 사회운동 : 글로벌리제이션과 민주화의 도전과제』(*Social Movements in Development ; The Challenges of Globalization and Democratization*)는 매우 중요한 자료를 포함한다. 특히 1, 3, 7, 12, 13장을 주의해서 살펴볼 것.

- 코헨과 라이(R. Cohen and S. Rai)가 편집한 『글로벌 사회운동』(*Global Social Movements*, 2000)은 다양한 운동—평화, 여성, 종교, 노동, 인권, 환경—과 관련된 글들을 싣고 있다. 그들은 그들의 편집 서문에서 이러한 운동들이 좀 더 글로벌화되고 있다는 것이 명백하다고 주장했다.

- 『글로벌 시민사회』(*Global Civil Society*), 안하이어 등(H. Anheier et al.)이 편집한 책 시리즈. 2001년 이후 매년 출판되고 있다. 이 시리즈는 세밀하고 흥미로운 정보를 현대적인 설명과 함께 전달하며 글로벌 시민사회와 관련된 테마와 이슈의 보고이다.

- 키일리(R. Kiely)의 『글로벌리제이션의 충돌』(*The Clash of Globalization*, 2005)은 전 세계 사람들과 현재 친글로벌리제이션 세력과 반글로벌리제이션 세력 간에 이어지고

있는 투쟁에 있어서 신자유주의가 미치는 영향에 대해 사려깊으면서도 이해하기 쉬운 설명을 제공한다.

그룹 과제

1. 사전협의를 통해 학생들은 3그룹으로 나눈다. 각 그룹의 학생들은 옥스팜(Oxfam), 암네스티 인터내셔널(Amnesty International), 주빌리 2000 중 하나 혹은 좀 더 최근의 기구(혹은 비슷한 INGOs)를 골라 연락해 보고 관련 파일을 만든다. 각 그룹은 다음과 관련하여 보고한다. (a) 각 INGOs의 현재 회원자격, (b) 최근의 활동목표와 캠페인 내용, (c) 관련이 있는 해외 자매 그룹, (d) 초국경적 협조형태

2. 수업 전에 이번 장을 읽을 것. 3개의 그룹으로 나눈 뒤 각 그룹은 이하의 명제에 대해 간단한 보고서를 준비한다. "글로벌 사회운동과 INGOs의 효과적인 초국경적 활동 기회는 그들이 직면한 장애보다 훨씬 크다."

3. 1999년 이후 글로벌 정의운동의 활동에 관해 웹사이트와 신문으로부터 정보를 수집해 볼 것. 미리 발행년도에 따라 일을 분담할 것. 그리고 나서 소그룹을 형성하여 이하의 내용이 담긴 정보를 모아보자. (a) 운동의 강점과 성취내용, (b) 운동의 약점

생각해 볼 문제

1. 1960년대 이후 선진국의 사회운동은 어떻게 변화했으며 그 이유는 무엇인가?

2. 과거 15년간 사회운동과 INGOs가 '글로벌적으로'(go global) 변화한 이유는 무엇인가? 각 요인 간의 상대적 의미를 검토해 보자.

3. 글로벌 사회학을 발전시키려는 사람들에게 있어서 글로벌 시민사회를 공부하는 것이 중요한 이유는 무엇인가?

유용한 웹사이트

■ www.jubileedebtcampaign.org.uk 어떤 면에서 볼 때 채무 반대운동이 그렇게 성공적이었다는 것은 놀라운 일이다. 조직가들은 능숙하게 교회와의 연합을 만들었으며, 영국의 고든 브라운(Gordon Brown) 장관을 자신의 편으로 돌리는 데 성공할 수 있었다. 이 모든 이야기가 이 사이트에 실려 있다.

■ http://www.ifg.org/ 글로벌리제이션에 관한 국제포럼(The International Forum on Globalization)은 '학자 활동가'들이 WTO에 반대하는 자신들의 조직을 기록하기 위한 주요 사이트이다. 이 시위는 특히 1999년 '시애틀 전쟁'에서 선도자 역할을 했는데, 2005년 12월 홍콩 무역 회담으로 이어져 왔다.

■ http://www.indymedia.org/en/index.shtml 다수국의 다양한 사회운동을 다루는

독립 미디어센터 사이트

■ http://www.citizen.org/trade/ 글로벌 트레이드 워치는 '사회적·환경적으로 공정

  한 무역정책을 위해 모인 노동, 환경, 종교, 가족, 농업, 소비자기구 연대'의 일부이다.

■ http://wwww.intute.ac.uk/socialsciences/cgi-bin/search.pl?term1=social+

  movements&gateway=Sociology&limit=0&submit.x=9&submit.y=9 우리의

  오랜 친구인 인튜트 게이트웨이는 사회운동에 대한 좋은 링크와 논문을 구해준다.

젠더화 세계로의 도전
Challenging a Gendered World

SOCIOLOGY

6장에서 우리는 많은 사회에서 역사 속에서 여성이 복종해 왔던 다양한 형태의 억압에 대해서 살펴보았다. 이번 장에서는 자신들의 상황을 개선시키기 위한 여성들의 운동에 의한 노력의 궤적을 글로벌 측면을 중점으로 살펴보기로 한다. 많은 국가에서 여성 단체의 지엽적 활동에 대한 연구가 증가하고 있는데, 개발도상국 연구도 많이 포함되어 있다. 이러한 분투에 대해서는 바스(Basu 1995)와 아프샤(Afshar 1996)가 편집한 책과 라틴아메리카에 대한 몰리뉴(Molyneux 2001)의 책을 참조하는 것이 좋다.

6장에서 논의한 것처럼 여성은 19세기부터 20세기 전반에 걸친 정치운동에 참여하게 되었는데, 여기에는 세계 평화를 위한 운동도 포함되었다. 여성에 의한 비폭력 집합행위의 역사는 거의 연구되지 않았다. 그러나 고대나 중세 시대에도 이름이 알려지지 않은 여성이 높은 음식가격에 반대하여 가두시위를 이끌거나 자신들의 불만을 표현하기 위한 수단으로 가무집단을 이용했다는 기록이 존재한다(Carroll 1989). 실제로 1789년 여름에서 가을에 걸친 프랑스 왕정에 대한 투쟁과 같이 18세기 후반 이후 여성들은 혁명적인 시위에 있어서 점차적으로 중요한 역할을 했고, 때로는 그 발단을 제공했다. 그들은 또한 미국의 노예제도에 저항하였고, 식민주의에 반대하고 파업을 주도하거나 이에 가담했다. 또한 여성은 전 세계에 걸쳐 공장과 방직소의 노동조건을 개선하기 위해 분노했다. 여기에는 영국 랭카셔, 북미 및 제정 러시아 여러 도시에서의 시위도 포함된다(Carroll 1989 : 4-9). 페미니스트 투쟁의 첫 번째 물결은 그 대부분이 여성에게 남성과 같은 자유주의적 자유와 기회를 보장하기 위한 시도로 간주된다. 1960년대 후반 이후 제2물결 페미니즘은 좀 더 급진적인 것이었는데, 이로 인해 많은 여성들을 가부장제적 세계에 도전하고 이를 재창조할 모든 권리를 가지고 있다고 생각하게 되었다. 엔로(Enloe 1989 : 17)가 주장한 것처럼 "세계는 만들어진 것이다. 그러므로 다시 만드는 것도 가능하다."

글로벌 질서 안에서의 여성 : 개관

언뜻 젠더 관계는 세계 질서의 동향과는 본질적으로 관계가 없는 것처럼 보인다. 그러나 앞으로 논의할 분석을 보면 그렇지 않다는 것을 알게 된다. 글로벌 사상가 19에서 살펴볼 엔로(Enloe 1989 : 7)에 의하면 젠더 관계는 실제로 '세계를 돌아가게' 한다. 정부들이 외교활동을 수행하기 위해 필요한 것은 비밀 정보국만이 아니다. 그들은 개인적 관계에도 의존해야 한다. 정부들은 기꺼이 자신들의 외교관 남편들을 즐겁게 해줄 아내들을 필요로 한다. 이로 인해 그들은 다른 외교관 남편들과의 신뢰관계를 형성할 수 있는 것이다. 정부는 군사기지의 군사시설뿐 아니라 그들의 병사들로 하여금 자신들이 남성적이라고 확신하도록 만드는 여성을 꾸준히 공급할 필요가 있다. 요약하자면, 각국 정부는 자신들의 주권을 공식적으로 인정받기 위한 원정에서 그들의 자율적 국가성을 유지하기 위해 남성적 권위와 여성적 희생이라는 개념에 의존하는 것이다(Enloe 1989 : 196-7).

엔로(Enloe)는 여성 단체가 글로벌 정치·경제 생활에 끼친 중요한 공헌—이는 여성의 역할, 남성의 역할이라는 개념에 의해 가려져 잘 보이지 않는다—에 관하여 다음과 같은 몇 개의 예를 들고 있다.

- 국가 및 국제적 결정을 내리는 주로 남성인 관료나 리더의 배후에는 어떤 남성이 중요한지와는 관계없이 일상업무를 제공하고 복잡하지만 틀에 박힌 업무를 행하는 셀 수 없을 정도로 많은 여성인 비서들, 개인 어시스턴트들, 사무원들, 중간 관리자들이 존재한다.
- 글로벌 경제의 지도적 영역인 관광을 성공으로 이끄는 열쇠는 많은 여성 저임금 노동자들이다. 이들은 호텔 객실 담당 종업원, 웨이트리스, 바 종업원, 접객 승무원, 투어 가이드, 의식 담당의 현지 종업원, 관광객들에게 성적 서비스를 제공하는 여성들이 포함된다.
- 글로벌 식량의 생산 소비 시스템의 여러 부분을 하나로 연결하는 상품 체인에 있어서 여성이 담당하고 있는 중요한 역할이 알려지지 않는 경우가 많다. 식량 생산 체인의 한쪽 끝에는 거대한 플랜테이션 농장에서 기간제로 고용된 여성과, 남편이 거리가 먼 상품작물 농장에서 저임금으로 일하기 위해 떠나 있는 동안 가족들을 먹여 살리기 위해 지역의 작은 땅에서 무임금으로 생계유지를 위한 작물을 재배하는 아내들이 존재한다. 그 중간 부분에는 식품공장에서 야채와 과일을 씻거나 포장하는 사람들이 있다. 그러나 이 체인을 더 따라가다 보면 슈퍼마켓 계산대에서 일하면서 최종 상품을 파는 여성들이 있다. 마지막으로 소비자의 역할을 주로 담당하는 것이 세계의 주부들이다.
- 출산과 육아, 그 후 청년들을 노동시장으로 내보내는 준비에 있어서 여성들은 또한 사회적·생물학적 재생산에 있어서 중요한 역할을 수행한다.

여성운동의 한계

사회운동에 참가하는 데 있어서 여성은 남성보다 더 많은 제약에 직면하는 경우가 많다. 그러므로 사회적 시위에 참가하는 것은 여성들에게 있어서 자신이 속한 특정 지역이나 환경으로부터 벗어나는 것처럼 매우 어려운 경우가 많다. 이러한 상황에는 여러 가지 이유가 있다.

- 여성은 많은 사회에서 돈과 토지로의 접근성이 쉽지 않은 경우가 많다. 그들은 남성보다 가난하고 낮은 교육을 받았을 가능성이 크다. 또한 관습적 의미나 일상생활로 인해 본질적으로 지방이나 한곳에 고정되어 가사노동이나 생산노동에 묶여버리는 경우도 많다.

- 가부장적 사회관계에 의해 여성의 자율성은 감소하게 되고, 결국 여성은 불안정하고 종속적인 상황에 놓이게 된다. 일부 사회에서는 남편의 허락 없이는 어떠한 종류의 공적 활동에 참가하는 것도 금지되는 경우도 있다. 여기에는 선거권의 행사나 야외 노동도 포함된다. 즉 사실상 집안에 감금되는 것이다.

- 그 결과 이동의 자유가 제한된다. 시위활동 대상이 지방을 넘어서거나 남성의 기존 권리를 위협하는 것처럼 인식된다면 여성의 참가는 매우 어렵고 위험한 것이 된다.

- 특히 남반구 여성의 경우 시위에 참가하는 것은 단순한 페미니즘 문제에 국한되지 않는다. 그녀들의 행동은 독립을 위한 내셔널리스트 운동이나 민주화 요구(Basu 1995 : 9-11) 등과 같은 광범위한 억압에 대한 투쟁 혹은 환경문제나 평화문제와 결합되는 경우가 많다.

- 세계 전역에 다양한 항의활동에 참가하는 여성의 수가 급증하게 되면서 사회 분열이 빠른 속도로 출현하여 강화되었다(Jacobs 2004). 물론 이러한 분열은 또한 다양한 생각과 경험을 교환할 수 있는 기회를 제공한다는 점에서 풍부한 다양성의 원천으로 볼 수 있다. 그러나 이는 특히 1975년부터 1985년 이후 세계 통일성을 향한 진보를 방해한다는 것이 일반적인 주장이다.

Box 19.1

권력, 부, 직업과 여성 : 젠더 결함

정치와 권력의 불평등

1990년대 중반 단계에서 여성은 전 세계 유권자의 반을 차지하고 있지만 세계 평균 의석 수의 여성 비율은 13%, 정부의 요직은 7%만을 차지하고 있다.

1992년 시점에서 여성 의석 수가 가장 많은 국가는 핀란드의 38%와 노르웨이의 37%였다. 미국, 프랑스, 러시아, 브라질의 경우가 10% 이하였다. 전 세계 평균은 20%에서 30% 사이의 중국에 의해 높아지는 것이다.

다른 한편 이러한 소수의 여성들은 대통령과 수상 같은 걸출한 자리에서 중요한 국가 정책의 전환을 주도하거나 성공적으로 수행하는 세계의 '정치가'(statesmen)로서의 역할을 해내고 있다. 성공한 정치지도자들로는 다음과 같은 여성들이 있다.

- 인디라 간디(Indira Gandhi), 인도 수상, 1960–1980년대 초반까지 대부분의 기간
- 마가렛 대처(Margaret Thacher), 영국 수상, 1979–1990년
- 매리 로빈슨(Mary Robinson), 아일랜드 대통령, 1992–1996년
- 시리마보 R. D. 반드라나이케(Sirimavo. R. D. Bandaranaike), 스리랑카 수상 1960–1965, 1970–1975, 1994년 재취임
- 앙겔라 메르켈(Angela Merkel), 독일 수상, 2005년 가을 선거 이후 연립정부를 이끎
- 엘렌 존슨–서리프(Ellen Johnson–Sirleaf), 리베리아의 '철의 여인', 2006년 1월 아프리카에서 선출된 첫 여성 대통령

부와 생산 : 여성의 부담

1981년 UN 여성지위위원회에 제출된 데이터에 의하면 오랜 기간 동안 여성은 세계 인구의 반, 유급 노동력의 3분의 1, 노동시간으로는 3분의 2를 차지해 왔다. 그러나 여성들은 세계 총소득의 10분의 1밖에 벌지 못하고 세계 자산의 1% 이하를 소유하고 있다. 1981년 이후 이러한 상황은 세계 유급 노동력의 비율이 상당히 증가했다는 것을 제외하면 거의 변하지 않은 것 같다.

여성은 세계 전 식량의 반을 생산하고 아프리카에서는 이보다 더 큰 비율을 생산하고 있다. 그러나 이상하게도 세계의 많은 지역에 있어서 농업자문가의 대부분은 남성이다. 예를 들어 1980년대 중반 아시아에서 여성은 농업노동력의 40%를 제공하는데 농업

자문가의 비율은 1% 이하다. 사하라 이남의 경우는 각각 47%, 3%를 차지하고 있다.

고용의 불공정성

1980년대 여성이 UN 및 세계은행의 최상위 관리 지위를 차지할 비율은 각각 3%, 5%였다. 이와 대조적으로 같은 기구의 비서나 사무부분에서 일하는 여성의 비율은 각각 80%, 90% 이상이었다. 1989년 항구적으로 UN에 의석을 가진 전 세계 각국 정부로부터 파견된 외교사절단의 여성 구성원 비율은 20% 이하였다. 이 20% 중 대사급은 8명뿐이었다.

이러한 여성의 상황은 민간부문에 있어서도 그리 좋지 못하다. 1992년 프랑스 유력기업의 최상위 지위를 가진 여성은 1%였고 1989년 미국 톱 기업 1,000개의 조사결과는 이보다 낮았다. 그보다 약간 낮은 전문직위에서조차 1990년 미국에서 여성은 변호사의 5분의 1, 의사의 17%밖에 차지하지 못했다.

출처 : Tickner (1992) ; Peterson and Runyan (1993) ; Kidron and Segal (1995) ; UN Development Programme (1997)

이러한 분열을 낳는 주요 원인 3가지를 다음의 표 19.1에 정리했다. 1980년대 중반에 이르자 인종적·역사적 차이와 남–북 차이로 정의되는 이러한 귀결은 극복되는 과정에 들어섰다. 다음과 같은 것들이 기존의 상처가 아무는 데 도움이 되었다.

■ 회의장소 등에서의 접촉을 통해 개인적인 친밀함이 깊어졌다.
■ 서구 페미니스트들은 가부장제에 대한 글로벌 투쟁이라는 개념을 정의하는 데 있어서 자신들의 권리를 제한했다.
■ 글로벌 신뢰와 협력을 위해서는 각 국가의 운동의 자율성을 존중할 필요가 있다는 것을 인식하게 되었다.

여러 측면에 있어서 국가 간 차이가 발생했다. 예를 들어 1970년대 짐바브웨, 모잠비크, 베트남의 여성들은 식민주의 혹은 외세 지배에 반대하여 국가 해방에 참가했다. 한편 다른 남반구 국가들의 여성들은 그 이전에 반식민주의 투쟁으로 인해 비슷한 경험을 공유했다. 이러한 상황에서 남성은 여성과 같은 억압을 받았기 때문에 많은 남

표 19.1_ 여성운동 안에서 분화하는 목표와 관심, 1960-1990

분열의 주요 원인	주요 관심과 목표	주요 지원 출처	선호기관 유형
1. 리버럴(자유주의) 대 더 래디컬(급진주의)의 대립. 제2물결 페미니스트(1960년대 후반)	리버럴 : 국가수준에서 평등한 시민권을 추진, UN과 다른 IGOs에 있어서 여성의 지위 신장. 여성 전반적인 상황을 변화시키려고는 하지 않음 새로운 물결 페미니즘 : 모든 형태의 남성 억압을 제거, 가정생활에 있어서조차 마찬가지. 여성의 강함과 가치를 평가	주로 나이가 어느 정도 있고 고등교육을 받은 중산계급의 서구 여성. 이들 중 일부는 제2차 세계대전 전 평화운동에 참가했고 1948년 UN 인권선언에서 여성의 평등권을 위해 활동했다. 좀 더 젊은 세대, 교육보급을 기반으로 다양한 계급을 반영. 정치란 개인적이라는 1960년대 생각에 영향을 받음	개인적 영향력을 매개로 보수적이고 남성 우위의 국가기관 혹은 IGOs, 혹은 글로벌 네트워크의 변화를 통해 활동 1960년대 후반 이후의 조류를 탐. 자신들만의 미디어/출판, 연구, 독립적 포럼을 통해 변화를 추구
2. IGOs에서 활동하는 기존의 주류파 대 새롭게 등장한 좀 더 자유로운 집단(1970년대 전반 이후)	주류파 : 주로 건강, 식품, 교육 등 '전통적' 분야에 있어 국가 및 UN에게 여성의 요구를 인식시키려 활동 아웃사이더 : 여성에 대한 남성의 폭력, 매춘, 성적 성향 선택권 등 좀 더 광범위한 페미니스트 어젠다에 관련된 특정 이슈에 중점	위와 동일 대부분의 서구 여성들의 경우 위와 동일. 그러나 남반구로부터 고등교육을 받은 여성들과 기존에 국가 독립을 위해 투쟁하던 여성들이 유입되기 시작	자문역을 담당함으로써 국가나 UN의 주요 기관들에 로비(UN 포럼 일부와 다른 IGOs에서 성명을 제출하거나 관찰하는 권리를 가짐). UN 여성지위위원회를 통해서도 활동 특히 분리된 기관들과의 네트워킹이나 자신들의 분리된 기관을 통하여 주로 공식제도 밖에서 압력 행사. 협조적인 비계급적 기관이나 풀뿌리 활동과 직접적으로 연관을 가지는 것을 선호
3. 대두하는 남반구 여성 그룹 대 1, 2와 같은 서구 여성 단체	빈곤 여성에게 제한되어 있는 경제발전의 혜택에 관심. 비서구지역의 요구를 반영한 자신들만의 페미니즘을 만들어냄. 남반구에 대한 무지와 인종차별적 온정주의에 대해서 북반구 여성들과 불화	북반구 여성들과의 논쟁에도 불구하고 주로 특권층, 고등교육층, 학자층, 중산계급이라는 비교적 유사한 배경을 가짐. 계층 차이를 메우려는 노력은 하지만 반드시 농촌 및 도시 빈곤층의 이익을 대변한다고 볼 수 없음	좀 더 급진적인 서구 네트워크와 연결. 또한 자신들만의 지역적 글로벌 그룹을 형성. 예를 들어 1984년 아시아, 아프리카, 라틴아메리카에서 온 남반구 활동가들이 시작한 신세대를 위한 여성발전대안(Development Alternatives with Women for a New Era : DAWN) 북반구로부터 일부 자금적 지원 받음

출처 : Bystdzienski(1992) ; Stienstra(1994) ; Miles(1996).

반구 여성들은 투쟁의 통일을 위해 젠더 문제의 우선순위를 낮추는 것에 동의했다.

미국과 유럽의 페미니스트들이 모든 여성들의 낙태권을 주장하고 진부한 미디어, 미인 콘테스트와 포르노그래피를 통한 여성에 대한 착취에 반대하는 캠페인을 벌이고 있는 동안 남반구의 페미니스트들은 매우 다른 우선과제를 가지고 있었다. 가장 가난한 사람들에게 부과되는 산아제한이라는 국가의 억압, 관할권 내의 여성들에게 가해지는 경찰 및 국가 공무원의 강간(Radford 2000), 인도의 경우 결혼 지참금에 대한 친척들의 압력에 의해 희생되는 새색시를 가리치는 소위 '지참금 죽음'(dowry deaths)의 만연 등(Kumar 1995)이 그들에게 있어서는 더욱 더 시급한 문제였던 것이다.

남반구 여성들이 그들의 사회 안에서 직면하는 특유의 젠더 불평등에 대해 인식하고 있고, 이를 국가 통일성이라는 이익 때문에 무기한으로 간과하고 싶지 않은 것은 명확하다. 그들은 이를 전략적으로 유예하고 있는 것이다. 빈국의 여성들은 그들이 가부장제를 다른 여러 부정당성과 함께 싸워야 할 불평등 중 하나라고 인식한다는 점에서 북반구 선진국의 여성들과 다르다. 모든 형태의 불평등성은 같은 투쟁의 일부분으로 동시에 싸워야 할 필요가 있다. 어떻든 간에 수많은 남반구 집단들은 국가 및 지역 양쪽 입장에 있어서 그들의 문제를 표명할 방법을 찾게 되었다.

1990년대 초반에 이르자 글로벌 여성 투쟁으로 흘러들어 가는 이러한 흐름들은 점점 더 강해지고 다양해졌다. 그러므로 이러한 흐름에 공헌했던 사람들은 완전히 지방에 한정된 페미니스트 논쟁뿐 아니라 전 세계적인 논쟁에 더욱 더 큰 관심을 가지게 되었다. 남반구 여성들에게 있어 이를 더욱 쉽게 했던 것은 그들이 전에 자신들의 지역의 독립을 달성하기 위해 일했었다는 것이었다(Miles 1996 : 57-60).

글로벌 사상가 19

신시아 엔로_ CYNTHIA ENLOE (1938-)

신시아 엔로는 다양한 국제문제에 페미니즘적 관점을 사용한 선구자적 인물이다. 특히 그녀는 활동을 유지하기 위해 군대가 어떻게 여성의 감정과 육체적 노동을 이용하는지에 중점을 두었는데, 이는 지금까지 온전히 남성의 영역처럼 인식되어 있었다.

바나나, 해변, 군사기지(Bananas, Beaches and Bases, 1989)에서 엔로는 느슨하게 연결되지만 흥미로운 사례를 다수 제공했다. 여기서 그녀는 글로벌 투어리즘 산업의 여성들, 외교사절단의 아내들과 여성 외교관, 가정부와 유모들, 군대와 미군 기지의 여성들에 대해 다루고 있다. 각각의 영역에서 여성들은 제대로 평가받지 못하는 역할을 수행한다. 투어리즘 산업에서 그들의 역할은 여행 대리인, 여행작가, 접객 승무원, 예술과 공예의 생산자 및 조달자, 객실 종업원, 성산업에서의 노동이다. 현재는 변화가 일어나고 있지만 역사적으로 볼 때 독립적인 여성 여행자는 남성의 복장을 하는 등 표준에서 벗어난 일탈자처럼 비춰졌다. 오늘날조차 투어리즘에 있어서 여성의 역할은 부수적인 것이다. 광고를 봐도 비즈니스 여행자는 남성이고 접객 승무원은 여성이다. 이를 그대로 보여주면서 새침한 아시아 여성이라는 또 다른 스테레오타입을 제시하는 것이 '싱가포르 소녀, 당신이 날기 위한 멋진 방법' (Enloe 1989 : 33)이라는 제목의 싱가포르 항공의 광고이다. 엔로(Enlo 1989 : 41)의 주장은 다음과 같다 : "국제 투어리즘의 구조 자체가 살아남기 위해 가부장제를 필요로 한다. 여성의 안심과 자기 가치라는 감각을 통제하는 남성의 능력이 투어리즘 정치의 진화에 중심이 되어왔다."

엔로는 한 개인으로의 체현화를 통해 사회의 넓은 모순을 해석하는 방법론을 사용하여 카르멘 미란다 사례를 흥미롭게 검증했다. 1930년대 헐리우드 미디어는 유명한 가수이자 댄서인 미란다라는 브라질인을 엄청난 무비스타로 변신시켰다. 바나나와 열대과일로 꽃줄 장식을 한, 지나치게 화려한 모자를 쓴 그녀는 큰 인기를 얻었고, 그녀에게 영감을 받아 '치퀴타 바나나'라는 만화 캐릭터까지 만들어졌다. 다음과 같은 소곡이 미국 라디오에서 하루에 376번 방송되었다 : "나는 치퀴타 바나나/나는 말해요/바나나는 익어야 해요/확실하게." 여기에 엉큼한 성적 위앙스가 있다는 것과 유나이티드 후르츠사가 이 캐릭터를 미국인들이 하루에 200만 개의 바나나를 소비하도록 하기 위해 사용했다는 것을 빼면 순진무구하다. '바나나 리퍼블릭'이라는 표현은 바나나 수출에 의존하여 현지 정치가가 아닌 미국 기업들에 의해 통제되는 국가를 암시한다. 카르멘 미란다는 중앙 및 라틴아메리카에 있어서 미국의 지역적 영향력을 위한 길을 매끄럽게 하는 데 일조했고, '치퀴타 바나나'는 거대한 이윤을 잡은 상품을 위해 충실한 소비자를 형성하는 데 도움이 되었다(Enloe 19889 : 149). 그 와중에 라틴아메리카의 진짜 여성들은 바나나 수확 헛간에서 주변화되고 있었다.

엔로는 『당신에게 군복이 어울리는가?』(*Does Khaki Become You?*, 1988)에서 여성 군인들에 대한 완전한 분석을 제공했는데, 『책략』(*Maneuvers*, 2000)에서는 주변문제에 대한 좀 더 복잡한 논의를 제시한다. 『책략』(*Maneuvers*, 2000)에서 그녀는 군인의 아내들, 군간호사들, 군대화된 매춘('위안'이라는 말로 가장한)과 강간(감옥과 전장에서의)이 이데올로기적 기능을 가지며 필요하기까지 하다고 논했다. 그녀의 사례 연구는 남성과 여성이 얼마나 잔인해질 수 있는지를 묘사하고 있어 읽기 불편할 정도이다. 그녀의 이러한 아이디어는 2005년 이라크 아부 그라이브 감옥에서 수감자 학대로 3년형을 선고받은 린디 잉글랜드 일병의 사례와도 관련된다. 사진 속의 그녀는 구류자의 목을 감은 가죽끈을 든 채 그들에게 자위행위를 하도록 강요하고 있었다. 이러한 불편한 에피소드는 미군의 이라크 주둔에 대한 이슬람교도의 태도를 상당히 경직시켰다.

출처 : Enloe(1988, 1989, 2000).

세계적 운동의 성장

1970년대 이후 여성운동을 고양시킨 3가지 중요한 변화 및 경향이 나타났다. 이는 더 커다란 통일성과 상호 이해를 가져왔는데 이에 대해 좀 더 자세하게 논의해 보도록 한다.

- UN과 그 안에서 일하던 구세대의 진보적 페미니스트들은 증가한 네트워킹 구조를 만드는 데 기여했다.
- 주로 북반구를 중심으로 한 제2물결 급진적 페미니즘 대두의 영향으로 전 세계적으로 여성운동이 활성화되었고 남반구의 여성 그룹이 출현했다.
- 여성들은 자신들의 의견을 표명하거나 효과적인 커뮤니케이션을 위한 자신들만의 자율적 시설을 만들기 위해 노력했다.

네트워킹을 위한 UN의 프레임워크

제1차 세계대전 사이 그리고 그 후 구세대 특권층의 진보적 페미니스트들이 평화과정에 공헌했던 것은 부분적으로 1945년 이후 국제 여성운동 그룹이 UN에 영향력을 끼치게 했다. 따라서 UN 헌장은 UN의 모든 논쟁과 기관에 있어서 여성은 동등한 참가자격을 가지고 있다는 것을 명시적으로 언급하고 있다. 이는 또한 여러 국제 여성기구들의 대표에게 자문역을 보장했다. 여기에는 UN의 특정 부문에 참석하고 자료를 제출할 권리가 포함되어 있다. 더 나아가 UN은 전 세계적으로 여성의 특별한 요구를 고려하기 위해 여성지위위원회를 설립했다(Stienstra 1994 : 75-86). 게다가 1948년 UN의 세계인권선언은 그 권리는 성별을 포함한 어떠한 상황에 있어서도 부정되어서는 안 된다고 서술하고 있다.

이러한 성과가 여성의 진실한 요구를 충족시키기에 충분하다고 생각한 급진적 페미니스트들은 매우 소수였다. 그러나 진보적 페미니스트들은 남성지배적 기관에 계속 여성을 침투시키면서 부가적인 변화를 위한 사례를 만들 토대를 만들었다. 제2물결 페미니즘과 함께 여성들의 불만의 파도는 높아졌고, 이러한 압력으로 인해 UN의 주도 아래 더 큰 변화를 위한 강력한 원동력이 만들어졌다. 이에 따라 3개의 회의를 중심으로 만들어진 것이 1975-1985년까지의 UN 여성을 위한 10개년이다. 다른 결과물들은 이 기간 혹은 그 뒤에 조직된 것이다(Box 19.2 참조).

어떻게 보면 이 3개 회의의 직접적 결과는 매우 미미하다. 예를 들어 첫 두 회의는 다양한 지역과 문화적 배경을 가진 여성들 사이의 분열문제가 노출되었으며, 더욱더 급진적인 페미니스트들은 1980년대 중반에 이르기까지 이러한 공식 포럼의 외부에서 일하는 것을 선호했다. 그럼에도 불구하고 UN 10개년은 '분수령'이 되었는데, 이는 여성의 문제를 IGOs의 어젠다로 상정했으며 협력을 촉진화시켰기 때문이다(Friedman 1995 : 23). 또한 세계의 다양한 지역과 문화권에서 온 여성들 사이에서는 회의장 등에서 좀 더 친숙한 개인적 접촉이 일어나게 되었고, 그들은 좀 더 효율적으로 네트워킹을 하고—이는 인터넷으로 인해 강화되는 경우가 많았다—새로운 지식을 얻고 공유하는 법을 배우게 되었다. 여성 인권영역에 있어서 문화적·지역적 분열을 가로질러 협동하는 것은 매우 성공적이었다. 결과적으로 "여성의 네트워킹은 고유 경험의 다양성을 존중하면서 인권의 보편성을 주장하는 모델을 발전하게 되었다"(Bunch et al. 2001 : 228).

Box 19.2

글로벌 여성운동 : 주요 사건과 그 성과

여성을 위한 10개년, 1975–1985, UN 지원 주요 회의

■ 제1회 세계여성회의, 1975년, 멕시코시티, 6천 명의 대표 참석
■ 제2회 세계여성회의, 1980년, 코펜하겐, 7천 명의 대표 참석
■ 제3회 세계여성회의, 1985년 나이로비, 150개국 1만 5천 명의 대표단, 2천 개의 워크숍
■ 제4회 세계여성회의, 1995년, 베이징, 8천 명의 대표 참석

나이로비 회의의 주요 성과(1985)
■ 개발도상국에서 대표들이 다수 참석하여 자신들의 목표를 선언하려 했다. 북반구와 남반구 대표들 사이에 존재했던 대립은 그 전의 두 회의에서보다 명백히 감소했다.
■ 이 회의결과 새로운 지역적·국제적 네트워크가 형성되었다. 여기에는 여성 권리보호를 위한 라틴아메리카위원회(Latin American Committee for the Defence of Women's Right : CLADEM), 아시아태평양 여성, 법률, 개발 포럼(Asia-Pacific Forum on Women, Law and Development : APWD), 8개의 이슬람 국가의 대표들이 형성한 이슬람교 법

률 아래 사는 여성들(Women Living Under Muslim Laws : WLUML) 등이 포함된다. 모든 단체들은 인권과 법적 권리에 관련된 법적 문제에 대한 정보교환을 활성화하는 것을 목표로 한다.

■ 1986년 나이로비 회의 이후 설립된 국제여성권리실행감시(International Women's Rights Action Watch : IWRAW)도 여권과 인권에 중점을 두고 있다. UN의 활동의 진전을 촉진하고 감시하면서 이 단체는 인권과 여성의 문제에 관해 정부, NGO를 포함한 국제기구에 대한 로비를 행한다.

그 외의 중요한 회의와 사건

■ 1979년 UN 총회(UN General Assembly : UNGA), 여성을 차별로부터 지키기 위한 변화를 주장하는 그룹들의 세계적 압력으로 인해 UN 총회는 '여성차별철폐협약'(Convention on the Elimination of All Forms of discrimination against Women : CED AW)을 지지하게 되었다. 이 협약을 채택한 국가들은 차별을 방지하기 위해 필요한 모든 수단을 취해야 한다. 1994년 133개 국가가 CEDAW를 비준했는데, 이 중 40개 국가가 91개의 유보조항을 두었다. 대부분이 종교 혹은 문화적 배경에 관한 것이었다.

■ 1993년 비엔나에서 UN 제2회 국제인권회의가 열렸다. 여성과 인권에 대한 이전 토의를 기반으로 잘 조직된 여성 그룹들은 회의에 참석한 160개 정부를 성공적으로 로비했다. 그들은 또한 과격한 종교운동에 나타나는 젠더적 편견을 해소할 것을 요구했다.

출처 : Stienstra(1994) ; Peters and Wolper(1995) ; Miles(1996)

제2물결과 남반구 페미니즘

제2물결 페미니즘은 가부장제에 대한 총력전으로 구성되었으며, 단순한 공식기관뿐 아니라 모든 영역에 있어서 남성 우월성을 주장하는 것에 대한 부정이었다. 따라서 그 비판과 도전은 기존 페미니스트 아이디어가 제공했던 것보다도 더욱 더 포괄적인 것이었다. 그 결과 무시하기 힘든 지적·도덕적 일관성이라는 감각이 생겨났다. 또한 그 원동력으로 인해 새로운 물결의 페미니스트들은 에너지와 자신을 가지고 다수의 새로운 길로 나아가게 되었다. 그들은 NGOs, 노동조합, 교회·종교 조직, 스포츠·

예술 단체, 지역 및 국가 정치, 전문직(특히 보건, 의료, 법조계 등), 대학과 같은 지식창출 기관 등을 포함한 기존의 모든 남성지배적 조직에 침투하려고 하거나 이와 연대하려 했다.

개발도상국의 여성 그룹도 점차적으로 제2물결 페미니즘에 참가하게 되었다. 그 광범위한 검토 과제로는 다음과 같은 것들이 있다

- 세계 전역에 걸친 섹스 투어리즘과 매춘
- 여성에 대한 모든 형태의 공적·사적 폭력
- 여성의 권리가 인권 어젠다 안에 확실히 편입해야 한다는 것을 UN과 정부를 설득할 필요
- 나중에 살펴볼 수출용 가공제품 산업에서 일하는 여성들이 전 세계적으로 일 하게 되면서 그녀들은 열악한 노동조건을 경험하는 경우가 많아짐
- IMF, 세계은행과 같은 강력한 IGOs와 개발도상국이 추진한 발전목표와 우선 순위를 다시 생각해 볼 시급성의 존재

자신들을 대변하려는 여성들 : 독자적 커뮤니케이션

1975년 이후 여성 그룹은 남성 소유의, 남성지향적인 세계 미디어 산업에 도전 했다. 그들은 미디어가 여성과 그녀들의 요구를 어떻게 대변하는지—혹은 곡해되고 진부해졌는지—가 자율성을 주장하고 가부장제에 대항하기 위한 시도에 있어서 얼 마나 중요한지 알고 있다. 예를 들어 1970년대 전 세계의 뉴스 프로그램이 여성이나 그들의 요구와 관련한 것을 다뤘던 비율은 2%에 미치지 못했다(Byerly 1995 : 106).

처음으로 만들어진 커뮤니케이션 네트워크는 국제여성정보통신서비스(International Women's Information and Communication Service : ISIS)였다. 국제여성옹호자센터 (International Women's Tribune Centre : IWTC)는 1976년에 설립되었다. 1990년대 초, IWTC는 160개 국가의 그룹들에게 통신 및 기술 서비스를 제공했다(Miles 1996 : 111). UNESCO의 도움을 받아 페미니스트들은 또한 1978년 자신들만의 보도 서비스인 여 성특집서비스(Women's Feature Service : WFS)를 설립할 수 있었고, 이는 결국 뉴델리에 본 부를 둔 영구기관이 되었다. 이 기관은 환경, 사회관습, 건강, 정치에 대한 정보를 공급 한다. 1970년대 이후 페미니스트들은 교육 및 연구센터도 설립했고, 여성 출판사를 창 립했으며, 글로벌 예술 이벤트를 조직했다.

여성에 적대적인 국가, 전쟁, 폭력

이제부터 우리는 여성에 대한 가정 내 폭력과 국가의 허락 아래 벌어지는 폭력과 이것이 여성의 정신적·육체적 건강에 어떠한 영향을 미치는가에 대해서 알아볼 것이다. 또한 제도화된 혹은 '공적 영역'에 성의 남성 폭력과 그 영향력도 고찰할 것이다. 역사적으로 볼 때 여성과 아이들이 전쟁의 희생자가 되는 경향은 항상 존재해 왔다. 그러나 최근의 변화, 때때로 글로벌리제이션과 관련된 변화와 전쟁의 결과 여성이 직접적 혹은 간접적으로 폭력에 노출되는 상황이 증가했다. 여기에는 다음과 같은 일들이 포함된다.

■ 국경에 미치는 국가의 통제 감소
■ 냉전 이후 발칸지역에서와 같은 지역분쟁 및 내전의 확대
■ 소말리아, 라이베리아, 중앙아프리카의 분쟁, 콜롬비아의 군대와 범죄조직 간의 마약전쟁과 같이 무장분쟁을 관리하거나 막을 국가 능력의 감소
■ 전쟁의 성격 자체의 변화. 로켓추진발사기, 박격포, 소화기와 같은 특정 무기류를 구하기 쉬워졌으며 널리 퍼지게 되었다.

이 모든 것들로 인해 전쟁을 관할하는 규칙도 반대로 바뀌었다. 적어도 비전투원, 특히 여성과 아이들에게 가는 피해를 최소화하고자 했던 행동강령이 유기되었기 때문이다(Jacobson et al. 2000). 그 결과 여성과 어린이들은 세계 난민의 70%에서 80%를 차지하게 되었다(Kelly 2000 : 53).

우리는 이미 국가 제도가 고도로 젠더화되어 있으며, 이로 인해 군대화된 남성성은 제도화된 폭력을 창조했고, 이는 여성을 힘든 종속된 상황에 놓이게 했다는 엔로의 연구를 살펴보았다. 최근에 들어 이러한 환경이 작용한 가장 끔찍한 경우가 국가나 다른 무장세력에 의해 전쟁의 전략으로서 여성에 대한 성폭력이 큰 규모로 시행된 것이다. 다수의 페미니스트들의 주장(예를 들어 Kelly 2000 ; Radford 2000)에 의하면, 이는 부분적으로 여성이 국가 혹은 부족문화의 전달자로 인식되는 사실과 관련된다. 이러한 인식과 결합된 종교적 원리주의에 대해서는 다음 장에서 살펴보기로 한다. 이러한 인식이 일부 남성들의 뿌리 깊은 가부장적 문화, 널리 퍼진 여성혐오적인 경멸적 태도, 혹은 여성에 대한 증오―이는 전쟁의 긴장상태를 강화시킨다―와 결합되면 '여성의

신체와 집단으로서의 여성' (Kelly 2000 : 50)이 군사적 공격의 타깃으로 보여질 위험이 존재한다.

전쟁에서 적의는 "여성에 대한 증오와 모독을 통해 표현되고 전환된다"(Radford 2000 : 177). 강간이나 다른 형태의 여성에 대한 폭력은 전쟁에 있어 적을 굴욕시키고 그 영역을 포획하고 지배하는 방법이다. "여성의 신체는 지배해야 할 영역과 같이 구성되어" 있기 때문이다(Kelly 2000 : 50). 여러 번의 강간의 결과로 생긴 아이들로 인해 그들은 또한 적의 문호를 파괴하고 이를 승리자인 자신들의 문화로 대체한다. 이러한 모든 것은 끔찍한 일이지만 1990년대 보스니아에서 명확하게 나타났는데, 레드포드 (Radford 2000)에 따르면 이슬람교도에 대한 힌두 과격주의자들의 집단폭력의 경우에도 비슷한 추론이 가능하다.

여성, 건강, 가정폭력 : 다국가 연구

9장에서는 여성들이 HIV/AIDS가 되는 가장 흔한 이유가 집과는 상관없는 곳에서 병에 걸린 후 안전하지 못한 성관계를 요구한 그들의 남편들이라는 것을 살펴보았다. 여기서는 남성 파트너나 친척들이 여성의 건강에 미치는 주요한 영향에 대해서 간단하게 살펴보기로 한다. 자료는 10개국—방글라데시, 브라질, 에티오피아, 일본, 페루, 나미비아, 사모아, 세르비아, 타일랜드, 탄자니아—의 농촌 및 도시지역에 대한 WTO (2005) 연구로부터 가져온 것이다.

우리는 사람들이 집에 있을 때 가장 안전하다고 생각하기 쉬운데, 이는 틀린 생각이다. 가정 내 육체적·성적 폭력의 영향은 더 증폭되는데 그 이유는 다음과 같다.

■ 정부와 공식기관들은 가정 내/가족생활에 끼어들거나 가부장적 문화와 관계에 도전하기를 꺼려하는 경우가 많다. 그 결과 여성과 어린이에게 행해지는 가정 내 성적 폭력의 다수가 보고되지 않은 채 논의되지 않는다.

■ 또한 이러한 폭력은 특히 장기간 동안 육체적 피해를 입는 경우 생식기관 관련 질명(유산을 포함), 기억상실, 정신병, 어지럼증, AIDS 등 질병의 직접적인 원인이 되거나 이를 악화시킨다.

■ 여성에 대한 폭력은 그 원인과 효과 양 측면이 젠더 불평등을 보여주는 중요한 현상이다.

■ 1993년 UN의 여성과 인권에 대한 비엔나 협약과 같은 1993년 UN 총회가 채

택한 여성에 대한 폭력철폐 선언(Declaration on the Elimination of Violence Against Women : DEVAW)에도 불구하고 이러한 현상의 대부분은 불행히도 여전히 널리 퍼져 있다.

WHO(2005) 연구는 또한 여성에게 있어 가장 큰 위험은 그들과 친밀한 관계에 있는 사람들, 남편이나 다른 남성 친척들로부터 오는 폭력임을 보여준다. 이는 다음의 4가지 형태를 띤다.

1. 친밀한 관계에 있는 사람들로부터 여성이 당하는 육체적 폭력의 경험은 지역에 따라 평생 동안 13%에서 61%에 달한다. 그 중 4%에서 49%가 심각한 폭력으로 보고되었다. 이러한 사건의 발생률은 도시지역보다 농촌지역이 높은 경우가 많은데, 특히 페루, 에티오피아, 탄자니아, 방글라데시에서는 현저하게 나타난다. 제일 낮은 곳은 일본이었다.
2. 남편 및 동반자와 관련된 성폭력 행위는 6%에서 59%였다. 때때로 이는 이른 나이에 결혼을 강요당하는 매우 어린 여성에게도 일어난다.
3. 두 가지 종류의 폭력이 연결되는 경우가 많다. 예를 들어 임신 중에 자주 시작되고 한번 폭력에 노출된 여성은 계속해서 학대를 받는다.
4. 감정적 혹은 육체적 학대 또한 흔한데, 이는 샘플 안에 20%에서 75%에 해당했다. 12%에서 58%는 조사기간 전 12개월 안에 발생한 것이었다. 이러한 강압적인 행동의 예로는 가족과 친구들과의 접촉을 금지하거나 병원에 가기 전에 허락을 받을 것, 계속되는 학대 등이 있다.

공통된 문제로 인한 단합

여성들은 점차적으로 남성 폭력을 포함해 사적·공적 영역에 있어서 자신들이 공통된 문제를 가지고 있음을 깨닫게 되었다. 이러한 여러 문제들로 인해 일부 여성 그룹들은 자신들의 차이점을 묵인한 채 정부, IGOs와 같은 강력한 엘리트 기관에 영향을 끼치기 위해 다양한 형태의 연합을 구상하게 되었다. 이러한 공통의 문제점들은 무엇일까?

종교적 원리주의

지난 15년 동안 여러 가지 정통적 종교관행과 우익사상이 부활했는데(이 둘은 동시에 진행되는 경우가 많다), 이는 미국, 인도, 중동의 다양한 이슬람교 국가들, 이스라엘, 구소련지역의 여성들을 단합시키는 원인이 되었다. 미국의 경우 우익 종교 원리주의가 여성을 직업을 통해 개인적 만족감과 상대적 자율성을 추구하기보다는 가정에 머무르도록 하는 데 주요한 역할을 해오고 있다. '프로라이프'(pro-life, 낙태에 반대하는) 캠페인은 부정되고, 합법적인 낙태를 통해 여성들이 자신들의 번식을 관리하는 권한 역시 부정된다. 원리주의적 종교가치와 사회관행을 부흥시키기고 싶어 하는 욕망은 여성의 선택권과 행동의 자유가 늘어나면 전통, 종교, 도덕의 원천인—논란의 여지는 존재하지만—남성 지배의 기초를 위태롭게 할지도 모른다는 두려움과 결합된다. 주부로서 그리고 아이를 낳는 자로서의 여성은 한편으로는 신을 경외하고 받들어야 할 종교적 신념 사이의 연결고리를 강화시키고, 다른 한편으로는 한 세대로부터 그 다음 세대로 사회 도덕강령을 재생산하는 역할을 한다. 그렇기 때문에 원리주의자들은 여성이 사회에서 가장 신성하고 가치 있는 모든 것들을 체현화할 뿐만 아니라 보호하는 역할을 한다고 생각하고, 여성의 전통적 지위는 흔들림 없이 본래대로 지켜져야 한다고 주장하는 것이다. 이는 또한 가정 내와 국가 및 그 기관에 있어서 남성 폭력에 공헌한다.

인도의 사례는 여성운동이 직면한 딜레마를 정확하게 그리고 있다. 힌두교 원리주의가 부활했지만 인도는 민주주의와 사회개혁 및 근대화의 긴 역사를 추구하면서 이를 중요하게 생각해 왔다. 그러나 최근의 종교적 원리주의의 대두 이전에도 정부는 헌법적 자유의 일부를 여성과 가정생활에 확대 적용하는 것을 권고하거나 혹은 견디지 못했다. 따라서 인도 헌법은 정부에게 낮은 계급의 구성원에 대한 차별을 막기 위해 개입할 능력은 허용했지만, 이것이 가정생활이나 가정 내 여성의 위치와 관련된 관습법에 관련하는 경우 그러한 국가적 개입은 허용되지 않았다(Jaising 1995 : Kumar 1995 ; Radford 2000). 그 결과 인도에서의 여성운동은 부부관계, 결혼과 가정생활의 사적 영역을 정치화할 필요성을 느끼고 있다.

경제 글로벌리제이션의 가속화

빠른 경제 글로벌리제이션은 또 하나의 글로벌 문제의 원인이다. 앞의 장들에서 살펴보았듯이 자본은 점차적으로 자유로워지고 있다. 예를 들어 TNCs는 전 지구에 걸쳐 공장, 기술, 상품을 옮길 수 있는 더 큰 자유를 얻게 되었고, 생산활동은 다양한 국가에 위치한 지역 사이에서 분화되어 실행된다. 국가는 TNCs로부터 투자를 끌어내려 노력하는 경우가 많기 때문에 기업은 글로벌 규제 혹은 국가 규제로부터 상대적으로 자유롭다. 동시에 다수의 산업화 경제 간에 벌어지는 시장 점유율 경쟁은 급속도로 심화되었다. 글로벌리제이션으로 인해 전 세계 여성의 곤경은 더욱 더 강조되었고, 모바일 캐피탈리즘의 세력에 맞서기 위한 힘을 만들기 위해 여성 그룹이 협력해야 할 필요성—북반구–남반구 분열을 넘어서는 활동을 포함—역시 강조되었다(Basu 1995 : 19). 이러한 활동 사례에 대해서는 후에 다루기로 한다.

그림 19.1 왕가리 마타이 교수, 2004년 노벨평화상 수상자
케냐의 사회·환경·여성 문제를 위한 운동기구인 케냐 그린벨트 운동의 창시자 중 한 명. 그녀는 정신을 잃을 때까지 구타를 당해 수감되었는데, 정치범의 석방을 위해 단식투쟁을 했다. 결국 케냐 정부는 탄압운동을 그만두고 환경부의 장관보 자리를 제공했다.

신자유주의 이데올로기와 경제정책

경제 글로벌리제이션과 함께 신자유주의 경제정책이 대두되어 보급되었다. 이 정책은 재정지출의 삭감과 감세, 산업 민영화, 시장의 규제완화(지방산업 보호 및 고용확보의 삭감), '유연한' 노동시장 창설을 강조한다. 이러한 개혁의 목적은 고용자를 좀 더 값싸고 효율적으로 만드는 한편 노동에 대한 자본의 힘을 강화하는 것이었다. 1980년대 중반 이후 IMF와 세계은행은 채무변제의 연장과 신규대출을 조건으로 남반구 국가 다수에게 신자유주의적 개혁을 부과했다. 정부로 하여금 지출을 줄이고 보조금을 폐지하게 했던 이러한 정책의 효과로 인해 식량가격이 오르고, 실업은 증가했으며, 지방 진료소와 같은 복지지출이 감소했다. 이러한 현상의 대부분이 가난한 사람들에게 큰 타격을 주었고, 가장 불이익을 받은 사람들의 대다수가 여성이 가장인 편모 가정이었다.

경제 글로벌리제이션과 신자유주의 정책 연합은 여성으로 하여금 글로벌 경제 안에서 노동을 하도록 압력을 가했다. 싸고 유연한 노동을 찾는 기업이 재배치되는 곳은 어디에서든 새로운 직업을 구할 기회가 만들어졌다. 이는 일반적으로 그들의 출신 국가로부터 멀리 떨어진 곳이었다. 글로벌 경제의 대부분은 이제 글로벌 공급체인(7장 참고)을 통해 조직되고, 여성은 이러한 체인에 의존하고 있는 특정 산업—의복제작, 전자, 포도·토마토·꽃과 같은 비가공상품 등—에 노동력의 대부분을 공급한다. 여성들은 현재 의복 및 비가공산업의 60%에서 90%를 제공한다. 실제로 모로코, 방글라데시, 콜롬비아의 의복산업의 경우 각각 70%, 85%, 90%를 차지하고 있다. 콜롬비아, 케냐, 짐바브웨의 비가공산업의 경우 65%, 75%, 87%이다(Raworth 2005 ; 16-17에서 인용). 불행하게도 이러한 직업의 대다수가 불안정하고 일시적이며 저임금이며, 승진의 기회가 적고 건강과 안전기준도 적용되지 않는다. 게다가 여성은 매우 긴 시간 동안 일하도록 강요받는데, 이로 인해 아이를 돌보는 것이 어려워지고 시간외 수당도 지급되지 않는다. 또한 그들은 노동조합의 보호가 없어 해고될 가능성도 높기 때문에 남성 감독관으로부터 협박과 성추행을 견뎌야 하는 경우가 많다.

궁극적으로 이러한 딜레마를 해결하기 위해서는 지역 여성운동이 자신들만의 방법과 자신들만의 주장으로 이러한 문제에 직면하여 싸우는 것이 유일한 방법이다. 그럼에도 불구하고 많은 사회들에 있어서 우익 내셔널리즘과 종교적 원리주의의 보급으로 인해 여성들은 글로벌 연대를 찾아야 하는 것이다.

재택 노동자의 보호

5장을 비롯해 이번 장에도 살펴보았듯이 경제 글로벌리제이션과 신자유의주의 정책은 전 세계적으로 전례없이 거대한 임시 노동력을 창조하여 노동자의 교섭력을 약화시키고 경제 불안정을 증가시켰다. 여성은 이러한 변화에 노출된 유일한 당사자는 아니었지만 그들의 맹공격을 가장 앞에서 맞이하는 경우가 많았다.

역사적으로 볼 때 여성은 항상 제조업에 있어서 큰 공헌을 해왔다. 그러나 이 대부분이 감추어져 있었는데, 이는 그녀들의 다수가 규제에서 벗어난 작은 기업이나 가정 내에서 일했기 때문이었다. 이러한 활동에 전형적이었던 '노동자 착취업소'의 상황은 개선되어야 할 점이 다수 존재했다. 재택 노동자들은 매우 낮은 임금을 받고 매우 안 좋은, 때로는 위험하기까지 한 상황에서 일했다. 그들은 고용주가 제시한 기간에 맞춰야 했고 법적 권리는 갖지 못했다. 그들은 뿔뿔히 흩어져, 일도 어디로든지 쉽게 이전할 수 있었기 때문에 그들의 조직화하는 매우 힘든 일이었다. 그리고 빈곤과 다른 취직자리가 없다는 이유로 인해—특히 아기를 가진 여성들에게는—노동자들은 그들의 고용주들에게 전적으로 의존해야 했다. 고용주들은 또한 노동자의 훈련비용을 삭감하는 것이 가능했다. 의류제조 같은 산업의 경우 10대 소녀들은 보통 그녀들의 가족으로부터 필요한 기술을 이미 습득해 있는 경우가 많았기 때문이다.

재택 노동의 증가는 의류제조에 있어서 가장 현저하게 나타났는데, 이는 개발도상국에 한정된 이야기가 아니다. 실제로 북반구 도시들에 걸쳐서 광범위하게 나타난다. 또한 이는 불법 이민자들의 고용처가 되는 경우가 많다(Ross 1997 : 13). 재택 노동은 카펫, 신발, 장난감, 가전제품, 자동차 부품 등의 산업으로 확대되었다(Rowbotham 1993 : 9-24). 이러한 상품을 파는 소매업자들은 점차로 '공동기업'(hollow companies) (Mitter 1994 : 20)의 형태로 활동하게 된다. 그들은 전 세계에 걸친 회사의 글로벌 공급체인에 들어가기 위해 생산과정을 수많은 특화된 작업으로 분리하여 다양한 주문의 형태로 하청계약을 한다. 그 후 이번에는 이러한 기업들이 수백만의 재택 노동자들을 고용한다. 재택 노동자들을 늘려 생산에 유연성을 부여하고 비용을 더욱 싸게 함으로써 소매업자들은 경쟁에서 성공하기 쉬워진다. 또한 그들은 이로 인해 최초 제품의 수입가격에 높은 이윤을 매겨 큰 수익을 얻을 수 있다.

그러나 모든 일이 이러한 강력한 소매기업에 좋게만 흘러가는 것은 아니다. 그들의 비즈니스 전략은 몇 가지 위험을 수반하는데, 그 중 가장 위험한 것은 아마도 이러한 상품의 대부분이 소비자들이 좋아하고 가격이 비싼 디자이너 브랜드라는 사실에서 기인한다. 그러나 같은 이유로 이로 인해 기업들이 '인권을 침해할 가능성이 있으면 곤란하게 된다.' 그들은 '그들의 꼬리표 뒤에는 노동력 착취가 있다는 것이 밝혀져 그들의 디자이너, 배서인, 상품화 단계의 이름이 공개적으로 더럽혀지고 (혹은) 곤궁에 처하게 되는 것을 견딜 수 없기 때문이다(Ross 1997 : 25). 따라서 브랜드가 어떤 이미지를 가지고 있는가에 관한 대중의 평가는 막대한 돈의 가치를 가진다. 점차적으로 재택 노동자인 여성들을 위해 캠페인을 벌이고 있는 다양한 그룹들은 소비자들에게 윤리적·공정 무역원칙에 대해 교육한다.

생산단계에서 재택 노동자를 노동조합으로 조직화하는 것은 어렵지만 소비자들을 설득하여 하청계약을 통해 노동력 착취를 용납하는 기업의 상품에 대한 보이콧에 가담시키는 것은 매우 효율적이다. 이는 1995년 미국 의류 소매업체인 Gap에 대한 캠페인이 어느 정도의 성공을 거둔 것을 보아도 판명된다. 대학, 소비자, 인권단체, 교회 등의 연합은 기업으로부터 그 중앙아메리카의 하청계약 회사 중 하나의 노동조건에 있어서 행동강령을 부과하고 이를 모니터한다는 합의를 이끌어냈다(Cavanagh 1997 : 40-1 ; Ross 1997 : 26-7). 불행히도 Gap을 포함한 여러 기업들은 중앙아메리카 등지의 비슷한 회사 수백 개와 하청계약을 맺어 이에 의존하고 있었고, 1995년 캠페인으로는 이러한 곳의 노동조건을 향상시키는 것은 불가능했다.

페미니스트 그룹과 재택 노동자 일부는 또한 공정무역과 다른 여러 캠페인에도 공헌했다(Boris and Prrugal 1996 : 6). 그들이 직면한 수많은 장애물에도 불구하고 재택 근무자들은 몇몇 국가에서 효율적인 조직을 형성했다. 유용한 국제적인 네트워크 활동에 참가하는 경우도 있었다. 예를 들어 국제노동기구(Internatioanl Labor Organization : ILO)는 제노바의 UN 본부의 조직으로, 그 여러 가지 목표 중에서 다양한 국가가 관련된 노동조건을 모니터 하는 한편 노동자 대우의 전 세계적 표준을 세우려고 했다. 1996년 6월 ILO의 후원 아래 열린 회의에서 페미니스트, 노동조합, 재택근무자협회, NGOs, 공정무역기구들의 국제 연대는 새로운 재택 근무자들을 위한 ILO 조약을 얻어내는 데 성공했다. 물론 이 영역에서 해야 할 일은 많다. 그러나 재택 근무자의 권리를 위해 오랜 기간 싸워왔던 운동가이자 아시아 자영여성협회(Self-Employed Asian Women's Association : SEWA)의 사무총장인 엘라 바트(Ela Bhatt)의 말을 빌리자면 "재택 노동자들은 더 이상 보이지 않는 존재가 아니다"(Shaw 1998 : 5에서 인용).

여성과 글로벌 케어 체인

최근에 이르기까지 연구자들은 제조업과 농업의 글로벌 공급 체인에 대한 연구에 집중하여 다른 종류의 글로벌 공급 체인, 즉 **글로벌 케어 체인**(glonal care chains)에 대해서는 소홀했다. 이 현상에 대해서는 손택(Sontag 1993), 창(Chang 2000), 혹실드(Hochschild 2000), 예이츠(Yeates 2004) 등의 다수의 혁신적인 연구에서 다루어졌다.

글로벌 케어 체인(global care chains)은 빈국에서부터 부국에 이르기까지 국경을 넘어 유모, 간호직, 가사와 같은 직업에 종사하는 여성으로 구성된다. 케어 체인은 도시지역과 농촌지역, 빈국과 부국 사이를 연결하는 이민의 교점을 가진다. 이러한 연결관계는 존재하는 글로벌 불균형을 제거하기보다는 강화시키는 경향이 있다. 체인 바닥에 있는 무급의 가족구성원은 궁극적으로 감정노동을 대체한다(Hochschild 2000, 그는 이 개념의 발전에 큰 공이 있다).

완성품을 생산하는 대신 수백만 명의 여성들은 서비스를 '생산'한다. 그들은 청소, 요리, 간호, 세탁과 같은 육체노동뿐만 아니라 애정 및 관심과 같은 감정적 케어 역시 제공한다. 점차적으로 다양한 서비스 중개자들이 이러한 이주민 케어 노동자들을 남반구로부터 그들을 고용하는 부국들로 운반하는 준비를 마련하게 되었다. 이러한 중개자는 다음과 같다.

- 정부들, 필리핀과 같은 정부들은 서방이나 다른 아시아 국가들로 필리핀인 서비스 노동자를 수출하는 것을 주요 수출 수입원으로 본다.
- 영국 국민건강 서비스와 같은 국가 공공 제도
- 수천 개의 합법 혹은 불법 유모, 간호사, 청소부 등의 채용 대행사. 국제 범죄조직과 연결되는 경우도 있다.
- 켈리 서비스(Kelly Services)와 같은 청소업체. 주로 북아메리카를 중심으로 한다.

그 정의에서 알 수 있듯이 케어 노동자는 수많은 직업에 종사하는데, 다음과 같은 직종이 있다.

- **간호사 혹은 긴급 의료사** : 병원이나 거주시설이 있는 요양소에서 노동. 필리핀의 경우 약 10만 명의 등록 간호사가 있는데 대부분은 유럽, 중동, 미국, 북미 등지의 해외 병원과 가정에서 일함
- **간병인** : 병자나 노인의 집에서 그들을 돌봄. 지방, 주, 연방 헬스 시스템의 일부. 미국에서는 홈 헬스케어 노동자들이 400만 명을 돌보고 있으며 1만 개의 헬스 에이전시가 존재

■ **하녀와 유모** : 중산계층의 사유 자택에서 노동. 합법적인 비자/허가를 받은 사람도 있고 불법 노동자들도 있음

■ **청소부** : 병원, 정부 청사, 기업 빌딩에서 노동

케어 체인의 광범위한 함의

상대적으로 새로운 개념이긴 하지만 글로벌 케어 체인은 다수의 새로운 질문을 제시하게 했다.

■ 대부분의 케어 노동자들은 자신들의 소득 일부를 그들의 아이들 및 가족의 원조를 위해 송금한다. 이러한 송금액의 양은 이제 외국 원조 프로그램의 액수를 초과하고 있다. 복지 및 발전목표를 이루기 위해서는 소비의 촉진과 이민노동 의존 증가의 효율성이 아니라, 케어 노동자들의 효율성을 파악할 필요가 있다.

■ 부국들은 이러한 값싼 공급으로부터 거대한 이익을 받는다. 숙련된 케어 노동자들은 부국 국민들의 경우만큼 비용이 들지 않는 경우가 많다. 그들은 멀리 떨어진 정부와 가족에 의해 생산되므로 처음부터 그들을 기르고 교육시킬 필요가 없기 때문이다. 이러한 명확한 경제적 이득으로 인해 거주 국민들의 외국인 혐오를 극복할 수 있을까?

■ 서구의 중산층 여성이 아이들을 돌보아줄 남반구 출신 유모를 고용함으로써 자신의 고소득 직업을 계속할 수 있다는 것은 이상한 일이다. 그동안 중산층 여성은 집을 떠나 자신의 아이를 돌보는 경험을 포기해야만 한다. 여성 간에 남-북 불균형뿐만 아니라 거대한 사회계급이 존재하는 곳에서도 젠더 연대가 의미 있는가?

■ 대부분의 외국인 케어 노동자들은 평등한 복지권을 박탈당한다. 그들은 그들의 비자 및 취업허가증을 취득 혹은 갱신 가능한지 아닌지라는 불확실성에 직면하며, 오랜 시간 동안 낮은 임금을 받고 일해야 한다. 그러나 많은 비율이 불법 노동자이므로 더 낮은 임금과 같은 부가적 어려움을 안고 있다. 1993년 18개의 뉴욕 에이전시의 조사결과 불법 케어 노동자들은 주당 175달러를 받는데 합법적 고용인들은 600달러를 받는다. 합법부문과 불법부문 사이의 케어 노동자들 사이의 관계는 어떠한 것일까?

정리

여성들의 노력과 적어도 자신들의 국가, 문화 아이덴티티와 관계없이 개인과 집단이 모여 유대를 이룬 이들은 아래로부터의 글로벌 사회의 출현의 성장에 중요한 공헌을 했다. 여성운동은 '전 지구적인 범위'라는 글로벌 사회운동의 가장 중요한 조건을 충족했다. 그 영향으로 인해 젠더 관계가 근본적으로 변화하지 않은 국가는 거의 존재하지 않는다. 게다가 이러한 변화의 속도는 매우 빨라서 1970년대 이후 이 운동의 대부분의 세력이 명확하게 드러나게 되었다. 운동이 이렇게까지 빠른 속도로 퍼지게 된 이유 중 하나는 이 운동이 풀뿌리 조직이라는 참여형태를 채택한 데다 커뮤니케이션의 속도와 밀도로 인해 긍정적인 여성 이미지의 전 지구적 전송이 촉진되었기 때문이다.

여성운동은 다른 사회운동과 마찬가지로 어느 정도 보편주의적인 주장을 수반한다. 그러나 또한 다른 운동과 마찬가지로 거대하여 때로는 위협하는 것 같은 변화세력에 부합하기 위한 강제로 인해 확대가 촉진되었다. 이는 전 세계의 거주자, 특히 잘살지 못하는 사람들을 에워쌌다. 그러나 이러한 글로벌 변화는 여성에게 훨씬 더 큰 장애를 주었는지도 모른다. 대부분의 여성이 직면하고 있는 가부장적 압제와 경제상의 불이익으로 인해 이는 기존에는 거의 볼 수 없었던 사상과 행동의 통일을 위한 잠재력을 창조했다. 그러나 글로벌리제이션과 관련된 자원들—커뮤니케이션 기술, 쉽고 빠른 여행, 이로 인해 모든 종류의 지식이 급속도로 확산하게 된 현실—로 인해 여성들은 경험의 공유와 기존 지식의 저장으로부터 이익을 얻을 절호의 기회를 가지게 되었던 것이다.

더 읽어볼 책

- 엔로(C. Enloe)가 쓴 『바나나, 해변, 군사기지 : 페미니스트 시각에서 본 국제정치』(*Bananas, Beaches and Bases : Making Feminist Sense of International Politics*, 1989)는 특별히 사회학적 분석을 제공하기 위해 쓰여진 것은 아니다. 그러나 이 책은 매우 위트가 있으며, 읽기 쉬우면서도 젠더를 이론화하기 위한 유용한 방법을 제공한다.

- 몰리뉴(M. Molyneux)는 『국제 관점에서 본 여성운동』(*Women's Movements in International Perspective*, 2001)에서 라틴아메리카, 특히 쿠바, 니카라과, 아르헨티나의 여성운동을 관찰했다. 그녀는 또한 이러한 여성의 투쟁과 관련된 좀 더 일반적인 테마 역시

살펴보고 있다.

■ 로보텀(S. Rowbotham)은 페미니스트 사상의 발전에 중요한 인물이다. 『전 세계의 가내 노동자』(*Homeworkers Worldwide*, 1993)에서 그녀는 이 주제에 관해 생생하면서도 간단한 서론을 제공한다.

■ 제이콥스 등(S. Jacobs et al. 2000)은 『갈등 국가 : 젠더, 폭력, 저항』(*States of Conflict : Gender, Violence and Resistance*)에서 국가와 군대 권위 앞에서 여성이 어떠한 형태의 폭력에 노출되어 있는가에 대해 훌륭한 장들을 제공한다.

그룹 과제

1. 세미나 전에 이번 장을 읽어올 것. 두 개의 그룹으로 나누고, 본서를 참고하여 한 그룹은 1960년대 이후 북반구의 여성들이 추구했던 페미니즘의 다양한 방향성과 우선순위를 적은 목록을 작성한다. 다른 한 그룹은 남반구 여성들에 대하여 같은 작업을 할 것. 두 그룹의 논의를 들은 후 반 전체는 양측의 다른 점을 설명한다.

2. 1과 같은 작업을 한다. 그 후 한 그룹은 본서가 다루었던 여성 조직과 네트워크 목록을 작성한 다음 이를 다른 카테고리로 분류하고, 다른 그룹은 각종 IGOs가 1945년 이후 글로벌 페미니즘을 촉진시키기 위해 어떠한 역할을 했는지에 대해 그 전체상을 제시한다.

3. 4명의 학생들이 이하의 주제를 가지고 토론을 준비한다. "북반구 여성이 남반구의 여성으로부터 배울 것이 반대의 경우보다 훨씬 많다." 양측의 의견을 들어보고 각 학급 구성원들은 이러한 명제에 대해 찬성 혹은 반대하는지 그 이유를 2개 작성한다.

생각해 볼 문제

1. 여성이 행동을 일으키는 데 있어서 제약은 무엇이었는가, 그리고 이를 극복하기 위해 글로벌리제이션이 제공한 기회는 어느 정도였는가?

2. 세계 페미니즘 운동을 강화하는 데 있어서 UN과 그 관련 기관의 상대적 중요성을 다른 요인들과 비교하여 평가해 보자.

3. 사례 연구 자료를 참조하여 여성의 초국경적 협력관계의 추진에 미친 최근의 전 세계적인 변화의 영향을 평가해 보자.

■ http://www.oxfam.org.uk/what_we_do/issues/trade/trading_rights.htm 빈민구호단체인 옥스팜은 글로벌 공급 체인에서 일하는 여성에 관해 선구자적 연구를 해왔다. 『권리의 매각』(*Trading Our Rights Away*)이라는 97페이지의 리포트는 매우 유용하며, 이 사이트에서 전문을 다운로드받을 수 있다.

■ http://www.intute.ac.uk/socialsciences/womenstudies/ 이 인튜트 게이트웨이는 여성 연구에 대한 종합적 사이트 목록을 제공한다. 엔로의 논의에 관련하여 여성과 전쟁에 관한 서브링크에 특히 관심을 기울일 것.

■ http://feminism.eserver.org/about.html 이 사이트는 구글 검색에서 '페미니즘'으로 2위, '여성 연구'로는 4위를 차지했다. 최근에는 한 달에 약 2만 5천 명의 방문자가 온다. 지속적인 업데이트가 인상적이다.

CHAPTER 20

지속 가능한 미래로 : 환경운동
Towards a Sustainable Future : The Green Movement

SOCIOLOGY

환경운동은 자연과 생물권을 보호하기 위해 기능하는 글로벌 사회운동이다. 이번 장에서 우리는 그 다양한 주장과 목표를 검증하고 그 유효성에 대해 질문할 것이다. 또한 환경운동 혹은 녹색운동이 관여하고 있는, 때로는 모순되어 보이는 시위를 살펴볼 것이며, 이러한 행동이 점차적으로 초국경화되어 가는 이유도 함께 살펴볼 것이다. 그러나 우리는 우선 우리와 자연과의 복잡한 관계와 그 관계가 환경문제를 발생시키는 데 있어서 하는 역할에 대해서 간단히 논의하고자 한다.

최근에 이르기까지 자연 혹은 생물권의 생존능력은 인간에게 특별히 위험이 아니었다. 그러나 좀 더 많은 부를 위한 우리의 끝없는 쟁탈전에 의해 지구의 자원을 착취하면서 우리는 궁극적으로는 물질적 진보를 만들고 삶 그 자체를 가능하게 했던 환경을 손상시키게 되었다. 그러므로 녹색운동이 우리로부터 환경을 보호하려고 하는 것은 당연한 일이다. 다시 말해서 '인류 행동의 해로운 영향으로부터'(Milton 1996 : 27) 환경을 보호하려는 것이다. 사회가 환경에 미치는 영향 안에서 인간 작용과 구조적 힘 둘 다가 복잡하게 관련을 맺게 된다.

자연의 사회학

사회학은 자연을 자신들의 물리법칙에 의한 객관적 현실—점차적으로 인간 활동으로부터 영향을 받기는 하지만—혹은 인간 행동으로 인해 사회적으로 구축된 실체 이 두 가지 측면에서 보는 경향이 있다. 첫 번째 관점에서 볼 때 생물권의 건강은 모든 생명체의 전제조건이다. 반대로 자연을 사회적으로 구축된 것이라고 본다면 인간이 자연에 대해 어떻게 행동하고 느끼는가와 인간이 자연을 개념화하기 위해 어떠한 선택을 하는가와의 차이점은 구별하기 힘들어진다. 이와 비슷하게 인간은 시대에 따라 다른 의미를 자연에 불어넣고 그때마다의 자신들의 이익을 추구하고는 한다.

이에 따라 자연과 자연의 의미는 빈번하게 부딪히고 조작된다. 예를 들어 정책입안에 대한 여론조사에 대한 한 연구는 새로운 자치체 폐기물처리 매립지 건설에 반대하는 환경단체에 대해 설명하고 있는데, 그들은 자연을 손상되지 않은, 야생에 가까운 상태라고 보았으며, 이를 그대로 보전할 필요가 있다고 주장했다. 이와는 대조적으로 상업개발업자 측은 자연은 이미 몇 세대에 걸쳐서 인간 활동에 의해 변화되어 왔다고 주장한다. 그들은 토지를 보살펴 '관리' 하는 이러한 과정을 계속 지속해야 한다고 제안한다(MacNaghten 1993).

다양한 사회에 뿌리박은 자연에 대한 개념은 시간에 따라 어떻게 나타나는가? 그리고 이러한 변화로 인해 우리가 자연을 다루는 방법은 어떻게 형성되는가? 머천트 (Merchant 1990)는 자연에 대한 인간의 태도에 대해 역사적으로 중요한 기간을 지적했다.

1. **전공업사회** : 대부분의 전공업사회에 있어서 자연은 아이를 돌보는 어머니와 같은 존재로 활동적이고 생기가 넘치며 양육하는 이미지를 가지고 있었다. 인간은 자연의 은혜를 즐기도록 허락되었으나 종교적 의식과 희생 등을 통해 경의를 표시하도록 요구되었다. 사람들은 우주에 대해 유기적 관점을 공유하고 있었는데, 이 안에서는 인간과 비인간, 무생물과 생물은 모두 신에 의해 창조된 구분되지 않은 구조의 일부로 여겨졌다. 사람들은 자연을 존중해야 하며, 착취해서는 안 된다는 도덕적 제약을 받아들였다. 초자연적인 유일신을 믿는 그리스도 교리에도 불구하고 그리스도교 사회의 대부분의 사람들은 언덕, 나무 등의 다른 야생지역에 수많은 영혼이 살고 있다고 믿었다. 이는 그리스도교 시대 전부터 이어졌던 것이다.

2. **자연과 모더니티** : 자연에 대한 서구의 관점은 엄청난 변화를 겪었다. 과학자들, 특히 아이작 뉴턴은 자연을 부동적 · 수동적이며, 인간이 이해할 수 있는 존재이기 때문에 인간의 욕구에 맞게 이용 가능한 존재로 보았다. 그러는 동안 프로테스탄트주의가 확대되고 사회 · 경제 관계에 있어 상업화된 개인주의적 윤리가 확대되는 등의 다른 변화가 나타났다. 이러한 변화로 인해 자연을 사적으로 소유가 가능하고 이윤이나 생산을 목적으로 통제되고 관리 가능한 것으로 보는 견해가 강화되었다. 자연은 길들여지게 되었다. 자연의 재개념화는 또한 여성과 젠더 관계에 대한 생각과 함께 뒤엉켰다. 여성과 자연은 둘 다 수동적 · 원시적이며 감정적인 세력으로 여겨졌으며, 이는 과학산업, 인류의 진보로 체현화된 합리적이며 '상위의' 남성의 힘에 의해 통제되고 조작을 필요로 한다. 결국 자본주의적 모더니티—부분적으로는 이 변화된 관점의 산물이기도 하지만—로 인해 사회는 더욱 더 자연을 정복하고 실제적으로 인간 생활을 자연으로부터 독립시켰다.

북미 스그미쉬 인디언의 시애틀 족장(시애틀 시는 그의 이름을 딴 것이다)은 이러한 새로운 서구적 자연관과 다른 문화에 속한 사람들의 자연관과의 차이의 대립을 생생하고도 예언적으로 묘사했다. 1855년 백인 이주자들에 의해 땅을 빼앗긴 것에 대해 그는 다음과 같이 논했다.

우리는 백인이 우리 방식을 이해하지 못한다는 것을 알고 있다. 그는 밤에 와서 그가 원하는 모든 것을 토지로부터 가지고 가는 이방인이다. 대지는 그의 친구가 아니라 그의 적이며, 정복하고는 이동한다. 그는 대지로부터 그 아이들을 빼앗아 간다. 그의 식욕은 지구를 집어삼키고 그 뒤에는 사막만이 남는다. 이 모든 야수들이 사라지고 나면 우리는 영혼의 고독으로 죽어갈 것이다. 야수에게 일어난 모든 일은 우리 모두에게 일어난다. 모든 것들은 연결되어 있다. 대지에 닥친 일들은 모두 대지의 아이들에게도 닥친다(Kirkby et al. 1995 : 17에서 인용).

최근 우리들의 자연관은 또 다른 변화를 맞이하고 있다. 자연에 대해 우리들이 전보다 애매모호하며 불확실한 감정을 가지게 된 것은 명확해 보인다. 그 결과 우리는 물질적 발전 추구의 과거와 현재가 얼마나 많은 돌이킬 수 없는 해를 자연에게 입혀왔는지 인식하게 되었다. 예를 들어 화학비료를 집중적으로 투입한 하이테크 농업을 통해 이익을 추구한 자연의 상업화로 인해 농업의 광범위한 '개조'와 식품의 '탈자연화'가 발생했다(Goodman and Redclirft 1991). 이와 비슷하게 투어리즘, 상업적인 놀이공원, 아웃도어 취미, 테마 파크와 같은 활동을 통해 자연으로부터 즐거움을 끌어내려고 하는 우리의 열망은 자연을 단순한 소비상품으로 만들었다(Strathern 1992). 그러나 우리가 자연에 미친 부정적 영향을 인식하게 되면서 자연을 보호하고, 과거에 자연이 가지고 있던 오염되지 않은 야생의 미를 재발견하고, 이를 가능한 한 재생하려는 강력한 열망이 나타나게 되었다. 이러한 열망은 유기농 식품, '자연스러우면서' '건강한' 라이프스타일과 벨리즈와 같이 먼 장소에서 소박하고 환경친화적인 휴일을 보내는 것 등을 통해 표출된다(Duffy 2004).

따라서 우리는 자연을 계속해서 지배하고 최종적으로는 파괴해 버릴 가능성을 상정하면서도 동시에 자연을 존중하고 소생시키길 원한다. 이와 비슷하게 우리가 자연을 보호하려는 이유는 자연의 본질적 가치를 믿기 때문이며, 동시에 자연에 대한 위협은 우리의 미래에 필요하지 않은 것이기 때문이다. 사회학의 통찰력이 우리가 이러한 모순된 생각과 기대를 좀 더 비판적이고 민감하게 분석하는 것을 도와줄 것이라고 믿는다.

변화하는 환경운동의 성격

유럽에 있어서 자연에 대한 인간의 위협에 대한 생각은 19세기부터 나타난다. 윌리엄 워즈워스 같은 낭만주의 시인은 사람과 떨어진 토지와 전원에서의 삶을 찬미하고 이를 영적인 가치의 원천으로 묘사했다. 19세기 중반 처음으로 환경기구가 설립되었을 때 그들 대부분이 보존에 중점을 두었다. 그들의 주요 목표는 탁월한 자연미를 지닌 지역의 보존이나 동물과 조류의 보전이었다. 초기 '환경운동'은 모피코트와 깃털장식 모자의 불매운동이 중심이었다. 흥미롭게도 사실상 세계 최초의 국제 환경운동 NGO는 1922년 설립된 조류보호국제위원회(International committee for Bird Protection)로 유럽의 조류생태에 중점을 둔 단체였다(McCormick 1989 : 23).

제2차 세계대전 이후 환경문제는 다음과 같은 3가지 중요한 변화를 겪었다.

- 중심 이슈의 변화
- 환경운동에 참가하는 사람의 증가
- 남반구 NGOs 참가의 증가

세계자연보호기금(World Wide Fund for Nature)의 예에서 알 수 있듯이 야생생물과 자연의 보호에 대한 문제는 많은 수의 사람들을 끌어들였다. 그럼에도 불구하고 현대 환경보호주의는 훨씬 더 큰 범위의 문제들을 가지고 있다. 여기에는 다양한 종류의 오염에 의한 위협의 증가, 지구온난화에 의한 장기 기후변화와 함께 생물 다양성의 감소에 대한 공포 등이 포함되는데, 이는 미래 세대들에게 해가 될 것이다.

1960년대 후반 이후 다양한 환경 NGOs에 참가하는 사람이 크게 증가했는데, 특히 1980년대에는 그 수가 급증했다. 예를 들어 미국의 경우 주요 전국 규모 조직 12개의 구성원은 1981년의 400만에서 1990년 1,100만으로 증가했으며, 총수입은 1년에 3억 달러에 이른다(Bramble and Porter 1992 : 317). 세계 전역에서 환경 NGOs 또한 급속도로 증가했다. 프린센과 핑거(Princen and Finger 1994 : Chapter 1)에 의하면 이러한 단체들은 1909년 176개가 존재했는데 1980년대 크게 증가하여 1980년대 후반에는 4,500개 이상의 단체가 존재했다. 특별히 글로벌 목표를 가지고 있는 INGOs의 수는 1990년에 980개 정도에서 2000년 1,170개로 10년 사이에 약 20%가 증가했고(Anheier et al.

2001 : 300), 2003년에 이르자 이 숫자는 1,781개로 증가했다(Anheier et al. 2005 : 320).

또 다른 변화는 환경주의가 더 이상 북반구에 한정된 것이 아니라는 것이다. 많은 개발도상국 국가에 있어서 산림의 파괴, 특히 인도, 중국, 말레이시아, 아프리카의 일부에 있어서 댐건설, 산업오염의 축적 등으로 인해 환경보호에 대한 우려의 목소리가 커졌다. 남반구에서 일어난 환경재해 중 가장 충격적인 예들 중 하나는 1997년 9월 인도네시아에서 플랜테이션 경영자와 농민 수천 명이 현금작물의 농작을 위해 삼림에 불을 질렀을 때 일어났다. 이는 국제 목재회사가 삼림의 대량채벌을 행한 후에 일어났는데, 아마도 지구온난화로 인한 가뭄 기간 동안 이러한 화재는 100평방마일의 지역 전역에 번지게 되었고, 그 연기구름은 6개 국가 7천만 명의 사람들에게 영향을 미쳤다(Harrison 1997).

표 20.1_ 3개의 주요 환경 INGOs의 대두

기구명과 설립 날짜	연계 국가 그룹/전 세계 회원 (2005년 12월 기준)	캠페인과 프로젝트의 예
세계야생생물보호기금(World Wildlife Fund) 현재는 세계자연보호기금(World Wide Fund for Nature), 1961.	100개 국가 이상의 그룹들과 연계, 이 중 24개국이 남반구 국가, 500만 명이 회원. 최근 전 세계 4천 명을 고용하여 약 2천 개의 보호 프로젝트를 진행중	보호운동에 있어서 지방단체와 정부와 연합 예 : 탄자니아에서의 코끼리와 코뿔소 보호운동, 파키스탄의 환경 교육 프로그램
그린피스인터내셔널(Greenpeace International), 1971.	42개 국가의 회원 그룹을 통해 활동. 이 중 남반구 및 구소련 지역 국가가 18개국. 300만 명 이상의 납부 회원, 연간예산은 약 3천만 달러	미국과 프랑스의 핵실험 반대 운동과 1975년 소련 고래선단과의 대치 등으로 1970년대 초반 미디어와 국제적 명성을 얻음. 1991년 남극 세계 야생공원 지정 운동
지구의 벗(Friends of the Earth), 1971.	71개 국가의 독립 회원 그룹. 또한 11개 국가 내의 연계 그룹. 이 중 41개국이 남반구 국가(남아메리카 18개국, 아프리카 11개국, 아시아 9개국, 중동 3개국) 약 100만 명의 회원	대표적 운동으로 브라질 우림목의 소비자 보이콧 운동인 1992년의 마호가니는 살인(the Mahogany is Murder) 프로젝트가 있음. 1994년 영국의 거대 DIY 체인 6개는 마호가니 판매를 중지. 1992년과 1996년 사이 수출 68% 감소

그 외 남반구의 급속한 경제변화는 또한 조직된 시위를 불러일으켰다. 흥미로운한 예로 완가리 마타리(Wangari Maathai)가 시작한 케냐의 그린벨트 운동을 들 수 있다. 2004년 이 운동의 회원은 25만 명이었는데 그들은 2천만 개의 나무를 심었다. 이 운동은 또한 정부의 나이로비 건설 계획에 반대하고 30개국의 다른 아프리카 국가들 안에비슷한 그룹과 연대를 맺었는데, 이 중 6개 국가에서 그린벨트 실험을 도입했다. 케냐의 모이 대통령은 마타리를 체포하겠다고 위협하는 경우가 많았는데 2002년 선거에서 지고 나서 마타리는 국회의원이 되었다. 2004년 마타리는 아프리카 여성으로서 첫노벨평화상 수상자가 되었다(Friends of the Earth 2004 : 17). 개발도상국에 있어서 환경운동은 인권, 여성문제, 빈곤, 극도의 불균형 등과 같은 더 넓은 문제와 연결되는 경우가많다. 시위 또한 큰 스케일의 상업 프로젝트가 고용을 늘리거나 빈곤층의 생활을 향상시키는 데 실패함으로써 발생하는 경우가 많다(Kothari 1996).

인류를 위한 담화 : 환경운동의 주장

환경운동이 점차로 인류 전체의 이익을 대변하는 주장을 하게 되면서 밀튼(Milton 1996 : 170)은 이를 "특정 그룹이나 지역에 얽매이지 않는 초문화적 담화"라고표현했다. 이와 비슷하게 이어리(Yearley 1996a : 151)는 "환경주의는 글로벌 이데올로기와 글로벌화되는 운동을 위한 최적의 후보 중 하나임이 명백하다"라고 주장했다. 또한그는 녹색운동이 국적과 관계없이 사람들을 통일시키는 데 있어서 다른 사회운동보다 성공할 가능성이 높다고 주장했다. 우리는 이에 비관적인 주장을 살펴보기 전에 이러한 주장이 타당한 세 가지 요소를 우선 살펴보기로 한다.

다수 환경문제의 초국경적 성격

일부 환경위기는 어느 정도 한 지역에만 한정된다. 이에 관련한 충격적 예를 하나 들자면 1984년 인도 보팔에서 일어난 독가스 유출사고를 들 수 있다(7장 참조). 그외의 환경문제들은 한 곳에서 일어나 초국경적인 영향력을 가진다. 1986년 우크라이나에서 일어난 체르노빌 원전사고로 인해 유럽 대부분에 방사능 물질이 퍼지게 되었다. 그러나 우리는 점점 더 많은 문제들이 단일의 사건에 의한 것이 아니라 전 세계에걸친 인간 행동의 복수성에 의한 것임을 알게 되었다. 즉 한 국가 경계를 넘어 모두에게 영향을 끼치는 것이다. 따라서 홀로 행동하는 국가는 더 이상 그들의 국민들을 환경피해로부터 보호할 수 없는 것이다. 이러한 초국경적 환경문제의 가장 대표적 예로

산성비(Acid Rain)는 황과 산화질소와 같은 독가스의 분출에 의해 발생하는데, 이는 바람과 비에 의해 옮겨진다.

는 지구온난화, 오존층 고갈, 초국경적 대기오염[특히 **산성비**(acid rain)], 생물 다양성의 손실, 즉 지구에 살 수 있는 종의 다양성의 감소이다.

지구온난화의 사례를 살펴보자. 이에 대해서는 일부 이견이 존재하지만, 기후변화에 관한 정부간 패널(Intergovernmental Panel on Climate Change : IPCC)과 관련한 학자들을 포함해 많은 저명학자들의 주장에 의하면, 20세기의 얼음 샘플과 최근 대기의 이산화탄소 축적량 비교는 지구온난화가 이미 시작되었다는 것을 뒷받침하는 강력한 증거이다. IPCC는 지구온난화의 증거가 있는지에 대해 각국 정부에 자문을 제공하기 위해 1988년 설립되었다. 1995년에는 약 40개 국가로부터 온 2,500명에 가까운 저명한 학자들이 참가했다. 소수의 과학자들—다수가 우익 싱크탱크 혹은 석유 관련 생산업자 등의 중공업 기업으로부터 자금을 제공받는다(Rowell 1996)—은 계속해서 IPCC와 환경단체들의 주장에 반박하고 있지만 현재 지구온난화의 증거는 반박할 여지가 없어 보인다(Bunyard 2004 : 55-6).

- 이산화탄소 배출은 전산업화 시대와 비교해서 최근 3분의 1 증가했다(대기중 이산화탄소 비율 280/100만에서 375/100만). 그리고 앞으로 훨씬 더 증가할 것으로 예상된다.
- 위성자료에 의하면 1960년대 이후 지구의 눈덮인 부분은 10% 감소했고, 남극의 얼음은 1950년대 이후 40% 얇아졌으며, 봄·여름 동안 눈으로 덮여 있는 지역은 15% 감소했다.
- 기록상 가장 따뜻했던 연도 10개가 모두 1990년대 이후이다.
- 갑작스러운 폭풍, 허리케인, 토네이도, 예상치 못한 홍수 등 여러 기후로 인한 재난—여기에는 산림화재, 가뭄, 열파도 포함된다—은 매일 새롭게 나타나는 것처럼 보인다.
- 1960년에서 2002년 사이 석탄, 석유, 자연가스의 전 세계적 소비량은 약 5배 증가했고 이산화탄소 수준은 18% 증가했다(Gardner et al. 2004 : 3).

생물 다양성의 감소는 또 다른 문제이다. 이는 산림벌채의 만연과 여러 종류의 상업발전으로 인해 곤충, 동물, 조류, 식물종이 진화해 온 유일한 거주지가 점차적으로 사라지고 있기 때문에 발생한다. 열대우림의 끊임없는 벌채는 특히 심각한 문제이다. 열대우림은 세계 토지면적의 7%밖에 차지하지 않지만 지구 종의 약 절반이 살고 있다. 종이 줄어들면 의학 등 여러 목적을 위해 앞으로 필요할지 모를 생명의 보고도 역시 사라진다. 또한 지구의 끝없는 다양성에 대한 우리의 심미적 즐거움 또한 줄어든다.

이러한 문제는 바람, 해수, 파도로 인해 전 세계 여러 지역에 있는 입자, 가스, 미량의 독소, 원자력발전소의 방사능 등을 옮기기 때문에 글로벌적 문제가 된다. 대부분의 사람들이 관련하고 있는 오염발생 및 에너지 집중활동—더닝(Durning 1992)이 '소비계급'(consuming class)라고 부른 그룹의 구성원들—은 끊임없이 쓰레기 독소 가스를 강이나 바다, 매립지, 대기 등으로 밀어넣는다. 그러나 벡(Beck 1992 : 38, 23)이 지적하는 것처럼 그가 '부메랑 효과'(boomerang effect)라고 부르는 것을 통해 여기서의 가해자는 피해자가 된다. 예를 들어 화학비료를 집중적으로 쓴 농업은 결국 토지의 생산력을 감소시키고, 토지는 부식되며 야생 동식물은 사라지게 된다. 그러는 동안 가솔린 안에 들어 있는 납은 다른 수많은 화학제품과 함께 먼 도시의 아이들이 먹는 모유에 들어갈지도 모른다.

Box 20.1

소비자의 욕망은 사치재와 쓰레기의 세계를 만든다

더닝(Durning 1992)은 세계의 소비계급이 11억의 인구로 구성된다고 평가했다. 이는 그들이 매년 7,500달러가 넘는 일인당 소득을 즐기고 있기 때문이다. 이들의 대다수는 선진국에 살고 있는데, 여기에는 남반구에 살고 있는 인구의 5분의 1의 부유층이 포함된 것이다. 소비계급은 고기와 가공된 식품을 먹고, 다수의 에너지 집중형 기계를 이용하며, 따뜻한 물을 제공하고 온도관리가 가능한 빌딩 안에 살며 개인용 자가용과 비행기로 이동한다. 이들의 대부분이 유행이 바뀌면 곧 버려지는 상품을 소비한다. 이와는 명백히 대조되는 예가 1992년 11억의 가장 가난한 사람들로 그들은 걸어서 이동하고, 거주지는 현지의 자원(돌, 나무, 진흙)을 이용하며 주로 구근류, 콩, 편두 등을 먹고, 안전하지 않은 물을 마시는 경우도 흔하다.

이러한 두 그룹은 매우 다른 이유이긴 하지만 모두 글로벌 오염과 깊은 연관을 가지고 있다. 그러나 사막화나 민둥산같이 이미 깨질 것 같은 생태계에 대한 압력을 가하는 데 있어서 탐욕보다는 빈곤과 부족함으로 인해 글로벌 빈곤층의 선택 폭은 줄어든다. 이 두 그룹 사이에 오는 것이 더닝이 중간 소득 그룹이라고 부른 33억의 사람들이다. 그들은 대부분 야채와 시리얼을 먹지만 일반적으로 배불리 먹고 있으며 깨끗한 물도 마실 수 있다. 그들은 자전거나 공중교통을 이용하며, 그들의 재산은 충분하다.

2003년, 변화하는 양상

2003년 더닝의 연구를 기반으로 하여 벤틀리(Bentley)는 글로벌 소비계급을 구매력 평가 7천 달러로 사는 사람들로 기존의 정의를 약간 재구성했다. 이러한 관점에 따르면 글로벌 소비계급은 17억—전 세계 인구의 약 4분의 1—정도인데, 개발도상국에 사는 사람들의 절반(48%) 정도이다. 중국과 인도만 3억 6,200만 명으로 계급의 20%를 차지한다. 서유럽이 3억 500만이다. 한편 200만 명의 글로벌 소비계급만이 아프리카에 살고 있다.

증가하는 전 세계 소비

- 1960년부터 1995년 사이 : 광물가격은 2.5배, 금속가격은 2.1배, 나무생산품은 2.3배, 플라스틱과 같은 합성품은 5.5배 증가했다.
- 2000년에서 2004년 사이 : 중국의 사유 자동차 구입은 500만에서 2,400만으로 증가했고, 이는 중국의 고도경제성장률과 함께 계속 증가할 것이다.
- 1950년에서 2002년 사이 : 광고지출(상업주의에 박차를 가하는)은 9배 증가해 446억 달러에 달하고 있다.

쓰고 버리는 경제

소비자계급이 만들어낸 거대한 양의 쓰레기로 인한 농장과 공장으로부터의 독소 방출(화학산업이 만들어낸 70,000개 이상의 합성물질과 관련이 있다), 온실가스 배출, '구식' 가사용품이 포함된다. 따라서 미국의 경우 매 100킬로그램의 제조상품당 총 3,200킬로그램의 쓰레기가 만들어진다. 이 모든 쓰레기를 버리는 데는 비용이 많이 들고 환경에 영구적인 피해를 입힐지도 모른다. 미국의 경우 쓰레기 처리 관련 총비용—처리, 대기 및 수질오염으로부터 교통체증, 비만, 범죄까지—은 적어도 2조 달러에 이르며, 이는 경제 총가치의 5분의 1이 넘는다.

기본 생활요건 비용과 사치재 소비의 비교

2003년 메이크업 분야의 세계 총지출은 180억 달러이고, 1998년 유럽과 미국의 애완동물 사료의 총지출은 170억 달러이다. 한편 보편적 식자율을 위해 필요한 부가 지출은 50억 달러, 기아와 영양실조의 제거는 190억 달러, 전 세계에 걸쳐 깨끗한 물의 공급을 위해서는 **10억 달러가 필요하다.**

출처 : Durning(1992) ; Baird(1997) ; Bentley(2003) ; Gardner et al.(2004).

산업발전의 글로벌리제이션

전 세계에 걸쳐 환경악화에 기여하는 지역의 수는 급속도로 증가했다. 중국은 그 거대한 인구와 경제 급성장으로 인해 이러한 면에서는 특히 눈에 띈다. 우선 300개의 중국 도시는 현재 물부족에 시달리고 있으며, 강과 호수의 5분의 4가 심각하게 오염되어 있다. 이는 단순한 환경문제가 아니다. 1992년부터 1993년까지 살충제와 비료로 인해 1만 명의 사람들이 중독되었다(Smith 1993 : 19-21). 2005년 11월 하얼빈, 중국 북단의 국가 공장이 폭발로 인해 벤젠이라는 독성 화학물질이 주요 강으로 흘러들어 갔다. 강의 오염 정도는 매우 높아서 50마일에 이르렀고, 거의 러시아 국경까지 달했다(Watts 2005 : 16). 게다가 중국 인구 30%가 이미 글로벌 소비계급에 들어서게 되었고, 경제 급성장이 계속됨에 따라 12억의 전체 인구가 소비계급에 들어서게 될 수도 있다. 그렇게 된다면 우리는 현재 산업화로 인해 생물권에 주고 있는 스트레스를 실제로 두 배로 증가시킬지도 모른다.

그 사이 국제무역 증가로 인해 대형선박 및 선박에 의한 기름 및 여러 이물질 유출이 증가하고, 하늘은 대기를 오염시키는 교통수단들로 가득 차게 되었다. 서아프리카와 같은 일부 개발도상국은 최근의 국제규제 및 합의(1989년과 1991년)로 인해 그 관행이 줄어들었음에도 불구하고 환경문제를 가지고 있는 부국으로부터 위험한 폐기물을 받아들였다. 게다가 채무 이행을 위해 외환을 만들어야 하는 일부 개발도상국의 경우 산림을 벌채하는 비율이 급증하고 있다. 이는 반대로 이산화탄소를 흡수할 지구의 능력을 감소시킨다.

커뮤니케이션 기술과 우주로부터의 풍경

1960년대 중반 이후 우주여행과 커뮤니케이션 기술의 발전으로 인해 행성 지구의 이미지를 생생하게 볼 수 있게 되었다. 위성은 환경파괴가 한 지방에만 국한되는 것이 아니라 전 지구로 퍼지고 있다는 것을 전보다 훨씬 더 정확하고 부정할 수 없게 증거하고 있다(Milton 1996 : 177). 열대우림의 끝없는 벌채의 효과는 이 점에 있어서 매우 분명한 사례이다. 화학오염과 오존층 감소로 인한 피해는 지구의 소생명체 및 세계 전역 해안의 해초에 집중된다. 해초류 또한 이산화탄소를 흡수하는 데 중요한 역할을 한다.

울리히 벡 _ ULRICH BECK (1944-)

위험사회와 다양한 모더니티

벡의 주요 주장은 모더니티가 보급되면서 위험과 글로벌리제이션이 높아질수록 사회행동과 반사작용의 성격이 바뀌고 있다는 것이다. 그의 주장은 다음과 같다.

제1세대 혹은 단순 모더니티

자본주의 산업화는 탈전통화를—과거의 제도를 파괴하는—수반한다. 그러나 또한 핵가족, 계급결속, 다세대 노동계급 공동체, 국민의식(nationhood), 복지와 같은 것도 설립되었다. 과학적 합리성, 자본주의적 효율성, 좀 더 공평한 자원분배를 위한 투쟁을 통해 결핍을 극복하려는 논리가 세워지게 되었다. 모더니티에 의해 발생된 대부분의 위험들은 로컬적인 것으로 확률의 계산을 통해 보장되도록 행위자들은 과학을 존중하게 되었다.

제2세대 / 반사작용 모더니티와 세계 생태학적 위험사회

1960년대로부터 산업화의 축적으로 인한 결과로—비즈니스와 정부가 국가 경제의 '진보'라는 목표를 향해 합리성을 끊임없이 적용했다—환경에 있어 거대한 '부작용'이 나타나기 시작했다. 이러한 부작용으로는 방사능 오염, 화학오염, 온실효과 가스의 증대와 이로 인한 지구 온난화, 유전공학 유기체의 농업으로의 적용, '광우병'과 같은 식품에 대한 공포 등이 포함된다. 이러한 것들은 예상 외의 것으로, 글로벌적인 경우가 많은 그 장기적 영향이 무엇인지 알 수 없으며 보장할 수 없는 것이었다.

널리 퍼진 위험영역

따라서 제2모더니티의 주요 논리는 더 큰 물질적 '선'을 구하려고 계속 애쓸 것이 아니라 모더니티의 '악'으로부터 탈출하는 것이었다. 그러나 벡은 환경적 위험사회에 수반하는 훨씬 더 넓은 변화와 위험에 대해 살펴보았다.

- **세계 사회적 위험 사회와 개인화** : 첫 모더니티 기간 중 수립된 계급 충성심, 보호받는 직업, 지역공동체, 결혼 및 가족생활과 같은 사회안전 구조는 행위자들을 사회통제로부터 자유롭게 함과 동시에 그들 자신의 삶의 전기를 구축하도록 강요하면서 통제력을 잃어갔다. 단체가 아니라 자신이 결정하는 선택권을 가지게 된 개인들은 주요한 사회 구성단위가 되었다.
- **여성과 젠더 관계** : 지난 30년간의 '젠더 혁명'을 통해 현저해짐. 현재 대부분의 여성이 직

장을 가지는 것이 당연해졌다. 이와 함께 자신의 아이덴티티와 경제적 자율성을 결정하는 그들의 능력으로 인해 그녀들은 좀 더 평등한 관계를 주장할 수 있었고, 또는 이를 제공하려지 않는 동반자들을 떠날 수 있게 되었다.

- **세계 경제 위험사회** : 로봇화와 컴퓨터와 같은 기술변화가 이어지면서 모든 경제부문의 직장이 줄어들었고, 더 많은 사람들이 불안정한 저임금 노동을 하게 되었다. 포스트 포드주의적인 유연한 임시고용 체제로의 전환은 경제 글로벌리에이션으로 인해 경제적 불안정이 강화되면서 임금 수준을 내리려는 압력을 수반했다.

반사적 모더니티와 새로운 상향식 정책

다수 위험사회의 처리에 있어서 행위자는 반사작용— '자기 대면'을 기반으로 한—의 유형을 발달시켜야 한다. 이러한 반사작용의 유형으로 인해 그들은 그들의 사적 생활에 대해 개인적 책임을 질 수 있게 되고 모더니티의 결과를 받아들일 수 있게 된다. 따라서 벡은 어떻게 해서든지 개인을 길들이고 개혁해야만 하는 거대한 글로벌 구조 세력의 배경에 대항하는 것으로 본다. 글로벌리제이션과 개인화는 망원경의 두 끝과 같아서 전 세계에 걸쳐 혼자인 개인과 그들의 행위는 서로 관통하여 연결되어 있는 글로벌 세력을 통해 다른 사람들의 생활을 형성한다. 이 모든 것을 다루기 위해서는 새로운 사회 결속과 좀 더 급진적인, 풀뿌리의, 초국경적인 정치의 간섭을 필요로 한다. 기존의 제도는 안팎으로 이에 맞서고 있다.

출처 : Beck(1999a, 1999b, 2000a, 200b) : Beck and Beck-Gernsheim(2002)

회의론의 근거

이어리(Yearley 1996b : 66)에 의하면 환경단체는 모든 인류를 위한 '글로벌 미션'을 위하는 작업에 강한 관심을 가지게 되었다. 이는 이러한 주장이 그들의 회원의 사기를 복돋울 수 있기 때문이다. 그들은 미디어에 관심을 모으거나 정부나 IGOs와 접촉하거나 한다(Yearley 1996b : 86-92). 실제로 글로벌적 시야와 미션을 채택하는 것은 성공으로 가는 방법이 된다. 환경운동가의 글로벌 주장은 국가와 지역에 따른 중요한 차이점을 생략한다. 특히 환경문제는 모든 인간의 삶을 같은 정도로 위협하지는 않는다. 예를 들어 몰디브 같은 섬이나 방글라데시 같은 저지대의 국가들은 지구온난화에 대한 예견이 옳은 것이었다고 판명되면 홍수가 올 수도 있다. 그러나 높은 고도에서 살고 있는 사람들은 이러한 영향을 받지 않을 수도 있다. 가뭄의 증가와 같은 기후변화로 인해 다른 문제도 발생할 수 있지만 말이다. 이와 비슷하게 빈곤국들보다 부국들이 해수면 상승과 같은 문제들을 다루는 데 있어서 훨씬 더 준비를 잘 할 수 있다(Yearley

1996 a : 78).

회의론자는 환경운동의 깊은 균열을 지적한다. 밀튼(Milton 1996 : 187)에 의하면, 영향력 있는 소수파인 급진적인 혹은 '철저한' 환경운동은 '반글로벌리즘 주장'과 공유하고 있는 부분이 있다. 1980년대 미국에서 출현한 NGO인 어쓰 퍼스트(Earth First)의 예를 들어보자. 이 조직이 유명해진 것은 벌채나 건설 프로젝트를 막기 위해 불도저를 부수거나 철봉을 나무에 박거나 하는 전략을 사용하는 직접적인 행위운동 때문이었다. 이러한 활동가들은 전 세계의 물질적 번영을 위한 추진력과 투자와 무역을 통해 국가 경제를 연결하려는 글로벌리제이션이 주요 문제라고 보았다. 실제로 그들은 디글로벌리제이션, 잃어버린 문화와 지역의 자급자족을 회복하여 좀 더 단순하고 자립적이며 탈집권적인 경제로 돌아갈 것을 주장했다. 돕슨(Dobson 2002 : 2)은 또한 환경주의자와 생태주의(ecologism) 지지자 사이의 명백한 차이점을 설명한다. 환경주의자들은 '관리적 접근'을 채택하고 있다. 그들은 최근의 라이프스타일과 경제 시스템을 크게 변화시키지 않고 개혁과 실행적·합의형 정치를 통해 환경문제를 해결하려 한다. 그러나 생태주의 지지자들은 경제성장에 한계가 있으므로 만약 우리가 계속해서 더 많은 것을 밀어붙이게 되면 생태권에 돌이킬 수 없는 피해를 입히게 되고, 이는 결국 인류 생활에 역시 피해를 주게 될 것이라고 주장한다. 이러한 좀 더 급진적인 환경단체는 또한 다음 절에서 논의할 지속 가능한 성장 이론에 대해서 비판적인 경향이 강하다.

깊은 분열은 또한 정부 사이에도 명백하게 나타난다. 대부분의 국가들은 글로벌

그림 20.1 1992년 6월 리우데자네이루의 지구 정상회담. 세계 마스코트와 인사하는 아이들

해결을 위해 그들의 주권 일부를 초국가적인 규제기관에 넘기는 것을 주저한다. 몇 개
의 이슈와 관련해서는 이익의 갈등도 발생한다. 가장 심각한 균열은 아마도 부국과 개
발도상국 사이의 차이일 것이다. 이는 1992년 리우의 지구 서미트 기간 동안 명백하게
나타났는데, 그 후 이러한 갈등은 계속해서 국제적 행위, 특히 지구온난화와 관련된 행
위를 방해하고 있다. 남–북이 갈린 4개의 주요 이슈는 다음과 같다.

1. 남반구의 지도자들은 역사적으로 볼 때 환경문제에 대한 북반구의 책임이 부
   인할 수 없을 정도로 훨씬 크다고 주장한다. 1990년대 중반 북반구는 전 세계
   에너지의 70%, 총광물량의 4분의 3, 식량의 5분의 3, 목재의 85%를 사용했다.
   그러나 북반구는 총인구의 4분의 1도 차지하지 않는다(Anthanasiou 1997 : 53).
   세계 인구의 5% 정도를 차지하고 있는 미국은 혼자서 전 세계 에너지의 4분의
   1을 사용하고 있다. 이는 부분적으로 항공여행의 경향이 가장 높고(Seager 1995 :
   30) 세계 총운송수단의 31%를 차지하고 있다는 사실과 연결된다. 미국은 또
   한 단일국가로서는 가장 많은 온실가스를 배출하는데, 그 비율은 19%에 달한
   다(Kidron and Segal 1995 : 18-23). 이와 대조적으로 인도는 전 세계 인구의 16%
   를 차지하는데, 전 세계 에너지량의 단지 3%만을 사용한다(Seager 1995 : 72). 그
   러나 2002년에 들어서자 이러한 상황은 점차적으로 변하기 시작했다. 에너지
   소비 측면을 살펴보면, 산업국가들은 세계 총석유의 62%를 소비하는 동안 중
   국과 인도는 전 에너지 자원 중 13%를 사용하는데, 이는 석유가 아닌 석탄 에
   너지(각각 70%, 50%)를 중심으로 한 것이었다(sawin 2004 : 26-7). 그러므로 우리
   가 보아왔듯이 양 국가에 있어서 급속한 경제성장이 의미하는 것은 운송수단
   소비가 곧 급성장할 것이라는 점과 필요한 석유량도 역시 급속도로 증가하게
   될 것이라는 것이다. 그럼에도 불구하고 당분간 북반구의 과실에 대한 남반구
   의 혐의 제기는 상당히 유력할 것이다.

2. 더 나아가 남반구는 북반구의 높은 생활수준이 부분적으로 남반구의 싼 노동
   력과 빈국들의 원자재를 싼 값으로 살 수 있게 하는 불공정한 국제무역 시스템
   으로 인한 것이라고 주장한다. 또한 남반구의 정부와 NGOs는 1970년대 이후
   채무 이행으로 인해 북반구의 정부와 은행에게 보내는 거대한 자금의 이동에
   분노해 왔다.

3. 남반구 국가들은 북반구 국가들이 빈국의 환경기술을 보조하여 남반구 국가

들이 막대한 글로벌 오염을 더하거나 경제적 기회를 놓치지 않고 산업화할 수 있게 될 것을 기대한다. 북반구 국가들은 이러한 주장의 타당성을 인식하고 '청정 발전 메커니즘'이 들어간 규정을 넣은 1997년 교토의정서를 만들었다 (Newell 2006 : 95). 또한 남반구 국가들은 북반구 국가들이 자신들의 소비수준을 줄여서 남반구가 세계 경제 안에서 발전을 이룩할 수 있는 '공간'을 만들어주기를 기대한다. 그들은 또한 삼림벌채 비율을 늦추거나 생물 다양성을 보존하기 위한 단계를 채택하는 대신 보상을 요구한다.

4. 남–북 갈등의 마지막 출처는 정부 사이보다 환경운동 안에 분열을 만든다. 즉 시위와 행동의 주요 목적은 무엇인가에 관한 것이다. 북반구 환경단체와 기술 전문가는 기후변화를 중시여기는 경향이 있는 반면, 남반구 운동은 그 중요성은 인정하면서도 그들의 관점으로부터 경제적 불이익을 영속화시키는 요인인 경제 글로벌리제이션, 불공정 무역 등이 만들어낸 세계 불균형과 빈곤에 좀 더 집중하는 경향이 있다(Pettit 2004). 이러한 이슈는 이 책 앞부분에서 이미 논의했다. 또한 남반구 그룹은 때때로 국제 회의에서 과소대표되는 경우가 있는데, 훨씬 더 풍부한 자원을 지닌 북반구 그룹과 비교해 보면 토론에서 배제되는 경우가 있다.

지구온난화 문제에 대한 남–북 격차는 1992년 리우데자네이루와 1997년 교토 (표 20.2 참조)에서 극명하게 드러났다. 미국 주도의 선진국들은 미래 남반구의 산업화, 특히 중국, 인도와 같이 막대한 인구와 화석연료 저장량을 가지고 있는 국가의 산업화가 생물권에 진정한 위협이 될 것임을 지적했다. 그 결과 그들은 남반구가 받아들였던 제약을 동등하게 없앨 것을 주장한 것이 아니라, 부국들에게 엄격한 환경규제를 부과하는 것은 옳지 않다고 주장했다. 그래서 리우데자네이루에서 북반구 국가들은 어젠다 21— '21세기, 지속 가능한 성장을 위한 국제 행동 프로그램—을 실행할 자원을 찾는 데 합의했다(Grubb et al. 1995 : 97). 남반구 국가들은 매년 6,250억 달러를 지출할 필요가 있다고 산출되었는데, 그 중 5분의 1은 북반구에서 지원하는 것이 기대되었다. 1990년대 중반 그 아이디어가 실현될 기미는 거의 보이지 않았다(Dodds 1997 : 192).

글로벌 정의운동—18장에서 논의했던—과 '기후 정의'의 아이디어와 그린 이슈를 연결시킨 그룹 사이의 연대가 설립되고 환경적 정의의 아이디어가 채택되면서 환경문제의 남–북 격차는 부분적으로 줄어들었다(Pettit 2004 : 103). 환경 정의와 기후

변화 이니셔티브(www.ejcc.org)는 그러한 그룹 중 하나이다. 이 그룹은 지구온난화로 발생한 기후변화, 해수면 상승, 강우량 감소, 폭풍과 홍수로 인한 피해는 이미 부국에 있는 사람들보다 세계의 가장 빈곤한 사람들에게 피해를 입히고 있다고 주장한다. 배출 수준이 현재보다 훨씬 엄격하게 고정되지 않으면 이러한 효과는 촉진될 것이다. 흥미롭게도 미국에 살고 있는 약 80%의 '유색인종과 토착민'(Newell 2006 : 113)은 해안지역에 살고 있다. 실제로 이러한 불균형은 2005년 허리케인 카트리나가 뉴올리언즈 근방에 닥쳤을 때 명확히 드러났다. 가장 큰 피해를 입은 사람들은 주로 아프리카계 미국인으로, 그들은 탈출하기 위한 자동차도 가지지 못했고 해변가에 가까운 낮은 지대의 집에 살고 있었기 때문이었다. 캐나다와 알래스카의 에스키모와 많은 라틴아메리카인들은 비슷한 위험이 있는 해안가의 빈곤지역에 살고 있다.

뉴웰(Newell 2006 : 117)은 환경운동에 있어서 남－북 격차는 부분적으로만 해결되었음에도 불구하고 이로 인해 기후변화와 정치 간, '사회 정의와 글로벌 정의' 간에 연대가 증가함으로써 기후변화 문제를 해결하기 위한 여러 작업에 직면해 그 '노력에 다시 한 번 활력을 주는' 계기가 될 것이라고 이를 긍정적으로 평가했다.

환경운동의 지지자?

비록 환경운동의 주장이 전 인류를 위한 것인가에 대해서는 이견이 있지만 거의 전 세계적으로 받아들여진 듯 보인다. 이러한 측면에서 운동은 글로벌 측면을 분명히 나타낸다. 이번 절에서는 환경운동을 위한 강력한 엘리트 집단, 국가·국제기구가 선두에 선 하향식 지원을 살펴보기로 한다.

1972년 이후 환경운동에 있어서 국가와 UN의 관여

표 20.2에서 볼 수 있듯이 각국 정부는 때때로 UN 총회(United Nations Generl Assembly)를 보조하면서 환경문제에 대한 행동을 준비하고는 한다. UN 환경 프로그램(United Nations Environment Program : UNEP), 환경과 개발에 관한 세계위원회(World Commission on Environment and Development : WCED) 역시 변화를 위한 중요한 중심 기관이 되었다.

맥코믹(McCormick 1989 : 88)에 의하면, 1972년 스톡홀름에서 열린 UN 회의는 글로벌 환경문제에 대해 '실제적으로 명확한 행동을 취하려는 최초의 정부 간 포럼'이었다. 1972년 회의를 위한 주도권의 대부분은 스웨덴 정부로 인한 것이었다. 그러나

표 20.2_ 환경문제에 대한 국가와 UN의 관여 : 주요 사건		
사건/일자	주요 제창자와 대표	주요 성과
스톡홀름, 1972	스웨덴 정부, 113개 국가의 주요 정치가와 250 이상의 NGOs	UNEP 설립을 위한 투표
뉴욕, 1983	UN 총회가 경제발전과 환경보존을 동시에 진행하는 방법을 조사하는 WCED의 설립을 제창	노르웨이의 수상인 그로 할렘(Gro Harlem)이 WCED 의장으로, 1987년 『우리들 공동의 미래』(*Our Common Future*)를 출판. 이는 지속 가능한 개발에 대한 생각에 기반이 됨
뉴욕, 1989	UN 총회가 지속 가능한 개발의 현실에 대한 토론을 위해 1992년 '환경과 개발에 관한 UN 회의'를 요청	
리우데자네이루, 지구 서미트, 1992	UN 총회, UNEP, WCED. 178개국 대표단, 120명의 국가원수, 5천 명의 저널리스트, 9천 명의 환경 NGO, INGO들이 참가	다양한 합의가 이루어졌으나 대부분이 기후변화와 생물 다양성과 같은 문제에 대한 원칙 선언으로 구속력은 없었음. 어젠다 21은 국가들의 지속 가능한 개발을 위한 실질적 가이드라인을 제공
일본 교토 1997	UNEP, UNCED, 159개국 국가부터 정부 지도자들과 관료, 1만 명의 저널리스트, 환경활동가, 산업 로비스트들	이미 산업화를 이룩한 38개 국가가 온실가스 배출량을 2012년까지 1990년 수준으로 5.5% 줄이기로 합의, 이를 위한 여러 가지 목표가 만들어졌다. 오스트레일리아는 거부. 클린턴 대통령은 이에 동의했으나 2001년 부시 정부와 국회는 비준을 거부. 효력발생을 위해서는 55개 국가의 비준이 필요한데, 여기에는 55%의 배출비율을 차지하고 있는 선진국이 포함되어 있음
남아프리카 요하네스버그 2002	UN 총회, WCED, 지속 가능한 개발에 대한 국가들의 관심을 재확인. 예를 들어 2015년까지 모든 아이들의 초등교육의 의무화	300개가 넘는 파트너십 협정. 여성, 청년, 노동조합, 농업, 토착민, 사업, NGOs, 국가 그룹이 참가. 요하네스버그에서 '세계 커뮤니티'의 강한 의식 구현
캐나다 몬트리올 2005년 12월	UN 총회, WCED. 오스트레일리아와 미국을 제외한 교토의정서 비준 156개 국가 대표단 참석. 러시아는 2004년 비준. 2005년 2월 법적으로 모든 조약가맹국을 구속	2013−2017년 사이 교토의정서 제2단계를 위해 배출삭감 목표 책정을 위해 2006년 긴급 협의 시작을 동의. 또한 청정기술 이전과 다른 수단을 통해 개발도상국을 돕기 위한 5개년 행동계획에 동의

출처 : McCormick (1989 : 101) ; Princen and Finger (1994) ; Willetts (1996 : 69) ; Dodds (1997 : 4-5) ; Dodds (1997 : 4-5) ; www.Greenpeace.org/international

몇몇 과학단체와 환경 INGOs 또한 회의를 강력하게 지원했다. 이러한 연합은 후에 INGOs가 더욱 더 눈에 띄게 되는 세계 회의에 있어서 중요한 선례가 되었다(Willetts 1996 : 69). 북반구 부국들의 환경문제로 인해 남반구의 발전이 늦어질지 모른다는 의구심을 품고는 있었지만 개발도상국들 역시 참가했다.

1972년 스톡홀름 대회의 뒤를 이어 연속적으로 글로벌 활동이 이어졌다. 특히 UNEP의 설립을 들 수 있다. UNEP의 역할은 세계 환경을 지키고 이에 관련된 행위자들과 협력하기 위한 목적으로 만들어졌다. UNEP는 충분한 자금을 공급받지 못했으나 환경문제의 증거들과 풀뿌리 집단들의 압력으로 인해 그 영향력은 증대되었다. 1972년 스톡홀름 대회와 1997년 교토 대회 사이에는 언급할 수 없을 정도로 많은 세계 환경 회의들이 열렸다. 일부는 1987년 몬트리올과 1992년의 코펜하겐과 같이 국제적 합의에 이른 경우도 있었다. 1992년 코펜하겐에서는 오존층을 파괴하는 CFCs와 다른 화학물질의 사용을 점점 줄이기로 합의되었다. 그러나 가장 중요한 세계 이벤트들은 앞의 표 20.2에 간단히 정리해 두었다.

지속 가능한 성장 : 녹색개혁을 위한 매뉴얼

'지속 가능한 성장'의 개념은 1987년 환경과 개발에 대한 세계위원회(World Commission on Environemt and Development)가 제시한 것이다. 이는 환경문제 해결을 위한 명확한 가이드라인인 동시의 모두의 갈망이기도 했다. 그 중심 교의는 경제발전의 추구가 더 큰 환경 안전과 완벽하게 양립 가능한 것인가 하는 것이다. 이러한 목표를 같이 연결시키기 위해 주요한 두 가지 논리는 다음과 같다. 첫째, 국가적 빈곤을 극복하려는 남반구의 주요 문제 앞에서 남반구 국가들은 평등한 발전이라는 목표를 위한 노력 없이는 협력하고 싶어 하지 않을지도 모른다. 둘째, 빈곤은 글로벌 환경파괴의 주요 원인으로 알려져 있으므로 경제발전을 통한 빈곤의 감소는 동시에 환경을 도울 수 있다. WCED 리포트는 3가지 원칙이 수반되어야 한다고 주장했다.

1. 국가, 기업, 가정에 상관없이 미래의 모든 경제정책 설정에 있어서 더 나은 환경관리를 위한 노력이 포함되어야 한다. 이는 모든 농장, 공장 등의 모든 비즈니스가 바다, 강, 대기를 무료 폐기물 처리장으로 이용하는 것을 멈추는 것을 의미한다. 또한 경제생활의 모든 영역에 사용되는 에너지량과 물질량을 줄일 수 있는 신기술의 발전에 가장 큰 우선순위를 두는 것을 의미한다.

2. 전 세계적인 환경문제를 극복하기 위해서는 더 큰 균형이라는 아이디어에 대한 도덕적 맹세가 필요하다. 따라서 각 세대들은 물려받은 환경자본을 마구 쓰는 것을 단념해야 하면서도 그들의 아이들을 위해 최적의 상태로 지구를 보존하도록 노력해야 하는 것이다. 이와 마찬가지로 부국들은 환경적 안전성이라는 목표를 위태롭게 하지 않고 경제적 발전을 얻으려고 하는 가난한 남반구 국가들을 돕는 것을 지원해야 한다.

3. 지속 가능한 개발이 요구하는 또 하나는 미래에는 금전적 가치만으로 측정되는 물질적 생활수준을 높이는 것이 아니라 삶의 질을 중요시 여겨야 한다는 것이다. 두 번째는 자동차나 더 큰 자동차를 얻는 것에 집착하는 것이 아니라, 우리는 천식에 걸리지 않고 도시의 공기를 마실 수 있도록 충분한 레저 시간을 가지고 좋은 경치를 구경할 수 있는 가능성을 생각하는 것이 현명한 것이다.

지속 가능한 성장에 대한 비판

지속 가능한 개발의 아이디어는 다양한 비판을 받고 있다. 르르(Lele 1991 : 613)에 의하면 그 중요한 문제점은 환경활동가와 자연보호론자, 남반구의 가난한 농민으로부터 개발지향 정부나 대기업에 이르기까지 모든 사람들을 연결하는 '메타픽스'(meta-fix)를 제시하려고 하는 점이다. 그러므로 그것은 어느 누구에게도 진정한 의미의 충족감을 제공하지 못한다. 예를 들어 지금까지 보아왔듯이 지속 가능한 성장의 지지자들은 더 큰 경제성장을 통해 빈곤을 줄이는 것은 환경파괴를 줄이는 데 도움이 될 것이라고 주장한다. 그러나 르르(Lele 1991 : 614)는 경제성장 자체는 결코 빈곤이나 불평등만을 줄이는 데 충족되지 않는다고 주장했다. 그러므로 궁핍한 그룹을 위해 소득을 재분배하는 등 빈곤을 극복하기 위한 부가적인 정책 없이 어떻게 환경적 지속성에 기여할 수 있는지에 대해서는 알 수 없다는 것이다.

Box 20.2

GM 작물 및 식품에 대한 저항
GM 작물(유전자변형 작물)이란 무엇인가?

실험실에서 유전구조를 조작한 콩, 옥수수, 유채와 같은 작물들. 작물의 유전자 코드에 박테리아와 같이 관련 없는 생명체로부터 추출한 특정 유전자를 주입한다. 2003년 5,900만 헥타르의 상업경작 중 가장 흔한 두 경우는 화학살충제를 사용하지 않고 특정

해충에 견디기 위해 유전자를 삽입하는 조작과 제초제를 치더라도 작물은 건강하게 유지시켜 잡초만을 죽일 수 있게 하는 조작이었다.

누가 GM 씨앗을 생산하고 이는 어디서 자라는가?

2003년 GM 작물은 16개 국가에서 자라고 있었는데 99%가 4개 국가에서만 자란다. 미국(66%), 아르헨티나(23%), 캐나다(6%), 중국(4%). 바이오테크 농업산업은 4개의 TNCs — 신젠타(Syngenta), 바이엘 크롭사이언스(Bayer CropScience), 몬산토(Monsanto), 듀폰(Dupont) — 에 의해 지배되고 있다. 제2차 세계대전 이후 녹색혁명과 같은 기존의 농업혁명은 과학을 이용하여 더 높은 산출량을 내는 종자를 경작하거나 비료나 관수를 개발하였으나 유전자 조작은 사용하지 않았다.

GM 작물에 대한 논쟁

바이오테크 산업과 그 지지자들은 GM 종자가 농부의 일을 더 쉽고 더 싸게 할 수 있다고 주장한다. 그들은 살충제나 제초제를 더 적게 쓸 수 있기 때문이다. 또한 GM 종자를 남반구의 농부들이 키우면 빈곤을 극복하는 데 도움을 줄 수 있다. 작물 수확량은 늘어날 것이고 기르는 데 드는 비용도 적어지기 때문이다. 더 명확한 것은 이러한 회사들이 영리하게도 자신들의 종자 — 이러한 종자는 허가받은 실험실에서만 생산될 수 있어서 매년 새롭게 구매해야 하는 — 와 자신들의 제초제 및 살충제 상품을 연계시켰다는 것이다. 현명하게 사용하면 그들은 세계 농부들과 소비자들에 있어서 강력한 독점적 통제력을 얻을 수 있다.

반대자들은 소비자 그룹과 대부분의 환경운동가들이다. 그들의 반대주장은 다음과 같다.

- GM 경작은 크나큰 위험을 만들어낸다. 특히 곤충에 의한 타화수분(他花受粉)은 새로운 유전자를 퍼뜨리고 그 특성들이 더 넓은 환경으로 통제불능으로 퍼져나갈 가능성이 있다. 아무도 그 장기적 효과가 어떤 것인지 확신할 수 없다. 예를 들어 강력한 항제초제 종자가 출현한다든지 GM 식품을 이나 이 작물을 먹은 동물을 먹은 사람들의 건강에 위협을 줄 수도 있다.
- 바이오테크 산업은 한번도 남반구의 빈농들이 키우는 작물들에 대해 심각하게 고려해 본 적은 없는 것 같다. 콩, 옥수수와 같이 가축들이나 가공식품을 위한 고도 상업

화 작물은 부국들에서 소비된다. 사실 빈농들의 작물에 대해서는 그리 많은 연구가 이루어지지 않았다.

■ 비용감소의 측면에서 소비자들이나 농부들에게 오는 이익은 작아 그 위험성을 정당화할 만큼 충분하지 않다는 것은 분명하다. 그러나 바이오테크 기업들에게 이익이 있는 것은 확실하다.

대중저항과 그 영향

1990년대 후반 GM 작물들이 EU를 비롯한 여러 국가에 처음으로 나타난 후 환경활동가나 유기농 작물 농부들뿐만 아니라 취학아동, 주부, 지방정부 의원들 등 많은 사람들도 그 도입을 반대했다. 특히 EU 국가들에 있어서 운동가들은 GM 작물들을 파괴하는 등의 법을 어기는 경우도 많았다.

■ GM 식품에 대한 소비자 반대는 너무나 심해서 EU는 GM 식품의 수입 및 경작에 6년간의 모라토리움 기간을 두었다. 그럼에도 불구하고 영국과 같은 일부 국가들은 그들의 국가적 바이오테크 산업이 미국과의 경쟁에서 져서 시장에서 사라지는 것을 꺼려하고 실험지원 및 공공 연구 장려를 계속했다.

■ 이와 비슷하게 일부 슈퍼마켓은 GM 재료를 포함한 식품을 들이는 것을 거부했다.

■ 이러한 반대는 미국 정부와 그 농업산업을 분노시켰다. 2003년 미국은 EU를 자유무역을 간섭했다고 WTO에 제소했다.

■ 반GM 운동은 계속해서 성쇠를 반복했는데 소비자 사이의 비인기는 EU 전역에서 계속되었다.

■ 영국의 경우 웨일즈 국회는 자신들의 관할권을 GM-프리 구역으로 선언했다. 2005년 여름, 유럽 전역에 걸쳐 100개가 넘는 GM-프리 구역이 존재했으며, 지방정부가 채택한 동류의 행동은 3,500건에 달했다.

출처 : The Economist (26 July 2003 : 25) ; Rowell (2003) ; Lynas (2004) ; Friends of the Earth (2005 : 8)

또 다른 주요 비평가인 샤쉬(Sachs 1993)는 지속성과 이와 관련된 환경관리 정신의 개념에 의해 새로운 종류의 엘리트인 글로벌 '에코-크라트'(ecoo-crats)가 발생했음을 경고했다. 이 집단은 좀 더 급진적인 단체로부터 환경 어젠다를 '납치' 했다. 많은 개인들과 환경운동가들과는 다르게 에코-크라트는 생물권을 번영을 위해 보호해야 하는 깨지기 쉬운 유산으로 보지 않는다. 그들은 이를 '위험에 빠진 상업적 재산'(Sachs 1993 : xvii)으로 본다. 줄어들고 있는 지구의 자원은 부유한 사람들과 권력을 가진 사람들에 의해, 그리고 그들을 위해 전 세계적 관리가 필요하다.

엘리트 기관과의 연대 : 위험과 새로운 경로

환경 INGOs와 글로벌 사회운동은 엘리트 행위자들과 그들의 공동 이익을 위해 연계하는 경우가 많다. 전자는 UN기관들과 국가들이 제공하는 중요한 글로벌 이벤트로의 참가권이라는 이득을 얻는다. 이는 풀뿌리운동들이 문제를 환기시켜 글로벌 정책 결정과정에 영향력을 미칠 수 있는 기회를 마련하는 기반이 되기 때문이다. 국민국가와 UN기관 또한 환경단체들이 가지고 있는 환경 해결 촉진화 자원으로부터 도움을 받을 수 있다. 여기에는 기술전문가, 명성, 지역 시민들에 대한 지식, 풀뿌리운동가, 미디어, 전문가 그룹 등으로부터의 광범위한 지지가 포함된다. 이러한 모든 것들로 인하여 환경단체들은 어느 정도 강력한 협상력을 가진다. 1980년대 후반 OECD 국가에서 남반구 국가들에게 보내진 발전기금의 10-15%은 NGOs를 통한 것이었다(Princen and Finger 1994 : 34).

환경문제에 관한 각국 정부와의 연대는 일반적으로 긍정적으로 받아들여져 왔다. 환경보호에 힘써온 정부들조차 때로는 초국경적인 문제들보다는 국가 경제 이익을 우선시해야 할 경우가 있음에도 불구하고 말이다. 이를 잘 나타나는 예로는 노르웨이가 1980년대 상업적 고래 포획에 대한 국제적 모라토리엄에 사인하는 것을 꺼려한 사례를 들 수 있다. 동시에 세계 정부의 부재와 미국—헤게모니 파워에 가장 가까운 존재로서—의 망설임으로 인해 실질적인 글로벌 동의에 이르는 길에 어려움이 많다. 게다가 자본의 이동이 더욱 더 자유로워지고 외국 투자유치에 대한 경쟁이 심해지면서 각국 정부들은 TNCs의 투자를 방해할 가능성이 있는 행동을 더더욱 하지 않으려고 하고 있다(Clapp 1997 : 127). 실제로 국가가 TNCs에 있어 제약이 될 수 있는 환경규제들을 실행하지 않으려 함에 따라 많은 환경 NGOs들과 글로벌 사회운동들은 그들의 운동대상을 글로벌 대기업으로 바꾸게 되었다. 그들의 목적은 국가들이 비즈니스 업계를 실망시키거나 분노를 사지 않기 위해 망설인 결과 비어버린 국제규제를 채우는 것이다(Newall 1998).

국민국가, 비즈니스, 다른 엘리트 이익집단들이 필요한 환경정책을 실시하지 않으려 하는 상황은 언제나 존재해 왔다. 이에 대해 환경 NGOs와 글로벌 사회운동은 국가들이 좀 더 급진적인 어젠다를 선택하도록 강요할 수 있는 대중으로부터 압력을 동원하는 식으로 대응하곤 했다. 그 예가 열대우림 행동 네트워크(Rainforest Action Network : RAN)이다. 아마존 지역에서 계속되는 벌채와 (거대한 채무에 대한 브라질의 의무는 악화되었음) 야생동물 및 현지 사람들에 대한 위험의 증가에 경악한 북반구 환경단체들은 더 이상의 아마존 개발계획에 반대하기 시작했다. 1983년 미국의 환경 NGOs 연합은 세계은행 및 다자간 개발은행(Multiateral development banks : MDBs)에게 그들의 계획이 현지민들과 환경에 어떠한 영향을 미칠 것인지를 인식하도록 압력을 가했다. (다자간 개발은행은 폴로노로에스테 및 도로건설 프로젝트와 같은 브라질의 거대 계획에 저리대부를 제공했다.) 1985년 미국의 다수 대학연합은 RAN을 설립했는데, 1990년에는 국내 150개 지부 세계 전역의 100개 지부가 다자간 개발은행들의 대부계획을 지원했다. RAN은 또한 버거킹과 같은 주요 레스토랑 체인에 대한 소비자 보이콧을 주도했다. 이는 그들의 소고기가 남아메리카 열대림을 개척해서 만든 목장으로부터 수입한 것이기 때문이었다. 세계은행은 결국 장래의 대출에 있어서 좀 더 환경문제를 고려하는 데 동의했다. 이러한 에피소드로부터 환경 INGOs는 많은 것을 배울 수 있었다. 이는 그 이후 말레이시아, 볼리비아, 인도, 인도네시아 등지에서 동류의 초국경적 연합이 다수 연속적으로 나타나는 데 도움이 되었다(Scarce 1990 : Chapter 8 ; Bramble and Porter 1992 : 325-34 ; 생태주의자의 여러 문제 1994, 참조).

로컬과 글로벌 활동을 위한 아래로부터의 지원 동원

풀뿌리 지원을 활성화시키는 데 있어서 환경단체의 목적은 여러 가지이다. 이는 처음에는 그 이해나 지원이 거의 없는 논쟁적인 시위나 정치투쟁에 지원자들을 응원하는 경우도 있다. 때로는 환경파괴의 행위자가 인식할 수 있는 경우 직접 반대운동을 하는 경우도 있다. 거대 개발계획을 진행하는 정부, 석유회사, 목재수입업자, 또한 정부, 농부, 소비자들로 하여금 GM 식품을 받아들이도록 설득하려는 몬산토와 같은 농업기업을 대상으로 한다. 또한 운동은 일반인들과의 연대를 끌어내기 위한 방법이 된다. 뉴웰(Newell 2006)의 설명처럼 일부 환경문제, 예를 들어 고래 포획이나 CFC가 오존에 미치는 악영향에 대한 문제들은 상대적으로 쉽게 공공의 이미지에 다가설 수 있고 일상생활에 커다란 변화를 요구로 하지 않는 반면, 다른 문제의 경우 대중의 지원을 얻는 것은 어렵다. 환경파괴에 공헌하는 우리의 행동—자신도 모르는 경우가 많지만―의 정도가 다양하기 때문이다. 그렇기 때문에 우리 모두는 환경비판의 대상이 될 잠재력을 가진다.

뉴웰(Newell 2006)은 이러한 상황을 복잡하게 하는 두 가지 요인을 지적한다. 첫째는 '행동으로 인한 이득은 몇 년 뒤에나 나타나지만 희생은 지금 치러야 한다는 것'으로 인한 세대 간의 문제이다. 둘째는 기후변화를 어떻게 할 것인가에 대한 진정으로 '큰' 문제에 직면하여 '사람들의 삶의 수준과 선택의 자유에 위협이라고 인식되는 영역에서 이를 흥미롭고 매력적인 용어로 만드는 방법을 제시' 하는 것은 활동가들에게 있어서는 매우 어려운 일이다(Newell 2006 : 90, 109). 소비자들에게 요청되는 희생의 예로는 위험한 화학적 오염의 가능성 혹은 공장식 축산농장이라는 잔인한 방법을 이용한 값싼 식품, 자가용의 사용, 유가상승 등이 포함된다. 2000년 영국, 연료세에 대한 반대 시위 조직은 다수 대중의 지지를 얻었다. 이것이 휘발유 소비와 온실가스 배출을 감소하기 위한 수단으로써 환경에 있어 장기적인 이익이 됨이 명확함에도 불구하고 말이다. 이는 '강성' (hard) 환경운동 혹은 환경운동의 전투력의 예방이라 할 수 있다.

첫 번째로 지적한 것은 환경단체가 보통 시민들의 의식을 고양시키기 위해 끊임없이 노력해야 한다는 점을 나타낸다. 우리 모두는 좀 더 푸른 세계를 만들 필요가 있을 뿐만 아니라, 약간의 도움과 교육을 통한다면 우리 대부분이 이에 참가할 수 있다는 것이다. 또 한편으로는 모든 라이프스타일 활동이 우리로 하여금 거대한 희생을 하기를 원하기는 않는다. 또한 환경주의와 연결된 모든 것이 급진적인 단체행동을 필요로 하는 것도 아니다. 가정 내 쓰레기를 제활용하거나 환경적으로 관리된 숲에서 난 가구를 사는 정도이다. 만약 사람들 다수가 평범한 일상생활의 변화를 받아들인다면 그들은 환경목표를 달성하는 데 중요한 공헌을 할 수 있을 것이다. 우리는 이러한 행동을 환경주의의 '연성' (soft)적 측면으로 간주할 수 있다. 그러나 이는 대부분 개인생활과 가정생활에 깊은 뿌리를 내리고 있어 시간이 흘러감에 따라 의견을 점진적으로 바꿔야 할 필요가 있다.

환경을 위한 이 '강성' 한 노력과 '연성' 한 노력 양 극단 사이 어딘가에 환경단체들이 의지할 수 있는 특정 캠페인을 지지하는 헌신적인 소수파 집단이 존재한다. 이러한 소수파들은 가두행진이나 피켓 시위와 같은 대중시위에 참가할 수도 있다. 그러나 이와 같이 동조자―이들은 대부분 각각 떨어져서 활동한다―들이 소비자, 주주, 납세자, 다양한 시설을 이용하는 사용자 등의 다양한 선택지에서 무엇을 선택하는지는 때때로 매우 유효한 수단이 된다. 특정 은행, 기업, 혹은 제도가 제공하는 서비스나 상품을 보이콧하고 다른 것들을 선호하는 것이다. 도덕적인 주식투자는 이와 비슷한 예를 제공한다.

　　18장에서 우리는 너무나 많은 사회운동 활동이 생활 정치, 개인의 아이덴티티에 스며들어 있기 때문에 글로벌 사회운동과 INGOs는 순수하게 지방의 시위로 변환할 수 있다고 주장했다. 그 후 지방 시위는 글로벌 목표를 추구하기 위해 초국경적인 행동의 큰 소용돌이 안으로 떨어질 수 있다. 선별적인 매매운동은 특히 중요한 역할을 할 수 있는데, 이러한 운동은 상대적으로 동시에 전 세계에 걸쳐 조직화되고 실행되기 쉽기 때문이다. 따라서 **지역문제**를 해결하기 위해 글로벌 서포트를 찾는 것이 가장 실용적인 옵션 act locally, think globally, 즉 '글로벌한 시점에서 생각하고 지역에서 활동하라' 인 상황이 많아지면서 이는 점차적으로 글로벌 문제를 해결하기 위해 지역의 서포트를 동원할 필요성과 가능성이 늘어나고 있다.

　　성공적인 초국경적 행동을 수행하기 위해 글로벌 사회운동과 INGOs가 가능한 능력 3가지는 다음과 같다.

1. 다양한 퍼포먼스를 통해 다양한 환경위기에 세계 미디어의 관심을 집중시키고 최근 전기 커뮤니케이션의 발전으로 제공된 기회를 활용하는 능력
2. 엘리트 행위자와 교섭하는 능력, 그들의 명성, 동조하는 과학자들과의 긴밀한 관계, 전문적 기술, 대중계몽에 있어서 그들의 역할은 매우 중요하다.
3. 단체들이 참가할 다수 이슈 간 초국경적 네트워크, 연합과 연대로의 접근, 정치적 시위에도 이용 가능한 기술의 증대

　　이러한 자원을 사용하는 능력으로 인해 환경단체가 엘리트 그룹에 직접적으로 교섭할 수 있는 힘은 강화된다. 이에 실패하는 경우에도 그들은 '태만한 정부'나 좋지 않은 환경친화적 기록을 가진 TNCs 같은 행위자들이 '굴욕감을 느끼도록 위협할 수 있음을 암시' (Clapp 1997 : 135) 할 수 있다. INGOs들은 변화를 위한 초국경적 압력을 구성하는 데 특히 효율적이다. 그들은 운동가로서의 정치행위를 할 수 있는 데다가 반영구적인 스태프에 의해 운영되고 있기 때문이다. 그 결과 그들은 계속성, 정보, 다른 관련 기관과의 연대를 누린다. 또한 많은 집단들은 구성원들의 기부를 통해 정기적인 재정적 자금에 의존한다. 이상의 모든 것들로 인해 INGOs는 거리의 한계에서 벗어나 다양한 이벤트와 이슈를 연결한다는 점에서 상당한 유연성을 가진다.

정리

환경운동은 세계인들에게 넓게 어필할 수 있는 잠재력을 가지고 있다. 그 이유는 우리 모두가 환경문제에 어느 정도의 책임을 가지고 있고, 우리 대부분이 라이프스타일의 변화를 받아들이고 적절한 공공정책을 지지함으로써 해결책 발견에 공헌 가능하기 때문이다. 추측건대 우리는 또한 안전하고 활기찬 자연세계를 보호함으로써 얻는 것이 있을 것이다. 어찌되었든 남반구의 많은 국가들이 산업화를 향해 돌진하는 것처럼 환경적 고민도 글로벌화되고 있다.

글로벌 문제는 글로벌 해결책을 요구하기 때문에 환경운동이 점차 초국경적으로 활동하려 하는 것은 당연한 일이다. 환경단체가 전 세계적으로 유효하게 활동할 수 있는 것은 다양한 국가, 단체, 이슈 사이의 연계를 적합하게 건설하는 그들의 능력 때문이다. 그러나 그들이 권력을 가지게 된 또 다른 이유는 그들이 필요할 때 국가와 강력한 엘리트 집단을 연합시키고, 반대가 있을 때는 초국경적인 풀뿌리적 지원을 활성화시킴으로써 이들이 좀 더 급진적인 어젠다를 필요로 하도록 만드는 능력이 증가하고 있기 때문이다. 대개 우리는 하향식 이니셔티브를 환영해야 한다. TNCs, IGOs의 행동, 그 중에서도 국민국가의 행동은 그들이 광범위한 방법으로 사회적 행위에 미치는 구조적 제약에 영향을 끼치므로 일반적으로 도움이 된다. 예를 들어 오직 국가만이 좀 더 환경친화적인 실행을 채택하기 위해 그들의 국민과 기업 등을 장려하거나 강압하는 국가정책, 환경세, 재정적 유인 등을 도입할 수 있다. 게다가 국가는 "국제적 환경 합의에 이를 수 있는 유일한 법적 행위자로 남아 있으며, 그러한 합의에 궁극적으로 책임을 지는 존재이다"(Clapp 1997 : 137).

그러나 그러한 연합은 환경단체의 자율성과 풀뿌리적 압력을 활성화시킴으로써 급진적 변화를 요구하는 그들의 능력을 해칠지도 모른다. 글로벌 여론을 형성하고 정책결정에 효과적으로 영향을 미치는 그들의 능력을 약화시키는 어떤 것이 우리의 미래를 위험에 빠뜨릴 수도 있다. 이는 환경 INGOs나 글로벌 운동이 항상 옳고 국민국가나 TNCs가 항상 틀리기 때문이 아니다. 대중은 일반적으로 후자보다는 전자를 믿는 경향이 있기는 하지만 말이다. 그것보다는 정부가 직면하고 있는 제약이 환경영역에 있어서 주도권을 쥘 그들의 능력을 해치고 있다는 것이 문제이다. 이는 어느 정도 국가의 주요한 책무가 군사 안전보장과 같은 국가 주권을 지키는 것이기 때문이다. 이로 인해 그들은 글로벌 환경을 위해 그들의 권력을 초국가적 규제기관에 위임하는 것을 꺼리는 것이다. 그 결과 우리의 깨지기 쉬운 지구는 하나의 환경적 위기에서 그 다음으로 비틀리게 되어 더욱 더 긴급한 사태를 불러일으키게 된다.

　　NGOs와 글로벌 사회운동의 경우 그들은 자신들이 엘리트의 이익에 부합하는 것을 피해야만 한다. 결국 그들은 실패할 어떤 것도 하면 안 되고, 실제로 그들은 가능할 때마다 그들의 풀뿌리적 지원을 확장해야만 한다. 그들은 대중의 지원을 필요로 함에도 불구하고 활동가들은 각국 정부, IGOs, 비즈니스 집단과 연계해야 할 필요가 있다. 환경개선 조건의 육성에 있어서 후자들이 가진 어마어마한 잠재적 역할 때문이다. 이러한 정치적 지뢰밭을 통해 길을 헤쳐나가는 것은 어렵고 위험한 것이다.

더 읽어볼 책

■ 스카스(R. Scarce)의 『환경전사 : 급진적 환경운동의 이해』(*Eco-warriors : Understanding the Radical Environmental movement*, 1990)는 녹색 래디컬리즘에 대한 생생한 소개를 제공한다. 8장은 국제운동을 다루고 있다.

■ 이어리(S. Yearley)의 『사회학, 환경주의, 글로벌리제이션』(*Sociology, Environmeentalism, Globalization*, 1996)은 사회학적 관점을 통해 환경주의의 글로벌 주장과 지속 가능한 개발에 대한 논쟁을 평가한다.

■ 월드워치(The Worldwatch Institute)의 『세계상황 2004』(*State of the World 2004*)는 특히 현대의 소비자 행동이 어떻게 환경문제에 연계되는지에 집중한다. 일부 장들은 또한 단순한 라이프스타일 변화를 받아들이면 이러한 문제를 줄이는 데 어떠한 도움이 되는지 고찰하고 있다.

■ 돕슨(A. Dobson)의 『그린 정치사상』(*Green Political Thought*, 2000)은 환경주의에 대해 명확하고도 흥미로운 설명을 제공한다. 특히 1, 3, 4장을 읽어볼 것.

■ 뉴웰(P. Newell)의 『글로벌 시민사회 2005/2006』(*Global Civil Society 2005/2006*)은 녹색운동의 최근 변화에 대해 훌륭하고 생생하며 친절한 분석을 제공한다.

그룹 과제

1. 도서관에서 1년에 6번 발행되는 『이콜로지스트』(*Ecologist*)를 참조할 것. 대부분 캠페인(Campaigns)라는 특집기사를 싣고 있다. 한 학생 그룹은 미리 지난 캠페인(Campaigns) 기사를 체크한다. 이 기사는 다양한 종류의 환경시위가 어떻게 발전했는지 논의하고 이에 따른 목록을 싣고 있다. 이러한 시위들은 어느 정도 범위까지 초국경적인 성격을 띠고 있나? 어떠한 종류의 글로벌 커넥션이 만들어졌는가?

2. "글로벌 자연과 환경운동에 대한 주장은 매우 과장되어 있다"라는 명제에 대해 토의해 보자. 모든 발언자가 발언을 마친 뒤 남은 학생들은 이에 동의하는지 안 하는지 그 이유 두 가지를 설명해 보자.

3. 다음의 웹사이트 중 2개 이상의 웹사이트에 접속해 보자. 이를 이용하여 다음과 같은 테마에 대한 토의를 준비해 보자. "온실가스 배출에 있어서 전 세계적으로 실질적 발전을 이루는 것은 기후 불공평과 남－북 불균형이 긴밀하게 연결되어야만 가능하다" : www.risingtiede.org.uk ; www.ejcc.org ; www.indiaresource.org ; www.ejrc.cau.edu

---

생각해 볼 문제

1. 많은 환경활동가들은 그들이 전 인류의 이익을 대변한다고 주장한다. 이러한 주장의 유효성을 평가해 보자.

2. 모든 것을 고려해 볼 때 연대를 통해 가장 많은 이익을 보는 것은 누구인가? 환경단체 혹은 국가, IGOs, TNCs와 같은 엘리트 집단? 그 이유를 설명해 볼 것.

3. 지속 가능한 개발이라는 원칙을 실질적으로 세계에 적용하는 것을 어렵게 하는 장애물을 설명할 것.

4. "글로벌 환경문제에 대해서는 우리 모두가 유죄이지만 일부는 다른 사람들보다 더 큰 책임이 있다"라는 견해에 대해서 논의할 것.

유용한 웹사이트

■ www.risingtide.org.uk ; www.ejcc.org ; www.indiaresource.org ; www.ejrc.cau.edu 환경운동과 글로벌 정의운동의 연대에 대해 논의하고 있는 사이트.

■ http://www.earthrights.org/ 어쓰 라이트 인터내셔널(Earth Rights Inernational)은 비영리단체로 인권, 정부의 설명 책임, 환경에 대해 관심을 가지고 있는 변호사와 활동가로 구성된다. 유용한 논문도 역시 실려 있다.

■ http://egi.lib.uidaho.edu/backis/html 아이다호 대학(University of Idaho)은 1994년 이후 환경에 대한 전자 저널을 출판해 오고 있다. 첫 발행물은 약간 아마추어같지만 지금은 완전히 전문적이며 심사원들이 존재하는 양질의 잡지가 되었다.

■ http://www.rachelcarson.org/ 세계를 바꾼 10대 도서 중 하나로 채택되는 경우도 있는 레이첼 카슨(Rachel Carson)의 『침묵의 봄』(Silent Spring, 1963)은 환경운동의 여러 문제에 대해 예견한다. 이 웹사이트는 다소 너무 무비판적이지만 환경운동의 역사에 대해서는 탁월한 감각을 제공할 것이다.

아이덴티티와 소속의식
Identities and Belonging

SOCIOLOGY

이 책의 주요 테마는 공통점과 차이이다. 우리는 이 책 곳곳에서 사람들이 어떻게 나뉘고 불평등한 취급을 받으며 사회적으로 배제되어 왔는가를 논해왔다. 이번 장에서는 사회적 포용(social inclusion), 즉 사회적 유대는 어떻게 생산되고 다양한 수준에서 유지되는가에 대해서 살펴볼 것이다. 쉐프(Scheff)는 사회적 유대를 유지하는 것이 "우리 인간에 있어서 가장 큰 동기"라고 논했다(1990 : 4). 그의 주장에 따르면, 친밀감과 거리 간의 관계는 이론적으로 '개인의 욕구와 자아의 욕구 사이의 균형을 맞추는' 최적의 분화 수준을 낳는다. 이로써 자신과는 다른 타자와 유대를 유지할 수 있게 하는 것이다. 이러한 유대는 협회(association) 안에서 형식화되는 경우가 많은데, 이는 보통 **공동체**(커뮤니티, community)나 다른 귀속단위라는 좀 더 느슨한 형태로 표현된다.

중요 개념

공동체(커뮤니티, community)는 그 구성원 사이에 깊고 친밀하며 협조적인 유대를 특징으로 한다. 이러한 의미에서 '공동체'는 뒤르케임의 사회연대(social solidarity)라는 개념과 가깝다. 사회적 연대는 공동의 가치에 헌신함으로써 발생한다. 그는 이를 '공동체'(collective conscience)라고 불렀다. 공동체에 대한 공식적 정의는 니스벳(Nisbet 1970, 47)에 의해 내려졌다. 그에게 있어서 공동체는 "고도의 개인적 친밀감, 감정의 깊이, 도덕적 헌신, 사회적 통합, 시간의 연속성에 의해 특징지어지는 모든 형태의 관계를 포함한다."

사회연대의 단위에는 여러 가지가 존재한다. 가족, 직장과 자원봉사협회를 포함한 조직, 인종, 종교, 국가 등이다. 이 책의 주요 테마와 관련하여 우리들은 글로벌 수준에 있어서 공동체 창설 가능성에도 관심을 가지고 있다. 이러한 다양한 공동체의 표현을 단순히 그 규모의 차이에 따라 표시하면 가장 친밀하고 친숙한 관계에서 시작되어 가장 멀고 대규모 관계에까지 이른다. 사람들을 가장 강하게 묶는 유대는 가장 친밀하고 친숙한 것이고, 가장 추상적인 유대는 가장 가치가 약하고 적은 것으로 생각하기 쉽다. 그러나 이러한 의견은 너무나 단순한 것이다. 다음의 예들을 살펴보자.

■ **핵가족** : 예를 들어 산업사회의 핵가족과 같이 전에는 가장 친밀한 사회적 유대였던 것들 중 일부가 거대한 변화를 겪게 되었다. 예를 들어 미국에서는 1970-1995년에 이르는 기간 결혼율은 30% 감소하고 미혼 인구의 수가 2배로 증가,

이혼율은 40% 증가하여 미혼 커플 세대는 7배로 증가했으며, 아이들의 반 정도가 일정 기간 동안 편부모 가정에 속하게 되었다(Tischler 1999 : 353-4). 한편 일부 국가의 경우에 한정되지만 게이와 레즈비언에 대한 태도가 바뀌어 게이 커플 사이의 '민간 파트너십'이 인정되었다. 2000년에 이르자 미국에서는 매년 957,200쌍의 커플이 이혼을 했는데, 이는 10쌍 중 4쌍의 비율이었다. 이러한 데이터는 변화하고 있는 젠더 기대, 노동시장의 재구축, 성규범 완화 등을 부분적으로 나타낸다. 그러나 서구의 많은 국가들에 있어서 전통적인 것이라고 생각되었던 가정생활이 급격한 변화를 겪고 있는 것은 의심할 여지가 없다.

■ **초국경적 공동체** : 이와 대조적으로 '시공간의 수축'으로 인해 원래 그다지 친밀한 유대가 없었던 사람들과의 유대(예를 들어 투어리즘, 가족방문, 이주 등을 통해)가 증가하고 강화되었다. 주로 글로벌 경제 시장과 TNCs와 같은 점차적으로 강력해진 초국경적 행위자 및 기관의 네트워크가 보급되면서 더 깊은 상호교류와 상호 의존은 심화되었다. 글로벌 커뮤니티라는 감각은 세계 모든 사람들이 직면하고 있는 공통의 문제―생물권에 대한 위험에서부터 핵무기 관리 정책의 미비에 이르기까지―에 의해서 육성되었다. 이러한 글로벌 문제들은 글로벌 이슈라는 인식(우리가 '글로벌리티'라고 부르는)과 전 세계 정치라는 형태를 만들어냈고, 이는 앞에서 논의했던 '그린'과 페미니스트와 같은 글로벌 사회운동의 성장과 지원에서 나타난다.

　　이러한 다양한 수준에서 사회행위자들이 느끼고 경험하는 유대는 상호적으로 배타적인 것이 아니다. 오히려 그들은 서로 반응적이고 모순적이며 보완적이다. 한편 글로벌 변화의 규모와 속도 및 강도는 원자화와 익명화에 대한 공포심을 불러일으켰다. 일련의 강력한 반응으로 인해 지역공동체와 다양한 소속의식 형태의 중요성과 존속성은 다시 주장되었다. 한편 작고 오래된 커뮤니티 안에서의 친밀성은 더 큰 규모로 전환되게 되었다. 예를 들어 5장에서 설명했던 것처럼 국가는 '상상된 공동체'라는 인상 깊은 용어로 묘사되었다. 또한 파이스트(Faist 1998 : 221) 등은 초국경적 공동체가 "다양한 패턴의 네트워크 및 회로에 의해 시공간을 넘나드는 강력하고 고밀도의 사회적·상징적 유대에 의해 연결된다"고 주장했다. 그들은 "공동체와 공간적인 유사점이 분단된, 근접성이 없는 공동체"이다. 예를 들어 종교공동체와 같은 일부 공동체는 두 개 이상의 수준에 있어 통합의 방법을 찾아왔다.

'호소의 수준'의 기준을 사용하여 우리는 '공동체'를 다음의 3가지로 느슨하게 분리할 수 있다.

1. **로컬리즘** : 비교적 소규모로 활동하는 공동체 행동(이는 가족, 친족, 인종, 준국가적 감정에 기반한 모든 움직임을 포함한다.)
2. **내셔널리즘** : 충성심과 공동 단체에 계속해서 관심을 가진 채 국민국가의 재생, 옹호, 개혁을 주장
3. **트랜스내셔널리즘과 다수준 아이덴티티** : 다양성과 차이를 인식하고 있는 국가, 단체, 조직들은 역사의 성과와 함께 다양한 민족적 배경을 가진 사람들 사이에 창의적이고 긍정적인 유대를 키우고 로컬, 내셔널, 글로벌 수준을 넘어 호소

로컬리즘의 부활

사람들을 한군데로 모으는 글로벌 세력에도 불구하고—이 때문인지 모른다—격렬한 투쟁은 계속해서 사람들을 분리시켜 왔다. 냉전종식과 경제 글로벌리제이션의 증가에도 불구하고 우리는 다수의 지역적인 인종 · 종교적 분쟁에 직면해 왔다. 자본주의와 공산주의 사이의 이데올로기 전쟁이 소멸되면서 이는 부분적으로 아이덴티티와 커뮤니티 정치에 의해 교체되어 왔다. 프렘다스(Premdas 1996)에 의하면 전 세계적으로는 4천 개의 '민족문화'(ethnocultural) 집단이 존재하고, 이는 (당시) 185개 국가 안에 불안정하게 둘러싸여 있다. 이주, 상업, 여행으로 인해 거의 대부분의 국가들은 현재 어느 정도 다인종적이다. 그 예외는 소말리아, 한국, 보츠와나, 스와질랜드 정도의 국가들이다. 전 세계 국가들의 약 40%가 5개 이상의 주요 민족들로 구성되어 있다. 베를린 장벽(냉전종식을 나타내는 상징)이 무너진 지 정확히 7년 후 100개의 준국가적 규모의 분쟁이 진행 중이며, 그 중 약 20개가 '고도로 심각한 상태'로 분류된다. 이러한 분쟁을 억제하기 위해 매년 7만 명의 UN 평화유지군을 유지하기 위한 비용인 40억 달러가 평화유지 기금으로 쓰이고 있다.

많은 연구자들은 민족 배제, 소수민족의 언어교육, 종교적 분리주의, 배타적 영토 주체 등을 위해 군사적 요구가 점점 증가하는 것에 대해 경고하고 있다. 발칸 반도에서의 코소보와 세르비아, 르완다에서의 후투족과 투치족, 레바논에서 그리스도교와 이슬람교, 중동에서 유대인과 아랍인, 스리랑카에서 타밀인과 신하라인, 북아일랜드에서 프로테스탄트와 가톨릭, 소말리아의 경쟁부족들, 이러한 예들은 인종 및 종교 대

립의 지속성과 심각성, 그리고 그들의 부활을 보여준다.

이러한 현상은 글로벌리제이션 이론의 역설을 보여준다. 사회적·정치적·문화적·경제적 변화가 전 지구적으로 한 방향으로 움직이고 있다면 왜 전 세계적으로 역방향의 움직임, 즉 로컬 아이덴티티의 주장 및 부활이 나타나고 있는 걸까? 이러한 패러독스의 부분적 해결책을 스튜어트 홀(Stuart Hall)의 글에서 찾을 수 있다. 그는 문화 수준에서 글로벌리제이션은 또한 아이덴티티의 분열과 증식을 가져올 것이며, 이는 역설적으로 친숙함으로 회기할 것이라고 논했다. 홀(Hall 1991 : 35-6)은 다음과 같은 과정을 묘사하고 있다.

> 친숙하고 그 안에서 살 수 있는 얼굴을 마주하는 공동체는 사람들에게 장소를 제공한다. 사람들은 그 목소리가 무엇이고, 그 얼굴이 무엇인지 잘 알고 있다. 특정 장소의 아이덴티티를 파괴하고 이를 포스트모던적 다양성의 흐름으로 흡수해 버리는 글로벌 포스트모던에 직면하여 친숙한 장소와 상상은 재구축되고 재창조된다. 이렇게 해서 개개인은 사람들이 그러한 기초에 도달하는 순간을 이해하게 된다. 그리고 이러한 기초에 도달하는 것을 우리는 민족성(ethnicity)이라고 부른다.

즉 인종이란 글로벌리제이션의 속도 증가와 전혀 관계없는 시대착오적인 것이 아니라 글로벌리제이션에 대한 필연적인 반응인 것이다. 우리가 경제적·문화적 측면에서 점차적으로 독립적이 되어가고 있는 것은 사실이다. 여기서 우리가 공통의 생태학적·정치적 안보문제를 가지고 있는 '하나의 세계'라는 인식은 점점 증가하고 있다. 그러나 이러한 글로벌리제이션의 과정, 친숙한 세계가 해체되는 그 빠른 속도로 인해 예상치 못한 영향들이 만들어진다. 사람들은 습관적으로 친숙한 얼굴, 목소리, 소리, 냄새, 맛, 장소를 찾을 수 있는 커뮤니티에 손을 내밀게 된다. 글로벌리제이션의 빠른 속도에 직면한 그들은 무엇보다도 민족성을 필요로 하게 되는 경우가 많다. 포스트모더니티, 상대주의, 그들이 알고 있는 세계의 파괴에 혼돈을 느낀 사람들은 그들이 진실이라고 믿는 것들을 재확인하고 구체화한다.

지그문트 바우만_ ZYGMUNT BAUMAN (1925-)

지그문트 바우만은 리즈(Leeds) 대학의 사회학 명예교수이다. 그는 '새로운 활력' 현상의 훌륭한 예로 은퇴 후 20권에 가까운 책을 썼다. 사회학자인 리차드 세넷(Richard Sennett)은 바우만(폴란드 출생)이 미국에 거주하지 않기로 한 결정에 대해 옳은 선택이었다고 논했다 : "그는 그곳에 있었으면 주변인처럼 느꼈을 것이다. 그는 실향 지식인으로서 영국에 큰 감명을 주었다. 그들은 절대 동화되지 않았지만 동시에 매우 편안했고, 그들 모두는 중앙 유럽문화의 거대한 위기—제2차 세계대전, 홀로코스트, 공산주의와 그 붕괴—안에서 살아왔다. 영국인들은 이곳에 있었기 때문에 이러한 유럽 휴머니즘의 위기를 해결할 수 있었던 것이다"(Bunting에 의한 세넷 인용, 2003). 바우만의 저작은 러시아, 폴란드, 프랑스, 독일, 영국으로 부드럽게 흘러들어 가면서 모든 유럽의 어려움—전쟁, 실향, 무너지기 쉬운 국경, 전멸, 상실과 재정착—들은 그의 뼈에 스며들었고 그의 마음에 베어들었다.

이번 장의 테마는 '아이덴티티와 소속의식'이다. 이에 대해 바우만은 몇 가지 중요한 공헌을 했다. 그러나 이를 다루기 전에 우리는 바우만이 모더니티와 포스트모더니티에 대한 일반적인 사회이론가임을 이야기하지 않으면 안 된다. 그의 저작 중 가장 화제가 되었던 것은 『모더니티와 홀로코스트』(*Modernity and the Holocaust*, 1991)이다. 그는 여기서 홀로코스트를 독일 역사 및 문화의 특성이라거나, 독일인이 권위주의적 특성을 가졌다거나, 그 끔찍한 사건이 야만적이고 비이성적인 과거로의 복귀라고 보는 설명을 부인했다(Bauman 1991 : 211-12). 그 대신 "홀로코스트는 근대 문명의 실패한 산물이었다. 근대에 이루어진 모든 것—합리적·계획적·과학지식적·전문가적·효율적으로 관리된, 순서대로 정리된 방법—과 같이 홀로코스트는 뒤에 남겨져 원시적이고 파괴적이며 무익한 형태로 표출되면서 모든 전근대적 동류산물들을 능가한 것이다"(Bauman 1991 : 89).

이 책은 독일과 유대인 연구에 센세이션을 일으켰다. 이 책이 어느 정도 '책망'을 시스템으로 옮겨놓고 독일인들을 '이러한 책임에서 해방시켰다'고 해석되었기 때문이다. 그러나 이는 바우만의 의도를 잘못 해석한 것이다. 그는 울트라 모더니즘의 나치가 집시와 유대인들을 그들의 '지속적이고 돌이킬 수 없는 고향에 대한 상실감' 때문에 악랄한 의도를 가지고 그들을 대했다는 것을 분명히 했다. 이러한 감정은 '그들의 디아스포라적 역사의 시초'에서부터 유대인 아이덴티티의 중심부분을 형성했다(Bauman 1991 : 35). 아이덴티티가 갈 곳을 잃어버린 것과 같은 특징을 가지게 된 것은 포스트모던 시대에 있어서 좀 더 일반적으로 나타난다. 아이덴티티는 '가볍'고 '부드러운 것'이 되었다. 그의 주장에 의하면 '아이덴티티의 추구'는 "흐름을 멈추거나 늦추게 하고, 액체를 고체화하며, 무형의 것에 형태를 부여하는 끊임없는 투쟁이다. 그러나 이러한 흐름이 늦춰지거나 멈춰지기는커녕 아이덴티티는 시간이 지나면서 계속 굳어지는 용암의 표면과 같다. 그 아래에는 시간이 지나 식어서 굳어지기 전에 다시 녹고 용해되는 화산 용암이 존재하는 것이다"(Bauman 200 : 82-83).

바우만은 모더니티와 포스트모더니티의 조건 아래서 '아이덴티티의 문제'는 급격하게 달라진다고 주장했다 모더니티 아래서 국가형성 등으로 상징되는 아이덴티티의 문제는 '아이덴티티를 어떻게 구축하고 이를 어떻게 굳건하고 안정적으로 유지할 것인가'에 대한 것이다. 포스트모더니티 아래 아이덴티티의 문제는 '고정화를 피하고 그 옵션을 개방해 두는 것'이다 (Bauman 1995 : 81). 사람들은 자신이 어디에 소속되어 있는지 확신하지 못할 때 아이덴티티에 대해서 고민한다. 즉 '불확실성으로부터의 도망'인 것이다 (Bauman 1995 : 82).

출처 : Bauman (1991, 1995, 2000) ; Bunting (2003).

많은 사람들에게 있어서 민족적 유대는 충성심, 자긍심, 장소, 소속의식, 피난, 아이덴티티, 신뢰, 수용, 안전에 관한 문제이다. 이것은 대부분의 부모들이 자신의 아이들에게 느끼는, 형제들이 서로에게 느끼는 애착과 같은 것이다. 알라하 (Allahar 1994)의 주장처럼 이러한 유대는 전적으로 그 친밀감을 기초로 한, 의심할 여지가 없는 친근감과 헌신을 암묵적으로 전제한다. 이는 인류의 집합성으로 성취할 수 있는 가장 가까운 형태의 공동단체이다. 그것은 적응불능자를 사회적으로 배제하거나 은둔자의 고립보다는 단체구성원들을 위한 사교성과 선호순위를 표현한다. 민족적 아이덴티티(혹은 비슷한 형태의 소속의식성)를 받아들이면서 인간 단체는 그들이 사회의 한 부분이며 그들의 생존은 개인보다 더 큰 세력에 의존한다는 것을 알게 된다. 그들이 태어나고 그들을 키운 로컬리티는 애정의 대상이 되며, 같은 출신으로 운명을 공유하는 사람들이 사는 장소이기도 하다.

로컬 아이덴티티의 주변화

우리들은 왜 민족적 유대가 많은 연구자들의 예측보다 훨씬 현저하게 나타나는가를 설명해 왔다. 그들의 끊임없는 힘은 글로벌리제이션과 로컬리제이션(지역화)의 동시성을 설명한다. 그러나 1980대년에 이르기까지 사회이론 안에서 민족성의 세력이 (상대적으로) 무시되어 왔던 이유 또한 분명히 할 필요가 있다. 의심할 필요도 없이 오직 하나의 글로벌 미래만이 가능하다고 믿는 사람들은 민족성, 인종, 종교가 가진 지속력을 간과했다. 전후 세계에 있어서 사회변화에 대한 주요한 해석인 근대화 이론과 마르크스주의 또한 민족성의 힘을 약하게 평가했다.

근대화론

18, 19세기 진보의 개념으로부터 생겨난 근대화론은 국가 관료제에 의해 촉진되어 세속화, 도시화, 산업화, 합리화를 증대시켰다. 민족성과 국가는 과거의 것이자 시들어 가는 현실이었다. 물론 나치 독일과 같이 근대국가도 위험한 내셔널리즘을 분출시킨 경험을 가지고 있다. 그러나 이는 실패로 끝났고, 많은 연구자는 원시주의(primitivism)의 여러 용어를 사용하여 국가사회주의를 특징지었다. '이상', '이탈', '격세유전적'이라는 단어들이 사용되었다. 그 함의는 나치주의가 사라지고 난 이후 독일은 정상화되어 근대 집단으로 복귀할 수 있었다는 것이다. 특히 종전 이후 독일에 보내진 교육자들은 독일 국가를 '탈나치화'하는 일을 했다. 궁극적으로 합리주의, 세속화, 입헌주의, 자유민주주의 등의 개념이 우세해졌다. 이 모든 패키지가 '새롭게 출현한 국민들'에게 차례로 팔려나갔다.

마르크스주의자

두 번째로 유력한 사회변화 해석은 마르크스주의였다. 마르크스주의는 근대화론과 마찬가지로 민족성 및 국가 충성을 크게 무시했다. 6장에서 언급한 바와 같이 마르크스주의자들은 우세계급 혹은 대두 그룹이 그들 자신의 도구적 목적을 위해 민족성과 내셔널리즘을 이용했다고 주장했다. 경쟁 안에서 엘리트들은 가공되지 않은 거리의 민중의 힘을 필요로 했고, 민족적 호소는 빈곤층과 무식자층을 격려할 수 있었다. 마르크스주의자는 민족성을 단순한 **부수현상**(epiphenomenon)이나 '허위의식'(false consciousness)으로 폐기하려 했다. 마르크스주의자에게 있어서 진정한 의식은 계급의식뿐이었다. 그러나 실제로 계급이 강력한 형태의 공동 단체로, 민족의식에 대적하거나 민족의식을 결정하는 요인이 될 정도이긴 했지만 계급의식만이 '진정한' 의식이고 민족의식을 '허위'로 무시하는 것은 불합리했다.

마르크스가 주장했던 것처럼 계급의식은 자신들의 노동력을 팔고 자본을 소유하거나 상품 및 서비스를 판매하는 사람들 사이에서 공유되는 것으로 생산수단, 분배수단, 교환수단에 대해 객관적으로 다른 관계로부터 생성된다. 입장이 다르면 이해도 다르다. 현재 일반적으로 받아들여지는 것과 같이 현대 자본주의는 이러한 계급 간 이해가 겹쳐져 결국 희석화되는 상황을 만들어냈다. 그러나 계급의식이 가장 중요하다는 생각에 대해 좀 더 근본적인 비판은 계급의식이 이해에 대한 인식에 주로 한정되어

부수현상(Epiphenomenon)은 중대한 인과관계에 의한 것처럼 보인다. 그러나 실제로는 다른 주요 원인으로부터 파생된 것이다. 이러한 부수현상을 과대평가하면 관찰자는 징후의 원인을 오해하게 된다.

있다는 점이다. 그리고 마르크스주의와 자유시장주의자의 만트라에도 불구하고 사람들은 이해만으로 사는 것이 아니라 감정으로 살아간다. 그들은 분노, 슬픔, 걱정, 질투, 애착, 공포, 헌신에 의해 살아가고, 이러한 감정은 로컬리즘에 의해 조정된다. 16장에서 보아온 것과 같이 소련과 쿠바의 공산주의 정부가 종교를 폐지하려고 노력했음에도 불구하고 종교적 감정은 강하고 영속적으로 존재했다.

로컬리즘은 어떻게 발생하는가?

우리는 지금까지 친족관계, 민족성, 종교는 많은 사람들이 인정하고 있는 것보다 훨씬 더 강력하다고 주장해 왔다. 우리는 또한 로컬리즘은 계급, 국가형성에 대한 요구, 국가에 의한 무신론, 글로벌리제이션의 강제력과 같은 경합적 주장에 직면해서도 사라지지 않았다고 주장해 왔다. 마르크스주의자의 허위의식에 대한 주장은 많은 사람들이 자신들의 계급보다는 민족단체, 국가, 종교를 위해 싸우고 목숨을 잃어왔다는 역사적 증거에 의해 부정된다. 이렇게 이야기하면 좀 더 쉽게 이해할 수 있을 것이다. 계급전쟁은 오직 동맹파업, 가두행진, 집회(아주 드물게 계급혁명이 일어났을 때의 바리케이드)와 같은 형태만으로 나타나지만 민족적·종교적·국가적 전쟁은 대량파괴, 인종청소, 집중폭격, 대량학살, 핵공격, 고엽제에 의한 산림파괴, 고문, 테러리즘과 같은 형태까지 띠는 경우가 많다.

만일 민족성, 인종, 종교가 주관적으로 강력한 세력인 것이 불편하다면 우리는 민족 차이가 객관적으로 나타나는 이유를 어떻게 설명할 수 있을까? 여기에는 다음과 같은 4가지 방법이 있다. 이 4가지 방법으로 사회행동의 구조적 요인과 기존의 패턴은 민족성을 만들어낸다.

- 처음으로 차이를 유지하고 만들어내도록 강제했던 법적·정치적 제약
- 민족적 노동계급을 형성했던 강제노동의 역사
- 외양의 차이
- 차이에 대한 사람의 반응을 패턴화하는 신념의 형태

법적·정치적 제한

다양한 상황 아래 종속집단에게 허락된 직업과 활동에는 각종 법적·정치적 규제가 존재한다. 잘 알려져 있는 극단적 예를 하나 들어보자. 남아프리카공화국에서는

그림 21.1 1999년 7월 북부 아일랜드 드럼크리
오렌지당의 멤버들이 1690년 보인 전쟁에서 아일랜드인의 승리를 기념하고 있다. '가톨릭 음모사건'에 대한 적대심은 그 이후의 평화기간에도 불구하고 거의 사라지지 않았다.

1989년 법적 인종차별정책이 끝나기 전까지 사람들은 '반투', '백인', '유색인', '아시아인'으로 규정되어 법적으로 분류되어 있었다. 한편 반투(흑인 아프카인)의 인구는 '줄루'(Zulu), '츠와나'(Tswana), '벤다'(Venda), '조사'(Xhosa)로 다시 나누어졌다. 이러한 구분이 인위적인 것은 알고 있지만 이러한 논의는 한 단계 더 나아가서 논의하지 않으면 안 된다. 법이 정한 민족 구분은 경제, 교육, 거주, 직업적 측면에서 구속력을 가지고 있어 좋은 주택, 직업, 건강관리 등의 기회 역시 이에 따라 결정되었다. 요약하자면 자유롭게 선택한 것이 아닌 법, 규칙, 경찰력, 국가 폭력에 대한 위협에 의해 민족적 아이덴티티가 부과되었던 것이다.

강제 이주의 역사

민족, 인종, 종교 차이로 인해 다양한 강제 이주도 발생했다. 식민지국가와 상업국가는 다양한 사람들을 그들의 플랜테이션에서의 노동을 위해, 혹은 다른 상업적 목적을 위해 새로운 곳으로 이주시키는 경우가 많았다. 예를 들어 1,000만 명의 아프리카 노예가 대서양을 건넜고, 140만 명의 인도인 고용계약 노동자들이 사탕수수 플랜테이션 농장으로 보내졌다. 네덜란드령 인도네시아 총독은 자신들의 식민지 개발을 도와줄 중국인을 포획하기 위해 중국 본토에까지 전함을 보냈다. 이러한 비자발적 이주 패턴은 복잡했는데, 주로 다음과 같은 3가지 방법으로 이루어지는 경우가 많았다. 현지인이 아웃사이더를 만나면서 나타나는 상호작용, 아웃사이더가 다른 아웃사이더를 만나면서 나타나는 상호작용, 아웃사이더들이 식민지 권력자를 만나면서 나타나는 상호작용. 이주민이 들어온 시간과 환경을 언급하면 우리는 직업분류가 어떻게 민족 아이덴티티와 연관될 수 있었는지 알 수 있다. 따라서 '민족직업'(ethno-occupations)의 조합이 발전되게 되는데, 이러한 현상은 이하의 용어들에 의해 대표된다 : '중국인 상인', '인도인의 저임금노동자'(쿨리), '시크교도의 병사', '아일랜드인의 공사인부', '레바논인의 중개인', '스코틀랜드의 엔지니어.'

외양 차이

민족이 주관적으로 구성되는 방법에 제한을 가하는 세 번째 객관적 요소는 눈에 보이는 것이긴 하지만 공개적으로 논하기에는 불편한 것이다. 사람들은 각각 어느 정도 다르게 보이는 경우가 많다. 일반적인 표현을 빌리자면 화이트(백인종), 브라운, 블랙(흑인종), 옐로우(황인종), 혹은 다크 스킨(어두운 피부), 라이트 스킨(밝은 피부), 혹은 북구계, 지중해계, 라틴아메리카계, 아시아계 등으로 분류된다. 물론 이것은 완전히 비과학적인 분류이고, 우리는 인류에게는 그 특성과 성격에 있어서 공통점이 압도적으로 많다는 것을 전적으로 받아들인다. 우리는 이러한 우스꽝스러운 인종 분류의 실행에 가담하길 원하지 않는다. 그보다 우리는 단순히 외양—기술적으로 표현형이라고 하는—이 한 사람이 자신을 어느 정도까지 다른 민족으로 생각할 수 있는가에 대한 제약으로 작용할 수 있다는 것을 확인하기를 원하는 것이다. 다시 말해서 많은 창조적이고 모험심이 강한 개인이 이러한 한계를 넘으려고 할지라도 아이덴티티를 조작하여 변화하는 데 있어 신체적 제약이 존재한다는 것이다(Box 21.1).

Box 21.1

변화하는 아이덴티티 : 곡팡윙이 된 베리 콕스

미국 저널리스트인 그레그 자카리(Gregg Zachary 1999)는 리버풀 출신 21세 청년인 베리콕스(Barry Cox)가 어떻게 자신의 제약을 넘어 사회적 아이덴티티를 바꿀 수 있었는지에 대해 묘사하고 있다. 콕스 씨는 영국 노동자계급의 배경을 지녔으며 미트파이를 먹고 크리켓을 좋아한다. 고등학교 때 그는 중국 대중문화에 매료되었다. 그는 시험삼아 무술을 해보기도 하고 재키 챈 영화의 사운드 트랙을 즐겼다. 지역의 피쉬앤드칩스 가게에 다니면서 그는 리버풀의 중국인 커뮤니티 사람들을 만났다. 그들 중 일부는 지역에서 '치피스'(피쉬앤드칩스 가게)를 운영하고 있었다.

영어를 하지 못하는 중국인들을 이해하지 못함에 좌절한 그는 광둥어를 공부하여 이를 익혔다. 그는 중국 레스토랑에서 일하면서 자신의 언어능력을 연습했고 지금은 중국 식료품 가게에서 일한다. 그는 곡팍윙(Gok Pak-wing, '장수'라는 의미)이라는 중국식 이름도 가지고 있고, 영국 태생의 중국 여성과 데이트를 한다. 곡팍윙과 상하이 출신인 그의 동반자의 부모는 그녀가 중국어를 하지 못하는 것에 대해 우려한다.

식료품 가게에서 일하면서도 곡의 야망은 중국의 팝스타가 되는 것이다. 그는 이미 몇 개의 지방 콘테스트에서 우승했다. 그는 'Kiss under the moon', 'Kiss once more', 'Ten words of an angel'과 같은 노래의 광둥어판인 '캔토팝'(Canto-pop)을 불렀다. 그의 팬들에게 사랑을 받는 그의 오리지널 노래의 타이틀을 번역하면 '나는 중국인이라고 생각해. 나는 중국인이 되고 싶어'이다. 명백한 영국적인 외모에도 불구하고 그는 그의 팬들의 일부를 납득시킨 것 같다. 한 팬은 그에게 "당신은 중국인인가요 영국인인가요?"라고 질문을 하며 다른 사람은 그의 억양이 너무 좋기 때문에 "그의 아버지는 중국인임이 틀림없다"고 주장한다.

콕스/곡의 영국인 모친인 발레리(Valerie)는 다음과 같이 말했다 : "그는 중국인같이 살고, 중국인같이 숨쉬고, 중국인같이 잠을 자요. 그가 할 수 있다고 한다면 그는 진짜로 중국인이 될 거예요." 콕스/곡은 동의했다. "만약 내가 중국어를 섞어 중국어로 노래하지 않았다면 난 지금 무엇을 하고 있었을까? 난 그냥 보통 사람이었을 거예요. 아무것도 특별한 것이 없는. 내가 중국인이 아니라는 걸 알고 있지만 난 내 자신을 중국인 신체로 만들려고 노력중이에요."

출처 : Zachary(1999).

주관적 민족성

민족성에 힘을 몰아주는 네 번째 요소는 사회행동으로부터 유래한다. 행위자 자신에게 있어서 민족성은 어떤 의미를 가지며 그들은 이에 대해 어떤 반응을 하고 있는가? 민족적 차이의 가시성(혹은 때때로 과열된 이미지)으로 인해 이는 개인의 사회적 존재의 심연까지 달하는 원초적인 것 혹은 근본적인 것으로 보인다. 아웃사이더인 관찰자는 이러한 인식을 공유하지 않을 수도 있지만 민족적 상호 의존과 민족갈등에 참가한 사람들은 이들이 현실을 묘사하고 있다고 굳건히 믿을 수도 있다. 웨버가 우리에게 뚜렷이 상기시켜 준 것과 같이 사회학자들은 현실에 대한 관찰자의 관점과 사람들이 그들의 세계를 이해하는 데 사용하고 있는 주관적이고 때로는 비이성적인 의미 사이의 갭을 받아들이는 것부터 시작하지 않으면 안 된다. 우리는 그 차이를 받아들이지 않으면 안 된다. 사람들은 우리의 머릿속이 아니라 그들의 머릿속에 들어 있는 것을 행하고 있기 때문이다. "머릿속에서 현실적인 것은 그 결과에 있어서도 현실적이다"라는 명제는 검증이 끝난 사회학적 격언이다.

이러한 아이디어를 한 사회적 상황 아래 놓인 간단한 예를 사용해 설명해 보기로 한다. 만약 세르비아 사람들이 크로아티아인들이 자신들의 도시를 폭파시키고 그들의 재산을 약탈하고 여성들을 강간하며 아이들을 죽일 것이라고 믿는다고 가정해 보자. 그들은 자신들을 방어하거나 공격을 예상하여 선제공격을 할 것이다. 크로아티아 사람들도 비슷하게 반응한다면 세르비아인들의 기존의 생각, 즉 크로아티아인들은 폭파범, 약탈자, 강간범, 살인자라는 관념은 강화된다. 따라서 더 잔인한 공격이 정당화된다. 짧은 시간 내에 역사적인 전투가 회상되고 보복이 진행되며 맞비난과 잔악행위가 더더욱 발생한다.

이러한 충돌과 관련한 메커니즘은 명백하게 비이성적이나 설명이 불가능한 것은 아니다. 알지 못하는 것에 대한 공포와 **헤테로포비아**(heterophobia)는 둘 다 불편함, 극도의 걱정, 불안정, 통제능력의 상실이라는 심리학적 상태에 의해 특징지어진다(Bauman 1994 : 62–82). 직장, 원하는 성적 파트너, 주거, 지위, 영토 등을 둘러싼 경쟁은 심리적인 불안감을 만들어내고 더 높은 상황으로 몰아간다. 공격을 감지하면 사람은 그들의 친구들과 연대를 구하고 그들의 적에 대한 정의를 더욱 더 명확히 하려 한다.

이 유대는 때때로 너무나 강력하여 일부 사람들은 이를 신성하다고 생각할 정도이다. 민족성 혹은 인종집단, 종교적 신앙, 때로는 전체 국가조차 숭배의 대상이 되어 일부 사람들은 이를 위해 죽을 수도 있는 시민 종교가 된다. '백인은 옳다', '왕과 나라를 위하여', '위대한 독일', '그리스도는 우리를 위해 돌아가셨다', '블랙 파워', '광신적인 이슬람교도로부터 자신을 지키자', '백인 쓰레기' 등의 슬로건들과 표현들은 '느긋한' 학생들과 세련된 지식인들에게는 하찮은 것일 수 있지만 이를 믿는 다수의 사람들에게는 충분히 현실적이다.

헤테로포비아(Heterophobia)
이질적인 것에 대한 공포

Box 21.2

이슬람혐오증, 어떻게 인식할 것인가

헤테로포비아와 자민족중심주의는 분노와 오해를 불러일으키는 알지 못하는 집단에 대한 공포와 같은 현상의 일부분이다. 헐리우드 서부극의 미국 백인 개척 거주자와 같이 집단은 포장마차를 자신의 둘레에 놓고 모든 공격자를 물리치기 위해 준비했었다. 이러한 '배타성'은 멸시를 강화하고 더 큰 방어적 자세를 불러와 하향 나선을 타고 악화된다. 최근 가장 치명적인 증오운동은 이슬람교국 출신자에 대한 것이다. '이슬람혐오증'은 새롭게 만들어진 단어로서 이슬람교도들에 대한 불안과 공포(horror, 그리스어의 'phobia'에서 온 단어)를 의미한다.

이슬라모포비아의 예로 두 명의 노련하고 저명한 영국 저널리스트들에 의해 많은 독자들에게 전해진 보고가 포함된다. 많은 사람의 목숨을 빼앗아간 오클라호마 폭발사건과 관련하여 미국과 영국에서는 즉각적으로 이것이 '광신적인 이슬람교도'의 범행이 아닐까 하는 부당한 의혹이 생겼다. 《타임즈》(The Times, 21 April 1995)의 칼럼리스트인 버나드 레빈(Bernard Levin)은 다음과 같이 썼다 : "어쩌면 반세기 정도 후에 광신적인 이슬람교도들이 승리할 전쟁이 발생할 것이라고 보십니까? 오클라호마에 있어서 이 사건은 미시시피의 하루툼이라고 불리게 되었고, 이를 다른 이름으로 부르는 사람들에게는 비탄이 일어날 것이다." 당시 『스펙테이터』(Spectator)지의 편집장으로 그 후에 고급지인 『데일리 텔레그래프』(Daily Telegraph)의 편집장이 된 찰스 무어(Charles Moore)는 사회 맬서스주의자와 같은 어조(10장 참조)로 파멸을 예고하는 경고를 했다 : "아이를 가지는 것을 거부한 우리의 고집 때문에 서구 유럽문명은 새로운 피로 재생할 수 있었던 시점이 있었음에도 죽음으로 가기 시작했다. 그 후 후드를 쓴 유목민 집단은 승리할 것이고, 기본(Gibbon)이 상상한 것처럼 옥스포드에서 코란을 가르칠 것이다"(Spectator, 9 October 1991).

인종 간의 관계개선과 문화 다양성에 대한 이해를 촉진하기 위해 설립된 영국의 러니미드 트러스트(Runnymede Trust)는 이슬람혐오증의 대두를 연구하기 위한 연구자, 작가, 종교계의 저명인에 의한 특별위원회를 설치했다(Stubbs 1997). 그들은 이슬람에 대한 비이성적 공포에는 다음과 같은 7가지 특징이 있다고 주장했다.

■ 이슬람 문화는 획일적이고 변화가 없는 것처럼 보인다.
■ 이슬람 문화는 다른 문화들과는 전혀 다른 것으로 간주된다.
■ 이슬람은 사정없이 위협적으로 보인다.

- 이슬람 신앙은 주로 정치적 목적과 군사적 목적을 위해 사용된다.

- 이슬람교도의 서구문화에 대한 비판은 즉각 거부된다.

- 인종차별적 이주 규제는 이슬람과 관련한다.

- 이슬람혐오증은 당연한 것이고 의문의 여지가 없는 것이다.

이러한 '특징' 하나하나는 역사적·비교적 증거에 의해 비판받고 있다. 예를 들어 16장에서 설명했듯이 이라크 혹은 이집트의 이슬람은 체체니아, 인도네시아, 이란, 말레이시아 등지와는 전혀 다르다. 코란의 해석 역시 다르다. 그리스도교의 역사에서도 마찬가지로 다양한 분파가 넘쳐난다. 그러므로 이슬람 문명은 서구문명과 긴밀하게 상호작용을 유지해 왔고 건설, 철학적 사고, 의료, 숫자(1, 2, 3, 4) 등 우리 모두가 일상생활에서 사용하는 것에 큰 공헌을 해왔다.

여기서는 이슬람에 대한 서구 이미지에 대해 자세히 반박할 공간이 없다. 그보다는 사회학자로서 우리는 사회구조와 그 구조를 채우는 과정을 폭로하기 위해 다양한 언설을 떠받치는 권력구조에 대해 비판적으로 인식하고 '상식'과 전형적인 사고에 대해 항상 의문을 제기해야 한다.

내셔널리즘, 글로벌 변화의 반응

글로벌리제이션이 가속화됨에 따라 로컬리즘과 같이 내셔널리즘 또한 증가하는 것처럼 보인다. 표 15.1에서 본 것처럼 1945년 UN 설립 이후 UN이 인정한 국민국가는 증식했다. 처음에 51개 국가에서 2005년에는 191개로 증가했다. 이러한 국민국가 수의 공식적인 증가에도 불구하고 5장에서 살펴본 것처럼 다수의 관찰자들이 많은 국민국가의 자율성이 약화되었다고 주장했다. 국민국가는 게임에서 벗어나지 않도록 글로벌 수준에서 로컬 수준로 달려들어 가는 '중간에 낀 아기 돼지'가 되었는지도 모른다. 다른 이들의 주장에 의하면 우리는 글로벌 테러리즘으로부터 발생한 공포로 인해 기존의 국민국가의 정보 서비스, 경찰, 군대를 강화하고 국내 사회단결에 더 큰 중점을 두어야만 궁극적으로는 안보를 얻을 수 있다는 것을 인식하게 되었다.

국민국가의 통일성은 지속적인 단일민족의 정당한 권위라는 신화를 기반으로 한다. 그러나 실제로 대부분의 국민국가는 다양하고 복합적이며 다층적이고 다원적이다. 실제로는 이러한 복잡한 역사를 이데올로기적으로 탄압한 것이 근대 국민국가 성과의 일부였다. 문화적 다양성을 다루기 위한 메커니즘도 발달했다. 종교적 전쟁은 해결되었고, 반대자들은 이민을 가거나 추방되었다. 다양한 언어들이 단일한 공용어로 합쳐졌다. 국기, 국가, 스포츠팀, 자본 도시, 거대한 빌딩, 아이콘과 상징들이 국가 형성자의 메시지를 강화했다. 전쟁, 무역경쟁, 제국주의적 라이벌로 인해 국가 통일의 과정은 견고해졌다. 이러한 역사의 궤적에도 불구하고 국가 프로젝트에는 몇 가지 한계가 남아 있다.

1. 통일된 내이션(Nation)의 개념은 국민적 유산의 특징 몇 개만이 임의적으로 선택되고 나머지는 부정되거나 바깥쪽으로 물러났다는 것을 의미한다.

2. 본질적인 내이션의 특징이라는 개념은 심각한 결함을 가진다. 파레크(Parekh 1995 : 141-2)는 "내셔널리티(국민성, nationality), 내이션후드(국민의식, nationhood), 심지어 내셔널 아이덴티티의 언어 자체가 심각하게 의심스럽다. 이는 풍부하고 복잡하며 유동적인 삶의 양식을 균질화하고 이데올로기적인 선입관에 기초하여 사실적으로 생략함으로써 잘못된 대조를 이끌어내거나 다른 삶의 양식 사이에 난공불락의 벽을 세우기도 한다."

3. 내이션은 때때로 최저한의 공통 기준으로서 제시된다. 그러나 그 유동성 앞에서 새로운 이주민들의 파도와 함께 도착하는 '누계적'인 요소라고 보는 것이 더 좋을 것이다.

4. 내이션은 애정의 대상으로 제시된다. 사람은 자신의 국가를 사랑하고, 그 제도를 공경하며, 전쟁에서는 국가를 위해 싸우거나 죽기까지 한다. 이러한 주장에서 국가는 국가 하부 민족 그룹으로의 동일화에 대해 경쟁적 형태를 취하게 된다. 그러나 국민국가는 친밀한 애착의 대상으로서는 너무 거대하고 무정형의 존재인 경우가 많다. 사람들은 자신의 동류 중 한 명과 결혼하여 친족의 따뜻한 포옹을 느낄 수 있다. 또한 같은 종교의 신자들과 공통된 기도를 드릴 수도 있으며, 공통된 배경을 지닌 사람들과 좀 더 쉬운 우정을 나눌 수도 있다. 자신들 고유의 민족음식을 먹을 수도 있는데, 말 그대로 자신의 민족성을 섭취하는 것이다. (아프리카계 미국인들의 '소울푸드'에 대한 애착은 이러한 예이다.)

다문화 국민의식의 한계 : 미국

국민국가와 같이 거대한 것을 공통의 애정대상으로 하는 것은 원래부터 어려운 일이다. 그러나 이것이 다수국의 정치지도자들이 과거에 이를 우선순위로 달성하려고 노력하지 않았다는 것을 의미하는 것은 아니다. 다양한 문화배경을 가지고 있는 사람들로부터 하나의 내이션을 건설하려는 시도 중 가장 잘 알려져 있는 것은 미국의 사례이다. 다른 국가들(오스트레일리아, 캐나다, 브라질, 남아프리카)은 다른 배경의 사람들을 끌어안으려 했는데, 이는 영토권을 주장하는 집단이 그들 영토에 존재하는 경우나 끊임없이 이주민들이 정착을 위해 들어오기 때문이다. 이러한 '이민국가'의 일부가 세계에서 가장 강력하고 역동적인 국민국가들에 포함된다. '다수로부터 하나에'(Ex pluribus unum)라는 라틴계 슬로건은 조직화의 원칙이 되었다. 19세기 말 미국을 향해 테오도르 루즈벨트는 둔감하게도 다음과 같이 말했다 : "이 국가에는 반반의 아메리카니즘은 존재하지 않는다. 이곳에는 오직 100%의 아메리카니즘을 위한 장소밖에 없다. 오직 미국인인 사람들 외에는 아무도 없다"(Rumbaut 1997 인용).

이 미국주의(아메리카니즘)의 아이디어는 국가 **이데올로기**(ideology)이자 상위층뿐만 아니라 하위층까지 분산된 것으로 이해될 수 있다―야간학교의 교실, 신문, 근처학교, 교회의 설교 안에까지. 아마도 이 유명한 메시지의 가장 인상적인 버전은 미국 극작가인 이스라엘 쟁윌(Israel Zngwill)이 1908년 브로드웨이에서 쓴 희곡 『멜팅 폿』(*The Melting Pot*)일 것이다. 그의 희곡 중 동유럽의 집단학살로부터 도망쳐 온 한 캐릭터가 다음과 같은 인상깊은 연설을 했다.

미국은 신의 중요한 멜팅 폿(melting pot, 용광로), 이 안에서 유럽의 다양한 인종은 동화되고 재생된다. 여기에 있는 선량한 사람들, 그들이 엘리스 섬에 있을 때에는 50개의 언어와 역사를 가진 50개의 집단으로 서로 증오하고 경쟁했지만 더 이상 그럴 일은 없을 것이다. 당신이 신의 불꽃에 이르렀기 때문에. 불화와 복수 따위가 다 뭐냐! 독일인과 프랑스인, 아일랜드인과 영국인, 유대인과 러시아인은 당신 모두와 함께 용광로로 들어갈 것이다. 신은 미국을 만들었다(Glazer and Moynihan 1963 : 89~90).

중요 개념

이데올로기(ideology)는 일반적인 수준에서는 특정 사회집단에서 공유하는 상당한 일관성을 가진 가정과 신념의 집합이다. 이러한 의미에서 평화주의자와 채식주의자들은 이데올로기를 공유한다. 이데올로기의 주장이 전체화·보편화되면(예를 들어 공산주의) 이를 거대 담론(meta-narratives)이라고 부르기도 한다. 일부 사회이론가들에게 있어서 이데올로기는 이성이나 과학

과 대조되는 개념으로, 통치집단이 자신들의 이익을 위해 실제의 권력관계를 숨기기 위해 신중

하게 사용하는 것이다.

그가 이 문구를 발명한 것은 아니었음에도 불구하고 쟁월의 극 이후 「멜팅 폿」
(the melting pot)이라는 표현은 시민적 내셔널리즘, 근대화, 교육, 계급 충성심, 혹은 더
좋은 커뮤니케이션이 기존의 민족적 충성심을 해체할 것이라고 믿는 사람들의 슬로
건이 되었다. 멜팅 폿 이론에 대한 사회학적 토론 중 가장 잘 알려진 것은 아마도 밀튼
고든(Milton Gordon)의 『미국 생활로의 동화』(Assimilation in America Life, 1964)일 것이다.
이는 수십 년 후에 출판되었음에도 불구하고 지금도 널리 읽혀지고 있다. 고든은 사람
들이 문화적 동화로부터 구조적 동화와 이민족 간의 혼인을 거쳐 최종적으로는 '아이
덴티티의 동화'(즉 사람이 의식적으로 동화를 선택하는 것)로 이동하는 '동화의 경로'의 존
재를 주장했다.

럼보(Rumbaut 1997)가 논했던 것처럼 고든에게 있어서 동화에 대한 그의 순수한
아이디어가 어떠한 광란을 불러일으킬지 예상하는 것은 어려웠을 것이다. 미국 이주
자뿐만 아니라 당시의 많은 사회학자들에게 있어서 동화는 단순한 '터득'과 '적응'의
과정으로 표현된다. 1870-1914년 사이 3,500만 이주자의 대부분이 유럽으로부터 온
사람들로 그들은 아일랜드, 이탈리아, 그리스와 같은 공업도시의 더러움과 농업국가
의 침체로부터 탈출한 것을 마냥 기뻐하는 것처럼 보였다. 이러한 유럽 이민자들의 다
수가 미국을 향한 충성을 선언했다.

그러나 이에 대한 의심이 곧 시작되었다. 고든의 책이 출판되기 바로 전, 동료 사
회학자인 글레이저와 모이니한(Glazer and Moynihan 1963)은 미국에 있어서의 동화과정
이 사람들이 믿는 것처럼 그렇게 큰 것인지 의문을 제기했다. 이러한 동화과정에 있어
서 큰 예외는 아프리카계 미국인들이었는데, 그들은 동화의 단계가 아니라 여전히 기
초 시민권 실현을 위해 노력하고 있었다. 강제 이주(자유 이주가 아닌)와 노예의 역사는
이러한 상황에 큰 영향을 미쳤으나 인디언, 아시아계들도 동화에 있어서 큰 어려움을
겪고 있었다. 이는 사적·공적 영역에서 명확했을 뿐만 아니라 공공재 경쟁에 있어서
도 마찬가지였다. 그들은 동화되지 않은 채 남겨진 경우가 많았다.

동화에 대한 좀 더 근본적인 비평은 다음과 같은 질문을 둘러싸고 생겨났다. '이
민자들은 무엇에 동화되려고 하는가?' 강력한 엘리트들 사이에서 모든 문화가 동등하

게 간주된 것이 아님은 분명했다. 많은 이주자들은 언어, 교육, 정치제도, 종교적 신념, 사회규범, 공적인 기대에 있어서 '앵글로'적 규범에 동화되도록 요청받고 있음을 알게 되었다. 쟁월의 연극이 상연된 후로 3세대가 지난 지금도 우리는 동화할 뜻의 내용물을 찾고 있다. 일부 정치 코멘테이터들 사이에서는 국가 형성 프로젝트가 분해되어 버릴 심각한 위험이 존재한다는 믿음과 불안감이 증가하고 있다(Schlesinger 1992).

　　뉴욕 9 · 11테러로 인해 이러한 공포에 새로운 세력이 더해지게 되었다. 정치 면에서 볼 때 미국과 유럽의 신보수주의와 우파 보수주의자들은 이민자들의 본국의 문화, 종교, 언어, 사회관습을 어느 정도 감당할 수 있는지에 대해 의문을 제기했다. 다양성과 차이에 대한 공격은 특히 미국에 있어서 강렬하게 나타났다. 이 문제에 대한 가장 강력한 학계로부터의 주장은 하버드 대학 정치학 교수이자 카터 행정부(NSC)에서 안보계획위원장을 역임했던 새뮤엘 헌팅턴(Samuel Huntington 2004, 국내에서는 『미국』이라는 제목으로 출간역자)으로부터 나왔다. 그의 마음속부터 외쳐나오는 듯한 제목인 『우리는 누구인가?』(Who Are We?)라는 책에서 헌팅턴은 기존 미국의 개념, '멜팅 폿'이나 '토마토 수프'를 버리고 다양한 사람들이 존재하는 '모자이크'나 '샐러드 보울'과 같은 개념을 제시한 사람들을 맹렬히 비난했다. 그는 영어를 말하고 프로테스탄트에 동부 해안에 사는 사람들의 우월성을 주장하고 '국가 하부의 인종, 민족, 문화집단의 영향력과 지위를 높이려는 '파괴자'들이 민주주의 가치와 자유에 유해한 영향을 준다고 애통해했다. 이러한 주장은 헌팅턴의 다음과 같은 설명에 잘 나타난다(Huntington 2004 : 142-3).

　　　　그들은 미국 생활에 있어서 영국적 중추성을 격하시키고 2개 국어 교육과 언어적 다양성을 추진한다. 그들은 미국의 신조에서 중심적인 위치를 점하고 있는 개인의 권리보다 집단의 권리와 인종의 선호를 법적으로 인정해야 한다고 주장한다. 그들은 다문화주의 이론과 통일성과 조화가 아닌 다양성을 미국의 지배적 가치로 해야 한다는 생각으로 자신들의 행동을 정당화한다. 이러한 노력이 합쳐진 결과 3세기에 걸쳐 점진적으로 만들어진 미국의 아이덴티티가 파괴되고 있다.

　　이러한 분노에 찬 글에도 불구하고 여행, 이주, 글로벌 상호 의존의 범위로 인해 국민국가는 좀 더 복잡한 문화, 종교, 언어, 시민권의 모자이크를 채택하게 되었다. '다문화주의', '문화다원주의', '무지개 국민의식'에 대한 공공연한 선언으로 인해 정책

결정자들에 의한 국내 인구의 모든 요소를 동화시키려는 시도의 종언을 알 수 있다. 아마도 캐나다, 오스트레일리아, 인종차별정책 이후의 남아프리카공화국은 이 결과를 환영하며 가장 큰 발전을 이루고 있지만 미국의 많은 당국자들과 코멘테이터들은 여전히 걱정하고 있다. 그러나 럼보(Rumbaut 1997)와 같은 사회학자들이 제시한 자세한 실증 연구에 의하면, 이러한 동화가 완전한 것은 아니라 하더라도 적어도 미국 중심기관으로부터 소외되는 것을 의미하는 것은 아니다. 동화는 최근 이민 2세대들 사이에서 선별적인 형태로 나타나고 있다. 예를 들어 스페인계 미국인들은 공동체에서는 여전히 스페인어를 쓰고 가톨릭 교회를 다니며 본국과 긴밀한 관계를 유지하고 있다. 그러나 그들은 기존의 사회이동 사다리를 타고 올라가 미국 연방은행의 취직 인터뷰를 할 때에는 '말쑥한' 브룩스 브라더스의 정장을 입고 표준영어로 이야기할 것이다.

트랜스내셔널리즘과 다수준 아이덴티티

지금까지 우리는 로컬리즘과 내셔널리즘이 어떻게 글로벌 변동에 대응·적응해 왔는지에 대해 이야기했다. 그러나 그 대응에 있어서 가장 혁신적인 형태는 지방과 국가를 넘어서 나타났다. 앞으로 우리는 특히 코스모폴리타니즘, 디아스포라적 아이덴티티, 다수준 종교적 아이덴티티 형태의 복잡한 발전과 부활에 대해서 논의할 것이다.

코스모폴리타니즘과 도시

세계 여러 곳으로부터 온 사람들을 받아들이는 도시의 중요한 역할은 고전 그리스어에 기원을 두고 있는 단어 kosmos(세계)와 polis(도시)로부터도 추론할 수 있다. 17장에서 글로벌 도시의 기능에 대해서 자세히 설명했으므로 여기서는 간단히 언급하려 한다. 도시들은 국민국가 체제에 선행하는 것이었으며, 근대에 있어서도 민족적 통일성보다는 다양성이 존재하는 장소였다는 것이 우리의 주장이다. 이는 도시국가의 개념이 글로벌 시대에 있어 다시 새롭게 나타난 것일 수 있다. (싱가포르, 홍콩과 같은 장소는 베니스와 같은 초기 도시국가에 필적할 만한 역할을 한다.) 그러나 도시국가의 형태가 보편적으로 나타나지 않는다 해도 기존 국민국가 안의 '글로벌 도시'는 여행, 투어리즘, 비즈니스 연계와 노동시장이 점점 글로벌 규모로 조직되면서 곳곳으로 이동하며 이질적 요소들을 점점 더 포함하고 있다.

실제로 이러한 글로벌 도시의 사회구조는 국제 노동분업에 새로운 위치를 점하기 위해 이미 재형성되고 있다. 이러한 도시에 있어서 아이덴티티는 더욱 더 유동적이고, 상황에 적응 가능하며, 더 모호해지고 개방적이 되었다. 사람들은 다양한 지역을 개인 비행기를 통해 이동하고, 지역공동체에 거주하면서도 민족을 넘나드는 파트너십과 결혼, 레저와 문화에 있어서 초국가적인 라이프스타일을 추구한다. 글로벌리제이션에 대한 반응을 오직 민족단체, 국가, 종교에 대한 굳건한 충성심이라고 주장하는 사람들에게 있어서 이러한 코스모폴리타니즘은 그 실행과 선호에 있어서 커다란 위협이 된다. 나치가 유대인들을 증오하고 그들을 대량학살하려고 했던 것은 분명히 다면적 아이덴티티 때문이다. 이러한 극단적 내셔널리즘에서 코스모폴리타니즘을 비판하는 것은 당연해 보일 것이다. 그러나 미국 진보 사학자들이 코스모폴리타니즘을 비판하는 것은 상당히 의외일 것이다. 사후 출판된 에세이집에서 라쉬(Lasch 1995)는 '코스모폴리타니즘의 비밀스러운 어두운 부분'에 대해서 언급했다. 일반적인 의미의 '특권계층' 혹은 '엘리트'는 국민국가에 대해 반란을 일으켰다고 일컬어진다. 이는 그들이 더 이상 국민국가에 동화하지 않았기 때문이다. "경계가 없는 글로벌 경제와 화폐는 더 이상 국가와의 관계를 가지고 있지 않다. 로스앤젤레스의 특권층은 미국 지방민의 대부분보다 일본, 싱가포르, 한국의 특권층과 더 큰 유사성을 느낀다"(Lasch 1995 : 46). 국가로부터의 분리는 그들이 국가 시민권에 대한 어떠한 의무감 없이 자신들을 '세계시민'으로 간주하고 있음을 의미한다.

국경을 넘어선 엘리트들의 자기 정체화는 그들과 멀지 않은 이웃에 대한 우려와 같이 나타난다.

> 일부 특권층의 코스모폴리타니즘은 더 고차원적인 편협주의로 바뀐다. 공공서비스를 지원하는 대신 새로운 엘리트들은 자신들 소유의 폐쇄된 공간을 향상시키기 위해 그들의 돈을 투자한다. 그들은 기쁘게 그들만의 건강관리와 교외의 사립학교, 민간경찰, 민간 쓰레기 수집 시스템을 위해 돈을 지불한다. 그러나 그들은 국고에 공헌하는 의무를 훌륭하게 지켜왔다. 이는 시공간의 제약에 대한 엘리트들의 반발을 극명하게 보여주는 예이다(Lasch 1995 : 47).

라쉬의 우려는 정당하다. 특히 미국에 있어서는 더더욱 그러하다. 그는 '소도시 민주주의'의 미덕과 노블리스오블리제의 전통에 큰 감명을 받았고, 그렇기 때문에 부유하고 권력을 가진, 운이 좋은 사람들은 특권을 적게 가진 사람들을 돌봐줄 시민적 의무가 있다. 복지 시스템이 미발달한 국가(유럽국가들과 이웃의 캐나다에 비교해서)에서는 환자나 빈곤층, 노년층을 지원하는 데 있어서 자발적인 자선적 도움에 특히 의존하게 된다. 그러나 라쉬의 주장이 완전히 미국에 적용된다고 생각하면 안 된다. 글로벌 도시 어디에서든지 데니즌(외국인 특권층)의 국가에 대한 애착은 최소한으로 나타나는 경우가 많다. 이러한 거리는 위험한 사회적 결과를 가져올 수 있음은 명백하다.

만일 라쉬가 코스모폴리타니즘의 위험성에 중점을 두었다고 한다면 벡(Beck 1998 : 30)은 그 가능성을 보았다. 코스모폴리탄 운동은 인류적 가치와 모든 문화와 종교적 전통을 위한 국가적 전통 가치, 그리고 결속을 위한 호소로 변환될 수 있다. 그러한 운동은 아래로부터의 트랜스내셔널리즘의 창조를 지지하는 새로운 개념, 구조, 조직을 통해 전 지구적인 문제들을 다룰 수 있다. 벡에게 있어서 '세계 시민권' 개념은 두려워해야 할 것이 아니라 받아들여야 하는 것이다. '포스트내셔널 이해, 의무, 국가, 정의, 예술, 과학, 일반인의 이해'의 새로운 형태(Beck 1998 : 30)는 출현 가능하다. 이는 좀 더 발전된 형태의 민주주의와 관용, 자유, 상호성을 이끌 수 있다.

디아스포라

글로벌 도시가 다양성을 포함할 수 있는 공간을 제공하는 한편, 긴 역사를 가진 사회조직인 초국경적 디아스포라는 사람들이 자신의 국민국가 시스템을 어떻게 전복하고 넘어서는지, 혹은 이에 필적하고 있는지를 상징화하게 되었다. 우리는 앞장에서 디아스포라를 다수 국가로의 민족의 분산이라고 정의했다. 그들이 계속해서 그들의 '본국'(때때로 상상된 커뮤니티)에 대한 우려를 표명하고 자신들의 민족과 공통의 목적의식을 가지고 있다면 그곳이 어디인지 관계없이 그들은 디아스포라를 구성하는 것이다. '디아스포라'라는 용어는 특히 출생지에서 떨어져서 살고 있는 유대민족(후에는 아르메니아인과 아프리카인)의 단체집단과 관련된다. 이러한 집단은 특히 '희생자'—재앙과 같은 사건이 일어났을 때 강제로 흩어져야 했던 그룹—라는 아이디어를 환기시킨다. 최근 그 개념은 더욱 더 넓은 의미에서 사용되어 본질적으로 자발적인 이주자 그룹도 포함되는 경우도 있다(Cohen 1997).

디아스포라적 의식은 커뮤니티가 여전히 출신지와 연계를 이어가고 있을 때 부활하는데, 현재 거주하고 있는 국민국가와의 '아이덴티티의 동화'의 필요성을 느끼지 않는다. 많은 경우에 있어서 그들의 디아스포라적 연결을 재확인하는 것은 긍정적인 선택이지만, 일부 경우 도착지에서 그들을 맞이하는 환경이 적대적이거나 미온적인 경우에는 국경을 넘어선 관계를 강제적으로 다시 만들어야 하는 경우도 있다. 글로벌리제이션과 트랜스내셔널리즘 현상의 일부인 빠른 교통, 전자 커뮤니케이션, 문화적 공유로 인해 이는 '고국'과 '타국'을 더욱 쉽게 연결할 수 있게 되었다. 이제는 다수의 로컬리티와 다수의 아이덴티티를 가지는 것이 가능하다.

더욱 부드럽고 깊이가 있으며 값이 싼 연결성은 이를 용이하게 만드는 한편, 디아스포라의 부활은 또한 새로워진 '뿌리' 찾기, 홀(Hall 아래 인용)이 '이륙장소 찾기'(reach for groundings)라고 부른 것을 기반으로 한다. 그러나 이러한 경향이 편협한 로컬리즘이나 글로벌한 현실로의 도피, 끊임없이 확장을 계속하는 시장에 대한 대항능력 부족, 글로벌리제이션으로부터 출발한 새로운 민족적·문화적 요구에 대한 대응 불가를 의미하는 것은 아니다. 의미 있는 아이덴티티와 급증하는 기회에 대한 유연한 대응이라는 두 가지 요구에 부응하기 위해서는 양면성을 가진 사회조직의 형태가 매우 유리하다. 디아스포라의 형태로 존재하는 조직처럼 말이다. 이는 단순한 디아스포라의 현대적 기능이 아니다. 그들은 항상 특이성과 보편성 사이의 가교 역할을 하면서 더 좋은 위치를 점해왔다. 이로 인해 다른 여러 영역 중에서 그들은 상업과 행정에서 교섭담당자와 같은 역할을 할 수 있었다.

디아스포라 공동체의 구성원들 다수는 2개 이상의 언어를 사용한다. 그들은 그들이 방문하거나 거주하는 사회에 있어 '무엇이 빠져 있는지'를 발견할 수 있다. 그들은 그들 자신의 집단이 다른 그룹과 무엇을 공유하고 있는지, 그 문화적 규범과 사회적 관행이 다수 집단을 언제 위협할지를 더 잘 분별할 수 있다. '세상물정에 밝은' 것은 이 그룹 자체의 생존에 중요한 영향을 미친다. 디아스포라적 그룹이 무역과 금융에서 뿐만 아니라 예술, 영화, 미디어, 엔터테인먼트 산업에 특히 두각을 나타내고 있는 것은 아마도 자신들을 둘러싼 흐름(시대정신)에 대해 민감할 필요가 있기 때문일지도 모른다. 지식과 인식이 코스모폴리타니즘 및 휴머니즘에 이르기까지 확장되고 있으나 이와 동시에 결속을 유지하고 항상 교육과 교화에 대한 탐구를 지원해 온 전통문화적 가치는 위협받지 않았다.

민족 집합주의와 결합된 코스모폴리타니즘 또한 성공적인 사업 모험을 구성하는 중요한 요소가 된다. 이러한 관점과 관련하여 아마도 가장 긍정적인 분석은 일부 사람들이 다른 사람들보다 더 성공적인 기업가로 보이는가에 대한 코트킨(Kotkin 1992)의 비교 연구일 것이다. 이 연구에서 그는 5개의 '글로벌 부족'—유대인, 영국인, 일본인, 중국인, 인도인—에 대한 사례 연구를 했다. 망명의 트라우마, 거주국 문화와의 관계상의 문제 등 전통적인 디아스포라적 전통의 문제점들은 사라졌다. 그 대신 강한 디아스포라는 글로벌 경제에서 성공을 결정짓는 중요한 요소가 되었다. 코트킨은 다음과 같이 기록하고 있다(1992 : 255, 258).

> 출현하는 세계 경제 안에서 글로벌 부족—몇 세기를 거쳐 유대인과 영국인으로부터 오늘날의 중국인, 아르메니아인, 팔레스타인인에 이르기까지—은 퇴행하는 과거의 유산이 되기보다 가치를 소중히 하고 지식습득을 강조하며 코스모폴리탄적 관점을 주장한다. 고도로 경쟁적인 초국경적 세계 경제에 있어서 흐름과 지식습득에 의존하고, 이러한 집단을 키우는 사회는 풍요로워질 것이다. 코스모폴리탄 글로벌 도시국가가 국가에 앞서고 국가를 대신하기까지 하는 것과 같이 상업적 기회주의는 과거의 협소한 경제 내셔널리즘을 압도할 것이다.

디아스포라는 특이성으로 보편성을 바로잡고 로컬의 한계를 억누르기 위해 그들의 트랜스내셔널리즘을 이용함으로써 이득을 얻을 것이다.

다수준의 종교 아이덴티티

우리는 이미 디아스포라적 아이덴티티가 로컬-트랜스내셔널 축 안에서 얼마나 흔들릴 수 있는지 살펴보았다. 많은 종교 아이덴티티 역시 이와 비슷한 변형을 경험하고 있는 듯하다. 우리는 16장에서 종교에 대한 여러 측면을 조사했으나 여기서는 특히 그 신봉자들이 로컬, 내셔널, 트랜스내셔널 사이를 어떻게 이동하고 있는지에 대해서 살펴보기로 한다. 반다비아(van der Veer 2002 : 12)의 관찰에서 알 수 있듯이 존 스튜어트 밀과 같은 주요 비종교적 사상가들은 종종 종교에 대한 충심을 "신자들을 편협주의, 절대주의, 관용의 결여라고 비난한다"고 보았다. 우리의 용어로 정리하자면, 종교적 신념은 뒤진 로컬리즘의 형태로 내향적이며, 다른 방식으로 일들을 처리하는 것이 불가능하다. 그러한 맹목적인 믿음의 예가 다수 있는 것을 부인하기는 힘들다. 빈곤국의 작은 마을에서 마을 성직자는 무시할 수 없는 인물이다. 부족이 무지한 상태에서 성서에 대한 그의 지식은 그에게 사회적 지위를 부여하고 그는 교육을 독점할 수 있을지도 모른다.

그러나 이러한 후진적 기술은 항상 종교에 대한 풍자가 되어왔다. 많은 종교는 보편적인 포부를 가지고 시작된다. 종교는 단순히 지방 거주민들을 미신이나 그들의 국가의 군사적 승리를 축하하는 것으로부터 해방시키기 위한 것이 아니라 인류를 해방시키기 위한 것이다. 이러한 생각은 많은 주요 종교 창시자들에게 명확히 나타나지 않는다고 해도 후에 신학에 의해 발전하게 된다. 따라서 가톨릭의 경우 사도신경(1, 2세기에 형성)이 보편적인 보이는 교회(niversal visible Church)의 개념을 진화시켰다. 후에 프로테스탄트는 이 아이디어에 보복했던 한편, 이슬람 신학자들은 움마라는 전 세계 신념공동체의 개념을 발전시켰다. 이러한 초기의 보편적 교조에도 불구하고 반다비아(van der Veer 2001 : 1)는 다음과 같이 논하고 있다 : "근본개념으로서의 종교와 이데올로기로서의 내셔널리즘은 19세기 근대성 언설 안에서 같이 나타난다."

16세기 영국의 헨리 8세의 통치를 둘러싼 드라마를 생각하면 이러한 종교와 내셔널리즘의 결합을 생생하게 표현할 수 있다. 이 드라마는 소극이다. 헨리는 통풍에 걸리고 과체중이었지만 여섯 번의 결혼을 하고 싶어 했다. 교황이 그의 결혼들(형식적으로 다른 유럽 왕들과 마찬가지로 헨리는 종교적 문제의 구속 아래 있었다)을 무효화하려 했을 때 헨리는 로마와의 관계를 깨고 영국 국교회를 세웠다. 이 과정에서 그는 소수의 반대자들을 처형하고 가톨릭 수도원을 압류했으며, 자신이 이 새로운 교회의 수장자리에 올랐다. (그의 후계자들은 여전히 이 지위를 가지고 있다.) 이 드라마의 중요한 포인트는 이때부터 대부분의 유럽에 있어서 교회가 정치적 권위 아래에 종속되거나 결합되었다는 것이다. 이는 그 이름의 변화—아일랜드국교회, 스코트랜드국교회, 네덜란드 개혁교회 등—에 의해 알 수 있다. 16세기 독일은 더 분열되어 있었다. 그러나 비슷한 발전이 1555년 아우구스부르크 종교회의에서 각자의 지역과 그의 종교(cuius region, eius religio)가 채택되면서 발생하게 되었다. 이는 지방 통치자(일반적으로 작은 공국)가 그 신민의 종교를 결정하게 된 것을 의미한다.

글로벌 시대 국가와 지방성에 대한 종교의 종속화 상황은 크게 뒤집어졌거나 변화하고 있다. 그 대표적 예로 세 가지를 들 수 있는데, 교황 요한 바오로 2세하의 교황권력 재확인, 특정 이슬람집단의 전 세계적 야망의 부활, 그리스도교 복음주의/팬타코스트파의 라틴아메리카 및 아시아로의 전파가 그것이다. 이러한 종교의 권력과 영향력에 대한 주장은 매우 복잡한데, 때로는 모순되게 작동하는 경우도 있다. 단순화해서 말하자면, 북부 아일랜드의 가톨릭은 본질적으로 지역수준의 현상이다. 그들은 지역 소수의 공동체를 동원하여 자신들의 특권을 포기하지 않는 프로테스탄트 다수파에 대항하여 자신들의 시민권을 주장한다. 이러한 투쟁의 일부가 군사 테러리즘을 통해 이루어졌다는 사실로 인해 아웃사이더들은 가톨릭이라는 이유만으로는 그들을 지지하기는 힘들다. 대조적으로 폴란드의 가톨릭들은 무신론적 공산주의자에 대항하여 자신들을 평화롭고 전 국민의 자유로운 투쟁을 위해 연합할 수 있었다. 이 투쟁은 교권에 의해 유지된다. 마지막으로 교황이 내전 중 AIDS가 유행하고 강간사건이 만연함에도 불구하고 인공피임과 낙태를 죄라고 선언하자 교황의 글로벌 도덕에 대한 주장은 교회 내부에서 공공연히 비판받았다.

좀 더 알려지지 않은 사례이지만 중요한 의미를 가지는 것이 힌두교 군사 내셔널리스트들이 1964년에 세운 세계 힌두협의회(Vishna Hindu Parishad : VHP)를 들 수 있다. 반다비아(van der veer 2001 : 6)의 설명에 의하면, VHP는 "힌두교 부흥운동으로 동시에 전 세계 힌두교도들에게 도달하면서 인도의 힌두교도들을 반이슬람교 정치에 동원하려 한다." 이 운동은 여러 측면에서 성공을 거두었다. 이 운동은 힌두교 지역이라고 주장되는 곳에 세워진 바브리 마스지드 모스크(Babri Masjid Mosque)를 파괴하기 위해 아요디아로 행군하도록 힌두교도들을 설득했다. 또한 바라티야자나타당(Bharatiya Janata Party : BJP)이 인도의 다수당이 되어 정부 여당이 될 때까지 정치적 지원을 했다. 서구 및 글로벌리제이션 세력이 '힌두교 국가'를 소외시킨다는 주장으로 '반서구, '반글로벌리제이션' 정신을 창조하고 확산시켰다. 이 마지막 메시지는 이데올로기적으로 리버럴리즘과 국제 개방경제를 지지하는 사람들인 VHP를 지지하는 미국 주재 인도 디아스포라 집단에게는 전해지지 않았는데, 이는 운동자금 모집을 위해서도 마찬가지였다. 인도를 제외하면 다양한 수준에서 힌두교 근본주의가 널리 보급되지는 않았음에도 불구하고 세계에서 가장 큰 민주주의 국가, 그 지도자들이 놀라울 정도로 많은 신념을 가진 세속국가를 만들어낸 국가는 이제 그 안으로부터 위험을 느끼게 되었다.

그림 21.2 바라티야자나타당 주요 지도자들의 인형을 불태우는 활동가들, 2000년 12월 인도 캘커타
1992년 바브리마스지드모스크를 파괴한 힌두교 광신자들에 대한 시위. 모스크 파괴는 최근 50년 동안 최악의 공동체 폭력을 불러일으켰고, 3,000여 명의 사람들이 사망했다. 도시 내 이슬람교-힌두교 관계는 여전히 긴장감이 흐른다.

정리

지방수준, 국가수준, 초국가수준, 다수준이라는 다양한 수준에서의 공동체와 소속의식에 대해 검토하는 데 있어서 우리는 냉전 이후 '신세계질서', '평화의 배당금' (pece dividend) 혹은 '보편적 가치'와 같은 거대한 기대가 실망스러운 결과로 끝나는 것을 보아왔다. 세계는 모든 사람들이 서로를 사랑하는 것을 배우는 순종적인 단일문화의 출현을 목격하지 못했다. 펄뮤터(Perlmutter 1991)는 이 세계는 국민국가와 지역에 의해 수직적으로 조직되어 있으나 동시에 투과성을 가진 다수의 상호작용 시스템—장소로서의 공동체가 아니라 이익, 공통된 의견과 신념, 취향, 민족, 종교 공동체—이 겹쳐져 수평적으로 구성되어 있다고 설명했다. 통일된 단일 글로벌 문화가 출현할 것이라고 주장하는 사람들과는 다르게 펄뮤터는 좀 더 설득력 있게 다수문화가 복잡하게 조합하려고 시도될 것이라고 주장했다. 특정 문화의 요소들은 글로벌 배열에서 추출될 수 있지만 그들은 각각의 상황에서 다르게 섞이고 어울리게 될 것이다.

국민국가는 이러한 경향에 저항하고 다수준 아이덴티티를 형성 및 강화·저지할 수 있다. 아니면 그들은 '흐름에 따라' 증가하는 이동성과 그들의 국내 인구의 복잡한 사회 아이덴티티를 채택할 수도 있다. 실제로는 이러한 두 경향이 이중으로 나타나는 것처럼 보인다. 일부 지역(일반적으로 좀 더 코스모폴리탄적인 글로벌 시티)에서는 새로운 다원적·다수준적 현실에 빠른 적응현상이 나타난다. 이러한 지역 밖에서는 특정 정치가들이 전통적인 민족주의적 충성을 동원하거나 이용한다. 이는 여전히 위기에 처해 있는 사회집단에게 신념을 부여한다. 파리의 코스모폴리타니즘과 시골마을과 도시에서 나타나는 르펭(Le Pen, 프랑스 국민전선당의 지도자)에 대한 지지는 이러한 이중성을 잘 보여준다.

단일의 자기민족성(ethno-nationality)을 기초로 한 새로운 국가와 같은 새로운 확실한 것을 만들어냄으로써 다수준 및 초국가적 연합에 저항하려는 정치운동 역시 다수 존재한다. 소련의 붕괴와 유고슬라비아의 해체로 인해 출현한 국가들은 이러한 경향을 증명하는 풍부한 사례이다. 이러한 '새로운 국가'의 장기 거주자들의 다수는 어떠한 설명도 없이 쫓겨나 몇 세대 동안 연고도 없는 출신국으로 돌아가라는 이야기를 들었다. 최악인 것은 이러한 민족적 영토주의로 인해 '인종청소'와 조직적인 제노사이드까지 나타났다는 것이다. 계승이나 자치권 등 국가 하부체제를 인정해 달라는 주장에 대한 경향은 영국, 스페인 등지에서 현저하게 나타난다.

민족주의적 호소는 또한 로컬리티, 지역 혹은 민족성과 병렬적으로 나타난다. 이러한 민족적·종교적 차이에 대한 새로운 주장은 기존의 국민국가에 있어 많은 딜레마를 만들었다. 국민국가들은 이주민들에게 어느 정도 개방되어 있는지, 국가 하부체제에 대한 충성심을 어느 정도 인정하고 있는지 그 범위는 다양하다. 문화적·사회적 순응과 배타적 시민권을 기초로 동화라는 단일의 사상을 추진하고 있는 미국조차 후퇴를 강요받고 있다. 세계는 이전과 전혀 달라졌다. 다양한 소속의식과 결합이 외부세계에 개방되어 국민국가의 범위를 넘어섰다. 글로벌리제이션이 의미하는 것은 출신 포인트에 더 이상 안정성이 없고, 도착 포인트에도 결말은 없으며, 사회적 아이덴티티와 국가 아이덴티티 사이의 일치도 반드시 필요하지 않다(Khan 1995 : 93).

트랜스내셔널리즘과 다수준 아이덴티티는 내셔널리즘을 대신하기 시작했다. 우리는 글로벌 도시의 체인과 증가하는 국가 하부 및 초국가적 아이덴티티의 만연이 어떻게 쉽사리 국민국가에 포함될 수 없는지 살펴보았다. 기존의 초국가적 아이덴티티 중에 가장 중요한 것은 코스모폴리탄 도시, 디아스포라, 세계 종교이다. 이들은 글로벌리제이션의 시대로부터 수천 년 전 사회적으로 형성되었다. 트랜스내셔널리즘 또한 태도와 행동의 변화 안에서 현저하게 나타난다. '세계 시민'이나 '코스모폴리탄'이라고 불리는 사람들만이 아니라 많은 사람들이 자신의 의지로 문화적·종교적 다양성을 더욱 더 받아들인다. 글로벌 미디어와 여행으로 인해 타문화에 대한 지식과 인식이 증가했다. 지식과 인식은 적어도 이질적인 것에 대한 관용과 존중을 낳는 경우가 존재한다. 우리는 여기서 펄뮤터(Perlmutter 1991 : 901)의 글을 상기시키려 한다. 역사상 처음으로 "우리는 누가 지구를 통치할 것인가를 두고 서로 싸우는 것이 아니라 우리 행성의 가버넌스를 공유하는 선택을 지원할 기술을 소유하게 되었다."

더 읽어볼 책

■ 민족성과 내셔널리즘에 대한 글과 교과서는 많다. 가장 중요한 것 중 하나가 스미스(Anthony. D. Smith)의 『민족성과 내셔널리즘』(*Ethnicity and Nationalism*, 1992)과 『세계화 시대의 민족과 내셔널리즘』(*Nations and Nationalism in a Global Era*, 1995)이다. 이 문제에 대한 사회학자들의 많은 업적 중에서 고르는 것은 어려운 일이다.

■ 렉스와 지베르노(M. J. Rex and M. Gibernau 1997)가 편집한 『민족성에 관하여 : 내셔널리즘, 다문화주의 그리고 이주』(*The Ethnicity Reader : Nationalism, Multiculturalism and Migration*)는 균형이 잘 잡힌 글이다.

- 마이클 이그나티프(Michael Ignatieff)의 『혈연과 귀속』(*Blood and Belonging*, 1994)은 텔레비전 시리즈를 바탕으로 한 강력한 책이다.
- 헌팅턴(S. P. Huntington)의 『우리는 누구인가?』(*Who are We?*, 2004)는 미국 보수주의 학계와 코멘테이터들의 과도한 다문화주의에 대한 비판을 주장하는 수많은 저작들 중 하나이다.
- 디아스포라에 대한 책 2권. 로빈 코헨(Robin Cohen)의 『글로벌 디아스포라』(*Global Diasporas*, 1997), 그리고 34개의 기존 출판 글들을 모아놓은 참고서인 베르토벡과 코헨(S. Vertovec and R. Cohen 1999)의 『이주, 디아스포라, 트랜스내셔널리즘』(*Migration, Diasporas and Transnationalism*).

그룹 과제

1. 기존 참고서를 사용하여 이슬람교 내부의 다양한 요소와 종파 리스트를 작성해 볼 것.
2. 두 팀으로 나누어 한 팀은 미국이 '분열'하고 있다는 명제를, 다른 한 팀은 여전히 나라를 통합시키기 위해 '동화'가 작동하고 있다는 명제를 선택하여 논쟁해 보자.
3. 누가 코스모폴리탄인지 입증하기 위해서 어떤 지표를 사용할 것인가?('그 이름의 잡지를 읽는 사람'은 부적절한 대답이다!)
4. 두 그룹으로 나눈다. 한 팀은 글로벌 도시가 트랜스내셔널리즘을 포용할 수 있다라는 명제에 대해 의견을 발표하고, 다른 한 팀은 디아스포라가 트랜스내셔널리즘을 어떻게 표현하는지에 대해 검증해 보자.

생각해 볼 문제

1. 민족성, 인종, 종교를 '로컬리즘'의 카테고리 하에 묶는 것은 왜 잘못된 것인가?
2. 로컬리즘은 왜 글로벌리제이션 안에서 나타나는가?
3. 인종과 민족성의 힘은 왜 그토록 체계적으로 경시되어 왔는가?
4. 이민국가들이 다른 문화를 가진 사람들을 동화시키는 데 어느 정도 실패했는가?
5. 디아스포라는 로컬 감정과 글로벌 의무를 가져온다는 문제를 '해결'할 수 있는가?

유용한 웹사이트

- http://www.ceu.hu/nation/nsn.html#113005 『내셔널리즘 연구』(*Studies on Nationalism*)라는 제목의 온라인 교과서. 내셔널리즘 연구 네트워크(Nationalism Studies Network) 제공. 이 책은 매우 유용하지만 '네트워크'는 부다페스트의 중앙유럽 대학(Central European University)의 석사학위 광고보다는 좀 더 많은 것을 담고 있지 않는 듯하다.

■ www.transcomm.ox.au.uk 트랜스내셔널리즘 영역의 발전을 위해 이 웹사이트를 찾아가 보라. 이 사이트가 가지고 있는 프로그램은 현재 완료되었지만 여전히 유용한 정보를 제공한다.

■ 종교 아이덴티티에 대한 자료는 16장 뒤의 웹 링크를 볼 것

■ http://www.intute.ac.uk/socialsciences/cgi-bin/search/pl?term1=race+and+ethnicity&gateway=Sociology&limit=0 인튜트 사이트에 모여 있는 인종과 민족성에 대한 자료 및 링크

CHAPTER 22

미래에 대한 논쟁
Contested Futures

SOCIOLOGY

　　2장에서 우리는 글로벌리제이션(객관적인 의미에서의 세계 통합과정)과 글로벌리티
(고도 상호 의존적인 '하나의 세계'에서 살고 있다는 주관적 인식)라는 개념에 대해서 검토했
다. 이러한 두 과정이 어느 정도 진전되었는지에 관해서는 논란이 있고 불확실하다.
일부는 글로벌리제이션과 글로벌리티가 새로운 글로벌 시대의 도래를 알리는 동시에
전체적으로 유익한 글로벌 사회의 건설을 촉진한다고 예견한다. 다른 사람들은 좀 더
비관적이다. '글로벌리제이션 회의론자'라고 부를 수 있는 일부 학자들은 글로벌리제
이션의 범위에 관해서조차 강하게 논쟁하고 있다. 회의적인 입장은 무엇이 '글로벌리
제이션'을 구성하는지 명확히 진술할 것을 요구하는데 우리는 이 점에 동의한다. 우리
는 통계와 사실적 수단을 주로 이용해 이 질문에 대답할 수 있을 것이다. 사람과 조직
이 글로벌리제이션을 어떻게 추진·옹호하고 반대 혹은 거부하며 개혁하려 하는지, 우
리가 지금 고민하고 있는 이 문제에 대한 논쟁은 정치적 혹은 도덕적이 되어서는 안
될 것이다.

　　앞장(특히 6, 8장)에서 우리는 글로벌리제이션이 얼마나 불공평한 과정인지 그 정
도를 검증해 왔다. 글로벌리제이션으로 인해 일부는 이득을 얻지만 아마도 다수는 이
로부터 소외되고 주변화될 것이다. 우리는 이러한 과정과 포용 및 배제의 역동성이 근
본적인 논리를 가지는지 아닌지에 대해 조사할 것이다. 종종 글로벌리제이션과 글로
벌리티에 대한 공포로 표현되는 아이디어는 활기에 찬 문화 다양성이 단조롭고 균등
한 통일성으로 대체될 것이라는 것이다. 이는 더욱 더 진전될 것인가? 아니면 병렬적
문화로 인해 창조적인 혼합물인 '크레올화'된 결합이 나타나는 반작용이 나타날 것인
가? 마지막으로 우리는 글로벌리티와 글로벌 사회 출현의 틀을 만드는 요소를 재고찰
할 것이다. 이번 장의 결론을 위해 우리는 글로벌 사회를 구성하는 완벽한 구조를 아
직 볼 수는 없지만 그 안을 구성하는 격자세공, 골격, 벽돌, 회반죽 등은 명확히 존재하
며, 글로벌 사회의 건설이 곧 나타날 것이라는 것을 간단하게 언급할 것이다.

글로벌리제이션, 새로운 현상? 글로벌리제이션의 확장

　　회의주의자들의 주장 중 가장 중심적인 것은 글로벌리제이션이 전혀 새로운 현
상이 아니라는 점이다. 분명히 국제무역은 새로운 것이 아니다. 19세기 전반에 걸쳐
주요 경제국이었던 영국의 천연자원 수입은 1800년에서 1875년 사이 20배로 증가했
다(Dunning 1993a : 110). 약 1850년 이후 상업선과 전신의 발전으로 인해 인간과 대형물
자 운송에 드는 비용과 위험성을 경감시키면서 19세기 후반 무역 기회는 급속도로 변

화했다. 게다가 자본주의 안에 내재해 있는 경쟁으로 인해 영국을 비롯해 그 라이벌—미국, 독일, 프랑스, 결국 다른 여러 나라들에 이르기까지—은 점차적으로 다른 나라의 시장으로 완성품을 수출하려 했다.

이러한 국가들은 또한 확장되는 본국 시장과 인구증가를 위해 신뢰할 수 있는 식품, 천연자원, 연료 공급을 필요로 하게 되었다. 천연자원에 대한 필요로 인해 식민지 쟁탈전, 제국주의적 정복, 경제적 이익에 기초한 세계 분할이 나타나 각 국가들은 독점을 시도하게 되었다. 이러한 모든 일의 결과로 인해 1914년 제1차 세계대전 발발시에는 고도로 국제적인 글로벌 경제가 이미 출현했다. 허스트와 톰슨(Hirst and Thompson 1996 : Chpater 2)의 대담한 주장에 의하면 그것이 현재의 세계 경제에 못지않게 국제화되고 개방되어 있었다.

비슷한 사례가 자본의 초국경적 흐름에서도 나타났다. 기존 본국 기업의 외국인 직접투자(Foreign Direct Investment : FDI)는 1870년경부터 급속도로 증가하기 시작했다. 더닝(Dunning 1993b ; 116)에 의하면 1913년에 이르자 이는 글로벌 경제 안에서 상당한 비중을 차지하게 되었는데, 이는 1950년대 중반에 이르기까지 회복되지 않았다. 1870년경 이후 FDI는 점차적으로 포트폴리오 투자(본국에서 조달된 자금이 직접적인 소유 및 관리 기업이 아니라 외국 정부나 외국 기업 프로젝트의 주식보유 이윤 획득을 위해 사용됨)가 해왔던 투자기능을 보충하게 되었다. 게다가 개발도상국이 오직 FDI의 20%밖에 받지 못하는 1980, 1990년대와 비교해서 1913년 전의 경우 이러한 흐름이 훨씬 더 분산되어 있었다. 총량의 3분의 2가 특히 영국의 식민지와 자치령을 향하고 있었다(Dunning 1933a : 117-18).

따라서 이러한 회의주의자들의 기본 주장은 경제 글로벌리제이션은 오래된 이야기로 특별할 것이 없다는 것이다. 그러나 제1차 세계대전 이전의 세계 경제가 지난 4세기와 같이 개방되고 통합되어 있었다는 주장을 의심해 볼 이유는 다수 존재한다. 또한 우리는 1982년 이후 많은 글로벌리제이션 지표에서 급격한 증가를 나타냈다는 데이터를 제시할 것이다. 글로벌리제이션의 경제적 면만을 고려한다면 우리는 다음과 같은 것을 발견할 수 있다.

1. 국제무역과 FDI에 중요한 행위자로 관여한 국가들은 매우 소수였다. 예를 들어 허스트와 톰슨(Hirst and Thompson 1996 : 22)의 주장을 소개하자면 1913년 영국과 독일이 세계 제조업 수출의 반 이상을 차지하고 있었다.

2. 딕킨(Dicken 1992 : 27)에 의하면, 20세기 제1사분기 시점에서는 오직 8개의 국가가 세계 제조업 산출량의 95%를 공급했으나 1986년 25개 국가가 같은 점유율을 기록했다.

3. 이와 비슷하게 제1차 세계대전 이전에는 극소수의 국가들만이 해외투자에 있어서 중요한 역할을 했다. 영국이라는 단일국가가 포트폴리오 투자와 FDI 투자를 포함해 전 세계의 45%를 차지했다.

4. 이와 대조적으로 현재는 훨씬 더 많은 선진국(이탈리아, 캐나다, 덴마크, 스위스 등)의 TNCs가 FDI에 관여하고 있다. 개발도상국(인도, 중국, 대만, 한국, 홍콩, 싱가포르, 브라질, 아르헨티나, 멕시코)의 TNCs 또한 자본 흐름에 중요한 출처가 되었다.

5. 총량의 측면에서 볼 때 1950년대 이후 국제무역과 1960년대 이후 해외투자는 극적으로 증가했고, 가까운 미래에 그 어떤 이전 시대도 이와 비교가 안 될 정도로 위축되어 보일 것이다.

6. 딕킨(Dicken 1992 : 51)에 의하면, 1965년부터 1967년까지 세계 최대 TNCs가 해외에 설립한 자회사의 평균 수는 1920년부터 1929년에 걸친 시기와 비교하면 10배 이상이고 제2차 세계대전 당시보다는 7배 이상 증가했다.

7. 1914년 이전의 FDI를 통한 자본 유출의 대부분은 특히 구식민지로부터 천연자원의 수출을 촉진시키기 위해 투자되었다. 오직 15%라는 작은 부분만이 그 대부분이 유럽, 미국, 러시아, 영국 통치령에 위치한 제조업 분야로 전해졌다.

8. 서비스 분야, 특히 은행, 보험, 무역·유통 네트워크와 관련된 산업에 있어서의 투자비율 역시 1914년의 15%에서 1988년 47%로 증가했다(Dicken 1992 : 59). 이 거대한 증가로 인해 공업제품의 시장 보급은 더더욱 촉진되었다.

9. 1914년 당시와 현재의 국제무역을 비교한 주장은 각 국가의 무역(수입과 수출)과 자본 흐름(FDI의 유입 및 유출과 관련된)이 인식할 수 없을 정도로 빠르다는 점을 간과하고 있다(Julius 1990). 이는 TNCs의 글로벌 활동의 통합에 의해서 기업 내 거래가 증가했기 때문이다. 실제로 공식발표된 국가 수출입의 상당한 부분은 TNCs가 기반을 두고 있는 다양한 외국과 지방의 자회사들 사이에서 국경을 넘나드는 부품, 반쵀종 상품, 제조 관련 서비스를 비롯한 여러 '상품'들로 구성된다.

우리는 제1차 세계대전 직전 당시에도 국제무역이 융성했다는 주장을 기꺼이 받아들이지만, 이것이 경제 글로벌리제이션의 새로운 시대를 목격하고 있다는 우리의 주장에 대한 유력한 반론이라고 생각하지 않는다. 우선 1914년 이전과 그 후 수십 년간 일부 국가들은 자신들의 본국 경제를 보호하기 위해 명백하고 강력한 민족주의적 압력에 의해 제국주의적 영향력과 함께 해외국가들을 지배했다. 그러나 1950년대 이후 대부분의 국가들에서 보호주의와 제국주의는 상당히 빠른 속도 쇠퇴했다. (미국은 그 새롭게 천명한 제국주의적 작전을 볼 때 예외라 하겠다.) 또한 그 규모와 복잡성, 관련 행위자 수(국가와 비국가), 금융, 제조, 서비스, 투자의 통합적인 측면에서 볼 때 20세기 후반 시작된 경제 글로벌리제이션은 1914년에 존재하던 것을 훨씬 뛰어넘는 것이다.

최근 글로벌리제이션의 측정

글로벌리제이션의 범위와 변화를 체계적인 방법으로 측정하는 것이 가능할까? 이는 워윅 대학교의 두 연구자가 도전한 연구주제였다. 록우드와 레도아노(Lockwood and Redoano 2005)는 처음으로 글로벌리제이션의 형태를 3분야, 즉 경제, 사회, 정치로 나누었다. 그 다음 그들은 3종류의 글로벌리제이션 안의 다양한 변수들을 측정할 신뢰할 만한 데이터셋을 찾았다.

1. 경제 글로벌리제이션은 다음의 변수들로 측정된다.
   ■ 무역(GDP 대비 재화 및 서비스 수출입)
   ■ 외국인직접투자(GDP 대비 유출입)
   ■ 포트폴리오 투자(GDP 대비 유출입)
   ■ 소득(GDD 대비 국경을 넘은 액)

2. 사회 글로벌리제이션은 두 가지 요소로 구성된다.
   ■ '사람' 변수 : 외국인 수(국가 총인구 수 대비), 외국인 흐름(총인구 수 대비), 노동자 송금, 여행자의 입국
   ■ '아이디어' 변수 : 전화통화, 인터넷 사용자, 영화(수출입 수), 책/신문(수출입 가치), 편지(1인당 국제 편지 수)

3. 정치 글로벌리제이션은 다음과 같은 변수로 측정된다.
   ■ 대사관(주재 외국 대사관 수)
   ■ UN 미션(국가가 참가 중인 UN 평화유지 활동 수)
   ■ 조직(국제기구 회원 수)

이 모든 변수들을 계산하고 조사한 결과는 많은 표들에 제시되나 가장 중요한 합계 정보를 표 22.1에 요약했다.

표 22.1_ 워윅 세계 글로벌리제이션 인덱스			
	1982	2001	증가율(%)
경제 글로벌리제이션	0.176	0.223	26.7
사회 글로벌리제이션	0.070	0.335	378.6
정치 글로벌리제이션	0.721	1.065	47.7
총 글로벌리제이션	**0.182**	**0.406**	**123.1**

출처 : Lockwood and Redoano (2005) ; http://www2.warwick.ac.uk/fac/soc/csgr/index/로부터 가능한 데이터 차용

물론 통계적 수치가 모든 것을 설명하는 것은 아니다. 측정할 수 없는 활동도 분명히 존재하며, 산발적인 것만 측정되어 포함되지 않는 경우도 있다. 방법론, 변수의 선택, 변수의 가중치 등의 문제도 있을 수 있다. 아마도 더 위험한 것은 연구자들은 국가를 기반으로 한 수치(그들이 수집한 것도 그러했다)를 사용했기 때문에 데이터는 세계가 글로벌화된 범위보다는 각 국가가 국제화된 범위를 더 잘 나타내는 경향이 있다는 것일 것이다. 그럼에도 불구하고 데이터를 지역과 글로벌 둘 다로 묶음으로써 논평가들과 정치가들이 주장하는 것보다는 글로벌리제이션이 실제로 일어나고 있는 범위를 가장 잘 측정할 수 있다. 기술된 모수(母數)를 보면 그 결과는 매우 결정적이며 놀랍기까지하다. 경제·정치 글로벌리제이션은 빠르게 진행되고 있으나 사회 글로벌리제이션의 성장은 머뭇하고 있으며, 전체적으로 인식되지 않는다. 표의 윗난을 보면 2001년, 전 세계는 20년 전보다 2.2배나 더욱 더 글로벌화되었다. 글로벌 변화가 그 정도로 짧은 기간 안에 그러한 범위로 나타난다면 회의론자들이 뭐라 하든지 글로벌리제이션은 '새롭고' '포괄적인' 현상이라는 기술은 매우 유효해 보인다.

글로벌리제이션에 대한 도덕적·정치적 입장

이 책을 통해 우리가 이야기해 온 글로벌리제이션의 다양한 과정에 수반되는 거대 변화에 대해 사람과 조직은 다양한 반응을 보이고 있는 것은 명확하다. 이러한 반응들은 서로 논쟁을 벌이는데, 이는 다른 정치 및 이데올로기 관점에서 도출된다. 앤헤이어 등(Anheier et al. 2001 : 7-10)의 설명과 그들의 3개 범주를 재명명하면 이러한 반응

들을 4개의 집단으로 분류할 수 있다.

지지자

현 글로벌리제이션 형태의 지지자들은 TNCs 등과 같이 개방경제로부터 직접적인 이득을 얻는 이들로 구성된다. 여기에는 세계를 하나의 노동시장으로 다루면서 가장 좋은 봉급과 노동환경을 요구할 수 있는 고도기술을 가진 초국경적 이주자도 포함될 수 있다. 세계은행과 WTO 역시 자유무역과 글로벌 자본주의 개방경제를 추진하는 두 단체이다. 은행, 보험, 투자회사들 역시 그들의 서비스를 전 세계적으로 팔면서 이익을 얻기 때문에 경계의 개방에 찬성한다. 사회 면에 있어서는 아마도 해외유학, 과학 데이터의 공유, 영화, DVD, 책, 저널의 전달은 '좋은 측면'으로 받아들여질 것이다. 비슷하게 긍정적인 입장으로는 민주화나 정보 및 아이디어의 국제화를 가져오는 인터넷과 블로깅 기회의 증가도 들 수 있다. 마지막으로, 정치 측면에 있어서는 글로벌리제이션의 지지자들은 선호 레짐에 대한 실행과 인권을 보호하기 위한 강대국의 개입을 지지할 수도 있다.

중상자

중상자들은 기존 국민국가가 시민들의 경제·정치적 운명을 결정지으며 모든 주권을 행사했던 세계로 돌아가길 원하여 글로벌리제이션을 전복시키려 한다. 이러한 중상자들에는 자본주의에 반대하고 글로벌 자본 흐름과는 분리된, 국가 차원의 사회주의적 집단 경제생활 등을 도입하려는 좌익집단이 포함된다. 또한 여기에는 국제 경쟁과 자본이동 혹은 '외국산' 믿음으로부터 로컬 시장, 기업, 직업을 보호하려는 우익 내셔널리스트와 종교단체가 포함된다. 경계의 개방, 글로벌 거버넌스의 성장, UN 및 그 전문기관으로의 권력부여 증가에 대해서 좌우 양측 모두 의혹을 가진다. 사회·문화 면에 있어서는 비국민과의 접촉 증가는 국내 문화와 사회결속의 위협이 되므로 중상자들은 강렬하게 반(反)이주를 주장하는 경향이 있다.

개혁가

개혁가들은 글로벌리제이션은 잠재적으로 유익할 것이라고 본다. 글로벌리제이션이 다양한 사람들 간 연계 증가와 더 많은 개인들에게 번영을 가져올 기술적 수단을 제공할 수 있기 때문이다. 그러나 그들은 글로벌 자본주의가 개화되고 개혁되지 않으면 이런 이익은 오직 가능성으로만 남겨진다고 주장한다. 그래서 그들은 이익을 취하지 못하는 사람들에게 경제발전의 이익을 전하는 데 좀 더 기여할 수 있는 더 공평한 경제기구와 규칙을 요구한다. 정치적으로 그들은 국가 및 글로벌 수준의 글로벌 어젠다를 확립하는 데 있어서 일반인들이 좀 더 적극적으로 참가할 것을 요구한다. 이와 관련된 이슈로는 기술진보, 부채경감, 공정무역, 국제기업의 통제, 국제기구 안에서의 대표성 문제들이 포함된다. 그들은 또한 더 강력한 환경보호, 좀 더 민주적인 글로벌 거버넌스의 증가, 인권 단속을 위한 국제 시스템을 요구하는 경향이 있다. '지지자'들과는 달리 개혁가들은 인권 지지와 관련하여 UN이 인권개입을 인가하는 유일한 단체가 되기를 원한다.

아웃사이더

아웃사이더들은 일어난 글로벌리제이션을 그들로부터 제거할 것으로 본다. 그들은 글로벌리제이션에 관련하는 것을 포기하고 자신들만의 개별 행동, '정부·국제제도, 초국적 기업과는 독립적으로' 행동을 취한다(Anheier et al. 2001 : 10). 이러한 개인 및 집단은 로컬 및 풀뿌리 수준에서 활동하는 경우가 많고 소규모의 유기농 농장에서 자급자족 경제를 선호하는 경향이 있다. 특징적으로 아웃사이더들은 GM 식품과 같은 혁신을 거부하고 좀 더 단순하고 좀 덜 소비자 지향적인 라이프스타일에 집중하며 TNCs와 강한 정부가 휘두르는 권력에 반대한다. 시위나 좀 더 넓은 사회운동에 참가할 때 그들은 모든 종류의 권위로부터 공적 영역 개선 등의 강한 중심 테마를 가지고 다채로운 활동이나 파업에 참가하는 경향이 있다. 무정부주의자와 강한 환경단체들이 이러한 글로벌 아웃사이더에 관련된다.

글로벌리제이션에 대한 반응의 4분류는 완전하지 않고 조잡하기까지 하다. 그러나 이는 2장에서 이미 설명했던 사회행위자들이 단순히 힘없는 허수아비, 즉 전 세계에 불어닥친 글로벌리제이션이라는 토네이도의 희생자가 아니라는 요점을 보강하는 데 기여한다. 개인, 집단, 운동, 제도, 정부는 그들 자신의 동기와 선호를 추진하고 보호하며 발전시킬 수 있어 글로벌리제이션과 글로벌리티의 본성과 특성을 형성하는 데 도움을 줄 수 있다. 다음으로 현 글로벌 질서로부터 누구를 포용하고 누구를 배제할 것인가를 결정하는 데 있어서 인간행위자 또한 중요하다는 것을 살펴볼 것이다.

글로벌 배제와 포용

8장에서 우리는 많은 학자들이 "글로벌리제이션은 작동하고 있다"(Wolf 2005)라고 주장함에도 불구하고 현대 세계는 뚜렷한 불평등성과 불균등한 발전이라는 특징이 여전히 남아 있다는 것을 보여주었다. 우리는 특정 국가 및 지역과 선별된 집단—농촌생산자, 난민, 기아희생자, 쇠퇴한 공업지역의 노동자, 도시 빈민층—에 관심을 집중해 왔다. 또한 다른 집단—장애인, HIV/AIDS 같은 심각한 병에 걸린 사람들, 노년층—에 대해서도 자세히 논의해 왔다. 여기서 우리는 이하와 같은 질문을 설명할 근본논리 혹은 주요 관점이 존재하는지 아닌지에 대해 질문할 것이다. 왜 사회적 배제가 일어나는가, 왜 일부 사람들은 생존의 가장자리까지 몰려야 하고, 왜 어떤 사람들은 경제발전으로부터 잘 해야 오직 작은 정도의 혜택밖에 얻을 수 없는가.

우리의 가설은 신자유주의적 경제 실천이 사회정책 및 정치적 거버넌스와 관련 없이 채택될 때 사회적 배제가 생겨나기 쉽다는 것이다. 좀 더 간단히 말하자면, 자유시장 자체는 도덕적으로 좋지도, 불균등과 주변성에 대한 실천적 해결도 될 수 없다. 동시에 사회개혁이 동시에 수반되지 않는다면, 혹은 독재적이고 비효율적인 정치 혹은 부패 정치가 지속된다면 더더욱 그러하다. 이 점은 국내수준에서 분명히 나타나지만, 더 중요한 것은 이것이 사회적 포용과 배제—누가 이기고 지는지—에 대한 글로벌 논의의 기초를 이룬다는 것이다. 러시아의 예를 들어보자. 러시아에서는 적어도 지난 한 세기 동안 신자유주의 경제의 청사진을 열렬하게 채용하여 사회가 거의 분열상태에 이르게 되었다. 물론 일부 사람들은 이득을 보았다. '담갈색의 공산주의' GUM(국영 백화점)에 줄을 서는 대신 부유한 엘리트층은 모스크바의 '페트로브스키 패시지'(Petrovsky Passage)를 찾을 수 있었다. 거기서 그들은 모스키노, 마리나리날디, 막스마라, 라펠라, 니나리찌, 만다리나 덕, 겐조, 에트로, 포메라토, 에르마노세르비노, 보스코우먼, 보스코 멘 등의 브랜드를 파는 가게를 찾을 수 있었다. 그러나 새로운 러시아의 다른 사회지표들은 그다지 인상깊지 않다. 1989년에서 1999년 사이 구소련의 복지국가의 보호 없이 사람들의 수명은 58세까지 떨어졌고 자살률은 60%까지 올랐다(Ciment 1999). 인구는 급속하게 떨어져 1991년 1억 4,800만 명에서 2030년에는 1억 3천만 명으로 감소할 것으로 예상된다(The Economist 2005 : 107).

사회적 배제 처리에 있어서 국가수준로부터 개괄적인 글로벌로의 이동과 관련하여 우리는 뭉크(Munck 2005)의 글로벌리제이션과 사회적 배제에 관한 연구를 참조할 것이다. 뭉크는 1957년 첫 출판된 폴라니(Polanyi 2002)의 『거대한 전환』(*The Great Transfor-mation*)의 중요성에 다시 새롭게 주목했는데, 그 외의 다른 이들도 이에 동의했다. 재발행된 버전은 노벨상 수상자이자 전 세계은행 총재인(지금은 주요한 잔소리꾼이다) 조셉 스티글리츠(Joseph Stiglitz)가 쓴 칭찬으로 가득한 머리말을 포함하고 있다. 요약하자면 폴라니의 주요 관점은 19세기 경제자유주의의 대두를 설명할 선천적 속성은 존재하지 않는다는 것이었다. 시장의 보이지 않는 손은 저절로 아무 방해도 없이 생겨난 것이 아니다. 폴라니는 다음과 같이 쓰고 있다.

> 자유방임주의에 대해 자연적인 것은 없다. 자유시장은 단순히 모든 일들이 자연히 되어감으로써 나타난 것이 아니다 … 자유시장으로 가는 길이 개방되어 중심적으로 조직·통제된 개입주의의 지속에 의해 지켜졌던 것이다(Polanyi, Munck 2005 : 146에서 인용).

명백하게 단순한 이 요점은 현대 세계에 거대한 설명력을 가진다. 국가수준에서 이는 미국의 중서부 농부들에게 농장 보조금을 제공하는 것과 거대 석유기업에 세금 우대 조치가 내리는 것을 설명할 수 있다. 또한 일본의 공공은행–행정조직–TNCs 연합도 설명할 수 있으며, 싱가포르와 말레이시아의 '아시아 자본주의'에도 해결의 빛을 던질 수 있다. 글로벌 수준에서는 구조조정 프로그램(Structural Adjustment Program : SAP)의 보급, GATT와 TRIPs도 이해할 수 있다. 이러한 모든 국가 및 국제적 수단은 특정 이익집단에게는 뇌물이 되었으며, 강력한 기업들이 영향력을 행사하는 강력한 각국 정부가 부과하는 위협이 되었다. 구조조정 프로그램의 사례에서는 상당한 폭력이 사용되었다(Walton and Seddon 1994). 19세기 자유주의 사례와 마찬가지로 일반적으로 '경제 글로벌리즘'으로 불리는 20세기 후반의 신자유주의는 자유시장의 기이한 작용으로 인해 나타난 것이 아니라, 주요 사회·정치행위자들이 그렇게 해야 한다고 결심했기 때문에 나타난 것이다. 19세기 자유주의는 폴라니가 복지주의 '대항운동'이라고 칭한 것에 의해 반대되었던 것처럼 현대 신자유주의는 글로벌 사회정의 운동이라는 그만의 대항운동을 낳았다. 폴라니가 사회주의 사상에 계속해서 관심을 가지고 있었다는 증거가 존재함에도 불구하고 그의 관점—이와 관련된 주장을 포함—의 강점은 그가 기존의 좌파계급적 관점에 사로잡히지 않았다는 것이다. 다시 말해서 큰 시가를 문 배 나온 사악한 자본주의자가 자유주의와 신장주의를 부과한 유일한 사람들이 아니라는 점과, 막일로 딱딱해진 손을 가진 용감무쌍한 노역의 삶을 살고 있는 사람들이 이러한 세력에 반대한 유일한 사람들이 아니라는 점이다.

대항운동에 관해 좀 더 자세히 살펴보도록 하자. 폴라니가 강조한 것은 자유주의 및 신자유주의가 중요한 사회성과 소중한 공동체 가치를 파괴하는 경향이 있다는 것이다. 필요는 욕심으로, 단결은 개인주의로, 배려는 무시와 무관심으로, 빈곤층에 대한 자선은 경멸로 바뀐다. 우리는 현대 많은 국가들이 사회를 통합시키기 위해 필요한 사회영역에서 사람들을 철수시키는 사례를 볼 수 있다. 일부 경우에 있어서 이것은 선택 혹은 이데올로기의 문제이다. 소비 패턴이 외부세력에 의해 결정되는 경우 국가 엘리트는 마지못해 복지지출을 줄일지도 모른다. 사회적 배제는 이러한 거대한 구조적 논리와 세력의 파생물이다. 특히 뭉크(Munck 2005 : 25-6)는 사회적 배제의 개념은 글로벌 박탈, 주변성, 불평등에 관련하여 '관점을 통일화'하는 역할로 사용될 수 있다. 이와 관련하여 다음의 3가지 이유가 존재한다.

■ 글로벌리제이션은 자본주의 시장관계의 영향 아래 모두를 진압했다.
■ 남-북 문제는 서로의 사회에 침투해 있다. 남반구(가난한 이주민과 지방으로 구성)는 부국의 도시 슬럼가에서 발견되고 북반구는 남반구 국가들의 금융센터와 외부인 출입제한 주택지에서 발견된다.
■ 신자유주의는 모든 사회에 자기 규제 시장 이데올로기를 보급했다(중국과 같은 명목상 공산주의 국가조차).

따라서 사회적 포용을 주장하고 대항운동을 발전시키려 하는 사람들은 거대 전선에서 활동할 필요에 직면한다. 폴라니의 대항운동이 헤겔의 변증법적 논리를 따라 필연적으로 반대세력으로 활동하는지 혹은 대항운동을 만들고 발전시킬 조직이 필요한지에 대해서는 애매한 면(그 구조적 출발점에 있어서)이 있다. 우리는 후자의 관점을 선택한다. 이는 폴라니의 기존 주장, 신자유주의는 부과된 것이지 영문을 모르게 하늘에서 떨어진 것이 아니라는 주장과 일관되기 때문이다. 대항운동(혹은 사회적 포용을 위한 운동)은 이러한 사회행위자들로 구성된다.

1. 국제무역 레짐의 개혁을 요구하는 진보적 정부(예를 들면 '자유무역이 아닌 공정무역')

2. 빈곤층 보호 프로그램을 조직하는 교회

3. 빈곤국가 채무경감을 확보하기 위한 사회운동

4. 좋은 노동조건의 공장에서 생산된 상품뿐만 아니라 환경친화적 상품과 공정
   무역 상품 구매를 추진하는 소비자 그룹

5. 사회복지 지출과 정책에 활기를 불어넣으려는 정부

6. '사회책임'을 실천하려 하고 실제로 실천하고 있는 기업(단순히 홍보를 위한 메
   시지가 아닌)

7. 그들의 구성원을 착취에서 보호하고 국제적인 조직화를 돕는 노동·무역 조합

8. 이주자 기구와 이주자 기구를 위해 일하는 사람들

9. 글로벌 사회에 전체적인 개혁을 주장하는 사회정의('반글로벌리제이션 운동'으
   로 잘못 불리는 경우도 많다) 글로벌 운동

10. 이론과 실천에 있어서 신자유주의의 결함을 폭로할 지식인과 저널리스트

요약하자면 우리가 지금 목격하고 있는 것은 신자유주의에 대한 대항운동이 다
양한 지지자와 활동가를 보유하며 로컬, 내셔널, 글로벌 규모에서 활동하고 있다. 이
운동은—만약 이 운동이 공통의 목적을 가진다고 의인화할 수 있다면—사회적 포용
의 원인을 회복하고 진전시키려 한다. 분산되어 있는 글로벌 대항운동을 연구하는 것
은 어려운 일이지만 이 책을 통해 우리는 환경, 여성운동과 같은 사회운동이 주변화되
고 경제적으로 어려우며 배제된 사람들을 조직하여 이때까지 힘이 없던 사람들에게
권한을 주고 기존 질서에 대항하는 고정을 통해 그들을 주류로 끌어들이려고 노력하
고 있음을 검증했다.

문화 글로벌리제이션 : 통일 혹은 크레올리제이션

지금까지 우리는 현재 글로벌리제이션의 형태가 불균등과 불평등의 경향을 띤
다고 주장해 왔다. 그러나 그 반대 입장에 있는 대항운동은 이러한 특징을 완화시키는
것이다. 문화적 측면에 있어서 글로벌리제이션의 주요 형태는 불균등이라기보다는 단
조로운 동일성의 상황이다. 삭스(Sachs 1992 : 102)는 이 현상을 극적으로 표현해 "세계
의 동질화는 최고조에 달해 있다. 글로벌 단일문화는 이 행성 전체에 걸쳐 수면의 기
름막처럼 펼쳐진다"고 주장했다. 여기서 말하는 글로벌 단일문화의 출처는 무엇인가?
그리고 사회·경제적 대항운동과 같이 문화 면에서도 경쟁세력이 존재하는가?

최근에 이르기까지 세계 문제에 있어서 보편화(universalization)에 대한 압도적인 세력은 서구적 관점이었다. 여기서 진보라고 하는 것은 더 거대한 휴머니즘과 과학의 보급, 통합된 세계 시장, 모두를 위한 물질적 향상으로 이어지는 국제평화를 의미했다. 공식적 제국주의와 식민주의의 시대에 있어서 이러한 관점으로 인해 서구국가들은 자신들의 사명, 세계 대부분의 지역에 그 문화, 정치·사회적 제도를 부과하는 것을 정당화했다. 식민지화된 측의 '교환조건'은 새로운 시장과 새로운 상품으로의 접근이었다. 식민주의와 제국주의에 의해 처음으로 탄생된 현대 문화 균일화(그림 22.1 참조)의 주요 원인은 주로 미국에 의해 독점된 글로벌 시장에서 발생했다. 이러한 관점을 하나만 소개하기로 한다. 바버(Barber 1995)는 '맥월드'(Mcworld)의 시장체제로 인해 문화와 소비 패턴이 표준화되는 것을 우려했다. 그는 TNCs가 광고 등을 통해 소비자들로 하여금 그들의 상품을 구매하면 기회와 자유가 가득한 더 좋은 삶을 누릴 수 있는 길이 열릴 것이라고 믿게 함으로써 사람들의 기대를 높일 것이라고 생각했다. 이는 현재 친숙한 소비자 문화의 '맥월드'이며, 그 브랜드의 아이콘—리바이스의 501 진, 코카콜라, 리복 트레이닝복, 맥도널드 햄버거 등의 패스트푸드—은 이제 슬럼가나 농촌 벽지에 살고 있는 최빈곤층들조차 열망하는 것이 되었다.

그림 22.1 미군의 가장 큰 해외 주둔지인 필리핀 루존 아일랜드 올롱가포의 미군 부대 근처
베트남 전쟁 동안 올롱가포의 부대는 돌아가면서 이 킬링필드에 남았는데, '휴식과 레크레이션'이라는 목적이었다. 이는 세계의 문화적 균일화를 만들어냈을까, 아니면 부대가 다른 문화와 교류함에 따라 과거 그들의 단일적인 문화로부터 탈출해 크레올화되는 것일까?

13장에서 우리는 다수 영역에서 저가 표준화 상품이 소비자 선택을 지배하게 되었는지 검증했다. 맥도날드화의 창설자인 리처(Ritzer 1998)는 그의 주장을 패스트푸드 레스토랑으로 확대적용하여 미국산의 소비자 관행은 신용카드, 슈퍼마켓, 쇼핑몰, 텔레비전 쇼핑 채널, 인터넷 '사이버몰'의 출현을 포함한다고 논했다. 이러한 소비패턴의 매력은 그것들이 행복(쇼핑을 통한 기분전환)과 오락이라는 개념과 교묘하게 융합되기 때문이다. 과거 시대에는 오락과의 융합은 카니발 전통이 발견되는 축제장소에서 나타났다. 그러나 리처(Ritzer 1998 : 92)에 의하면 현재 소비와 오락의 융합은 더욱 더 만연하며 정돈되어 있으며, 건전한 것처럼 보이고 균일화되어 있다. 리처(Ritzer 1998 : 92)는 다음과 같이 언급했다.

디즈니랜드나 디즈니 월드와 같은 놀이공원은 표면상 오락에 관한 것임에도 불구하고 실제로는 디즈니 상품을 파는 거대한 쇼핑몰일 수 있다. 쇼핑몰 자체는 더욱 더 놀이공원같이 변해간다. 블루밍턴, 미네소타, 캐나다의 에드몬톤의 거대 몰은 롤러코스터와 대회전식 관람차를 가진 말 그대로 놀이공원이다. 놀이로 인해 몰로 온 많은 소비자들은 그곳에서 머물면서 쇼핑하고 먹고 마시며 영화를 보고 피트니스센터를 방문하는 것이다.

리처를 포함한 연구자들은 현대 자본주의를 이해하는 데 중요한 기여를 했다. 특히 마르크스가 강조했던 생산수단이 아닌 소비수단의 중요성을 인식한 것이다. 그러나 대부분의 상품들은 광고에서 약속한 개인적인 자기 만족을 주지 못하는 것은 분명하다. 소비자 상품의 구매력도 고용기회의 안정성이나 강력한 공동체 가치, 민주적 제도를 통해 정치과정에 영향력을 미칠 수 있는 시민의 능력에 대한 대체물 역시 되지 못한다. 풍부한 시장 선택은 앞으로도 지킬 수 없는 약속을 지속하고 있는 것이다.

사실 TNCs는 사람들의 실제 삶을 향상시키거나 시민사회 강화를 장려하는 데 어떠한 관심도 가지고 있지 않은 것이 일반적이다. 이는 소비주의가 공동체 참가, 개인 계발, 의미 있는 사회관계와 같은 사람들의 부가적인 필요를 조달할 수 없기 때문이다. 커뮤니티와 결속력을 키우는 대신 쇼핑몰은 앨브로(Albrow 1996)가 기마행렬과 같은 형태로 이어진 사회적 생활의 분리된 흐름이라고 묘사한 것과 같은 공간밖에 제공하지 못한다(글로벌 사상가 22 참조).

우리는 스클레어(Sklair)와 앨브로(Albrow)가 제기한 문제 중 다수를 공유하고 있다. TNCs가 우리 삶의 모든 분야에 걸쳐 가하는 거대한 영향력을 무시하거나 부정하는 것은 어리석은 일이다. 그러나 TNCs가 제기한 위험과 자본주의의 보급이 강력하다고 해도 저항하기 힘든 영향력을 뺏는 이러한 상품들과 미국 소비주의 가치가 지배하는 균일문화는 실제보다 훨씬 더 분명하게 나타나는 경우가 많다는 주장을 뒷받침할 증거는 명확하다. 실제로 12장과 13장의 투어리즘과 소비주의에서 보았듯이 자본주의 하의 소비자는 이러한 주장보다 훨씬 더 개인의 창조성과 자율성의 기회를 보유한다. 게다가 앞으로 설명하겠지만 하이브리디티(hybridity, 잡종성)와 크레올리제이션(creolization)을 통한 문화 균일화에 대한 대항운동은 급속도로 성장하고 있다.

글로벌 사상가 22

마틴 앨브로_ MARTIN ALBROW (1942-)
글로벌리티와 모더니티의 종언
200년간 모더니티와 그 가정—국민국가가 의해 조정되는 물질적 진보와 과학과 합리적 기구를 통해 추구되는 물질적 진보—은 우리 삶을 지배했다. 그러나 벡(Beck)과 같이 앨브로는 모더니티의 추구가 완전히 다른 상황으로 우리를 이끄는 전 세계적인 세력을 해방해 왔다고 주장했다. 특히 그는 다음을 강조했다.

– 경제발전에 있어서 환경제약
– 사용하기 너무 위험한 무기류의 보급
– 지방문화를 압도한 커뮤니케이션 글로벌 시스템
– 통합된 글로벌 경제
– 개인이 점차 반사적으로 그들 자신의 국가와 다른 국가가 일으키는 일들에 대하여 비판을 행하게 되었음.

이상 5가지 요소의 결과가 의미하는 것은 다음과 같다.

– 국민국가는 더 이상 우리의 모든 열망을 '포함'하거나 우리의 관심을 '단일화'하지 못한다.
– 더 많은 사람들에게 있어서 세계는 관계의 프레임이 되어 고려의 대상 혹은 우리의 인식을 지배하는 현실이 되었다. (우리가 '글로벌리티'라고 부르는 것)
– 세계(아직 글로벌이라고 부를 수 없는 단계)가 출현했다. 이는 글로벌 범위와 글로벌적 의도를 가진 행동과 직접적 · 간접적으로 관련된 사회관계의 총체로 구성된다.
– 우리는 글로벌 질서를 형성하기 위해 특별히 계획된 가치 및 행동을 같이 공유하고 행하기 시작했다.

글로벌리제이션은 감금상태로부터 인류의 사회적 관계를 해방시켰다

글로벌화 과정은 국민국가 사회를 근대화함으로써 부과된 인공적 경제 안에서 감금되었던 상태에서 인류 사회성을 해방시키고 쇄신했다. 근대성의 기간 동안 형성된 사회학은 또한 인류를 분석에서 배제함으로써 '사회체계'의 인과관계 안에 사회적 존재와 그 역할, 그리고 제도를 매장했다. 현재 사회적·인간적 존재로서 사람의 우수함은 국경을 넘어 사회체계를 초월하는 기회를 가지게 되었다.

일상 글로벌 생활의 이해 : 사회권

앨브로는 또한 글로벌 생활을 이해하는 데 유용한 개념을 제공했다. 예를 들어 우리는 각 개인이 글로벌 상황—몇 개의 장소에 퍼져 시각적이고 가상적이며 공존하는 관계를 통해 작동하는—하에 있는 관계의 총체성을 사회권이라는 용어로 개념화할 수 있다. 각 개인의 사회권은 그들에게 있어 독특하며, 사회권 안에서 그들의 다수는 서로를 알지 못할 수도 있다(학교나 대학 친구들은 직장동료나 가족들과는 다르다). 이 개념은 특히 글로벌 생활을 분석하는 데 유용하다.

사회풍경

그는 아파두라니(Appaadurani 1990)의 '풍경'(scapes) 개념을 받아들였다. 이는 민족적, 미디어, 기술적, 재정적 혹은 윤리적 원천이 해체된 조각들이다. 이는 세계 곳곳과 우리가 만든 상상된 생활세계 밖으로 흘러 이동한다. 개인의 사회권 집단이 특정 장소에 모이는 곳이면 어디서든지 사회생활의 분리된 흐름이 기마행렬과 같은 형태로 이어져 있다(당신이 있는 카페에서 음식을 먹는 사람들, 같은 음악 콘서트장에 참석한 사람들, 쇼핑몰을 한가로이 걸어다니는 사람들). 아파두라니의 다른 풍경들과 같이 기술은 일시적이지만 중요한 흐름 안에서 분리되어 있는 사회행위자들의 집단을 한곳으로 모은다.

끊어진 접근

이는 글로벌리제이션과 함께 나타날 수 있는 또 다른 흥미로운 가능성이다. 여기서 우리는 많은 타인들로 구성된 몇 미터의 공간 안—아파트 블록 안 혹은 거대 도시의 중심지—에서 살아간다. 그러나 우리는 그들의 얼굴을 개인적으로 알지 못한다. 그동안 우리는 전 세계에 흩어져 있는 많은 친구와 가족들과 전화, 편지, 인터넷을 통해 가까운 관계를 즐긴다.

출처 : Alrow(1987, 1996, 1997).

크레올리제이션과 하이브리디티

수면 위의 기름막과 같은 문화적 균일화 현상에 대해 가능한 반응은 다수 존재한다. 소비자 주도의 소비문화라는 아이디어를 받아들이고 이를 동화할 수 있다. 또한 기존의 문화로 돌아갈 수도 있는데, 이는 종교 정통주의 개념의 부흥에 의해 강화되는 경우도 있다. 이러한 반응은 토착화(indigenization) 혹은 종교 관련 경우 근본주의(funda-mentalism)라고 한다. 종교적 근본주의가 어떻게 글로벌화된 세계의 소비자 문화를 반대하는지에 대한 연구 중 자주 인용되는 것이 바버(Barber 1995)의 연구로, 『지하드 대 맥월드』(*Jihad vs. McWorld*)라는 그 내용을 명백히 알려주는 제목을 단 책이다. 글로벌 도시의 소수민족 거주지 문화는 다원주의와 다문화주의의 번영 아래에서조차 살아남는다. 그러나 이는 어느 정도 최근 내셔널리즘의 부흥으로 인한 것일 수 있다. 또한 일부 집단은 21장에서 디아스포라와 다수준 아이덴티티에 대해서 논의했던 것과 같이 역사적 지방문화와 트랜스내셔널 문화 사이에서 유연관계를 형성한다.

이러한 반응에 대해서는 이 책의 다른 곳에서 논의해 왔지만 이곳에서는 **하이브리디티**와 **크레올리제이션**(hybridity and creolization)이라는 아직 연구가 많이 되지 않았으나 글로벌 문화 균일화에 대한 반응으로 현저하게 나타나는 개념에 중점을 두려 한다. 이 둘은 긴밀하게 관련된 용어로 종종 교체 사용이 가능한 경우도 있다. 그러나 이 용어의 지적 유래를 보면 문화이론가들은 전자를 사용하고 언어학자, 사회학자, 인류학자는 후자를 사용하는 경향이 있다. 이 두 용어는 낯선 상품, 아이디어, 예술은 일반적으로 지방 문화자원의 목록을 줄이는 것이 아니라, 현지 '전통'과 생활양식을 표현하는 기회를 확장시킨다는 단정을 기초로 하고 있다. 이러한 상황에서 사람들은 선별적으로 그리고 의식적으로 오래된 것과 새로운 것을 섞어 대안적인(하이브리드화 혹은 클레올화된) 형태의 문화를 창조한다.

또한 이러한 문화 차용과 혼합의 역과정도 증가했다. 서구사회가 비서구세계로부터 점점 다양한 영역의 문화경험을 흡수하게 되었기 때문이다. 이는 다양한 활동에 있어서 이미 현저하게 나타났는데, 그 예를 몇 개만 들어보자면 요리, 음악, 예술로부터 건강, 스포츠, 기업조직의 방법과 관련된 철학에 이르기까지 다양하다. 지금까지의 증거를 보면 비서구세계 사람들이 미국화 물질문화의 살육으로부터 자신들을 방어하거나 방어하고 싶어 하지 않는다는 주장은 옳지 않은 듯하다.

중요 개념

하이브리디티(hybridity)   주로 역동적으로 혼합된 문화의 창조를 가리킨다. 문화이론가들은 '제3영역'(Third Space)이라는 개념을 발전시켰는데, 이는 두 개 혹은 그 이상의 부모문화(parent culture)로부터 혼성문화가 진화하는 것을 의미한다. 식민지 본국과 식민 현지의 쌍에서 나타나는 경우가 많다. 여기에 덧붙여 버바흐(Bhabha 1986)는 하이브리디티를 식민지 당국의 권위와 가치 및 표상에 도전하고 이로 인해 자신에게 자율권을 부여하고 저항하는 일종의 초월행위로 생각했다.

크레올리제이션(creolization)   언어학에서 크레올리제이션은 상위집단의 언어가 현지 혹은 다른 수입 언어와 함께 융합되어 새로운 모국어를 만드는 과정을 의미한다. 최근에는 사회학자들과 인류학자들이 좀 더 다양한 의미에서 이 용어를 사용하게 되었다. 이는 다른 문화가 교류할 때 일어나는 모든 상호 교배현상을 암시한다. 이 과정에서 참가자들은 도착한 문화 혹은 물려받은 문화에서 특정 요소를 선별하고 여기에 기존 문화가 가지고 있던 다른 의미를 부여한다. 이를 창의적으로 병합, 그 결과 기존 형태를 대체하는 완전히 새로운 다양성을 창조하게 된다.

'크레올'(Creole)과 '크레올리제이션'이라는 단어는 많은 다른 문맥에서 사용되어 일반적으로 일관성은 존재하지 않는다. '크레올'은 라틴어 creare(독창적으로 창조하다)라는 말로부터 유래한다. 역사적으로 가장 흔한 사용은 스페인어인 criollo로 카리브 해 지역의 스페인 식민지에서 태어난 아이들을 가리킨다. 프랑스에서 변형된 단어는 'créole'이다. 그러나 그 인종 배제적인 정의, 즉 식민사회의 백인들에 한정되는 용어는 18세기 초반에서부터 문제시되어 본국의 양식, 문화, 감수성을 얻은 현지민과 이주민을 가리치는 말이 되었다. 크레올리제이션은 식민지의 우리를 벗어나 발전되었는데, 이를 잘 보여주는 것이 마르티니크인 작가이자 문화이론가인 에드아르 글리상(Edouard Glissant 1981, 1998)의 연구였다. 글리상은 크레올리제이션이 새로운 환경에서 자신들의 생활을 재구축하려는 실향 아프리카인들의 상황으로부터 출발하였으나 오늘날 "크레올리제이션은 현재 목표의 하나가 되고 있다"(Stoddard and Cornwell 1999 : 349 인용)고 주장했다. 또한 글리상(Glissant 1998)은 우리가 단일한 분파적 뿌리만을 지키는 아이덴티티가 아닌 다양한 방향으로 뻗을 수 있는 뿌리줄기와 같은 아이덴티티를 선호해야 하는지에 대해 질문했다. 이는 그 주변의 모두를 말살하는 것이 아니라 다른 문화와의 커뮤니케이션과 관계를 구축한다.

역시 중요한 것이 스웨덴의 사회·문화인류학자인 울프 하네즈(Ulf Hannerz, 글로벌 사상가 10 참조)의 연구이다. 그는 "세계는 크레올리제이션 안에 있다"고 주장하는 다수의 중요한 문헌과 책(특히 Hannerz 1987, 1992)을 썼다. 글로벌 에쿠메네(ecumene, 문화지역)에 대한 논의에서(Hannerz 1992 : 217-63) 문화는 더 이상 전처럼 약동적이거나 자율적이지 않고, 복잡하고 비대칭적 흐름이 이를 재형성하므로 기존 문화의 형태와 의미가 주어진 상태에서 글로벌 균일화라는 결과를 가져올 것 같지는 않다는 것이다. 그는 '하이브리드화 의미망의 출현'(Hannerz 1992 : 264)은 위조되거나 근거가 없는 것이 아님을 분명히 했다. 이러한 크레올 문화가 최근의 현상이라는 이유로 비교적으로 무정형인 반면에 복잡한 특성을 취할 수 있으며 또 취하고 있다. 이는 주변부가 실제로 보이는 것보다 강력하기 때문이다.

> 크레올리제이션으로 인해 주변부는 점차적으로 항변할 수 있게 되었다. 중심부와 주변부의 문화 사이에 더 큰 유사성이 형성되면서 또한 주변부가 점차적으로 중심부와 같은 조직형태와 기술을 사용하게 되면서 이러한 새로운 상품의 일부가 점차적으로 전 글로벌 시장을 매료하게 되었다. 크레올화와 비슷한 과정을 거친 제3세계 음악은 세계 음악이 되었다. 크레올리제이션 사상은 끝이 없다. 성숙과 침투는 상당히 나란히 진행되거나 막상막하로 진행될 가능성이 높다(Hannerz 1992 : 265-6).

글리상과 하네즈가 묘사한 세계의 크레올리제이션은 많은 사람들이 문화적 근본주의와 제국주의에 직면하여 자신들의 독특함을 표현할 수 있는 장소 본거지를 건설할 수 있는 공간을 제공한다. 이 가능성이 커지면서 시작된 문화 대항운동은 다음의 요소들을 기반으로 하고 있다

- 문화교류량의 증가
- 상호 연계와 상호 의존의 성장
- 민족·인종 부문 결속의 붕괴
- 생물학적 외양과 사회적 위신(언어, 종교, 라이프스타일, 태도, 행동으로 표현)의 불일치 증가

■ 아이덴티티 정치의 약화와 그 표현의 복잡성

이러한 요소가 증가하면 상호 교류를 통해 다양한 문화 사이에서는 상호 교배가 일어난다. 세계의 크레올리제이션을 예견하는 사람들의 제안에 따르면, 지방은 들어오는 문화로부터 특정 요소를 선별하여 이에 기존 문화가 보유하고 있는 것과 다른 의미를 부여하고, 이를 창조적으로 토착 혹은 다른 수입된 전통과 결합하여 완전히 새로운 형태를 만들어낸다. 요약하자면 아이디어, 이미지, 자본, 사람의 흐름과 이동은 새로운 혼합물의 파도, 새로운 문화, 새로운 하이브리디티, 즉 세계의 크레올리제이션을 생성한다.

글로벌 사회의 건설

우리는 지금까지 글로벌리제이션의 범위와 영역에 대해서 살펴본 뒤 사회 글로벌리제이션의 놀라운 증가가 충분히 평가받았고 인정되어 왔음을 이야기했다. 글로벌리제이션과 글로벌리글로부터 인식할 수 있는 사회수준의 다른 주요 이점으로는 이하와 같은 요소들이 포함된다.

1. 민주적 권리, 시민권, 인권의 확대
2. 교육과 식자능력의 보급
3. 세계 전 인류에게 있어서 정보와 커뮤니케이션에 대한 접근
4. 다문화 이해와 인식의 증가
5. 여성을 포함해 역사적으로 불이익을 받아온 집단의 자율성의 증대
6. 환경친화적 상품 시스템의 촉진
7. 결핍으로부터 레저, 창조성, 자유의 증가

이러한 꿈들 중에 어느 하나라도 실현되었는가? 여전히 그들의 희망을 '적극적 내셔널리즘'에 두고 싶어 하는 사람들이 있다. 예를 들어 빈펠드(Bienefeld)는 내셔널리즘의 좋은 측면뿐만 아니라 나쁜 측면을 인식했음에도 불구하고 우리는 개량된 국민국가에 의존하는 것 외에는 대안이 별로 없다고 말했다. 즉 빈펠드(Bienefeld 1994 : 122)는 다음과 같이 질문했다.

20세기 후반 점차적으로 파괴력을 더하는 글로벌 경쟁을 관리하기 위해 우리는 현실적으로 정치주체를 재정의하고 재구축하기를 바라고 있는가? 개개인에게 사회적 존재로서 자신들을 정의하는 능력을 부여하면서도 상호 간에 정치적 마찰의 위험을 억제하는 정치주체를.

이 의문은 타당한 것이다. 그러나 우리의 생각에는 국민국가의 개혁을 바라는 사람들은 그 환멸이 어느 정도까지 달했는지 충분히 인식하지 못하고 있다. 예를 들어 리베리아, 시에라리온, 미얀마, 소말리아와 같은 일부 '공동화'(hollowed-out) 혹은 '파산'(broken-back) 국가 내부는 붕괴했다. 구시민들은 범죄자들과 군사지도자들의 손에 떨어졌다. 그러나 산업국가들에서조차 국민의식과 형식적 민주주의에 대한 믿음은 붕괴했다. 전자는 점차적으로 편협하고 타당성을 잃어가고 있고, 민주주의는 급속도로 변화하는 세계를 사는 시민들의 요구를 들어주지 못하고 그들의 에너지를 끌어낼 수 없는, 결정을 내리기 위한 텅 빈 행정 시스템에 지나지 않는 듯 보인다. 게다가 5장에서 논의한 것과 같이 글로벌 시대의 문화적 다원주의는 국민국가의 역사적 구축요소인 영토와 주권이라는 개념의 토대를 무너뜨리고 있다. 국민국가가 강화되는 것처럼 보였던 부시 주니어 행정부의 미국의 경우, 그 국제적 태도는 '적극적 내셔널리즘' 하고는 상당히 먼, 일방적이고 제국주의적으로 받아들여졌다.

분명히 활발한 시민사회를 기초로 한 좀 더 활동적인 내셔널 민주주의를 더욱 발전시킬 필요가 여전히 있는 것은 분명하다. 그러나 국민국가를 보완하거나 혹은 한 측면에서는 국민국가를 뛰어넘는 다른 정치회합이나 정치참가도 존재한다. 이 책에서 논의했던 이러한 영역 8가지를 다시 한 번 언급하기로 한다.

1. 국제적 수준에 있어서 재판소, 특히 인권과 제노사이드를 다루는 재판소는 국내법을 초월하는 효과적인 판결을 내리기 시작했다.
2. UN 및 그 기관과 같은 국제 정부간 조직이 글로벌 커뮤니티를 위한 활동이라는 점에서 어느 정도의 진보를 보이고 있다. UN은 여전히 안전보장이사회 구성국, 특히 미국에 크게 의존하고 있지만 말이다.
3. 지역기구의 확산이 발전하면서 권력과 권위수준이 고도로 다양해졌다.
4. TNCs가 막대한 자원과 힘을 생성하여 국민국가의 통제를 효과적으로 피하게 되었다. 7장에서 우리는 이러한 기업들이 그들의 기업사회 책임을 어떻게 받

아들이고 있는지 살펴보았다.

5. 여행과 커뮤니케이션의 발달로 인해 초국가적 공동체가 발전했다.

6. 글로벌 도시는 세계 경제와 코스모폴리탄 시민의 요구에 맞추어 진화하고 있다. 17장에서 그 발전에 대해 논의했다.

7. 글로벌 디아스포라와 글로벌 종교는 보편주의와 자신들의 과거와의 연결 필요성 사이에 가교역할을 하면서 재부상하고 있다(6, 21장).

8. 글로벌 사회운동은 미래 글로벌 사회의 건설을 돕기 위해 등장하고 있다(18, 19, 20장).

글로벌 사회운동에 대해서는 좀 더 이야기할 필요가 있다. 사회학에서는 항상 '구조'와 '행위주체'(개인에게 무엇이 일어나는 것과 개인이 무엇을 일어나게 하려는 것을 의미) 사이에 창조적 긴장관계가 존재한다. 사회운동은 진보적이고 인도주의적인 사회변화를 위한 중요한 동인이다. 비록 그들이 자신들이 세운 소수의 목적달성을 위해 노력한다고 해도 그들의 노력은 가치 있는 것이다. 환경과 여성운동은 양자가 상당한 변화할 수 있는 잠재력을 가지고 있기 때문에 특별한 주목을 받게 되었으나 다른 사회운동 또한 비교적 유익하고 기능하는 글로벌 사회를 점진적으로 건설하는 데 있어서 잠재적 중요성을 가진다.

정리와 최종적 견해

이 마지막 장에서 우리는 글로벌 사회의 건설과 관련된 모든 것들이 인류 조건에 이득을 가져오는 것만은 아니라는 주장에 부분적으로 동의해 왔다. 좀 더 통합된 사회는 반드시 좀 더 조화롭고 좀 더 평등한 세계가 아니다. 우리는 더 큰 기회뿐만 아니라 더 큰 위험도 직면하게 된다. 이 책을 통해 보아왔듯이 많은 초국가적 활동은 전에 일어났던 일의 반복이며, 다른 사람들을 상처 입힐 잠재력을 가지고 있다. 신나치 조직, 범죄조직, 테러리스트 네트워크, 마약조직들은 국제적인 기반으로 활동한다. 일부 초국가적 운동과 단체는 보편적인 공통의 목적을 가지고 시작될 수 있지만 그 내부는 분열되고 내부 싸움으로 인해 그 결과 효과적이지 않을 수 있다.

또한 글로벌 균일화로 인해 지방 및 국가의 특수 문제는 결국 희석되어 버릴 것이라는 충분히 타당성해 보이는 의심도 존재한다. 환경, 인구증가, 실업, 빈곤, 테러리즘, 마약밀매, 전 세계로의 전염병 만연 등이 이러한 문제에 포함된다. 지금까지 글로벌리제이션은 세계 절반의 사람들이 그 안에서 살아가고 있는 죽음으로 이르게 하는 빈곤과 비참함을 줄이는 데 거의 기여하지 못했다. 또한 사회운동 역시 글로벌 불평등을 줄이기 위한 노력의 동원에 있어서 아직 효과를 내지 못했다. 즉 우리는 우리를 필연적으로 더 나은 세상으로 데려가 줄 이상적인 단일과정을 상대하는 것이 아니다.

이러한 회의주의자와 비평가들과의 타협에도 불구하고 우리들은 글로벌리제이션은 돌이킬 수 없는 일이 되었으며, 기존과는 다른 새로운 형태가 나타나고 있다고 주장한다. 비록 이것이 어떠한 방향으로 진화할 것인지는 불분명하고 명확하게 고정되지도 않았지만 일부의 글로벌 변화는 매우 긍정적이다. 이것은 지방 및 글로벌 문제를 좀 더 조화롭고 환경적으로 유지 가능하며 인도주의적으로 해결하기 위한 새로운 이해, 동맹, 구조를 만드는 데 있어서 그전 어떤 시대보다도 세계 사람들에게 거대한 잠재력을 부여한다―아래로부터이든 엘리트 조직과의 협력을 통해서든 양쪽 다―. 세계의 노동은 변화를 겪고 있고, 이와 창조적으로 연관을 맺을 운이 좋은 시민들의 가능성도 늘어났다. 글로벌리제이션 그 자체가 우리를 이끄는 곳은 유토피아도 디스토피아도 아니다. 미래 글로벌 방향은 우리와 같은 일반 시민들에게 우리가 선택한 도덕적 위치, 우리가 어떤 전쟁을 위해 싸울 준비를 하는가에 달려 있다.

'글로벌 에쿠메네', '보편적 휴머니즘', '공유 행성', '코스모폴리탄 민주주의' 혹은 '크레올화 문화', 이러한 개념은 완전하게 발달한 현실은 아니지만 이는 가능성이기도 하고 희망이기도 하다. 세계는 여전히 불균형하다. 이러한 글로벌 변화로 인해 강력하고 부유한 행위자들은 막대한 이익을 얻었다. 이 책을 통해 우리는 '글로벌 승자'가 자신들의 이익을 위해 어떻게 권력, 부, 기회에 대한 그들의 특권을 사용해 왔는지 설명했다. TNCs, 범죄조직, 부유한 관광객, 기술을 가진 이민자 등은 모두 초국가적 활동의 기회를 부여받은 수혜자들이다. 이 책의 마지막에서 여전히 부자와 권력자들의 황금저택을 빗장 너머로 응시하고 있는 다수의 '글로벌 패자'―난민, 빈농, 기아 및 AIDS 희생자, 쇠퇴 도시의 언더클래스들―를 언급하는 것은 당연한 일이다.

21세기의 주요한 사회적 과제는 이러한 불이익을 당하는 사람들을 위해 그들 앞에 놓인 빗장을 열고 그들도 글로벌리제이션으로 발생한 변화의 가능성을 찾을 수 있게 하는 것이다. 활기에 찬 시민사회, 창조적인 문화업적, 활동적인 사회운동은 좋은 미래가 멀리서 발신하는 빛을 전달해 줄 것이다. 그것이 떨어져 있더라도 여러분이 사회적 참여와 협력, 긍정적 변화를 위한 많은 가능성을 직시하는 데 이 책이 도움이 되었기를 바란다.

더 읽어볼 책

■ 로저 버바흐 등(Roger Burbach et al. 1997)의 『글로벌리제이션과 그에 대한 반대 : 포스트모던 사회주의의 도래』(*Globalization and its Discontents : The Rise of Postmodern Socialisms*). 마르크스주의 입장에서 글로벌리제이션에 대한 명확하면서도 일관성 있는 비판을 제공한다.

■ 사회학자라기보다는 인류학자가 썼음에도 불구하고 하네즈(Hannez)의 『문화적 복합성』(*Cultural Complexity*, 1992)은 많은 경우에 나타나는 문화적·사회적 변화에 대해 통찰력 있는 설명을 제공한다.

■ 벤자민 바버(Benjamin Barber)의 『지하드 대 맥월드』(*Jihad vs. McWorld*, 1995)는 문명의 충돌과 균일화된 글로벌 소비문화에 대해 우울한 비전을 제시한다.

■ 마틴 앨브로(Martin Albrow)의 『글로벌 시대』(*The Global Age*, 1996)는 글로벌 사고에 대한 예리한 소개이다.

그룹 과제

■ 두 그룹으로 나눈다. 그룹 A는 통계에 친숙한 사람들, 그룹 B는 10 이상의 숫자를 보면 눈앞이 아찔한 사람들로 구성한다. 그룹 B는 http://www2.warwick.ac.uk/fac/soc/csgr/index/의 사이트에 있는 워윅 세계 글로벌리제이션 인덱스(the Warwick world globalization index)를 방문하여 사회 글로벌리제이션 척도를 볼 것. 이는 얼마나 적절해 보이는가? 다른 것은 어떠한가? 그룹 A는 그룹 B의 발표에 응답한다.

■ 반 전체를 5그룹으로 나눈다. 각 그룹은 거대 쇼핑몰을 방문했을 때를 회상해 보라. 혹은 잘 모르는 거대 쇼핑몰을 새롭게 탐험하는 것도 좋다. 쇼핑과 오락, 쇼핑과 웰빙이 어떻게 융합되었는지 보고할 것. 방문했던 몰들은 얼마나 성공적이었는가?

■ 글로벌리제이션의 일부 비평가들은 많은 개인들이 느끼는 지방 혹은 국가 아이덴티티가 상실될지 모른다는 불안한 감각에 대해 우려를 표명한다. 개인적 경험을 토대로 하여 반 구성원들은 이에 대해 어떤 인식을 가지고 있는가? 그리고 그들의 인식을 어떻게 평가하는가?

생각해 볼 문제

1. "세계 경제통합은 제1차 세계대전 전보다 진전되지 않았다"에 대해서 논의하시오.

2. 사회적으로 주변화되고 배제된 사람들은 그들의 상황을 어떻게 향상시킬 수 있을까?

3. 세계 문화는 앞으로 더욱 더 균일화될까, 아니면 크레올화될까?

4. 이번 장의 자료들과 그 외의 자료들을 사용하여 (a) 새롭게 출현하는 글로벌 사회에

대한 낙관적인 시나리오를 작성해 볼 것, 다음으로는 (b) 이에 수반하는 가능한 위험과 문제점을 찾아 비판해 볼 것.

유용한 웹사이트

■ http://www.monde-diplomatique.fr/dossiers/ft/ 글로벌리제이션은 불가피하며 바람직한 것인가? 이는 1997년 프랑스 신문인 《르몽드디플로마티크》(*Le Monde Diplomatique*)지가 주최한 토론의 주제이다. 시간은 좀 지났지만 이 문제는 여전히 살아 있다.

■ http://www.indiana.edu/~wanthro/consum.htm 글로벌 소비자 문화에 대한 리차드 윅스(*Richard Wilks*)의 작은 사이트. 25여 개의 링크를 가진다.

■ http://www2/warwick.ac.uk/fac/soc/sociology/research/cscs/ 유행작가들 중 하나가 발전시킨 크레올리제이션에 관한 사이트

■ http://gsociology.icaap.org/reports.html 글로벌 경향에 대한 통계 및 계량자료 제공

저자 : 로빈 코헨 Robin Cohen
　　　　사회학 교수로 워윅 대학 글로벌리제이션과 리져널리제이션학센터 선임연구원

저자 : 폴 케네디 Paul Kennedy
　　　　맨체스터 메트로폴리탄 대학 부교수

역자 : 박지선
　　　　이화여자대학교 정치외교학 영어영문학 복수전공
　　　　서울대학교 국제대학원 국제지역학 전공
　　　　현재 동경대학교 법학정치학연구과 박사과정 재학중

글로벌 사회학

발행일 1쇄 2012년 8월 10일

지은이 로빈 코헨/폴 케네디 **옮긴이** 박지선

펴낸이 여국동

펴낸곳 도서출판 인간사랑

출판등록 1983. 1. 26. 제일-3호

주소 경기도 고양시 일산동구 백석동 1178-1번지 2층

전화 031)901-8144(대표) | 977-3073(영업부) | 031)907-2003(편집부)

팩스 031)905-5815

전자우편 igsr@naver.com | igsr@yahoo.co.kr

블러그 http://blog.naver.com/igsr

인쇄 인성인쇄 **출력** 현대미디어 **종이** 세원지업사

값 30,000원

ISBN 978-89-7418 057-7 93330